LA RÉVÉLATION
D'HERMÈS TRISMÉGISTE

I

L'ASTROLOGIE
ET LES SCIENCES OCCULTES

Sacrifice à une étoile.
(Cod. Bodl. Or. 133).

COLLECTION D'ÉTUDES ANCIENNES
publiée sous le patronage de l'*ASSOCIATION GUILLAUME BUDÉ*

ÉTUDES BIBLIQUES

LA RÉVÉLATION D'HERMÈS TRISMÉGISTE

I

L'ASTROLOGIE ET LES SCIENCES OCCULTES

PAR

LE R. P. FESTUGIÈRE, O. P.

Directeur d'études à l'École pratique des Hautes Études.

Avec un appendice sur l'*Hermétisme Arabe*

PAR

M. LOUIS MASSIGNON

Professeur au Collège de France.

SOCIÉTÉ D'ÉDITION LES BELLES LETTRES
95, BOULEVARD RASPAIL
75006 PARIS

1981

LA RÉVÉLATION D'HERMÈS TRISMÉGISTE

I. L'Astrologie et les Sciences Occultes.

II. Le Dieu Cosmique.

III. Les Doctrines de l'Ame
   Le Dieu inconnu et la Gnose.

« La Loi du 11 mars 1957 n'autorisant, aux termes des alinéas 2 et 3 de l'article 41, d'une part, que les « copies ou reproductions strictement réservées à l'usage privé du copiste et non destinées à une utilisation collective », et, d'autre part, que les analyses et les courtes citations dans un but d'exemple et d'illustration, « toute représentation ou reproduction, intégrale faite sans le consentement de l'auteur ou de ses ayants droits ou ayants cause, est illicite » (alinéa 1er de l'article 40).

« Cette représentation ou reproduction, par quelque procédé que ce soit, constituerait donc une contrefaçon sanctionnée par les articles 425 et suivants du Code Pénal ».

Cette édition est une réimpression de l'ouvrage publié par les éditions J. GABALDA en 1950 (2e édition).

© Société d'Édition « Les Belles Lettres » 1981

ISBN : 2.251.32594-8

FRANCISCO CVMONT

·S·

PRÉFACE DE LA PREMIÈRE ÉDITION

Vers la fin de la période hellénistique et sous l'Empire, il se répandit dans le monde gréco-romain un certain nombre de sagesses révélées que l'on attribuait soit à des mages perses (Zoroastre, Ostanès, Hystaspe), soit à un dieu d'Égypte (Thoth-Hermès), soit à des oracles venus de la Chaldée (Oracles Chaldaïques), soit même à des prophètes ou philosophes de la Grèce qui avaient approché de plus près le divin, car c'est au même temps que refleurissent le pythagorisme et l'orphisme.

Parmi ces sagesses révélées, celle qui porte le nom d'Hermès Trismégiste est l'une des plus importantes, et par le grand nombre d'écrits qu'elle a laissés, et par le champ que couvre cette littérature. On n'en connaît et l'on n'en étudie le plus souvent que ce qui touche à la philosophie ou à la théologie. Cependant l'Hermès égyptien s'est intéressé à bien d'autres domaines : il s'est occupé d'astrologie, d'alchimie, de magie, et loin que cet hermétisme qu'on pourrait dire populaire ne représente qu'une branche secondaire et tardive de la révélation hermétique, c'en est au contraire la production la plus ancienne, celle qui a donné sa forme et servi de modèle, du moins pour une grande part, à l'hermétisme savant. La connaissance de cet hermétisme populaire eût été difficile il y a encore cinquante ans. Mais, depuis le début du siècle, d'admirables collections telles que le *Catalogus Codicum Astrologorum Graecorum* et les *Papyri Graecae Magicae*, les travaux d'ardents pionniers, Reitzenstein, W. Kroll, Boll, Max Wellmann, Lagercranz, pour ne parler que des morts, ont remis en lumière une foule de documents qui éclairent d'un meilleur jour la religion vivante, les croyances réelles, d'une partie sans doute importante des habitants de l'Empire, singulièrement en Égypte. Il m'a donc semblé que le temps était venu de puiser en ces trésors. On a les moyens aujourd'hui de prendre une vue d'ensemble de la littérature hermétique, sous son double aspect populaire et savant.

Cet ouvrage comportera deux parties. Dans la première, qui paraît ici, je considère les écrits, nombreux et dispersés, où Hermès traite de l'astrologie et des sciences occultes, c'est-à-dire de l'alchimie, de la magie et de cette thérapeutique, fondée sur les sympathies et antipathies secrètes entre les êtres de la nature, dont les *Kyranides* hermétiques sont l'un des plus curieux témoins. Ces chapitres sont précédés d'une introduction générale où j'ai essayé de faire comprendre comment les sagesses révélées ont pu naître et ce qui en assura le succès. C'est là sans doute l'un des sujets les plus captivants de l'histoire spirituelle de l'Empire, l'un aussi des plus obscurs. Je n'ai point eu dessein de l'épuiser, mais d'indiquer seulement les traits qui m'ont paru les plus notables. Le dernier chapitre de l'introduction est consacré à la personnalité d'Hermès, et le dernier du livre aux formes littéraires sous lesquelles se présente à nous le *logos* de révélation. Ces observations valent pour les deux hermétismes : elles serviront ainsi comme de transition au second volume.

La seconde partie de cet ouvrage aura pour objet l'hermétisme philosophique et théologique. Sans doute, depuis le *Poimandres* de Reitzenstein (1904), les travaux de Reitzenstein lui-même, puis de Wilhelm Kroll, Joseph Kroll, Bousset, W. Scott, C. H. Dodd, et j'en passe, ont beaucoup contribué à une meilleure intelligence de l'hermétisme savant. Néanmoins, comme cette forme de sagesse présente des rapports très étroits avec les autres mouvements philosophiques et religieux du même temps, et que les progrès de la recherche historique rendent la connaissance de ce milieu toujours plus riche et plus profonde, il peut sembler utile encore de reprendre à nouveau le problème de l'hermétisme, d'autant qu'en France même le dernier livre sur ce sujet remonte à trois quarts de siècle (1). Hermétisme populaire et hermétisme savant comportent, certes, des traits communs et ils ont influé l'un sur l'autre : ils n'en font pas moins deux unités distinctes et il y a tout avantage à les étudier séparément. En outre, chargé d'éditer, en collaboration avec un ami de Harvard, A. D. Nock, les textes philosophiques du Trismégiste dans la *Collection Budé*, j'ai jugé préférable d'attendre, pour parler d'Hermès philosophe, que cette édition ait paru.

Dans le présent volume, j'ai fait de larges emprunts à cette

---

(1) Louis MÉNARD, *Hermès Trismégiste*, traduction complète précédée d'une étude sur l'origine des livres hermétiques, Paris, 1867 (2ᵉ édition).

littérature qu'on nomme en Allemagne *Kleinliteratur* parce qu'elle est le plus souvent anonyme et sans apprêts. J'ai voulu ainsi « composer l'atmosphère » : tout mon but serait atteint si ce livre pouvait offrir comme une petite somme de monuments de la religion populaire sous l'Empire. Pour la plupart de ces écrits, le texte édité est fort bon, et je n'ai eu que la peine de les traduire. Il n'en va pas de même dans le cas de la littérature alchimique : l'édition de Berthelot-Ruelle étant plus que médiocre (1), j'ai dû alors constituer mon texte. Je l'ai fait en particulier pour un chapitre de Zosime qu'on trouvera en appendice; cette publication n'a qu'un caractère provisoire, en attendant que des jours meilleurs permettent d'aborder l'œuvre promise, et déjà préparée, par les savants collaborateurs du *Catalogue des Manuscrits Alchimiques Grecs*.

Il y a plus de vingt ans déjà, ce sont les travaux de M. Cumont sur Mithra et sur les religions orientales dans le paganisme romain qui ont éveillé en moi l'ardent désir d'étudier à mon tour les religions de l'antiquité. De ce jour, quelque voie que je tentasse, je l'ai trouvé comme un guide sur ma route. Et la Fortune a permis que je pusse profiter, non seulement de ses écrits, mais de ses conseils. C'est pour moi un honneur et une grande joie qu'il ait daigné accepter la dédicace de ce livre. Ce m'est une garantie de la solidité de mon travail qu'il ait bien voulu le lire, corriger et enrichir de notes avant qu'il ne parût. Νοῶ καὶ μιμνήσκομαι, εὐχαριστῶ δὲ ἅμα.

J'ai bien de l'obligation aussi à l'égard de M. Louis Massignon, professeur au Collège de France, qui m'a non seulement éclairci un point obscur d'astrologie arabe (pp. 166 ss.), mais qui a poussé la grâce jusqu'à laisser paraître, en appendice à ce livre, un mémoire sur la littérature hermétique arabe. Malgré les travaux de Berthelot-Houdas et de Blochet en France, de J. Ruska en Allemagne, ce sujet est encore peu connu. Nul n'était plus capable que lui de le traiter.

J'ai trouvé le plus aimable accueil auprès de M. Pierre Lacau, professeur d'égyptologie au Collège de France, et auprès de son assistant M. Malinine, que j'étais allé consulter au sujet d'une

---

(1) Le mot cruel de W. Kroll à propos du Damascius de Ruelle (« nihil fere intellexit », *Or. Chald.*, p. 8, n. 2) est, hélas! juste.

recension copte de la Confession de Cyprien le mage (cod. Pierpont Morgan). M. Malinine a pris la peine de traduire à mon intention ce texte copte et il m'a permis de publier cet inédit, qu'on trouvera ici dans l'Appendice II. Nul doute que le lecteur lui en saura gré autant que moi-même.

Enfin je remercie vivement mon collègue à l'École des Hautes Études, M. Sainte Fare Garnot, qui a bien voulu reviser la partie du ch. IV de ce livre relative à Thoth l'Égyptien, et le Professeur W. Gundel, de Giessen, qui m'a très libéralement autorisé à reproduire la photographie d'une page d'un manuscrit oriental d'Oxford qu'il avait publiée dans la dernière édition de Boll-Bezold-Gundel, *Sternglaube und Sterndeutung* (Planche XXIV, fig. 47). Cette image exprime à merveille ce qu'il y eut de poésie, de piété vraie, dans le culte que les anciens rendaient aux astres. Mieux peut-être qu'aucun écrit, elle symbolise, au seuil du livre, cette attitude d'esprit et d'âme que j'ai voulu définir et illustrer d'exemples (1).

Paris, août 1942.

A.-J. Festugière.

(1) Dans la transcription des noms de personnes ou d'ouvrages grecs (non modernisés), j'ai adopté les règles suivantes : $\varkappa = k$, $\chi = ch$. J'ai gardé en général la terminaison *os*, sauf dans le cas où le personnage est trop universellement connu sous la forme latinisée de son nom (*us*). Enfin l'*u* grec est rendu généralement par un *y*. Ce ne sont là que conventions, et le choix reste libre : mais, l'ayant fait, il aut le suivre jusqu'au bout.

PRÉFACE DE LA DEUXIÈME ÉDITION

Pour des raisons matérielles, il a fallu réimprimer tel quel le texte de la première édition, et je n'ai donc pu le corriger. Le lecteur voudra bien se reporter à la fin du livre, où il trouvera une liste de *Corrections et Additions* (1). Celles de ces corrections qui m'ont été suggérées par des lecteurs amis ou des recenseurs de mon ouvrage sont suivies du nom de leur auteur. Ce m'est un plaisir de les remercier ici, ainsi que M. Massignon, qui a bien voulu m'envoyer des notes additionnelles à son précieux Appendice.

Il va sans dire que ces « rétractations », au sens propre, ne concernent que des points de détail. Je ne pouvais revenir sur des questions aussi générales que, par exemple, la valeur de la science gréco-romaine ou les causes de la décadence du rationalisme sous l'Empire. Ce sont là de vastes problèmes, où il n'est pas possible que tous soient d'accord. Ainsi quelques savants m'ont reproché de n'avoir pas vu que les recherches de l'âge impérial sont au point de départ de la science moderne. M. B. Farrington (*J. Hell. St.*, XLV, 133) cite contre moi F. Sartiaux *(Foi et Science au Moyen Age*, Rieder, 1926, 61) : « C'est l'obscur perfectionnement des techniques industrielles, mécaniques, astronomiques, chimiques et médicales... qui a surtout contribué au lent développement de l'esprit scientifique pendant le premier millénaire de la civilisation occidentale. » Et M. F. Cramer (*Isis*, 38, 1948, 196), critiquant mon propos (p. 7) que « ce qui a surtout manqué à la science grecque..., c'est l'emploi de l'expérimentation », écrit : « On the contrary, perhaps, it would be correct to say that social, economic, political and in a sense biological forces ended an era of scientific progress of unprecedented glory in the fourth and fifth century of our era. » A l'opposé M. Bickerman (*J. of Am. Phil.*, LXVIII, 1947, 447) estime qu'au début de notre ère, après cinq siècles d'investigation rationnelle de la nature, « the practical result of this investigation

---

(1) J'y ai joint quelques Add. et Corr. au t. II, paru en 1949.

is almost nil ». Et alors que M. Cramer, alléguait les progrès de la science grecque en métallurgie (*l. c.*, p. 196, l. 8), M. Bickerman écrit *(l. c.)* : « Metals were in great demand in the Hellenistic world, but there was hardly any progress in technical devices after Themistocles », en citant Rostovtzeff *(Social... Hist. of the Hell. World*, II, p. 1219).

Au surplus, ai-je été bien compris? Quand on dit, en termes vagues, que les événements des IVe-Ve siècles ont mis fin à une *ère* glorieuse de progrès scientifique, on oublie de distinguer les époques. J'avais essayé d'établir que le rationalisme grec, qui a permis la science grecque, va déclinant sous l'Empire : le fait est indéniable. Pour expliquer ce fait, j'avais montré comment, faute d'un emploi généralisé de l'expérimentation (autre fait indéniable, malgré des exceptions locales), le rationalisme était condamné à se dévorer lui-même, pour faire place au besoin de révélation même en matière scientifique : mon livre, lu avec soin, en donne assez de preuves. Or est-ce là précisément la marque de l'esprit scientifique? Citons seulement ces lignes du regretté L. Robin (lettre du 24 juillet 1944) : « À vrai dire, la matière que vous avez mise en œuvre n'est pas sans inspirer quelque tristesse, quand on voit de quelle manière les hommes sont capables d'employer leur culture, leur raison, l'expression verbale de leur pensée! Et si ce n'était qu'autrefois..., si ce n'était que pour déraisonner spéculativement ou en vue de leurs petits intérêts de santé et de succès dans leurs entreprises... Aujourd'hui l'on fait mieux encore et la « mentalité primitive » se survit à elle-même. »

Autant d'hommes, autant d'opinions. Faut-il s'en étonner? C'est le sort inévitable de l'historien que, quelque propos général qu'il avance, il laisse toujours de côté un petit nombre de cas exceptionnels. Il suffit que ses jugements soient fondés sur un ensemble assez considérable de faits bien établis. Qu'il existe, parallèlement, d'autres faits, cela n'infirme pas la vérité des conclusions auxquelles les documents eux-mêmes l'avaient conduit.

A. J. F.

TABLE DES MATIÈRES

Pages

Préface VII

INTRODUCTION.

L'AGE ET LE MILIEU.

Chapitre I. — Le déclin du rationalisme............................... 1
Chapitre II. — Les prophètes de l'Orient.............................. 19
Chapitre III. — La vision de Dieu..................................... 45
Chapitre IV. — Hermès-Thoth et la littérature hermétique.............. 67

PREMIÈRE PARTIE.

L'ASTROLOGIE ET LES SCIENCES OCCULTES.

Chapitre V. — L'hermétisme et l'astrologie............................. 89
§ 1. — L'astrologie hellénistique.................................... 89
§ 2. — Les témoignages sur l'hermétisme astrologique................. 102
§ 3. — Les écrits hermétiques d'astrologie........................... 106
    I. Opuscules grecs.. 109
    II. *Liber Hermetis*... 112
§ 4. — Les écrits hermétiques de médecine et de botanique astrologiques.
    I. Théories générales.. 123
    II. Applications à la thérapeutique.......................... 131
    III. Les écrits d'Hermès..................................... 137
        A. Plantes décaniques................................. 139
        B. Plantes zodiacales................................. 143
        C. Plantes planétaires................................ 146
        D. Plantes et pierres des XV étoiles fixes........... 160

Chapitre VI. — L'hermétisme et les sciences occultes.................. 187
§ 1. — Les sciences occultes à l'époque hellénistique................ 187
§ 2. — Les *Kyranides* hermétiques................................... 201
    A. La *Kyranis*.. 202
    B. Les *Koiranides*.. 207
    C. Le *Livre Archaïque*...................................... 211

Chapitre VII. — L'hermétisme et l'alchimie............................ 217
§ 1. — L'alchimie simple technique................................... 219
§ 2. — Bolos le Démocritéen et les Φυσικὰ καὶ Μυστικά................ 224
§ 3. — La littérature alchimique après les *Physika*................. 238
§ 4. — Les fragments alchimiques d'Hermès............................ 240
    I. Fragments divers.. 242
    II. *Isis à Horus*... 253

		Pages.
§ 5. — L'alchimie religion mystique		260
I. Zosime : *Commentaire sur la lettre* Ω		263
II. Zosime : *Compte Final*		275
Chapitre VII. — L'hermétisme et la magie		283
§ 1. — Le témoignage des papyrus magiques		283
§ 2. — Textes de magie hermétique		287
I. Textes relatifs à Thoth-Hermès		287
A. Thoth inventeur de la magie		287
B. Recettes avec invocation à Thoth-Hermès		288
C. Recettes où le magicien s'identifie à Thoth-Hermès		291
D. Recettes où le magicien utilise une figurine de Thoth-Hermès		293
II. Textes relatifs à la gnose hermétique		296
A. (a). Prières au Dieu Suprême		297
A. (b). Prières au Soleil		299
B. *Kosmopoiia* de Leyde		300
C. La recette d'immortalité		303
Chapitre IX. — Les fictions littéraires du logos de révélation		309
§ 1. — Les types de la révélation directe		312
I. Révélation au cours d'un songe ou d'une extase		312
II. Révélation reçue au cours d'un entretien avec un dieu		317
III. Révélation par la découverte d'un livre ou d'une stèle		319
IV. Révélation reçue au moyen de signes dans le ciel		324
§ 2. — Les types de la révélation transmise		324
I. Instruction d'un sage à un roi		324
A. Pétosiris à Néchepso		327
B. Lettres à Philippe		328
C. Bothros à un roi		328
D. Néphotès à Psammétique		329
E. Pitys à Ostanès		329
F. Thphé à Ochos		329
I (bis). Lettre d'un prophète à un personnage		331
Pnouthios à Kéryx		331
La *traditio* de père en fils		332
A. Livre sacré d'Hermès à Asklépios		336
B. Lettre de Pythagore à Télaugès		336
C. Hygromancie de Salomon à Roboam		339
D. Livre de Sagesse d'Apollonius de Tyane à Postumus		340
E. Livre sacré intitulé « Monade »		342
F. *Kyranis*, prooem. 3		345
G. Littérature orphique		345
§ 3. — L'influence du motif de la *traditio* sur le *logos* hermétique		347
Conclusion		355
Appendices		363
I. Zosime, *Compte Final*		363
II. La « Confession » de Cyprien le Mage		369
A. Bibliographie		369
B. Dossier de Cyprien		370
C. Traduction de la version copte		374
III. Inventaire de la littérature hermétique arabe		384
Tables		403
Addenda		424

INTRODUCTION

L'AGE ET LE MILIEU

INTRODUCTION

L'AGE ET LE MILIEU

CHAPITRE PREMIER

LE DÉCLIN DU RATIONALISME

La période qui va de Trajan au dernier des Sévères est un âge tout de contrastes. En apparence, il semble que jamais le monde antique n'ait atteint un pareil degré de civilisation. Les fortes armées de Rome retiennent les Barbares aux frontières de l'Empire. L'Oikouménè est en paix. Dans les provinces orientales, les villes anciennes rajeunissent, se couvrent de monuments qui attestent la générosité de l'Empereur ou des citoyens enrichis (1). En Afrique, en Espagne, en Gaule, en Bretagne, en Germanie, là où il n'y avait jusque là que des bourgades, des villes maintenant se construisent qui témoignent de la sollicitude de Rome. Toutes ces villes sont des cités au sens antique, c'est-à-dire des organismes autonomes, avec leurs magistrats élus, leur propre administration. C'est le règne de la bourgeoisie urbaine : tout citadin instruit, honnête et loyaliste peut, s'il travaille, parvenir aux charges les plus importantes de l'État. Dans toutes les régions urbanisées, l'éducation gréco-romaine imprime à la population immense et si diverse de l'Empire des manières communes de penser, de sentir, d'agir. L'Empereur lui-même et les magistrats des cités veillent à promouvoir l'instruction. Dès la fin du 1er siècle, Vespasien a créé des écoles d'État avec des traitements officiels. A Alexandrie, l'académie du Musée est prospère au moins jusqu'au temps de Caracalla. A Athènes, Marc Aurèle organise l'Université où quatre chaires sont réservées aux quatre grandes écoles philosophiques, de Platon, d'Aristote, de la Stoa, d'Épicure. A Rome, Hadrien fonde

---

(1) Sous Trajan, portique à Milet, Trajanéum à Pergame, bibliothèque à Éphèse; sous Hadrien, achèvement du temple de Zeus Olympien à Athènes, etc.

l'Athénéum. Le brevet d'hellénisme ouvre l'accès au *cursus* de l'administration impériale.

C'est l'âge où les rhéteurs voyagent de ville en ville pour prononcer des discours d'apparat à la louange de la cité qui les accueille ou à la gloire du Prince. Marc Aurèle est l'élève et l'ami de Fronton, Aelius Aristide lit à Rome, peut-être devant Antonin lui-même, son panégyrique de l'Empire et il obtient de Marc Aurèle et de Commode qu'ils fassent les frais de la reconstruction de Smyrne. Grammairiens, médecins, juristes ne sont pas moins favorisés. On voit paraître alors des œuvres qui, rassemblant les connaissances accumulées par les anciens et fixant l'état de la science pour une longue suite de générations, parfois jusqu'aux temps modernes, serviront désormais de textes de base qu'on se contentera d'apprendre et de commenter. Ainsi, pour la science des nombres, l'*Introduction arithmétique* de Nicomaque de Gérasa, commentée par Jamblique, Philopon, Sotérichos, traduite en latin par Apulée et Boèce et, sous cette forme, servant de manuel encore aux xiiᵉ et xiiiᵉ siècles. Pour l'harmonique — qui, chez les anciens, est associée à la science des nombres —, l'*Introduction harmonique* de Nicomaque et surtout les *Harmonika* de Ptolémée, commentés par Porphyre, utilisés par Macrobe, traduits en latin par Boèce (1) et qui, grâce à Boèce, influent sur tout le Moyen Age. Pour la géométrie, les *Métrika* et les *Définitions* de Héron d'Alexandrie (2) et son commentaire sur Euclide, amplement utilisés par les Arabes dont les écrits, au Moyen Age, seront traduits en latin (3). Pour l'astronomie, la *Planisphère* et surtout l'*Almageste* de Ptolémée, commenté par Pappos et Théon d'Alexandrie, servant de manuel dans les écoles néoplatoniciennes, traduit en arabe (4), puis de l'arabe en latin dès le xiiᵉ siècle (5), et dont la doctrine s'impose jusqu'à Copernic. Pour l'astrologie, le *Tétrabiblos* ou *Quadripartitum* du même Ptolémée, commenté et paraphrasé par les néoplatoniciens (6), traduit et infiniment lu par les Arabes, plusieurs

---

(1) Iᵉʳ livre des *Harmonika* dans Boèce, *Inst. mus.*, V.

(2) Vers 200 après J.-C., Heiberg, *Gesch. d. Math. u. Naturwiss. im Altertum*, 1925, p. 37, n. 4.

(3) Cf. la traduction du commentaire sur Euclide de Al-Nairizi (qui utilise Héron) par Gérard de Crémone au xiiᵉ siècle, Heiberg, p. 38, n. 7, Brockelmann, *Gesch. d. ar. Litt.*, I, 2, p. 103 et Suppl., I, pp. 363, 386. Sur les traductions au Moyen Age, cf. Ch. H. Haskins, *Stud. in the hist. of med. Science*, Harvard Un., 1924.

(4) D'où le nom même d'*Almageste*, l'arabe *al magesthi* traduisant μεγίστη (σύνταξις), cf. Haskins, p. 104. La traduction arabe est du ixᵉ siècle.

(5) Haskins, pp. 103-110.

(6) Porphyre (cf. *CCAG*, V, 4 [1940], pp. 187 ss.) et peut-être Proclus.

fois traduit (1) en latin au Moyen Age (2), et encore durant la Renaissance, par Mélanchthon (3). Pour la mécanique, les traités de Héron d'Alexandrie sur les cinq forces, la balistique, les machines pneumatiques et les automates, en partie traduits en arabe puis de l'arabe en latin (4), et dont quelques-uns (les *Pneumatika* surtout) joueront un grand rôle à la Renaissance. Pour l'optique, l'*Optique* de Ptolémée dont il ne nous reste précisément que la traduction latine (5), d'après l'arabe, de l'amiral sicilien Eugénius (6), ainsi que les deux traités de Catoptrique du pseudo-Ptolémée (vraisemblablement de Héron) et du pseudo-Euclide (7), tous deux traduits en latin au Moyen Age. Pour la médecine, l'œuvre immense de Galien de Pergame (153 ouvrages), somme de toutes les connaissances acquises depuis Hippocrate, qui devient, dès le IVe siècle, le classique de l'art médical, commenté, traduit en arabe, puis en latin (8), et qui reste encore, à la Renaissance, la principale autorité. Pour la grammaire, les travaux d'Apollonius d'Alexandrie qui traite de toutes les parties de la grammaire depuis les sons jusqu'à l'ordre des mots, et dont la *Syntaxe* en particulier devient canonique : Priscien la traduit en partie, à Byzance Théodore de Gaza et Lascaris en font la base de leurs ouvrages, et les traductions de Théodore par Érasme, de Lascaris par Mélanchthon en assurent encore la fortune dans les écoles au XVIe siècle. Pour la prosodie, les 29 livres de la *Prosodie universelle* d'Hérodien (fils d'Apollonius) qui systématise les règles établies par les philologues alexandrins et les transmet, ainsi organisées, aux Byzantins. Pour la métrique, le traité *Sur les mètres* (en 48 livres) d'Héphestion d'Alexandrie, commenté dès le IIIe siècle par Longin, puis par Choiroboskos au VIe siècle, et qui devient canonique dans les écoles de Byzance. Pour la rhétorique, l'énorme *corpus* d'Hermogène de Tarse, développé, dès le IIIe siècle, par une longue lignée de commentateurs (9).

Ces noms suffisent pour montrer que le IIe siècle a connu un véritable renouveau intellectuel dont on ne doit pas sous-estimer

---

(1) Soit de l'arabe, soit même du grec.
(2) Haskins, pp. 110-112.
(3) D'après l'édition grecque de Camerarius, Bâle, 1553.
(4) Les *Pneumatika*, cf. Haskins, pp. 181-183.
(5) Des livres II-V seulement.
(6) Vers 1150. Cf. Haskins, pp. 171-176.
(7) Celle-ci postérieure à la précédente.
(8) Haskins, p. 208 et *passim*.
(9) Cf. W. Schmid-O. Stählin, *Gesch. d. Griech Litt.*[6], II 2 (1924), p. 935.

l'importance dans l'histoire du savoir humain : car ce sont, en grande partie, des écrivains de cet âge, Nicomaque, Ptolémée, Héron, Galien entre autres, qui ont déterminé la forme et les limites de ce savoir pour plus d'un millier d'années. C'est le II° siècle, pour tout dire, qui a généralisé l'emploi et la notion d'*enkuklios paidéia* (1), de ce cycle d' « humanités » qui doit précéder la formation professionnelle et faire, vraiment, de l'être humain un « homme »; c'est alors qu'est définitivement établie l'ordonnance du *trivium* et du *quadrivium*, c'est-à-dire des sept « arts » libéraux du Moyen Age, grammaire, rhétorique, logique d'une part, arithmétique, musique, géométrie, astronomie d'autre part (2).

Il serait donc tout à fait injuste de parler, en un sens absolu, du temps des Antonins et des Sévères comme d'une époque de décadence. Et cependant, si l'on y regarde de plus près, la décadence est certaine. Car aucune des œuvres du II° siècle n'est une œuvre originale. On imite, ou l'on compile et systématise un donné acquis. Galeries, portiques, halles, thermes, bibliothèques, tous ces monuments qui donnent aux villes un aspect fastueux et rendent la vie urbaine si agréable, n'ajoutent rien de vraiment neuf aux formes d'architecture déjà inventées. En sculpture, ont se complaît à des pastiches de l'art grec, classique ou archaïque (3). L'éloquence atticisante des rhéteurs de la Nouvelle Sophistique, imitée des grands anciens, rend un son creux. La conférence publique où se délectent Pline le Jeune, Hérode Atticus, Aristide, remplace le silencieux travail du vrai savant. Même les sommes mathématiques de Ptolémée et de Héron ou l'encyclopédie médicale de Galien ne constituent aucun progrès réel si ce n'es sur le terrain pédagogique, par l'ordonnance des matières et la clarté du plan. Le goût de l'époque pour les Introductions, les Manuels, les Lexiques, est de ce point de vue très significatif. Il semble que l'extension même de la culture ait marqué comme un arrêt de la recherche. Le temps des découvertes est passé : maintenant on vulgarise. C'est l'ère de l'école, de l'enseignement.

---

(1) Le mot est déjà chez Denys d'Halicarnasse au Ier s. av. J.-C., puis chez Vitruve Strabon, Quintilien. Plutarque, Lucien, Athénée, etc.

(2) Cf. les six premiers livres des *Skeptika* de Sextus Empiricus (fin II° s.), qui laisse de côté la logique.

(3) Il faut mettre à part, il est vrai, la sculpture proprement romaine, l'« art continu » de la colonne Trajane et les admirables portraits de l'art romain. Cf. EUGÉNIE STRONG, *Roman Sculpture* (Londres 1907), Introduction, ch. VI, p. 159 et ch. XV.

Il faut donc reconnaître que l'esprit scientifique fut alors en déclin; ou plutôt la renaissance du IIᵉ siècle n'a ralenti qu'en apparence le déclin commencé dès le Iᵉʳ siècle avant notre ère, soit par une sorte d'épuisement des forces humaines (1), soit en raison des guerres continuelles depuis Sylla, probablement pour ces deux causes : sans doute c'est par un fait de guerre, quand César, en 47, assiège Alexandrie, que la bibliothèque du Musée est détruite; mais d'autre part les savants du Musée, depuis un bon demi-siècle, n'avaient rien produit qui vaille.

Or cette décadence de l'esprit scientifique eut pour corrélatif, comme il arrive souvent, un accroissement non pas tant de la vraie piété — car celle-ci peut fort bien s'accommoder, et de fait s'était fort bien accommodée, chez un Platon par exemple, avec la recherche scientifique, chacune restant en son domaine — que d'une exaltation de la piété, et comme d'une perversion de la piété, l'homme inclinant maintenant à demander à la divinité, sous forme de révélation personnelle, ce qu'il cherchait à obtenir auparavant par les seules forces de sa raison. Peu à peu l'ancien rationalisme grec qui, depuis les premiers Ioniens, avait libéré la pensée scientifique de la gangue du mythe et de l'apocalypse, cédait la place à une disposition bien différente où tout à la fois on se défiait de la raison et se confiait en des moyens de connaissance étrangers à la raison, — non pas que ces deux faits fussent la conséquence l'un de l'autre; plutôt ils manifestaient ensemble une même démission de l'esprit.

A quoi doit-on l'attribuer? D'où vient que le IIᵉ siècle qui, redisons-le, fut une des périodes les plus heureuses de l'antiquité, n'ait pas connu de vraie renaissance intellectuelle, que la vigueur, que la clarté de la pensée y continuent de déchoir, bref, qu'il n'ait pas correspondu à la grande prospérité matérielle dont le monde jouit alors une égale floraison de créations de l'esprit?

On n'en peut accuser la guerre, comme au dernier siècle de la République romaine ou à partir de Maximin le Thrace. Sans doute, la guerre n'a pour ainsi dire jamais cessé. Trajan et Marc Aurèle ont passé la plus grande partie de leur vie dans les camps. Mais la guerre était reportée aux extrêmes bords de l'Empire : à l'intérieur de ces limites, le monde vivait en paix.

---

(1) Qui avaient fourni, il est vrai, un prodigieux essor. Sans parler d'Athènes, rappelons, pour ne citer qu'eux, les mathématiciens du IIIᵉ et du IIᵉ siècles : Euclide, Eratosthène, Archimède, Apollonios, Hipparque.

Certainement les professeurs d'Athènes ou d'Alexandrie n'étaient point troublés dans leur retraite. En eût-on le désir, rien n'était plus aisé que de changer de lieu. Les nouveaux sophistes sont toujours en voyage. Galien apprenant à Rome qu'on pratique la dissection à Alexandrie et qu'on y peut examiner un squelette s'y rend avec autant de facilité qu'un touriste moderne : il suffisait de prendre, à Ostie, son billet.

Faut-il incriminer la domination romaine? Certes, si libres qu'elles fussent, les cités de l'Orient grec ne jouissaient plus du droit de décider dans les questions de paix et de guerre, d'alliances et de traités, bref en tout ce qui regarde la haute politique. Mais quand Rome conquit la Grèce, l'Asie Mineure, enfin la Syrie et l'Égypte, il y avait beau temps que les cités grecques avaient perdu ces droits souverains. Rome ne faisait qu'hériter des diadoques qui déjà, par des fictions diverses, avaient assimilé dans leurs royaumes ces organismes municipaux dont chacun, auparavant, constituait un État. Or cette soumission politique n'avait nullement empêché l'essor de la civilisation hellénistique. Ajoutons que la domination romaine, très bienveillante, du moins sous l'Empire et particulièrement au IIe siècle, fut, pour les cités grecques, un bienfait : ce qu'elles gardaient d'autonomie en matière d'administration leur assura un développement inouï; ce qu'elles avaient perdu, c'était le droit de s'épuiser en des luttes continuelles, comme elles n'avaient jamais cessé de faire au temps de leur entière indépendance.

Serait-ce donc « l'Oronte déversé dans le Tibre », cette invasion de Juifs, de Syriens, d'Égyptiens, qui apportaient avec eux l'esprit irrationnel, mystique, de l'Orient? Au vrai, cette influence, qui fut grande, paraît plutôt un symptôme que la cause profonde du mal. Si haut qu'on remonte dans l'histoire de la pensée grecque, on la voit en contact avec l'Orient : mais c'est elle qui profite de ce contact. Elle emprunte, mais organise et met en œuvre ce qu'elle emprunte, et par conséquent domine, loin de se laisser assimiler. L'auteur de *l'Épinomis*, au IVe siècle avant notre ère, écrit ces mots admirables : « Prenons conscience que tout ce que les Grecs ont emprunté aux Barbares, ils le retravaillent et le mènent à un plus bel achèvement. Il faut donc penser de même touchant notre objet présent (1). Sans doute il est difficile de découvrir la vérité d'une façon indiscutable en toutes ces questions nouvelles, mais il y a

---

(1) La réception dans la science grecque de la doctrine chaldéenne des astres.

grande espérance, et c'est un bien bel espoir, que les Grecs sauront prendre un soin véritablement plus noble et plus juste de la doctrine qui nous vient des Barbares en ce qui regarde tous ces dieux (les astres) et du culte qu'ils leur adressent, car les Grecs ont à leur usage les enseignements et les oracles de Delphes, et toute la religion établie par les lois » (1). D'où vient alors que, maintenant, ce rationalisme grec se renonce, que ce soit lui qui cède devant l'élément étranger, et qu'au lieu de s'en nourrir il finisse par s'y absorber?

On est bien forcé de constater une diminution de vie dans l'hellénisme lui-même. Il est comme un corps blessé, qui a perdu beaucoup de sang. Cet affaiblissement a sans doute bien des causes (2) : je n'en voudrais citer qu'une, qui tient, me semble-t-il, aux données essentielles du problème, c'est dire au propre caractère de la pensée philosophique et scientifique chez les Grecs.

Ce qui a manqué surtout à la science grecque, comme d'ailleurs à la science humaine jusqu'aux temps modernes, c'est l'emploi de l'expérimentation. Or cemanque ne résulte point d'une sorte de nécessité historique. Bien avant Bacon et Pascal, l'homme eût pu découvrir l'utilité et le moyen d'expérimenter. Au vrai, le savant grec ni n'en éprouvait le désir ni n'en sentait le besoin. Son tour d'esprit était essentiellement déductif. C'est par un ordre de raisons tirées de la raison la plus haute qu'il entendait expliquer toute la figure du monde. Ces édifices dialectiques devaient tenir par eux seuls, sans qu'il y eût à les contrôler par le recours au donné concret. De là vient que, si l'antiquité a compté d'illustres

---

(1) *Épinom.*, 987 d 9-988 a 5.

(2) Je ne prétends pas naturellement épuiser, ni même traiter à fond, ce sujet immense. J'ai simplement voulu mettre en relief l'une des causes principales à mes yeux, l'une de celles en tout cas qui permettent le mieux de comprendre l'éclosion de l'hermétisme et des mouvements analogues : car le désir d'une autre voie de connaissance que le rationalisme grec — à l'égard de problèmes pour lesquels on ne pouvait se passer de réponse — est né directement, semble-t-il, du sentiment que ce rationalisme avait failli, qu'il n'était plus capable de fournir aucune solution certaine, et qu'il fallait donc chercher ailleurs. Quant au problème de la décadence de la science sous les Romains, il y aurait lieu, bien sûr, d'indiquer d'autres causes encore. Le fait que l'esprit essentiellement pratique des Romains s'est toujours désintéressé de la science pure, le fait aussi que, non seulement à Rome, mais partout où domine l'éducation « hellénique », cette éducation, sous l'Empire, vise à former des rhéteurs, non des savants. L'idéal de l'Académie platonicienne a bien déchu : on ne s'attache plus à la vérité pure, mais à la vraisemblance; pour toutes les branches de la science, on se contente de notions rudimentaires et souvent erronées. Voir, pour le temps de S. Augustin, H.-I. MARROU, *Saint Augustin et la fin de la culture antique* (Paris, 1938) Ire et IIe Partie.

mathématiciens, elle n'a point eu de physique au sens actuel. De là vient aussi que le savant ancien a presque toujours incliné à rattacher la science à la philosophie première, c'est-à-dire à un système de raison pure, à une suite de déductions (1).

Or, sur le plan philosophique, le rationalisme grec s'est comme dévoré lui-même. Du fait précisément que la raison se donnait libre jeu sans rencontrer son frein normal dans une meilleure observation du donné concret, il était inévitable que cette même puissance dialectique, chez le Grec particulièrement souple et subtile, qui avait servi à édifier servît aussi à ruiner l'édifice. Cette prodigieuse aventure, la pensée grecque, offre, au terme, le spectacle assez mélancolique d'une logomachie. Chaque secte avait ses dogmes, qui ne se pouvaient concilier avec les dogmes du voisin. Bien sûr, il s'agissait toujours de « sauver les phénomènes (2) », on partait toujours d'une observation. Mais on se contentait vite d'une observation assez rudimentaire, pour s'élancer aussitôt sur la voie de constructions nouvelles qui péchaient par les mêmes défauts que les précédentes, qu'on blâmait. Ainsi toutes les écoles s'accusaient-elles d'avoir mal observé les faits de base, on en revenait chaque fois au même problème, le problème de la connaissance sensible. Et ce problème à son tour était insoluble puisque tantôt l'on partait d'un donné insuffisamment appréhendé, et bâtissait donc sur du sable — c'était le cas, au dire des Sceptiques, des quatre écoles dogmatiques de l'Université d'Athènes, — tantôt, arguant

(1) Sur l'absence, en Grèce, sauf en des cercles restreints, d'une union véritable entre science et technique, cf. H. DIELS, *Antike Technik*² (1920), pp. 29-33. (Il convient d'ailleurs de ne pas négliger ces cercles et de se rappeler que la vraie science a toujours été le fait d'un petit nombre). Voir aussi l'excellente étude de CH. SINGER, *Greek biology and its relation to the rise of modern science* (dans *Studies in the history and methodes of science*, Oxford, 1921), en particulier les §§ 1 et 2, pp. 1-13 (« The Greek scientific work lacks nothing in brilliance, the Greek scientist yields to none in keenness, the Greek record is at least the equal of our own in clearness. It is the constant solicitude for the exact *mode* of investigation, a solicitude charasteristic of our own science, that we so often seek in vain among the Greeks », p. 9. « The Greek often accepted data without scrutiny, induction without proof. His very brilliance was a source of weakness and he was often led to believe that the order of phenomena must perforce correspond to his own admirably clear conceptions », p. 10). Le fait est d'ailleurs bien connu.

(2) L'expression a pris naissance à l'école de Platon (BURNET, *Aurore Phil. gr.*, p. 32, n. 2) : il s'agissait de trouver l'hypothèse la plus simple pour rendre compte de tous les faits observés. Aristote a souvent κατὰ (παρὰ τὰ φ., ἀποδοῦναι, ὁμολογεῖν (ou au contraire βιάζεσθαι) τὰ φ., ἀκολουθεῖν τοῖς φ. Encore chez Proclus, *Hypotyp.*, 5, 10 πρὸς τὸ τὰ φαινόμενα σῴζειν.

des querelles qui opposaient les philosophes et de la relativité inhérente à toute perception sensible, on suspendait son jugement et déclarait ne rien savoir à la façon des Sceptiques.

Ce fait, l'un des plus importants sans doute de l'histoire humaine, plus important à coup sûr que les bouleversements politiques qui changeaient la face du monde, eut deux sortes de conséquences. Il en eut pour la science proprement dite. Et il en eut pour la pensée religieuse, la manière de concevoir Dieu, ses attributs, nos relations avec lui, l'origine et la destinée de l'âme, notre comportement ici-bas durant cette vie éphémère.

Dans le champ des sciences exactes, l'attitude sceptique devait conduire les esprits réfléchis à une sorte de pessimisme touchant les théories générales, ce qu'on appellerait aujourd'hui la philosophie des sciences. On avait trop discuté, on était las des mots. Il ne restait que la technique, et, de fait, c'est à décrire des machines que s'emploie surtout Héron d'Alexandrie, cependant que la secte des médecins empiriques rejette tout principe pour ne considérer que les cas singuliers. Ou encore l'on pouvait rassembler toutes les inventions des anciens : le IIe siècle, on l'a vu, est l'ère des compilations et des manuels. Ou enfin l'on pouvait renoncer une bonne fois à tout effort de la raison pour se confier exclusivement à des inspirations surnaturelles et attendre d'une révélation divine ce qu'on obtenait autrefois par le patient labeur de la recherche (1). De ce changement d'attitude nous rencontrerons, dans ce livre, bien des exemples.

La conséquence était plus grave en ce qui regarde les notions religieuses et les doctrines morales. Dans ces questions vitales, l'homme n'avait plus de règle. La religion impériale n'était qu'une manifestation de loyalisme; elle n'avait rien qu: pût combler le vide des âmes. Les cultes traditionnels avaient perdu cette forte emprise qu'ils exerçaient, par exemple, dans l'Athènes du Ve siècle, laquelle ressemblait à une Église. Chaque peuple avait eu ses dieux, chargés de conserver et de défendre le groupe humain qui les avait forgés. Tant que ce groupe humain prétendait vivre autonome, et se poser en s'opposant à ses voisins, les dieux faisaient corps avec lui. Mais la signification et le rôle des dieux locaux s'étaient singulièrement réduits

---

(1) Pour marquer la décadence, citons seulement Xénophon, *Mém.*, I 1, 9 ἃ ἔξεστιν ἀριθμήσαντας ἢ μετρήσαντας ἢ στήσαντας εἰδέναι, τοὺς τὰ τοιαῦτα παρὰ τῶν θεῶν πυνθανομένους ἀθέμιστα ποιεῖν ἡγεῖτο (*sc.* **Socrate**).

depuis le jour où avaient disparu, du moins en tant que forces indépendantes, les diverses patries locales (1). Davantage l'Empire, en fondant ces patries, avait fusionné leurs dieux. Isis n'est plus maîtresse de telle bourgade égyptienne : elle est Déméter et Cybèle, Junon et l'Aphrodite Syrienne, et l'Anaïtis de Perse, et même la Maia de l'Inde (2). Elle est myrionyme, tous les noms la désignent, elle assume toutes les fonctions (3). Le Soleil répand ses rayons sur toutes les parties du monde : il est donc Baal et ensemble Osiris, il est le Dieu Très-Haut, Zeus, Sabazios, Jupiter Summus Exsuperantissimus, voire le Jahwé des Juifs. Alors, quel Dieu choisir? Il y en a trop, ou bien ils se valent tous. Parmi tant d'objets qui se proposaient à l'adoration des hommes, lequel était le vrai Dieu?

C'est la question que, vers le II° ou le III° siècle de notre ère, posait un certain Théophile à l'Apollon de Claros : « Es-tu Dieu (4), ou est-ce un autre qui est Dieu? (5) ». Comment trouver réponse à cette interrogation?

On pouvait consulter les philosophes. Dès avant Socrate, bien des esprits réfléchis, en Grèce même ou dans la Grèce d'Asie, s'étaient posé le problème de la Cause Première, de l'Unité du Tout, des rapports de Dieu et du monde. Et depuis l'organisation des écoles philosophiques, c'est-à-dire depuis l'Académie tout au moins, la démarche la plus normale, si l'on voulait s'instruire en ces matières, ou si l'on éprouvait quelque trouble spirituel, était de suivre l'un des maîtres attitrés de sagesse. Écoutons donc Justin (6). Lui aussi cherchait le vrai Dieu. Et il s'était adressé aux philosophes puisque, comme il le dit lui-même (I, 3), « ils sont toujours occupés à parler de Dieu, à faire des recherches sur la monarchie et la providence divines, et que c'est là le propre

---

(1) Il ne s'agit pas ici de l'existence même des cultes locaux traditionnels. Ceux-ci ont naturellement continué à subsister, quelques-uns même reprenant, au II° siècle, vigueur nouvelle : cf. l'excellent résumé de GEFFCKEN, *Der Ausgang des griech.-röm. Heidentums* (Heidelberg, 1920), pp. 4-19. Ce qu'on se demande, c'est ce que représentaient alors, pour les besoins de l'âme, ces cultes traditionnels. N'avaient-ils pas cessé, pour une grande part, d'être des forces excitantes pour l'âme individuelle le jour où l'individu n'avait plus reconnu en eux le symbole d'une cité au sens plein du mot? N'entrait-il pas, dans ces cultes, beaucoup de convention?

(2) *Oxyrh. Pap.*, XI, 1380, col. V, 103.

(3) APULÉE, *métamorph.*, XI, 5.

(4) C'est-à-dire le *vrai Dieu* : qu'Apollon fût un dieu, c'est ce que tout païen savait de reste.

(5) K. BURESCH, *Klaros*, n° V, p. 55.

(6) Martyrisé entre 163 et 167. Cf. *Dialogue avec Tryphon*, éd. Archambault, Paris, 1909.

rôle de la philosophie, enquêter sur le divin ». Il se rend d'abord auprès d'un stoïcien (II, 3), mais celui-ci ne sait rien de Dieu et lui déclare que cette science n'est pas nécessaire ; il le quitte pour un péripatéticien (II, 3), mais cet autre réclame un salaire avant de commencer les leçons ; il passe chez un pythagoricien (II, 4) qui exige d'abord que son élève apprenne la musique, l'astronomie, la géométrie ; il suit enfin un platonicien (II, 6) dont la doctrine commence par l'enchanter si bien que, dans sa présomption, il conçoit l'espérance de voir Dieu face à face, « car telle est la fin de la philosophie de Platon ». Et alors, résolu à fuir les pas des hommes, il va se réfugier dans un lieu tranquille, sur le rivage de la mer, pour y méditer à loisir (III, 1) : c'est là qu'il rencontre le brave homme qui le conduira au Christ. Justin assurément n'est pas le seul qui ait demandé aux philosophes le secret de la vie heureuse, du Souverain Bien. Lucien rapporte d'autres exemples, soit qu'il décrive les sentiments qu'il éprouva lui-même après sa rencontre avec le platonicien Nigrinus (1), soit qu'il montre l'ardeur touchante d'un néophyte, Hermotime, qui aspire de toute son âme, à l'Absolu (2). Cet Hermotime sait que la route sera dure, qu'on n'arrive à la sagesse qu'après de longues années. N'importe, puisqu'il s'agit « ou d'être malheureux et de périr confondu avec une vile multitude ou de parvenir, par la philosophie, au Souverain Bien » (XX, 1). Cependant quel guide choisir? Ils sont si nombreux ; et chacun se prétend le meilleur. Et l'on en vient à cette conclusion désabusée : « Ou il faut croire tous les philosophes, ce qui est ridicule, ou il faut également s'en défier » (XX, 29).

Dans ce grand trouble des esprits, bien des comportements étaient possibles. On pouvait accepter de bon gré le scepticisme ou, du moins, s'y résigner sans trop de peine. Telle est bien, semble-t-il, la disposition d'un Cicéron qui, hormis une crise assez brève d'angoisse et de mysticisme après la mort de sa fille Tullia, en 45 (3), paraît s'être rangé naturellement à l'attitude agnostique de la Nouvelle Académie en ce qui touche l'Inconnaissable. Au Ier siècle de notre ère, Pline ramène l'idée de Dieu au service mutuel que les hommes se peuvent rendre (4). Au

---

(1) III, *Nigrinus ou le portrait d'un philosophe.*
(2) XX, *Hermotime ou les sectes.*
(3) Cf. Tenney FRANK, *Life and Literature in the Roman Republic*, Berkeley, 1930, pp. 217-222.
(4) *Deus est mortali iuvare mortalem*, PLINE, N. H., II, 18.

II⁰ siècle, Lucien fait figure d'ironiste bien assuré dans le scepticisme, et c'est avec une parfaite tranquillité d'âme que Sextus Empiricus poursuit son œuvre de démolition : il ne lui vient jamais en tête qu'à renverser ainsi tous nos modes de connaissance, il risque de mener au désespoir; on ne voit pas la moindre inquiétude en ses écrits.

On pouvait encore se contenter d'une sorte de piété vague, indépendante de tout système métaphysique, et susceptible de s'allier à n'importe quel dogme d'école (1). Rien n'est plus commun, à partir du I⁰ʳ siècle avant notre ère, que cette religiosité diffuse, qu'il est de mode, sans preuves bien évidentes, de rattacher au nom de Posidonius, et où l'on s'adresse à une Ame universelle maîtresse de ce grand corps, le Monde, qu'elle anime, et subsistant le plus excellemment dans les astres dont les beaux mouvements réguliers en sont comme la manifestation visible, où aussi, persuadé que notre âme est une parcelle de l'Ame divine, on aspire, dès ici-bas, à se fondre dans ce Principe avant de s'y dissoudre à la mort. Cette attitude transparaît en maint texte : dans le *Songe de Scipion* où elle n'est, peut-être, qu'une fiction littéraire, chez Virgile, chez Manilius, chez Sénèque, dans le traité pseudo-aristotélicien *sur le Monde,* traduit par Apulée, dans les écrits allégoriques de Philon d'Alexandrie. Au II⁰ siècle, c'est l'un des traits familiers de cette sagesse éclectique qui n'appartient précisément à aucune école, mais résulte de la même éducation reçue et fait partie du commun bagage de l'homme cultivé : Dion le Cynique, les stoïciens Épictète et Marc Aurèle, le platonicien Maxime de Tyr, l'astrologue Vettius Valens, l'auteur de l'*Asclépius* hermétique, le pythagoricien Apollonius de Tyane tel que le dépeint Philostrate sont également pieux de cette façon-là.

On pouvait adopter enfin une troisième attitude. Puisque, sur l'existence et la nature de la divinité, sur la Providence, sur l'essence et le sort de l'âme, sur le Souverain Bien, sur la conduite de la vie, les philosophes n'apportaient que des réponses contradictoires (2), puisque même, à en croire certains, la seule recherche de tels problèmes était condamnée dès le principe en raison de l'insuffisance de nos moyens de connaître, ceux qui ne pouvaient, malgré tout, se passer de réponse, ces âmes, dont parle Justin (VIII, 2), « qui avaient souci d'elles-mêmes, qui tenaient à être sauvées et gar-

---

(1) Sauf il est vrai, à l'épicurisme.
(2) JUSTIN, *Dial. c. Tryph.*, I, 4-5 ; LUCIEN, *Hermotime.*

daient confiance en Dieu », allaient s'abreuver à d'autres sources et tentaient des voies nouvelles qui n'eussent point épuisé leur vertu. Par une réaction fatale, le rationalisme grec, ayant ruiné ses propres fondements, renvoyait à l'irrationnel, à quelque chose qui fût au-dessus, ou au-dessous, du moins en dehors de la raison, sur le plan de l'intuition mystique, ou des mystères théosophiques, ou des prestiges de la magie, parfois de tout cela ensemble. On était las infiniment de ces raisons qui ne servaient qu'à bafouer la raison. En attendant, il fallait vivre, donner un sens à la vie. Ce qu'on demandait dès lors, c'était un mot d'ordre, une autorité, une foi. Plus de démonstrations : on veut croire.

A un consultant qui sans doute l'interrogeait, comme Théophile (1), sur le vrai nom de Dieu, l'Apollon de Claros répond insi : « Qui est instruit des saints mystères doit tenir cachées les choses qu'on ne doit pas approfondir (2). *Mais puisque ton intelligence est courte et ton jugement facile à renverser,* apprends que le Dieu qui surpasse tous les autres est Iao, qui, en hiver, est Hadès, Zeus quand le printemps commence, Hélios en été, à l'automne le *glorieux Iao* » (3). Vers le même temps, au II° ou III° siècle, voici la réponse d'Apollon à ce Théophile qui lui demandait « es-tu Dieu? » : « Il existe, résidant bien au-dessus de l'enveloppe supracéleste, un feu illimité, toujours en mouvement, Éternité sans bornes : *les bienheureux* (4) *ne peuvent le connaître, à moins que lui, Souverain Père, quand il en a ainsi jugé dans son conseil, ne se donne lui-même à voir* » (5). Et Justin résume en ces termes ce que lui dit le chrétien auquel il avait conté son aventure spirituelle : « Il y eut, dans des temps très lointains, plus anciens que tous ces prétendus philosophes, des hommes heureux, justes, chéris de Dieu, qui parlaient par l'Esprit divin et rendaient sur l'avenir des oracles qui sont maintenant accomplis. On les appelle prophètes. Eux seuls ont vu et annoncé aux hommes la vérité... Leurs écrits subsistent maintenant encore, il est loisible

---

(1) Cf. *supra*, p. 10.
(2) Le sens est : « C'est contre mon gré que moi, qui sais, je te révèle ces choses ». Le dieu répugne à dévoiler de si profonds secrets. On a là un lieu commun de toute gnose.
(3) Buresch, *Klaros*, n° IV, p. 48. Buresch (*ib.* et p. 49) garde au v. 5 ἁβρὸν Ἰαω, rejetant les corrections de Lobeck (ἁβρὸν Ἄδωνιν) et de Lan (ἁβρὸν Ἰακχον). Une autre version plus courte du même oracle dit simplement : « Zeus, Hadès, Hélios, Dionysos, c'est le même ».
(4) C'est-à-dire les dieux.
(5) Buresch, *Klaros*, n° V, p. 55.

à qui les prend en main, et leur accorde sa foi, d'en tirer le plus grand profit tant sur les principes que sur la fin, sur tout ce que doit connaître le philosophe. *Car ce n'est point par démonstration qu'ils ont avancé leur propos : au-dessus de toute démonstration, ils sont les dignes témoins de la vérité* » (1).

Que ces textes sont significatifs et peignent bien l'état d'esprit nouveau! L'intelligence humaine est courte, et sujette à l'erreur. Le Dieu suprême est inconnaissable. Aussi longtemps qu'il se tient caché, les dieux eux-mêmes, à plus forte raison les hommes, ne savent rien de lui. On ne le connaît que s'il se révèle. Et cette révélation n'est pas de l'ordre du démontrable, mais de la foi.

On cherchait donc une révélation, et, naturellement, une révélation qui eût autorité. Or Dieu seul parle bien de Dieu. Il fallait donc interroger Dieu, soit qu'il vous parlât à vous-même par ses oracles ou au cours d'une vision qu'on obtenait de lui, soit qu'on en crût ses prophètes qui avaient eu communication avec lui en un passé légendaire et qui avaient transcrit en de saints livres ce qu'ils avaient appris de Dieu. Ces prophètes auraient d'autant plus d'autorité qu'ils seraient plus éloignés — *maior e longinquo reverentia*. Plus éloignés dans le temps, car, plus on remonterait dans le passé, plus on se rapprocherait de cet âge d'or où les dieux venaient ici-bas converser avec les hommes, s'unissaient à des mortelles, engendraient des demi-dieux doués d'une sagesse surhumaine. Plus éloignés dans l'espace, et, dans ce cas, on irait chercher vers l'Orient, chez ces peuples « qui sont les premiers à voir se lever le Soleil » et auxquels il se communique d'une façon plus pure et plus immédiate, en ces pays aux temples millénaires dont les prêtres gardaient jalousement des secrets merveilleux et parlaient une langue dont les sons mêmes avaient de l'efficace, exerçaient un pouvoir magique dès là qu'on les prononçait.

Ici encore, les exemples abondent qui manifestent la vogue de ce courant mystique et prophétique aux premiers siècles de l'ère chrétienne. Marquons-en quelques traits, en commençant par la révélation indirecte, celle qui est transmise au moyen d'un livre.

C'est d'abord le renouveau du pythagorisme. Il semble que la foi en Pythagore ait grandi dans la mesure même où diminuait l'emprise du raisonnement. Quelques rencontres sont ici bien curieuses. Au temps même où Cicéron, disciple des sceptiques

---

(1) *Dial. c. Tryph.*, VII, 1-2.

(Énésidème) et des probabilistes (Antiochus d'Ascalon), se plaît à opposer entre elles les doctrines théologiques des philosophes (1), Nigidius Figulus a réputation de pythagoricien, d'astrologue et de mage, et les pythagoriciens sont assez nombreux à Rome pour se faire construire, sous terre, un sanctuaire, la fameuse basilique de la Porta Maggiore (2). Au temps de Néron et de Domitien, alors que tant de grands seigneurs acceptent de mourir, comme Pétrone, en se jouant de la mort, le pythagoricien Apollonius de Tyane, prophète et thaumaturge, prêche de ville en ville un évangile sans dogmes, le culte pur d'un Dieu pur, l'abstinence de certains aliments, surtout la foi en sa parole. Et quand enfin Sextus Empiricus rassemble dans les *Hypotyposes* et les *Skeptika* toutes les armes des sceptiques contre les arguments de la philosophie et de la science, son contemporain Philostrate, poussé par l'impératrice Julia Domna, compose, à la manière d'une vie de saint, la légende d'Apollonius, le nouveau Pythagore (3).

Ce qui faisait en effet la force du nouveau pythagorisme, c'est qu'il n'était pas une philosophie, un système cohérent de pensées sur Dieu, l'univers et l'homme. Il ne procédait pas par démonstration. C'était une Église, ou même un Ordre religieux (4), où l'on suivait aveuglément la parole d'un être inspiré qui ne visait pas à convaincre, mais voulait être cru. Toute discussion dans l'Ordre devait cesser quand retentissait la formule, devenue proverbiale, « le Maître a parlé » : Αὐτὸς ἔφα (5). Aussi bien ce sage n'était-il pas un dieu? Le catéchisme pythagoricien contenait, entre autres questions : « Qu'est-ce que Pythagore? » On répondait : « Le Pythien (Apollon) », ou « Apollon Hyperboréen », ou « Apollon Guérisseur » (Παιών), ou « l'un des démons qui séjournent dans la Lune », ou « le fils d'Hermès » (6). De toute façon la légende rapportait ses miracles, qui servaient de motif de crédibilité : comment ne pas donner sa foi à Pythagore dieu et sauveur, alors qu'il avait accompli de tels prodiges? (7).

On faisait donc courir sous son nom des livres saints, ἱεροὶ

---

(1) Cf. *L'Idéal religieux des Grecs*, pp. 87 ss.
(2) Cf. J. Carcopino, *La basilique pythagoricienne de la Porte Majeure*, 1927.
(3) Cf. *Id. rel. d. Grecs*, pp. 73-85.
(4) Cf. Mon article *Rev. Ét. Grecques*, L (1937), pp. 470 ss., en particulier pp. 476-489.
(5) Diog. Laert., VIII, 46. Autres références dans A. Delatte, *Études sur la littérature pythagoricienne*, 1915, p. 279, n. 2.
(6) Delatte, pp. 279-280.
(7) *Rev. Ét. Gr.*, *l. cit.*, pp. 473-474, 490-494, et Delatte, p. 297.

λόγοι, hymnes en l'honneur des nombres (1), traités arithmologiques (2), catéchismes surtout qui définissaient la nature des êtres, désignaient les choses ou les actions les plus parfaites en chaque ordre d'excellence, énonçaient des préceptes et des interdictions (3). La brièveté, le caractère autoritaire de ces réponses charmaient les esprits blasés, avides de croire. « Qu'est-ce que les Iles des Bienheureux? » demandait-on par exemple. Réponse : « Le Soleil et la Lune. » On savait donc avec assurance qu'on irait, après la mort, habiter le Soleil ou la Lune : et c'était, pour l'âme, un grand repos. Ou encore : « Qu'est-ce que l'oracle de Delphes? » Réponse : « la tétraktys », c'est-à-dire cette Harmonie qui, selon le serment pythagoricien, « était la source et la racine de l'éternelle Nature » (4). On possédait avec ce simple mot l'explication de tout l'univers, la clé de tous les mystères. Qu'était-il besoin de chercher davantage? Et pourquoi s'inquiéter encore des sceptiques? L'Évangile de la « tétraktys » dépassait l'ordre de la raison. Si l'on demandait enfin : « Qu'est-ce que Pythagore? » la réponse « Apollon » mettait un terme à toute hésitation qu'on pût avoir : il n'y avait plus qu'à croire. De même les devinettes : « quelle est la chose la plus juste, la plus sage, etc.? » offraient un programme de vie en formules lapidaires où la simplicité le disputait au mystère. On apprenait ainsi que la chose la plus juste est de sacrifier aux dieux; la meilleure, d'avoir en soi un bon δαίμων, c'est-à-dire une âme vertueuse et bonne, ce qui faisait le bonheur (εὐδαιμονία); la chose la plus vraie était cette vérité incontestable que les hommes sont méchants, et la chose la plus sacrée était la feuille de mauve, Dieu sait pourquoi. Il n'y avait pas moins d'utilité dans les commandements et les défenses. On savait désormais ce qu'on avait à faire ou à éviter pour être sauvé, tous les devoirs qui concernent le manger et le boire, la procréation, le culte de Dieu, l'examen de conscience, jusqu'à la manière d'entrer dans les temples (du pied droit) et d'en sortir (du pied gauche), jusqu'à la défense de rompre le pain ou de toucher un coq blanc. C'était là un mélange inouï de tabous venus du fond des âges, d'observations d'hygiène, de conseils de direction morale et spirituelle. Et cependant on gardait jalousement ces aphorismes comme des secrets d'initiés, on jurait de ne

---

(1) Les nombres ont valeur mystique et même s'identifient à des êtres divins selon le pythagorisme.
(2) DELATTE, pp. 139-268.
(3) Τί ἐστιν, τί μάλιστα, τί πρακτέον ἢ οὐ πρακτέον : DELATTE, pp. 274 ss.
(4) DELATTE, pp. 249-268 et 276.

les point livrer. Et de pieux conventicules assemblaient les fidèles, vêtus de lin pur, en des salles toutes blanches et décorées de scènes allégoriques, pour prendre part à des cérémonies où l'on s'enivrait de symboles.

Comme toutes les religions vivaces, le pythagorisme fit des conquêtes. Il s'annexa les deux forces principales de la culture grecque, Homère le prince des poètes, Platon le prince des philosophes.

Les Grecs n'avaient jamais eu de livre saint au sens où les Hébreux avaient la Bible. Mais ils possédaient un texte qui jouissait du double prestige d'une antiquité vénérable et d'une forme éblouissante. Récits de combats et d'aventures imaginés pour réjouir les féodaux d'Ionie, l'*Iliade* et l'*Odyssée* avaient enchanté, depuis leur naissance, d'innombrables générations. Achille, Hector, Priam, Andromaque, ces noms étaient les premiers que l'enfant apprît à l'école. La gloire d'Achille avait suscité maint héros. Bien des traits de l'âme antique ne se comprennent que si l'on sait apprécier le rôle de ces poèmes dans l'éducation gréco-romaine (1). Or il y avait chez Homère de quoi choquer les dévots. Et sans parler de ces contes où le poète sourit des dieux, il va de soi qu'Homère n'avait point eu dessein de composer une Sainte Écriture. Quand, aux premiers siècles de notre ère, l'homme inquiet, défiant de la raison, se prit à rechercher une parole écrite qui pût servir d'oracle pour la vie, on songea tout naturellement à ces textes séculaires. Il fallut donc les interpréter dans un sens édifiant. Et c'est ainsi que naquit, parallèlement aux apocryphes pythagoriciens et dans les mêmes milieux, une littérature d'exégèse allégorique où Homère devait prendre enfin son vrai visage, devenir un prophète à l'instar de Pythagore et d'Apollonius. Le plus fameux de ces ouvrages d'exégèse est le traité *Sur l'antre des nymphes* de Porphyre. Mais il fut précédé de beaucoup d'autres, dont on retrouve la trace dans la *Vie d'Homère* du pseudo-Plutarque (2).

Il était plus facile encore de pythagoriser Platon. N'était-il pas l'élève de Pythagore, mêlant les enseignements de Socrate à ceux du sage de Samos (3)? N'avait-il pas pythagorisé lui-même (4) quand

---

(1) Cf. *L'enfant d'Agrigente*, pp. 11-14.
(2) Cf. Delatte, pp. 109 ss. : « L'exégèse pythagoricienne des poèmes homériques » Cumont, *Recherches sur le symbolisme funéraire des Romains*, Paris, 1942, pp. 4-9, 186-189 et *passim* (voir à l'Index Général, s. v. « Homère »).
(3) κεράσας Σωκράτει Πυθαγόραν, Numénius, fr. 1, p. 116. 1 Leemans.
(4) ὁ δὲ Πλάτων πυθαγορίσας, *ib.*, p. 115. 4-5.

il comparait le corps à une prison ou à une tombe, le monde à une caverne, Dieu à un bon berger, et dans ces mythes eschatologiques du *Gorgias,* du *Phédon,* de la *République* et du *Phèdre* où il décrivait le sort de l'âme après la mort? Bien plus, dans le *Timée,* ne s'était-il pas inspiré directement des doctrines de l'École jusque-là que, disait-on, il aurait plagié l'ouvrage d'un pythagoricien, peut-être Philolaos, peut-être Pythagore lui-même (1)? Or, de tous les écrits de Platon, c'est le *Timée* que l'antiquité tenait en plus haute estime, et qu'elle lisait le plus; beaucoup même ne connaissaient Platon que par ce dialogue, qui suffisait à tout. N'y trouvait-on pas comme une somme de tout ce qu'il fallait savoir sur l'origine et l'organisation du monde, l'essence de l'âme, la nature des corps? Cosmogonie, cosmologie, physique, science de l'âme et sciences naturelles, tout était rassemblé dans ce livre au ton dogmatique, qui passait presque pour inspiré. Dès les débuts de l'Académie, il suscitait des discussions (2), des commentaires. Au Ier et au IIe siècle, le plus célèbre de ces commentaires était celui de Posidonius d'Apamée : Chalcidius encore (IVe siècle) et Proclus (V[e]) y feront des emprunts. Si donc le *Timée* de Platon dérivait du Pythagorisme, c'est tout Platon qu'on annexait d'un coup. Le plus fameux philosophe était réduit au rôle de disciple du seul Maître qui comptât.

(1) Sur cette accusation de plagiat, qui circulait depuis Timon de Phlionte (environ 325-235), cf. A. E. TAYLOR, *A commentary on Plato's Timaeus,* Oxford, 1928, pp. 39-41.

(2) Xénocrate et Crantor (env. 300 av. J.-C.).

CHAPITRE II

LES PROPHÈTES DE L'ORIENT

Pythagoriser Platon, c'était bien : c'était déjà le couronner de l'auréole du prophète. Mais pourquoi s'arrêter dans cette voie? Si toute doctrine prenait d'autant plus d'autorité qu'elle revêtait un caractère de révélation et que cette révélation tirait son origine d'un plus lointain passé, ne fallait-il pas remonter, au delà de Pythagore, jusqu'à des sagesses plus proches encore du divin et qui, pour ainsi dire, n'avaient plus d'âge? « Platon est-il autre chose que Moïse atticisant? » demande le pythagoricien Numénius d'Apamée, au IIe siècle (1). Et, dans un autre passage de son traité *Sur le Bien,* il écrit ces lignes typiques : « Pour traiter du problème de Dieu, il ne faudra pas seulement s'appuyer sur les témoignages de Platon, mais reculer plus au delà et lier ses affirmations aux enseignements de Pythagore, que dis-je, en appeler aux peuples de beau renom, conférant leurs initiations, leurs dogmes, leurs cérémonies cultuelles qu'ils accomplissent en plein accord avec les principes de Platon, tout ce que les Brahmanes, les Juifs, les Mages et les Égyptiens ont établi (2) ». Vers le même temps que Numénius, environ 200 de notre ère, un autre Syrien d'Apamée, un certain Alcibiade, vient à Rome porteur du livre de la révélation d'Elchasaï, laquelle, imprégnée d'astrologie, se prétendait d'origine parthe (3). Or cet Alcibiade répétait aux futurs initiés, avant de leur transmettre les secrets mystères : « Ne lisez pas ce livre devant tous, gardez jalousement ces préceptes... Les sages d'Égypte dans leurs temples n'en ont pas connu de si grands, ni Pythagore, le sage des Grecs » (4).

Nous voici à la dernière étape de la révélation livresque. Ici tous les éléments sont réunis, qui conspirent à fortifier l'autorité

---

(1) Fr. 10, p. 130. 22 Leemans.
(2) Fr. 9 a, p. 130. 8 ss. Leemans. Sur ce texte, cf. H.-Ch. Puech, *Numénius d'Apamée et les Théologies orientales au second siècle,* dans les *Mélanges Bidez,* Bruxelles, 1934, pp. 745 ss., en particulier pp. 747-748.
(3) Hippolyte, *Refut.,* IX, 13-17.
(4) Hippol., *Refut.,* IX, 17, 1, p. 255. 8-12 Wendland.

du texte : et l'antiquité la plus haute, et l'éloignement dans l'espace, et le caractère proprement inspiré du message, puisque le sage oriental n'est jamais que l'instrument d'En-Haut, le scribe qui se borne à transmettre une parole révélée.

Le mirage oriental avait toujours séduit les imaginations de la Grèce. Aux premiers siècles de l'ère chrétienne, les esprits dégoûtés et peu à peu déshabitués du rationalisme grec s'abandonnent avec délices à l'influence étrangère. L'idée règne que les Barbares possèdent sur la Divinité des notions plus pures et plus essentielles, non qu'ils fassent meilleur usage de la raison que les Hellènes, mais, bien au contraire, parce que, négligeant la raison, ils obtiennent, par des voies plus secrètes, de communiquer avec Dieu. C'est plus qu'une mode littéraire : le monde gréco-romain est comme en stupeur. Pythagore, dit Hippolyte (1), fut « stupéfait » (καταπλαγείς) de la sagesse des Égyptiens. Le mot exprime à merveille l'état d'âme de l'époque.

Les témoignages sont innombrables. Je n'en choisirai qu'un petit groupe où, sans me soucier des doctrines mêmes, et sans me demander jamais si ces doctrines orientales, telles que les Grecs les définissent, sont bien conformes à la pensée génuine des sages de l'Est (Zoroastre, le Bouddha, etc.), je noterai seulement les lieux communs qui trahissent la mode nouvelle.

1) « Tout ce qu'ont établi les Brahmanes, les Juifs, les Mages et les Égyptiens », dit Numénius d'Apamée. On se plaît à cette suite de noms évocateurs. Diogène Laërce (III° siècle) ouvre ses *Vies des Philosophes* (*Prooem.* I, 1) par ces paroles : « D'aucuns veulent que la philosophie ait commencé par les Barbares : il y a eu en effet les Mages chez les Perses, les Chaldéens chez les Babyloniens ou Assyriens, les Gymnosophistes dans l'Inde, les Druides chez les Celtes et les Galates ». Or Diogène n'invente rien. Il se réfère ici à Sotion d'Alexandrie, contemporain de Ptolémée Philométor (2), et à un *Traité du Mage* (3) attribué à Aristote, mais qui est sans doute du péripatéticien Antisthène de Rhodes (II° s. av. J.-C.) (4). On retrouve la même tétrade — Égypte, Chaldée, Perse, Inde — ou des séries analogues (5) à propos des études de Pythagore,

---

(1) *Refut.*, I, 2, 18, p. 8. 22 Wendl.; ἐξεπλάγην, dit Cyprien le mage, cf. *infra* p. 40.
(2) Cf. DIELS, *Dox. Gr.*, p. 147.
(3) Μαγικός (scil. λόγος).
(4) Cf. BIDEZ-CUMONT, *Les Mages hellénisés* (Paris, 1938 : cité ici *Mages hellén.*), t. II, p. 17, fr. B6, n. 1 et 3.
(5) Parfois l'on ajoute les Druides, ou les Juifs, ou les Arméniens, d'autres encore;

des voyages d'Apollonius, des aventures de Cyprien le magicien, chez Porphyre (1) qui compare la piété des Orientaux (Brahmanes de l'Inde, Mages de Perse) (2) à celle des théologiens les plus consommés de la Grèce, chez Arnobe où ils témoignent de la nature du vrai Dieu (3), chez S. Jérôme dans une liste de peuples qui philosophent (4), chez S. Augustin où ils entrent en ligne, avec les Barbares occidentaux, dans l'argument du consentement universel (5).

2) En effet ces peuples, d'une antiquité proverbiale, sont les initiateurs de la philosophie. Cette fable qui paraît née, sous Platon encore, à l'Académie (6) et avoir passé de là, dès le IIIe siècle, aux écoles d'Alexandrie (7), fournit l'un des lieux communs les plus en vogue sous l'Empire. Diogène Laërce en témoigne, nous l'avons vu, dès le seuil des *Vies des Philosophes,* dans ce petit traité « De l'invention de la philosophie » (περὶ εὑρέσεως) qui occupe les paragraphes 1 à 12 de la Préface. Il énonce d'abord la thèse de la priorité des Barbares (1-2), que d'ailleurs il n'accepte pas lui-même (3-5), puis décrit brièvement la philosophie des Gymnosophistes et des Druides (ici associés), plus longuement celle des Chaldéens et Mages (6-9), enfin celle des Égyptiens (10-12). Les autorités auxquelles il se réfère montrent une tradition déjà longue. Au vrai, parmi les partisans de la priorité des Barbares, on ne s'accordait pas sur le premier initiateur : Égypte, Perse, Inde ou Judée, à qui reviendrait la palme? Les Égyptiens avaient longtemps passé pour les sages les plus anciens (8). C'est dans leurs temples

ou bien l'on retranche l'un des quatre, par exemple TERTULL., *adv. Marc.*, I, 13 (p. 307. 14 Kroymann), à propos des « éléments du monde » (les astres) : *indignas mundi substantias... quas colunt et Persarum magi et Ægyptiorum hierophantae et Indorum Gymnosophistae.*
(1) *Ap.* PROCL., *in Tim.,* I, 208. 16 Diehl.
(2) Manquent Égyptiens et Chaldéens.
(3) *Ne nobis fidem habere nolitis, Ægyptios Persas Indos Chaldaeos Armenios interrogetis omnesque illos alios, qui interioribus viderunt et cognoverunt haec artibus : iam profecto discetis, quisnam sit deus unus vel sub eo qui plurimi, qui deos se fingant,* ARN., *adv. nat.* (CSEL. IV) IV, 3.
(4) *Epistol.* 60, 4. 2 : *Indus Persa Gothus Ægyptius philosophantur.*
(5) *Civ. Dei,* VIII, 9 : *sive Platonici... sive Italici... sive aliarum quoque gentium qui sapientes vel philosophi habiti sunt, Atlantici Libyes Ægypti Indi Persae Chaldaei Scythae Galli Hispani aliique reperiuntur qui hoc viderint.*
(6) Cf. Aristote, *infra,* p. 22, n. 3.
(7) Cf. Sotion, *supra,* p. 20. Hécatée d'Abdère, qui séjourna en Égypte sous Ptolémée Ier, a beaucoup contribué à la fable en ce qui regarde les Égyptiens, cf. JACOBY, *ap.* P. W., VII, 2758 ss. et SCHWARTZ, *ib.,* V, 670-674 : Hécatée source de Diodore, I.
(8) Par exemple HIPPOLYTE, *Refut.,* IV, 43, 4, p. 65. 12 Wendl.

que toute science, divine ou humaine, était née d'abord. Bien plus, c'est un de leurs dieux qui avait « inventé » la philosophie : Thoth par exemple, Hermès pour les Grecs (notre Trismégiste), et les stèles d'Hermès, que Pythagore et Platon, disait-on, avait lues, subsistaient encore au temps de Jamblique (1); ou bien Arnébeschènis, ou Ptah, fils du Nil : et l'on fixait la date, 48.863 ans avant Alexandre (2). Cependant, alors que, disciple encore de Platon, il suivait l'engouement général de l'Académie pour les Mages, Aristote, dans le Ier livre du traité *Sur la Philosophie,* donnait la palme aux Mages « qui auraient été beaucoup plus anciens que les Égyptiens (3) ». De nouveau, on calculait. Zoroastre avait vécu, selon Hermodore le platonicien, 5.000 ans avant la guerre de Troie, selon Xanthos le Lydien, 6.000 ans avant Xerxès, selon Eudoxe et Aristote (toujours l'Académie), 6.000 avant Platon (4). Ces trois chiffres concordaient à peu près, mais ne correspondaient guère à ceux des Égyptiens. On établissait des généalogies. Les Gymnosophistes (Inde) étaient les descendants des Mages, ayant eux-mêmes pour descendants les Juifs. Ainsi parle Flavius Josèphe (5) : « les Juifs sont les descendants des philosophes de l'Inde : à ce qu'on dit, les philosophes sont nommés Kallanoi chez les Indiens, Judéens chez les Syriens, ce nom leur étant venu du pays qu'ils habitent (6) ». Mais comment concilier cette descendance des Judéens avec la prétention, si courante chez les auteurs juifs et si souvent répétée par les Chrétiens, que la Bible contenait la sagesse toute primordiale, puisque la Bible, comme on le voit par la *Genèse,* est aussi ancienne que le monde même? Zoroastre devait être un disciple d'Abraham (7), et c'est ce même Abraham qui avait enseigné aussi l'astrologie au roi Pharéthonès d'Égypte (8). Mais l'Inde, à son tour, n'allait-elle pas revendiquer la priorité? On racontait donc que Zoroastre avait appris ses secrets des Brahmanes (9). Dans sa conversation avec le sage Iarchas,

---

(1) *De myster.,* I, 2.
(2) Diog. La., *prooem.,* 2, 2.
(3) Arist., *Fragm.,* 6 Rose².
(4) Cf. *Mages hellén.,* II, fr. B1a et B2, pp. 7, 9 ss.
(5) *Contre Apion,* I, 22, 179.
(6) Cet on-dit, un autre témoignage le prouve (Diog. La., *prooem.,* 6, 9), est un propos de Cléarque, disciple d'Aristote : on remonte donc, cette fois encore, au ive siècle.
(7) Cf. *Mages hellén.,* I, p. 41; II, p. 48.
(8) Artapan (environ 100 av. J.-C.) *ap.* Euseb., *praep. evang.,* IX, 18, 1. Sur Artapan, cf. P. W., IX, 1964, 29 ss.
(9) Amm. Marcell., XXIII, 6, 32-36, cf. *Mages hellén.,* II, fr. B 21, p. 32. La légende vient d'un pythagoricien, *ibid.,* I, pp. 27-28.

Apollonius de Tyane apprend que les Brahmanes ont enseigné la métempsycose aux Égyptiens, qui l'ont transmise à Pythagore et celui-ci aux Grecs (1). Ce sont les Indiens qui ont « inventé » la sagesse (2). Ne dit-on pas que Lycurgue est allé chez eux et s'est entretenu avec les Gymnosophistes (3)?

3) Quoi qu'il en soit de ces querelles, c'était un fait certain : la philosophie des Barbares était infiniment plus antique et plus vénérable que celle des Grecs. D'où la conclusion inévitable : c'est chez les Barbares que devaient s'être instruits les premiers philosophes de la Grèce. Bien mieux, toute la civilisation grecque n'était qu'un emprunt aux Barbares. Selon Diodore de Sicile (4), les prêtres égyptiens tiraient des registres de leurs temples ce renseignement qu'Orphée (5), Musée, Mélampous, Dédale, Homère, Lycurgue, Solon, Platon, Pythagore, Eudoxe, Démocrite, Oenopide étaient venus en Égypte (6). Lycurgue, Solon, Platon y auraient emprunté leurs lois, Pythagore y aurait appris ce qui concerne le *hiéros logos,* les théorèmes de la géométrie, la science des nombres, voire la métempsycose. La légende, qui n'est pas neuve (7), circule dans toutes les doxographies hellénistiques. Thalès, le premier philosophe ionien, avait étudié en Égypte (8). On citait même une prétendue lettre de Thalès à Phérécyde où il disait être allé en Égypte avec Solon pour y converser avec les prêtres et les astrologues (9). Mais c'est surtout au sujet de Pythagore et de Démocrite qu'on répandait le dogme de l'emprunt aux Barbares, et c'est avec ces exemples que la fable prenait tout son sens. Car Pythagore, on l'a vu, c'était le Sage inspiré, quasi divin, un autre Apollon, dont la moindre parole avait valeur d'oracle. Et Démocrite, sous l'Empire, n'est pas tant l'inventeur de l'hypothèse des atomes que le maître ès sciences occultes auquel on rapportait toutes sortes d'apocryphes, forgés en Égypte, sur les vertus magiques des plantes et des pierres, l'auteur des *Physika et Mystika,* d'un livre sur les « Sympathies »,

---
(1) PHILOSTR., *V. Apoll.,* III, 19.
(2) *Ibid.,* VI, 11.
(3) ARISTOCRATE, fr. 2 = PLUT., *Lycurgue,* 4, 8.
(4) I, 96-98. Diodore est du Ier siècle avant notre ère, mais sa source est ici Hécatée d'Abdère, fin du IVe s. (cf. *supra,* p. 21, n. 7).
(5) Orphée en Égypte, I, 69, 92, 96.
(6) Jamblique (*de myster.,* I, 1) a une liste plus courte : Pythagore, Platon, Démocrite, Eudoxe.
(7) Cf. *supra,* n. 4.
(8) AÉTIUS, I, 3, 1 = *Dox. Gr.,* 276, 10; DIOG. LA., I, 6, 27.
(9) DIOG. LA., I, 15, 43.

d'ouvrages d'alchimie, le « philosophe » au sens où le mot se prend alors, c'est-à-dire le prophète d'une doctrine ésotérique, l'astrologue et le mage (1).

Que Pythagore fût venu en Égypte, c'était déjà une notion familière au vᵉ siècle : du moins Hérodote indique-t-il les ressemblances entre les usages sacerdotaux des Égyptiens et ceux des Orphiques et des Pythagoriciens (II, 81). Un siècle plus tard, Isocrate (*Busiris* 28) déclare que Pythagore a tiré d'Égypte sa philosophie et sa connaissance des saints rites, toutes sciences qu'il a fait connaître, lui le premier, à la Grèce. Il est probable qu'ensuite les milieux alexandrins contribuèrent amplement à répandre la fable. En tout cas, à partir de l'ère chrétienne, elle court partout. On la trouve chez Hippolyte (2) : « Pythagore a appris des Égyptiens les nombres et les mesures, et stupéfait de la sagesse digne de foi, spécieuse et difficile à communiquer des prêtres d'Égypte, dans un désir d'émulation il a prescrit lui aussi la loi du silence et enjoint, à qui veut apprendre, de méditer en repos dans des temples souterrains (3); » chez Clément d'Alexandrie (4) : « Platon a emprunté à Pythagore la doctrine de l'immortalité de l'âme, et Pythagore aux Égyptiens ». Clément connaît même le nom du maître de Pythagore : c'est l'archiprophète Sônchis (5). Cependant Pythagore ne s'est pas borné à l'Égypte, on veut aussi qu'il se soit rendu auprès des sages de l'Asie antérieure. Dès le ivᵉ siècle, on le faisait disciple de Zaratas (Zoroastre) s'il faut en croire Aristoxène de Tarente, l'élève d'Aristote (6) : Pythagore était allé visiter Zaratas le Chaldéen qui lui aurait exposé la doctrine des deux principes. C'est Zaratas également qui lui aurait enseigné le respect religieux de la fève. Au Iᵉʳ siècle avant J.-C., Alexandre Polyhistor, dans son

---

(1) Cf. F. Cumont, *Égypte d. astrologues*, p. 122.

(2) I, 2, 18, p. 8. 21 Wendl.

(3) Allusion aux syringes d'Égypte, si la correction καταγείοις (pour κατάγων) est légitime.

(4) *Strom.*, VI, 2, 27, 2.

(5) *Strom.*, I, 15, 69, 1-3. L'érudition alexandrine se plaisait à nommer aussi les maîtres égyptiens de Solon (cf. *infra* p. 27) : c'étaient, selon Plutarque (*Solon* 26), Psénophis d'Héliopolis et le même Sonchis, de Saïs; selon la source de Proclus, *in Tim.* 31c (I, p. 100, 20 ss. Diehl), Paténeit à Saïs, Ochaapi à Héliopolis, Ethémon à Sébennythos.

(6) *Ap.* Hippolyte, I, 2, 12 = *Mages hellén.*, II, p. 63. Sur Aristoxène, cf. *ibid.*, I, p. 242-243. Hippolyte se réfère aussi à un certain Diodore d'Érétrie, qui est inconnu. Diels suppose avec quelque raison, semble-t-il, que les milieux alexandrins ont, ici encore, beaucoup contribué au succès de la légende (*Dox. Gr.*, p. 151). En général, sur Pythagore et la Perse, voir surtout *Mages hellén.*, I, p. 33 et *passim* (Index, *s. v.* Pythagore) et II, p. 36 ss.

traité sur les *Symboles Pythagoriques*, rapporte que Pythagore a suivi les leçons de Zaratas l'Assyrien, et même des Galates et des Brahmanes (1). Les biographies postérieures (Porphyre, Jamblique) concilient le mieux du monde ces données : Pythagore est allé partout. Selon Porphyre (*v. Pyth.* 6), il a appris les sciences mathématiques des Égyptiens, Chaldéens et Phéniciens : en effet, depuis des temps très anciens (ἐκ παλαιῶν χρόνων), les Égyptiens s'adonnent à la géométrie, les Phéniciens à la science des nombres et des calculs, les Chaldéens à la contemplation des choses célestes. Quant aux purifications, au culte des dieux et aux préceptes sur la conduite humaine, Pythagore les a reçus des Mages. Selon Jamblique (2), Pythagore visite d'abord, en Syrie, les descendants du prophète « physiologue » Môchos et les hiérophantes de Phénicie, et il participe à toutes les initiations de Byblos et de Tyr ; il passe de là en Égypte (3) où il séjourne vingt-deux ans dans les temples, s'adonnant à l'astronomie, à la géométrie et aux mystères ; puis il va à Babylone où il fréquente les Mages. Ainsi Pythagore a-t-il fait la synthèse de tout ce qui regarde la philosophie divine et le culte des dieux, ayant appris des Orphiques, des prêtres d'Égypte, des Chaldéens et des Mages, sans parler des initiations de la Grèce (4). Égypte, Phénicie, Chaldée, Perse, Inde, tous les pays d'Orient ont donc contribué à la sagesse du Maître. Fallait-il que les Juifs fussent oubliés ? Non pas. Suivant Aristobule (5), Pythagore et Platon tiennent de Moïse (identifié à Musée) leurs doctrines.

Quant à Démocrite, il a séjourné cinq ans en Égypte pour y apprendre l'astrologie (6). Il s'est entretenu avec beaucoup de Gymnosophistes dans l'Inde, de prêtres et d'astrologues en Égypte, de Mages à Babylone (7). Clément d'Alexandrie (8) peut citer un propos de lui où le philosophe se loue d'avoir entendu beaucoup d'hommes savants dont aucun ne lui a refusé sa science, « non pas même les prêtres d'Égypte nommés Harpédonaptai ». Clément ajoute : « Démocrite alla en effet à Babylone, en Perse, en Égypte, s'instruisant auprès des Mages et des prêtres ». Au dire de Diogène

---

(1) Fragm. 138 = Clém. Alex., *Strom.*, I, 15, 70, 1.
(2) *Vit. Pyth.*, 3 (14), p. 10, 18 ss. Deubner.
(3) *Ibid.*, 4 (18-19), p. 12.27 D.
(4) *Ibid.*, 28 (151), p. 85, 14 ss. Deubner.
(5) Cf. P. W., II, 918, n° 15.
(6) Diod. Sic., I, 98.
(7) Hippol., I, 13, 1, p. 16, 24 Wendl.
(8) *Strom.*, I, 15, 69, 4-6 = Diels-Kranz, *Vorsokr.*, 68 B 299. Les *harpédonaptai* sont ceux qui ajustent le cordeau (*harpédonè*), les arpenteurs. Le mot ne paraît qu'ici-

Laërce (1), Démocrite a vécu chez les prêtres d'Égypte pour apprendre la géométrie, puis chez les Chaldéens, puis en Perse; il aurait eu commerce avec les Gymnosophistes de l'Inde et serait allé en Éthiopie (2). On trouve enfin des notices analogues chez Élien (IV, 20) et encore chez Suidas.

4) « Pour autant donc que tu en aies le pouvoir, ô roi — et tu peux tout —, préserve bien ce discours de toute traduction, afin que de si grands mystères ne parviennent point jusqu'aux Grecs et que l'orgueilleuse élocution des Grecs, avec son manque de nerf et ce qu'on pourrait dire ses fausses grâces, ne fasse point pâlir et disparaître la gravité, la solidité, la force active des vocables de notre langue. Car les Grecs, ô roi, n'ont que des discours vides, bons à produire des démonstrations : et c'est là en effet toute la philosophie des Grecs, un bruit de mots. Quant à nous, nous n'usons pas de simples mots, mais de sons tout remplis d'efficace ». Ainsi s'exprime Asklépios d'Égypte écrivant au roi Ammon, en tête d'un traité hermétique (*C. H.* XVI, 2). C'est en effet un autre lieu commun que la supériorité de la sagesse barbare. Du jour où le rationalisme grec était entré en contact avec des sagesses orientales, cette rencontre devait naturellement induire à les comparer.

Cette comparaison revêtit bien des formes. Tantôt, comme ici, on confronta les langues mêmes, le son des mots ou les signes au moyen desquels on traduisait graphiquement les sons. Or, si l'on tenait essentiellement à trouver partout du mystère, il est clair que les sons des idiomes barbares, du seul fait de leur étrangeté, paraissaient, au plus haut point, mystérieux. De là vient, pour quelque part sans doute, que, dans les papyrus magiques grecs dont un grand nombre nous a été conservé en Égypte, les « noms barbares » jouent un rôle de premier plan : le dieu évoqué est contraint d'obéir si on l'appelle sous ce nom étranger (3). De là

---

(1) IX, 7, 35. Diogène se réfère à Démétrius (de Magnésie, 1ᵉʳ siècle av. J.-C.) et à Antisthène de Rhodes (IIᵉ s. av. J.-C.), cf. *supra*, p. 20, n. 4.

(2) Car les Ethiopes des anciens, c'est-à-dire les habitants de la Haute-Égypte, aux alentours de Philae, recevaient aussi, dans certaines légendes, la palme de la priorité : c'est eux qui auraient enseigné aux Égyptiens toutes les cérémonies divines (Diod. Sic., III, 2 et suiv.), eux qui auraient inventé l'astrologie (Lucien, *de astrol.*, 3-9). Dans la *Vie d'Apollonius* (VI, 10-11), il y a toute une discussion entre Thespésion, le supérieur des Γυμνοί des bords du Nil, et Apollonius, celui-là soutenant l'antériorité des Ethiopes, celui-ci celle des Gymnosophistes de l'Inde dont les Ethiopes auraient été primitivement des colons.

(3) Il faut tenir compte aussi de la croyance égyptienne (et non grecque) que le nom a par lui-même une force opérante, cf. Cumont, *Rel. Or*⁴., p. 87.

aussi le prestige des *Ephesia Grammata* : Apulée en témoigne encore au livre XI des *Métamorphoses*.

Tantôt on imagine une conversation entre Grecs et sages du Levant (1). Ce genre littéraire connut une belle fortune. En principe, il pouvait s'appliquer à toute rencontre entre la Grèce et l'Orient : il suffisait de changer le nom des sages, — prêtres d'Égypte, Mages de Chaldée ou de Perse, Gymnosophistes de l'Inde. Dans les récits d'Hérodote (III, 143) et de Platon (*Timée*, 21 e ss.) sur les entretiens d'Hécatée et de Solon avec des prêtres de Thèbes ou de Saïs, ce qui est mis en valeur, c'est l'antiquité du clergé égyptien et des archives religieuses de l'Égypte : « Solon, Solon, vous autres Grecs, vous êtes toujours des enfants : un Grec n'est jamais vieux... Car vous n'avez dans l'âme nulle opinion ancienne, provenant d'une antique tradition, ni aucune science blanchie par le temps » (*Tim.* 22 b). Dans les trois documents qui servent d'illustration à la rencontre de la Grèce et de l'Inde, le *Colloque d'Alexandre et des dix Gymnosophistes* (III° ou II° siècle av. J.-C.), les *Questions de Milinda* en langue pâlie (après le II° siècle av. J.-C.) et les livres II et III de la Vie d'Apollonius de Tyane par Philostrate (2), le trait commun le plus frappant est l'échange de questions difficiles, — devinettes, énigmes, problèmes de haute sagesse sur l'individu, la connaissance de soi, le genre de vie propre au sage; la comparaison porte plus sur le fond, mais le critère garde le plus souvent un caractère formel : est tenu pour le plus grand sage celui qui, selon le mot de Milinda, sait résoudre le mieux les doutes.

Ces fables peuvent varier d'aspect, leur « morale » est partout la même : c'est l'Oriental qui triomphe, la dialectique du Grec est réduite à néant soit par la simple efficace des vocables étrangers, soit par la profondeur des réponses que donne le sage barbare.

5) D'où vient alors cette supériorité des clergés orientaux? D'où vient que, de toute antiquité, ils tiennent la clé des mystères? Quelque peuple barbare qu'on considère, il est aisé de voir pourquoi il l'emporte sur le Grec : prêtres d'Égypte, confrères juifs, mages et Gymnosophistes mènent également une vie pure, ce qui les rapproche de Dieu. Ce sont là ces « voies plus intimes »

---

(1) Sur ce τόπος, cf. mon article dans la *Rev. Hist. Rel.*, CXXV (1942/1943), pp. 32-57.
(2) Philostrate écrit à la fin du II° s., mais Apollonius est censé avoir accompli son voyage dans l'Inde vers l'an 45 de notre ère.

(*interiores artes*) qui, au dire d'Arnobe (1), permettent aux Orientaux de *voir* et de connaître le vrai Dieu.

Ici encore, les témoignages abondent. D'Hérodote au *de mysteriis* (2), que ne nous dit-on pas, en Grèce même, de la pureté des prêtres égyptiens? Je ne choisirai qu'un texte, emprunté à Chérémon qui fit partie lui-même de la classe sacerdotale en Égypte, au temps de Néron (3).

« Dans son exposé sur les prêtres égyptiens qui, dit-il, sont aussi tenus en Égypte pour philosophes, Chérémon le stoïcien rapporte qu'ils ont choisi les temples comme lieu propre à philosopher. C'est en effet une tradition chez eux que de séjourner près des autels des temples, ce voisinage leur donne de l'élan en vue de la contemplation, et, de plus, ils y trouvent sécurité : la sainteté du divin les protège, tous honorent ces philosophes comme des sortes d'êtres sacrés; enfin ils y vivent en paix, n'ayant de contact avec le monde qu'au temps des panégyries et des fêtes, car, tous les autres jours ou presque, les temples sont inaccessibles au profane puisqu'on n'y peut entrer qu'en état de pureté, après maintes abstinences : c'est là une loi commune dans tous les temples de l'Égypte. Ces prêtres donc ont renoncé à toute activité profane, à tout travail lucratif, et ils se livrent entièrement à la contemplation et à la vue des choses divines. C'est cette vue qui les rend vénérables et leur fait mener une existence tranquille et pieuse; la contemplation les conduit à la science; contemplation et vue ensemble les obligent à un genre de vie qui a quelque chose de secret et d'antique. Car ce commerce habituel avec la connaissance de Dieu et les inspirations divines les préserve de toute convoitise, calme leurs passions, les incite aux labeurs de l'esprit. Ils s'exercent à la simplicité et à la modestie, à la continence et à la force, à une vie toute juste et sans mauvais désirs. Le soin qu'ils ont de ne se point mêler au monde les revêt d'un caractère de gravité, eux qui, dans le temps même des purifications prescrites, n'ont pour ainsi pas même de relations avec leurs proches et ceux de leur sang et ne se laissent voir à personne (sauf à ceux qui sont également purifiés en ce qui regarde les nécessités de la vie), dès là qu'ils s'attribuent (4) des salles de purifications (ἁγνευτήρια) inaccessibles aux impurs et sanctifiées en vue des saintes liturgies; le reste du temps, s'ils communiquent plus librement avec les gens de leur caste, néanmoins ils n'ont point de contact avec la foule du dehors, étrangère au culte divin. De fait, on les voit toujours dans le voisinage ou de dieux ou de statues divines, qu'ils les portent ou marchent devant elles ou les disposent avec noblesse et gravité, non, certes, par vaine gloire, mais tout cela symbolise un profond mystère de la Nature. Il n'est pas jusqu'à leur attitude qui ne manifeste la gravité de leur état : leur démarche est mesurée, leur regard composé (καθεστηκός) (5), ils ne se

---

(1) Cf. *supra*, p. 21, n. 3.
(2) Attribué à Jamblique.
(3) Morceau tiré de Porphyre, *de abst.*, IV, 6-8.
(4) Je lis ἃ ἁγνευτήρια... κατανεμόμενοι, p. 237. 13 Nauck² : ἣ codd. ἅτε coni. Nauck.
(5) Cf. *Rev. Ét. Gr.*, L (1937), p. 484.

permettraient pas même de cligner de l'œil. Bien rare, s'ils se dérident, et, dans ce cas, ils ne vont que jusqu'au sourire. Ils ont toujours les mains cachées sous le manteau (1). Chacun d'eux porte un symbole qui signifie le rang qu'il tient dans la hiérarchie : car ils se divisent en plusieurs classes.

Leur régime est frugal et simple. Ils se privent de vin ou n'en boivent que fort peu, l'accusant d'incommoder les nerfs et de rendre la tête lourde au point d'empêcher la recherche et d'exciter les désirs de la chair; de même, ils n'usent qu'avec circonspection des autres aliments, et c'est à peine s'ils se nourrissent de pain au temps des jeûnes : lorsqu'il leur arrive de ne pas jeûner, ils émoussent par de l'hysope le mordant des aliments, car ils estiment que l'hysope purge l'aliment de sa force (2). Ils s'abstiennent d'huile, les uns d'une manière générale, la plupart même entièrement : s'ils en usent, quelquefois, avec des légumes, c'est de la façon la plus modérée et seulement pour adoucir le goût. Tous les aliments et les boissons qui proviennent d'autres pays que l'Égypte, la loi religieuse leur défend d'y toucher : cette interdiction est leur meilleur rempart contre une vie trop molle. Quant aux produits de l'Égypte même, ils s'abstiennent de tout poisson, et, parmi les quadrupèdes, de ceux qui n'ont pas le sabot fendu ou n'ont pas de sabots ou ne portent pas de cornes; parmi les oiseaux, des mangeurs de cadavres. Beaucoup même renoncent une bonne fois à tout ce qui a eu vie, et, dans les temps de jeûne, tous en font abstinence jusque là qu'ils n'acceptent pas même un œuf. Et cependant, même les animaux licites, ils ne se les permettent pas sans exception, par exemple ils refusent les femelles des bœufs, et, parmi les mâles, les jumeaux, ceux qui ont des taches ou dont la robe n'est pas d'une seule teinte ou qui se distinguent par leur forme ou qui ont déjà subi le joug (considérant ces bêtes comme désormais consacrées par leurs travaux) ou encore ceux qui ont ressemblance avec les êtres qu'on honore (3), à quelque sorte d'imitation qu'il soit permis de songer (4), ou les animaux borgnes ou ceux qui inclinent la tête à la manière de l'homme. Innombrables sont d'ailleurs les observances que suit, relativement aux animaux, l'art de ceux qu'on nomme *moschosphragistes* (5), il y en a assez pour constituer des ouvrages spéciaux. Plus minutieuses encore sont les prescriptions touchant les volatiles, par exemple de ne pas manger les colombes : la raison qu'ils en donnent est que, souvent, cet oiseau subit la saillie du faucon, qui le relâche ensuite, le laissant fuir en récompense de l'union; de peur donc de tomber par mégarde sur une colombe ainsi souillée, ils évitent toute l'espèce. De ces prescriptions religieuses, certaines leur sont communes, d'autres diffèrent selon les

---

(1) Trait caractéristique. Sur les mains voilées, cf. Cumont, *Memorie dell' Acad. di Archeologia*, III (1923), pp. 94 ss. et le bas-relief du Vatican où les prêtres portent les symboles avec les mains recouvertes par leur manteau.

(2) Le rôle de l'hysope dans les purifications des Hébreux est bien connu, cf. *Dict. de la Bible*, s. v. Les anciens confondaient souvent l'hysope et l'origan.

(3) C'est-à-dire les êtres divins.

(4) Je lis < ἢ > καὶ τιμωμένοις ἐμφερῆ, [ἢ] καθ' ὅντιν' οὖν οἷον ἀπεικασμὸν ἐξείη. De toute façon il ne peut s'agir, selon moi, que des animaux sacrés de l'Égypte qui se laissaient reconnaître à certaines signes sur la peau.

(5) Ceux qui marquent d'un sceau les veaux choisis pour le sacrifice. Cf. U. Wilcken, *Grundz.*, p. 126; *Chrest.*, p. 114, n° 87.

classes de prêtres et sont particulières à chaque dieu : les temps de purification sont purs de toute souillure.

Quant à la durée de ces temps de purification, toutes les fois qu'ils ont à accomplir quelque cérémonie du culte, comptant d'avance un certain nombre de jours, les uns quarante-deux jours, d'autres plus, d'autres moins, jamais pourtant moins de sept jours, ils s'abstiennent de tout ce qui a eu vie comme de toute verdure et de tout légume, mais surtout de tout commerce charnel avec la femme : je ne parle pas des unions contre nature, car ils n'en usent même pas dans les temps ordinaires. Trois fois le jour ils se lavent à l'eau froide, au saut du lit, avant le repas principal et avant le sommeil. En cas de perte séminale durant le sommeil, ils s'en purifient sur le champ par un bain. Ils n'usent jamais que d'eau froide, mais non glacée.

Leur couche est faite d'un treillis de branches de palmier, qu'ils nomment « baïs » (1); pour oreiller ils prennent un morceau de bois bien lisse, en forme de demi-cylindre. Toute leur vie, ils s'exercent à la soif, à la faim, à la sobriété.

Ce qui prouve leur continence, c'est que, sans employer jamais d'amulettes ou de charmes, ils vivent sans maladies, toujours pleins de ressort, jouissant d'une force bien tempérée. Et cependant ils ont, dans le culte divin, à supporter des charges lourdes et des services qui outrepassent la force moyenne. Leurs nuits sont consacrées à observer les choses célestes, parfois même à remplir quelque fonction sainte, leurs jours au service divin, lequel comporte, quatre fois, le chant d'hymnes en l'honneur des dieux, à l'aurore, à la vesprée, quand le soleil est au milieu du ciel et quand il baisse vers le couchant. Ils passent le reste du temps à des études d'arithmétique et de géométrie; on les voit toujours au travail et à faire quelque recherche : bref, ils se livrent entièrement à la science exacte.

Ils font de même durant les nuits d'hiver, donnant leurs veilles à des travaux littéraires, en gens désintéressés du gain et affranchis de la domination cruelle des dépenses somptuaires. Cet effort inlassable et continu atteste leur constance, ce manque de désirs leur continence. Naviguer loin de l'Égypte est pour eux la chose la plus impie, car ils craignent la mollesse des tables étrangères et les mœurs des autres pays; ces voyages ne sont licites, disent-ils, que pour ceux qui sont forcés de s'expatrier en raison des besoins du royaume. Ils insistent beaucoup sur la fidélité aux usages traditionnels : convaincus de la plus petite offense à cet égard, on les expulse des temples.

L'étude sincère de la philosophie est surtout le fait des prophètes, des hiérostolistes, des hiérogrammates et aussi des horologues (2). La masse des autres prêtres, pastophores, sacristains et serviteurs des dieux pratique les mêmes rites de purification, non pas, cependant, avec autant d'exactitude et de continence.

On me pardonnera d'avoir cité en entier ce long texte : outre

---

(1) Le mot revient chez Horapollon et dans les papyrus magiques, cf. LIDDELL-SCOTT-JONES. s. v. De même dans l'*Histoire Lausiaque* (XXXIII, 1), au sens de « palmes ».
(2) Ceux qui disent l'heure, cf. *infra*, p. 75, n. 4.

qu'il donne le ton pour l'intelligence de ce qui va suivre, il nous plonge dans le milieu même d'où sont issus les écrits hermétiques, composés en Égypte et peut-être dans le voisinage des temples. Là aussi on doit se rendre étranger au monde, former de petits groupes d'hommes purs qui se refusent toute nourriture animale (1), chanter des hymnes aux dieux, éviter les usages des non-initiés.

Mais ce n'est pas seulement aux bords du Nil que l'âge hellénistique s'est plu à découvrir des types de sagesse conformes à son idéal. Si l'on passe des prêtres égyptiens aux sectes religieuses de la Judée, de la Perse et de l'Inde, le tableau est le même (2).

Esséniens de la Mer Morte et Thérapeutes juifs du lac Maréotide sont des continents. Ceux-là se détournent des voluptés comme du vice même, tiennent pour première vertu de maîtriser ses désirs et de résister aux passions (3). Ceux-ci, « regardant la continence comme une sorte de fondement pour l'âme, élèvent là-dessus tout l'édifice des vertus (4) ». Ces deux sectes recherchent également la solitude. « Les Esséniens forment un peuple solitaire, et il n'en est pas dans tout l'univers de plus étonnant : ils n'ont point de femmes, renoncent à tous les plaisirs de la chair, n'usent point de monnaie, les palmiers sont leurs seuls amis. Ils comptent toujours le même nombre, par l'afflux d'hôtes nouveaux, de tous les êtres fatigués de la vie, que les flots de la fortune portent de çà de là, jusqu'à ce qu'ils adoptent ce genre de vie (5) ». Quant aux Thérapeutes, ils font une petite colonie près du lac Maréotide, en un lieu amène et bien aéré, où ils habitent des sortes de villas, ni trop proches les unes des autres comme dans les cités, ni trop éloignées, pour leur permettre de se réunir aux jours de fête (6). Dans ces peintures romantiques, comme on sent bien l'esprit du temps ! Marc Aurèle lui aussi soupire après la solitude : « Ils se cherchent des ermitages, campagnes, plages, montagnes : et toi aussi tu t'es complu à désirer surtout de telles choses » (IV, 3, 19). L'homme fatigué

---

(1) *Pura et sine animalibus cena*, Ascl., 41.
(2) J'utilise ici mon article de la *Rev. Ét. Gr.*, L (1937), pp. 476 ss., où j'ai montré le rapport de ces romans avec la peinture, également fabuleuse, de la vie des pythagoriciens dans les biographies de Pythagore.
(3) Josèphe, *Bell. Jud.*, II, 8, 2 ss.
(4) Philon, *Vita Contempl.*, 4, 34, p. 70.6 Conybeare (Oxford, 1895).
(5) Pline, *N. H.*, V, 17.
(6) Philon, *V. Cont.*, 3, 22-24, p. 58.2 ss. Con

des villes, le citadin blasé de Rome et d'Alexandrie se forge des retraites idylliques, imagine des sortes de couvents où, dans une vie studieuse et pure, il retrouvera la paix.

Pareille est la description de la vie des Mages perses. Hérodote déjà rapporte (I, 131) que les Mages montaient sur les cimes les plus élevées pour y sacrifier au Ciel. Diogène Laërce (*prooem.* 6, 7) parle de leur régime tout frugal : « leur robe est blanche, leur couche un lit de feuillage, leurs aliments de la verdure, du fromage et du pain ». Porphyre, d'après Euboulos (1), divise les Mages en trois classes (*de abst.*, IV, 16) : « La plus élevée et la plus sage ne mange ni ne tue aucun être vivant et s'en tient à l'usage antique de l'abstinence de la chair; la deuxième fait usage de la chair, mais ne tue aucun animal domestique; même la troisième ne touche pas à toutes les viandes, car l'un des dogmes essentiels chez les Mages est celui de la métempsycose. » Davantage, les écrivains de l'époque impériale représentent Zoroastre comme un sage longtemps voué au silence, à la solitude, aux abstinences (2). Un scholiaste de Platon veut que Zoroastre ait pratiqué la retraite loin des hommes et l'abstinence de tout ce qui a eu vie; ce sage, en outre, se serait voué au silence à sept ans, et ce n'est que trente ans plus tard qu'il aurait commencé de révéler au roi la somme de la philosophie (3). Selon Pline (*N. H.*, XI, 242), Zoroastre aurait vécu trente ans en des lieux déserts, ne se nourrissant que d'un fromage qui ne moisissait pas. Dion Chrysostome (*Or.* 36, c. 40) déclare que, mû par l'amour de la sagesse et de la justice, Zoroastre fit retraite dans la solitude, sur une montagne. Porphyre (*de antro nymph.*, 5), toujours d'après Euboulos, raconte que Zoroastre consacra au culte, dans les montagnes de la Perse, une caverne fleurie où coulaient des sources vives.

C'est enfin avec les mêmes touches que l'on dépeint les Brahmanes. Ils habitent un château enchanté que nul n'approche s'ils ne l'acceptent. Ils ne reçoivent comme novices que ceux qui

---

(1) Auteur, sous les Antonins, de *Recherches sur Mithra* (περὶ τοῦ Μίθρου ἱστορία), cf. P. W., VI, 878, n° 15. Sur ce texte, qui ne s'accorde pas avec les sources mazdéennes et qui est d'origine pythagoricienne (cf. la métempsycose, inconnue du mazdéisme), cf. *Mages hellén.*, I, p. 28.

(2) Sur ce portrait, assez différent de ce que montrent les sources mazdéennes, cf. *Mages hellén.*, I, pp. 25 ss.

(3) *ad Alcib.*, 122 a, p. 100 Greene (Haverford, 1933) et 121 e (*s. v.* ἐπτέτεις), p. 99 Greene. Il s'agit plus probablement d'un silence de sept ans, cf. *Mages hellén.*, I, p. 27, n. 5.

viennent à eux (1) dans un état de pureté : ces novices doivent être purs non seulement quant à la parenté, en ce sens qu'on n'ait à y relever, jusqu'à la troisième génération, aucun acte déshonnête, ni brigandage, ni débauche, ni usure injuste, mais quant à leur propre caractère. On les examine sur leur conduite : sont-ils modestes et réservés, ou buveurs, gourmands, bavards, bouffons, coléreux, prompts à l'injure? Obéissent-ils à leurs parents, à leurs maîtres et pédagogues, ont-ils abusé des charmes de leur corps? On scrute leur physionomie, le regard, — car il révèle les sentiments de l'âme, — les sourcils et les joues, enfin toutes leurs dispositions naturelles (2). Le novice ainsi éprouvé est appelé à partager la vie des moines, laquelle est toute frugale : ils couchent sur la terre, où ils se contentent de répandre un peu de paille; ils portent les cheveux longs, simplement recouverts d'un turban blanc; ils vont pieds nus; leur tunique est faite de la laine que le sol même produit (= le coton), et qui est blanche comme celle des moutons de Pamphylie, mais plus douce, et distillant une graisse qui ressemble à l'huile (3). A cette description de Philostrate ou, si l'on veut, du babylonien Damis, compagnon d'Apollonius de Tyane — ce qui nous reporterait au Ier siècle de notre ère —, correspond celle d'Hippolyte (4) :

« Il existe aussi chez les Indiens une secte de philosophes, ce sont les Brahmanes, qui se proposent un genre de vie où l'on se suffit à soi-même. Ils s'abstiennent de tout aliment qui a eu vie et qui est passé par le feu, se contentant des fruits des arbres, et encore ne les cueillent-ils pas, mais ramassent ce qui est tombé à terre; ils boivent l'eau du fleuve Tagabéna (5); on les voit toujours nus, car ils disent que Dieu a donné le corps à l'âme pour vêtement... Ils méprisent la mort. Ils sont toujours à rendre gloire à Dieu, lui chantant des hymnes dans leur langue maternelle. Il n'y a près d'eux ni femmes, ni enfants. Ceux qui désirent de mener leur genre de vie, ayant quitté la région d'au delà du fleuve (l'Hyphase), viennent s'établir chez eux, sans jamais retourner aux lieux d'où ils étaient venus, et ils reçoivent eux aussi le nom de Brahmanes. Leur vie n'est pas en tout semblable : car il y a des femmes aussi dans cette région, et de ces femmes ceux qui habitent là naissent et ont des enfants (6) ».

(1) Agés au moins de dix-huit ans.
(2) Philostr., *V. Apoll.*, II, 30.
(3) *Ibid.*, III, 15.
(4) *Refut.*, I, 24, 1-4, p. 27. 24 ss. Wendl.
(5) Le texte doit être incorrect : on suppose généralement qu'il s'agit du Gange.
(6) L'exposé d'Hippolyte est assez confus : il semble distinguer deux classes, comme

Diogène Laërce enfin résume ainsi (*prooem.* 5, 6) : « Ceux qui déclarent que la philosophie a commencé par les Barbares... disent que la philosophie des Gymnosophistes et des Druides consiste en des propos énigmatiques, qu'ils adorent les dieux, ne commettent aucune mauvaise action et pratiquent la vertu de force. »

6) Cette pureté, cette maîtrise de soi, cette assiduité aux saints offices portent leur récompense. En retour, les Barbares atteignent à la connaissance intime de la Divinité : leur œil est pur et ils voient Dieu. Plutarque insiste sur ce point, au début de son ouvrage *Sur Isis et Osiris* (1), qu'il dédie à une initiée d'Isis :

« L'élan vers la divinité est l'élan vers la vérité, principalement vers la vérité sur les dieux, c'est une aspiration pour laquelle l'étude et la recherche sont comme la réception d'objets sacrés : cette œuvre-là est bien plus sainte que toute purification rituelle ou tout soin de sacristie, et elle n'est pas la moins chère à la déesse que tu honores par dessus tout, qui est sage et amie de la sagesse, et dont le nom même semble indiquer que le savoir et la science (τὸ εἰδέναι) lui conviennent singulièrement puisqu'en grec elle se nomme Isis (2)... C'est elle qui recueille, compose et transmet la parole sainte (3) à ceux qui sont initiés à l'art de devenir dieux (τοῖς τελουμένοις θειώσεως), à cet art qui, retranchant la luxure et l'amour des plaisirs par un régime de tempérance continuelle et l'abstinence de nombreux aliments et des jouissances charnelles, nous accoutume à supporter dans les temples les rudesses et l'austérité du service divin, dont le terme est la connaissance du Dieu Premier, Souverain Maître, Intelligible, que la déesse exhorte à rechercher en se tenant auprès d'elle, en vivant avec elle, dans son intimité. »

Voilà pour les dévots d'Isis. Et Diogène Laërce dit des Mages (*prooem.* 6, 7) : « Les Mages se livrent à la mantique et à l'art des prédictions : ils prétendent que les dieux mêmes leur apparaissent ; ils affirment aussi que l'air est plein de fantômes, lesquels pénètrent, comme une vapeur, dans les yeux de ceux dont le regard est pur. » C'est pour s'être longtemps exercé à l'ascèse que Zoroastre reçoit, de l'Esprit du Bien, la révélation de la Sagesse (4). Hippolyte n'est pas moins formel en ce qui touche les Brahmanes (5) :

Chérémon, plus haut, distinguait deux catégories de continents parmi les prêtres d'Égypte.

(1) *Is. Os.*, 2, p. 351 E.
(2) Ἶσις ou Εἶσις, dérivé à tort de εἰδέναι, cf. *ib.*, 60, p. 375 C-D.
(3) Ou « le discours sacré », ἱερὸς λόγος.
(4) Cf. *Mages hellén.*, I, pp. 28-29.
(5) *Refut.*, I, 24, 2 et 5-7.

« Dieu, pour eux, est Lumière, non pas celle qu'on voit, ni une lumière pareille au soleil et au feu, non, Dieu est le Verbe, non pas le verbe articulé, mais celui de la Connaissance, grâce auquel les secrets mystères de la Nature se rendent visibles aux sages. Cette Lumière donc, qu'ils appellent Verbe, eux seuls, disent-ils, la connaissent, parce que seuls ils ont rejeté la vaine gloire, qui est le dernier vêtement de l'âme (1)... Ce Verbe (2), qu'ils nomment Dieu, est corporel en ce sens qu'il est enveloppé d'un corps à l'extérieur de lui-même, comme si l'on porte une peau de mouton : mais, quand il s'est dépouillé du corps qui l'enveloppe, il apparaît, et les yeux mêmes le perçoivent. Or, disent les Brahmanes, dans ce corps qui nous enveloppe, la guerre règne : ils tiennent que le corps est pour eux un objet à combattre sans cesse, et ils luttent contre lui comme une armée rangée en bataille contre des ennemis... Tous les hommes, disent-ils encore, sont captifs de leurs propres ennemis, qui sont aussi leurs parents (τῶν ἰδίων συγγενῶν πολεμίων), le ventre, les parties sexuelles, la gloutonnerie, la colère, la joie, la tristesse, la convoitise et autres semblables : mais seul approche de Dieu celui qui a dressé le trophée de victoire sur ces ennemis... Quand les Brahmanes se sont débarrassés du corps, ils voient le Soleil, comme des poissons qui ont poussé leur tête hors de l'eau, vers l'air pur. »

De là vient que les rois, selon la tradition, prenaient pour conseillers des sages. Dion Chrysostome le note, à propos des Mages et des Brahmanes (3) :

« C'est un trait commun aux peuples les plus puissants que, puisqu'il est impossible d'être toujours gouverné par des philosophes, ils ont eu soin d'en placer auprès de leurs rois et de leurs princes en qualité de tuteurs : ainsi firent les Perses de ceux qu'on nomme Mages, qui possédaient la science de la Nature et l'art de rendre culte aux dieux, et les Indiens des Brahmanes, qui l'emportent par la continence, la justice, l'amitié qui les unit à Dieu, en sorte qu'ils connaissent mieux les choses futures que le reste des hommes les choses présentes. »

Quand il traite des lois de Moïse, Strabon montre (4) que ces lois ne viennent pas des hommes, mais de Dieu; car les anciens attachaient plus de prix aux paroles issues de la divinité, d'où vient que, dans l'antiquité, on courait sans cesse aux oracles. Strabon le prouve par le grand renom, autrefois, des oracles de Dodone et de Delphes, puis il ajoute (5) :

« Vrai ou faux, voilà du moins ce qu'on croyait, et c'est pourquoi les

---

(1) C'est-à-dire que l'âme, dépouillée de ce dernier vêtement, contemple désormais sans voiles.
(2) Il s'agit du Verbe intérieur, au dedans de nous : Dieu est à la fois en nous et hors de nous.
(3) *Or.*, 49, 7 (II, 123-124 Arnim).
(4) XVI, 38, p. 1062. 26 ss. Meineke.
(5) XVI, 39, p. 1063. 15 ss. Meineke.

devins jouissaient de tant d'honneurs, jusque là qu'on les jugeait dignes de la royauté, puisque, vivants ou morts (1), ils nous font connaître les commandements et les règles de vie issus des dieux. Tels étaient Amphiaraos, Trophonios, Orphée, Musée, et ce dieu chez les Gètes que fut jadis Zamolxis, une sorte de Pythagoricien, et qu'est aujourd'hui Dékainéos, prophète auprès de Burbista (2), de même chez les Bosporaniens Achaïkaros (3), chez les Indiens les Gymnosophistes, chez les Perses les Mages, les nécromants et ceux qui pratiquent la lécanomancie et l'hydromancie, chez les Assyriens les Chaldéens, chez les Romains les augures tyrrhéniens. Et tel était aussi Moïse et ceux qui l'ont suivi. »

Enfin c'est par leur ascèse et leur intimité avec le divin que les Sages barbares obtiennent ces grâces extraordinaires qu'on se plaît à leur attribuer. Les Mages sont doués, à l'égard des choses de la nature, de cette puissance surnaturelle qui a fait que leur nom même, changeant de sens, est devenu le synonyme de « magiciens » (4). Les Brahmanes sont sujets à des phénomènes de lévitation. Philostrate, qui se réfère ici, d'une manière explicite, à Damis (5), rapporte que « les Sages s'élèvent au-dessus du sol de la distance de deux coudées, non pour faire étalage d'un art miraculeux, car ils dédaignent la vaine gloire, mais parce que tous les rites qu'ils accomplissent en s'élevant ainsi de terre avec le Soleil, ils les regardent comme agréables à Dieu (6) ». Quant aux prêtres d'Égypte, voici une savoureuse anecdote du temps des Pères du désert, mais qu'il est loisible, bien des exemples le prouvent (7), de regarder comme également valable pour une période antérieure :

« L'abbé Olympios dit : Un prêtre des Grecs (8) descendit à Scété, vint à ma cellule, et je lui donnai l'hospitalité. Or, ayant vu la manière de vivre des moines, il me demanda : « Avec cette manière de vivre, n'obtenez-vous aucune vision de la part de votre dieu (οὐδὲν θεωρεῖτε παρὰ τῷ θεῷ ὑμῶν)? » — « Non », lui dis-je. — Et lui : « Nous, pourtant, quand nous offrons des sacrifices à notre dieu, il ne nous cache rien, mais nous révèle ses mystères. Et vous, avec tous vos labeurs, vos veilles, vos exercices de recueillement et

(1) Allusion aux oracles que donnent les morts.
(2) Cf. P. W., s. v. « Decaeneus », IV, 2244.
(3) C'est Ahiqar l'Assyrien, cf. Rev. Hist. Rel., CXXV (1942/1943), pp. 36-37.
(4) Cf. Mages hellén., I, index, aux mots « Mages » et « Magie ». Voir aussi A. D. Nock ap. F. J. Foakes Jackson-Kirsopp Lake, The Beginnings of Christianity, vol. V (Londres, 1933), pp. 164-188.
(5) Et aussi à une « homélie » d'Apollonius aux sages du Nil, Philostr., V. Apoll., III, 15.
(6) Autre exemple de lévitation, ib., III, 17.
(7) Ainsi l'aventure du médecin Thessalos, cf. infra, pp. 56 ss.
(8) « Grec » est ici générique pour « païen » : il s'agit, en fait, d'un prêtre égyptien.

d'ascèse, tu me dis que vous n'avez pas de visions? Sûrement, si vous ne voyez rien, c'est que vous avez dans le cœur de mauvaises pensées qui vous séparent de votre dieu, et c'est pourquoi il ne vous révèle pas ses mystères (1). »

7) Quel qu'ait été le sens de ces peintures romancées quand on les forgea d'abord, leur signification, pour le siècle qui nous occupe, n'est pas douteuse. Prêtres d'Égypte et Mages de Chaldée sont alors les maîtres de tout savoir parce qu'ils possèdent les deux connaissances essentielles : d'une part ils savent le moyen d'entrer en rapports avec les puissances surnaturelles, de les évoquer et, au besoin, de les contraindre; d'autre part ils connaissent les « chaînes » mystérieuses qui relient aux astres du ciel et aux esprits qui habitent ces astres toutes les choses d'ici-bas, ces sortes de « sympathies » qui font que telle plante ne doit être cueillie que sous le patronage de telle étoile ou de tel signe du zodiaque, que telle pierre n'a d'efficace que si l'on prononce sur elle une certaine invocation, et réciproquement que tel dieu n'obéit que si on lui offre tel sacrifice ou parvient à en attirer l'essence et les « vertus » dans telle image qu'on a dressée. Voilà pourquoi, en un temps où la science n'est plus affaire de recherche méthodique et d'observation mais tend à se dissoudre en un mélange extraordinaire de recettes de bonne femme et de mystagogie (2), on attribue un savoir fabuleux aux terres classiques de l'occultisme, l'Égypte avec ses temples souterrains propices aux sorcelleries, la Chaldée, pays des astrologues, la Perse, patrie des *Magoi* magiciens, l'Inde enfin, paradis des fakirs.

L'Inde sera bientôt oubliée, séparée qu'elle était de l'Empire par le royaume parthe ou sassanide, hostile à Rome. Mais, jusqu'à la fin de l'antiquité, l'Égypte et la Chaldée gardent leur beau renom d'écoles de la sagesse : tout philosophe, c'est-à-dire, comme on l'entend désormais, tout docteur ès sciences occultes, doit y être allé faire ses classes. Je n'en donnerai qu'un exemple, bien instructif.

Entre la mort de S. Cyprien et le panégyrique de ce martyr par S. Grégoire de Nazianze, soit entre 258 et 379, il se greffa sur la

---

(1) *Apophthegm. Patr.*, I, p. 582 Cotelier. Sur ce texte, cf. *L'enfant d'Agrigente* (Paris, 1941), pp. 121 ss.
(2) Cf. l'alchimiste Zosime au IIIe s., et avant lui, déjà, le médecin Thessalos au Ier, ainsi que toute cette littérature apocryphe de botanique astrologique attribuée aux Mages, au Trismégiste, à Salomon, à Alexandre, à Ptolémée, dont Pline a tiré tant de renseignements dans son *Histoire Naturelle.*

mémoire de l'évêque de Carthage une étrange littérature. Cyprien avait été un rhéteur fameux, versé dans toutes les sciences profanes ; les œuvres qu'il composa après sa conversion témoignent de l'excellence de son esprit : *cuius ingenii superfluum est indicem texere, cum sole clariora sint eius opera*, dit S. Jérôme (*de vir. ill.*, 67), résumant l'opinion commune. De son vivant déjà, ou très tôt après sa mort, la renommée de Cyprien avait gagné la partie grecque de l'Empire. Mais alors, puisque Cyprien avait été si savant, pouvait-on se le représenter autrement que sous les traits du philosophe comme on l'imagine à l'époque? Ainsi naquit, de la fantaisie populaire, le roman de Cyprien le Mage, qui finit par s'agglutiner si bien à l'histoire qu'au temps de Grégoire de Nazianze on ne sait plus distinguer l'un de l'autre. Et c'est une des grandes ironies des choses d'ici-bas que ce roman connut une fortune bien plus brillante que la réalité, pourtant si belle : la légende de Cyprien le Mage traversera les siècles ; s'enjolivant à mesure, s'augmentant de détails nouveaux, elle se fixera pour toujours dans le *Faust* de Gœthe (1).

Dès sa plus tendre enfance, les parents de Cyprien ont voulu qu'il fût instruit de tout ce qu'il y a dans la terre, dans l'air et dans la mer, et connût non seulement ce qui concerne la génération et la corruption naturelles des herbes, des arbres et des corps, mais aussi toutes les « vertus » dont le prince de ce siècle (le démon) les a remplis. Tout petit, il est donc voué à Apollon et « initié à la dramaturgie du serpent » (2), en sa septième année il est initié à Mithra, en sa dixième à Déméter et Koré ainsi qu'au serpent de

---

(1) Sur Cyprien d'Antioche et les documents récemment édités relatifs à sa légende, cf. l'Appendice II. Je résume d'après le texte grec de la *Confessio Cypriani* édité par Maranus dans les *Cypriani opera* de Baluze (éd. de Venise, 1758, col. 1106 ss.).

(2) L'intérêt de ce début (col. 1106-7) pour l'histoire religieuse du IIIe s. a déjà été noté par L. Preller, *Philologus*, I (1846), pp. 349-351 (je dois cette référence à M. F. Chapouthier). Il interprète μυηθεὶς ἔτι νήπιος τὴν τοῦ δράκοντος δραματουργίαν (1106. 12), en relation avec le culte d'Apollon, comme une allusion à la cérémonie du Steptérion à Delphes (Plut., *Qu. gr.* 12. p. 293 C) : « der Ausdruck μυηθῆναι darf nicht auffallen, da in dieser Zeit ziemlich alle Feste zu Mysterien, d. h. zu symbolischen Darstellungen eines abstracten Sinnes geworden waren ». Acceptée par Th. Schreiber, *Apollon Pythoktonos* (Leipzig, 1879), p. 66 n. 44, cette exégèse est rejetée par M. P. Nilsson, *Griechische Feste* (Leipzig, 1906), p. 152, n. 2 : « Die Stelle ist so allgemein gehalten und stammt aus so später Zeit, in der in die Mysterien allerlei Neuerungen eingeführt wurden, dass sie besser unberücksichtigt bleibt ; wenigstens lässt sie sich für eine dramatische Darstellung des Drachenkampfes bei dem Stepterion nicht verwerten ». — Pour λευκὸν πένθος (1106. 18), Preller propose Ἐλευσίνιον ou Ἐλευσῖνι, pour ἤχους ὁμιλιῶν (1106. 23), ἤχους ὁμιλίαν (en ce cas il faut ἠχούς) — Pr. rappelle les Διὸς ὀμφαί —, pour Ἰλιάδι (1107. 14), Ἥλιδι (bien, cf. p. 39, n. 2).

Pallas sur l'Acropole. Agé de quinze ans, il passe quarante jours sur l'Olympe où, sous la direction de sept hiérophantes (1), il assiste à toutes sortes de diableries. Il prend part ensuite aux mystères de l'Héra d'Argos où « il est initié aux desseins de l'unité que font entre eux l'air et l'éther, l'éther et l'air, la terre et l'eau, l'eau et l'air ». De là il va en Élide (2), puis à Sparte, où il est initié aux mystères de l'Artémis Tauropole, « pour connaître le mélange et la division de la matière et les sublimités des doctrines ambiguës et sauvages », puis en Phrygie où il apprend la mantique et l'hépatoscopie, enfin chez les Barbares (?) où on lui enseigne toutes les espèces de divination : « et il n'y avait rien dans la terre, dans la mer ou dans l'air que je ne connusse, ni phantasme, ni objet de gnose, ni artifice d'aucune sorte, et je savais jusqu'à l'art de changer, par mes sortilèges, les écritures (3) et toutes les merveilles de même nature ».

Cependant on n'a là qu'un prélude. Cyprien, en vérité, n'a encore rien appris. Pour détenir la clé des mystères, il lui faut, à vingt ans, aller en Égypte. Il se rend donc à Memphis et là, dans les temples souterrains, il apprend à connaître les communications des démons avec les choses terrestres, quels sont les lieux qu'ils abhorrent, quels astres, quels liens magiques et quels objets leur plaisent, par quels moyens on les chasse, comment ils habitent les ténèbres, quelle résistance ils opposent en certains domaines, comment au contraire ils réussissent dans les âmes et dans les corps

---

(1) Le texte est ici très obscur. Pour les sept hiérophantes (ὑπὸ τῶν ἑπτὰ ἱεροφαντῶν 1107. 2), cf. les *septem pii sacerdotes* du caveau des mystes de Sabazios près de la catacombe de Prétextat (voir en dernier lieu, Cumont, *Recherches sur le symbolisme funéraire des Romains*, p. 418). — ἐσιτούμην ἀκρόδρυα μόνον μετὰ δύσιν ἡλίου (1106 d. l.) est un trait pythagoricien, cf. JAMBL., *v. pyth.* 3 (16-17), p. 12. 1 ss. Deubner, et, sur ce jeûne, Reitzenstein, *Hist. Mon.*, pp. 92-95 (la légende du jeûne sur le bateau a son pendant exact dans les *Acta Petri*, 5, p. 50.8 Lipsius : c'est un « motif » littéraire). Pour μετὰ δύσιν ἡλίου, cf. Philon, *v. cont.*, 4, 34-35 p. 71. 2 Conybeare : σιτίον δὲ ἢ ποτὸν οὐδεὶς ἂν αὐτῶν προσενέγκαιτο πρὸ ἡλίου δύσεως, ἐπειδὴ τὸ μὲν φιλοσοφεῖν ἄξιον φωτὸς κρίνουσιν εἶναι, σκότους δὲ τὰς τοῦ σώματος ἀνάγκας.

(2) Corriger ἐν τ ῇ Ἰλιάδι en ἐν τῇ Ἤλιδι, cf. Eudocia, II 58 Ἤλιδος ἄχρι δ'ἔβην. Pour le copte, cf. BILABEL (voir App. II, *infra*, p. 376 n. 1), p. 209 *ad* fol. 55 r° 18- (Même faute Ἴλιος pour Ἠλεῖος chez Diod. Sic. 26.4, à propos de Sosylos, cf. Wila. mowitz, *Hellenistische Dichtung*, I, p. 44 n. 1). « Artémis Tauropole » convient à Sparte, où le culte local d'Artémis Orthia s'assimila, à l'époque tardive, la légende taurique, cf. PAUSAN., III, 16,7 (I, p. 704. 8 Hitzig) : τὸ ξόανον (de l'Orthia) δὲ ἐκεῖνο εἶναι λέγουσιν ὅ ποτε Ὀρέστης καὶ Ἰφιγένεια ἐκ τῆς Ταυρικῆς ἐκκλέπτουσιν ἐς δὲ τὴν σφετέραν Λακεδαιμόνιοι κομισθῆναί φασιν Ὀρέστου καὶ ἐνταῦθα βασιλεύοντος, et P. W., II 1400. 63 (Artémis Ταυροπόλος).

(3) Je ne suis pas trop sûr du sens : ἄχρι τῆς τῶν γραφῶν μεταφορᾶς μαγγανικῆς, col. 1107 *med.* : peut-être une encre invisible que l'on fait apparaître.

qui ont communication avec eux et quels effets ils obtiennent par ces instruments, effets de connaissance supérieure, de mémoire, de terreur, d'illusion, de motion sans qu'aucune parole ait été dite, de prestiges qui troublent la foule. Il découvre la similitude des secousses sismiques et de la pluie, l'art de produire des commotions terrestres et des cyclones. Il saisit les relations des démons avec les serments, des esprits de l'air avec les hommes (1). Il parvient même jusqu'en un sanctuaire où les démons produisent les formes illusoires qui nous déçoivent, ces trois cents soixante passions qui sont autant de figures dont les démons se revêtent pour nous induire au mal, figures parées d'ornements, mais sans substance (2).

A l'âge de trente ans, donc après un séjour de dix ans en Égypte, il passe en Chaldée où il pénètre surtout les secrets de l'astrologie, tous les mystères de l'éther que certains rapportent au feu, d'autres, les plus habiles, à la lumière. Il apprend à distinguer les astres comme on fait les plantes, leurs évolutions chorales, leurs luttes mutuelles, la demeure (οἶκος) de chacun d'entre eux et la chaîne qui le relie ici-bas avec tel aliment, telle boisson, telle union charnelle, le partage de l'éther en trois cent soixante-cinq sections dont chacune obéit à un démon qu'on peut se concilier par les mots efficaces dans les sacrifices et les libations. Il connaît les médiateurs (3) et il est stupéfait (ἐξεπλάγην) de la force des serments qui les lient.

C'est alors seulement, ayant achevé ses écoles, qu'il se sent maître de toute science. Il s'installe donc à Antioche où, après diverses aventures, il finit par se convertir (4).

(1) Col. 1107 *fin.*
(2) Col 1110.
(3) C'est-à-dire les esprits intermédiaires entre le ciel et la terre.
(4) Le morceau est nettement divisé en quatre parties : (1) connaissance des mystères grecs, interprétés selon la méthode allégorique, cf. Jamblique, Proclus, Julien, Sallustius, en particulier Sallust., IV avec les notes de Nock, pp. XLV-LV; (2) connaissance de la mantique (*inc.* καὶ τὰ κατὰ < τὴν > μαντικήν, col. 1107. 17) que le héros acquiert auprès des Phrygiens (hépatoscopie) et chez les Barbares (καὶ ἐν βαρβάροις οἰωνισμόν) : ne serait-ce pas l'art augural des Étrusques? Tout le passage est difficile, mais curieux et voudrait un commentaire approfondi; (3) connaissance de la magie, en Égypte; (4) connaissance de l'astrologie, naturellement chez les « Chaldéens ». On a l'impression très nette que l'auteur a rassemblé ici les principales sciences occultes de l'antiquité et que la personne même de Cyprien n'est qu'un prétexte pour amener cet exposé : Cyprien est le païen typique, celui qui a connu et pratiqué tous les arts du démon, celui-là donc dont la conversion doit avoir le plus d'éclat. J'incline à penser que la *Confession*, dont le style enflé se ressent fortement de la rhétorique contemporaine, a été composée après la *Conversion*, qui, du moins dans la recension I de Radermacher (cod. P), est d'une forme beaucoup plus naïve et simple. On a voulu corser la légende, et on y a employé toutes les ressources de l' « érudition » et de l' « art ».

Vers le 1ᵉʳ siècle avant notre ère, un Juif alexandrin attribuai à Salomon ce langage (1) :

« C'est Dieu lui-même qui m'a donné la véritable science des êtres, pour connaître la structure du monde et l'influence des astres(2), le principe et la fin et le milieu des temps, les retours périodiques du soleil et les changements des saisons, le cycle des années et les positions des étoiles, les natures des animaux et les instincts des bêtes, les contraintes qu'exercent les esprits (3) et les pensées secrètes des hommes, les différences des plantes et les vertus (δυνάμεις) des racines, tout ce qui est caché, tout ce qui est manifeste, je l'ai appris : car la Sagesse, ouvrière de toutes choses, me l'a enseigné. »

Voilà le programme de la philosophie et de la science comme on les comprend alors : ce monde tout rempli de merveilleuses correspondances, il faut, pour le pénétrer, une grâce divine ou les secours de la magie. Bien des siècles après l'auteur de la *Sagesse*, le docteur Faust, entouré de grimoires, de signes cabalistiques et de cornues, ne se fait pas de la science une idée différente :

> *Drum hab ich mich der Magie ergeben,*
> *Ob mir durch Geistes Kraft und Mund*
> *Nicht manch Geheimniss würde Kund...*
> *Dass ich erkenne, was die Welt*
> *Im Innersten zusammenhält,*
> *Schau alle Wirkenskraft und Samen*
> *Und tu nicht mehr in Worten kramen.*

C'est dans ce courant millénaire que prend place le mouvement spirituel qui, au IIᵉ siècle, assure la vogue de l'Orient. Curieuse et passionnante époque ! Le monde paraît tout grec. Des monuments conçus selon les ordres grecs couvrent les villes de l'Empire. Dans ces villes, des maîtres grecs ou, du moins, formés aux sciences grecques, instruisent les enfants. C'est l'« encyclopédie » des Grecs qui fait l'homme civilisé : quiconque veut se distinguer doit avoir passé par ce cycle, Lucien de Samosate comme Apulée de Madaure, Galien de Pergame comme Clément d'Alexandrie. Et pourtant, que ce vernis est fragile ! Raison, dialectique, humanisme craquent de toute part. Au-dessous, brassées en un grand tour-

---

(1) *Sap. Salom.*, VII, 17-22.
(2) Ou : « les propriétés des éléments », ἐνέργειαν στοιχείων.
(3) Les esprits au sens concret, les πνεύματα de l'air qui influent sur les hommes et dont on peut, par la magie, capter la puissance.

billon, voici toutes les puissances irrationnelles qui s'agitent, tous ces esprits, ces vapeurs que convoque l'art du prophète et du mage, de l'alchimiste, du nécromant. On veut des vérités inconnues, des formes de vie nouvelle. C'est le temps de la gnose, et des apocalypses, et des oracles controuvés.

Mais gnose, apocalypses, oracles n'auront de prix que s'ils viennent de l'Orient. La révélation d'Elchasaï, apportée vers 200 à Rome par Alcibiade d'Apamée, se donne une origine parthe. Des *oracles Chaldaïques* le titre même indique la patrie (1); et la Sibylle, elle aussi, est née en Anatolie; c'est l'esprit prophétique du Levant qui s'exprime dans les *Sibyllina*, d'où vient que les faussaires juifs aient pu si aisément capter cette source d'inspiration (2). Enfin, pour ne rien dire des *Apocalypses* judaïques (Hénoch, Moïse, Baruch, Salomon), quelle n'est pas l'immense vogue de la littérature attribuée aux Mages, Hystaspe, Ostanès, Zoroastre, Damigéron (3)!

Composés aux environs de notre ère, les Oracles ($\chi\rho\acute{\eta}\sigma\epsilon\iota\varsigma$) d'Hystaspe sont, dès le temps d'Auguste, si répandus que le gouvernement s'en inquiète et les condamne : n'annonçaient-ils pas la destruction de l'Empire, prélude de celle de l'univers (4)? En tout cas, au IIe siècle, ils ont valeur d'autorité. S. Justin et Clément d'Alexandrie leur accordent autant de poids qu'à la Sibylle. Dans un discours que Clément fait prononcer à S. Paul devant les païens et où l'Apôtre les adjure de reconnaître le vrai Dieu (5) : « Prenez », dit-il, « les livres des Grecs, voyez comment la Sibylle révèle un Dieu unique et prédit les événements futurs; prenez et lisez Hystaspe (6). »

Ostanès n'a pas moins de renom (7). La tradition voulait que ce Mage eût accompagné Xerxès dans son expédition en Grèce : en fait, on lui rapportait surtout des livres de magie. Bolos de Mendès,

---

(1) Forgés au IIe siècle, peut-être par un certain Julien le Chaldéen. Cf. surtout W. KROLL, *De Oraculis Chaldaicis*, Breslau, 1894. Pléthon les attribuait à Zoroastre, cf. *Mages hellén.*, I, pp. 158-163.

(2) Une grande partie des *Oracula Sibyllina* est du IIe s. Cf. LAGRANGE, *Le Judaïsme av. J.-C.*, 1931, pp. 503 ss.

(3) L'ouvrage fondamental, souvent cité déjà, est BIDEZ-CUMONT, *Les Mages hellénisés*, Paris, 1938 (I, Introduction; II, Textes).

(4) Sur les *Oracles* (ou l'Apocalypse) d'Hystaspe, cf. *Mages hellén.*, I, pp. 215-223; II, pp. 359-377.

(5) *Strom.*, VI, 5, 43, 1 = *Mages hellén.*, fr. 8, II, p. 362.

(6) Clément lisait probablement un texte « où l'apocalypse mazdéenne avait reçu des interpolations chrétiennes », *Mages hellén.*, II, p. 362.

(7) Cf. *Mages hellén.*, I, pp. 167-210; II, pp. 257-356.

au III⁰ siècle avant J.-C., a dû compulser déjà un apocryphe d'Ostanès sur les diverses sortes de magie et de divination (nécromancie, hydromancie, etc.) ainsi que sur les propriétés médicinales des animaux, des plantes et des pierres (1); Pline y fait allusion. Philon de Byblos d'autre part mentionne un *Oktateuchos*, les alchimistes grecs une πραγματεία d'Ostanès (2) et une lettre du même à Pétasios sur l'art sacré et divin de l'alchimie (3).

Mais le Mage le plus célèbre est Zoroastre sous le nom duquel circule, depuis l'époque alexandrine, une abondante littérature sacrée, « physique » (4) et magique. Selon le péripatéticien Hermippe, disciple de Callimaque, auteur d'un traité *Sur les Mages,* il y aurait eu, vers l'an 200 avant J.-C., à la bibliothèque d'Alexandrie, quantité d'ouvrages attribués à Zoroastre formant un total de deux millions de lignes (5). En particulier tout ce qui concernait la magie perse devait porter le nom de Zoroastre. Dion Chrysostome connaît de lui des hymnes ressortissant à des mystères (6), Nicolas de Damas des *Oracles* (7), Philon de Byblos un « Recueil Sacré » (8), Clément d'Alexandrie un traité *De la Nature* en quatre livres (9) qui s'étendait longuement, semble-t-il, sur les vertus magiques des simples (10), Pline l'Ancien un *Lapidaire* (11); en outre, dès l'âge hellénistique, on citait de Zoroastre des livres d'astrologie (*Apotélesmatika*), de magie, d'alchimie (12). Au III⁰ siècle encore de notre ère, Porphyre décelait des faux qui, cette fois, appartenaient au genre des Apocalypses.

« Il y eut, dit-il, au temps de Plotin beaucoup de chrétiens, entre autres Adelphius et Aquilinus, fondateurs d'une secte qui s'était séparée de l'ancienne philosophie : ils possédaient une masse d'écrits d'Alexandre le Libyen, de Philokômos, de Démostrate et de Lydos (13), et, faisant étalage d'apoca-

(1) *Ib.*, I, p. 173.
(2) *Ib.*, II, p. 331. 21.
(3) *Ib.*, I, pp. 208-210; II, pp. 334 ss,
(4) Au sens où on l'entend alors : science des correspondances, des « sympathies ». Sur cette littérature, cf. *Mages hellén.*, I, p. 85-157; II, pp. 7-261.
(5) Soit huit cents rouleaux de deux mille cinq cents lignes chacun, estimation modérée, cf. *Mages hellén.*, I, p. 87.
(6) ἀπόρρητοι τελεταί : fr. O 8, II, p. 142 B.-C.
(7) Λόγια, fr. D9, II, p. 81.
(8) Ἱερὰ συναγωγή, fr. O 11, II, p. 157.
(9) fr. O 12, II, p. 158.
(10) *Mages hellén.*, I, pp. 116 ss.
(11) *Ib.*, I, pp. 128-130.
(12) *Ib.*, I, pp. 131-152.
(13) Ou « Démostrate le Lydien » si on corrige Δημοστράτου καὶ Λυδοῦ en Δ. τοῦ Λ.

lypses de Zoroastre, de Zostrien, de Nikothéos, d'Allogène, de Mésos et d'autres semblables, ils trompaient bien des gens tout en se laissant duper eux-mêmes, eux qui se figuraient que Platon n'avait pas pénétré jusqu'au fond de l'essence intelligible... Amélius écrivit près de quarante livres contre le livre de Zostrien. Pour moi, j'adressai maintes critiques au livre de Zoroastre, je montrai que c'était un apocryphe récent, fabriqué par les fondateurs de la secte pour faire croire que les dogmes qu'ils voulaient soutenir étaient ceux de l'antique Zoroastre » (1).

Ces critiques n'empêchaient pas qu'on ne vît en Zoroastre l'une des autorités principales pour tout ce qui regardait les choses de l'âme et les voies du salut. L'alchimiste Zosime, qui vécut probablement au IIIe siècle, fait de Zoroastre et d'Hermès les protagonistes de deux méthodes différentes pour être sauvé. L'une, celle d'Hermès, ressortit à la sagesse : si l'âme, originellement pure, s'est purifiée ici-bas de toute passion charnelle qui eût pu la lier au corps, elle retourne après la mort à son lieu normal, chez le Père. L'autre fait appel aux rites de la magie : il suffit à l'âme de connaître ces rites et les charmes qui contraignent les puissances célestes pour s'assurer, après la mort, une facile remontée.

« Hermès et Zoroastre ont dit que la race des philosophes était au-dessus de la Fatalité, puisque ni ils ne se réjouissent du bonheur qu'elle apporte — ils dominent en effet les voluptés, — ni ils ne sont frappés par les maux qu'elle envoie s'il est vrai qu'ils regardent au terme de tous leurs maux, ni ils n'acceptent les beaux présents qu'elle donne puisqu'ils passent toute leur vie dans l'immatérialité... Zoroastre déclare, non sans prétention, que, par la connaissance de tous les êtres d'en haut et la vertu magique des sons corporels, on détourne de soi tous les maux de la Fatalité, et les particuliers et les universels. Hermès au contraire, dans son traité *De l'Immatérialité*, attaque la magie elle-même, car il dit qu'il ne faut pas que l'homme spirituel, celui qui se reconnaît soi-même, redresse quoi que ce soit par la magie, même s'il le juge bon, ni qu'il fasse violence à la Nécessité, mais qu'il la laisse agir selon sa nature et son choix ; qu'il progresse par la seule recherche de soi-même, tienne solidement, dans la connaissance de Dieu, la Triade ineffable, et laisse la Fatalité traiter à sa guise cette boue qui lui appartient, c'est-à-dire le corps. Grâce à une telle connaissance et par une telle conduite, tu verras, dit-il (Hermès), le fils de Dieu devenant toutes choses en faveur des âmes pieuses, pour tirer l'âme de la région de la Fatalité et l'élever à l'incorporelle » (2).

(1) Porph., *V. Plot.*, c. 16. Cf. *Mages hellén.*, I, pp. 154-157 ; II pp. 249-250.
(2) *Alch. gr.*, 229.16 ss. = *Mages hellén.*, II, p. 243. Cf. mon article dans *Mémorial Lagrange*, Paris, 1940, pp. 125-126, et *infra*, pp. 266-267.

CHAPITRE III

LA VISION DE DIEU

Justin, pour voir Dieu face à face, se réfugie dans un lieu solitaire, sur une grève (1). C'est encore un trait de l'époque. La quête de Dieu et le goût du désert font une alliance naturelle. Nous le constations naguère dans le cas des confréries, où l'on se proposait de mener la vie philosophique (2) : mais encore n'était-ce pas une retraite toute parfaite puisqu'on y vivait en société. D'autres préfèrent être seuls. Dans le paganisme déjà, voici qu'apparaît la figure du moine, de l'ermite, de celui qui veut être « seul à seul » avec Dieu, μόνος πρὸς μόνον. La langue du temps exprime ce sentiment nouveau. Les formations sur μόνος « seul » se multiplient : μόνωσις « solitude », μονώτης ou μονωτικὸς βίος « vie solitaire », μονάγριον « lande déserte », μονάζειν « vivre en solitaire », μονασμός « état du solitaire », enfin μοναστήριον qui, au sens propre, désigne la cellule de celui qui se voue à la vie solitaire : tous ces termes sont nés en dehors du christianisme (3), avant les Pères du désert. De même on insiste maintenant sur l'ἐρημία, « le désert », qui, au sentiment du jour, paraît le seul lieu propice à la tranquillité de l'âme (ἠρεμία); on aspire au désert par nostalgie de la paix : les deux idées sont connexes et les mots mêmes associés, voire, en certains manuscrits, confondus (4).

L'habitant du désert, l'ermite (ἐρημίτης) devient un type populaire dans la littérature gréco-romaine. Plutarque (5) conte l'histoire d'un Barbare qui menait la vie érémitique aux bords de la mer Érythrée. Il n'avait commerce avec les hommes qu'une fois l'an, n'ayant, le reste du temps, pour toute compagnie que les

---

(1) *Dial. c. Tryph.*, III, 1 : cf. *supra*, p. 11.
(2) Cf. *supra*, pp. 31 ss. et Tertull., *Apol.*, 42, 1 : *neque enim Brachmanae aut Indorum Gymnosophistae sumus, silvicolae et exules vitae.*
(3) Par exemple chez Philon (surtout *V. Cont.*) : cf. l'index de Leisegang, Jamblique (*de v. pyth.*).
(4) Ainsi Philon, *V. Cont.*, 2, 20, p. 53.1 Conybeare : ils passent leur temps dans des jardins ou des landes désertes (μοναγρίοις) car ils recherchent la solitude », ἐρημίαν μεταδιώκοντες : *sic* codd., v. lat., alors que v. Armen. traduit ἠρεμίαν.
(5) *De defectu orac.*, 21, p. 241 F.

nymphes errantes et les génies. C'était le plus beau des hommes ; nulle maladie ne l'attaquait jamais ; il ne se nourrissait qu'une fois le mois, du fruit amer d'une plante médicinale. Il savait beaucoup de langues, entre autres le dialecte dorien, et ses propos prenaient naturellement la forme d'un poème : tandis qu'il parlait, une odeur exquise, émanée de son souffle, remplissait le lieu. Un jour par an, transporté d'une fureur divine, il vaticinait sur le rivage de la mer, et des princes, des secrétaires du Roi, venaient l'entendre. De son côté, Lucien (1) imagine avoir rencontré un hiérogrammate de Memphis, admirablement versé dans la sagesse, instruit de toute la science des Égyptiens. Il avait séjourné vingt-trois ans dans un temple souterrain où Isis en personne lui avait enseigné l'art des mages. On le nommait Pankratès. Il avait la tête toute rase (2), le nez camus, les lèvres saillantes, la taille longue, les jambes assez grêles, et parlait le grec avec un peu d'accent. Il accomplissait maints prodiges et, par exemple, chevauchait les crocodiles et nageait avec eux, ces monstres tremblant devant lui ou frétillant de la queue : rien qu'à ce spectacle, on reconnaissait en lui un homme de Dieu.

La plupart de ces légendes nous conduisent en Égypte. L'Égypte, pays du désert et des Syringes, devait être en effet le paradis des ermites. On y faisait pèlerinage jusqu'à ces temples d'un âge fabuleux qui se dressaient loin des villes, entourés de solitude et de silence, habités seulement par un petit nombre de prêtres et par la majesté du dieu. Parfois on y savourait déjà la poésie des ruines. C'étaient des lieux pleins de mélancolie où l'on avait l'impression de toucher plus immédiatement les choses divines. Pénétré de ce sentiment, on y couchait, le soir, sur les parvis ou dans des grottes. Le dieu, alors, venait en songe et rendait ses oracles.

Aux deux premiers siècles de notre ère, l'un de ces temples, à Talmis, en Nubie (aujourd'hui Kalabché), reçut ainsi de nombreuses visites de touristes et de pèlerins (3). On y adorait un dieu indigène que les Grecs appelaient Mandoulis et qu'ils assimilaient à Horus, fils d'Isis, ou au Soleil, ou même au fils de Latone, Apollon. Il n'y avait là ni ville ni village : seulement quelques prêtres et, aux environs, une garnison romaine qui veillait sur cette frontière. Le nouveau temple, commencé sous Auguste, n'avait été achevé

---

(1) *Philopseudes*, 34.
(2) Comme les prêtres d'Égypte.
(3) Sur le temple de Talmis et le dieu Mandoulis, voir surtout A. D. Nock, *A vision of Mandulis Aion* dans *Harv. Theol. Rev.*, XXVII (1934), pp. 53 ss.

qu'à la fin du Ier siècle, sous Vespasien : il attirait alors par le double prestige d'une splendeur toute récente dans un paysage vide. Selon un vieil usage, particulièrement fréquent en Égypte, les soldats romains de la garnison voisine et les pèlerins venus de tous pays gravaient ou peignaient sur les murs extérieurs du temple, avec l'agrément des prêtres, des formules d'adoration (proscynèmes) où ils demandaient à Mandoulis de les protéger, eux-mêmes et leurs familles. Un certain Hérode, qui assimile Mandoulis à Horus « qui a fait connaître aux mortels le fruit de la terre (le blé) », supplie le dieu de le ramener sain et sauf dans sa patrie, libre de toute maladie et de présages funestes, puis ajoute : « Toi-même, Roi, veuille te montrer hors de ton sanctuaire et révéler aux hommes les signes de ton pouvoir (1) pour qu'ils apprennent ce qui doit leure arriver (2) ». Un autre, pour lequel Mandoulis est Apollon et qui le nomme, semble-t-il, « gardien des vêtements de la reine Isis à la robe noire (3) », énonce ainsi sa prière : « Ayant vu de mes yeux où tu demeures et t'ayant adoré, ô dieu qui nous guides, grande fut ma joie quand je perçus ta science oraculaire et combien tu prends soin des hommes, quand tu le veux bien. Aie pitié de moi, Mandoulis, fils de Zeus ; sois favorable ! Sauve-moi, sauve ma sage épouse, mes enfants excellents... Car je proclamerai dans ma patrie le récit de tes oracles, ô prophète (4) » ! Une troisième inscription, celle de Sansnos, offre un autre caractère : ce sont des maximes de religion dans la manière des scribes d'Égypte et telles que la tradition voulait qu'on en eût gravées aussi à l'entrée du temple de Delphes (5) : « Révère la divinité. Sacrifie à tous les dieux. Fais pèlerinage à chaque temple pour y adorer. Honore particulièrement les dieux traditionnels, surtout Isis et Sarapis les plus grands des dieux, Sauveurs, Bons, Favorables, Bienfaiteurs (6) ». Mais deux de ces textes, tracés en lettres rouges sur le portique méridional, nous intéressent surtout, parce qu'ils rapportent des visions.

L'un est un hymne acrostiche du décurion Maximos (7). Il

---

(1) σήματα : dans le dernier texte (infra, p. 49 n. 9), on a σημῖά σου.
(2) Cf. Bull. Corr. Hell., 1894, pp. 151-152 ; Rev. Ét. Gr., 1894, pp. 291-292.
(3) Je lirais volontiers ὁ τῆι μελανοστόλωι βασιλίσσηι Ἰσειδι εἱμα[τοφύλαξ] à la ligne 3 : τὴν μελανόστολον lap. Les images à robes noires d'Isis sont mentionnées par PLUTARQUE, Is. Os., 52.
(4) Cf. Rev. Ét. Gr., 1894, pp. 292-294 (déjà CIG 5039, Kaibel 1023). Voir aussi Bull. Corr. Hell., 1894, p. 152.
(5) Les δελφικὰ παραγγέλματα : cf. Idéal rel. des Grecs, pp. 20 ss.
(6) U. WILCKEN, Chrestom., n° 116.
(7) MANTEUFFEL, de opusculis graecis Ægypti... collectis, p. 198. Voir aussi Bull.

comporte trente-quatre vers, les vingt-trois premiers en sotadées réguliers, deux (24 et 27) en pentamètres, le reste en hexamètres. Chaque vers forme d'ordinaire à lui seul une proposition complète, et ces phrases sont simplement juxtaposées en une longue suite de sentences parallèles, sans liaison. Le style est amphigourique et obscur. Si je me hasarde, après d'autres, à traduire ce monument, c'est que, malgré sa médiocrité poétique, il garde pour nous une valeur singulière comme témoignage sur la religion de l'époque.

« Quand je fus venu pour contempler ce bienheureux séjour de quiétude,
laisser libre cours dans l'air à l'inspiration que mon âme désire,
tandis qu'autour de mon esprit, de tous côtés, bourdonnait une vie étran-
comme ma conscience n'avait à me reprocher aucun vice,   [gère,
5 alors un instinct me pressa de cultiver le mystique labeur (1) :
soudainement habile, je composai un chant aux mètres variés (2),
ayant reçu des dieux le noble don d'une pensée enchanteresse.
Quand il fut évident que la Muse me rendait agréable aux dieux,
j'agitai, tel un bouquet d'herbe tendre, mon chant de fête (3).
10 Et alors une grotte à dormir (4) m'induisit à y descendre,
bien que je craignisse un peu de m'abandonner aux visions du rêve;
et le sommeil, m'ayant cueilli, me transporta rapidement dans un pays
     [qui m'est cher.
Car il me semblait, dans le courant du fleuve, baigner mon corps,
que les eaux puissantes du doux Nil caressaient délicieusement.
15 Et je croyais entendre aussi Kalliopéia, auguste entre les Muses,
de concert avec toutes les Nymphes, au milieu d'elles, chanter un chant de
Pensant que c'était là un léger morceau légué par la Grèce,   [fête.
je tirai de mon âme habile les pensées inspirées ici écrites;
et, comme un homme qui agite ses membres à l'unisson des mouvements
     [de la baguette (5),
20 je demandai la permission (6) de graver ma composition en accord avec
     [le chant,
laissant à la postérité un sujet de critique que des étrangers ne peuvent
     [pas comprendre (7) :

Corr. Hell., 1894, pp. 149-151, 154-157 (Mahaffy-Bury), *Rev. Ét. Gr.*, 1894, pp. 284-291 (Sayce-Weil; traduction de Weil, pp. 289-291), *Philol.* 54 (1895), pp. 11 ss. (Rohde).

(1) C'est-à-dire qu'il se sent inspiré de composer un poème.
(2) Allusion à la diversité des mètres. Ou ποικίλον : « complexe, subtil », par allusion à l'acrostiche.
(3) Texte et sens incertains.
(4) ὕπνου μυχός : il existait des chambres souterraines dans les temples d'Égypte, les auteurs en font souvent mention.
(5) Les anciens battaient la mesure avec le pied, la main, et, on le voit par ce texte, avec la baguette (ῥάβδῳ).
(6) J'entends ἐπεκάλουν (act.) au moyen (ἐπεκαλούμην), avec le même sens que ἠξίουν.
(7) La pierre a ψογον ἄδηλον : ne faut-il pas corriger en ψόφον ἄδηλον? Ce poème grec ne serait pour les indigènes de la Nubie qu'une suite de sons inintelligibles.

les autorités du temple (1) m'invitèrent à recueillir (2) ce savant poème.

Alors, resplendissant, le grand Mandoulis descendit de l'Olympe,
adoucissant le langage barbare des Éthiopes (3),
25 et m'exhorta à chanter selon la douce muse hellénique
(il avait les joues brillantes, marchait à la droite d'Isis,
et, comme tout enorgueilli de la grandeur des Romains (4),
il faisait le pythien, rendant des oracles, en dieu olympien qu'il est) :
« Comme (5), grâce à Toi, la vie peut être dite prévue à l'avance pour les
 [hommes!
30 Comme le Jour et la Nuit T'adorent, et ensemble toutes les Heures!
Elles t'appellent Breith et Mandoulis, frères du même sang,
Astres des dieux, constellation unique, qui se lèvent au firmament.
C'est toi-même qui m'as enjoint de graver en ton honneur ces écritures
et savantes, pour être examinées par tous, sans flatterie. » [régulières

L'autre texte est un récit anonyme, en prose, mais dans cette prose élaborée, d'ordinaire rythmique (6), qui atteint à la solennité de la poésie et souvent même remplace la poésie à l'époque gréco-romaine. Aelius Aristide et les écrits hermétiques en offrent plus d'un exemple. Ces sortes d'ouvrages se distinguent par le goût pour les longues épithètes composées (7) et les noms mythologiques (8).

« Seigneur qui lances tes rayons, Mandoulis, Titan, Makareus, ayant vu des signes éclatants de ton pouvoir (9), j'ai réfléchi là-dessus et examiné avec soin la chose, *voulant savoir avec certitude si tu es le Soleil*. Je me suis rendu étranger à tout vice, à toute méconnaissance des dieux établis (10), je suis resté chaste pendant un long temps, j'ai offert comme il faut

---

(1) Ce sens me paraît le seul acceptable pour ἀρχή, et il confirme une suggestion de Nock (*op. cit.*, p. 58), selon qui une autorisation spéciale aurait été nécessaire pour ces inscriptions.
(2) Ou « à dire » (λέξαι).
(3) Ce passage donnerait lieu de penser que Maximos est lui-même un Egyptien. Ou l'auteur veut-il dire que, pour une fois, Mandoulis s'exprime en grec (βαρβαρική λέξις s'appliquant alors au dieu lui-même)?
(4) Allusion à la splendeur toute récente du temple construit par les soins du gouvernement impérial.
(5) Cet ὡς initial, ici et au vers suivant, peut être exclamatif ou se rapporter à ἀεῖσαι du v. 25 « m'exhorta à chanter... que, grâce à toi, etc. » (Ainsi Weil).
(6) La 3ᵉ ligne ici, se compose de quatre dactyles.
(7) Ici ἀκτινοβόλε, παντεπόπτην, παντοκράτορα, εὐεθείρας μυριονύμου, peut-être χρυσοδέτῳ (l. 11).
(8) Ici Τιτάν (épithète fréquente dans les hymnes orphiques ou magiques), Μακαρεῦ (nom d'un fils du Soleil, mais sans doute entendu ici comme un synonyme de μάκαρ = bienheureux). Cf. Nock, *l. cit.* (*supra*, p. 46, n. 3), pp. 100-102.
(9) σημιά (= σημεῖά) σου : cf. *supra*, p. 47, n. 1.
(10) ἀθεότος = ἀθεότητος.

l'encens du sacrifice selon les règles de la piété divine : et, ayant obtenu une vision, j'ai trouvé la paix de mon âme. Accédant à ma prière, tu t'es montré toi-même, traversant, dans une barque aux clous d'or, la voûte céleste... (1); puis après t'être lavé dans l'eau sainte d'immortalité, tu es apparu à nouveau. Tu es venu à l'heure juste, quand tu te lèves, dans ton temple, donnant à ton image et à ton sanctuaire le souffle de la vie et une grande puissance (2) : c'est alors que je t'ai reconnu, Mandoulis, comme le Soleil, le Maître qui voit tout, le Roi universel, l'Aiôn (3) qui règne sur toutes choses. O peuples souverainement fortunés qui habitez Talmis la sainte, chérie du Soleil Mandoulis, Talmis que régit le sceptre d'Isis aux belles tresses, aux mille noms! »

Avant de dégager le sens de ce genre littéraire de la vision, et de la révélation au cours d'une vision, j'en voudrais traduire ou résumer ici quelques exemples pour nous remettre dans l'atmosphère de l'époque. Voir le dieu, en songe ou en état de veille, rien ne paraissait alors plus désirable; et il n'y avait rien non plus dont on doutât moins. Sauf en quelques milieux restreints (4), les croyants ne concevaient pas, en ce temps, que la divinité fût séparée des hommes par une distance infinie, comme l'infiniment pur de l'impur, l'infiniment saint de ce qui pèche, l'infiniment spirituel de la matière. La masse voyait en ses dieux des êtres plus puissants, secourables, sauveurs ou guérisseurs, mais, dans l'ensemble, analogues à l'homme : aussi bien leur donnait-on figure humaine, se contentant tout au plus de leur attribuer une taille plus grande, parfois jusqu'à l'absurde. Il n'était donc pas inouï de jouir de la vue d'un dieu. Sans doute on devait s'y être préparé, il fallait satisfaire à de certaines conditions de pureté : mais c'était là une règle commune, dès lors qu'on se disposait à entrer dans un temple ou à manier des objets sacrés. Sans doute encore devait-on ressentir quelque effroi, car l'approche du divin est toujours plus ou moins effrayante. Néanmoins les notes dominantes sont celles de la confiance et de la joie. D'une manière générale, la psychologie des anciens est ici toute différente de celle de l'homme moderne. Le chrétien le plus fervent, aujourd'hui, n'a garde de demander des visions; il les redouterait plutôt : s'il venait à être l'objet de tels phénomènes surnaturels, son

---

(1) Pour les derniers mots (« traversant... »), texte et sens incertains; puis suite de lettres inintelligibles.
(2) En fait, l'auteur a vu à l'aurore le soleil illuminer la statue de culte qui se trouvait au fond du sanctuaire, tournée vers l'Est.
(3) C'est-à-dire l'Eternité, mais *Aiôn* a déjà en ce temps valeur de nom propre.
(4) Je songe aux milieux gnostiques, avec leur doctrine du Dieu ἄγνωστος.

mouvement spontané serait de les taxer d'illusion ou de s'inquiéter de l'état de ses nerfs. Dans l'antiquité au contraire, le fait de voir la divinité était tenu pour la récompense normale et habituelle d'un certain genre de vie. Tout le monde croit aux songes, aux visions divines dont on peut être gratifié en songe. Dans les lieux de culte où se pratiquait l'incubation, il fallait, durant le sommeil, avoir été visité par Asklépios : ces visites faisaient partie du programme. C'est dans des visions nocturnes qu'Aelius Aristide, dont Asklépios s'est constitué le médecin traitant, reçoit les consultations du dieu guérisseur. Les chrétiens partagent sur ce point la croyance commune. Pour ne rien dire du Nouveau Testament, les écrits plus populaires de la littérature chrétienne des premiers siècles, le *Pasteur* d'Hermas, les Actes des martyrs, les Actes apocryphes des apôtres, plus tard les Vies des Saints, sont pleines de visions de songe où Dieu ou un ange apparaît comme guérisseur, révélateur ou conseiller.

Combien l'on était avide de voir le dieu, un détail le prouve qui montre que ce désir s'exprimait jusque dans les rêves. Parmi les récits de songes que nous ont livrés les papyrus du Sérapéum de Memphis (1), un certain Ptolémée rapporte que, le 2 juin 158 (av. J.-C.), il lui sembla, en songe, invoquer le très grand Ammon ; il le supplia de venir à lui, du Nord, avec deux autres dieux : et Ammon vint en effet. Ptolémée crut voir alors une vache qui allait mettre bas. Le dieu prend la bête et la fait se coucher. Il lui met la main aux parties génitales et en tire un jeune taureau. L'auteur conclut : « Ce que j'ai vu, que cela me tourne à bien (2) ! » Le même Ptolémée, une autre fois, raconte qu'il adressa en rêve à Isis cette prière : « Viens à moi, déesse des dieux, sois favorable, écoute-moi » (3). Un peu plus loin, décrivant un autre songe où il lui semblait être sur une grande tour à Alexandrie, il rapporte qu'il vit une vieille femme qui lui dit : « Attends un peu, et je te conduirai au Bon Génie Knèphis, afin que tu l'adores. » Il voit alors un vieillard qui lui donne deux chalumeaux. Il regarde vite dedans et voit Knèphis. D'où il tire la conclusion qu'il sera bientôt délivré (4).

---

(1) Cf. Wilcken, *Urk. d. Ptolemaerzeit* (*UPZ.*), I (1922-1927), n°⁸ 77-81, pp. 348-374.
(2) *UPZ.*, pp. 353-354, n° 77, col. II, ll. 22-31.
(3) *UPZ.*, p. 360, n° 78, ll. 22-24, cf. Nektanébo, *infra*, p. 55. Pour θεὰ θεῶν cf. Plat., *Tim.* 41a7 θεοὶ θεῶν, *PGM*. IV 1200 Θεὲ Θεῶν.
(4) C'est-à-dire délivré de son état de *katochos*, pendant lequel il était lié au Sérapéum de Memphis et comme « possédé » par le dieu. Sur le problème de la *katochè*, qui a donné lieu à maintes discussions, voir surtout Wilcken, *UPZ.*, I, pp. 52-77.

J'ai donc rassemblé ici un certain nombre de textes savoureux, la plupart tirés des papyrus (1). Ces petits écrits, qui tiennent à la fois de la nouvelle divertissante et de l'ouvrage de dévotion, offrent pour nous le double intérêt de porter témoignage sur des sentiments disparus et de composer l'atmosphère où sont nés les livres d'Hermès. Je les ai choisis enfin pour leur caractère typique : le premier illustre les visions accompagnées de guérison, le second les visions relatives à des actes de culte, le troisième les visions où le dieu révèle une science et pourvoit aux déficiences de la raison par un mode de connaissance surnaturel et intuitif (2).

Arétalogie d'Imouthès-Asklépios (3).

« A ces mots, Nekténeibis (Nektanébo) étant entré dans une grande colère contre ceux qui avaient fait sécession hors du temple, voulant d'autre part connaître avec certitude le plus tôt possible, d'après la Sainte Écriture, la classe de ces gens-là, ordonna à Néchautis qui exerçait alors la fonction de juge suprême de faire toutes diligences pour se mettre à la recherche du livre. Celui-ci se dépensa plus qu'on ne peut dire en cette enquête et, n'ayant mis que vingt-huit ours à découvrir le livre, il l'apporta au roi. Le roi le lut et, dans une joie incroyable de ce qu'il y avait de divin dans le récit, ayant trouvé que les prêtres qui avaient transporté le dieu en procession d'Héliopolis à Memphis avaient été au nombre de vingt-six, il répartit entre leurs descendants la charge de prophète qui revenait à chacun d'entre eux. Bien plus, après avoir lu le livre de nouveau de bout en bout, il gratifia Asklépios lui-même d'un nouveau don de trois cent trente *arourai* riches en blé, d'autant plus qu'il avait appris par ce livre que le dieu avait été magnifiquement honoré par Ménéchérès d'offrandes d'adoration (4).

Pour moi, alors que, bien souvent, je m'étais remis à traduire ce livre en langue grecque, sans esprit d'envie, pour le faire connaître publiquement à mes contemporains, et que déjà je nageais en plein milieu de l'écrit, je fus retenu dans mon zèle par la grandeur du récit, à la pensée que j'allais le tirer au jour : car il n'est possible qu'aux dieux, et non aux mortels, de raconter les marques de puissance des dieux. En effet, si j'échouais, ce n'était pas seulement pour moi de la honte devant les hommes, mais encore ce qu'on attendait de moi me fascinait, à cause de l'irritation où serait le dieu puisque sa vertu immortelle suffisait à compenser l'infériorité de mon écrit (5); au contraire, si je me rendais utile, c'était une vie bienheureuse, une renommée immortelle. Car le dieu est tout prêt à se montrer bienfaiteur,

---

(1) L'arétalogie d'Imouthès est tirée d'un papyrus du II° s. ap., le songe de Nektanébo d'un papyrus du II° s. av. J.-C. Si Thessalos, héros de la vision contée en troisième lieu, est le médecin Thessalos de Tralles, le texte serait à dater du I°ʳ s. ap. J.-C.

(2) Sur ce thème, cf. *supra*, pp. 12 ss. et *Rev. Bibl.*, XLVIII (1939), pp. 45 ss.

(3) *Oxyrh. Pap.*, XI, 1381 = Manteuffel, *op. cit.*, pp. 86 ss. « Arétalogie » : récit de miracle.

(4) Tout ce début constitue une sorte de récit introductif dont le début même est perdu.

(5) Texte et sens incertains : j'ai suivi les lectures de Manteuffel.

s'il est vrai du moins que ceux en tout cas qui sont animés d'un pieux zèle, souvent, alors que la médecine était impuissante contre les maladies qui les tenaient, il les a sauvés. C'est pourquoi, fuyant la témérité, j'attendis le moment propice tout un an : je différai ma promesse (1). En effet, c'est alors surtout, quand on est dans la force de l'âge, qu'on incline à la présomption, car la jeunesse est prompte, et l'entreprise, dans son élan, devance le zèle.

Cependant, alors que trois années s'étaient passées sans que j'eusse fait encore aucun effort et que, durant ces trois années, une fièvre quarte issue de la colère divine (2) avait attaqué ma mère et la mettait à la torture, ayant compris enfin, bien tard, nous nous présentâmes en suppliant devant le dieu pour le conjurer d'accorder la guérison de ce mal. Lui, comme il est bon envers tous, lui étant apparu en songe, la délivra par des remèdes peu coûteux, et nous, nous fîmes au dieu qui nous avait sauvés les sacrifices habituels d'action de grâces. Mais moi aussi, après cela, un mal soudain m'assaillit au côté droit : aussitôt je m'élançai vers le dieu secourable au genre humain; et de nouveau ayant condescendu, d'une oreille toute prête à une pitié plus active encore, il déclara sa bienfaisance, dont j'affirme l'authenticité dans le dessein que j'ai de proclamer les marques redoutables de sa puissance.

C'était la nuit, tout dormait, sauf ceux qu'afflige une peine physique, quand la divinité se fit connaître dans toute son efficace. Une fièvre violente me brûlait, je me débattais convulsivement dans des crises d'asthme et de toux qui me venaient de ma douleur au côté droit. La tête lourde, mort de fatigue à la suite de ces luttes, je finis par glisser dans le sommeil. Ma mère, que mes tourments peinaient à l'extrême, car il s'agissait de son enfant et elle a le cœur naturellement tendre, était assise près de moi sans prendre si peu que ce soit de sommeil. Et alors, soudainement, elle eut une vision — non pas comme en rêve ou quand on dort, car ses yeux étaient ouverts, sans qu'ils vissent pourtant avec une entière clarté car le divin phantasme qui pénétrait en elle la remplissait de terreur et l'empêchait de voir sans trouble, — elle vit donc soit le dieu lui-même soit son serviteur. Bref, il y avait là un être d'une taille infiniment plus grande que celle de l'homme, vêtu de fine toile resplendissante, tenant de la main gauche un livre, qui se contenta de m'examiner de la tête aux pieds deux ou trois fois, puis disparut. Elle alors, ayant repris ses sens, tremblante encore, cherchait à me réveiller. Et quand elle vit que la fièvre m'avait quitté et que j'étais tout ruisselant de sueur, elle adora la manifestation visible du dieu, puis, m'ayant essuyé, me fit revenir à moi-même (3). Tandis que nous causions et qu'elle s'apprêtait à me révéler le miracle du dieu, je la prévins et lui racontai tout : en effet, tout ce qu'elle avait vu dans une vision réelle m'était apparu à moi-même comme des images de rêve dans un songe. Bref mes douleurs de côté ayant cessé, — le dieu d'ailleurs avait ajouté à ses dons une médecine calmante — je me mis à proclamer ses bienfaits.

Cependant, alors que, de nouveau, nous nous étions concilié le dieu par

---

(1) La promesse que l'auteur avait faite au dieu, cf. *infra*.

(2) ἄθεος : cf. Soph., *O. R.*, 254, *El.*, 1181. Littéralement « abandonnée de la divinité, marquant l'abandon de la divinité ».

(3) Litéralement « me rendit plus sobre » (νηφαλιώτερον).

les sacrifices que nos moyens nous permettaient, lui-même, par la voix du prêtre préposé aux purifications, réclama la promesse que depuis longtemps je lui avais faite. Nous donc, bien que nous ne nous connussions aucune dette de sacrifices ou d'offrande, nous lui renouvelons, par de telles marques, nos supplications. Mais comme il ne cessait de redire que rien de tout cela ne lui plaisait, et que je me trouvais dans un grand embarras au sujet de cette promesse que j'avais faite, enfin, alors que je me décourageais, cette dette que j'avais envers le dieu touchant l'écrit me revint à la mémoire.

Quand j'eus découvert (1), ô Maître, que je négligeais le livre divin, après avoir invoqué ta providence, et rempli de ton divin pouvoir, je me portai de tout mon élan vers ce rude labeur de la narration que me proposait un dieu. Et m'est avis que je te ferai une offrande en révélant, comme un prophète, ta pensée. N'ai-je pas déployé déjà, dans un autre livre, conformément à la vérité, selon une méthode physique, le mythe persuasif de la création du monde? Et n'ai-je pas, dans l'ensemble de l'écrit, tantôt suppléé aux manques, tantôt enlevé le superflu, résumé l'exposé qui traînait en longueur, dit en un mot les choses compliquées (2)? C'est pourquoi, ô Maître, me fondant sur ta bienveillance et non sur mes capacités, je conjecture que je mènerai à perfection le livre. Un tel écrit est en effet conforme à ta divine nature (3). Puisque c'est toi qui en es l'auteur (4), Asklépios le plus grand des dieux, Précepteur, montre-le donc aux regards reconnaissants de tous. Car, si tout don d'offrande ou de sacrifice n'a de fraîcheur que pour l'instant présent, déjà corrompu à l'instant qui suit, l'écrit par contre est une grâce immortelle qui rajeunit à propos par le souvenir qu'il laisse.

Toute langue grecque redira ton histoire, tout Grec honorera Imouthès fils de Phtḥah. Venez tous ici, vous qui êtes bienveillants et bons, allez-vous-en, les dénigrants et les impies. Venez ici, les amis de Dieu, vous qui, vous étant mis au service du dieu, avez été délivrés des maladies, vous qui vous adonnez à la science médicale, vous qui vous êtes avancés jusqu'à ce jour (?) (5) en zélateurs de la vertu, qui avez été enrichis d'une grande abondance de biens, qui avez sauvé votre vie en échappant aux périls de la mer. Car en tout lieu s'est répandue la puissance du Dieu Sauveur. Et je veux donc proclamer les manifestations visibles et prodigieuses de sa puissance divine et la grandeur de ses bienfaits.

Dans la suite on lit ceci (6) :

Le roi Ménéchérès, pour avoir pieusement veillé aux soins funèbres de

---

(1) Je lis ἐπεὶ δ'ἄπαξ ἐπεγνώκει[ν] l. 161 : ἐπεγνώκει[ς] Mant. Pour δέσποτα ici et l. 181, cf. C. H. XI, 1 (Hermès s'adressant au Noûs) σύ μοι περὶ τούτου, δέσποτα, διασάφησον.

(2) J'ai adopté les restitutions de Schmidt aux ll. 178-180 : μακρολογούμενο[ν]... ἀλλαττολογο[ύμεν]ον.

(3) C'est-à-dire qu'il loue justement la divine nature d'Asklépios.

(4) Littéralement « l'inventeur », εὑρετής : l'inspiration vient d'Asklépios et c'est donc lui qui est le véritable auteur.

(5) παρήκειτε? : πα[.]ησε[..]ε pap. La conjecture παρήσεσθε de Manteuffel ne donne aucun sens possible.

(6) Cette suite, qui ne fait pas corps avec le récit du miracle, reprend la narration à la coupure indiquée plus haut (cf. p. 52, n. 4) avant l'arétalogie proprement dite.

trois dieux, obtint une gloire éternelle, lui qui en outre, grâce au livre, fut favorisé d'un beau renom. Il combla de présents magnifiques la tombe d'Asklépios fils d'Héphaistos (Phthah), celle d'Hermès Pouôros, celle aussi de Kaléeıbios fils d'Apollon, et reçut en récompense une abondance de bonheur. C'est à cause de cela, en effet, que l'Égypte fut alors sans guerres et copieusement pourvue des dons de la terre. Car les pays sont florissants que gouvernent des rois pieux, et, au contraire, les pays dont le roi est impie périssent dans le malheur.

Quant à la manière dont le dieu Asklépios fit savoir par oracle au roi qu'il eût à prendre soin de sa tombe... ».

Le reste manque.

Le songe de Nektanébo (1).

« De Pétêsis le graveur de hiéroglyphes au roi Nektanébo.

L'an 16 de Pharmouthi, le 24ᵉ jour, vers la 22ᵉ heure (2), selon l'ordre naturel le premier jour de la pleine lune. Le roi Nektanébo, durant un séjour à Memphis, ayant une fois accompli un sacrifice et imploré les dieux de lui révéler l'avenir, il lui sembla voir en songe une barque de papyrus — ce qu'on appelle, en égyptien, « rômps » — venir mouiller à Memphis. Il y avait sur la barque un grand trône, et sur le trône était assise la glorieuse Bienfaitrice qui donne les fruits de la terre, Isis, reine des dieux; tous les dieux de l'Égypte se tenaient auprès d'elle, à sa droite et à sa gauche. Or l'un d'eux, s'étant avancé vers le milieu — il mesurait, au sentiment du roi, vingt et une coudées —, celui qu'on nomme en égyptien Onouris, en grec Arès, et s'étant jeté à terre sur le ventre, dit ces mots : « Viens à moi, déesse des dieux, toi qui détiens un pouvoir immense, qui règnes sur toutes choses dans le monde et qui sauves tous les dieux, Isis, sois favorable, écoute-moi! Comme tu l'as ordonné, j'ai gardé cette contrée saine et sauve d'une manière irréprochable, et cependant, jusqu'ici, alors que le roi Nektanébo prend de moi tout le soin possible, Samaùs, que tu as établi toi-même dans la charge de grand prêtre, a négligé mon sanctuaire et résisté à mes ordres. Je suis exclu de mon propre sanctuaire et les travaux dans l'adyton restent à moitié achevés par le mauvais vouloir du prêtre suprême ». A ces déclarations la reine des dieux ne fit aucune réponse.

Cependant le roi, après avoir eu cette vision, s'éveilla et il ordonna en toute hâte d'envoyer un messager à Sébennytos (3) auprès du grand prêtre et du prophète d'Onouris. Quand ceux-ci se furent présentés à la cour, le roi leur demanda quels étaient les travaux en souffrance dans le temple nommé Phersos. Ils dirent : « Tout est achevé, sauf l'inscription des caractères sacrés gravés sur les bâtiments de pierre. » Le roi ordonna alors en toute hâte d'écrire aux temples renommés en Égypte à l'adresse des graveurs de hiéroglyphes. Ceux-ci s'étant présentés conformément à l'ordre, le roi leur demanda quel était parmi eux le mieux doué, capable d'achever rapidement

---

(1) WILCKEN, *UPZ.*, 1, pp. 369-374, n° 81 = MANTEUFFEL, *op. cit.*, pp. 112-116.
(2) Soit le 5/6 juillet 343 av. J.-C.
(3) Au-dessus de Σεβεννῦτον, on a ajouté τὴν μεσόγεον « celle de l'intérieur », pour distinguer cette ville ed la Sébennytos ἡ ἐπιθαλασσία.

les travaux en souffrance dans le temple nommé Phersos. A ces mots, un homme d'Aphroditopolis, dans le nome d'Aphroditopolis, du nom de Pétêsis, fils d'Ergès, se leva et dit qu'il pourrait accomplir tous les travaux en très peu de jours. Le roi posa la même question aux autres, ils répondirent que cet homme avait dit la vérité et qu'il n'y en avait pas, dans tout le pays, un autre pareil, quoi que cet autre pût prétendre. Aussi le roi, lui ayant commandé les travaux susdits, lui donna-t-il un beau salaire, l'exhortant en même temps à finir le travail en peu de jours comme il avait dit lui-même qu'il le ferait, car telle était la volonté du dieu.

Pétêsis donc, après avoir reçu beaucoup d'argent, s'en fut à Sébennytos, et comme il était grand buveur, il décida de se donner du bon temps avant de commencer l'ouvrage. Or, tandis qu'il se promenait dans la partie sud du sanctuaire, il lui arriva de jeter les yeux sur la fille d'un parfumeur, qui était bien la plus belle des jolies filles du lieu... ».

Le reste manque.

La vision du médecin Thessalos (1).

« Thessalos à César Auguste, salut! »

« Beaucoup ont essayé durant leur vie, Auguste César, de livrer le secret de bien des choses merveilleuses, mais aucun d'eux n'a pu encore mener au terme son projet à cause des ténèbres fatales qui vinrent couvrir son esprit : et je suis donc apparemment le seul, de tous ceux qui ont existé depuis le commencement des âges, à avoir composé un traité merveilleux. En effet, bien que j'eusse entrepris une tâche qui passe les bornes des forces humaines, j'ai su la couronner de la fin qui lui était due, non pas, il est vrai, sans beaucoup d'épreuves et de périls.

Après m'être exercé dans la science de la grammaire en Asie et y être devenu plus savant que les gens de ce pays, je résolus de tirer parti, pour un temps, de ma science. Ayant donc fait voile vers cette ville où tous s'empressent, Alexandrie, muni d'une bonne somme d'argent, j'y fréquentai les philologues les plus accomplis, et tous me donnaient leurs louanges pour mon amour de l'étude et ma rapidité à comprendre.

J'étais aussi continuellement assidu aux leçons des médecins dialecticiens, car je brûlais d'une passion incroyable pour cette science. Or, comme le temps était venu pour moi de rentrer à la maison, car j'étais déjà assez avancé dans la médecine, je me mis à parcourir les bibliothèques en quête de science ; et, y ayant découvert un livre de Néchepso contenant vingt-quatre manières de traiter le corps entier et toute maladie selon chaque signe du Zodiaque au moyen de pierres et de plantes, je fus confondu par la grandeur merveilleuse de l'entreprise. Mais il n'y avait là, semble-t-il, que vaine fumée d'une fatuité royale : car j'eus beau apprêter la pilule héliaque préconisée par l'auteur et ses autres recettes, j'échouai dans tous les essais que j'en fis

---

(1) Je reproduis ici la traduction que j'ai donnée dans mon étude *L'expérience religieuse du médecin Thessalos*, Rev. Bibl., XLVIII (1939), pp. 45 ss.; pour le commentaire, cf. *ibid.*, pp. 57-64. Texte grec : *CCAG*. VIII, 3, pp. 134 ss.

en traitant les maladies. Cette erreur me parut plus cruelle que la mort, j'en fus consumé de chagrin : et en effet, m'étant fié aveuglément à cet ouvrage, j'avais vanté dans une lettre à mes parents la vertu de ces remèdes et leur avais annoncé que je rentrerais dès que j'en aurais fait l'expérience. Je ne pouvais donc demeurer à Alexandrie à cause des moqueries de mes confrères : car c'est le propre des beaux exploits que d'exciter la jalousie; d'autre part, je n'étais plus pressé de rentrer à la maison puisque j'avais été convaincu d'incapacité à tenir mes promesses : aussi me mis-je à parcourir l'Égypte, poussé en avant par cet aiguillon qui me blessait l'âme, cherchant le moyen de faire tourner à bien mon espérance téméraire, ou, si j'échouais, résolu à quitter alors la vie par le suicide. Or, comme mon âme me prédisait sans cesse que j'aurais commerce avec les dieux, je tendais continuellement mes mains vers le ciel, suppliant les dieux de m'accorder, par une vision en songe ou par une inspiration d'en haut, quelque faveur de cette sorte dont je pusse m'enorgueillir en regagnant, joyeux, Alexandrie et ma patrie. Étant donc arrivé à Diospolis (Thèbes), je veux dire la capitale la plus ancienne de l'Égypte, qui possède une multitude de temples, je m'y établis : il s'y trouvait en effet des prêtres amis des lettres et savants en maintes sciences (1). Le temps passa, mon amitié pour les prêtres allait toujours croissante, et je leur demandai un jour s'il était resté quelque chose de la force opératoire de la magie. Je vis bien alors que la plupart s'indignaient de ma témérité à concevoir de telles espérances : cependant l'un d'eux, qui inspirait confiance par la gravité de ses mœurs et son grand âge, ne déçut point mon amitié. Il m'assura qu'il avait le pouvoir de produire des visions au moyen d'un bassin rempli d'eau (2). Je l'invitai donc à une promenade avec moi dans la partie la plus déserte de la cité, sans lui dire ce que je souhaitais. Nous allâmes donc jusqu'à un bois environné d'une tranquillité profonde, et là, je me jetai soudain face contre terre et, tout en larmes, lui tins embrassés les pieds. Et comme, dans son ahurissement à ce coup inattendu, il me demandait la raison de mon acte, je lui déclare que ma vie est entre ses mains, qu'il faut absolument que je converse avec un dieu, et que, si ce désir n'aboutit pas, je suis prêt à quitter la vie. Alors, m'ayant relevé de terre et consolé par les propos les plus bienveillants, il me promit cordialement de se rendre à ma prière, et m'ordonna un jeûne de trois jours. Et moi, l'âme toute fondue à l'annonce de ces promesses, je lui baisai la main et le comblai de remerciements, pleurant comme une fontaine : car c'est une loi de la nature qu'une joie inespérée provoque plus de larmes que le chagrin. Puis, étant sortis du bois, nous commençâmes de jeûner, et ces trois jours, dans l'impatience où j'étais, me parurent autant d'années. Quand fut venu le troisième jour, parti dès l'aurore, j'allai saluer le prêtre. Celui-ci avait préparé une chambre bien propre (3) avec tout ce qu'il fallait pour la consultation : de mon côté, toujours

---

(1) Cf. STRABON, XVII, I, 46, p. 1138. 30M : « les prêtres de ce lieu ont réputation d'être astronomes et philosophes... », p. 1139. 6 « c'est surtout à Hermès (Thoth) qu'ils rapportent l'invention de toute leur sagesse ».

(2) C'est une lécanomancie, cf. *Rev. Bibl.*, *l. c.*, p. 60, n. 18.

(3) οἶκος. Le mot est courant au sens de « chambre sacrée » dans un temple, de « chapelle » dans un téménos ou encore de « tombe », cf. *Rev. Bibl.*, *l. c.*, n. 21. Mais je croirais volontiers qu'il s'agit ici d'une cabane construite exprès pour la cir-

prévoyant, j'avais apporté, sans le dire au prêtre, du papier et de l'encre pour prendre note, le cas échéant, de ce qui serait dit. Le prêtre me demanda si je voulais converser avec le fantôme de quelque mort ou avec un dieu : « avec Asklépios », lui dis-je, ajoutant qu'il mettrait le comble à ses bienfaits s'il me laissait communiquer avec le dieu seul à seul. Il me le promit sans plaisir (les traits de son visage le montraient bien !), mais enfin le promit. Là-dessus, m'ayant enfermé dans la chambre et commandé de m'asseoir face au trône où le dieu devait prendre place, il évoqua Asklépios grâce à la vertu des vocables mystérieux, puis sortit en fermant la porte à clé. Et j'étais donc assis, anéanti de corps et d'âme à la vue d'un spectacle si merveilleux (car nulle parole humaine ne saurait rendre les traits de ce visage ni la splendeur des ornements qui le paraient), quand le dieu, ayant levé la main droite, me salua en ces termes : « O bienheureux Thessalos, aujourd'hui un dieu t'honore, et bientôt, quand ils auront appris ta réussite, les hommes te tiendront en révérence comme un dieu ! Interroge-moi donc sur ce que tu veux, je te répondrai de bon cœur sur toutes choses ». Pour moi, je pouvais à peine parler, tant j'étais hors de moi et tant j'avais l'âme fascinée par la beauté du dieu, néanmoins je lui demandai pourquoi j'avais échoué en essayant les recettes de Néchepso. Sur quoi le dieu me dit : « Le roi Néchepso tout homme fort sensé qu'il était et en possession de tout pouvoir magique, n'a cependant point reçu de quelque voix divine aucun des secrets que tu veux apprendre : doué d'un naturel sagace, il avait compris les affinités des pierres et des plantes avec les astres, mais il n'a pas connu les moments et les lieux où il faut cueillir les plantes. Or la croissance et le dépérissement de tous les fruits de la saison dépendent de l'influx des astres ; en outre, l'esprit divin, que son extrême subtilité fait passer à travers toute substance, se répand en particulière abondance dans les lieux qu'atteignent successivement les influx astraux au cours de la révolution cosmique ».

C'est cette science importante qu'Asklépios va faire connaître à Thessalos, en un véritable traité *Sur les plantes soumises aux douze signes du zodiaque et aux sept planètes* : on a donc ici le cas typique d'une science profane révélée par un dieu. Dans l'épilogue de la version latine, Thessalos demande enfin s'il est quelque plante ou pierre qui rende immortel. Le dieu répond qu'il y en a beaucoup,

constance (il faut qu'elle n'ait jamais servi encore pour être parfaitement « pure »), car un manuel de magie hellénistique conservé en arabe (*Ghāyat al-ḥakīm*, « But du sage ») et traduit en latin sous le nom de *Picatrix* contient, à la lettre, la même formule : « Mache dich auf am Donnerstag, wenn Jupiter im Bogenschützen... steht, und *baue ein sauberes Haus* (οἶκος καθαρός !) und stelle es aus so schön wie du nur kannst, das ist der Tempel, und gehe hinein allein... », cf. H. RITTER, *Picatrix, ein arabisches Handbuch hellenistischer Magie* (*Vorträge d. Bibl. Warburg*, 1923), p. 23 du tiré à part (à la fin du même passage, p. 24, allusion à un banquet de collège religieux grec : « Dies ist das Gebet der griechischen Weisen, eines ihrer Geheimnisse und ihr Fest, das sie alle Jahre feiern »). Voir aussi BLOCHET, *Gnosticisme musulman*, 1913, p. 52, n. 1 : dans l'Égypte arabe les *berba* (mot égyptien) étaient des édifices où l'on faisait de la magie : ainsi la magicienne Tadoura construit à Memphis un *berba* sur les ordres de la reine Dalouka.

mais qu'il n'est pas bon à l'homme de les connaître. Puis il disparaît et remonte au ciel (1).

Pour compléter cette esquisse de la vision oraculaire, notons qu'on peut consulter un mort aussi bien qu'un dieu. Le prêtre égyptien ami de Thessalos lui propose de converser, au choix, avec le fantôme d'un mort ou avec une divinité. Dans un récit de Lucien, la *Nékyomantéia*, qui offre bien des ressemblances avec la lettre de Thessalos (2), le héros principal, Ménippe, rapporte comment, troublé par l'opposition qui existe entre les vices que les poètes donnent aux dieux et les préceptes de la morale, il s'adressa d'abord aux philosophes, « les priant de lui indiquer une route simple et sûre pour marcher dans la vie »; mais, comme il ne trouvait chez eux qu'ignorance et contradictions, il se rendit à Babylone où, s'étant confié à un mage disciple de Zoroastre, il le supplia de le mener aux Enfers pour qu'il apprît de ce savant devin « quel est le meilleur genre de vie ». On reconnaît ici tous les traits chers à l'époque : la recherche passionnée de la vérité, la désillusion éprouvée à l'école des philosophes, le recours aux prophètes de l'Orient, l'évocation d'une puissance surnaturelle qui doit faire connaître la voie du salut.

Dans ce genre littéraire de la vision, c'est la vision *oraculaire* qui concerne surtout notre objet; plus précisément, la vision où le dieu révèle non pas quelque fait contingent qui intéresse l'avenir du questionneur (oracles du type classique), mais une doctrine de religion, de morale ou de science. La révélation hermétique se rattache à ce type. Tantôt Hermès y reçoit en songe du Dieu suprême, le Noûs, la connaissance des vérités les plus hautes sur Dieu, le monde et l'âme humaine; tantôt ce même Hermès, dieu sur la terre, se constitue le prophète des vérités qu'il a ainsi apprises pour les transmettre à des disciples, Asklépios, Tat, le roi Ammon; ou encore c'est Isis, instruite elle-même par Hermès, qui

(1) Sur cette fin, cf. *Rev. Bibl.*, l. c., pp. 65-66; sur la cueillette des plantes, *ibid.* pp. 67-72.

(2) Même caractéristique de l'initiant (Mithrobarzane est, lui aussi, un vieillard, et il commence par refuser comme les prêtres de Diospolis), mêmes purifications avant l'acte, même heure choisie pour cet acte (le point du jour), mêmes procédés magiques en vue de produire la vision. Or Lucien, d'ordinaire, invente moins qu'il n'imite et il n'a certainement pas imité Thessalos. Il y a donc lieu de supposer que Thessalos et Lucien dépendent d'une source commune, ou, plutôt même, se réfèrent à tout un genre littéraire qui a dû comporter bien des ouvrages de même encre dont il ne nous reste plus, aujourd'hui, que très peu d'exemples. Cf. P. W., s. v. *Nekromantie*, XVI 2218-2233.

révèle à son fils Horus l'origine du monde, la création et la destinée des âmes, la cause de leur incarnation. Ces enseignements portent d'ordinaire sur la théologie, la cosmogonie, l'anthropogonie et les fins dernières. Mais, à l'occasion, ils débordent ce domaine. Comme la façon de vivre ici-bas est en relation directe avec la gnose, la morale se référant désormais à la religion, l'on attendra de la divinité elle-même les prescriptions relatives à la conduite humaine (1). Comme la raison de l'homme est incapable d'atteindre aucune vérité certaine dans aucune branche du savoir, on consultera les dieux pour en obtenir la science : d'abord, il va sans dire, les sciences occultes — astrologie, alchimie, magie, iatromathématique, etc., — mais aussi la réponse aux problèmes d'astronomie, de physique, de physiologie, de psychologie, que l'esprit humain, jusqu'à ce jour, tenait pour son objet propre, ayant confiance de les résoudre par ses seuls moyens.

Marquons, une dernière fois, tout ce qu'implique un tel changement.

Depuis que la pensée rationnelle avait entrepris de réfléchir sur son exercice, sur les procédés qu'elle mettait en œuvre pour se rendre intelligible tout le donné connaissable, c'est-à-dire depuis Platon au moins, elle avait énoncé des règles, élaboré un discours de la méthode. Comprendre, c'était d'abord connaître par la cause : « Puisque, dans tous les ordres de recherche qui comportent principes ou causes ou éléments, il n'y a connaissance ou science qu'à partir du moment où l'on a pénétré ces principes, causes ou éléments (en effet nous ne pensons avoir saisi une chose que lorsque nous avons pénétré les causes premières, les principes premiers et jusqu'aux éléments), il est évident que, dans la science de la nature aussi, il faut s'efforcer de définir d'abord ce qui regarde les principes. Or la marche naturelle est d'aller des choses plus connaissables et plus manifestes pour nous à celles qui sont plus manifestes et plus connaissables en soi... Or ce qui, pour nous, est d'abord évident et manifeste, ce sont les données confuses de l'expérience (τὰ συγκεχυμένα) : c'est seulement ensuite que, de cette indistinction, les éléments et les principes se dégagent et se font connaître par voie d'analyse » (ARISTOTE, *Phys.*, I, 1). C'était, en second lieu, énumérer les causes et percevoir leur mutuelle implication : « Qu'il y ait des causes et que le nombre en soit tel

---

(1) Sur ce point, cf. mon article cité *supra* (p. 56, n. 1) dans *Rev. Bibl.*, XLVIII (1939), pp. 45-54.

que nous le disons, c'est évident : car c'est ce nombre qu'embrasse le pourquoi. En effet le pourquoi se ramène, en fin de compte, soit à l'essence, soit au moteur prochain, soit à la cause finale, soit, pour les choses qui sont engendrées, à la matière. Puis donc qu'il y a quatre causes, il appartient au physicien de connaître de toutes et c'est en y ramenant, à elles toutes (matière, forme, moteur, cause finale), le pourquoi qu'on rendra compte des phénomènes en physicien » (*Phys.*, II, 7). C'était encore remonter à la Cause toute première de laquelle dépendaient toutes les autres et qui rendait compte, principalement et souverainement (πρώτως καὶ κυρίως), de l'ensemble des phénomènes : « Maintenant, puisque tout mû est nécessairement mû par quelque chose..., nécessairement il y a une chose qui est premier moteur et l'on ne peut aller à l'infini » (*Phys.*, VII, 1, 242 a 16). Enfin les attributs de cette Cause Première se devaient déduire de la fonction même qu'elle était appelée à remplir en tant que cause. C'est ainsi que, par démonstration, on établirait que le Premier Moteur doit être immobile, éternel et un : « Or il faut penser que ce moteur est unique plutôt que multiple, limité plutôt qu'en nombre illimité. A conséquences égales, en effet, il faut toujours choisir plutôt le limité : car, dans les choses naturelles, c'est le limité et le meilleur qui doit exister plutôt, si cela est possible. Et il suffit d'un seul principe qui, étant le premier entre les moteurs immobiles et étant éternel, sera principe du mouvement pour tout le reste » (*Phys.*, VIII, 6, 259 a 8).

Sans doute, à l'une ou l'autre étape de ce progrès, on pouvait se tromper : soit dès le début, dans la détermination des causes, soit au cours de la recherche, dans la suite des raisonnements. Peu importe. D'un bout à l'autre, on usait de sa raison, on ne comptait que sur sa raison : reconnaître l'erreur, c'était encore témoigner combien l'on avait confiance dans l'instrument. D'autre part, si l'on était pieux, il convenait évidemment d'invoquer l'aide des dieux pour cette enquête, comme pour toute autre activité humaine. Mais ce secours surnaturel ne supprimait pas l'effort humain. On trouvait avec l'aide de Dieu, σὺν θεῷ : on ne chargeait pas Dieu de trouver à sa place. Ainsi, peu à peu, de sage en sage, s'étaient constituées la science et la philosophie grecques. L'édifice n'était pas sans reproche : j'en ai dit l'un des défauts les plus graves. Néanmoins, quelque bon ou mauvais usage qu'on en eût fait, la méthode restait une : et il ne se pouvait pas qu'on en changeât.

Car ces démarches rationnelles ne valaient pas seulement pour un peuple : c'étaient des normes absolues ; nul homme qui ne fût, en droit, capable de les suivre. De là vient que la science grecque et les méthodes définies par les Grecs avaient acquis, d'emblée, une portée universelle, éduqué le genre humain. Et il est clair que, ces méthodes ne faisant pas autre chose que de régulariser les mouvements spontanés de la raison dans son activité de recherche, il ne se pouvait pas qu'on cessât d'en user : autant dire qu'on cessât de penser. De fait, au III° siècle encore — pour ne citer qu'un exemple —, Plotin, dans les *Ennéades,* apparaît comme un adepte convaincu du rationalisme grec. C'est au lieu où il proteste contre les abus de certains gnostiques (*Enn.*, II, 9). Ces gens-là, dit-il, avec toutes les hypostases qu'ils mettent en scène, les « exils », les « empreintes.», les « repentirs », tous ces mots vides de sens qu'ils emploient pour se faire une doctrine à eux, « *ne s'attachent pas à l'antique méthode hellénique :* les Grecs avaient des idées claires et ils parlaient sans fumées d'orgueil de la montée progressive qui, de la caverne, amène peu à peu l'âme à une contemplation de plus en plus vraie » (II, 9, 6, 1 ss.) (1). Il dit encore, un peu plus loin, à propos de la théorie qui fait des maladies des êtres démoniaques : « ils se vantent de pouvoir les chasser par une formule et ils s'engagent à le faire : voilà, certes, qui leur donnera du poids auprès du vulgaire, toujours béant d'admiration devant les mages et leurs pouvoirs occultes, mais ils ne persuaderont pas les gens de bon sens que les maladies n'ont pas pour causes la fatigue, la réplétion, la vacuité, la corruption et, d'un mot, des transformations qui ont leur principe au dehors ou en dedans de nous » (II, 9, 14, 14 ss.). Et encore : « Ne jamais oublier cette considération : le genre de philosophie que nous poursuivons rend manifestes, outre tous les autres biens, la simplicité des mœurs et la pureté des pensées ; elle recherche la gravité, non l'arrogance ; elle nous donne confiance en nous-mêmes, mais dans les bornes de la raison ; elle unit l'assurance à la prudence et à une extrême circonspection » (II, 9, 14, 37 ss.). Enfin lorsque Plotin, au seuil de ce même traité, réduit à trois les principes nécessaires et suffisants pour rendre compte du monde intelligible, il s'en explique en cette proposition qui fait un couple fraternel avec le beau texte, qu'on a lu plus haut, de la *Physique* d'Aristote : « Il ne faut donc pas remonter à d'autres principes, mais il faut mettre le Bien en tête, puis, après lui, l'Intellect et l'intelligent en premier, puis, après l'Intellect, l'Ame. *Tel est l'ordre conforme à la nature des choses; et il ne*

---

(1) Traduction Bréhier légèrement modifiée.

faut placer ni plus ni moins que ces trois-là dans le monde intelligible » (II, 9, 1, 12 ss.).

Le rationalisme grec n'est donc pas mort au IIe siècle, parce qu'il était impossible qu'il mourût. Néanmoins ce fait demeure que toute une classe d'esprits répudia les méthodes grecques, abandonna l'effort de la pensée, et, dès lors, ne connut plus la joie du beau travail persévérant et l'ivresse de la découverte, pour ne viser désormais qu'à l'intuition des réalités surnaturelles ou bien, si l'on s'intéressait encore aux êtres du monde, pour demander aux dieux, qui savent tout, de communiquer quelque partie de leur savoir.

Pour juger équitablement de ce fait, il convient de distinguer, semble-t-il, entre la révélation qui porte sur les choses spirituelles (doctrine de Dieu et de l'âme) et la révélation qui porte sur une science ou pseudo-science humaine (philosophie, astrologie, alchimie, etc.). Voici donc un double problème : d'une part l'origine de la gnose, au sens propre du mot; d'autre part l'entrée en scène d'un personnage nouveau, qui fait concurrence au sage et tendra peu à peu à le remplacer — le maître ès sciences occultes, le docteur Faust.

Pour la civilisation, le dernier phénomène est évidemment le signe d'un recul, et il mérite à peine qu'on s'y arrête. En ce qui touche la gnose, la question est plus délicate.

Les grandes vérités de la religion — existence et attributs de Dieu, gouvernement divin et providence, origine, nature et sort de l'âme — sont susceptibles d'être connues par la raison. On les peut démontrer. De fait, dès le IVe siècle, Platon et Aristote construisent une théologie rationnelle dont les principaux éléments passeront, à peine modifiés, dans la dogmatique chrétienne, Platon influant surtout sur les premiers Pères, Aristote sur les docteurs du Moyen Age. Mais autre chose est d'approcher ces vérités par la raison, autre chose de les atteindre par cette faculté intuitive que les anciens appelaient *noûs*, François de Sales la « fine pointe de l'âme », Pascal le « cœur ». Connaître ces vérités par la raison est indispensable pour que se produise le second mode de connaissance. Entre Dieu et l'âme nul contact ne peut s'établir, comme de personne à personne, si, d'une part, l'on doute de l'existence de Dieu et de l'intérêt qu'il porte aux hommes, si, d'autre part, l'on n'est pas assuré que l'âme existe et que, du fait de sa nature spirituelle, elle est apte à communiquer avec le divin. Toute vie de l'esprit suppose une dogmatique. Mais ici se présentent deux sortes de difficultés.

Les vérités suprêmes de la religion sont démontrables. Platon consacre tout un livre des *Lois* à démontrer l'existence de Dieu et la Providence; il recommence, à plusieurs reprises et par des voies diverses, la démonstration de la spiritualité et de l'immortalité de l'âme. L'existence et la nature du Premier Moteur font l'objet de longues séries d'inférences dans la *Physique* d'Aristote (livres VII-VIII) et dans sa *Métaphysique* (livre Λ). Néanmoins, comme il s'agit là d'un objet qui transcende l'objet propre et naturel de l'intellect humain — l'universel immédiatement extrait du donné concret —, comme il n'y a pas, en ce qui regarde Dieu ou l'âme, de donné concret qui serve de constant support à ces notions « Dieu » ou « âme », comme, pour tout dire, ces notions « Dieu » ou « âme » ne sont pas immédiatement tirées de l'expérience sensible, mais obtenues au terme d'une suite plus ou moins longue d'inférences, il peut arriver en droit et il arrive en fait qu'elles ne s'imposent pas à notre esprit avec un caractère de nécessité; il n'y en a point évidence; elles laissent toujours place au doute. Vienne un temps où, par les causes que nous avons dites, l'abus de l'exercice rationnel conduise à une défiance exagérée de la raison, et l'on ne devra pas s'étonner que maints esprits, mal assurés de la valeur des inférences, mais avides de certitude en ce qui touche les vérités essentielles, adoptent une attitude fidéiste, demandent à la révélation ce que la raison ne fournit plus. L'humanité a connu plus d'une crise du même ordre : à la fin du v⁰ siècle après les ravages de la sophistique grecque ; à la fin du Moyen Age après les excès de la scolastique.

Cette difficulté n'est pas la seule. Dieu et l'âme sont objets de raison, leur existence est démontrable par la raison. Mais nulle inférence au monde, nulle suite de raisonnements, ne fera jamais que l'âme, qui n'est pas seulement raison, se tourne un jour pratiquement vers Dieu, se convertisse à Dieu, noue avec lui une amitié comme il s'en forme entre deux cœurs. Car d'une part l'être de Dieu ne se termine pas à l'objet que la raison appréhende quand on prononce le mot « Dieu » : l'être de Dieu déborde cet objet *infiniment*. Sans doute il est juste, il est légitime d'appliquer à Dieu tous les attributs d'excellence qui conviennent éminemment à l'Être Premier : cependant, transférées à Dieu, ces notions éclatent, puisque, conçues pour un objet fini, elles veulent circonscrire maintenant un être infini. En sorte que Dieu, par essence, est mystère ; il est l'Ἄγνωστος, l'inconnaissable, infiniment au-dessus de la raison, non pas qu'on ignore tout de lui, mais parce que son être vrai, sa nature intime, nous demeurent inaccessibles. L'âme, de son côté, déborde aussi la raison. Elle est raison, certes, mais encore bien autre chose. Elle est, par sa nature même, faculté d'intuition et faculté d'amour. Elle aspire à une connaissance qui soit un contact direct, un « sentiment », un toucher, une vue. Elle aspire à une union qui soit fusion totale, interpénétration de deux êtres vivants.

C'est tout cela, je veux dire la perception confuse et de co..., de Dieu et de ces besoins de l'âme, que le mot « gnose » s'efforça d'exprimer. L'heure vint où, d'une manière plus aiguë et plus douloureuse, l'homme eut conscience de ce qu'avait d'inadéquat la connaissance de Dieu par la raison seule. Dieu ne parut plus tant comme un objet pensable qu'il ne s'offrit à l'âme entière comme un Océan où se perdre : un Océan de lumière dont la clarté aveuglait et dont l'approche ressemblait à une entrée dans la nuit ; un Océan de félicité dans lequel il fallait se plonger, se dissoudre, au risque d'y abdiquer l'entendement. Comme la moindre échappée de cette lumière, comme la moindre participation à cette félicité remplissaient d'une joie sans bornes, il était clair qu'on voulût tout quitter pour ne vivre que de pareils instants. C'était le tout de la vie, la fin unique. Toute science, toute activité devaient conduire à ce terme. Et, dès lors, si les sciences profanes n'y menaient point, on abandonnerait les sciences profanes. La philosophie ne sera plus que ce fréquent regard que l'on porte sur l'Inconnaissable, joint aux actes de culte et aux mouvements intérieurs par lesquels on essaie de l'atteindre. Ainsi pense l'auteur hermétiste de l'*Asclépius* (1) :

« Je puis te le déclarer en effet comme en prophétie, il n'y aura plus, après nous, aucun amour sincère de la philosophie, laquelle consiste uniquement dans le désir de mieux connaître la divinité par une contemplation habituelle et une sainte piété. Car beaucoup déjà la corrompent par toutes sortes de sophismes..., ils la mêlent à diverses sciences inintelligibles, l'arithmétique, la musique et la géométrie. Mais la pure philosophie, celle qui ne dépend que de la piété envers Dieu, ne doit s'intéresser aux autres sciences que dans la mesure où celles-ci... l'induiront à admirer, adorer et bénir l'art et l'intelligence de Dieu... Adorer la divinité d'un cœur et d'une âme simples, révérer les œuvres de Dieu, rendre enfin des actions de grâces à la volonté divine qui, seule, est la plénitude du Bien, telle est la philosophie que n'entache aucune curiosité mauvaise de l'esprit. »

(1) Ch. 12-13, p. 48. 13 ss. Thomas.

Et un chrétien du II⁰ siècle, Tertullien, fait écho à ce païen (1) :

« Qu'y a-t-il de commun entre Athènes et Jérusalem, entre l'Académie et l'Église, entre l'hérétique et le chrétien? Notre doctrine, à nous, vient du portique de Salomon et c'est Salomon lui-même qui nous l'enseigne : il faut chercher le Seigneur dans la simplicité du cœur. Qu'on nous laisse donc un christianisme stoïcien, platonicien et dialectique. Toute curiosité cesse après Jésus-Christ, toute recherche, après l'Évangile. Croyons, et ne désirons rien de plus. »

J'ai eu dessein, dans ces trois chapitres, d'introduire à l'intelligence de la littérature hermétique. Cette littérature est complexe. Il y a diversité dans les doctrines enseignées : théologie, doctrine du monde et de l'homme, astronomie, physique, embryogénie, psychologie. Mais il y a diversité aussi dans l'attitude foncière en ce qui touche la vie spirituelle, le mode des relations de l'âme humaine avec le monde et avec Dieu : l'une de ces attitudes ressortit à la gnose pure, l'autre à une forme de piété qui s'apparente au panthéisme toujours présent dans l'âme des anciens. Par contre, les textes hermétiques ont ceci de commun qu'ils se donnent tous comme la révélation d'un dieu-prophète, Hermès, lui-même instruit par le *Noûs* au cours d'une vision en songe, ou connaissant toutes choses pour avoir tout vu au ciel, avant de descendre sur la terre.

Pourquoi ce besoin de révélation? D'où vient qu'on ne peut plus rien savoir, ni dans l'ordre des choses spirituelles, ni dans l'ordre des sciences humaines, sans recourir à un prophète et de préférence à un prophète oriental, ou à un dieu? Quel est le sens de cette vague mystique panthéiste, quel est le sens de la gnose? Pourquoi veut-on *voir*, voir un dieu, ou, plus véritablement encore, voir Dieu? Il fallait, avant toutes choses, répondre à ces questions. L'hermétisme n'est pas un phénomène isolé. Il s'insère dans un grand courant d'esprit et d'âme qui est peut-être le fait le plus considérable de l'histoire humaine aux premiers siècles de notre ère. Il apparaît comme l'un des signes les plus représentatifs de ce mouvement. C'eût été vaine besogne de décrire les ouvrages du Trismégiste si l'on n'avait tenté d'abord de les replacer dans leur cadre.

(1) *De praescript. haeret.*, 7, 9.

CHAPITRE IV

HERMÈS-THOTH ET LA LITTÉRATURE HERMÉTIQUE (1).

Les Grecs donnèrent le nom d'Hermès à un dieu égyptien, Thoth, originellement un dieu local, adoré à Khmonou (aujourd'hui Achmounein) en Moyenne Égypte, dont les Grecs firent « la ville d'Hermès », Hermopolis, qu'on appelait la Grande pour la distinguer d'une autre Hermopolis dans le Delta (2). Les animaux qui symbolisaient Thoth étaient le cynocéphale et l'ibis (3) : l'égyptien Apion, sous Tibère, raconte que les prêtres d'Hermopolis montraient un ibis immortel qui censément devait représenter le dieu (4). Dès l'antiquité la plus haute, Thoth fut identifié au dieu Lune, Ioh, adoré en Haute et en Basse Égypte (5) : c'est peut-être en vertu de cette assimilation à la Lune que Thoth fut considéré comme l'inventeur de la chronographie ; il supputait les jours, les mois, les années ; il mesurait le temps ; bien plus, il déterminait, pour chaque homme, la durée de son existence et ainsi faisait déjà figure de maître du destin (6). Quand se fut constitué le cycle des mythes osiriens, Thoth entra dans la suite d'Osiris, roi du Delta. Il fut le secrétaire, le scribe d'Osiris, prototype de ces scribes qui jouèrent toujours un si grand rôle dans la chancellerie pharaonique (7). Tout naturellement alors, on fit de lui l'inventeur de l'écriture et, par suite, de toutes les branches de sciences et d'arts qui dépendent de l'écriture et sont attachées aux temples : la magie — Thoth sait prononcer les

---

(1) Pour le dieu Thoth égyptien, cf. P. BOYLAN, *Thoth the Hermes of Egypt*, Oxford, 1922; PIETSCHMANN-ROEDER *ap.* ROSCHER, V, 825 ss.; AD. RUSCH *ap.* P. W., II R., VI, 351 ss.
(2) BOYLAN, pp. 150-152. Pour d'autres lieux de culte de Thoth, cf. *ib.*, pp. 147 ss. Si le culte de Thoth n'est pas originaire d'Hermopolis (Rusch, 353), il y est du moins très ancien (Pietschmann, 829-830).
(3) BOYLAN, pp. 76 ss.; RUSCH, 372-377; PIETSCHMANN, 838-841.
(4) Apion *ap.* AILIAN., *hist. anim.*, X, 29.
(5) BOYLAN, pp. 62 ss.; RUSCH, 354-356; ROEDER, 845-847. Thoth est ou identifié à la Lune (BOYLAN, 62-68) ou protecteur de la Lune (*ib.*, pp. 68-75).
(6) BOYLAN, pp. 83-87; Rusch, 356-357.
(7) Cf. DIOD. SIC., I, 16, 2; BOYLAN, p. 26 et n. 1. Thoth est, auparavant déjà, scribe de Rê ou des neuf dieux, BOYLAN, pp. 49-61. RUSCH, 358; ROEDER, 849.

formules magiques avec l'intonation voulue (1) —, la médecine, l'astronomie, plus tard l'astrologie, la théosophie, l'alchimie (2). C'est ainsi que Thoth magicien paraît auprès d'Isis lorsqu'elle veut rendre vie aux membres d'Osiris, son époux et son frère. Selon une version, Thoth est l'arbitre de la lutte entre Horus, fils d'Isis et d'Osiris, qui règne sur le Delta, et Seth, le dieu d'Ombos en Haute Égypte. Dans les Enfers, tandis que, devant le juge Osiris, Horus et Anubis pèsent le cœur du mort, Thoth inscrit le résultat sur les tablettes. Au ciel enfin, Thoth conserve sa fonction essentielle : il est le secrétaire, l'hypomnématographe des dieux (3).

Cependant Thoth ne se contente pas de ce rang secondaire. Au temps où les prêtres d'Égypte forgèrent des cosmogonies en lesquelles chaque clergé local voulut donner le premier rôle au dieu qu'il honorait, les théologiens d'Hermopolis, émules de ceux du Delta et d'Héliopolis, élaborèrent une cosmogonie où la part principale était dévolue à Thoth. Comme Thoth était magicien, comme il connaissait la puissance des sons qui, si on les émet sur le ton juste, produisent immanquablement leur effet, c'est par la voix, la parole ou, mieux, l'incantation que Thoth devait créer le monde. La voix de Thoth est ainsi créatrice : elle forme et crée ; et, se condensant elle-même, se figeant en matière, elle devient un être. Thoth s'identifie à son souffle, dont la seule émission fait naître toutes choses (4). Il n'est pas impossible que ces spéculations hermopolitaines aient offert quelque ressemblance avec le *Logos* des Grecs — ensemble Parole, Raison et Démiurge — et la *Sophia* des Juifs Alexandrins ; peut-être même, dès avant l'ère chrétienne, les prêtres de Thoth subirent-ils sur ce point l'influence de la pensée grecque, mais on ne saurait l'affirmer (5). Voici, en tout cas, un exemple de

---

(1) Cf. BOYLAN, pp. 124-135 : « Thoth in magic ».

(2) C'est l'aspect le plus connu de Thoth, cf. BOYLAN, pp. 92-106 ; RUSCH, 358-366 ; ROEDER, 849 ss.

(3) Sur le rôle de Thoth dans les légendes d'Osiris et d'Horus, cf. BOYLAN, pp. 11-48 : « Thoth in the legends of Osiris and Horus ».

(4) Sur Thoth créateur par sa voix, cf. BOYLAN, pp. 107 ss., en particulier 119-123 ; ROEDER, 850-851. Rusch (369) minimise ce rôle de Thoth et ne le reconnaît que dans la théologie de Memphis.

(5) Cf. REITZENSTEIN, *Zwei Religionsgesch. Fragen*, 1901, pp. 73-83 (de son côté BOUSSET, *Kyrios Christos*, 1913, pp. 381 ss., a supposé une influence de cette conception égyptienne de Thoth sur la notion d'Hermès Logos), et, en sens contraire, W. OTTO, *Priester u. Tempel im hellenist. Agypten*, I (1905), p. 15, n. 3 voir *infra*, pp. 86-87, BOYLAN, pp. 112 ss., 122-123.

cette religion de Thoth, d'après les inscriptions hiéroglyphiques du temple de Dendérah, sous Néron (1) : « Thoth, le deux fois grand, le plus ancien, le maître de la ville Hermopolis la grande, le grand dieu à Tentyris, le souverain dieu, créateur du Bien, cœur de Râ, langue d'Atoum, gorge du dieu dont le nom est caché, seigneur du Temps, roi des années, scribe des annales de l'Ennéade », et encore : « Révélation du dieu de la lumière Râ, lui qui existe dès le commencement, Thoth, lui qui repose sur la vérité. Ce qui jaillit de son cœur a aussitôt existence ; ce qu'il a prononcé subsiste pour l'éternité ».

A peine les Grecs furent-ils entrés en contact avec l'Égypte que leur curiosité leur fit désirer d'en connaître la religion, leur besoin de comprendre chercher des équivalences entre les divinités égyptiennes et leurs propres dieux. Ce tour d'esprit, sensible déjà chez Hérodote, se marque ensuite dans toute l'antiquité. Ainsi, comme Neïth, déesse de Saïs, fut assimilée à Athéna, Ptah à Héphaïstos, Osiris à Dionysos, Horus à Apollon, Thoth fut-il identifié avec Hermès (2). Cette assimilation est antérieure à Hérodote ou bien due à l'historien lui-même, qui signale, à Bubastis — dont la déesse du même nom devient Artémis (II, 137), — un temple d'Hermès (II, 138) : or il ne peut être question du dieu grec, et cet Hermès est donc l'égyptien Thoth. Chose curieuse pourtant, Thoth, ou plutôt Theuth, qui apparaît deux fois chez Platon (3) en qualité d'inventeur de l'écriture, n'y est pas identifié à Hermès. En revanche, à la fin du IVe siècle, Aristoxène de Tarente déclare dans son *Arithmétique* (4) que « les Égyptiens attribuent l'invention de l'arithmétique à Hermès, qu'ils appellent Thoth ». Peut-être ne faut-il pas trop conclure du silence ds Platon ; ou peut-être, encore, l'assimilation de Thoth à Hermès n'a-t-elle pris toute son importance qu'au temps du premier Ptolémée et sous l'influence de ce roi dont la politique tendait à fondre ensemble les cultes égyptiens et les cultes grecs. En tout cas Hécatée d'Abdère (5), dont les *Aigyptiaka* sont en relation avec la politique de Ptolémée Ier, fait de Thoth-Hermès l'inventeur de tout ce qui est utile à la vie, même de la gymnastique et

---

(1) Brugsch, *Rel. u. Myth. der alten Ägypter*, pp. 49 et 51, Cf. Reitzenstein, *Zwei Religionsgesch. Fragen*, p. 73, *Poimandres*, pp. 59-68.
(2) Sur Thoth-Hermès, voir aussi Rusch, 383 ss.
(3) *Phèdre*, 274c-275b ; *Philèbe*, 18b-d.
(4) *Ap.* Stobée, I, p. 20. 8 Wachsm.
(5) *Ap.* Diod. Sic., I, 16 = *F. Gr. Hist.*, 264 F 25 (avec le commentaire de Jacoby [Leyde, 1943], pp. 75-87).

de la culture de l'olivier, que l'on regardait jusqu'alors comme des « inventions » purement grecques, et il offre de l'équivalence Thoth-Hermès une explication philosophique qui s'inspire de Platon (1). Au iii⁰ siècle, l'assimilation de Thoth à Hermès devient officielle, car, dès le début du ii⁰ siècle, en 196, dans le fameux décret des prêtres de Rosette (2), c'est évidemment Thoth qu'il faut reconnaître dans « Hermès le grand, le grand » qui a aidé Horus à reconquérir le Delta. Un peu plus tard, le juif Artapan (ii⁰/i⁰ʳ s.), qui s'inspire d'Hécatée d'Abdère, assimile Thoth-Hermès à Moïse (3) « qui enseigna aux Égyptiens la navigation, les grues pour élever les pierres, les armes, les pompes à eau, les machines de guerre, la philosophie, l'écriture », et il reprend l'explication d'Hécatée : Hermès *herméneus*, c'est-à-dire interprète des lettres sacrées (4). Au milieu du i⁰ʳ siècle, dans le catalogue des dieux du *De natura deorum*, Cicéron désigne, comme cinquième Hermès, « celui qu'adorent les Phénéates (en Arcadie), qui, dit-on, tua Argos et pour cela s'enfuit en Égypte où il enseigna aux Égyptiens les lois et l'écriture : les Égyptiens l'appellent Theuth et ils donnent le même nom au premier mois de l'année (5) ». A partir du i⁰ʳ siècle de notre ère, les témoignages abondent, dans la mesure même où vient à se répandre la littérature dite hermétique. Inscriptions et papyrus confirment les documents littéraires. Quand, dans les papyrus, se rencontre le nom d'Hermès, c'est le dieu égyptien qu'il faut entendre : ainsi l'Hermès ἀνίκητος d'une lettre privée, sous Trajan (6), est-il le dieu d'Hermopolis, comme l'Hermès d'Antinoopolis (212 ap. J.-C.) qui a pour prêtre un pastophore (7). Une série d'inscriptions du temple de Psalkis en Nubie, s'échelonnant du ii⁰ siècle avant (8) au ii⁰ siècle après J.-C. (9), sont des dédicaces ou des proscynèmes à Hermès-Thoth qu'on reconnaît ici sous le nom soit d'Hermès, soit d'Hermès « qui est aussi Paotnouphis (dont le cœur est bon) ».

---

(1) Cf. *infra*, p. 71.
(2) *Or. Gr. Inscr. Sel.*, 90. 11, 19 et 26.
(3) Il reste trace de cette fantaisie jusqu'au viii⁰ s. de notre ère, chez Cosmas de Jérusalem (II, 7, 245 = *PG*, XXXVIII, p. 496) : καὶ οἱ μὲν τὸν Ἑρμῆν αὐτὸν εἶναι Μωυσέα διαβεβαιοῦνται.
(4) *Ap.* Eus., *praep. evang.*, IX, 27, 6.
(5) *De nat. deor.*, III, 22 (56).
(6) Wilcken, *Chrestom.*, 15.
(7) *Pap. Lond.*, III, p. 163. 5.
(8) *Or. Gr. Inscr.*, 131 (136 av. J.-C.); voir aussi 130. 9.
(9) *Ib.*, 208 (136 ap. J.-C.), cf. aussi 202-207.

On voit assez les raisons qui ont conduit à choisir Hermès pour désigner le dieu égyptien. En effet, bien qu'Hermès n'ait pas inventé l'écriture — cette invention, en Grèce, n'était pas rapportée à un dieu, mais à un peuple étranger, les Phéniciens, — il n'en est pas moins associé aux arts littéraires et à l'éducation libérale. Déjà l'Hymne homérique à Hermès (v. 25 ss.) fait de ce dieu l'inventeur de la lyre à sept cordes; le monument de Thasos (début du v° siècle) (1) le montre face aux trois Charites, ailleurs il est accompagné des Muses ou des Nymphes; dès Pindare, il est le patron des éphèbes et de la jeunesse des gymnases. D'un autre côté, Hermès est médecin, il connaît les vertus de l'incantation (ἐπῳδή) pour guérir les maladies. Enfin, à l'âge hellénistique, les spéculations sur le *logos* avaient mis en valeur un autre aspect d'Hermès qui devait le rapprocher de Thoth (2). De toute antiquité, en Grèce, Hermès avait été considéré comme le héraut, le messager des dieux, dès lors l'interprète de la parole divine, et Platon, dans le *Cratyle* (407e ss.), s'était même amusé à faire dériver le nom d'Hermès de celui de *herméneus,* « interprète » :

« Essayons d'examiner ce que signifie le nom d'*Hermès*... — Eh bien,... il paraît se rapporter au discours (*logos*), le nom d'*Hermès*; les caractères d'interprète (*herméneus*), de messager, d'adroit voleur, de trompeur en paroles et d'habile marchand, c'est au pouvoir du discours que se rattache toute cette activité. »

Sur quoi, se référant à un point antérieurement établi dans le dialogue (3), Socrate fait dériver Hermès de *eírein,* synonyme de *légein* (parler), et de l'aoriste *emésato,* « il imagina », le dieu étant « celui qui imagina la parole » (τὸ εἴρειν ἐμήσατο). Un peu plus loin (408 c/d), Pan, fils d'Hermès, est défini comme le dieu « qui fait *tout* connaître (4), c'est-à-dire comme le langage (λόγος) lui-même ou le frère du langage. Ces fantaisies d'un humoriste furent prises au sérieux. Hécatée d'Abdère, après avoir attribué à Thoth-Hermès — dont il fait l'un des suivants et l'hiérogrammate (secrétaire) d'Osiris — l'invention de la parole articulée, de l'écriture, du culte divin, de l'astronomie, de la musique, des jeux de la palestre, de l'eurythmie et des beaux mouvements du

(1) Au Louvre. Cf. Ch. Picard, *Sculpt. Gr.*, II, 1, pp. 91-92.
(2) Reitzenstein, *Zwei Religionsgesch. Fragen,* pp. 80-89.
(3) *Crat.*, 298d/e où le mot *héros* étant rattaché à *erôtân* (questionner) et à *eírein* (parler), synonyme de *légein,* la race héroïque se trouverait être une espèce de rhéteurs et de sophistes.
(4) Πάν = τὸ πᾶν μηνύων.

corps (1), de la lyre à trois cordes qui répondent aux trois saisons de l'année — été, hiver et printemps (2), — voire de la culture de l'olivier (3), ajoute enfin : « c'est lui qui enseigna aux Grecs l'art d'interpréter (*herménéïa*), ce pourquoi il a été nommé Hermès » (4). Cette doctrine d'Hermès-*logos* devient un des lieux communs du stoïcisme. Ainsi Sénèque, d'après Chrysippe (5), enseigne-t-il que Dieu se confond avec la Nature et le Destin et que tous les noms des dieux particuliers, qui désignent une fonction spéciale ou un bienfait singulier de la divinité, lui conviennent également, par exemple ceux de Liber Pater, d'Hercule et de Mercure (Hermès), ce dernier « parce que la raison (*ratio*, λόγος), la mesure, l'ordre et la science sont entre les mains de Dieu ». Ailleurs (6), d'après Chrysippe encore, Philon dit qu'il faut rapporter le mythe de Vulcain au feu, celui de Junon à la nature de l'air, celui de Mercure à la raison. Diogène de Babylone pense de même (7), ainsi que le stoïcien anonyme dont s'inspire Varron (8) :

« On dit que Mercure (Hermès) est le langage lui-même (*sermo*, λόγος), comme le manifeste le rôle qu'on lui attribue — en effet Mercure signifie celui qui court en qualité d'intermédiaire (*Mercurius-medius currens*), parce que le langage court en tant qu'intermédiaire entre les hommes : d'où le nom d'Hermès en grec, parce que le langage ou l'interprétation du langage est dite *herméneïa*; de même Mercure préside au marché, parce que c'est le langage qui sert d'intermédiaire entre vendeurs et acheteurs; les ailes que porte Mercure à la tête et aux pieds expriment la rapidité avec laquelle Mercure vole à travers l'air; enfin Mercure est dit messager (*nuntius*), car c'est grâce au langage que s'énoncent toutes nos pensées » (9).

De toute façon, au début de l'ère chrétienne, Hermès « porteur de la parole » est une notion populaire : il est à peine besoin de

---

(1) Ceci est grec, non égyptien.
(2) La lyre à trois cordes est égyptienne, mais il y a sûrement ici un souvenir de *l'h. à Hermès*, où le dieu invente la lyre grecque à sept cordes.
(3) Invention expressément retirée à Athéna, dont c'était un des plus beaux titres de gloire.
(4) *Ap.* Diod. Sic., I, 16.
(5) *Ap.* Senec., *de benef.*, IV, 7 = *St. V. Fr.*, II, p. 306. 7.
(6) *Ap.* Phil., *de provid.*, II, § 41 = *St. V. Fr.*, II, p. 316. 25. Le texte n'est conservé qu'en traduction latine, d'où les noms latins des dieux.
(7) *Ap.* Philod. = *St. V. Fr.*, III, p. 235. 1 ss.
(8) *Ap.* Aug., *civ. dei*, VII, 14.
(9) La suite du texte d'Augustin montre que, dans les spéculations stoïciennes, Hermès-Logos était intermédiaire non seulement entre les hommes, mais entre les dieux : Augustin proteste en effet contre la théorie selon laquelle Mercure aurait fait fonction de Parole chez les dieux, car, en ce cas, il serait supérieur à Jupiter lui-même (Jupiter ne parlant que si Mercure lui donne la parole), — ce qui, dit-il, est absurde.

rappeler la scène des *Actes* (xiv, 12) où les habitants de Lystres prennent S. Paul pour Hermès parce qu'il est le maître de la parole (ὁ ἡγούμενος τοῦ λόγου = *dux verbi* Vulg.). Jamblique, dans le *de mysteriis* (I, 1), emploie une expression analogue : « Hermès est le seigneur du langage » (θεὸς ὁ τῶν λόγων ἡγεμών), et le 28ᵉ hymne orphique loue en Hermès le messager de Zeus (Διὸς ἄγγελος), le prophète du *logos* chez les mortels (λόγου θνητοῖσι προφήτης). Rien n'est plus connu, d'autre part, que les spéculations des stoïciens sur le Logos, qui non seulement est la parole articulée ou le verbe par lequel nous exprimons au dehors (λόγος προφορικός) le « verbe mental » conçu au dedans (λόγος ἐνδιάθετος), non seulement est la raison et, en ce sens, la faculté maîtresse qui distingue l'homme des autres animaux, mais qui est encore, et surtout, la Raison divine créatrice, répandue dans tout l'univers, et dont chaque raison humaine n'est qu'une parcelle éphémère qui dès ici-bas nous apparente à Dieu. Si donc Hermès était assimilé au Logos-Dieu, et si Thoth s'identifiait à Hermès, on voit combien ces équivalences, facilitées peut-être par le rôle démiurgique du dieu hermopolitain (1), préparaient à recevoir, vers le début de notre ère, la doctrine d'un Hermès-Thoth parole de Dieu, à la fois créateur du monde et prophète de cette création.

Maintenant, pourquoi l'épithète de Trismégiste, « trois fois très grand » (τρισμέγιστος)? C'est là en quelque sorte une contamination du superlatif grec μέγιστος, dont l'application à un dieu est tout à fait commune en Égypte (2), et du superlatif égyptien par répétition du positif, soit, ici, « grand grand » (ég. *âa âa*), en grec μέγας μέγας (3) ou μέγας καὶ μέγας (4). Or, dès le temps de Ptolémée IV Philopator (221-205), on voit ce superlatif égyptien traduit en grec — précisément à propos d'Hermès — par le superlatif grec trois fois énoncé : μέγιστος καὶ μέγιστος καὶ μέγιστος (5) : il suffisait de remplacer cette répétition par le simple préfixe τρισ- (« trois fois ») et l'on obtenait τρισμέγιστος, « le trois fois très grand ». Sous cette forme, l'épithète paraît exclusivement réservée

---

(1) Cf. *supra*, p. 68.
(2) *Or. Gr. Inscr.*, 131 θεῶι μεγίστωι Ἑρμῆι : cf. 202, 204, 206, 208; de même, pour Isis, Wilcken, *Chrest.*, 68. 3-5, 92. 5, 7; Soknopaios, *ib.*, 77. 9, 85. 11, 122; Hélios et Mnévis (ou Hélios Mnévis), 86. 8; Artémis Nanaia, Sérapis, Harpocrate, Souchos, 102. 3-4.
(3) *Or. Gr. Inscr.*, 176. 5 Σούχωι θεῶι μεγάλωι μεγάλωι : cf. 178. 3 et Wilcken, *Chrest.*, 93 (Soknopaios), 121 (Sokanobkoneus).
(4) *Or. Gr. Inscr.*, 90. 19 Ἑρμῆς ὁ μ. καὶ μ. (Rosette).
(5) Wilcken, *Chrest.*, 109. 6.

à Hermès-Thoth révélateur de la doctrine hermétique (1), Trismégiste faisant en quelque sorte avec Hermès un seul nom propre. De fait le couple Hermès Trismégiste se rencontre rarement en dehors de nos textes : une fois sur la dédicace d'un soldat romain — « au Grand Dieu Hermès Trismégiste » (2) — du temps de Gordien III (238-244), une fois, sous la forme Hermès τρισμέγας, dans un papyrus magique (3). Martial fait allusion au nom ainsi qu'aux spéculations sur le dieu Un et Tout : *omnia solus et ter unus* (4). L'alchimiste Zosime patauge avec délices dans ces fantasmagories :

« La présente composition (chimique), une fois mise en mouvement, part de l'état de monade pour se constituer en triade par l'expulsion du mercure; étant constituée en monade qui s'épanche en triade, elle est un continu; mais, en retour, étant constituée en triade à trois éléments séparés, elle constitue le monde par la providence du Premier Auteur, Cause et Démiurge de la Création, qui dès lors est appelé Trismégiste en tant qu'il a envisagé sous le mode triadique ce qui est produit et ce qui produit » (5).

Un commentateur tardif et anonyme offre une autre exégèse (6) :

« Le premier des coryphées de la Chrysopée (fabrication de l'or) est Hermès qu'on appelle Trismégiste, et qui a reçu cette dénomination non seulement parce que la présente opération se fait selon trois activités de la puissance (opérative?), mais pour avoir observé que les opérations autres que celles-ci se font aussi selon trois essences ontologiques distinctes : c'est lui donc qui le premier a écrit sur ce grand mystère ».

*
* *

Thoth ayant inventé l'écriture, il était naturel qu'on lui attribuât les livres les plus anciens ou plutôt que, selon un usage qu'on ne rencontre pas seulement en Égypte, on donnât au dieu d'Hermopolis la paternité de tout écrit dont on voulait rehausser le prestige et renforcer l'autorité. Selon une fable hellénistique qui ne remonte sûrement pas au prêtre Manéthon, contemporain de Ptolémée II

---

(1) Cependant un écrit théosophique publié par DELATTE, *Anecdota Atheniensia* (Bruxelles, 1927), nomme un certain Ὀδῶν ὁ Τρισμέγιστος (p. 331. 10, 32) dont la doctrine est d'ailleurs chrétienne : cela paraît donc une imitation byzantine (p. 330. 22 le même est nommé Δῶν).
(2) *Or. Gr. Inscr.*, 716. 1 : l'expression même θεὸν μέγαν Ἑ. Τρ. montre que Trismégiste a maintenant valeur de nom propre.
(3) *Pap. Gr. Mag.*, VII, 551.
(4) MART., V, 24, 15. Cf. par exemple *C. H.*, XVI, 3.
(5) *Alch. Gr.*, p. 132. 19 ss. Berthelot : le texte est loin d'être sûr.
(6) P. 424. 8 ss. Berth. : texte également incertain.

Philadelphe (285-247), car la letttre qu'on lui attribuait est apocryphe (1), mais qui paraît antérieure à Varron (2), Thoth, le premier Hermès, aurait gravé sa science sur des stèles en langue sacrée et en caractères « hiérographiques » (hiéroglyphiques?); et, après le déluge, son petit-fils le deuxième Hermès, fils d'Agathodémon et père de Tat, aurait interprété et transcrit cette révélation en caractères « hiéroglyphiques » (hiératiques?) dans des livres qu'il aurait déposés dans les sanctuaires des temples égyptiens. A en croire Clément d'Alexandrie, toute la littérature sacrée de l'Égypte remonterait à Hermès. Dans le passage des *Stromates* où il décrit la procession des prêtres (3), il fait porter au premier, le chanteur, qui marche en tête, deux livres de musique d'Hermès, l'un contenant les hymnes des dieux, l'autre la louange de la vie royale; puis vient *l'hôroskopos* (4) qui doit toujours avoir à la bouche la doctrine sur les astres des quatre livres d'Hermès, dont le premier traite du ciel des fixes, le second des planètes, le troisième des conjonctions du soleil et de la lune, le quatrième du lever des astres; à propos du stoliste, qui vient en quatrième et dont la spécialité est tout ce qui concerne l'éducation (sacerdotale) et les prescriptions de sacrifice, il est fait mention encore de dix livres « qui contiennent toute la piété des Égyptiens », mais l'auteur ne dit pas qu'ils soient d'Hermès; vient enfin le prophète qui doit savoir par cœur les dix livres appelés hiératiques, sur les lois, les dieux et toute la formation du clergé: c'est ici que Clément déclare qu'il existe quarante-deux livres tout à fait nécessaires d'Hermès; trente-six d'entre eux contiennent l'ensemble de la philosophie des Égyptiens, ce sont ces trente-six livres que les prophètes doivent apprendre par cœur; les autres six reviennent aux pastophores, ils sont médicaux et traitent de la constitution du corps, des maladies, des organes, des remèdes, des ophtalmies et enfin des maladies des femmes. De son côté Jamblique (5) déclare que les livres Hermaïques

---

(1) Texte ap. Syncelle, p. 72. 16 ss. Dindorf. Cf. REITZENSTEIN, *Poimandres*, p. 139.
(2) La généalogie des deux Hermès (aïeul et petit-fils) est déjà chez VARRON *ap.* AUG., *civ. dei*, XVIII, 3 et 8. Cf. aussi *Asclep.*, 37.
(3) *Strom.*, VI, 4, 35,3-37,3.
(4) « Celui qui observe l'heure » (ὡροσκόπος); c'est le même qui est dit par Chérémon (*ap.* PORPH., *de abst.*, IV, 8, p. 241. 1N.) ὡρολόγος = « celui qui dit l'heure » : de fait l'*hôroskopos* porte ici un ὡρολόγιον, symbole de sa fonction. Il est possible que l'*hôroskopos* ait été amené à observer l'heure natale, à « tirer l'horoscope », mais son rôle devait être principalement de mesurer le temps, cf. *supra* Thoth inventeur de la chronographie.
(5) *De myster.*, VIII, 4 : μεταγέγραπται... ἀπὸ τῆς Αἰγυπτίας γλώττης ὑπ' ἀνδρῶν φιλοσοφίας οὐκ ἀπείρως ἐχόντων.

ont été traduits de l'égyptien par des hommes qui n'étaient pas sans connaître la philosophie.

Cependant, on ne voit pas qu'il ait existé officiellement une littérature d'Hermès en langue égyptienne à l'époque pharaonique. Il est fait mention, une fois, au chapitre 64° du *Livre des Morts*, d'un écrit qu'on aurait trouvé « dans la ville de Khmounou, sur une plaque de métal, l'écriture étant tracée en caractères bleus, sous les pieds du dieu (Thoth) », et qui contenait une formule magique : « qui a connaissance de ce chapitre, il vaincra sur terre et dans l'Hadès, et il pourra tout faire de ce que peut homme vivant, car c'est là un phylactère du grand dieu » (1). Une autre fois, dans le conte démotique de Setné-Khâmouas (fin du III° s. av. J.-C.), on cite un livre écrit de la propre main de Thoth et concernant, lui aussi, la magie :

« Les deux formules qui y sont écrites, si tu récites la première, tu charmeras le ciel, la terre, le monde de la nuit, les montagnes, les eaux; tu comprendras ce que les oiseaux du ciel et les reptiles disent, tous tant qu'ils sont; tu verras les poissons de l'abîme, car une force divine posera sur l'eau au-dessus d'eux. Si tu lis la seconde formule, encore que tu sois dans la tombe, tu reprendras la forme que tu avais sur terre; même tu verras le soleil se levant au ciel et son cycle de dieux, et la lune en la forme qu'elle a lorsqu'elle paraît (2) ».

Ces allusions assez vagues ne permettent pas de conclure que les temples d'Égypte, sous les Pharaons, aient possédé dans leurs archives un ensemble d'ouvrages attribués au dieu Thoth.

Par contre, il semble que, dès le temps des Ptolémées, il ait existé une littérature hermétique *grecque*. Cette littérature fut d'abord d'ordre astrologique. Au II° siècle de notre ère, l'auteur (3) d'une compilation astrologique en vers produite sous le nom de Manéthon prétend avoir emprunté aux stèles et aux livres sacrés cachés dans les sanctuaires, que composa et grava le tout sage Hermès, assisté d'Asklépios et soutenu par la providence singulière des astres du ciel : nul n'a jamais atteint à une pareille sagesse, hormis le seul Pétosiris (4). Pétosiris est le nom d'un prêtre égyptien qui était censé avoir écrit, avec le roi Néchepso, un vaste

---

(1) Pap. Nebseni, ch. 64, ll. 51-52. Cf. *Book of the Dead*, ed. W. Budge, *Translation*, p. 116.
(2) MASPERO, *Contes populaires de l'Égypte ancienne*, 4° éd., pp. 131-132. Cf. F. Ll. Griffith, *Stories of the high priests of Memphis*, Oxford, 1900. pp. 92-93, ll. 12 ss.
(3) Ou l'un des auteurs.
(4) Ps. MANÉTH., V (VI), 1-4, 9-10. A vrai dire, la date de ce livre V° peut être plus tardive, cf. SCHMID-STÄHLIN, II, p. 974 et n. 8.

manuel d'astrologie. L'ouvrage, dont il subsiste quelques fragments, date du IIe siècle avant notre ère (1). Or l'astrologue Héphestion de Thèbes (sous Théodose) déclare que « l'illustre Néchepso (— Pétosiris) » a puisé dans les *Salmeschoiniaka,* ouvrage de même encre, apparemment un peu plus ancien que Pétosiris-Néchepso (2). Enfin Jamblique (3) dit que les *Salmeschoiniaka* ne contiennent qu'une très petite partie de la doctrine des traités d'Hermès (τῶν Ἑρμαικῶν διατάξεων). Il faut donc supposer des traités astrologiques d'Hermès antérieurs aux *Salmeschoiniaka,* et cela nous reporte au début du IIe ou même au IIIe siècle avant notre ère. D'autres témoignages confirment ces données. Galien de Pergame fait allusion à un écrit hermétique de botanique astrologique utilisé par l'herboriste Pamphile : « après cela Pamphile mentionne une plante nommée, à ce qu'il dit, *aétos,* dont il avoue qu'aucun des Grecs n'a jamais parlé, mais dont il est question *dans l'un des livres attribués à Hermès l'Égyptien,* où il est traité des trente-six plantes sacrées des Horoscopes » (4) ; tout cela d'ailleurs, selon Galien, n'est que bavardage. On a pu fixer la date de Pamphile au Ier siècle de notre ère, plutôt vers la fin, sous les Flaviens (5). Mais la doctrine astrologique des Trente-Six Horoscopes, ou Trente-Six Décans, est bien attestée en Égypte dès l'époque pharaonique, et il existe un *Liber Hermetis* sur les décans dont certains éléments au moins remontent au temps des Ptolémées (6) ; d'un autre côté nous avons la preuve, par d'autres témoins que Pamphile — ainsi la lettre de Thessalos de Tralles sous Claude ou Néron (7), — que la croyance en la vertu médicinale de certaines plantes correspondant aux sept

---

(1) Cf. E. Riess, *Nechepsonis et Petosiridis fragm. magica, Philologus,* Suppl. Bd. VI, 1, 1892, pp. 327 ss. (ce recueil très incomplet devrait être réédité avec les additions nécessaires, cf. Boll, *CCAG.,* VII, pp. 129-151 : *Excerpta ex Nechepsone et Petoside de Solis et Lunae defectionibus*); du même auteur, sous le même titre, une Dissertation de Bonn, 1890. Sur la date (antérieure à la prise de Corinthe, donc au plus tard 150 av. J.-C.), cf. Boll dans *CCAG.,* VII, pp. 129-131.

(2) Cf. *Catal. Cod. Astrol. Gr.* (cité *CCAG.*), VIII, 2, p. 87. 1-2.

(3) *De myst.,* VIII, 4. Sur les *Salmeschoiniaka,* cf. Kroll dans P. W., Supplt. Bd. V, 843 ss. Il en fixe la date avant 150 av. J.-C. (date de Pétosiris-Nechepso). Voir aussi Boll, *Sphaera,* pp. 376-378.

(4) Gal., XI, 798 Kühn : cf. F. Pfister, *Pflanzenaberglaube,* ap. P. W. col. 1454. Il subsiste un *Livre sacré d'Hermès à Asklépios* sur les plantes correspondant aux Trente-Six Décans (*Rev. Philol.,* XXXII, 247 ss. : cf. *infra,* pp. 139 ss.), mais la plante *aétos* n'y est pas mentionnée.

(5) Cf. M. Wellmann, *Die Φυσικά des Bolos Demokritos u. der Magier Anaxilaos von Larissa* (*Abh. d. Preuss. Ak. d. Wiss.,* Phil.-Hist. Kl., 1928, n° 7), p. 32, n. 2.

(6) *Vide infra,* pp. 112 ss.

(7) Cf. *supra,* pp. 56 ss.

planètes ou aux douze signes du Zodiaque ou aux Trente-Six Décans est née dès avant l'ère chrétienne. De toute façon, on est fondé à conclure l'existence d'une littérature astrologique d'Hermès antérieure à notre ère, et il y a probabilité pour que quelques-uns de ces livres remontent jusqu'au III° siècle (1). Nous reviendrons bientôt sur ces premiers écrits hermétiques et nous en traduirons quelques morceaux.

Strabon, qui visita l'Égypte avec Aelius Gallus de l'an 24 à l'an 20 avant J.-C., rapporte que les prêtres de Thèbes, qui se disaient les plus savants philosophes et astronomes, faisaient remonter toute leur sagesse à Hermès (2) : cela suppose apparemment qu'il existait, en ce temps déjà, des ouvrages « hermétiques » non seulement sur les astres, mais encore sur la philosophie (théosophie). Au Ier siècle de notre ère, Plutarque (3) déclare que, dans les livres d'Hermès sur les noms sacrés, il est dit que la puissance préposée au circuit du soleil est désignée du nom d'Hôrus, en grec Apollon, et que la puissance préposée au souffle (πνεῦμα) est dénommée par les uns Osiris, par d'autres Sarapis, par d'autres Sôthis « qui signifie l'enfantement ou le fait d'enfanter ». Philon de Byblos, contemporain de Tacite, veut que l'auteur phénicien Sanchoniathon ait tiré de leur cachette (ἐξεμάστευσε) les écrits de Taautos, c'est-à-dire Thoth-Hermès (4). Au II° siècle, l'apologiste chrétien Athénagore (entre 177-180) en appelle au témoignage d'Hermès Trismégiste pour démontrer que les dieux de l'Égypte ne sont que des rois divinisés (5). Un peu plus tard, Tertullien, dans le *De anima* (6), cite textuellement un traité hermétique aujourd'hui perdu, où il est dit que l'âme, une fois sortie du corps, ne va pas se dissoudre dans l'Ame du Monde, mais qu'elle subsiste en tant qu'âme individuelle pour rendre compte au Père de tout ce qu'elle a fait durant son séjour sur la terre; ailleurs (7), dans une liste

---

(1) Je n'ai pas tenu compte, dans cette enquête, des combinaisons de Bouché. Leclercq (*Astr. Gr.*, p. 307, n. 1 : d'après Dieterich) au sujet du traité hermétique d'astrologie intitulé *Panarétos* sur les sept « sorts » planétaires (cf. *Catal. Cod. Astrol. Gr.*, IV, p. 81. 1-2; V, 3, p. 63, f. 244) et du traité homonyme cité *PGM*. X, 978-980 comme le livre V° des *Ptolémaïka* (cf. Dieterich, *Abraxas*, p. 203. 6), car nous ignorons tout de ces *Ptolémaïka* et il paraît audacieux de les rapporter à Ptolémée II

(2) XVII, 1.46, p. 1138. 30 ss. Mein.

(3) *Is. Os.*, 61.

(4) *Ap.* Eus , *praep. evang.*, I, 9, 24.

(5) Geffcken, *Zwei Griech. Apolog.*, p. 147. 23 : allusion à quelque passage analogue à *Asclep.*, 37.

(6) Ch. 33 : écrit probablement entre 208-213.

(7) *Ibid.*, ch. 2.

de philosophes anciens tenus non pas seulement pour hommes divins (*divi*), mais pour dieux, Tertullien nomme Mercure l'Égyptien, auquel Platon a emprunté la plus grande partie de sa doctrine (*cui praecipue Plato adsuevit*), à côté de Silène le Phrygien, d'Hermotime de Clazomène, d'Orphée, de Musée, de Phérécyde le maître de Pythagore ; au chapitre 28, parlant de la métensomatose enseignée par Platon, il note : « c'est là une doctrine pythagoricienne selon certains ; Albinus la croit divine et peut-être do Mercure l'Égyptien » ; enfin, dans l'écrit *contre les Valentiniens* (1), Tertullien prononce que Mercure Trismégiste, maître de tous les physiciens (2) — et donc des Stoïciens, de Platon et des Pythagoriciens nommés dans le texte même —, n'a pas réfléchi sur l'origine de la matière. Hippolyte (3), relatant la doctrine des Naasséniens (4), dit que les Kylléniens honorent d'un culte particulier Hermès comme *logos*, c'est-à-dire comme interprète (ἑρμηνεύς) et tout ensemble démiurge de ce qui a été, de ce qui est et de ce qui sera : ce double caractère ne peut désigner que le Trismégiste, d'autant que, deux lignes plus haut (5), les Naasséniens considèrent les figures d'Hermès nommées *hermes* comme un emprunt des Grecs aux Égyptiens (6) ; dans le morceau sur les *Pérates* (7), Hermès Trismégiste prend place parmi les théologiens qui sont la copie terrestre du grand dieu Mèn, à côté de Boumégas, Ostanès, Kouritès, Pétosiris, Zôdarion, Bérose, Astrampsychos et Zoroastre : mélange bien instructif ! Ostanès et Zoroastre sont des mages de Perse, Bérose le prêtre babylonien de Bel, auteur de *Babyloniaka* dédiés à Antiochus Ier Soter (281/0-262/1) qui passait, dès le Ier siècle au moins de notre ère, pour avoir introduit dans le monde grec la science astrologique et la sagesse des Chaldéens (8), Pétosiris est le prêtre égyptien auquel on rapportait un ouvrage d'astrologie du IIe siècle (9), Astrampsychos un astrologue magicien et devin

---

(1) Ch. 15 : écrit vers 207-208.
(2) C'est-à-dire des philosophes ayant traité de la nature et du monde (sens ancien de φυσικός) ou des savants instruits des vertus occultes (sens hellénistique de φυσικός), cf. J. Röhr, *Der okkulte Kraftbegriff im Altertum* (*Philologus*, Suppl. Bd. XVII, 1), 1923, pp. 77-82.
(3) La *Refutatio omnium haeresium* a dû être écrite entre 228 et 233.
(4) V, 7, 29, p. 85. 18 ss. Wendl.
(5) P. 85. 16.
(6) Confusion peut-être entre Hermès et le dieu égyptien Min.
(7) V, 13, 8, p. 109. 25 ss. Sur ce texte, cf. Preisendanz *ap.* P. W., s. v. *Ostanès*, XVIII, 1625. 34 ss.
(8) Cf. Jos., *c. Apion*, I, 19, 129.
(9) Cf. *supra*, p. 77, n. 1.

qu'on faisait venir soit de Perse soit d'Egypte (1) : nous avons là, on le voit, une collection de prophètes orientaux, ce qui implique l'existence de toute une littérature apocryphe déjà largement répandue au iie siècle.

Plus avant dans le iiie siècle, voici l'évêque de Carthage Cyprien, qui, dans le traité *Quod idola dii non sint* (2), associe de nouveau Ostanès à Hermès et rapporte à ce dernier la doctrine d'un Dieu unique, au-dessus de toute intellection et de toute estimation humaines (3). Vers la fin du siècle, l'auteur de la *Cohortatio ad Gentiles* (4) recourt au témoignage des Sibylles et des philosophes les plus anciens, Akmôn (5) et Hermès, celui-là pour sa doctrine du Dieu tout à fait caché ($\pi\acute{\alpha}\gamma\kappa\rho\upsilon\varphi\circ\varsigma$), celui-ci pour avoir écrit d'une façon très manifeste « qu'il est difficile d'avoir l'intelligence de Dieu et que, eût-on cette intelligence, il serait impossible d'exprimer ce qu'on a conçu » (6). Au début du ive siècle, dans son traité *Contre les païens* (7), Arnobe distingue trois sectes de théosophes, les hermétistes, les platoniciens-pythagoriciens, enfin les « hommes nouveaux » (8) qui se croient issus du même Premier Dieu *Noûs* (9). Avec l'alchimiste Zosime (10), Lactance (11) et Jamblique (12), les citations textuelles deviennent de plus en plus nombreuses. Un passage de Zosime (13) est particulièrement important, car l'alchimiste y nomme expressément le Poimandrès ($\tau\grave{o}\nu\ \pi\circ\iota\mu\acute{\epsilon}\nu\alpha\nu\delta\rho\alpha$), personnage qui a donné son titre au Ier traité du *Corpus Hermeticum*, et il y fait allusion au « baptême dans le cratère » dont il est question dans *C. H.* IV.

Arrêtons ici cette revue des *testimonia* les plus anciens (14). Il

---

(1) P. W., II, 1796. Les autres (Boumégas, Zôdarion et Kouritès) sont inconnus Kouritès peut-être un prototype des Kourètes nommés un peu plus haut, p. 109. 14 Wendl.
(2) Ch. 6. Si ce traité est bien de Cyprien, il date d'environ 228-233.
(3) Citation peut-être des *Hermetica* de Stobée, Exc. I.
(4) Attribuée à Justin, mais écrite probablement entre 260 et 302.
(5) Ἄκμωνος (F) est gardé ici et Exc. XIII (Ἑρμοῦ ἐκ τῶν Ἄκμωνος) par FERGUSON, *Hermetica*, IV, p. xliv. D'autres ont proposé Ammon ou Agathodémon.
(6) Citation de l'Exc. I de Stobée.
(7) *Adv. nat.*, II, 13 : écrit vers 304-310.
(8) Cf. *ib.*, II, 15, p. 59. 23 ss. Reifferscheid.
(9) Cf. *Mémorial Lagrange*, 1940, p. 99, n. 1.
(10) Fin iiie/début ive s. Zosime cite Porphyre et il est cité par Synésios.
(11) *Divinae Institutiones* : écrit entre 305 et 310.
(12) *De mysteriis* : premier quart du ive siècle.
(13) *Alch. Gr.*, p. 245. 6-7 Berth.
(14) Je n'y ai pas tenu compte du *Pasteur* d'Hermas, malgré REITZENSTEIN, *Poimandrès*, pp. 11-13, 33-35. Sans doute il y a des rapports formels entre HERMAS, *Vis.*, V, 1 et *C. H.* I, 1-4 : mais il s'agit là du type hellénistique de la « vision », type alors trop

en résulte qu'une littérature hermétique astrologique a été connue dès avant l'ère chrétienne et que, si des livres de philosophie ou de théosophie ont circulé sous le nom d'Hermès peut-être dès le 1ᵉʳ siècle de notre ère (Plutarque), peut-être même avant (Strabon), c'est surtout à partir du IIᵉ siècle, semble-t-il, qu'on y a prêté attention.

On peut se demander quels ont été les auteurs de cette littérature — prêtres égyptiens ou Grecs installés en Égypte — et à quelle sorte de public ils s'adressaient — fidèles d'une « église » hermétique ou simples lecteurs.

Reitzenstein (1) a cru à l'existence de confréries hermétiques. L'une d'elles, la « confrérie de Poimandrès » (*die Poimandres-Gemeinde*), fut fondée entre le début du IIᵉ siècle avant J.-C. et le IIᵉ siècle de notre ère : l'histoire de la doctrine de l'Anthrôpos en Égypte ferait présumer, comme date probable de la fondation, environ le temps de la naissance de Jésus. Le fondateur de la secte fut un prêtre égyptien qui unit une doctrine de la création du monde par Ptah à une révélation orientale sur l'esclavage et la délivrance de l'homme, combinant le tout en un système gnostique. La confrérie prit de l'ampleur : dès le début du IIᵉ siècle de notre ère, elle exerce son influence à Rome. Avec le temps, la doctrine revêt un aspect de plus en plus mystique et l'élément égyptien y tient plus de place. Au IIᵉ siècle, le caractère prophétique tend à prédominer : par cela même, cette « confrérie de Poimandrès » se rapproche des autres confréries hermétiques alors très nombreuses, pour, finalement, se confondre avec celles-ci. Puis le prophétisme perd du terrain, les influences juives se font plus marquées. Au IVᵉ siècle, la confrérie disparaît à nos yeux.

Geffcken (2) a partagé cette opinion. Sans doute, reconnaît ce savant, y a-t-il lieu de distinguer différents groupes dans la littérature philosophico-théosophique du Trismégiste : l'ensemble

---

répandu (cf. *supra*, ch. III) pour qu'on puisse en conclure à une dépendance littéraire (qu'on prenne *C. H.* I pour l'original ou réciproquement). Sans doute encore la mention de l'Arcadie (Hermas, Sim., IX, 1, 4) surprend d'abord, mais elle me paraît amenée par le caractère même du personnage qui fait l'objet de la vision : c'est un berger, et l'Arcadie est considérée, à l'époque hellénistique, comme le berceau de la vie pastorale et des cultes les plus anciens, cf. von Gebhardt-Harnack, *ad loc.* (*Patr. Apost. Op.*, fasc. III, 1877). Voir au surplus G. Bardy, *Rev. Bibl.*, Nouv. sér. VIII (1911), pp. 391 ss. et Schmid-Stählin, p. 1222, n. 1.

(1) *Poimandres*, p. 248.
(2) *Der Ausgang des Griech.-röm. Heidentums*, 1920, p. 80.

n'en décèle pas moins un même but. On a visé à édifier une communauté. Il est vrai qu'à proprement parler les traités du *Corpus Hermeticum,* malgré leurs psaumes (1), n'ont pas dû servir au culte; mais, dans la diversité de leur forme — exposés didactiques et mystiques, sermons, eulogies, — ils composent un même « livre de dévotion » destiné à contenter tous les besoins de l'âme, quels qu'ils fussent. C'est donc là, en fait, un livre de confrérie, comme une sorte de Bible.

J'avoue que tout cela me paraît du roman.

1) La littérature hermétique présente les formes les plus variées : on a mis sous le patronage d'Hermès des écrits d'astrologie et de médecine astrologique, des recettes de magie, des ouvrages d'alchimie, de petits traités de philosophie ou de théosophie, des questions d'astronomie, de physique, de psychologie, d'embryogénie, d'histoire naturelle (*Kyranides*) : bref, tout ce que, avec le déclin du rationalisme, on se prit à regarder comme la science. Nous avons dit plus haut la raison de ce patronage et nous avons montré que le cas d'Hermès n'est que l'espèce d'un genre : ce qui était, ici, attribué au Trismégiste l'était, ailleurs, à des prophètes perses ou chaldéens, ou juifs, ou indiens. C'est là une mode purement littéraire, et il serait absurde d'en conclure à l'existence sous l'Empire, dans le monde gréco-romain, de confréries de Zoroastre, d'Ostanès, d'Hystaspe, de Salomon, des Sibylles, etc.

2) Sans doute, c'est une tendance commune à ces écrits, quelle qu'en ait été la matière, de s'achever sur une eulogie ou, du moins, sur un couplet d'édification (2). L'Exc. VI en offre un bon exemple : à un exposé d'uranographie (VI, 1-16) (3) sur les étoiles fixes (1-14) et certains météores comme les étoiles filantes (15) et les comètes (16) est jointe une conclusion dévote (18-19) qui eût pu servir, sans changement, pour n'importe quel autre traité. Mais cela encore, nous l'avons vu, est caractéristique de l'époque : la science ne doit plus être cherchée pour elle-même, sa seule utilité est de mener à Dieu. De là vient que ces ouvrages pseudo-scientifiques se donnent comme un mystère et qu'ils emploient le jargon des mystères, qu'à chaque instant on y recommande le silence sur la doctrine révélée, qu'on y invite le lecteur à se montrer aussi attentif que s'il assistait à une liturgie, qu'enfin le discours s'achève habituellement sur

---

(1) *C. H.*, I, 31 ss.; V, 11; XIII, 18; *Asclep.*, 41; hymne manquant à la fin de *K. K.*
(2) Cf. *C. H.*, I, V, XII, XIII, XIV, *Asclep.*
(3) Le paragraphe VI, 17 est une interpolation.

une note de piété (1). Ni Philon, ni l'astrologue Vettius Valens, ni le magicien qui a composé la « recette d'immortalité (2) » ne sont des hermétistes; mais les expressions tirées des mystères reviennent sans cesse dans leurs écrits et c'est une sorte de mystère qui en constitue le cadre. Or il serait parfaitement naïf de se laisser tromper par cette affabulation : elle est trop répandue, elle se rencontre dans des genres littéraires trop nombreux et trop divers pour qu'on puisse croire qu'il s'agit, chaque fois, de mystères cultuels impliquant un clergé, une église, des sacrements.

3) Car voici un point remarquable. On ne voit nulle trace, dans la littérature hermétique, de cérémonies particulières aux prétendus fidèles d'Hermès. Rien qui ressemble aux sacrements des sectes gnostiques : ni baptême, ni communion, ni confession des péchés, ni imposition des mains pour consacrer des ministres de culte. Il n'y a pas de clergé : aucune apparence d'organisation hiérarchique, de degrés d'initiation. On ne distingue que deux classes d'individus : ceux qui écoutent la parole et ceux qui la refusent. Or ce trait est tout à fait commun, il est entré dans la littérature depuis au moins Parménide, il est utilisé par des poètes aussi éloignés des mystères que, par exemple, Horace : *odi profanum vulgus et arceo*. Cependant, dans l'élite même des « initiés » à l'hermétisme, tous sont sur le même rang. Qu'on n'objecte pas le « baptême dans le Cratère » du *C. H.* IV : c'est en ce cas, je crois l'avoir montré, un pur symbole (3). Bien mieux, nous avons la preuve, par un traité hermétique (*Asclep.* 41), que l'hermétisme répugne explicitement aux actes matériels du culte. A la fin du dialogue qui s'est tenu dans un *adyton,* comme le soleil se couche, les interlocuteurs se disposent à prier. Asclépius demande alors s'il ne serait pas mieux de brûler, avant la prière, de l'encens et des parfums. Aussitôt Hermès réplique : « C'est une sorte de sacrilège, quand tu invoques Dieu, de brûler de l'encens ou quoi que ce soit d'autre. Car Dieu ne manque de rien puisqu'il est tout lui-même ou que toutes choses sont en lui. »

4) Mais il y a une dernière raison qui rend tout à fait improbable l'existence de confréries hermétiques et qui ensemble défend de croire que, une telle confrérie eût-elle jamais existé, on ait pu y utiliser le *Corpus Hermeticum* comme une Bible. Sur les vérités les

---

(1) Voir déjà *Idéal rel. des Grecs,* II⁵ Partie, ch. III, p. 116-132 : *Mystères cultuels et Mystères littéraires.*
(2) Cf. *infra,* pp. 303 ss. et, sur la magie en tant que mystère, *Idéal...,* pp. 303 ss.
(3) Cf. *Harvard Theol. Rev.,* XXXI (1938), pp. 1-12.

plus essentielles de la religion — sur Dieu, sur le monde et sur l'âme humaine, — le *C. H.* présente deux doctrines inconciliables qui entraînent deux attitudes exactement opposées. Dans l'une de ces doctrines, le monde est pénétré de la divinité, donc beau et bon : par la contemplation de ce monde, on atteint Dieu. Dans l'autre, le monde est essentiellement mauvais, il n'est pas l'œuvre de Dieu ou, en tout cas, du Premier Dieu, car ce premier Dieu se tient infiniment au-dessus de toute matière, il est caché dans le mystère de son être : on ne peut donc atteindre Dieu qu'en fuyant le monde, on doit se comporter ici-bas comme un étranger. Il est clair que des notions aussi divergentes, si on les prend au sérieux, ne peuvent pas conduire à une même manière d'agir : elles doivent avoir pour conséquence deux morales antagonistes. Et il est donc absurde de les attribuer *ensemble* à une même secte religieuse, c'est-à-dire à un groupe d'hommes ayant délibérément « choisi (1) » un système déterminé de pensée et de vie.

Diversité de la littérature hermétique ; analogie avec les autres branches similaires du genre prophétique ; emploi universel, dans ces sortes d'ouvrages, d'un cadre et d'expressions empruntés aux mystères ; absence de toute indication permettant de conclure, dans l'hermétisme, à une hiérarchie sacrée et à des sacrements ; répugnance à l'égard de tout acte de culte autre que la seule prière ; divergences doctrinales aboutissant à deux façons de vivre exactement opposées : tous ces faits obligent à tenir les écrits hermétiques pour un phénomène purement littéraire, et non pour les « liturgies » d'une confrérie de mystes (2). D'autre part, il est invraisemblable que le *C. H.*, l'*Asclépius* et les *Excerpta* de Stobée aient jamais pu servir de Bible à une quelconque communauté, non pas tant parce qu'une collection de ce genre aurait contenu des morceaux étrangers aux choses de l'âme (3) qu'en raison des antinomies doctrinales que nous avons dites, et qui ruinent fondamentalement toute possibilité d'existence pour une pareille communauté.

Si les livres attribués à Hermès-Thoth ne sont donc pas issus de sectes hermétiques et n'y ont pas servi à des liturgies ou comme

---

(1) C'est le sens propre du mot αἵρεσις = « secte » en grec : cf. *C. H.* IV, 6.

(2) Ainsi juge aussi W. Kroll (P. W. VIII, 820) qui note au surplus qu'on trouve dans le *C. H.* et l'*Asclépius* des renvois d'un traité à l'autre (XIII, 15 ∝ I, 26 ; IX, 9 ∝ II, 5 ?) ou à d'autres livres hermétiques aujourd'hui perdus (Γενικά, *diexodica*, etc.) : or une « liturgie » ne cite pas.

(3) On pourrait objecter que, dans la Bible des Juifs, livre d'un peuple avant de devenir le livre d'une Église, il y a bien autre chose que des textes destinés à l'édification.

« Sainte Écriture », on doit maintenant se demander quels en sont les auteurs. Sont-ce des prêtres égyptiens? Ces textes contiennent-ils, adaptés aux Grecs, traduits pour les Grecs, les restes de l'ancienne théosophie égyptienne?

Notons d'abord que, dans l'hermétisme « philosophique » tout au moins (1), l'élément égyptien est à peine apparent, qu'il ne se décèle que dans l'affabulation, et cela surtout dans les *Exc.* XXIII-XXVI de Stobée. On n'en voit que très peu de traces dans le *C. H.* Sans doute Hermès est Thoth, Asklépios est Imouthès, Agathos Daimôn peut faire songer à Chnoubis ou à Knèph ou au Bon Génie d'Alexandrie, Isis-Osiris-Horus forment la triade divine particulièrement honorée en Égypte à l'époque hellénistique, Kaméphis (Kmèph) et Arnébeschènis sont une fois nommés, il est fait une fois allusion aux Typhoniens (fils ou partisans de Seth) (2), aux « crocodiles de notre pays » (3), au culte des animaux sacrés (4), et nous lisons dans l'*Exc.* XXIV, 13 un éloge de l'Égypte considérée comme le pays le plus favorisé, parce qu'étant située au cœur de la terre et jouissant du meilleur climat, elle produit les hommes les plus intelligents : tout cela ne va pas loin et n'autorise guère à parler de « Sagesse égyptienne ». Le passage le plus entaché de chauvinisme serait peut-être l'introduction du *C. H.* XVI, où l'auteur met en contraste la dialectique épuisée des Grecs et la force efficace, c'est-à-dire la vertu magique, des mots égyptiens quand on se garde de les traduire : mais c'est là un lieu commun très ordinaire, et qui vaut pour toute langue barbare. Nous l'avons rappelé plus haut : d'une façon générale, le paganisme gréco-romain tend à exalter la « philosophie » des Barbares au détriment de la grecque; nous avons expliqué pourquoi. C'est une mode, et je ne crois pas que les textes hermétiques fassent plus que de nous montrer une des provinces de cette mode. En vérité l'hermétisme est l'une des formes qu'a prises la piété hellénistique quand, fatiguée du rationalisme, elle s'est abandonnée à la révélation. Si le révélateur était un Égyptien, Thoth-Hermès, ne fallait-il pas que ses écrits s'ornassent d'un peu de couleur locale? Mais ces touches d'exotisme n'ont guère plus d'importance que les ibis ou les palmiers des fresques pompéiennes, et elles dénotent moins de piété

---

(1) Sur certains éléments égyptiens dans l'hermétisme astrologique, cf. *infra*, pp. 102 115-118, 121, 128.
(2) *Exc.* XXII, 8.
(3) *Exc.* XXIV, 6.
(4) *Asclep.*, 37.

authentiquement égyptienne que les bustes, qu'on voit en nos musées, de prêtres d'Isis à la tête rase, à l'expression concentrée, ou même, à mon goût, que le récit de Lucius dans les *Métamorphoses* d'Apulée. Si l'on veut sentir toute l'étrangeté d'une religion vraiment orientale, qu'on visite un des nombreux mithréums du monde gréco-romain, qu'on jette les yeux sur les fresques de l'Iséum de Pompéi ou celles du temple des dieux palmyréniens et du mithréum de Doura, ou, mieux encore, sur les bouddhas de l'art gréco-indien : aucun des livres hermétiques ne fera jamais la même impression (1).

Après cela, il est indifférent de savoir si les écrits hermétiques sont dus à des prêtres égyptiens assez complètement hellénisés pour ne plus déceler la marque de leur formation indigène ou au contraire à des Grecs établis en Égypte et coulant dans un moule exotique des pensers et des sentiments accordés à l'esprit du temps. Sous réserve, encore, de l'hermétisme astrologique (2), la deuxième hypothèse paraît la plus probable, pour la raison, indiquée par W. Otto (3), que, des nombreux ouvrages hellénistiques traitant de la religion égyptienne, la plupart ne sont pas dus à des prêtres égyptiens, mais à des Grecs. Qu'on en juge. En regard de deux prêtres, Manéthon sous Philadelphe (285-247) et Chérémon sous Néron, voici les Grecs Léon de Pella (vers 332 av. J.-C.) auteur d'un traité *Sur les dieux de l'Égypte,* Hécatée d'Abdère, Palaiphatos (*Théologie égyptienne*), Philistos de Naukratis (*Sur la théologie des Egyptiens*), Asclépiade de Mendès (*Théologouména*), Séleukos d'Alexandrie (*Sur les dieux*), Plutarque (*Sur Isis et Osiris*), le péripatéticien Aristoklès (*Sur Sarapis*), Jamblique (*Sur les mystères des Égyptiens*), le néoplatonicien Asclépiade (*Hymnes aux dieux de l'Égypte, Sur l'accord de toutes les théologies*) (4). Il a donc existé, conclut W. Otto (5), « à l'époque hellénistique, en partie dans l'Égypte elle-même, *issue de cercles grecs et non sacerdotaux* (6), une littérature théologico-philosophique largement répandue, qui cherchait à rapprocher sur le terrain philosophique la religion grecque et la religion égyptienne. L'existence d'une telle littérature engage à se montrer particulièrement prudent quand on

---

(1) Philon offre un autre exemple de ce mélange d'éléments grecs et barbares : or Philon paraît beaucoup plus juif que l'hermétisme n'est égyptien.
(2) Cf. *supra*, p. 85 n. 1.
(3) *Priester u. Tempel*, II, p. 215 ss.
(4) *Ibid.*, pp. 217-218.
(5) *Ibid.*, 218.
(6) Souligné par l'auteur.

examine le problème de l'origine des textes hermétiques ». En effet (1), si la forme (de la révélation) est authentiquement égyptienne (2), cela ne permet pas encore d'attribuer les textes hermétiques et autres semblables rédigés en langue grecque *surtout* (3) à des prêtres égyptiens. D'autres qu'eux peuvent bien avoir choisi cette forme, car le genre littéraire de la révélation se rencontre ailleurs ; de plus, quant au fond, les écrits hermétiques, du moins ce qui nous en reste, ne se montrent pas assez égyptiens pour qu'on doive les rapporter à des membres de la caste sacerdotale. Peut-être des prêtres comme Chérémon ont-ils pu prendre part à leur composition : combien et dans quelle mesure, on ne le saura jamais (4). Cette prudente réserve paraît la sagesse même.

* * *

Comme nous l'avons marqué déjà plusieurs fois, la littérature hermétique comporte, outre l'hermétisme philosophico-théosophique, des écrits, ou des fragments d'écrits, ressortissant à l'astrologie, à l'alchimie et à la magie. Avant d'aborder la « philosophie » d'Hermès, qui reste notre objet principal, il importe de connaître ces autres branches de l'hermétisme. En effet non seulement le cadre de la révélation est commun à tout l'ensemble, mais l'atmosphère spirituelle est partout la même (5). Les traités « philosophiques » manifestent la croyance dans le pouvoir des astres. Ce sont les planètes qui revêtent l'âme humaine, dans sa descente, des vices qui l'attachent à la matière et le salut hermétique consiste à se débarrasser, ici-bas, de ces vices par une vie pure et par la gnose avant de s'en dépouiller entièrement au cours de la remontée (*C. H.* I, XIII) ; ailleurs les dons des planètes sont mélangés, les uns bons, les autres mauvais (*K. K.* 28-29). L'influence des démons des planètes est décrite (*C. H.* XVI, 13-16), comme celle des signes zodiacaux (*C. H.* XIII, 7, 11-12, *K. K.* 19-20) et celle des décans (*Exc.* VI, XXII ; *Asclep.* 19). Les doctrines qui mettent en relation telle contrée avec telle partie du ciel ou plus généralement établis-

---

(1) Ici je résume.
(2) En ce sens qu'Hermès-Thoth, Isis, Horus, etc., sont des Égyptiens.
(3) Souligné par l'auteur.
(4) *Ibid.*, pp. 218-219. Cette question particulière est liée à une autre plus générale : jusqu'à quel point le clergé égyptien a-t-il subi l'influence de la philosophie grecque? Pour les mages d'Asie Mineure, celle du stoïcisme a certainement été profonde : en a-t-il été de même en Égypte? W. Otto paraît réduire l'influence grecque au minimum.
(5) Cf. A. D. Nock dans *Gnomon*, XV (1939), p. 366.

sent une correspondance entre la terre et le ciel se reflètent en *Asclep.* 24; *Exc.* XXIV, 11-13; *K. K.* 68. Le thème de la connaissance de Dieu par la contemplation des astres apparaît souvent (ainsi *C. H.* V, 3 ss.; X, 25; *Asclep.* 10, etc.). Le thème de la Fatalité affleure un peu partout. (*C. H.* I, XII, 5-9; XIII; XVI, 16; *Exc.* XII-XX; *K. K.* 38, 48; *Asclep.* 39-40).

Il existe aussi des rapports, moins visibles il est vrai et moins fréquents, entre les écrits « philosophiques » et l'alchimie ou la magie. C'est à une opération alchimique que se réfère la création des âmes dans la *Koré Kosmou* (14-18) (1) et le même ouvrage montre d'autres traces de l'influence de l'alchimie. La *K. K.* encore (42) fait allusion aux *rhizotomes*, c'est-à-dire aux herboristes qui cueillent et préparent les simples soumis à l'influence des planètes, des signes zodiacaux ou des décans, et *Asclep.* 38 mentionne le rôle des herbes, des plantes et des aromates dans la théurgie dont les pratiques sont tout pénétrées d'astrologie et de magie. Enfin l'arétalogie isiaque à la fin de *K. K.* (68) paraît mettre sur le même plan la philosophie (théosophie) et la magie : « ce sont eux », y lit-on, c'est-à-dire Isis et Osiris, « qui, ayant reconnu que les corps sont sujets à périr, ont inventé l'art toujours efficace des prophètes, afin que nul prophète destiné à élever ses mains vers les dieux n'ignorât jamais aucun des êtres, afin que d'une part l'âme fût nourrie par la philosophie et la magie, et que d'autre part le corps, quand il souffre de quelque mal, fût guéri par la médecine ».

On le voit, la branche principale et les branches secondaires de l'hermétisme sont trop étroitement liées pour qu'on puisse négliger les textes astrologiques, alchimiques ou magiques rapportés à Hermès. Il nous faut donc entrer dans cette « selva oscura ».

(1) Cf. mon article dans *Pisciculi... Franz Josef Dölger dargeboten*, 1939, pp. 102 ss

PREMIÈRE PARTIE

L'ASTROLOGIE ET LES SCIENCES OCCULTES

CHAPITRE V

L'HERMÉTISME ET L'ASTROLOGIE (1).

§ 1. *L'astrologie hellénistique*.

L'astrologie hellénistique est l'amalgame d'une doctrine philosophique séduisante, d'une mythologie absurde et de méthodes savantes employées à contre-temps.

1) La doctrine philosophique est celle de l'unité du Kosmos et de l'interdépendance de toutes les parties de ce vaste ensemble. Comme le Kosmos des anciens est composé d'une série de sphères concentriques ayant pour centre la terre, la doctrine de l'unité suppose un incessant échange d'actions et de réactions entre la terre et les sphères planétaires et d'une sphère à l'autre. Ou encore, pour dire la même chose en termes un peu différents, comme d'une part le monde sublunaire, d'autre part le ciel au

---

(1) Pour une première orientation, cf. W. GUNDEL, *Astronomie, Astralreligion, Astralmythologie und Astrologie. Darstellung und Literaturbericht 1907-1933* dans le *Bursian's Jahresbericht*, 1934, II, Abt., pp. 1-162 (cité GUNDEL, *Jahresbericht*); BOLL-BEZOLD, *Sternglaube und Sterndeutung*, 4ᵉ édition par W. Gundel, 1931; GUNDEL, *Sterne und Sternbilder im Glauben des Altertums und der Neuzeit*, Bonn-Leipzig, 1922; F. CUMONT, *Astrology and Religion among the Greeks and Romans*, New York, 1912. Excellent résumé de MARTIN P. NILSSON, *The rise of astrology in the hellenistic age* (*Meddelande från Lunds astronomiska observatorium*, Ser. II, nº III), Lund, 1943, qui insiste sur la part des Grecs dans la création du système astrologique. L'ouvrage classique de F. BOLL, *Sphaera, Neue griechische Texte und Untersuchungen zur Geschichte der Sternbilder*, Leipzig, 1903, ne traite que d'une partie de l'astrologie (*paranatellons* et sphère barbare). L'article *Astrologie* de Riess (P. W. II, 1802-1828) est toujours utile; BOUCHÉ-LECLERCQ, *L'Astrologie Grecque*, Paris, 1899 (cité *Astr. Gr.*) et le *Catalogus Codicum Astrologorum Graecorum*, Bruxelles, 1898 (cité *CCAG*. et le tome) restent les instruments indispensables. On annonce un ouvrage de W. Gundel et Ed. Stemplinger sur l'astrologie et la magie dans le *Handbuch der Altertumswissenschaft* (V. Abt., 5. Teil).

delà de la lune sont constitués par les quatre éléments — eau terre air feu — ou les cinq, si l'on ajoute l'éther, la doctrine de l'unité suppose des actions et réactions continuelles de ces éléments entre eux. C'est ainsi que le soleil, les planètes et les constellations, tous les astres dont la matière est un feu qui brûle éternellement sans se consumer jamais, se nourrissent des vapeurs issues du monde sublunaire; inversement, les astres ne cessent d'agir sur le monde sublunaire par les énergies qu'ils projettent, soit sur l'ensemble de ce monde, soit sur telle partie ou même tel individu singulier. Depuis l'âge hellénistique et jusqu'à la Renaissance, cette doctrine de l'unité du Kosmos et de la sympathie qui en lie tous les membres a eu valeur de dogme (1). La

(1) Tous les ouvrages sur l'astrologie, l'alchimie, la magie ou la médecine populaire hellénistiques traitent plus ou moins de la *sympathie* universelle, mais je ne connais pas encore d'exposé général consacré uniquement à ce grand et beau sujet. K. Reinhardt, *Kosmos und Sympathie*, 1926, se borne à discuter certains textes d'origine supposée posidonienne. Parmi les meilleures vues d'ensemble, cf. Th. Weidlich, *Die Sympathie in der antiken Literatur*, Progr. Stuttgart, 1894, et l'article de H. Ritter, *Picatrix, ein arabisches Handbuch hellenistischer Magie* (*Vorträge d. Bibl. Warburg*, 1923), pp. 94-124, où, à propos d'un écrit arabe (*Ghājat al-ḥakīm*, « Le But du Sage ») traduit en latin sous le titre *Picatrix*, l'auteur résume les grandes lignes du système de correspondances qui fonde la ps. science hellénistique. Pour la notion de sympathie dans la magie gréco-égyptienne, cf. Th. Hopfner, *Offenbarungszauber*, I (1921), 2ᵉ partie. ch. 1, §§ 588-618; dans les superstitions et la médecine populaires, Ed. Stemplinger, *Antiker Aberglaube in modernen Ausstrahlungen* (*Das Erbe der Alten*, II. Reihe, H. 7, 1922) et *Antike u. moderne Volksmedizin* (même collection, H. 10, 1925), en particulier pp. 49 ss. (*Okkultische Heilung*) : je n'ai pu lire, du même auteur, *Sympathieglaube u. Sympathiekuren in Altertum u. Neuzeit*, Munich, 1919. — Il importe de distinguer avec soin (1) la simple constatation des phénomènes de « sympathie » et d' « antipathie » tels qu'ils se manifestent ici-bas entre les êtres des trois règnes et que l'époque hellénistique s'est plu particulièrement à les observer (surtout quand ils se présentent comme des παράδοξα, cf. *infra*, ch. vi) et (2) l'explication générale de ces phénomènes par une doctrine systématique qui les met en relation avec les astres, les fait dépendre des astres, en cherchant la raison dernière de ces actions réciproques dans les effluves ou émanations issues des astres et qui vont pénétrant tous les corps terrestres. C'est ainsi que, dans un mémoire par ailleurs excellent, *Der okkulte Kraftbegriff im Altertum* (*Philologus*, Supplt. Bd. XVII, 1, 1923), J. Röhr définit les notions de δύναμις — ἐνέργεια (pp. 7-33), συμπάθεια — ἀντιπάθεια (pp. 34-76), φυσικός (pp. 77-86), ἰδιότητες ἄρρητοι (pp. 96-106), en leur acception hellénistique sans tenir aucunement compte de la doctrine astrale. Il est probable, comme le marque Röhr (p. 57), que le concept de sympathie et d'antipathie et la constatation de faits « sympathiques » ou « antipathiques » ont précédé de longtemps, d'une part la littérature des *Mirabilia*, d'autre part la tentative d'explication par l'unité du Kosmos (on a passé de faits individuels à la συμπάθεια τῶν ὅλων, non inversement : cf. aussi Stemplinger, *Antike u. moderne Volksmedizin*, ch. v, § 1 *Der Sympathieglaube*, p. 41), et que, dans cette tentative, c'est la Stoa (surtout Posidonius) qui a joué le principal rôle. Ajoutons-y l'influence de l'astrologie et, plus tard, du néoplatonisme. L'astrologie a donné la théorie des effluves; elle a établi une correspondance entre les phénomènes de sympathie et d'antipathie ici-bas et les

plupart des écoles la reconnaissent (1), et non moins les gens simplement cultivés qui n'adhèrent à aucune école. Non seulement elle est le fondement indispensable des pseudo-sciences — astrologie populaire ou savante, médecine astrologique, alchimie, — de la magie (2), de la gnose pénétrée de magie, de la théurgie et de tout l'art divinatoire quelles qu'en soient les formes, non seulement elle a droit de cité dans la philosophie proprement dite (3), mais un document aussi purement littéraire que le panégyrique en l'honneur des rois (4) inséré à la fin du *Corpus* hermétique (*C. H.* XVIII) l'utilise comme métaphore, ce qui montre à quel point elle est devenue monnaie courante jusque dans la rhétorique la plus banale : « De même que le Soleil, qui nourrit les germes de toutes plantes, est le premier aussi à en recueillir dès son lever les prémices, pour cette cueillette usant si l'on peut dire de ses rayons comme de mains immenses (5) — car ce sont bien des mains pour lui que ces rayons qui cueillent en premier lieu les plus suaves émanations des plantes », — ainsi nous, qui sommes issus de l'Être Suprême, devons-nous le louer en retour (*C. H.* XVIII, 11). Entre tant de textes où transparaît la doctrine de la sympathie universelle, prenons-en un du *Corpus Hermeticum* puisqu'aussi bien c'est l'hermétisme qui nous intéresse surtout. C'est un passage du 16ᵉ traité. L'auteur vient de démontrer (XVI, 3) l'unité du Tout, qu'il appelle le « plérôme », c'est-à-dire la totalité des êtres du monde. Il continue ainsi (XVI, 4 ss.) :

« Vois donc que, dans la terre, dans ses parties les plus centrales, il jaillit beaucoup de sources d'eau et de feu et qu'ainsi l'on peut voir ensemble dans le même lieu les trois natures du feu, de l'eau et de la terre, dépendantes

« amitiés » ou les « haines » qui unissent ou séparent les astres du ciel. Le néoplatonisme (surtout après Plotin : Jamblique, Proclus) a imposé au système d'explication sa forme définitive par la théorie des « chaînes » (σειραί) qu'il a, sinon inventée (hermétisme? cf. *C. H.* XVI, *Asclépius*), du moins fixée sous l'aspect qu'elle gardera chez les Arabes, dans le monde latin du Moyen Age et chez les occultistes de la Renaissance. Pour cette évolution dernière, cf. Ed. STEMPLINGER, *Antiker Aberglaube*, etc. (1922), pp. 15 ss. (*Sympathie des Alls*), en particulier pp. 17-19.

(1) Les sceptiques, certains péripatéticiens et naturellement les partisans de la philosophie des atomes (cf. PLOT., *Enn.*, III, 1, 3) se montrent hostiles.

(2) Cf. La recette d'immortalité citée *infra*, pp. 303 ss.

(3) PLOT., *Enn.*, III, 1, 5-6; II, 3; III, 3, 6-8; IV, 4, 6-8; IV, 4, 25-26 et 30-45 : cf. GEFFCKEN, *Ausgang*, pp. 50-54.

(4) Dioclétien et ses collègues.

(5) Sur les mains du dieu Soleil en Égypte (= ses rayons, par lesquels il laisse passer son fluide créateur), cf. FR. PREISIGKE, *Vom göttlichen Fluidum nach ägyptischer Anschauung* (*Schr. d. Pap. Inst. Heidelberg*, I, 1920), pp. 5-10 (*Das Fluidum des Sonnengottes zur Zeit des Amenophis IV*).

d'une même racine. C'est ce qui a donné lieu de croire qu'il existe, pour toute la matière, un même cellier qui, d'une part, pourvoit à la fourniture de la matière, et, d'autre part, reçoit en retour la substance qui vient d'en haut. C'est ainsi en effet que le Démiurge, je veux dire le Soleil, lie ensemble le ciel et la terre, envoyant en bas la substance, élevant en haut la matière, tirant près de lui et jusqu'à lui toutes choses, faisant sortir de lui et donnant tout à tous, et qu'il répand sur tous, libéralement, la lumière... Car le Soleil est établi au milieu du monde, portant le monde comme une couronne et, tel un bon conducteur, assurant l'équilibre du char du monde en l'attachant à lui-même..., donnant en partage aux êtres immortels la durée éternelle et, avec la partie de sa lumière qui se porte vers le haut..., nourrissant les parties immortelles du monde, tandis que, avec la lumière qui est emprisonnée dans le monde et qui baigne de son éclat l'entière concavité de l'eau, de la terre et de l'air, il vivifie et suscite, par les naissances et les métamorphoses, les vivants qui subsistent dans ces parties-ci du monde... Bref, le monde intelligible est suspendu à Dieu, le monde sensible à l'intelligible, et le Soleil, à travers le monde intelligible et le monde sensible, reçoit de Dieu, pour sa provende, l'influx du Bien, c'est-à-dire de l'action créatrice. En outre, tout autour du Soleil gravitent les sphères... C'est de ces sphères que dépendent les démons, et des démons, les hommes : et ainsi, tout et tous sont en dépendance de Dieu. »

Nulle part ces idées n'étaient plus manifestes que dans la fameuse comparaison du monde à un homme et de l'homme à un petit monde ($\mu\iota\kappa\rho\grave{o}\varsigma$ $\kappa\acute{o}\sigma\mu o\varsigma$) ou encore, par un jeu de mots sur $\kappa\acute{o}\sigma\mu o\varsigma$ (« ornement, ordre, monde »), au monde du monde. Il n'est pas d'image plus célèbre dans l'antiquité, chez les chrétiens comme chez les païens, et l'on continue à l'employer au Moyen Age. Dans l'astrologie, il ne s'agit plus d'une image, mais c'est à la lettre qu'on parle des membres du monde et qu'on établit des rapports entre telle partie du ciel et tel membre du corps humain : la mélothésie zodiacale ou planétaire est un des chapitres importants des manuels d'astrologie. Bornons-nous ici, de nouveau, à quelques exemples empruntés à l'hermétisme.

La comparaison du monde à un corps humain se lit *C. H.* X, 11 :

« Puisque le monde est une sphère, c'est-à-dire une tête, et qu'au-dessus de la tête il n'y a rien de matériel comme, non plus, au-dessous des pieds il n'y a rien d'intelligible mais que tout est matériel, et puisque l'intellect est la tête, qui est mue d'un mouvement circulaire c'est-à-dire du mouvement propre à la tête, ainsi... tout être vivant, comme l'univers lui-même, est-il composé de matière et d'intelligible. »

L'analogie est plus développée dans un poème orphique (1) où l'on a les équivalences : tête = ciel ; yeux = soleil et lune ; intellect

(1) *Orphic. fragm.*, n° 168, v. 10-30 (p. 201 Kern).

= éther; épaules, poitrine et dos = air; ventre = terre; jambes = mer; pieds = racines du sol, Tartare, extrémités de la terre; on la retrouve dans un oracle de Sarapis cité par Macrobe (1), dans des papyrus magiques (2) et dans les *Képhalaia* de Mani (3), au Moyen Age dans les *Causae et curae* de Ste Hildegarde (4). L'image apparaît sous une forme un peu différente dans l'extrait hermétique XXIV de Stobée, où Isis compare la terre à un grand corps étendu sur le dos, chaque partie de cette terre anthropomorphisée correspondant à une partie du ciel et en subissant l'influence (*Exc.* XXIV, 11) :

« La terre repose au centre du Tout, couchée sur le dos comme un homme, regardant le ciel, et elle se divise en autant de parties qu'il y a de membres dans l'homme. Elle tourne ses regards vers le ciel, comme vers son père, afin que, suivant les changements du ciel, elle change elle aussi en ce qui lui est propre. Elle a la tête située vers le sud de l'univers, l'épaule droite vers l'est, l'épaule gauche vers l'ouest, les pieds sous les Ourses, le droit sous la queue, le gauche sous la tête de l'Ourse, les cuisses dans les régions qui viennent après l'Ourse, les parties médianes dans les régions médianes. Preuve en est que ceux des hommes qui vivent au midi et qui habitent sur la tête de la terre ont la tête bien formée et de beaux cheveux; les Orientaux sont disposés à l'attaque et bons archers (ces qualités sont le fait de la main droite); les Occidentaux sont en sûreté car ils luttent le plus souvent de la main gauche et tout ce que font les autres en se tournant vers la droite, ils le font en se tournant vers la gauche; ceux qui vivent sous l'Ourse ont des pieds magnifiques et, par ailleurs, de fortes jambes; ceux qui viennent ensuite et qui habitent, un peu plus loin de l'Ourse, la région qui est aujourd'hui l'Italie et le pays grec, ces gens-là donc ont tous la cuisse belle et la fesse bien faite... Quant au pays très sacré de nos ancêtres (l'Égypte), comme il est situé au milieu de la terre, que le milieu du corps humain est le sanctuaire du cœur seul, et que le cœur est la forteresse de l'âme, pour cette raison, mon enfant (Horus), les gens de ce pays, aussi bien pourvus des autres qualités que le reste des hommes, sont incomparablement plus intelligents et plus sages parce qu'ils sont nés et qu'ils ont été élevés à la place du cœur. »

Inversement, la comparaison de l'homme à un petit monde ou au monde du monde (κόσμου κόσμος) revient *C. H.* IV, 2 : « le Démiurge a envoyé sur la terre, comme ornement de ce corps divin

---

(1) *Saturnal.*, I, 20, 17.
(2) *PGM.*, III, 243 = XIII, 766-772 = XXI, 3-7.
(3) Mani, *Képhalaia*, LXX, 1, pp. 169-176. Pour Mani, cf. aussi Cumont, *Recherches sur le manichéisme*, p. 26. Même symbolisme en Perse encore dans le Boundahish mazdéen, XXX, 6 (trad. West, *Sacred Books of the East*, p. 123) et dans un passage du Grand Boundahish traduit par Blochet, *Rev. hist. d. rel.*, XXXI, pp. 243 ss.
(4) P. 10. 28 Kaiser.

(le monde), l'homme, vivant mortel ornement du vivant immortel », V, 5, IX, 8, XI, 2, XII, 21 ; *Asclep.* 10 : « si l'homme assume cet office (1) en tout ce qu'il comporte..., il fait en sorte que et lui-même et le monde soient l'un pour l'autre un ornement, si bien que, en raison de cette divine structure de l'homme, on s'accorde à le dire un *monde,* le grec dit plus justement un *ordre* (κόσμος) ». L'hermétisme astrologique n'est pas moins affirmatif (2) :

« L'homme, mon cher Ammon, les habiles l'appellent un monde (κόσμον) parce qu'il est tout accordé à la nature du monde. »

Enfin, dans un poème hermétique (ailleurs donné comme orphique) cité par Stobée (*Exc.* XXIX) (3), la correspondance entre les planètes et le corps humain est exposée en détail :

« Sept astres errants tournent en cercle au seuil de l'Olympe, avec eux le Temps accomplit sa révolution sans fin : la Lune qui brille la nuit, le lugubre Kronos, le doux Soleil, la Paphienne qui prépare le lit nuptial, l'impétueux Arès, Hermès aux ailes rapides, et Zeus, premier auteur de toute naissance, de qui la nature est issue. Ces mêmes astres ont reçu en partage la race des hommes, et il y a en nous la Lune, Zeus, Arès, la Paphienne, Kronos, le Soleil, Hermès. Aussi tel est notre lot : tirer de l'éther fluide larmes, rire, colère, génération, parole, sommeil, désir. Les larmes, c'est Kronos, la génération Zeus, la parole Hermès, la fougue Arès, le sommeil la Lune, le désir la Cythéréenne, le rire le Soleil : car c'est par lui, le Justicier, que rient et l'esprit des mortels et le monde infini ».

2) Ce dernier texte, en même temps qu'il exprime la loi de l'unité du monde, met en relief le vice fondamental de l'astrologie. Si la doctrine de la sympathie s'était bornée à reconnaître des liens de dépendance entre toutes les parties de l'univers, et si l'on s'en était tenu à considérer ces liens comme des rapports purement physiques ou mécaniques, non seulement cette doctrine eût été raisonnable, mais elle eût pressenti une authentique vérité, cette même vérité que la loi d'attraction universelle rend aujourd'hui par une autre métaphore. Et elle eût atteint aussi, bien à l'avance, une importante découverte des temps modernes : c'est que, sous un mode ou l'autre, notre corps et notre esprit même subissent continuellement l'influence de rayons cosmiques. Mais, par une subsistance des formes les plus primitives de la pensée, l'astrologie a tout gâté dès là qu'elle traduisait en termes de psychologie ce qui devait

---

(1) De collaborer avec Dieu dans le gouvernement du monde.
(2) *Iatromathematica Hermetis*, xxvi, 1 (Ideler, *Phys. et med. min.*, I, p. 387 ss.) Cf. *infra*, p. 130.
(3) Cf. aussi *CCAG.*, VIII, 1, p. 265. 8 (ἑπτὰ πλανητῶν εὐεργεσίαι) avec la note 1.

ressortir à la physique. On n'a pas quitté le domaine des mythes, on a créé une mythologie plus fantastique encore et plus absurde que les légendes traditionnelles. Oubliant qu'un présocratique déjà, Anaxagore, avait conçu les astres comme de simples corps mus par des forces mécaniques, on est resté fidèle aux imaginations toutes grossières des premiers âges en regardant les astres comme des personnes. C'étaient des êtres animés, conscients, volontaires, ayant un sexe, un caractère, des mouvements spontanés et des humeurs : il était donc inévitable qu'ils eussent aussi une histoire et que les rapports qu'ils soutenaient, entre eux et avec la terre, prissent l'allure de relations entre personnes humaines. Le langage même manifeste ce tour d'esprit : les planètes se lèvent et se couchent, se voient, s'entendent, commandent, obéissent, ont de la sympathie ou de l'antipathie, se réjouissent ou s'attristent, paraissent hilares ou sombres, sont maîtresses de maison, etc., — sans compter toutes les épithètes dont on les affuble pour dénoter leur attitude à l'égard des hommes. Il en va de même des signes du zodiaque (1) et des autres constellations (2), bref, de tous les astres en général, et naturellement aussi des décans, qui, à vrai dire, n'ont jamais dépouillé leur nature originelle de dieux anthropomorphes.

Prenons par exemple les planètes (3). Vers le début de notre ère, les faiseurs d'horoscopes leur donnent simplement le nom des divinités de l'ancien Olympe : Kronos-Saturne, Zeus-Jupiter, Arès-Mars,

(1) Noter que, même pour les signes qui n'ont pas forme humaine, l'absurdité n'est pas moindre. Le Bélier, à cause de sa toison, fera naître des drapiers ou des tailleurs (cf. *infra*, p. 98). Mais le πρῶτον ψεῦδος a été de reconnaître un bélier dans les desseins capricieux des étoiles.

(2) Sur la branche de l'astrologie qui a rapport aux astres fixes, cf. *infra,* pp. 160 ss. et *CCAG*., V, 1, pp. 194 ss. (Ἀποτελέσματα τῆς τῶν ἀπλανῶν ἀστέρων ἐποχῆς). Le traité hermétique cité *ib.*, p. 204. 17 ss. (καὶ τῶν ἡμετέρων δὲ οἱ πρόγονοι τῶν Αἰγυπτίων ἐμνήσθησαν καὶ ἀπετέλεσαν περὶ αὐτῶν. ἐξ ὧν πρῶτος ἐγένετο Ἑρμῆς καὶ ἔγραψεν ἐν τοῖς κοσμικοῖς ἀποτελέσμασι περὶ τῆς τοῦ Κυνὸς ἐπιτολῆς, cf. *ib.*, n. 4) est conservé en arabe, cf. Blochet, *Gnosticisme musulman*, 1912, pp. 77 ss.

(3) Cf. Bouché-Leclercq, *Astr. Gr.*, pp. 88 ss. Pour les noms des planètes, voir A. E. Taylor, *A Commentary on Plato's Timaeus* (Oxford, 1928), pp. 194-195 (sur τὸν ἱερὸν Ἑρμοῦ λεγόμενον, sc. ἀστέρα, *Tim.* 38d2) et surtout Cumont, *Les noms des planètes et l'astrolatrie chez les Grecs* dans *L'Antiquité Classique*, IV (1935), pp. 5 ss. Sauf pour Vénus (Ἑωσφόρος et Ἕσπερος) les Grecs, avant Alexandre, n'ont pas donné aux planètes des noms (ὀνόματα), mais seulement des surnoms (ἐπωνυμίαι), comme le constate l'*Epinomis* (986e) : on dit « l'astre de Zeus », ὁ ἀστὴρ τοῦ Διός, etc. A l'époque alexandrine (le plus ancien exemple certain est de l'année 261), les astronomes ont inventé pour les planètes des noms *laïques* tirés de leur apparence (Φαίνων, Φαέθων, Πυρόεις, Φωσφόρος, Στίλβων), mais ces noms n'ont eu presque aucune influence sur les présages astrologiques; ils ne sont pas restés longtemps en usage et n'ont pas été traduits dans une nomenclature latine. Les noms religieux les éliminent, mais on identifie alors entièrement l'astre et le dieu.

Aphrodite-Vénus, Hermès-Mercure, outre le Soleil et la Lune (1). Ces noms, en eux-mêmes, n'eussent été d'aucun inconvénient — nous les employons encore — si l'on s'était contenté de n'y voir que de simples signes. Mais, tout en abandonnant les légendes qui, avec le temps, s'étaient agglutinées à ces noms divins, les astrologues n'avaient pas laissé de croire aux qualités essentielles que, depuis des siècles, la seule évocation de Zeus, d'Arès, d'Aphrodite ou d'Hermès rappelait immanquablement à la pensée (2). Ainsi, dans le Jupiter de l'astrologie, on retrouvait le double caractère du Zeus de la religion, à la fois dieu météorologique de l'atmosphère, des pluies, des nuages, et « père des dieux et des hommes ». Vénus restait évidemment la déesse de la volupté, Mercure l'entremetteur astucieux et fourbe, mais aussi éloquent et artiste, dont s'étaient amusés les Grecs. A cet élément traditionnel s'en étaient associés deux autres, plus spécifiquement astrologiques. D'une part le caractère des planètes était déduit de leur apparence extérieure. Saturne a l'éclat livide, la marche lente : on le tenait donc pour un vieillard prudent et grave, un peu triste, indifférent au sort des hommes ou vraiment malveillant. Vieillard, il était digne de la primauté. En outre, du fait probablement d'antiques associations entre le type de Kronos et l'idée de semence, on lui attribuait une vertu génératrice, bien que la paternité s'accordât mal à son grand âge. Mars le flamboyant ($\pi \upsilon \rho \delta \varepsilon \iota \varsigma$) a la couleur du sang et il procède par bonds. C'était donc un tyran sanguinaire et capricieux, hostile à l'espèce humaine, perturbateur de la nature entière (3). D'une façon générale, deux des planètes étaient favorables (Jupiter, Vénus), deux maléfiques (Saturne, Mars), tandis que Mercure restait neutre. D'autre part les astrologues prétendaient définir le sexe, le tempérament foncier et jusqu'aux humeurs passagères des planètes d'après des lois pseudo-scientifiques à peine moins déraisonnables que ce qui dérivait de la tradition ou d'une observation rudimen-

---

(1) Cf. CUMONT, art. cit., p. 36, n. 3. Les plus anciens horoscopes avec la terminologie Kronos, Zeus, etc. semblent être P. Oxyrh., IV, 804, de l'an 4 ap. J.-C. et II, 235, de l'an 14 ap. J.-C. Les faiseurs d'horoscopes ont précédé les astronomes dans l'usage de ces désignations abrégées des planètes.

(2) Sur ce point, cf. CUMONT, art. cit., p. 35. « Les sept astres qui se meuvent perpétuellement dans le zodiaque sont désormais des êtres où la divinité s'incorpore et ils s'identifient dès lors avec elle. Cette transformation a certainement été favorisée par l'exégèse allégorique mise en honneur par Zénon ». Voir aussi BOLL-BEZOLD-GUNDEL, Sternglaube[4], pp. 48-50.

(3) Pour Jupiter, cf. BOUCHÉ-LECLERCQ, Astr. Gr., pp. 97 ss.; pour Vénus, ib., pp. 99 ss.; pour Saturne, ib., pp. 93 ss.; pour Mars, ib., pp. 98-99. Sur la double nature de Saturne, cf. BOLL-BEZOLD-GUNDEL, Sternglaube[4], pp. 126-127.

taire. On faisait dépendre le sexe des planètes et leur tempérament foncier de la manière dont se mélangeaient en elles les quatre qualités sensibles dont la combinaison deux à deux produit, selon Aristote, les quatre éléments, l'union du chaud et du sec produisant le feu, celle du chaud et de l'humide l'air, celle du froid et de l'humide l'eau, celle du froid et du sec la terre. Or ce mélange est proportionnel au plus ou moins de distance dont les planètes s'éloignent du Soleil et de la terre. Dans l'ordonnance dite chaldéenne où le Soleil occupe le milieu de l'échelle, ayant au-dessus de lui (de bas en haut) Mars, Jupiter et Saturne, au-dessous (de haut en bas) Vénus, Mercure et la Lune, les planètes supérieures seront moins humides que les inférieures et elles seront d'autant plus froides qu'elles s'éloignent plus du Soleil. Comme la prédominance de l'humidité produit le sexe féminin, les planètes supérieures seront masculines, les inférieures féminines, sauf Mercure qui est hermaphrodite (1).

A la vérité, les trois éléments constituants de la mythologie planétaire ne s'accordaient pas entre eux. Selon la dernière théorie, Saturne eût dû, en bonne logique, être tout ensemble très froid et très sec, puisque, des trois planètes supérieures, c'était lui qui s'éloignait le plus du Soleil et qu'il était aussi, dans toute la série planétaire, le plus distant de la région humide d'en deçà la Lune. Or Saturne est froid sans doute. Mais, comme d'antiques associations attachent à Kronos l'idée de semence, Saturne reste une planète humide (2). Dans le Zodiaque, il a pour domiciles le Capricorne et le Verseau, signes froids et humides. Il est le patron des jardiniers et des porteurs d'eau de toute espèce. Quand il traverse ses domiciles, il fait naître des pluies dans l'atmosphère et, dans le corps humain, des mouvements d'humeurs froides, flux intestinaux, pituites, etc. La Lune, en le quittant, produit des rhumatismes et des hydropisies. Ce n'est ici qu'un exemple entre mille des inconséquences où l'amalgame d'imaginations toutes primitives, de traditions diverses, de théories souvent inconciliables avec ces données et qui souvent même s'opposaient l'une à l'autre (3) a conduit l'astrologie.

---

(1) Sur le caractère des planètes d'après leur éloignement du Soleil et leur position dans le Tout, cf. Boll-Bezold-Gundel, Sternglaube[4], pp. 48-50 et 127-139; Gundel, Sterne u. Sternbilder, ch. 6. « Natürlich-physikalische Erklärung der Sterne u. Sternbilder », en particulier, pp. 131-135.
(2) Astr. Gr., pp. 95-96.
(3) Comme l'expérience prouvait que les théories étaient fausses, on a été conduit

Quant aux humeurs passagères des planètes, elles dépendent de leur rencontre soit avec d'autres planètes, soit avec les signes du zodiaque, soit avec les décans. Nous reviendrons bientôt sur ce dernier aspect du problème, qui ressortit à l'astrologie savante.

Que si maintenant l'on passe des planètes aux signes du zodiaque, l'on entre dans un domaine où l'imagination s'est donné libre cours sans qu'aucun obstacle en limitât les fantaisies. Le zodiaque est la zone céleste où paraissent se mouvoir les planètes dans leur course. Dès le XIVe siècle avant notre ère, les prêtres de Babylone avaient divisé cette zone en un certain nombre de sections que l'on fit coïncider, avant même la période alexandrine, avec les douze portions égales de trente degrés réparties sur le cercle de l'écliptique, route du Soleil. Ces douze cases étaient illustrées par des constellations réelles auxquelles on appliqua des figures imaginaires qui furent les signes du zodiaque. Et ces signes enfin étant tenus, comme les planètes, pour des réalités concrètes, vivantes, agissantes, on les doua d'un caractère et d'énergies propres (1). Veut-on savoir, par exemple, quel est le caractère du Bélier, qui marche en tête de la ménagerie céleste? Rien de plus aisé (2). Le bélier est un animal timide et sot avec de brusques détentes de colère : c'est donc ainsi qu'on se représentera les individus nés sous ce signe. Une autre association d'idées conduit du bélier à la laine : les sujets du Bélier travailleront donc la laine et feront fortune dans l'industrie du vêtement. Enfin les béliers sont fréquemment tondus : les marchands de laine auront donc de soudains revers de fortune; néanmoins, comme le Bélier est un signe à ascension rapide, ces malheureux ne perdront pas courage, soutenus par l'espoir d'un prompt rétablissement.

3) L'astrologie étant l'art de tirer des présages d'après l'influence supposée des astres, la doctrine de l'unité du Kosmos et de la sympathie fondait en raison cette influence cependant que la mythologie céleste en déterminait à grands traits le caractère. Mais il va de soi que ces deux éléments ne suffisaient pas. Quelque prédiction qu'on voulût faire, qu'il s'agît de l'initiative d'une entreprise ou du cours d'une vie, on devait considérer

---

à en inventer toujours de nouvelles. De là l'extrême complication des doctrines et des méthodes.

(1) *Astr Gr.*, pp. 124 ss.: CUMONT, art. *Zodiacus* dans Daremberg-Saglio. BOLL-BEZOLD-GUNDEL. *Sternglaube*[4], pp. 54 et 133-135; GUNDEL, *Sterne u. Sternbilder*, pp. 130-131.

(2) *Astr. Gr.*, p. 132.

l'heure à laquelle commencerait cette entreprise ou cette vie. Il fallait, en d'autres termes, tirer « l'horoscope ». Or cet horoscope dépendait de l'état du ciel à cette heure-là, c'est-à-dire de la manière dont les planètes seraient situées l'une à l'égard de l'autre et toutes à l'égard des signes zodiacaux ou même des degrés de ces signes. Mais comment percevoir le sens, favorable ou défavorable, de ces positions? A quel critère s'appuyer? De quelles règles se servir? C'est ici qu'intervenaient les méthodes scientifiques, qu'on empruntait, en l'espèce, aux sciences mathématiques, à la géométrie et à l'arithmétique. Voici donc la troisième composante de l'astrologie, celle qui a fait considérer cet art divinatoire comme une science, celle aussi, n'en doutons pas, où l'esprit logicien des Grecs a joué le plus grand rôle.

Je n'ai ni l'intention ni la compétence de traiter de toutes les combinaisons géométriques élaborées par les astrologues pour établir les rapports entre signe et signe, planète et signe ou degré d'un signe, planète et planète, planète et « lieu », planète et « sort » astrologique. Prenant l'exemple le plus simple, celui des rapports entre signes, je voudrais montrer seulement comment la logique grecque a pénétré dans ce domaine comme en tant d'autres, mais cette fois en pure perte.

« Dans l'astrologie classique, les actions et réactions que les signes exercent les uns sur les autres sont régies exclusivement par la géométrie » (1). A la vérité ces combinaisons géométriques n'étaient pas purement idéales : elles recouvraient des affinités électives correspondant à la nature même des images, humaines ou animales, qu'on plaçait au ciel. Néanmoins, c'est en termes de géométrie que l'on exprimait ces rapports.

Ces combinaisons géométriques étaient de deux sortes : les signes du zodiaque étaient reliés entre eux soit par des lignes parallèles, soit par des polygones réguliers inscrits dans le cercle zodiacal.

Les associations par lignes parallèles étaient toujours des couples de signes « ayant même latitude ou zone, autrement dit, situés sur des lignes parallèles à l'équateur (axe des équinoxes) » (2). Comme les signes accouplés étaient des êtres vivants, on disait qu'ils se regardaient ($\beta\lambda\acute{\epsilon}\pi o \nu \tau \alpha$). Comme ces signes avaient un sexe — lequel d'ailleurs ne s'accordait pas nécessairement avec

---

(1) *Astr. Gr.*, p. 158. Voir au surplus tout ce chap. v, pp. 158 ss.
(2) *Astr. Gr.*, p. 159.

leur être supposé d'homme ou d'animal, mais avec leur position, les sexes alternant de signe en signe —, les signes accouplés étaient toujours de même sexe. Cette ordonnance ne laissait en dehors que les deux signes tropiques (sur la ligne des solstices), le Cancer et le Capricorne, lesquels étaient ἄζυγα ou ἄβλεπτα, « non couplés » ou « aveugles ».

Je néglige ici les changements apportés à ce type par différents systèmes ultérieurs, notamment celui des *antiscia* (1), pour en venir sans plus tarder aux associations polygonales ou « aspects ». « Ces associations ou configurations (σχήματα — σχηματισμοί — συσχηματισμοί — *configurationes* — *adspectus*) sont les instruments par excellence de l'astrologie savante » (2), de celle à qui les calculs de tout genre dont elle est farcie ont valu le nom de *mathématique*. Au vrai, là non plus, la géométrie n'a pas toujours réussi à supplanter la psychologie : on parle encore d'ὄψεις, de « regards », les signes « se voient » ou « se rendent témoignage », ils continuent d'être des personnes vivantes qui font entre elles une société pareille à celle des hommes.

Le nombre des « aspects » fut d'abord de trois, puis de quatre : diamètre, trigone, tétragone ou aspect quadrat, hexagone ou aspect sextil. Les signes contigus — que ne relie aucune de ces lignes — ou ceux qui sont séparés par cinq (ou sept) signes sont « inconjoints », ἀσύνδετα.

Des signes en aspect diamétral, l'un se lève quand l'autre se couche : ils ont donc des mœurs incompatibles. Mais ce sont des signes de même sexe, ce qui crée une affinité de nature : on les considérait comme plutôt favorables.

Les signes en aspect trigone étaient essentiellement bienfaisants : d'abord ils sont de même sexe, et le nombre trois est, par excellence, sacré.

Les signes en aspect quadrat sont antipathiques et défavorables. En effet chaque côté du carré joint des signes de sexe différent et les signes du même sexe sont en opposition diamétrale.

L'aspect sextil réunit des signes de même sexe : il a donc les mêmes propriétés que l'aspect trigone mais à un moindre degré, car l'association devient plus lâche à mesure que les participants sont plus nombreux.

Ce mélange de calcul et de superstition n'était pas destiné

---

(1) *Astr. Gr.*, p. 161.
(2) *Astr. Gr.*, p. 165. Voir tout ce paragraphe.

à servir à une fin désintéressée. Il ne s'agissait nullement, dans l'astrologie, de savoir pour savoir. On ne visait qu'un but pratique : pronostiquer l'avenir par l'observation des astres. C'était là tout l'objet de l' « apotélesmatique », et le mot même exprimait ce caractère. Car l'ἀποτελεσματικὴ τέχνη, c'est l'art de *produire* un accomplissement matériel (ἀποτέλεσμα), par opposition à la τέχνη θεωρητική, qui se propose la connaissance pure, et à la τέχνη πρακτική, qui se propose une action.

L'apotélesmatique elle-même se divisait en trois branches. On s'efforçait de prévoir soit « des événements intéressant des êtres collectifs » — apotélesmatique universelle ou « catholique » (καθολική) — soit « les incidents et virtualités de la vie individuelle » (1). Cette deuxième branche à son tour se donnait deux tâches : ou bien l'on déterminait toute la vie d'un individu d'après la position des astres à l'heure exacte de sa naissance et de sa conception (généthlialogie), ou bien l'on prononçait si tel moment était ou non favorable pour telle entreprise (« Initiatives », καταρχαί). Ces trois branches de l'astrologie ont peut-être dérivé l'une de l'autre. Retraçant la genèse de l'astrologie, Bouché-Leclercq constate (2) qu'on n'a trouvé dans les anciens documents chaldéens que « des pronostics visant à bref délai les pays, les peuples, les souverains... Partant de cette donnée et considérant que la destinée des individus dépend dans une certaine mesure des influences exercées sur leur pays ou leur nation », les astrologues grecs ont dû commencer « par répondre à des clients qui leur demandaient si le moment était ou non favorable pour telle entreprise » : c'est la méthode des « Initiatives » ou καταρχαί. Mais le fait de naître est « un acte dont l'opportunité dépend aussi de l'état du ciel »; d'autre part, « cet acte initial étant la condition préalable de tous les autres et les déterminant d'avance, dans la mesure où le sexe, la vigueur ou la faiblesse natives, la condition sociale ou la fortune des parents décident de l'avenir, les astrologues furent amenés à concentrer leur attention sur le moment de la naissance et à faire aussi converger sur ce moment toutes les influences susceptibles d'être calculées » : c'est la méthode de la généthlialogie. Quelle qu'ait été cette évolution, nous rencontrons, à l'époque ptolémaïque, des exemples de ces trois branches de l'astrologie, auxquelles il faut ajouter l'iatromathématique et la botanique astrologique.

(1) *Astr. Gr.*, p. 328.
(2) *Astr. Gr.*, p. 83.

§ 2. *Les témoignages sur l'hermétisme astrologique.*

Il est possible que, venue de la Chaldée (1), l'astrologie ait pénétré en Égypte dès le temps où ce pays fut sous la domination perse. Et il se peut encore, il est même probable que c'est à l'intérieur des temples que cet art divinatoire chaldéen fut d'abord pratiqué en Égypte. Aussi bien, selon Hérodote (2), les prêtres égyptiens s'entendaient-ils à prédire la destinée des individus d'après leur jour de naissance. Le système, plus ou moins aberrant dans l'astrologie classique (3), des Trente-Six Horoscopes ou Décans est sûrement égyptien, l'année égyptienne étant divisée en trente-six décades auxquelles présidaient justement, comme « maîtres du temps » (χρονοκράτορες), ces trente-six décans. C'est aussi de la tradition égyptienne que se réclamait (4) la méthode des καταρχαί « qui repose sur le système des « chronocratories », c'est-à-dire sur la croyance à la domination, à l'influence prépondérante d'un astre actuellement maître du temps » (5). On doit donc se poser la question : dans cette diffusion de l'astrologie en Égypte, quel a été le rôle du Trismégiste ? Ou, pour mieux dire, puisque Hermès-Thoth était regardé comme l'inventeur de l'écriture et qu'il avait écrit les premiers livres, que contenaient les livres d'astrologie attribués à Hermès et à quelle date remontent ces ouvrages ?

Sur la date, à vrai dire, les témoignages de l'antiquité ne sont pas très explicites : il fallait s'y attendre. Cependant, d'une façon générale, Hermès est tenu pour l'un des anciens auteurs, l'un des παλαιοί ou ἀρχαῖοι. Souvent il est mis sur le même rang que le prêtre Pétosiris et le roi Néchepso, auteurs non moins fabuleux d'une compilation astrologique du IIe siècle avant notre ère (6). Dans la dédicace du Ve livre des *Apotélesmatika* attribués à Manéthon, Hermès, inventeur de l'astrologie, est dit n'avoir pour égal que le seul Pétosiris (7). En un lieu de sa *Mathésis,* Firmicus Maternus (IVe s. ap. J.-C.) déclare qu'il a transcrit « tout ce que Hermès et

---

(1) Ce point est sûr. C'est aussi de Babylone (par Bérose et le pseudo-Zoroastre) que l'astrologie est venue directement aux Grecs, une autre voie, indirecte, passant par l'Égypte (Pétosiris, Hermès).
(2) Hérod., II, 82 : τῇ ἕκαστος ἡμέρῃ γενόμενος ὁτέοισι ἐγκυρήσει καὶ ὅκως τελευτήσει· καὶ ὁκοῖός τις ἔσται.
(3) Ptolémée n'en fait pas mention.
(4) « Avec raison, sans doute », dit Bouché-Leclercq, *Astr. Gr.*, p. 462.
(5) *Astr. Gr.*, p. 462.
(6) Cf. *supra*, p. 77, n. 1.
(7) Ps. Man., V (VI), v. 10. Cf. *supra*, p. 76.

Anubis(?) ont révélé à Asklépios, tout ce que Pétosiris et Néchepso ont exposé en détail, tout ce qu'ont produit Abraham, Orphée et Critodème ainsi que les autres hommes savants en astrologie » (1). C'est une tradition constante : l'auteur d'un épitomé de livres astrologiques, qui écrit après le vi[e] siècle, dit encore que Ptolémée est supérieur à tous ses devanciers, c'est-à-dire Néchepso, Pétosiris, Hermès et tous leurs pareils (2).

Mais souvent aussi on va plus loin : on tient Hermès pour le choryphée, dont les autres n'ont fait que suivre la doctrine. On a vu plus haut (3) les témoignages de Jamblique et d'Héphestion de Thèbes, qui, réunis, attestent la dépendance de Néchepso-Pétosiris à l'égard des *Salmeschoiniaka* et de celles-ci à l'égard d'Hermès. A propos du « thème du monde » (4), Firmicus Maternus fait connaître une double tradition du même type : « Voici quel est le thème du monde selon Pétosiris et Néchepso qui ont suivi Asklépios et Anubis auxquels la toute-puissante divinité d'Hermès a révélé les secrets de cette science » (5). De même, c'est encore une transmission à deux degrés, Hermès venant en tête, que signale le papyrus Salt, en l'an 138 de notre ère (6). Ce court fragment sur les planètes, après le titre « Sept dieux » ou « Les sept dieux », débute ainsi : « Ayant enquêté dans beaucoup de livres d'après la tradition qui nous est venue des anciens sages, je veux dire les livres des Chaldéens et Pétosiris, mais surtout le roi Nécheus (Néchepso), selon qu'ils ont fondé ensemble leur doctrine en l'empruntant à notre seigneur Hermès et à Asklépios, qui est Imouthès, fils d'Héphaistos (Ptah), etc. ». Pour d'autres, Hermès est simplement le premier, sans qu'on précise la filiation des systèmes. Manilius, après s'être demandé (I, 25-26) : « Quel mortel pénétra le premier les mystères du ciel, par la faveur des dieux? », invoque Hermès comme le *princeps* et l'*auctor* d'une si sainte initiation : *Tu princeps auctorque sacri, Cyllenie, tanti* (I, 30). On lit dans un auteur anonyme qui écrit en 379 de notre ère : « Nos ancêtres égyptiens

---

(1) *Math.*, IV, praef., § 5. Anubis (*Hanubius*) est une correction de Teuffel (*Mercurius et Hanubius* pour *Mercurius* EINHNUSUIX). Kroll-Skutsch n'ont pas osé introduire de correction dans le texte, Reitzenstein (*Poimandres*, pp. 125-126) a proposé *et Chnubis*, Serruys (*Rev. Philol.*, XXXII, 1908, pp. 147-148) *et Hermanubius*.
(2) *CCAG.*, VIII, 3, p. 93. 8-9.
(3) *Supra*, p. 77.
(4) Sur quoi, cf. *Astr. Gr.*, pp. 185 ss.
(5) *Math.*, III, præf. Plus loin, Firmicus cite même le titre de l'ouvrage d'Asklépios, *Moirogénésis*.
(6) Cf. *CCAG.*, VIII, 4, p. 95.

ont fait mention de ces choses et ont écrit sur elles : le premier d'entre eux fut Hermès, et il a traité dans ses *Apotélesmata Kosmika* du lever héliaque (ἐπιτολή) du Chien » (1). Julien de Laodicée (v⁰ siècle) attribue à Hermès une doctrine des signes zodiacaux et des décans que les écrivains postérieurs ont utilisée (2).

Quand à savoir d'où Hermès lui-même tenait sa science, la tradition répond que c'est de Dieu. Le pseudo-Manéthon dit seulement qu'il a été favorisé d'une providence particulière des astres célestes (3). Plus tard, on parle plus ouvertement de révélation divine, comme il est arrivé pour Pétosiris-Néchepso (4). Nous lisons dans un écrit anonyme sur la pivoine (*paeonia*) dérivé d'un traité hermétique de botanique astrologique (5) : « C'est Dieu qui a fait connaître à Hermès Trismégiste cette plante sacrée qui guérit les maux et qui est utile à la vie des mortels, ainsi qu'on le trouve marqué dans les livres sacrés des Égyptiens ». De même, dans la traduction grecque d'extraits d'Apomasar (6), on rencontre cette curieuse déclaration tirée des *Mystères* d'Apomasar lui-même (7) : « Nous lisons dans le traité d'Hermès Trismégiste (8) : « J'ai parlé à Zeus et Zeus m'a parlé ». Que faut-il penser de ces paroles? C'est que Hermès a écrit ces choses afin que, par raison de commodité, il instruisît et guidât ses disciples au moyen d'exemples pour qu'ils connussent la nature de Zeus ».

Les enseignements d'Hermès le plus souvent cités par les astrologues de l'époque impériale concernent les signes zodiacaux et les décans, le système des « lieux » ou des « sorts », ainsi que la médecine astrologique (iatromathématique). C'est à propos du « thème du

---

(1) *CCAG.*, V, 1, p. 204. 17. (Cf. *supra*, p. 95, n. 2). Ce morceau hermétique sur le lever de Sirius a été utilisé par Antiochus d'Athènes (*CCAG.*, IV, p. 154 : voir aussi, p. 124) qui écrit dans la première moitié du I⁰ʳ s. av. J.-C., cf. F. CUMONT dans *Mélanges Bidez* (Bruxelles, 1933), pp. 135 ss.

(2) *CCAG.*, V, 1, p. 188. 23.

(3) Ps. MAN., V (VI) v. 4 Koechly : οὐρανίων τ' ἄστρων ἰδίαις ἐχάραξε προνοίαις.

(4) Cf. fragm. 1 Riess. Sur la révélation directe (soit de l'astrologie en général soit de quelque prophétie particulière) par un astre ou un dieu ou démon de l'astre, cf. BOLL-BEZOLD-GUNDEL, *Sternglaube*⁴, pp. 96-99. La croyance que les premiers sages et observateurs des astres n'ont pu tenir leur science que des dieux trouve place en des esprits aussi sérieux que VITRUVE, IX, 6, 3 : *quorum* (les sages d'autrefois) *scientiae sunt hominibus suspiciendae, quod tanta cura fuerunt, ut etiam videantur divina mente tempestatum significatus post futuros ante pronuntiare.*

(5) *CCAG.*, VIII, 1, pp. 187 ss. : notre texte est p. 190. 31. Cf. *infra*, pp. 155 ss.

(6) Célèbre astrologue arabe du IX⁰ siècle, cf. *CCAG.*, V, 1, pp. 142-144.

(7) *Ibid.*, p. 149. 27.

(8) Sans doute le livre τῶν μυστηρίων d'Hermès, signalé dans le catalogue d'Apomasar, *CCAG.*, I, p. 84. 14.

monde », c'est-à-dire des domiciles assignés aux planètes dans les signes zodiacaux à la naissance du monde, que Firmicus Maternus (1) parle de la révélation hermétique transmise à Néchepso-Pétosiris par Asklépios et Anubis. L'anonyme de 379 connaît un livre d'Hermès où les décans apparaissent en relation avec les maladies : « Quand Saturne et Mars sont en aspect par la droite (ἐπιθεωρήσῃ) avec la Lune et le Soleil se trouvant en ces lieux..., ceux qui naissent alors sont inévitablement malades des yeux, si ni Jupiter ni Vénus ne sont en aspect par la droite avec les astres responsables ou les lieux et les décans, tels que nous les avons rangés sur notre tableau selon ce que contient le livre d'Hermès dans lequel il s'est longuement étendu sur l'iatromathématique » (2). Au témoignage de Julien de Laodicée, « Hermès Trismégiste et ceux qui l'ont utilisé nous ont instruits sur les signes du zodiaque, sur la nature et l'énergie de chacun d'eux; en outre, si l'on veut s'enquérir de la figure des décans, on ne commettra pas d'erreur en se renseignant chez le même auteur » (3). Paul d'Alexandrie (sous Gratien et Théodose) énumère, d'après le livre hermétique dit *Panarétos* (« Le Tout Excellent »), les sept « sorts » correspondant aux sept planètes (4), et, dans son commentaire sur Paul d'Alexandrie, Héliodore (vers 500 ap. J.-C.) écrit : « Il faut savoir qu'Hermès Trismégiste a traité de ces sorts dans le livre appelé *Panarétos*, où il révèle aussi les influences (ἀποτελέσματα) de ces sorts, grâce auxquels on peut, sans autre secours, prévoir l'avenir pour toute affaire sans qu'il y ait besoin d'aucune autre recherche : cet homme divin (Hermès) a donc enseigné qu'il y a sept sorts selon le nombre des sept planètes et il a nommé, etc. » (5). Dans un fragment anonyme sur les κλῆροι, Hermès est donné comme l'inventeur de cette doctrine (6). De même aussi l'épitomé parisien mentionne un opuscule hermétique sur les dodécatémories (7). Enfin le Moyen Age a rapporté à Hermès un grand nombre d'écrits relatifs à l'astrologie et aux sciences occultes (8). Plus ou moins

---

(1) *Math.*, III, *præf.*
(2) *CCAG.*, V, 1, p. 209. 2. Le tableau signalé manque dans le manuscrit.
(3) *CCAG.*, V, 1, p. 188. 23.
(4) Paul. Alex., Εἰσαγωγὴ εἰς τὴν ἀποτελεσματικήν, éd. Schato (Wittemberg, 1586), K 2-4 : cf. *Astr. Gr.*, p. 207, n. 1; *CCAG.*, V, 1, p. 75.
(5) *CCAG.*, IV, p. 81. 1 ss. Cf. V, 3, p. 63.
(6) *CCAG.*, VIII, 3, p. 190. 20 : ἐφεῦρε δὲ τοῦτο ὁ Ἑρμῆς.
(7) *CCAG.*, VIII, 3, p. 101. 16 ss. Cf. VIII, 4, pp. 126 ss.
(8) Malgré les précieuses indications de Thorndike, *Hist. of Magic* (1929), II, pp. 220 ss., le champ semble à peine exploré, et l'on doit s'attendre encore à bien des

dérivés des Arabes et sans doute, pour une grande part, apocryphes, ces écrits devraient être examinés en détail, et ce n'est qu'après cet examen qu'on pourrait dire s'ils sont d'origine grecque ou contiennent, du moins, quelque substance traditionnelle. Cette tâche pleine d'intérêt déborde évidemment le plan de cet ouvrage. Bornons-nous au seul exemple d'Albert le Grand, qui cite encore, en son *Speculum Astronomicum* (1), un certain nombre de livres astrologiques d'Hermès : un *Liber imaginum* ou *praestigiorum* (2), un livre *de quibusdam medicinis in coniunctionibus planetarum* (3), un autre *de quatuor confectionibus* sur la capture des animaux silvestres, des loups et des oiseaux (4), enfin le livre d'Hermès à Aristote (5).

§ 3. *Les écrits hermétiques d'astrologie.*

Les manuscrits astrologiques grecs et latins nous permettent de compléter ces indications, somme toute assez maigres, des anciens

---

découvertes. Beaucoup de livres astrologiques ont été attribués à Hermès par les Arabes — cf. M. STEINSCHNEIDER, *Die arabischen Uebersetzungen aus dem Griechischen*, Leipzig, 1897, §§ 108-109 (HERMES, *Quellen u. Schriften*), voir aussi §§ 68-69 (ps. aristotelica parfois attribués à Hermès); E. BLOCHET, *Études sur le Gnosticisme musulman* dans *Rivista degli Studi Orientali*, IV (1911-1912 : inventaire de la littérature hermétique arabe, pp. 69 ss. du tiré à part, Rome, 1913) et VI (1914-1915); GUNDEL, *Jahresbericht*, p. 125 — mais probablement sans raison. Ainsi le *liber de revolutionibus nativitatum* publié sous le nom d'Hermès en 1559 est en réalité d'Apomasar, cf. *CCAG.*, V, 4, p. 177. Il est prudent de tenir pour suspectes les indications transmises par Mashalla (VIIIe s.) sur les 24 livres hermétiques d'astrologie parvenus jusqu'à lui (*CCAG.*, I, p. 82. 8, cf. *infra*, p. 161, n. 2). Ainsi V. STEGEMANN fait-il remarquer (*Beiträge zur Geschichte der Astrologie*, I : *Der griechische Astrologe Dorotheos von Sidon und der arabische Astrologe Abu'l- Hasan 'Ali ibn abi'r-Rigal, genannt Albohazen* [= *Quellen. u. Studien zur Geschichte u. Kultur des Altertums u. des Mittelalters*, Reihe D, H. 2, Heidelberg, 1935], p. 5, n. 1) que le XIe livre de Dorothéos de Sidon auquel Mashalla se réfère (*CCAG.*, I, p. 154. 17) n'a, au vrai, jamais existé. « Pour cette partie de la science arabe (l'astrologie) », note Stegemann (*ib.*, p. 5), « on est fondé à soupçonner que les auteurs arabes, pour donner plus de poids à leur exposé, prenaient parfois l'habitude perfide de s'attribuer une vaste lecture et de citer comme autorités, dont ils eussent pratiqué les ouvrages, des savants connus et considérables de l'antiquité, en sorte que leurs citations peuvent être inauthentiques ». — Voir au surplus, pour l'hermétisme arabe, *infra*, Appendice III.

(1) *CCAG.*, V, 1, pp. 85 ss. Cf. THORNDIKE, II, p. 220.
(2) Évocation des démons des astres : *CCAG.*, V, 1, p. 98. 8 (Toz = Thoth?) et 10; pp. 100. 7, 100. 14-101. 15. Sur Toz au M. A., cf. THORNDIKE, *Hist. of Magic*, II[2] (1929), pp. 225-228 et CLERMONT-GANNEAU, *Recueil archéol. orientale*, VI, p. 356.
(3) *Ibid.*, p. 102. 10.
(4) *Ibid.*, p. 102. 10-11.
(5) *Ibid.*, p. 102. 13.

auteurs. On y trouve, attribués à Hermès Trismégiste, outre quelques fragments insignifiants encore inédits, un *Liber Hermetis* latin qui est une sorte de compendium (en trente-sept chapitres) de morceaux empruntés à un traité hermétique plus complet de l'époque ptolémaïque, et divers opuscules grecs ressortissant à l'apotélesmatique universelle, aux initiatives, à la doctrine des lieux, à l'iatromathématique et à la botanique astrologique. Je donnerai ici une analyse rapide de ces écrits, en commençant par la branche principale de l'astrologie — prévision de l'avenir — et ne traitant qu'ensuite de cette branche secondaire qu'est la médecine astrologique. Enfin, dans la première section, je ferai passer d'abord les opuscules grecs, dont l'objet, plus limité, prépare à l'intelligence de ce vaste florilège qu'est le *Liber Hermetis* (1).

(1) L'inventaire jusqu'à ce jour le plus complet qui ait été donné de l'hermétisme grec non philosophique se trouve dans l'admirable recueil de H. DIELS, *Die Handschriften der antiken Ärzte, Griechische Abteilung* (*Abh. Pr. Ak.*, 1905/6), II. Teil (1906), pp. 43-48. Cet inventaire comprend 28 numéros; il faut en réalité n'en compter que 26, car Diels a mis au nombre de ces écrits l'*Asclépius*, purement philosophique, et la traduction par Marsile Ficin du *Corpus Hermeticum* (I-XIV, sous le titre *Liber de potestate et sapientia Dei*). Je crois utile de reproduire ici les titres d'ouvrages de la liste de Diels, avec l'indication de l'éditeur dans le cas d'ouvrages édités, et, s'il y a lieu, la référence au présent livre quand j'ai analysé l'écrit hermétique. J'ajouterai enfin un certain nombre d'*astrologica* hermétiques encore inédits.

1) Ἑρμοῦ τρισμ. ἅπαντα (*Opera varia*) : inédit.

2) Ὄργανον (*Organum*) : BERTHELOT-RUELLE, *Alch. Gr.*, p. 23. 8-17 = ici, p. 125 et n. 4.

3) Κανόνιον (*Canon*) : *CCAG.*, I, p. 128. 3-12 = ici, p. 125 et n. 3 (c'est une variante du précédent).

4) Μέθοδος εἰς πᾶσαν καταρχὴν ἐπιτήδειος (*Methodus ad omne inceptum idonea*) : *CCAG.*, VIII, 1, p. 172-177 = ici, p. 111.

5) Κυρανίδες (*Kyranides*) : MÉLY-RUELLE, *Lapid. de l'antiquité*, II, pp. 3-124 = ici ch. VI.

6) Ἰατρομαθηματικὰ πρὸς Ἄμμωνα Αἰγύπτιον (*Iatromathematica ad Ammonium* [sic Diels, sans doute d'après la trad. lat. du cod. romain *Angelic.* 315] *Ægyptium*) : IDELER, *Phys. et Med.*, I, pp. 387-396 = ici pp. 130 ss. et n. 2.

7) περὶ κατακλίσεως νοσούντων (*Canon de decubitu infirmorum*) : IDELER, I, pp. 430-440 = ici p. 130 et n. 3

8) περὶ βοτανῶν χυλώσεως (*de succis plantarum*) : diverses recensions éditées dans le *CCAG.*, cf. ici pp. 143-146.

9) πρὸς τὸν Ἀσκληπιὸν λόγος καθολικός : inédit (un seul cod. grec, Athènes 1180, non signalé dans le *CCAG.*, X. Diels indique certains MSS. pour la trad. lat., dont Troyes 1948 avec le titre *Helera ad Asclepium allocuta* : or *Helera* ou *Dehlera* est une corruption médiévale pour *de hiera*, et le titre *Helera... allocuta* est le sous-titre de l'*Asclépius* en quelques MSS. Les traductions indiquées ne seraient-elles donc pas l'*Asclépius*? D'autre part on ne possède plus l'original grec de l'*Asclépius*, et un λόγος καθολικός à Asclépios n'est pas autrement connu).

10) [περὶ ζώων δυνάμεων καὶ τῶν ἐξ αὐτῶν φαρμάκων πρὸς Ἀσκληπιόν] (*Ad Asclepium de animalium proprietatibus et remediis quae ex illis peti possunt, cum figuris*) :

MÉLY-RUELLE, II, pp. 275 ss. (c'est l'une des recensions des *Kyranides*, cf. *CCAG.* VIII, 3, p. 72 et ici *infra*, ch. VI, p. 210, n. 6).

11) περὶ δεκανῶν πρὸς Ασκληπιόν (*de decanis ad Asclepium*) : RUELLE, *Rev. de Philol.*, XXXII (1908), pp. 147 ss. = ici pp. 139-143.

12) περὶ βοτανῶν τῶν ιβ′ ζωδίων πρὸς 'Ασκληπιόν (*Ad Asclepium de plantis XII zodiaci signorum*) : *CCAG.*, VIII, 3, pp. 139 ss. = ici, p. 145.

13) περὶ τῆς τῶν ιβ′ τόπων ὀνομασίης καὶ δυνάμεως (*de XII locorum nomenclatura et facultate*) : *CCAG.*, VIII, 4, pp. 127-174 = ici, p. 111.

14) περὶ βοτανῶν τῶν ζ′ ἀστέρων πρὸς 'Ασκληπιόν (*Ad Asclepium de plantis VII planetarum*) : *CCAG.*, VIII, 3, pp. 153.1-159.18 = ici, pp. 150-152.

15) περὶ σταθμῶν (*de ponderibus*) : inédit?

16) *Prologus librorum Hermetis philosophi, regis Ægypti, super opere philosophico* (Inc. Hermes philosophus de sapientia quam videlicet omnibus) : Cambrai 919 818), f. 32.

17) *Allegoriae* : Montpellier (Ec. de Méd.), 485, n° 2.

18) *Centiloquium* : cf. THORNDIKE, *Hist. of Magic*, II, p. 221.

19) *Liber trium verborum* : Rome, *Palat.* 1329, f. 1; Wolfenbüttel 3170, f. 11v-13 v.

20) *Liber secundum Hermetem de quattuor confectionibus ad omnia genera animalium capienda* : Montpellier (Ec. de Méd.) 277, n° 12; cf. *CCAG.*, V, 1, p. 102. 10-11 et ici, ch. V, p. 106.

21) *De lunae mansionibus* : cf. THORNDIKE, *l. c.*, II, pp. 223-224.

22) *De XV stellis, XV herbis, XV lapidibus et XV figuris appropriatis* : L. DELATTE, *Textes latins... relatifs aux Cyranides*, Liége-Paris, 1942, pp. 237 ss. = ici pp. 160 ss.

23) *Chemia* : Rome, *Palat.* 1328, f. 1 (Inc. Philosophus dicit), 1330, f. 95 (Inc. In nomine sanctae). Les traités alchimiques latins attribués à Hermès sont très nombreux, et il est impossible de préciser la nature de celui-ci tant que n'aura pas été achevé le catalogue entrepris par l'Union Académique Internationale.

24) *Expositiones rerum memorabilium et extractiones corporum mineralium* : Rome, *Palat.* 1329, f. 5 (Inc. Hic incipiunt expositiones).

Les n°ˢ 25 et 26 comportent un autre livre d'alchimie (*Secreta* : 6 MSS., au moins dont Oxford *Canon. misc.* 316, f. 1 [Doctrina sive ars Hermetis sapientissimi... de transmutatione metall.], *Corp. Christi* 125, f. 39, *All Souls* 81, f. 18 v-52 v [Inscr. H. regis Graecorum secreta secundum transmutationis naturam]) et des *Excerpta varia* soit en grec, soit en latin. Dans le nombre, notons des antidotes découverts dans les *adyta* d'Hermès (ἐκ τῶν ἀδύτων τοῦ Ἑρμοῦ εἰς Μεμφίην [sic!] : un autre antidote vient ἐκ τῶν Ἡφαίστου ἀδύτων ἐν Μεμφίδι) et, en latin, un *tractatus ex libro Gallieni Alpachimi et sententiis Hermetis collectus* (Iéna, *bibl. acad.*, 116, n° 4) qui doit être le même opuscule alchimique que le *Liber Hermetis de alchimia* signalé *Cat. Man. Alch. Latins*, I (*Manuscrits... de Paris*), Bruxelles, 1939, p. 19, et édité par M. PLESSNER, *Neue Materialien zur Geschichte der Tabula Smaragdina* (*Der Islam*, XVI, 1927), pp. 109-111, car, dans le prologue de ce dernier écrit, l'auteur dit qu'il va exposer *solis aptationem ex libro Galieni Alfachim et que* (!) *ex sententiis ipsius Hermetis senserit* (cf. *infra*, ch. IX, p. 351, n. 4 de la p. 350 : ce manuscrit d'Iéna doit donc être ajouté aux quatre autres aujourd'hui connus : Paris, *B. N. lat.* 6514, ff. 39.-40 v.; Londres, *Harleian.* 3528, n° 6, *Arundel* 164, n° 15, *Sloane* 2327), ainsi qu'un opuscule intitulé *Experimenta in alchimiam* (Rome, *Palat.* 1330, f. 192) qui pourrait être le même que l'ouvrage signalé par Thorndike, *l. c.*, II, p. 228.

On pense bien que cette liste, aujourd'hui, pourrait s'allonger presque indéfiniment quant aux textes hermétiques latins. Il n'est même pas possible de l'établir encore en son entier : nous manquons d'un Catalogue des manuscrits astrologiques latins et le *Catalogue des manuscrits alchimiques latins* de Bruxelles n'en est qu'à ses débuts cf. *infra*, ch. VII, p. 217, n. 5). Je me borne donc ici à ajouter quelques *astrologou-*

I. Opuscules grecs.

A. *Apotélesmatique universelle.*

Deux opuscules grecs :

1) Un « Βροντολόγιον (*tonitruale*) d'Hermès Trismégiste » (1) ou suite de présages mensuels sur la signification du tonnerre en chaque mois de l'année. En tête des paragraphes les noms des mois sont romains (janvier, février, etc.), mais c'est là le fait de l'excerpteur tardif qui a tiré ce morceau d'un ensemble plus complet : car, dans le texte même, les noms des mois sont égyptiens (v. gr. Phaménôth, Pharmouthi : VII, 229. 4); en outre les présages indiqués concernent surtout l'Orient, spécialement l'Égypte, et, quand il vise l'Europe occidentale, l'auteur dit « les pays de l'Ouest ». L'ancienneté de la date semble prouvée par le fait que l'opuscule a dû servir de source au Romain Fontéius (2), qui est antérieur à Varron (3). Voici un spécimen de cette littérature :

mena hermétiques du *CCAG* à ceux que Diels et Kroll (P. W., VIII, 797-799, n°ˢ 9-20) ont déjà reconnus : pour cet inventaire des textes grecs, voir déjà Blochet *Gnosticisme musulman*, Rome, 1913, pp. 74-75.

a) Sur la science des horoscopes : *CCAG.*, V, 1, p. 43, n° 2, fol. 174 (λέγει ὁ Ἑρμῆς ὅτι εἰς ὃ ζῴδιόν ἐστιν... τὸν ὡροσκόπον τῆς σπορᾶς) : inédit.

b) Sur la médecine astrologique décanique : *CCAG.*, I, p. 39, n° 10, fol. 350 v : Ἑρμοῦ τ. τρισμ. ἔκθεσις περὶ προφυλακῆς βίου καὶ κράσεως σώματος (τῶν ἐν τοῖς ζῳδίοις λζ' δεκανῶν... ἕξεις καλῶς) : inédit (?)

c) Sur une « entreprise » (καταρχή) de guerre : *CCAG.*, V, 1, p. 42, n° 2, fol. 167 : περὶ διαγνώσεως πολέμου ἐκ τοῦ λόγου τοῦ Ἑρμοῦ (ὁπόταν εἰς πόλεμον βούλῃ ἀπελθεῖν... ὁρῶν λέγε). Même texte VI, p. 39, n° 4, fol. 36 v et III, p. 9, n° 11, fol. 104 v. Inédit.

d) Sur l'issue de la rencontre avec de grands personnages : *CCAG.*, VI, p. 48, n° 8, fol. 213 v : Ἑρμοῦ τοῦ Τρισμεγίστου περὶ τοῦ συναντῆσαι βασιλεῖ ἢ σουλτάνῳ (le mot arabe σουλτάνος n'est pas antérieur à la fin du xᵉ siècle, ce qui donne un *terminus a quo* pour ce fragment peut-être traduit de l'arabe, cf. Blochet, *Gnost. mus.*, p. 165, fin de la note 4 de la p. 164). Même texte II, p. 18, n° 6, fol. 39 et VI, p. 21, n° 2, fol. 117 : Ἑρμοῦ τοῦ τρισμ. ἐπιλογὴ καθολικὴ τῶν καταρχῶν ἀπὸ τῆς Σελήνης οὔσης ἐν τοῖς ιβ' ζῳδίοις. Edité VI, p. 79 (d'après le *Vindobon.*) = ici, p. 111 et n. 5. Quant au petit poème εἰς τοὺς ἑπτὰ πλανήτας καὶ τὰς ἐν ἡμῖν δυνάμεις καὶ πάθη qui paraît, en deux MSS. de Milan (*CCAG.*, III, p. 5, n° 5, fol. 100; p. 17, n° 24, fol. 19 v), avant le περὶ σεισμῶν hermétique, ce n'est rien d'autre que le poème cité aussi par Stobée dans son Florilège (cf. Scott, *Hermetica*, I, p. 530, Exc. XXIX), recueilli dans l'*Anthologie Palatine* (III, 147), et traduit *supra*, p. 94.

Il existe sans doute encore d'autres petits fragments astrologiques inédits. Dans mon analyse des opuscules grecs d'astrologie hermétique (pp. 109-112), je ne tiens compte que des morceaux édités dans le *CCAG*.

(1) *CCAG*, IV, p. 41; VII, p. 59 : édité VII, pp. 226 ss. Cf. *Astr. Gr.*, pp. 363-364.

(2) Dont s'est inspiré Jean Lydus, *de ostentis*, p. 83 ss. Wachsmuth. Cf. *CCAG.*, VII, p. 226, n. 1 et *Astr. Gr.*, p. 363 et n. 3.

(3) A vrai dire, l'hypothèse que Fontéius ait au contraire servi de source à notre opuscule n'est pas exclue, mais reste très improbable, cf. *CCAG.*, VII, p 226, n. 1.

« *Au mois de Janvier*. S'il y a tonnerre ou éclairs le jour, que ce même pays (1) veille à ne pas être dévasté par un tyran ; la terre ne portera pas de fruits ; il n'y aura pas de crue du Nil par manque d'eau ; l'Égypte domptera ses propres maîtres ; alors les peuples de l'Occident vivront sans souci et dans le luxe ; et le roi de Perse sera libre de soucis. Si cela se produit la nuit, alors les peuples de l'Occident vivront sans souci et dans le luxe, mais il y aura des bouleversements ; quelques-uns des rois se feront la guerre ; parmi ceux de l'Ouest, certains hommes seront en honneur ; il y aura des guerres dans le pays (= en Égypte) ; beaucoup périront en mer ; la température sera bonne ».

2) Un poème sur les tremblements de terre (περὶ σεισμῶν) (2) que les manuscrits attribuent souvent aussi à Orphée (3). La date est incertaine, mais en tout cas antérieure à l'époque byzantine. Les présages sont ici classés selon la position du Soleil dans les signes zodiacaux, en commençant par le Bélier (mois d'avril). Voici la traduction des vers 1 à 10 :

« Apprends encore ce discours, mon enfant (4) : toutes les fois que l'Ébranleur aux cheveux sombres (Poséidon) secoue la terre, cela présage pour les mortels heureuse fortune ou malheur. Quand est venu l'équinoxe de printemps et qu'Hélios traverse le Bélier, si alors le dieu qui embrasse la terre l'agite violemment pendant la nuit, cela présage de grandes révoltes dans la cité (Alexandrie) (5). S'il l'agite pendant le jour, c'est l'annonce de tristesses et de malédictions, un fléau s'abattra sur les peuples étrangers, et il y aura, pour nous, afflictions et peines ».

Il subsiste, de ce poème, une paraphrase hermétique en prose (6), de date également incertaine, dont voici le début, correspondant aux vers 4-10 du περὶ σεισμῶν :

(1) ἡ αὐτὴ χώρα. Le morceau fait-il suite à d'autres pronostics où il était déjà question de l'Egypte ? Ou l'auteur veut-il dire « le pays où se produit ce phénomène » ?
(2) Sur les présages tirés de ces phénomènes, cf. *Astr. Gr.*, pp. 364-365.
(3) *CCAG.*, V, 1, p. 54 ; V, 3, p. 71 et *saepius*. Édité par KERN, *Orphicor. fragm.*, pp. 283-287.
(4) Sur cette forme d'adresse usuelle, τέχνον (ici le poétique τέχος), παῖ, etc., cf. DIETERICH, *Abraxas*, pp. 160 ss. ; NORDEN, *Agnostos Theos*[2], pp. 290 ss. ; BOLL, *Aus der Offenbarung Johannis* (*Stoicheia*, I, 1914), p. 139 et n. 1 ; REITZENSTEIN, *Hellenistische Mysterienreligionen*[3] (1927, pp. 40-41), et *infra*, pp. 332 ss., « La traditio de père en fils ».
(5) Je lis avec les manuscrits πόληος ἀπόστασις οὐκ ἀλαπαδνή (ἀλαπαδνῆς Kern) en raison du paraphraste αἱ γειτνιῶσαι πόλεις ταραχθήσονται μεγάλως, *CCAG.*, VII, p. 167.27.
(6) *CCAG.*, VII, p. 44 ; édité *ib.*, pp. 167-171 : sur ce morceau, cf. BEZOLD et BOLL, *Reflexe babylonischer Keilinschriften bei griechischen Schriftstellern* (*Abhandl. Akad. Heidelberg*), 1911, p. 12. En d'autres manuscrits, la même paraphrase commence par le mois de septembre (IV, p. 41 ; VII, pp. 59, 65) ou le mois de mars (V, 3, p. 5).

« *Avril.* Le Soleil étant dans le Bélier, si la terre tremble le jour, ceux qui approchent les rois se dresseront mutuellement des embûches; les villes voisines (1) seront secouées de grands troubles et connaîtront des actes de violence et des meurtres; un homme illustre périra et les gens de sa suite seront en péril; il y aura de grandes pluies; les fruits de la terre et les arbres prospéreront. Si la terre tremble la nuit, il y aura des querelles dans le peuple (2) et on se révoltera contre le tyran en place : car les soldats du tyran le quitteront, lui feront opposition et se rebelleront contre leur propre roi; il y aura troubles et révolutions dans le peuple, les tyrans de l'Occident périront; il y aura de grandes pluies; la semence multipliera. En Égypte il y aura famine et manque d'eau dans le Nil. »

B. *Initiatives.*

Un opuscule intitulé « Méthode secrète d'Hermès Trismégiste pour toute initiative » se lit dans quatre manuscrits, de Venise, de Florence, du Vatican et de Paris (3), la recension du *Paris.* (et *Venet.*) différant un peu de celle du *Florent.* Certainement antérieur à Constantin, l'ouvrage doit être beaucoup plus ancien, car il ne comporte aucun des vulgarismes du grec tardif. En voici le prologue :

« Avant tout, il faut que celui qui entreprend une recherche au sujet des initiatives détermine la position des centres (4) et des « époques » des planètes, s'il veut réussir et ne commettre d'erreur en aucune initiative, quelle qu'elle soit. Par exemple si l'on te demande, au sujet d'une conception, si ce qui naîtra sera d'espèce humaine ou animale, mâle ou femelle, bipède, quadrupède ou ailé, s'il doit vivre ou périr, si, une fois né, il sera nourri ou ne le sera pas, et ainsi pour toute autre initiative, voici quelle est la méthode à suivre... ».

Il existe en outre un « Choix universel des initiatives » (5) et un court fragment « sur les initiatives » resté inédit (6).

C. *Doctrine des douze lieux.*

L'opuscule hermétique « Sur la dénomination et la puissance des douze lieux » se trouve dans des manuscrits de Venise, de

---

(1) Voisines du lieu où se produit le séisme.
(2) Περὶ τοὺς δήμους. Ou : « dans les partis populaires »?
(3) Cf. *CCAG.*, VIII, 1, p. 32 (= *Paris*, 2419 fol. 69 v.), édité *ib.*, pp. 172-177.
(4) Cf. *Astr. Gr.*, pp. 257 ss.
(5) Édité *CCAG.*, VI, p. 79.
(6) Cf. V, 3, p. 58.

Berlin, d'Erlangen et de Paris (1). Cet ouvrage est sûrement de l'époque ptolémaïque : en effet, par les auteurs qui l'ont utilisé, Rhétorios (*CCAG*, VIII, 4, pp. 127 ss.) au vi[e] siècle, Paul d'Alexandrie et Firmicus Maternus (III, 2-13) au ive, Vettius Valens au iie, Thrasylle sous Tibère, Antiochus d'Athènes au i[er] siècle avant notre ère, voire Sérapion d'Alexandrie qui est sans doute l'élève d'Hipparque, on peut remonter jusqu'au iie siècle avant notre ère (2). Je n'ai guère le courage d'entrer ici dans le détail de cette doctrine abstruse des « lieux », qui ressortit à la technique de l'astrologie (3).

Du livre hermétique intitulé *Panarétos* et qui traitait des sept « sorts » (4), il ne reste, dans les manuscrits, que l'extrait qu'en a fait Paul d'Alexandrie (5).

II. « *Liber Hermetis Trismegisti* ».

Le seul caractère de ces « disiecta membra » hermétiques épars dans les anthologies des astrologues de l'Empire ou dans les manuscrits grecs donnerait à supposer qu'il a existé, à un moment de la période hellénistique, un compendium d'astrologie attribué à Hermès et traitant (avec plus ou moins d'ordre) de l'ensemble de cette science (apotélesmatique universelle, initiatives, généthlialogie). Or l'existence de ce compendium a été tout récemment prouvée par la découverte, dans un manuscrit latin du British

---

(1) Marc. 335; *CCAG.*, VII, pp. 48, 74; VIII, 1, pp. 63, 69, 74; VIII, 4, p. 26. Édité par F. Cumont, *CCAG.*, VIII, 4, pp. 127-174. Voir aussi, du même, *Rev. de Philologie*, 1918, pp. 63 ss.; *Égypte des astrologues*, 1937, p. 19.

(2) Cf. *CCAG.*, VIII, 4, p. 117. W. KROLL, *Kulturhistorisches aus astrologischen Texten* dans *Klio*, XVIII (1923), pp. 213-225, a montré que les prognoses de ce morceau sont d'un intérêt considérable pour l'histoire de la civilisation dans l'Égypte ptolémaïque. Si l'on doit, comme il semble bien, faire remonter l'original hermétique jusqu'au iie siècle av. J.-C., il n'en est que plus intéressant de constater le rôle que jouent, dès cette époque, les éléments caractéristiques du mysticisme qu'on est habitué à voir dans les textes hellénistiques plus tardifs, cf. KROLL, *l. c.*, pp. 216 ss. Ainsi trouve-t-on non pas seulement la hiérarchie officielle des prêtres égyptiens (KROLL, p. 216-218), mais toutes sortes de dévots installés dans les temples comme ἐνθουσιαστικοί (ἐνθεαστικοί), devins et onirocrites, possédés (du dieu) qui, en état d'extase (ἐκστατικοί), profèrent des oracles (ἀποφθεγγόμενοι), mystes puisant leur « sagesse » dans des livres secrets (μακάρων τε ὄργια γιγνώσκοντας, ὅσ' ἐν βίβλοις ἐχαράχθη κρυπταῖς), ascètes en loques, couverts de longs cheveux (κομοτροφοῦντες), confessant leurs péchés (ἐξαγορευταί), magiciens et exorcistes, etc. : cf. KROLL, *l. c.*, pp. 219-224 et CUMONT, *Ég. d. astrol.*, pp. 147 ss., 151 ss.

(3) Sur les « lieux », cf. *Astr. Gr.*, pp. 280-288, et l'article cité de M. Cumont (n. 1).

(4) Cf. *Astr. Gr.*, pp. 288 ss., en particulier pp. 307-308. Cette doctrine était d'ailleurs contradictoire à celle des lieux.

(5) Cf. *supra*, p. 105 et *CCAG.*, IV, p. 81; V, 1, p. 75; V, 3, p. 63.

Museum (*Harleianus* 3731 : saec. xv), du *Liber Hermetis* qu'il nous faut examiner à présent (1).

Ce *Liber Hermetis* a été traduit directement — sans passer par les Arabes (2) — d'un florilège grec qui, lui-même, ne peut être antérieur à la fin du ve siècle, étant donné la manière dont l'auteur cite ou mentionne des doctrines d'auteurs tardifs (3), ou au contraire néglige entièrement des auteurs plus anciens tels que Sérapion d'Alexandrie (IIe s. av. J.-C.) et Antiochus d'Athènes (Ier s. av. J.-C.). Mais il est facile de montrer que ce florilège grec de basse époque contient des parties beaucoup plus anciennes.

1) Tout d'abord ce n'est qu'un florilège, un choix d'extraits. Le début le prouve, où, immédiatement après le titre (*Liber Hermetis Trismegisti*), l'auteur, sans préambule, sans introduction générale sur la science qu'il va traiter (4), commence par la théorie des décans qui ne peut guère venir en premier lieu dans un manuel d'astrologie, puisque cette doctrine suppose, par exemple, celle des signes zodiacaux, les trente-six décans étant les maîtres des trente-six divisions de dix degrés introduites dans le cercle du zodiaque. Bien plus, la première phrase même de ce premier chapitre atteste qu'on a là un extrait : « *triginta sex* autem *decani duodecim signorum, qui notantur in tabula, sunt hi* ». Cet *autem* indique qu'il a déjà été question des décans auparavant, ou que, du moins, on les a nommés : l'auteur du florilège a fait son choix dans un ensemble plus complet.

Cela est prouvé en second lieu par le désordre du texte. En effet le *Liber Hermetis* associe sans ordre logique les doctrines fondamentales de l'astrologie et l'application de ces principes aux cas singuliers. Ainsi les chapitres d'ordre théorique sur les étoiles brillantes **(3)**, les douze lieux **(14 et 26)**, les étoiles fixes **(25)**, la

---

(1) Découvert et édité par W. Gundel, *Neue astrologische Texte des Hermes Trismegistos* (*Abhandl. d. Bay. Ak. d. Wiss.*, Phil.-Hist. Kl., N. F. Heft 12), Munich, 1936. Pour le chapitre sur les *Monomoirai*, Gundel s'est servi aussi de la traduction en français picard du *Paris*. 613 (début xive s.). Je citerai par Gundel quand je renvoie au commentaire de ce savant, par *L. H.* quand la référence concerne le texte même du livre hermétique.

(2) Gundel, p. 9. La date de cette traduction latine ne peut être fixée avec certitude, cf. Gundel, p. 11. Certains faits linguistiques sont caractéristiques des ive et ve s. D'autres n'apparaissent qu'à l'époque byzantine, cf. Gundel, p. 10. Le *terminus a quo* est en tout cas la fin du ve siècle.

(3) En particulier la doctrine des sept règles cardinales qui n'apparaît que chez Rhétorius (début vi^e s.) dans son Ἐπίσκεψις πινακική, cf. Gundel, p. 343 et, sur la fixation de la date, pp. 348-349.

(4) A l'encontre d'un usage constant chez les anciens.

conjonction des planètes **(31)**, la position des planètes dans les signes **(32)** sont-ils précédés ou suivis de morceaux d'application pratique, par exemple sur l'année, le mois et le jour où l'on doit mourir **(8-10)**, sur le jour utile ou inutile **(12)**, sur le mariage **(17-18)** et les parents **(19-22)**, sur les affections corporelles résultant de la position de la Lune dans les signes **(29)**, sur les frères **(30 et 37)**. Le dernier chapitre théorique, sur les confins ou « termes » planétaires **(34)** (1), est suivi de pronostics sur la durée de la vie **(35)**, les *biothanatoi* (ceux qui meurent de mort violente) **(36)** et sur la mort des frères **(37)**. Ce dernier chapitre **(37)** reprend lui-même littéralement des parties du chapitre 30. C'est au milieu de cet exposé sur la mort des frères que s'arrête, brusquement, le manuscrit.

Il apparaît en outre que le *Liber* résume en un seul chapitre certaines doctrines importantes qui, dans l'original, ont dû sûrement faire l'objet d'un ou de plusieurs livres : ainsi pour les Monomoirai, les douze lieux, les conjonctions, les défluxions de la Lune, la position des planètes dans les douze signes et leurs départements. C'est à peine si l'auteur mentionne des branches entières de l'astrologie telles que l'apotélesmatique universelle et les initiatives, bien que nous sachions, par les opuscules grecs, que l'original hermétique se fût occupé de ces problèmes.

Enfin l'auteur, à maintes reprises, se réfère à des doctrines ou à des exemples dont il aurait parlé précédemment : or il n'en subsiste aucune trace dans l'ouvrage actuel.

Ainsi le caractère même de notre *Liber Hermetis* dans son état présent oblige-t-il à supposer un archétype plus complet, sans doute mieux ordonné, et nécessairement plus ancien. Cette ancienneté de l'archétype peut être conclue encore d'autres indices.

2) Le *Liber Hermetis* contient des parties toutes neuves, c'est-à-dire dont il n'est traité chez nul autre astrologue, et des parties qui lui sont communes avec d'autres auteurs. Or, pour ces parties communes, la comparaison du *L.H.* avec ses parallèles montre que notre florilège représente une tradition plus proche de l'original hellénistique : ainsi, pour ne citer que quelques exemples, la comparaison avec Firmicus Maternus pour la doctrine des quadrants (2); la comparaison avec Firmicus et Rhétorios pour la théorie des douze lieux — dans sa description de l'influence des planètes, le

---

(1) Cf. *Astr. Gr.*, pp. 206 ss.
(2) GUNDEL, p. 306.

L.H. commence par le Soleil, puis la Lune, puis Saturne, etc., et cette prédominance accordée aux deux luminaires est un signe de haute antiquité (1); — la comparaison avec Vettius Valens pour la doctrine hermétique des sept sorts — les exemples qu'apporte ici le *L.H.* nous conduisent dans un milieu qui est entièrement encore celui des Ptolémées (2); — la comparaison avec Valens pour la doctrine des nutations (προσνεύσεις) de la Lune (3).

Sur tous ces points, il est impossible d'admettre que le *L.H.* ait emprunté aux astrologues avec lesquels il offre des analogies : bien plutôt le *L.H.* se réfère directement au *Corpus* hermétique aujourd'hui perdu et qui remonte en plein âge hellénistique.

3) C'est ce que confirme enfin l'analyse des parties neuves, qui sont principalement le chapitre 1ᵉʳ sur les décans, le chapitre 3 sur les étoiles brillantes, le chapitre 12 sur les étoiles fixes avec l'indication des degrés du zodiaque dans lesquels ces étoiles ont leur lever, le chapitre 29 sur les signes zodiacaux où les planètes ont leur domicile.

Prenons d'abord le chapitre 1ᵉʳ sur les décans (4). Le mot *décan* est une création de l'époque hellénistique pour désigner les dieux sidéraux qui dominent sur 10 degrés du cercle du zodiaque. Ce cercle comportant 360 degrés, il y a donc en tout trente-six décans, soit trois décans par signe. Mais ces dieux sidéraux eux-mêmes sont bien antérieurs à l'époque hellénistique et ils n'étaient pas, à l'origine, limités à trente-six. Ils sont nés de l'idée, propre à l'Égypte, « que chaque division du temps, grande ou petite, devait avoir son génie protecteur, être la propriété d'une divinité quelconque, d'un χρονοκράτωρ... Les Égyptiens, dès le temps des Pharaons, avaient donc semé le long de la route diurne et nocturne du Soleil toute espèce de génies, qui lui disputaient pour ainsi dire la maîtrise du temps, de qui il obtenait le passage au moyen de charmes magiques, et qui, lui couché, régnaient enfin à sa place dans le monde. Les plus puissants, ceux qui étaient attachés à des étoiles, constellations ou parties de constellations, situées sur la route du Soleil (5), étaient les « lampes » ou les « groupes », les

---

(1) GUNDEL, p. 311.
(2) GUNDEL, p. 316.
(3) GUNDEL, p. 321.
(4) Pour cet exposé, j'utilise l'excellent chapitre de BOUCHÉ-LECLERCQ, *Astr. Gr.*, pp. 215 ss., en particulier 219 ss.; W. GUNDEL, *Dekane und Dekansternbilder* (*Stud. d. Bibl. Warburg* XIX), 1936; et le chapitre de GUNDEL consacré aux décans dans son édition du *Liber Hermetis*, pp. 115-123 (cité GUNDEL, et la page).
(5) Cette route étant, pour l'Égypte antique, non pas le cercle de l'écliptique, « mais

futurs décans » (1). Il est bien difficile aujourd'hui de déterminer quelles étaient ces constellations rencontrées par le Soleil dans sa course sur le cercle équatorial, du fait que les astrologues postérieurs, raisonnant d'après la course solaire sur le cercle de l'écliptique, ont nécessairement procédé à une foule d'assimilations qui empêchent de distinguer les notions premières des Égyptiens (2) ; mais Orion, le Chien, Procyon et l'Hydre sont sûrement au nombre des constellations « décaniques » originelles. C'est à l'introduction de ces dieux sidéraux dans le cercle du zodiaque qu'est due la fixation de leur nombre à trente-six, ce qui correspondait aux trente-six décades de l'année égyptienne. Un nouveau progrès ou, si l'on veut, une nouvelle complication, résulta de ce qu'il fallut mettre en rapport ces dieux sidéraux, devenus les décans, avec les planètes qui, elles aussi, avaient trouvé domicile dans les douze signes zodiacaux. On résolut ce problème en feignant que les décans seraient les « faces » ou « masques » (πρόσωπα, *facies*) des planètes domiciliées dans leur domaine, c'est-à-dire dans telle portion de 10 degrés d'un signe. Toutes ces combinaisons compliquèrent à l'infini la nature des décans : ils avaient un aspect sidéral puisqu'ils désignaient originellement une étoile ou une constellation ; ils avaient un aspect religieux puisqu'ils avaient été primitivement, et n'avaient jamais cessé d'être, des dieux « maîtres de l'heure » ; ils avaient un aspect géométrique en tant que divisions égales de chaque champ réservé à un signe ; ils avaient un aspect purement fictif en tant que masques planétaires. N'oublions pas enfin que, comme dieux, et dieux égyptiens, ils avaient été assimilés depuis toujours à d'antiques dieux locaux égyptiens et se confondaient ainsi avec Isis, Osiris, Anubis, Chnoubis, dont ils partageaient le pouvoir. On devine dès lors combien diverse devait être leur influence : elle participait à l'influence des signes zodiacaux qu'ils divisaient, des planètes dont ils portaient le masque, des constellations qu'ils représentaient, des dieux égyptiens auxquels on les assimilait.

Quoi qu'il en soit de cette complexité, il est certain que le système

---

plutôt une large bande, allant d'un tropique à l'autre, et dont l'équateur formait la ligne médiane ». Les Égyptiens considéraient donc « comme étant sur la route du Soleil les étoiles qui se lèvent et se couchent aux mêmes points de l'horizon que lui », *Astr. Gr.*, p. 220.

(1) *Astr. Gr.*, p. 220.

(2) Ces constellations portaient d'ailleurs d'autres noms et étaient autrement représentées sur la « sphère barbare » des Égyptiens. Cf. Boll, *Sphaera*, 1903. Sur les noms égyptiens des décans, *ib.*, p. 177.

des décans figure, dans l'astrologie hellénistique, comme un élément spécifiquement égyptien. C'est dans les archives des temples que les astrologues grecs ou gréco-barbares de l'Égypte découvrirent les premières listes de décans, et il est fort probable que le clergé indigène contribua à la naissance et au progrès de la doctrine. Rien d'étonnant, dès lors, que les ouvrages d'astrologie attribués à Hermès-Thoth, « l'inventeur » de toute science égyptienne, aient mis cette doctrine en un particulier relief. C'est ici l'un des points où l'on peut très légitimement conjecturer que des livres hermétiques ont été composés par des prêtres d'Égypte ou, du moins, n'ont pas été écrits sans une participation directe de ce clergé.

L'importance attribuée à la doctrine des décans dans le *Liber Hermetis* confirme cette hypothèse. S'il ne me paraît pas sûr, comme à Gundel (1), que le *L. H.* a commencé tout juste par ce chapitre sur les décans (du moins dans son état présent) (2), il n'est pas douteux que la place assignée aux décans dans notre florilège témoigne du caractère égyptien, et donc antique, de l'ouvrage. Et ce caractère est précisé par l'exposé, tout original et tout neuf, de la domination qu'exercent les décans soit sur le corps humain — c'est un trait de la médecine égyptienne, laquelle faisait dépendre tel organe de tel dieu (3), — soit sur l'Égypte entière (4) ou sur un nome de l'Égypte et la population qui l'habite — ainsi le troisième décan de la Vierge « domine » sur la région (κλίμα) de Méroë et d'Éléphantine (5), — soit sur un des pays et des peuples (réels ou mythiques) proches de l'Égypte ou avec lesquels l'Égypte fut plus spécialement en relation : par exemple les Bactriens, les Lydiens, les Mèdes, les Amazones, les Sémiramides, la Perse, la Parthie, la Syrie, les Assyriens, l'Éthiopie, l'Inde, l'Arabie, l'Arménie, la Libye, la Palestine et la Phénicie, la Cilicie, la Cappadoce, la Galatie et la Phrygie, l'Asie, l'Achaïe et la Pamphylie, l'Afrique et la Maurétanie, l'Étrurie, l'Italie et la Campanie. Cependant ce chapitre du *L. H.* mentionne aussi (mais tout à fait en fin de liste) des pays de l'Occident et du Nord qui ne sont guère entrés dans l'histoire qu'à la fin de la République et sous l'Empire — Pannonie, Gaule, Germanie, Sarmatie, Bretagne, Dacie : cette chorographie décanique a

---

(1) Gundel, p. 115.
(2) Cf. la première phrase *tringinta sex autem decani...* et notre observation, *supra*, p. 113.
(3) Gundel, p. 120.
(4) *L. H.*, p. 21.29.
(5) *L. H.*, p. 21.23.

donc subi un (ou plusieurs) remaniements. D'autre part la mention de la Dacie, qui n'apparaît dans les géographies astrologiques qu'après la conquête de Trajan, et celle de la Parthie, qui oblige à remonter avant le règne des Sassanides (226 ap. J.-C.), prouvent que ce remaniement a eu lieu entre les guerres de Trajan et le début des Sassanides, soit dans la seconde moitié du IIe siècle ou au commencement du IIIe siècle de notre ère (1).

De toute façon, ce chapitre sur les décans nous a restitué l'un des éléments essentiels de l'hermétisme astrologique tel qu'il se forma dans les temples mêmes ou au voisinage des temples égyptiens à l'époque des Ptolémées. Car c'est dans les temples que se conservaient les listes de décans dressées déjà au IIIe millénaire. Et ce sont donc les prêtres mêmes ou des Grecs en relation avec les prêtres qui, modernisant et complétant ces listes, les ont attribuées à Hermès sous le nom duquel elles circulèrent jusqu'à la fin de l'Empire et au delà, dans l'astrologie de Byzance, des Arabes et du Moyen Age occidental (2).

Il vaut la peine de relire dans ce contexte l'*Exc.* VI des *Hermetica* de Stobée sur les décans (3). On voit ici, de la manière la plus effective, comment l'hermétisme astrologique et l'hermétisme philosophique se rejoignent. Le catalogue aride du *L. H.* précise l'exposé assez diffus d'Hermès à Tat. Et, d'autre part, cette leçon apporte au chapitre technique un complément philosophique en rappelant la grande loi de l'unité du Tout et de la sympathie universelle. C'est donc le lieu, dès maintenant, de citer ce petit morceau d'uranographie bien qu'il ressortisse, par le titre et l'aspect formel du discours, à une autre branche de l'hermétisme.

« D'Hermès : extrait du discours à Tat ».

1. « Dans tes précédentes *Leçons Générales* tu m'as promis de me faire des révélations sur les Trente-Six Décans : maintenant donc, éclaire-moi sur eux et sur leur influence. '

— Je m'y prête volontiers, ô Tat, et, de tous mes discours, celui-ci sera sans doute le plus important et tiendra le plus haut rang. Représente-toi les choses comme ceci. 2. Je t'ai entretenu du cercle zodiacal, qui est dit aussi zoophore, ainsi que des cinq planètes, du Soleil, de la Lune, et de chacune de leurs sphères.

— Oui certes, ô Trismégiste.

(1) GUNDEL, p. 121.
(2) **Les chrétiens ont transformé les décans en démons**, p. ex. dans le *Testament de Salomon*, cf. CUMONT, art. *Zodiacus* dans Daremberg-Saglio, p. 1059 col. *a*.
(3) STOB., I, 21,9 (I, 189. 19 W.) : *Exc.* VI Scott.

— Eh bien, je veux que, dans ta considération actuelle des Trente-Six Décans, tu te rappelles mes enseignements d'alors, afin que ce discours aussi sur les Décans te devienne intelligible.

— Je me les rappelle, ô père.

— 3. Nous avons dit, mon enfant, qu'il y a un corps qui enveloppe tout l'ensemble du monde : tu dois donc te le représenter lui-même comme une figure circulaire, car c'est ainsi qu'est le Tout.

— Je me représente une telle figure, comme tu le dis, ô père.

— Représente-toi maintenant que, sous le cercle de ce corps, sont rangés les Trente-Six Décans, au milieu entre le cercle universel et le cercle du zodiaque, séparant l'un de l'autre ces deux cercles, d'une part soulevant en quelque sorte le cercle du Tout, d'autre part circonscrivant le zodiaque, 4. se mouvant en cercle avec les planètes, et qu'ils ont même force que le mouvement du Tout, alternativement avec les Sept. Ils retiennent le corps qui enveloppe le monde (car il se mouvrait d'une vitesse extrême dans sa course, s'il était livré à lui-même) tandis qu'ils hâtent la course des sept autres cercles, puisque ceux-ci se meuvent d'un mouvement plus lent que le cercle universel : nécessairement donc les Décans se meuvent du même mouvement que le cercle du Tout. 5. Représentons-nous donc que les <sphères> des Sept et le cercle universel <ont été mis sous le contrôle des Décans> ou, mieux encore, que ceux-ci se tiennent autour du monde comme les gardiens de tout ce qui s'y passe, maintenant tout ensemble et veillant au bon ordre de tout l'univers.

— Je me le représente bien ainsi, père, d'accord avec ce que tu dis.

— 6. Considère encore, Tat, qu'ils sont aussi exempts de subir ce que subissent les autres astres. En effet, ils ne sont pas retenus dans leur course en sorte qu'ils s'arrêtent, ils ne rencontrent pas d'obstacle en sorte qu'ils rétrogradent, bien plus, ils ne sont pas même couverts par la lumière du Soleil, toutes choses que subissent les autres astres : au contraire, ils sont libres, au-dessus de tout, et, comme des gardiens et des surveillants attentifs, ils embrassent tout l'univers dans l'espace d'une nuit et d'un jour.

— 7. Est-ce qu'ils ont donc aussi, père, une influence sur nous?

— La plus grande influence, mon enfant. Car, s'ils influent sur les corps d'en haut, comment n'agiraient-ils pas aussi sur nous, et sur chacun en particulier et sur l'ensemble des hommes? 8. Ainsi, mon enfant, parmi toutes les catastrophes de portée universelle dues à la force qui vient d'eux, il y a par exemple (marque bien mes paroles) les changements de rois, les soulèvements de cités, les famines, pestes, flux et reflux de la mer, les tremblements de terre : rien de tout cela, mon enfant, n'a lieu sans l'influence des Décans.

9. Et en outre, fais encore attention à ceci : puisque les Décans ont le commandement sur les planètes et que nous sommes, nous, sous la domination des Sept, ne vois-tu pas que jusqu'à nous aussi s'étend une certaine influence des Décans, soit qu'il s'agisse de fils des Décans, soit par l'intermédiaire des planètes?

— 10 Quelle peut bien être la forme corporelle, ô père, de ces êtres-là (les fils des Décans)?

— Ce sont ceux que le vulgaire nomme démons. Car les démons ne constituent pas une classe d'êtres particulière, ils n'ont pas de corps spécifique, fait d'une matière spéciale, et ils ne sont pas mus par une âme, comme nous, mais ils sont simplement les forces de ces trente-six dieux.

11. Outre cela, remarque encore, ô Tat, un autre effet de l'action des Décans : ils éjaculent aussi sur la terre les semences qu'on nomme « tanes », les unes salutaires, les autres tout à fait funestes.

12. En outre, durant leur course dans le ciel, ils engendrent pour eux des astres qui leur servent de sous-ministres (hypoliturges), et ils ont des serviteurs et des soldats. Ceux-ci, amalgamés par les Décans, circulent flottant dans l'éther, dont ils remplissent toute l'étendue, en sorte qu'il n'y ait dans les hauteurs aucun espace vide d'étoiles; ils contribuent à l'ornement du Tout et ils ont une énergie propre, bien que subordonnée à celle des Trente-Six. D'eux proviennent les destructions des êtres vivants autres que l'homme, en tel ou tel pays, et le fourmillement des bêtes qui gâtent les fruits de la terre ».

L'analyse des autres parties nouvelles du *L. H.* nous mènerait à une conclusion analogue. Par exemple le chapitre 3 sur les étoiles brillantes présente quelques similitudes avec l'exposé de l'anonyme de 379 (1). Or celui-ci rapporte sa doctrine à l'« Écrivain » (συγγραφεύς) lui-même, qui n'est autre que Hermès-Thoth. C'est donc bien encore à un élément de l'astrologie hermétique qu'on a ici affaire, en ce sens qu'un catalogue des étoiles brillantes conservé en quelque temple d'Égypte a passé sous le nom d'Hermès, à l'époque des Ptolémées, dans l'astrologie hellénistique (2).

Ce catalogue des étoiles brillantes a été souvent modifié dans l'antiquité. Les noms des étoiles ont changé, ainsi que leur attribution à tel ou tel groupe d'astres. L'un des plus notables parmi ces remaniements est celui de Ptolémée, qui l'acheva en 137. Or la liste du *L. H.* est intéressante en ce qu'elle suit, pour l'astrothésie, non pas les conclusions de Ptolémée, mais celles des « anciens astronomes », c'est-à-dire d'Hipparque, dont les observations portent sur la période de 167 à 127 avant J.-C. (3). De même pour les calculs de position des étoiles. Non seulement ces calculs ne sont pas ceux de Ptolémée, mais, pour trente et une étoiles, ils nous reportent à quelque 335-370 ans avant Ptolémée, c'est-à-dire à la première moitié du IIIe siècle avant notre ère, donc avant Hipparque même, au temps des astronomes Timocharis et Aristylle (4). En résumé, conclut le savant éditeur du *L. H.* (5), le catalogue hermétique offre l'image d'une compilation dont les principaux éléments

---

(1) *CCAG.*, V, 1, pp. 194-226; VIII, 4, pp. 174-182.
(2) Gundel, p. 125.
(3) Gundel, p. 127. Sur Hipparque, cf. l'article de Rehm dans P. W., VIII, 1666 ss., n° 18.
(4) Gundel, p. 131.
(5) Gundel, pp. 133-134.

remontent soit au III° siècle soit à la fin du II° siècle avant J.-C. Les nombreux rapprochements avec Hipparque donnent à penser que notre catalogue est l'œuvre d'un élève ou ami de cet astronome, Sérapion ou quelque autre.

La même conclusion enfin se tire du chapitre 25 sur les *Monomoirai* (« divisions d'un degré »), c'est-à-dire sur les astres — qui sont en même temps des dieux sidéraux — président à chacun des 30 degrés de chaque signe, soit à chacun des 360 degrés du cercle zodiacal. Cette notion est née, on l'a marqué déjà, de l'antique croyance égyptienne aux dieux « chronocrators ». On ne pouvait concevoir qu'aucune parcelle de la durée demeurât indépendante du patronage d'un dieu. Et de même donc qu'il y avait des dieux du mois, du jour et de l'heure, et que, dès l'antiquité la plus haute, ces dieux « chronocrators », assimilés à des étoiles, étaient censés veiller sur l'enfant qui naissait au temps de leur présidence, de même les divisions géométriques introduites dans les champs zodiacaux devaient-elles conduire à donner chacune de ces portions, et jusqu'aux plus petites, à des dieux qui en auraient la charge. Ces croyances égyptiennes remontent aux Pharaons ; et c'est dès avant Hipparque qu'on les mit en rapport avec les calculs relatifs au zodiaque et qu'on en fit l'application aux pronostics. Or, il a circulé dans l'antiquité un ouvrage hermétique sur les *Monomoirai* : Proclus d'une part, Rhétorios, Firmicus, Grégoire de Nysse d'autre part en témoignent, et l'*Asclépius* hermétique y fait allusion (1) : « Puis donc que les deux éléments dont sont constituées les formes sont des corps et des incorporels, il est impossible que deux formes individuelles naissent entièrement semblables l'une à l'autre à des points différents du temps et de l'espace ; au contraire, ces formes changent autant de fois qu'il y a de *moments* dans le temps de la révolution du cercle à l'intérieur duquel réside le grand dieu que nous avons nommé l'Omniforme » (2). Cette fois encore, par conséquent, nous nous trouvons en face d'une doctrine du Trismégiste qui remonte loin avant dans la période hellénistique : aussi bien maintes observations astronomiques relatives à ces étoiles fixes situées chacune en un degré du cercle zodiacal ramènent-elles, une fois de plus, à la personne d'Hipparque (3).

---

(1) *Asclep.*, c. 35, p. 75.13 ss. Thomas.
(2) Παντόμορφος, cf. c. 36. Cet Omniforme est le dieu qui préside au cercle entier du zodiaque et qui se subdivise en 360 dieux présidant aux 360 *momenta* ou degrés du cercle zodiacal.
(3) GUNDEL, p. 142.

On peut donc conclure que, pour notre connaissance de l'hermétisme astrologique, le *Liber Hermetis* est le témoin capital. Bien que ce florilège soit séparé par six siècles et plus de l'original hermétique, il nous en a conservé des parties génuines qui permettent d'en discerner la nature. En dehors du système astrologique qu'il propose et qui n'a de charme que pour les spécialistes, son intérêt principal, aux yeux du profane, est qu'il fait apparaître, par les pronostics, la société ptolémaïque dans ses besoins de chaque jour (1). Car il ne faut pas que tous les calculs et arguments de cette pseudo-science nous cèlent son objet premier : c'est une méthode de divination, c'est le moyen, par l'étude des astres, de rendre des oracles sur l'avenir des consultants. Or, parmi toutes les questions qu'on pose à l'astrologie — bonheur en amour, mariage, profession, état de fortune, heure et agents de la mort —, il en est une qui manque, et cette omission est bien notable. Pas plus que les autres anthologies, le *L. H.* ne contient aucune réponse sur ce qui se passera après la mort. Hermès astrologue ne s'intéresse qu'à cette vie présente. Le *L. H.* a beau être sorti des temples ou s'être constitué auprès des temples, la vie future, qui joue un si grand rôle dans la religion égyptienne, et qui de nouveau tiendra tant de place dans l'hermétisme gnostique sous l'Empire, est totalement absente de l'hermétisme astrologique (2). Ce phénomène confirme les remarques qu'on avançait plus haut (3) touchant l'existence de confréries hermétiques. A supposer que de telles confréries aient existé et que les livres si divers attribués à Hermès en aient formulé la doctrine, il faut reconnaître que cette doctrine était bien peu constante, bien loin de composer un ensemble homogène. Comment associer le précepte de *C. H.* I et XIII qu'il faut se rendre étranger au monde, vivre les yeux fixés sur les réalités immatérielles, avec ce fait que le « Livre d'Hermès » est uniquement préoccupé des biens de ce monde et du bonheur terrestre? Davantage, comment imaginer que les astres puissent avoir bonne influence sur notre vie, si, à en croire ces mêmes traités (I et XIII), les astres sont

---

(1) Voir le beau livre de F. Cumont, *L'Egypte des astrologues*, Bruxelles, 1937.

(2) C'est là sans doute une marque de l'époque où se constitua l'astrologie et où furent écrits les livres astrologiques d'Hermès. L'astrologie ne se préoccupe jamais de la vie future, cf. Cumont, *Ég. d. astr.*, pp. 201 ss. Les esprits éclairés, les « philosophes » de la période alexandrine ne croient pas ou croient peu à l'immortalité de l'âme, et, s'il faut se mettre en communication avec les dieux, c'est en vue d'un bien terrestre, lequel d'ailleurs peut être la sagesse, cf. Cumont, *ib.*, p. 206, qui compare justement avec les Stoïciens.

(3) Cf. *supra*, pp. 81 ss.

entièrement mauvais? Et pourquoi montrer ici tant d'intérêt, et ailleurs en montrer si peu, pour notre destinée posthume, qui, dit la gnose, seule importe? Ces difficultés, dont je ne signale que les plus graves, autorisent plutôt la solution qu'on suggérait : c'est qu'on a mis sous le couvert d'Hermès une littérature très variée, sans qu'il y ait d'autre lien entre ces différents ouvrages que le nom même du dieu-prophète auquel on les rapportait. Ce furent d'abord et surtout, durant la période hellénistique, des livres d'astrologie. On y joignit plus tard des écrits d'alchimie, de magie, de théosophie ou de pseudo-philosophie. Mais tout cela ne fit jamais une Bible, ne s'adressa jamais à une seule et même Église. Le patronage d'Hermès ne servait qu'à rehausser l'autorité du livre et à lui conférer ce caractère de révélation divine auquel on attachait, alors, un si grand poids.

§ 4. *Les écrits hermétiques de médecine et de botanique astrologiques* (1).

I. THÉORIES GÉNÉRALES.

Parmi les biens chers à l'homme, le plus précieux est assurément la santé. Les anciens, qui ne connaissaient pas nos fausses pruderies modernes, l'avouaient ingénuement : ὑγιαίνειν μὲν ἄριστον ἀνδρὶ θνατῷ — « bonne santé, c'est pour l'homme le premier bien », ainsi disait une chanson d'Athènes que les petits enfants apprenaient à l'école au temps de Pindare et d'Eschyle. La santé était donc un des premiers soucis que l'on confiait à l'astrologue, soit qu'on voulût savoir si l'on resterait bien portant, soit que, déjà malade, on s'enquît de la durée du mal et des moyens d'y remédier. De telles consultations d'oracles étaient communes en tous pays, bien avant qu'on songeât à interroger les étoiles. Elles l'étaient particulièrement en Égypte où la médecine, n'étant guère sortie des mains des prêtres, se trouvait toute mêlée de conjurations et de

---

(1) Sur l'iatromathématique, cf. *CCAG.*, V, 1, pp. 209 ss.; IV, pp. 158-165; BOUCHÉ-LECLERCQ, *Astr. Gr.*, pp. 517-542; l'article de KROLL, *Iatromathematike* dans P. W., IX, 802-804; BOLL-BEZOLD-GUNDEL, *Sternglaube*[4], pp. 135-141 (bibliographie en 1931 : p. 140); GUNDEL, *Sterne u. Sternbilder*, ch. 14 (*Sternglaube und Heilkunde*), pp. 275 ss.; STEMPLINGER, *Antike u. moderne Volksmedizin*, ch. VI (*Iatromathematik*), pp. 103 ss. Le curieux petit livre de K. SUDHOFF, *Iatromathematiker vornehmlich im 15. und 16. Iahrhundert* (Abh. z. Gesch. d. Medizin, II, Breslau, 1902: après un court résumé de l'iatromathématique ancienne (pp. 1-18), traite surtout de) cette pseudo-science au M. A. et à la Renaissance.

sorcellerie. Les croyances mêmes de l'Égypte disposaient merveilleusement à ces opérations magiques. Selon ces croyances en effet, chaque partie du corps humain dépendait d'un dieu ou génie, qu'il fallait se concilier pour que cette partie demeurât saine ou apaiser si cette partie tombait malade. Que certaines de ces divinités, les décans par exemple, fussent assimilées à des étoiles, et que les planètes et les signes du zodiaque fussent imbus de forces divines, la conséquence était inévitable : toute la figure du ciel devait s'intéresser à notre corps, la science des astres tout entière entrer au service de la médecine pour contenter nos besoins. Ainsi naquit ce que les anciens nommaient « l'iatromathématique », la médecine astrologique.

Il paraît avéré que cette union des deux disciplines se produisit en Égypte. Ptolémée l'affirme très explicitement (1) : « Les Égyptiens qui ont fait faire le plus de progrès à cette branche de l'art (l'iatromathématique) ont attaché de toutes manières la médecine à la prognose fondée sur la science des astres. En effet ils n'eussent jamais institué de certaines opérations apotropaïques, ni composé des phylactères et des recettes de guérison en rapport avec les conditions générales et particulières, futures ou présentes, résultant de l'ensemble du ciel environnant, s'ils ne s'étaient pas appuyés sur l'immobilité et l'immutabilité des choses futures. » Cette fois encore, le rôle du clergé égyptien fut probablement important. Selon Clément d'Alexandrie (2), dans la procession sacrée, les pastophores portaient six livres de médecine sur la constitution du corps, les maladies, les organes, les remèdes, les ophtalmies et les maladies des femmes. Nul doute que les archives des temples n'aient contenu de tels ouvrages où se mêlaient, à des recettes magiques, quelques rudiments d'observations. Horapollon (3) rapporte qu' « il existe chez les hiérogrammates un livre sacré nommé *Ambrès* (4) grâce auquel on juge si le malade alité est destiné à vivre ou non, d'après les indices tirés de l'alitement du malade » (τοῦτο ἐκ τῆς κατακλίσεως τοῦ ἀρρώστου σημειούμενοι). La formule est ambiguë. Il peut s'agir de la position ou de l'attitude du malade au lit. Ou encore, et plutôt,

---

(1) *Tétrab.*, I, 3, 18 (p. 16.9 ss. éd. Boll-Boer), cité par BOUCHÉ-LECLERCQ, *Astr. Gr.*, p. 517, n. 1.
(2) *Strom.*, VI, 4, 37,3.
(3) I, 38, p. 85.4 ss. Sbordone (Napoli, 1940). Cf. le commentaire *ibid.*, pp. 84-85.
(4) Sens incertain. Lauth rappelle *II Tim.*, III, 8 (le mage Ἰαμβρῆς : cf. P. W., IX, 681); Roeder (P. W., VIII, 2316.83) y voit une transcription de l'égyptien pour « parole, formule sacrée »; Sbordone le tient pour un nom magique et cite Hesych. ἀμβρίζειν. θεραπεύειν ἐν τοῖς ἱεροῖς.

l'auteur peut faire allusion à une prognose de caractère oraculaire dans les calculs de laquelle le jour où le malade s'est alité (κατάκλισις) entre pour une part essentielle. Enfin cette prognose elle-même peut ressortir soit à l'astrologie — nous en citerons plus loin un exemple hermétique —, soit à la divination par les nombres (arithmomancie) qui avait à son usage toutes sortes d'instruments « mystiques », cercle de Pétosiris (1), sphère de Démocrite (2), *kanonion* d'Hermès Trismégiste (3). La sphère de Démocrite est bien connue : « Moyen pour pronostiquer la vie et la mort. Enquiers-toi de la lune (jour du mois) où le patient est tombé malade. Additionne le pséphisme du nom qu'il a reçu à sa naissance et ce quantième du mois, vois combien cela fait de trentaines. Prends le reste et cherche dans la sphère : si le chiffre tombe dans la partie supérieure, il vivra; si c'est dans la partie inférieure, il mourra. » Le *kanonion* ou *organon* d'Hermès Trismégiste (4) était du même goût : on comptait depuis le lever héliaque de l'étoile du Chien, c'est-à-dire depuis le 25 Epiphi (19 juillet), début de l'année sothiaque, jusqu'au jour de l'alitement; on divisait le nombre ainsi obtenu par 36 (sans doute à cause des 36 décans) et on cherchait le reste dans la table.

Le texte de Clément nous apprend que les six livres médicaux portés par les pastophores étaient attribués à Hermès-Thoth et l'on sait de reste que, dès le principe, Thoth s'était mêlé de médecine : c'est à la vertu de ses charmes qu'Isis avait dû de ressusciter Osiris. Quand donc Hermès-Thoth devint astrologue, c'est-à-dire quand la vogue de l'astrologie en Égypte eut fait rapporter à Thoth des livres d'astrologie, il fut naturel de mettre sous ce patronage des écrits de médecine astrologique.

Le dogme qui fondait cette science était celui de l'influence qu'exercent sur le corps humain les deux luminaires et les astres du ciel. Nous avons déjà mentionné cette doctrine (5) à propos de

---

(1) RIESS, *Petosiridis fragm.*, n° 41-42. Cf. BERTHELOT, *Collection des anciens alchimistes grecs* (cité *Alch. Gr.*), I (Introduction), pp. 87-92; BOUCHÉ-LECLERQ, *Astr. Gr.*, pp. 537 ss.; CUMONT, *Recherches sur le symbolisme funéraire des Romains*, Paris, 1942, pp. 37 ss.
(2) Pap. V de Leyde, *PGM.*, XII, 351 ss. = DIELS-KRANZ, *Vorsokr.* (5ᵉ éd.). 68B 300 (20), 11, p. 221. Cf. BERTHELOT, *Alch. Gr.*, Introd., pp. 86-87, BOUCHÉ-LECLERCQ, *Astr. Gr.*, p. 538.
(3) Se trouve dans un man. de Florence (*Laur.* XXVIII, 34 = *CCAG.*, I, p. 128; 3-12), un du Vatican (*CCAG.*, V, 4, n° 39, p. 11, fol. 184 v.) et divers *Parisini* (*CCAG.*, VIII, 1, p. 4; VIII, 4, p. 19). Cf. BOUCHÉ-LECLERCQ, *Astr. Gr.*, p. 541, n. 1 et 2.
(4) Cf. *Alch. Gr.*, I, p. 23.8-17 Berth. Cf. *ibid.*, Introd., p. 87.
(5) Cf. *supra*, pp. 89 ss.

la sympathie universelle. Mais il vaut la peine d'y revenir, car elle intéresse tout spécialement l'iatromathématique. Au moment de retracer la géniture du monde, c'est-à-dire la position des planètes dans les signes zodiacaux à l'origine du monde (1), Firmicus Maternus se livre à des considérations générales qu'il exprime en ce langage pompeux cher aux rhéteurs de l'époque (2) :

« Le Dieu fabricateur du monde a constitué le corps de l'homme, comme celui du monde, d'un mélange des quatre éléments, du feu et de l'eau, de l'air et de la terre, afin que l'heureuse combinaison de tous ces éléments fît du vivant un bel ouvrage selon la forme du divin modèle, et, par les artifices de son art créateur, il a ainsi composé l'homme que, sous la contrainte de la nature, s'assemblassent en un petit corps (3) toute force et toute substance, de telle manière qu'à ce puissant souffle céleste qui descend de l'esprit divin pour vivifier le corps mortel il préparât une demeure, fragile certes, mais néanmoins semblable au monde. Et c'est pour cette raison que l'homme, pareil à un petit monde, est vivifié par la flamme et la course éternelle des cinq planètes, et du Soleil et de la Lune, afin que l'être vivant qui a été créé à l'image du monde fût pareillement gouverné par la même substance de la divinité. De là vient que ces deux hommes divins qui méritent toute admiration, Pétosiris et Néchepso, dont la sagesse a eu accès jusqu'aux propres secrets de la divinité, nous ont aussi transmis, instruits eux-mêmes par un divin maître de science (4), le thème de la géniture du monde, pour déclarer et prouver que cet homme qui a été formé selon la nature et à l'image du monde, les mêmes principes qui dirigent et maintiennent le monde le soutiennent continuellement lui aussi par des rayons qui le réchauffent d'une ardeur perpétuelle. »

Or le thème du monde ainsi annoncé est tiré du « livre d'Asklépios appelé *Myriogénèse* » (5), et Asklépios lui-même tenait sa science du Trismégiste (6). Écoutons donc Hermès en personne nous instruire sur les relations entre le macrocosme et ce petit monde qu'est l'homme. Selon Olympiodore (7),

(1) Cf. *Astr. Gr.*, pp. 185 ss.
(2) *Mathesis*, III, praef., 2-4.
(3) C'est-à-dire ἐν τῷ μικρῷ κόσμῳ.
(4) *divinae nobis scientiae magisterio tradiderunt*: cf. IV, 22,2 : *sic et Nechepso... ex contrariis naturis et ex contrariis potestatibus omnium aegritudinum medelas divinae rationis magisteriis invenit*. De fait, par Asklépios et Anubis, la tradition remonte jusqu'à Hermès (III, 1, 1) qui est vraiment la source de presque tout le III° livre de la *Mathésis*.
(5) III, 1,2 *sicut in illo libro continetur Aesculapii, qui Myriogenesis appellatur*.
(6) III, 1, 1 *secuti* (Nechepso-Petosiris) *Aesculapium et Hanubium, quibus potentissimum Mercurii numen istius scientiae secreta commisit*. Sur Hanubius, cf. *supra*, p. 103, n. 1.
(7) BERTHELOT, *Alch. Gr.*, pp. 100.18-101.10 (d'après M ; le texte plus développé de L est cité pp. 105-106).

L'HERMETISME ET L'ASTROLOGIE. 127

« Hermès se représente l'homme comme un microcosme, tout ce que contient le macrocosme l'homme le contenant aussi. Le macrocosme contient des animaux terrestres et aquatiques : ainsi l'homme a-t-il des puces, des poux et des vers intestinaux (1). Le macrocosme a des fleuves, des sources, des mers : l'homme a les entrailles. Le macrocosme a des animaux aériens : l'homme a les cousins. Le macrocosme contient des souffles qui jaillissent en son sein, par exemple les vents : l'homme a des flatuosités. Le macrocosme a le soleil et la lune : l'homme a les deux yeux, et l'on réfère l'œil droit au soleil, l'œil gauche à la lune. Le macrocosme a des monts et des collines : l'homme a les os. Le macrocosme a le ciel : et l'homme a la tête. Le macrocosme (2) a les douze signes du ciel : et l'homme les contient aussi, depuis la tête, c'est-à-dire depuis le Bélier (3), jusqu'aux pieds qu'on assimile aux Poissons. Voilà donc ce qu'on nomme chez eux (les hermétistes) l'image du monde (τὸ κοσμικὸν μίμημα) comme le marque Zosime dans son livre de la « Vertu » (4).

Tel était le principe général. Il s'agissait de le préciser en détail. Pour ce faire, on établissait de mystérieuses correspondances entre tel membre du corps humain et telle planète, ou tel signe, ou tel décan. Dès lors, signes, décans, planètes étant mis en rapport avec les diverses parties du corps humain, « on savait au juste de qui provenaient les infirmités et maladies de ces organes, produites par excès ou défaut d'influence des signes, décans, planètes considérés soit comme pièces posées sur l'échiquier du thème de géniture, soit comme chronocrators universels ou individuels » (5). Ces « mélothésies » zodiacales, décaniques ou planétaires auraient pu varier à l'infini puisqu'elles n'avaient d'autre origine que la fantaisie individuelle. En réalité, il se fit un accord relatif entre les astrologues (6) et il est malaisé de dire ce qui, dans ces rêveries, appartient proprement à Hermès. Je me bornerai donc à rappeler deux systèmes de mélothésie, l'un décanique, l'autre planétaire, tels qu'on les trouve exposés le premier dans le *Liber Hermetis* (7), le

---

(1) Ce sont nos « aquatiques », comme l'a bien vu déjà le glossateur qui a inséré ἔνυδρα avant ἑλμίγγας.
(2) Je corrige ici le texte corrompu de M d'après L, cf. 106.8.
(3) Qui est tête du monde, cf. *Astr. Gr.*, p. 129, n. 1.
(4) Sur Olympiodore, cf. *infra*, p. 239.
(5) Bouché-Leclercq, *Astr. Gr.*, p. 533.
(6) Surtout pour la mélothésie zodiacale en raison du tableau décrit plus bas et dont la structure était fixée par la suite même des signes. Exemples de mélothésies zodiacales : *CCAG.* VIII, 1, planche (à la fin) avec le texte en regard ; *CCAG.*, V, 4, pp. 166-167 ; *ib.*, pp. 216.24-217.4 (Porphyre, *Isagogé*, c. 44). Ce morceau et le suivant (c. 45) remontent à Antiochus, cf. Cumont, *Mél. Bidez*, 1933, p. 149 ss.
(7) Voir aussi la mélothésie par décans de la Ἱερὰ βίβλος hermétique analysée *infra*, pp. 139 ss.

second dans les *Iatromathématika* dédiés par Hermès à son disciple Ammon (1).

Comme les décans, depuis le IIIe millénaire, étaient tenus en Égypte pour des dieux, comme aussi les Égyptiens étaient accoutumés de référer les membres du corps humain à un patronage divin, c'est une plausible hypothèse que, touchant les décans, le lien entre macrocosme et microcosme fût d'antique tradition et que l'enseignement hermétique sur ce point remontât, par delà le IIIe siècle, au temps des Pharaons. Le *Liber Hermetis* nous restituerait ainsi, une fois encore, une doctrine ou quelques éléments au moins d'une doctrine authentiquement égyptienne. D'après ce livre donc (ch. I), le 3° décan des Gémeaux produit les douleurs musculaires, le 1er du Cancer les maladies des artères, le 2° domine sur le poumon, le 3° produit les maux cardiaques, le 1er du Lion domine sur l'estomac, le 2° est cause des obturations (de vaisseaux?) et des apostèmes, le 3° produit la *diafrixis* (?) du ventre, le 1er de la Vierge les maux de ventre, le 2° domine sur le foie, le 3° sur la rate, le 1er de la Balance produit les douleurs de reins, le 2° l'obturation de l'urètre et la rétention d'urine, le 3° les douleurs musculaires, le 1er du Scorpion la maladie du charbon, le 2e les tumeurs glanduleuses (bubon), le 3e les fractures des os, le 1er du Sagittaire les putréfactions, le 1er du Capricorne les contractions musculaires, le 3° les douleurs dans les jambes, enfin les trois décans du Verseau et de même les trois décans des Poissons causent également la goutte (2). On n'a point trop de peine à percer le mystère de ces relations cosmiques. Supposons que l'on déroule le ruban du zodiaque, et qu'on étende sur ce bandeau un corps humain, en faisant poser la tête sur le Bélier, les pieds sur les Poissons : « donc, la tête étant dévolue au Bélier, le cou correspond au Taureau, l'animal à la forte encolure ; les épaules et les bras, membres géminés, aux Gémeaux ; la poitrine, à la carapace du Cancer ; les flancs, au Lion ; le bas-ventre ou

---

(1) On trouvera dans STEMPLINGER, *Antike u. moderne Volksmedizin* (1925) pp. 108-109, un tableau de diverses mélothésies planétaires et zodiacales de l'antiquité, du M. A. et de la Renaissance : (*a*) Manilius, II, 456 ss. (Zod.); (*b*) *Iatromath.* d'Hermès à Ammon : ici, pp. 130-131 (Plan.); (*c*) Ptolémée, *Tétrab.*, III, 13,5, p. 148.15 ss. Boll-Boer (Plan. : le tableau de Stemplinger n'est pas tout à fait exact); (*d*) Arnauld de Villeneuve, † 1312 (Plan. et Zod.); (*e*) Indagine, 1522 (Zod.); (*f*) *Himmels Lauf*, 1556 (Plan. et Zod.); (*g*) Remus, 1597 (Zod.); (*h*) Ranzau, 1598 (Plan.); (*i*) calendrier de 1733 (Zod.).

(2) *L. H.*, p. 20.19, 26. 30. 33; p. 21.2, 6, 9, 12, 17, 22, 26, 31, 37; p. 27.2, 6, 11, 16, 21, 25, 28, 35; p. 23.2, 6, 9, 12.

la vessie, à la Vierge; les fesses qui tiennent le corps en équilibre dans la station droite, à la Balance; le pubis, au Scorpion; les cuisses, au Sagittaire; les genoux, au Capricorne agenouillé; les jambes, au Verseau, et les pieds aux Poissons » (1). Maintenant, les décans étant des divisions ou commandant à des divisions de chaque signe, il est normal de les voir influer sur les mêmes parties du corps humain que les signes qu'ils divisent : la seule différence à quoi l'on doit s'attendre est que la mélothésie décanique sera forcément plus détaillée que la zodiacale, puisqu'elle implique, pour chaque signe, une subdivision ternaire. Reprenons donc notre catalogue du *Liber Hermetis*. Il n'y est pas question des membres dépendant des décans du Bélier, du Taureau et des Gémeaux (sauf le 3ᵉ décan), soit la tête, le cou, les épaules et les bras : ces omissions ne sont probablement pas originelles, mais sont dues à quelque négligence de copiste durant la longue transmission du texte (2). A partir du Cancer (poitrine), mélothésie décanique et mélothésie zodiacale concordent en gros — la mélothésie zodiacale ayant, au surplus, comporté des variantes (3) : — ainsi pour le Cancer (poitrine : poumons et cœur), le Lion (flancs : estomac, ventre), la Vierge (bas-ventre : ventre, foie, rate), la Balance (fesses : reins, voies urinaires) (4), le Sagittaire et le Capricorne (jambes et genoux), le Verseau et les Poissons (pieds). Notre mélothésie décanique n'est ici qu'une extension de la mélothésie zodiacale, et elle n'a pu être imaginée que cette mélothésie zodiacale une fois créée. Cependant d'autres correspondances ont un caractère moins spécifique, le *dominium* du décan n'étant plus un membre ou un organe, mais une maladie qui peut affecter l'une ou l'autre partie du corps (douleurs musculaires, fractures des os, abcès, bubon, charbon, corruption des tissus, etc.) : dans ce cas, il est possible que le tableau du *L. H.* reproduise d'antiques croyances égyptiennes antérieures à la mélothésie zodiacale et sans rapport avec cette dernière.

La doctrine du patronage terrestre des astres fait apparaître, dans tous ses chapitres, une concurrence entre l'astrologie zodia-

---

(1) Bouché-Leclercq, *Astr. Gr.*, p. 319 (avec référence à Manilius, II, 453-465). Voir aussi Cumont, *Astrologica*, dans *Rev. Archéol.*, 1916, I, pp. 1-22, et *infra*, p. 141, § 3.
(2) On peut suppléer pour ces parties à l'aide du texte traduit et résumé *infra*, pp. 140 ss.
(3) Cf. *Astr. Gr.*, p. 320 et n. 1.
(4) Les parties génitales ont été retirées ici à la Vierge : *quid enim pugnacius dici posset quam testes et pudenda Virgini assignari, ut Alchabitius?* dit l'auteur de la *Margarita philosophica* (VII, p. 18) cité par Bouché-Leclercq, p. 319, n. 3.

cale et l'astrologie planétaire. Cette concurrence se retrouve en ce qui touche la mélothésie. Sur ce point d'ailleurs, le système planétaire offrait des avantages. « Incommodés par la géométrie rigide du zodiaque », les novateurs voyaient là « une série naturelle sans doute, mais plus complaisante, et des affinités électives plus intelligibles. Ils pouvaient même s'affranchir, si bon leur semblait, de l'ordre des distances et s'en tenir aux affinités électives; mais le comble de l'art était de combiner les deux genres de rapports » (1). Dans ce domaine encore, l'hermétisme s'est fait place. L'ouvrage intitulé « *Iatromathématika* » *d'Hermès Trismégiste à Ammon l'Égyptien* (2) ou, dans une rédaction un peu différente, *D'Hermès Trismégiste : pronostics sur l'alitement des malades, tirés de la science astrologique, à Ammon l'Égyptien* (3), se rattache à la mélothésie planétaire. Je citerai ici le début de la première rédaction, qui est un exposé de principes (4) :

« L'homme, mon cher Ammon, les habiles l'appellent un monde parce qu'il est tout accordé à la nature du monde. En effet, au moment de la conception (5), il jaillit des sept planètes tout un complexe de rayons qui se portent sur chaque partie de l'homme. Et il en va de même à l'heure de la naissance (6) selon la position des douze signes. Ainsi le Bélier est dit la tête, et les organes sensoriels de la tête sont répartis entre les sept planètes : l'œil droit est dévolu au Soleil, l'œil gauche à la Lune, les oreilles à Saturne, le cerveau à Jupiter, la langue et la luette à Mercure, l'odorat et le goût à Vénus, tous les vaisseaux sanguins à Mars. Si donc, au moment de la conception ou de la naissance, l'un de ces astres se trouve en mauvaise condition, il se produit une infirmité dans le membre correspondant à cet astre. Par exemple, y ayant, dans l'homme, quatre parties générales — la tête, le thorax, les mains et les pieds, — l'une ou l'autre de ces parties, au moment de la conception ou de la naissance, est devenue infirme en quelque lieu par le fait que son patron céleste a été lui-même mis à mal (κακωθέντος) (7) :

(1) *Astr. Gr.*, pp. 320-321.
(2) Édité par Ideler, *Physici et medici graeci minores* (Berlin, 1841), I, pp. 387-396. Pour la mélothésie planétaire, cf. aussi Porphyre, *Isagogé*, c. 45 (*CCAG.*, V, 4, pp. 217.5-219.21) et Cumont, *Les « Prognostica de decubitu » attribués à Galien, Bull. Inst. hist. belge de Rome*, XV (1935), pp. 119-131.
(3) Édité *ibid.*, I, pp. 430-440. Il faut sûrement corriger περιγνωστικά en προγνωστικά. Un texte analogue περὶ κατακλίσεως a été édité *CCAG.*, I, pp. 118-124.
(4) I, p. 387.1-388.2 Ideler. Le volume de Ideler étant rare, je signale que ce morceau a été reproduit par Hopfner, *Fontes... religionis aegyptiacae* (Bonn, 1922-1925), p. 396.
(5) Littéralement « de l'émission de la semence humaine » (ἐν τῇ καταβολῇ τοῦ ἀνθρωπείου σπέρματος).
(6) ἐπὶ τῆς ἐκτροπῆς : cf. Vett. Val., Index II, p. 373 ; Ptol., *Tetr.*, p. 110.4 Boll-Boer.
(7) En interprétant comme Bouché-Leclercq, *Astr. Gr.*, p. 534, n. 1, qui précise : « Un organe est infirme parce que, au moment de la naissance, son patron céleste a été

un œil ou les deux yeux, une oreille ou les deux oreilles, ou encore les dents ont subi quelque atteinte ou la parole a été liée. C'est le rayon d'une planète malfaisante qui, venant à frapper l'une de ces parties, la gâte et la corrompt. Et il en va naturellement de même du thorax où, par exemple, le poumon ou le foie ou la rate ou le cœur ou quelque partie des intestins est atteinte. Et ainsi encore des mains et des pieds : les doigts ou les ongles ou quelqu'une des parties semblables a été atteinte selon son mode propre. Or donc, c'est moi qui le premier ai découvert cette science, et j'ai voulu qu'on la nommât servante de la nature. Car il y a nécessité que cette science conspire avec la nature, et c'est ainsi qu'on vient en aide à la nature elle-même. »

Plus loin (1), l'auteur hermétique rappelle la grande pensée qui inspire cette discipline nouvelle : « Il faut donc s'enquérir du jour et de l'heure de l'alitement et prendre une vue d'ensemble de la figure du monde (2) à cette heure-là : car il ne se produit rien dans l'homme qui n'ait rapport à la sympathie universelle » (3).

II. Applications a la thérapeutique.

La médecine astrologique n'eût présenté que de maigres consolations si elle s'était bornée à reconnaître la cause céleste, à calculer la durée et à prédire l'achèvement de la maladie. Ce qu'on voulait, c'était guérir : il fallait donc bien que, sous peine de perdre leur clientèle, les astrologues trouvassent le moyen de la satisfaire. Par une suite inévitable, la science des astres menait à la thérapeutique. Il ne restait que de découvrir des remèdes qui fussent accordés à l'astrologie. C'était, au vrai, ce qui manquait le moins (4).

On distingue, semble-t-il, deux méthodes principales qu'on pourrait dire l'une allopathique (5), l'autre homœopathique. La méthode allopathique paraît avoir été soutenue par le roi Néchepso et, avec lui, toute une école d'*Aegyptii*. Au livre II de sa

---

assailli par le rayon d'une planète malfaisante ». Mais κακόω, en astrologie, peut signifier « rendre mauvais, défavorable » (cf. Vett. Val., Index II, p. 380).

(1) I, p. 396.27-30 Ideler.
(2) Ou « du ciel » (τὸν κόσμον).
(3) Χωρὶς γὰρ τῆς κοσμικῆς συμπαθείας τοῖς ἀνθρώποις οὐδὲν ἐπιγίνεται : cf. *infra*, p. 141 n. 2.
(4) Sur ce point, lire aussi l'excellent chapitre de Bouché-Leclercq, *Astr. Gr.*, pp. 517 ss.
(5) Les anciens avaient déjà conscience de la différence entre ces deux méthodes : Serv., *Ecl.*, X, 65 (cf. *Astr. Gr.*, p. 534, n. 2) *secundum physicos, qui morbos aut a contrariis aut a similibus asserunt posse depelli*, Theod. Prisc., p. 250 Rose (cf. *Astr. Gr.*, p. 519. n. 1) *Pythagoras, aegyptiae scientiae gravis auctor, scribit singula nostri corporis membra caelestes sibi potestates vindicasse : unde fit ut aut contrariis quibus vincuntur, aut propriis quibus placantur, conemur.*

Mathèsis (1), Firmicus Maternus commence par exposer la doctrine des décans et de leurs propres subdivisions ternaires, les *munifices* ou *liturgi* :

« Quelques-uns (les Égyptiens), voulant développer ce point plus en détail, ont appliqué à chaque décan trois entités divines (*numina*) auxquelles ils donnent le nom de « soldats en service » (*munifices*) ou liturges (λειτουργοί), en ce sens que, dans chaque signe, on trouve neuf soldats en service et qu'à chaque groupe de trois soldats en service commande un décan. A leur tour, ces neuf soldats en service qu'ils disent avoir été établis dans chaque signe, ils les divisent en une infinité de puissances divines : c'est à ces puissances, disent-ils, que sont dues toutes les calamités soudaines, douleurs, maladies, frissons, fièvres, bref, tous les événements qui se produisent sans qu'on s'y attende et les prévoie : c'est à eux qu'ils attribuent la naissance des monstres. »

Après avoir ainsi énoncé le principe, il en tire plus loin les conséquences pour la thérapeutique (2) :

« Sur le point de révéler les secrets augustes de cette doctrine, secrets que les divins anciens n'ont communiqués qu'avec tremblement et qu'ils ont enveloppés de ténèbres profondes de peur que la science divine, mise au grand jour, ne vint à la connaissance des profanes, je te prie de m'écouter avec une attention toute libre et tranquille et vide de toute autre recherche, afin que tout ce que je vais dire s'insinue en ton esprit de la manière la plus facile (3). J'ai dit dans le livre de l'« Institution » (4) que chaque signe comporte trois décans. Or les décans sont doués d'une grande vertu divine et d'une singulière puissance : tout arrive par leur décret, toutes les choses heureuses et malheureuses. Aussi le fameux Néchepso, ce roi d'Égypte parfaitement juste et cet excellent astrologue, a-t-il rapporté aux décans toutes les infirmités (*vitia*, σίνη) et toutes les maladies (*valetudines*, νόσοι), montrant quel décan est cause de quelle maladie, et, *puisque une nature est vaincue par une autre nature* (5), *puisqu'un dieu, souvent, triomphe d'un autre dieu, de cette opposition des natures et des puissances célestes il a tiré le remède de tous les maux*, instruit qu'il fut par la raison divine. »

Le Trismégiste, au contraire, s'est rattaché à la méthode homœopathique. C'est bien l'astre correspondant à l'organe qui rend celui-ci malade (6). Mais comment? Pour l'hermétique des

(1) II, 4, 4-6.
(2) IV, 22, 1-2.
(3) Cette sorte de phraséologie est tout à fait courante dans la littérature de révélation, cf. *infra*, pp. 351-352.
(4) *in libro institutionis* : cf. II, 4, 4-5 cité *supra*.
(5) Cf. *infra*, p. 232, n. 2 sur l'intérêt du témoignage de Néchepso quant à l'ancienneté de cette formule si fréquemment employée par les alchimistes.
(6) ἕκαστον οὖν τῶν ζῳδίων ἐπέχει τὸ ἴδιον μέλος καὶ ἀποτελεῖ περὶ αὐτὸ πάθος τι, « Livre sacré d'Hermès à Asklépios », *Rev. Phil.*, XXXII, p. 252.18, cf. *infra*, p. 141, § 4

Iatromathématika, la maladie ne résulte pas de ce que l'astre moleste directement l'organe qu'il devrait protéger, mais de ce que, étant lui-même assailli par le rayon d'une planète malfaisante (1), ses malaises se répercutent par sympathie sur son client. Bref, l'astre « maître » d'un organe a bonne influence sur cet organe. Cependant il peut arriver que cet astre subisse les assauts d'un autre astre : en ce cas sa bonne influence est momentanément annulée, et l'antinomie céleste a son contre-coup ici-bas dans la maladie. Quel sera donc le remède? Puisque la bonne influence de l'astre dominant fait défaut, il convient d'y suppléer en recourant aux animaux, aux plantes ou aux pierres de la même série verticale, c'est-à-dire à ceux des êtres des trois règnes qui, dépendant du même patron céleste, « en sympathie » avec lui, sont pénétrés de ses effluves et de son énergie.

Quoi qu'il en soit de ces différences, que ce fût pour effacer une influence astrale ou au contraire pour la renforcer, la thérapeutique astrologique se fondait sur deux doctrines connexes : celle de la sympathie qui unissait ces trois données, l'astre, l'organe à guérir, le remède, ou, en revanche, celle des antipathies qui opposaient sur la terre bêtes, plantes ou pierres en raison de la guerre que se faisaient au ciel les astres dont ces êtres dépendaient. Voulait-on obtenir un supplément de vertu, on ne quittait pas la chaîne dont telle planète, ou tel signe, ou tel décan tenait l'extrémité céleste, on employait les êtres suspendus à cette chaîne, soit l'un d'entre eux (animal, plante ou pierre), soit plusieurs, qu'on mélangeait. S'agissait-il en retour de faire agir une influence contraire, comme on connaissait la règle des antipathies, il n'était pas difficile de trouver, parmi les êtres d'ici-bas, ceux qui pourraient contrecarrer l'action de l'astre funeste.

Bien des textes illustrent cette doctrine des « chaînes ». Je n'en choisirai qu'un, d'une rare beauté, heureusement édité naguère dans le *Catalogue des Manuscrits Alchimiques Grecs* où il risque de dormir en secret (2). Il est de Proclus et concerne l'art hiératique, c'est-à-dire la manière d'attirer ici-bas les vertus d'un dieu pla-

---

(1) τοῦ δεσπόζοντος αὐτοῦ (scil. τοῦ μέλους) ἀστέρος κακωθέντος, I, p. 387.16-17 Ideler. Cf. *supra,* p. 130, n. 7.

(2) *CMAG.,* VI (Bruxelles, 1928), pp. 148-151 Bidez. Voir aussi l'introduction de cet éditeur (pp. 139-147) et son article *Proclus,* περὶ τῆς ἱερατικῆς τέχνης dans *Mélanges Cumont* (Bruxelles, 1936), pp. 85-100. Dans ma traduction, j'utiliserai çà et là celle du R. P. A. Brémond, *Rech. de Sc. rel.,* XXIII (1933), pp. 102-106, mais sans marquer les lieux où nous différons.

nétaire, ou d'évoquer ce dieu lui-même, en utilisant les substances des trois règnes qui font partie de la chaîne à laquelle ce dieu préside. Sans doute, la fin que se propose l'adepte de l'art hiératique est-elle un peu différente de celle du guérisseur. Elle est plus désintéressée, et d'un ordre moins matériel. C'est pour mieux adorer la divinité, pour entrer avec celle-ci dans un commerce plus intime et pour remonter, à sa suite, jusqu'au ciel que le théurge amène ici-bas les puissances divines. Mais la méthode est exactement la même et elle s'appuie à une même croyance. Aussi bien l'art hiératique n'est-il pas absent de l'hermétisme : l'*Asclépius* y fait allusion (ch. 38), et le texte qu'on va lire servira donc aussi, par avance, d'illutration pour cet ouvrage.

Sur l'art hiératique.

(148.3) « De même que les dialecticiens de l'amour s'élèvent à partir des beautés sensibles jusqu'à ce qu'ils rencontrent le principe même unique de toute beauté et de tout intelligible, ainsi les initiateurs aux saints mystères (1), partant de la sympathie qui unit toutes les choses visibles entre elles et avec les puissances invisibles, et comprenant que tout est en tout, ont-ils fondé cette science hiératique, non sans s'émerveiller de voir dans les premiers termes des chaînes les termes les plus infimes et dans ces derniers les tout premiers, au ciel les choses terrestres dans leur cause et sous un mode céleste, ici-bas les choses célestes sous un mode propre à la terre. D'où vient en effet que l'héliotrope se meut en accord avec le Soleil, le sélénotrope avec la Lune, tous deux faisant cortège, dans la mesure de leurs forces, aux luminaires du monde? Car tous les êtres prient selon le rang qu'ils occupent, ils chantent les chefs qui président à leur série tout entière, chacun louant à sa manière, spirituelle, rationnelle, physique ou sensible : ainsi l'héliotrope se meut-il autant qu'il lui est facile de se mouvoir, et si l'on pouvait entendre comme il frappe l'air durant qu'il tourne sur sa tige, on se rendrait compte à ce bruit qu'il offre une sorte d'hymne au Roi, tel qu'une plante peut le chanter.

On peut donc ici-bas, sous un mode terrestre, voir des soleils et des lunes, on peut au ciel, sous un mode céleste, voir toutes les plantes, les pierres et les bêtes, vivant d'une vie spirituelle. C'est pour l'avoir compris que les Sages d'autrefois, rapportant telle chose d'ici-bas à tel être céleste, telle autre à tel autre, amenaient les puissances divines jusqu'à notre lieu mortel et qu'ils les attirèrent par la ressemblance, car la ressemblance est assez puissante pour attacher les êtres les uns aux autres...

(149.12) Le lotus lui aussi manifeste son affinité avec le Soleil : sa fleur est close avant l'apparition des rayons solaires, elle s'ouvre doucement

---

(1) οἱ ἱερατικοί, 148.5. Cette traduction est justifiée par PROCL., *in remp.*, II, 154. 5 ss. Kroll : ὡς γὰρ οἱ παρ' ἡμῖν ἱερατικοὶ τοῖς ἐπόπταις δύναμιν ἐντιθέασιν ἰδεῖν ἃ μὴ πρότερον φάσματα καὶ ποιοῦσι θεωρούς, οὕτω καὶ ἡ ἐν τῷ κόσμῳ (sc. ἱερατικὴ) πρὸ τῆς παρ' ἡμῖν εἰς πολλὰς τοῦτο δρᾷ ψυχὰς τὰς ἀξίας τῆς τοιαύτης μακαριστῆς θέας (πρὸ γὰρ τῶν μερῶν τὸ ὅλον) καὶ τελεστικαῖς χρῆται δυνάμεσι καὶ εἰς ἀγγελικὴν ἀνάγει τάξιν τὰς τελουμένας τῶν ψυχῶν.

quand le Soleil commence à se lever, et à mesure que l'astre monte au zénith, elle se déploie, puis de nouveau se replie lorsqu'il s'abaisse vers le couchant. Or quelle différence y a-t-il entre le mode humain de chanter le Soleil, en ouvrant ou fermant la bouche et les lèvres, et celui du lotus, qui déplie et replie ses pétales? Car ce sont là ses lèvres à lui, c'est là son chant naturel.

Mais pourquoi parler des plantes, où subsiste encore quelque trace de vie générative? Ne voit-on pas les pierres elles-mêmes respirer en correspondance avec les effluves des astres? Ainsi l'*hélite*, par ses rayons à couleur d'or, imite les rayons du Soleil; la pierre qu'on nomme « œil de Bel » et dont l'aspect ressemble aux prunelles des yeux émet du centre de sa prunelle une lumière brillante, ce qui fait dire qu'on devrait l'appeler « œil du Soleil »; la *sélénite* change de forme et de mouvement en accord avec les changements de la Lune, et l'*hélioséléne* est comme une image de la rencontre des deux luminaires, à la ressemblance des rencontres et des séparations qui se font au ciel.

Tout est donc plein de dieux, la terre est pleine de dieux célestes, le ciel de dieux supracélestes; chaque série procède, s'accroissant en nombre, jusqu'à ses termes derniers. En effet, ce qui existait dans l'unité avant toutes choses est manifesté dans tous les membres de la série. D'où les organisations des âmes, dépendantes celles-ci d'un dieu, celles-là d'un autre. D'où encore, par exemple, le grand nombre des animaux héliaques, tels que le lion et le coq, qui eux aussi participent au divin selon le rang qu'ils occupent. L'admirable, c'est comment, chez ces animaux, les moins pourvus en force et en taille se font craindre de ceux qui l'emportent sur ces deux points : car le lion, dit-on, recule devant le coq (1). La raison n'en est pas à prendre dans les données des sens, mais dans une considération intellectuelle, c'est-à-dire une différence qui remonte aux causes elles-mêmes. C'est que, en vérité, la présence dans le coq des symboles héliaques (2) a plus d'efficace. Il le montre bien par la conscience qu'il a du circuit du Soleil : car il chante un hymne au lever de l'astre et quand l'astre se tourne vers les autres centres (3)...

(150.19) D'un mot, certains êtres ne font que se mouvoir en accord avec le circuit de l'astre, comme les plantes dont nous avons parlé; d'autres imitent la forme des rayons comme le palmier; d'autres l'essence ignée, comme le laurier (4); et d'autres quelque autre chose. Si bien que, ces

---

(1) La légende du lion qui craint le coq est très répandue et souvent répétée, cf. Orth dans P. W., s. v. *Huhn* (VIII, 2532. 66, 2536. 36 ss.). Le sens parait être ici que le coq acquiert, par la présence plus grande en lui d'influx solaire, une supériorité sur le lion qui en a moins.

(2) ἡ τῶν ἡλιακῶν συμβόλων εἰς τὸν ἀλεκτρυόνα παρουσία 150. 9-10. Ou, en prenant παρουσία en un sens propre à l'astrologie (cf. κέντρα, l. 12) : « la situation présente du Soleil en tel point du zodiaque (cf. Vett. Val., p. 49. 26. Kroll) a plus d'efficace sur le coq ». Mais en ce cas τῶν ἡλιακῶν συμβόλων ferait un pléonasme bizarre. M. Cumont veut bien me signaler qu'on lit dans Glykas (p. 90 de la Byzantine de Bonn) un passage sur le coq et le soleil analogue au texte de Proclus.

(3) τὰ κέντρα en astronomie = les points cardinaux de l'écliptique.

(4) Le laurier a une essence ignée car il sert à allumer le feu, cf. Dar.-Saglio, s. v. *Igniaria*, et surtout Cumont, *La stèle du danseur d'Antibes et son décor végétal* (Paris, 1942), pp. 13-17.

propriétés concentrées dans le Soleil, on peut les voir divisées entre les êtres participants, anges, démons, âmes, animaux, plantes, pierres. Partant de là, les maîtres de l'art hiératique ont découvert, d'après ce qu'ils avaient sous les yeux, le moyen d'honorer les puissances d'en haut, mélangeant certains éléments, en retranchant d'autres à propos. S'ils mélangent, c'est pour avoir observé que chacun des éléments séparés possède bien quelque propriété du dieu, mais néanmoins ne suffit pas pour l'évoquer : aussi, par le mélange d'un grand nombre d'éléments divers, ils unifient les effluves susdits, et, de cette somme d'éléments, composent un corps unique ressemblant à ce tout qui précède la dispersion des termes. C'est ainsi que, souvent, ils fabriquent, par ces mélanges, des images et des aromates, pétrissant en un même corps les symboles auparavant divisés et produisant artificiellement tout ce que la divinité comprend en soi par essence, en unissant la multiplicité des puissances qui, séparées, perdent chacune la pointe de sa force, et qui au contraire, mélangées, se combinent pour reproduire la forme du modèle.

Il arrive qu'une seule herbe ou une seule pierre suffise pour l'opération : ainsi, pour une théophanie, le *knéôron* (1); pour un phylactère, le laurier, le néprun épineux, la scille, le corail, le diamant, le jaspe; pour la prognose, le cœur de taupe; pour les purifications, le soufre et l'eau de mer.

Ainsi donc, au moyen de la sympathie, ils attiraient (2) à eux certaines puissances divines et ils en repoussaient d'autres au moyen de l'antipathie, par exemple par des purifications de soufre et de bitume ou des aspersions d'eau de mer : car le soufre purifie par l'âcreté de l'odeur, l'eau parce qu'elle participe de la puissance ignée. En outre, dans les initiations et les autres cérémonies du culte divin, ils choisissaient les animaux et autres substances convenables. A partir de ces objets et d'autres semblables, ils firent la connaissance des puissances « démoniaques » dont (3) les essences sont en continuité avec la force éparse dans la nature et dans les corps, et, par ce moyen, ils attirèrent les démons pour entrer en commerce avec eux. Puis, des démons, ils s'enhardirent jusqu'à opérer sur les dieux, instruits par les dieux eux-mêmes ou mus de leur propre chef à l'heureuse découverte des symboles appropriés. Et ainsi enfin, laissant à la terre la nature et les forces naturelles, ils se servirent des puissances divines qui opèrent en tête de la chaîne » (4).

(1) Sorte de laurier.
(2) Les anciens? ou les maîtres de l'art hiératique? Il est notable en tout cas que Proclus parle de ces inventions comme de choses passées, depuis longtemps connues : de fait, la doctrine de la sympathie peut remonter à Posidonius et son application à la thérapeutique a pris forme entre le 1ᵉʳ siècle avant et le 11ᵉ s. après notre ère.
(3) ὧν scripsi : ὡς cod. (151. 16). La correction semble avoir été déjà faite, implicitement, par le P. Brémond (*l. c.*, p. 106) qui écrit : « les puissances démoniaques dont l'essence est en continuité. »
(4) ταῖς πρωτουργαῖς καὶ θείαις ἐχρήσαντο δυνάμεσι (151. 22-23). J'ai donné à πρωτουργαῖς son sens originel. C'est peut-être trop presser un mot qui, sans doute, devait être déjà usé : en ce cas, traduire simplement « puissances premières et divines ».

III. Les écrits d'Hermès.

Il est temps d'en venir à nos textes mêmes de botanique astrologique (1). La tradition en est confuse parce que des écrits ou identiques ou fort analogues ont été placés indifféremment sous le patronage d'auteurs très divers, lesquels, il est vrai, avaient en commun le prestige soit de la science, soit de la dignité royale, soit du caractère prophétique ou même divin, à quoi l'on ajoutait encore l'éloignement dans l'espace et le temps pour en imposer davantage. Pline l'Ancien connaissait déjà des écrits magiques sur les plantes, de Pythagore (2), de Démocrite (3), et des mages Zoroastre et Ostanès (4). Dans le même temps, il circulait sous le nom d'Aristote un opuscule sur les plantes, qui est sans doute de Nicolas de Damas (5). D'autre part, on lisait, dès le 1er siècle de notre ère, un ouvrage de Néchepso sur la connexion de plantes et des astres (6), et les manuscrits astrologiques grecs et latins nous font connaître, sur le même sujet, un certain nombre de petits traités qu'ils attribuent, mais non sans désaccord, au roi Alexandre de Macédoine (7), à Hermès Trismégiste, à Hénoch (8), à Salomon (lequel

---

(1) Sur la botanique astrologique, cf. Pfister dans P. W., XIX, 1446 ss. (*Pflanzenaberglaube*); Delatte, *Herbarius*, 2° éd., 1938, en particulier, pp. 41-50, 108-110; Boll-Bezold-Gundel, *Sternglaube*⁴, pp. 139-140. On ne trouve aucune indication sur ce point dans l'exposé, par ailleurs utile, de Ch. Singer, *Greek Biology*, etc., pp. 56 ss. (*The general course of botanical knowledge*) dans *Studies in the history and method of Science*, t. II (1921), Oxford.

(2) Cf. Pline, *N. H.*, XXV, 13 : *ab eo* (Homère) *Pythagoras clarus sapientia primus volumen de earum* (sc. *herbarum*) *effectu composuit, Apolloni. Aesculapioque et in totum diis immortalibus inventione et origine assignata, composuit et Democritus, ambo peragratis Persidis, Arabiae, Aethiopiae, Aegyptique Magis.* XXIV, 156 *primi eas* (sc. *herbas*) *in nostro orbe celebravere Pythagoras atque Democritus, consectati Magos.* Voir *ib.*, XXIV, 151-159, des recettes tirées de cet apocryphe pythagoricien.

(3) Sur Démocrite magicien et la science qu'il aurait puisée auprès d'Apollobèchès (ou Pibéchès; cf. P. W., I, 2847 (Riess) et, mieux, *ib.*, XX, 1310-1312 (Preisendanz); *Poimandres*, p. 363; *Mag. hell.*, II, pp. 13, n. 19, 15, n. 3, 309, 366 ss. : c'est le roi Horus assimilé à Apollon) et de Dardanus (rival magique de Salomon : cf. *Poimandres*, p. 163, n. 4; *Mag. hell.*, II, p. 13, n. 20), cf. Pline, *N. H.*, XXX, 9. Sur les apocryphes dus à Bolos de Mendès, auteur d'un περὶ συμπαθειῶν καὶ ἀντιπαθειῶν <ζῴων, φυτῶν,> λίθων (II° s. av. J.-C.), cf. Diels-Kranz, *Vorsokr.*⁵ 68 B 300, 1-20, t. II, pp. 210-221; voir aussi P. W., III, 676. 33 ss., et *infra*, pp. 197 ss.

(4) Voir l'ouvrage, souvent cité déjà, de Bidez-Cumont, *Les mages hellénisés*.

(5) Cf. P. W., II, 1047. 20-41 et Thorndike, *Hist. of Mag. a. Exp. Science*, II (1923), p. 260.

(6) Fragm. 27-32 Riess. Voir aussi la lettre de Thessalos. *supra*, pp. 56 ss.

(7) Cf. l'art. *Pflanzenaberglaube* (Fr. Pfister) dans P. W., XIX : « Alexandertext », 1450-1451.

(8) *De XV herbis lapidibus et figuris*, cf. P. W., XIX, 1454. 27-36; Thorndike,

s'adresse à son fils Roboam) (1), au médecin Thessalos qui aurait reçu d'Asklépios lui-même un long traité sur les dix-neuf plantes accordées aux astres (soit les sept plantes des sept planètes et les douze plantes des douze signes) (2), à Harpokration (3), enfin à un certain Alexius ou Flaccus Africanus disciple de Belenus (Apollonius de Tyane) (4). Il est difficile, dans cette foire, de déterminer ce qui revient au juste à Hermès Trismégiste (5). Tous ces noms éclatants couvraient au fond la même marchandise, et la multiplicité des patrons littéraires témoigne surtout de la concurrence assez âpre qui régnait entre les herboristes. C'était à qui attirerait la plus nombreuse clientèle. Tenants de Néchepso ou disciples d'Hermès louaient à l'envi leurs recettes. Un mot du récit de Thessalos laisse encore percer l'écho de ces rivalités de boutique. Dans le petit discours qu'Asklépios est censé avoir tenu à Thessalos avant de lui livrer ses secrets, le dieu déclare bien : « Le roi Néchepso, ... doué d'un naturel sagace, avait compris les affinités des pierres et des plantes avec les astres », mais pour ajouter aussitôt : « cependant il n'a pas connu les moments et les lieux où il faut cueillir les plantes ». La grâce lui a manqué : « tout homme fort sensé qu'il était et en possession de tout pouvoir magique, il n'a cependant point reçu de quelque voix divine aucun des secrets que tu veux apprendre » (6). Il n'est pas impossible qu'à de menues nuances — qui n'empêchent évidemment pas la doctrine d'être partout, en substance, la même, — on découvre encore d'autres traces des querelles entre herboristes. C'est ce que nous permettra de constater une analyse plus attentive des opuscules édités.

Ces opuscules hermétiques se rangent très aisément sous les trois

---

op. cit., I, p. 340; II, p. 220, n. 7. Edité par L. DELATTE, *Textes latins et vieux français relatifs aux Cyranides*, Liége-Paris, 1942, pp. 277-288. Cet opuscule n'est que le remaniement réduit d'un traité hermétique édité *ibid.*, pp. 237 ss. Cf. *infra*, p. 165.

(1) P. W., XIX : « Salomontext » de l'opuscule sur les plantes des 7 planètes, 1452. 32-52; « Salomontext » de l'opuscule sur les plantes des 12 signes, 1454. 56-64. Voir aussi THORNDIKE, *op. cit.*, II, pp. 279 ss.

(2) P. W., XIX : « Thessalostext » (7 planètes et 12 signes), 1451. 39-1452. 31; « Thessalostext » (12 signes), 1453. 29-54. Cf. *supra*, pp. 56 ss.

(3) C'est la lettre de Thessalos qui, dans certains manuscrits grecs, est attribuée à Harpokration, cf. *Rev. Bibl.*, XLVIII (1939), pp. 55-56. Sur Harpokration, cf. P. W., VII 2416. 63 ss.

(4) P. W., XIX : « Alexiustext » (7 planètes), 1452. 53-1453. 25. Ce traité de Flaccus Africus est édité par L. DELATTE, *Textes latins*, pp. 213 ss. Cf. *infra*, p. 201, n. 1, p. 203, n. 4 et 5.

(5) Voir la remarque de DELATTE, *Herbarius*² (1938), p. 18, n. 1. Là même un classement des diverses recensions.

(6) Cf. *supra*, p. 58.

chefs que nous avons eu déjà l'occasion de distinguer : comme les régions de la terre et les membres du corps humain, les plantes sont dévolues au patronage soit des décans, soit des signes zodiacaux, soit des planètes. Une quatrième catégorie, représentée par un opuscule hermétique *de XV stellis* dont il subsiste aussi un remaniement attribué à Hénoch (1), met en relation quinze plantes, ainsi que quinze pierres et quinze talismans, avec quinze étoiles fixes.

A. *Plantes décaniques.*

On ne connaît sur ce thème qu'un opuscule, attribué au Trismégiste sous le titre : « Livre Sacré d'Hermès à Asklépios » (2). Au dire de Galien, on l'a vu (3), l'herboriste Pamphile a utilisé un écrit analogue, hermétique lui aussi. Dans cet écrit, il était question d'une plante nommée ἀετός. Comme l'opuscule édité ne signale aucune plante de ce nom, on suppose qu'il diffère de l'ouvrage auquel Galien fait allusion (4).

Le *Livre Sacré* est essentiellement une liste de recettes médicales. Étant admis que les décans dominent sur les membres du corps selon le principe énoncé plus haut (5), il s'agit de trouver la plante et la pierre « en sympathie » avec chaque décan, de graver sur cette pierre l'image du décan, de placer sous la pierre une parcelle de la plante, de fixer le tout dans un anneau et de porter cet

---

(1) Cf. *supra*, p. 137 n. 8 et *infra*, pp. 160 ss., 165.
(2) Edité par PITRA, *Anal. Sacr.*, V, 2, pp. 284 ss. d'après le *Mosquensis* 415 (cf. *CCAG.*, XII, cod. 27, f. 68) et le *Vindobonensis* med. gr. 23; par Ruelle, *Rev. de Philol.*, XXXII (1908), pp. 247 ss. d'après le *Parisinus* 2256 (ff. 584-588) et le *Par.* 2502 (ff. 19-39). Sur ce texte, cf. GUNDEL, *Sterne u. Sternbilder*, pp. 281-283. Sur les lapidaires astrologiques dans l'antiquité grecque, GUNDEL, *ibid.*, pp. 281-288 et 335-342; HOPFNER, *Offenbarungszauber*, I, §§ 560-562, 817. Pour le lien entre lapidaires astrologiques grecs et lapidaires arabes, J. RUSKA, *Griechische Planetendarstellungen in arabischen Steinbücher* (*Sitz. Ber.* Heidelberg, 1929, 3. Abh.), pp. 180 ss. L'article de GANSCHINIETZ, *Ringe* (in dem *Folklore*), P. W., II. R., I, 833-841 est utile, mais ne traite pas des représentations astrologiques sur les pierres gravées. — Signalons que, outre Hermès, l'astrologue Teûkros « de Babylone » avait composé un ouvrage sur les décans, leurs paranatellons et leurs masques (πρόσωπα), ainsi que sur les figures des décans à graver sur des pierres, cf. BOLL dans *CCAG.*, VII, p. 193 et PORPH., *Isag.* 47 (*CCAG.*, V, 4, 221. 3) ἔγκεινται δὲ καὶ τῶν δεκανῶν καὶ τῶν παρανατελλόντων αὐτοῖς καὶ τῶν προσώπων τὰ ἀποτελέσματα παρὰ Τεύκρου τοῦ Βαβυλωνίου, Teukros *ap.* PSELLOS, *Paradoxa*, p. 147. 21 ss. ...εἰσὶ ἐν ἑκάστῳ τῶν ζῳδίων τρεῖς κατειλεγμένοι δεκανοὶ ποικιλόμορφοι ὁ μὲν κατέχων πέλεκυν, ὁ δὲ εἰς ἄλλο τι ἐσχηματισμένος εἰκόνισμα. ὧν εἰ τὰ εἴδη καὶ τὰ σχήματα ἐν δακτυλίων ἐγγλύψεις σφενδόνῃ, ἀποτρόπαιά σοι δεινῶν γενήσεται.
(3) GAL., XI, p. 798 Kühn : cf. *supra*, p. 77.
(4) Ainsi KROLL, P. W., VIII, 797. 63-798. 8 et PFISTER, P. W., XIX, 1454. 18.
(5) Cf. *supra*, pp. 128-129.

anneau, tout en s'abstenant de l'aliment « antipathique » au décan. On notera que le choix de la pierre ou de la plante est souvent déterminé par la figure que l'on attribue au décan. Ainsi le 1ᵉʳ décan du Lion, dont le visage est celui d'un lion, entouré de rayons solaires, a-t-il pour plante le pied de lion (λεοντόποδον) ; le 2ᵉ décan, qui porte sur la tête un croissant de lune, a pour pierre la sélénite ou pierre de lune. Les curieux que ces petits problèmes intéressent trouveront une autre liste de décans, avec l'indication de la pierre et de la plante correspondantes, ainsi que du mal guéri, dans un texte astrologique (anonyme) édité par W. Kroll (1) ; la figure des décans n'y est point décrite, et ce n'est point cette figure qu'on grave sur la pierre, mais le nom et le « caractère » du décan (2) ; l'effet est le même.

Je traduis ici l'introduction du *Livre Sacré* et le paragraphe sur le 1ᵉʳ décan du Bélier. Pour le reste, j'indiquerai seulement les éléments en relation : décan, partie du corps (et maladies), pierre, plante, aliment à éviter. J'omets les noms des décans. Et je ne signale la matière de l'anneau que lorsqu'elle est spécifiée ; partout ailleurs, cette matière est indifférente, le texte dit simplement « fixe (littéralement : « enferme ») en quelque anneau qui te plaise », κατάκλεισον ἐν ᾧ βούλει (δακτυλίῳ).

« *D'Hermès à Asklépios : le livre dit sacré :*

1. J'ai disposé pour toi les formes et les figures des trente-six décans appartenant aux signes zodiacaux, et j'ai indiqué comment il faut graver chacun d'eux et le porter entre l'horoscope, le Bon Démon (3) et le lieu ... (?) (4). Si tu le fais, et portes cet anneau, tu posséderas un puissant phylactère : car

---

(1) *CCAG.*, VI, p. 73 d'après le *Vindobon. philos. gr.* 108 (ff. 357-358 v). Ni les noms des décans, ni les pierres et plantes ne correspondent à ceux de notre texte. Cf. au surplus Gundel, *Sterne u. Sternbilder*, pp. 283-284.

(2) Sur les « caractères » (χαρακτῆρες), signes magiques symbolisant décans, planètes ou signes zodiacaux, et qu'on gravait sur des pierres, cf. Hopfner, *Offenbarungszauber*, I, §§ 819-821. Ceux du cod. Vindobon. sont reproduits *CCAG.*, VI, p. 74 (ici symboles des décans). Des « caractères » symboles des étoiles fixes sont reproduits par L. Delatte à la suite du traité hermétique *de XV stellis*, cf. *Textes latins*, p. 289. Selon Gundel, *Sterne u. Sternbilder*, p. 340, n. 2, le plus ancien exemple de pierres portant en gravure les noms des planètes se trouverait dans Philostr., *v. Apoll. Ty.*, III, 41 (I, p. 420 Conybeare) φησὶ δὲ ὁ Δάμις καὶ δακτυλίους ἑπτὰ τὸν Ἰάρχαν τῷ Ἀπολλωνίῳ δοῦναι τῶν ἑπτὰ ἐπωνύμους ἀστέρων, οὓς φορεῖν τὸν Ἀπολλώνιον κατὰ ἕνα πρὸς τὰ ὀνόματα τῶν ἡμερῶν, mais je ne sais si ἐπωνύμους etc. peut avoir ce sens : « nommés d'après les sept planètes » paraît plus normal (cf. les pierres dites « héliotrope, sélénitis », etc.).

(3) Le Bon Démon est le 11ᵉ lieu, cf. *CCAG.*, VIII, 4, p. 170.

(4) καὶ τοῦ περὶ ἕξεως τόπου. Si ἕξις = « possession », c'est le 2ᵉ lieu, si ἕξις = *valetudo*, c'est le 6ᵉ lieu.

toutes les affections envoyées aux hommes par suite de l'influence des astres sont guéries par ces décans (1). Si donc tu honores chacun d'eux au moyen de sa propre pierre et de sa propre plante, et en outre de sa forme, tu posséderas un puissant phylactère. Car rien ne se produit sans cette disposition décanique (2), vu qu'en elle est enveloppé le Tout.

2. Le cercle du zodiaque, dans son déroulement (ἐξέρχεται), est configuré selon les parties et les membres du monde (3) : voici comment il se distribue en parties.

3. Le Bélier est la tête du monde, le Taureau le cou, les Gémeaux les épaules, le Cancer la poitrine, le Lion les omoplates, le cœur et les côtes, la Vierge le ventre, la Balance les fesses, le Scorpion le pubis, le Sagittaire les cuisses, le Capricorne les genoux, le Verseau les jambes, les Poissons les pieds.

4. Ainsi donc, chacun des signes zodiacaux a pouvoir sur son membre propre et il produit en ce membre une certaine affection, en sorte que, si tu veux éviter de subir ce qu'il faut subir du fait des décans, grave sur les pierres les formes et figures des décans eux-mêmes, et, après avoir placé en dessous (de la pierre gravée) la plante de chaque décan et aussi sa forme, et t'en être fait un phylactère, porte-le, comme un puissant et bienheureux secours pour ton corps.

5. BÉLIER : 1er décan. Il a nom Chenlachôri, et il a la forme ici représentée (4) : son visage est d'un petit enfant, ses mains sont dressées vers le haut, il tient un sceptre qu'il élève au-dessus de sa tête, il est emmailloté des pieds aux genoux. Il domine sur les affections de la tête. Grave-le donc sur une pierre de Babylone poreuse, place en dessous la plante *isophryn*, fixe dans un anneau de fer et porte. Garde-toi de manger la tête d'un verrat. C'est ainsi que tu gagneras la bienveillance de chaque décan en le gravant sur sa pierre et avec son nom. »

2e décan. Tempes, narines (et toutes les affections y relatives). — Sidérite. — Rue sauvage. — Anneau d'or. — Chair de la grue.

---

(1) Ou « ces objets », τούτοις.

(2) ἄνευ γὰρ ταύτης τῆς δεκανικῆς διαθέσεως οὐδενὸς γένεσίς ἐστιν. Cf. le texte des *Iatromathématika* hermétiques cités *supra*, p. 131 n. 3.

(3) ὁ ζῳδιακὸς οὖν κύκλος μεμορφωμένος εἰς μέρη [καὶ μέλη] καὶ ἁρμοὺς (ἁρμονίας Ruelle, correxi) ἐξέρχεται τοῦ κόσμου (ἐξέρχεται *Par.* 2502 : ἐξέχεται *Par.* 2256, ἔρχεται *Mosq.*). καὶ ἔχει κατὰ μέρος οὕτως. ὁ Κριὸς κεφαλή ἐστι τοῦ κόσμου. Peut-être faut-il écrire τοῦ Κόσμου et traduire « du dieu Kosmos », comme le fait Gundel (*Sterne und Sternbilder*, 1922, p. 69) : « So lagert etwa der Gott Kosmos im Tierkreis, sein Kopf ist der Widder, seine Füsse die Fische ». — On retrouve la même phrase d'introduction placée par erreur en tête d'un opuscule *de septem stellarum herbis*, *CCAG.*, VI, p. 83. 3-4. Le texte édité est celui-ci : ὁ ζῳδιακὸς κύκλος μεμορφωμένος ἐστὶν εἰς μέρη καὶ ἁρμούς. ἐξέρχεται ἀπὸ τοῦ κόσμου ὁ Κριός, κεφαλή ἐστιν τοῦ κόσμου, etc. W. Kroll propose ἄρχεται τοῦ κόσμου ὁ Κριὸς < ὅς > κεφαλή ἐστιν κτλ., mais je préférerais ὁ ζῳδιακὸς κύκλος μεμορφωμένος [ἐστὶν] εἰς μέρη καὶ ἁρμοὺς ἐξέρχεται [ἀπὸ] τοῦ κόσμου. ὁ Κριὸς κεφαλή ἐστιν τοῦ κόσμου, en vertu du texte parallèle des décans. Sur la portée générale de ces correspondances entre planètes ou signes zodiacaux et parties du corps, cf. aussi BOLL-BEZOLD-GUNDEL, *Sternglaube*⁴, p. 137, qui renvoie à Pétrone, c. 39.

(4) L'original devait contenir des représentations figurées des décans qui n'ont pas été reproduites dans le *Par.* 2256. Le *Vindob.* ph. gr. 108 et le *Paris.* 2419 (f. 38v) contiennent des représentations graphiques symbolisant les décans, cf. *CCAG.*, VI, p. 73 et le tableau p. 74; *CCAG.*, VIII, 1, p. 27; GUNDEL, *Dekane u. Dekansternbilder* (1936), pp. 385-394 et 385 n. 1 : voir aussi pp. 62-68.

3ᵉ décan. Oreilles, luette et dents. — Bostrychite. — Langue d'agneau (plantain). — Tripes de bélier.

Taureau : 1ᵉʳ décan. Nuque. — Sélénite alourdie au soleil. — Sphérite (cyprès aux fruits globuleux). — Congre.

2ᵉ décan. Amygdales et gorge. — Pierre aphrodisiaque. — Dictame. — Anneau d'or ou d'argent. — Anguille.

3ᵉ décan. Bouche et gosier. — Hyacinthe (sorte de topaze). — Langue-de-bœuf (buglosse). — Anneau d'or ou d'argent. — Anguille.

Gémeaux : 1ᵉʳ décan. Pointes des épaules. — Diamant. — Orchis. — Torpille.

2ᵉ décan. Bras. — Pierre *panchrous* (de toutes couleurs). — Quintefeuilles. — Scare (poisson).

3ᵉ décan. Mains. — Héliotrope (pierre). — Romarin. — Viande de sanglier.

Cancer : 1ᵉʳ décan. Flancs. — Dryite. — Armoise. — Estomac d'une truie blanche.

2ᵉ décan. Poumons. — Jaspe verdoyant. — Pivoine. — Tout aliment touché par un chien.

3ᵉ décan. Rate. — Euchaïte. — Sphérite. — (L'aliment manque, mais le texte ajoute : « bienheureux secours »).

Lion : 1ᵉʳ décan. Cœur. — Agate. — Pied de lion. — Œufs de passereau.

2ᵉ décan. Omoplates. — Sélénite. — Chrysogone (notre chrysanthème?). — Anneau d'or. — Fèves.

3ᵉ décan. Foie. — Hélite. — (Manque la plante). — Thon.

Vierge : 1ᵉʳ décan. Ventre. — Corallite. — Œil de belette. — Foie de truie blanche.

2ᵉ décan. Intestins. — Dendrite. — Réglisse. — Chair de la grue.

3ᵉ décan. Ombilic. — Euthlizôn (1). — Catanance (sorte de vesce). — Tripes de poulain et viande d'ours (2).

Balance : 1ᵉʳ décan. Fondement. — Jaspagate. — Polion. — Canard et amandes amères.

2ᵉ décan. Urèthre, vessie et voies urinaires. — Sardoine. — Verveine. — Mûres.

3ᵉ décan. Anus (hémorroïdes, callosités, crevasses). — Émeraude. — Verveine basse. — Cuisse de porc et ache.

Scorpion : 1ᵉʳ décan. Orifice de la verge (douleurs, ulcères charbonneux et inflammatoires). — Hématite. — Mercuriale. — (Manque l'aliment).

2ᵉ décan. Parties génitales (anthrax et excroissances charnues). — Pyrite. — Queue de scorpion. — (Manque l'aliment).

3ᵉ décan. Testicules (phlegmons, soit aux deux testicules, soit à un seul). — Cornaline (ou sardoine) d'Égypte. — Pivoine. — Testicules.

Sagittaire : 1ᵉʳ décan. Cuisses (tumeurs nommées bubons). — Pierre de Phrygie. — Sauge. — Poules d'eau à bec et jambes rouges (ou polypes).

2ᵉ décan. Os (fractures). — Améthyste. — Andraktitalon (?). — Tourterelles marines.

---

(1) ἐν λίθῳ εὐθλίζοντι. Liddell-Scott-Jones conjecturent (s. v.) ὑελίζοντι = pierre ressemblant au verre.

(2) Ici et dans plusieurs paragraphes de la suite, l'indication de l'aliment manque dans le *Par.* 2256, mais est donnée par le *Par.* 2502 ou le *Vindob.* med. gr. 23.

3ᵉ décan. Cuisses (douleurs et ulcérations). — Aérizôn (pierre limpide comme l'air). — Centaurée. — Cervelle de poule.

Capricorne : 1ᵉʳ décan. Genoux. — Ophite. — Pied d'alouette. — Anguille.

2ᵉ décan. Articulations. — Calcédoine. — Anémone. — Murène.

3ᵉ décan. Mêmes membres et maladies que le 2ᵉ décan. — Anankite. — Caméléon (plante). — Écrevisses.

Verseau : 1ᵉʳ décan. Tibias (abcès et ulcères). — Knékite (?). — Asarum. — Pain de millet mangé par des mouches.

2ᵉ décan. Genoux et gras des jambes. — Aimant. — Pimprenelle. — Cuisse de porc.

3ᵉ décan. Mêmes membres et maladies. — Pierre de Médie. — Thyrsion (sorte de thym). — Viande d'âne.

Poissons : 1ᵉʳ décan. Pieds (abcès). — Béryl. — Verveine. — Viande de lionne.

2ᵉ décan. (Manque le membre). — Périleukios (pierre cernée de blanc?). — Romarin. — Foie de mouton.

3ᵉ décan. (Manque le membre). — Hyacinthe. — Camomille. — Tête de chèvre (*Vindobon.* : ne pas s'asseoir par terre).

B. *Plantes zodiacales.*

Il subsiste, sur les plantes des douze signes, deux sortes d'écrits qui se distinguent fort bien, non pas seulement parce qu'ils sont attribués d'un côté à Thessalos (Harpokration) ou à Hermès, de l'autre à Salomon, mais parce que la liste des plantes et la nature de l'exposé relatif à chaque plante diffère d'une manière très sensible dans les deux cas.

a) La première version comporte elle-même deux recensions, l'une courte (R. C.), l'autre longue (R. L.).

α. La R. C. est un très petit chapitre (10 lignes) attribué, dans les manuscrits, au Trismégiste sous le titre « D'Hermès Trismégiste, sur les plantes des douze signes » (1). La suite des plantes est celle-ci (2) :

Bélier = sauge (ἐλελίσφακον, *salvia*).

Taureau = verveine droite (περιστερεὼν ὀρθή, *peristeria* < *id est* > *columbina vel vervena*).

Gémeaux = verveine basse (περιστερεὼν ὕπτιος, *hierabotane quae spargitur super terram*).

---

(1) Édité selon des traditions manuscrites un peu différentes par Pitra, *Anal. Sacr.*, V, 2, p. 291 (d'où Riess, *Petos.-Nechepso*, fr. 36 b) et Fr. Boll, *CCAG.*, VII, pp. 232-233.

(2) J'ai ajouté au nom grec, qui est le même dans les recensions courte et longue, le nom latin de la traduction latine de la recension longue, *CCAG.*, VIII, 4, pp. 258-18-259. 29.

Cancer = grande consoude (σύμφυτον, *symphyton, id est consolida maior*).

Lion = cyclamen (κυκλάμινον, *cyclamen*).

Vierge = calaminthe (καλαμίνθη, *calaminthum*).

Balance = queue de scorpion ou héliotrope (σκορπίουρος, *scorpialis id est heliotropium*).

Scorpion = armoise (ἀρτεμισία, *artemisia*).

Sagittaire = pimprenelle rouge et bleue (ἀναγαλλὶς πυρρὰ καὶ κυανή, *anagallis id est citragalla*).

Capricorne = patience (λάπαθον, *lapathum*).

Verseau = serpentaire (δρακόντιον (1), *dracontea*).

Poissons = aristoloche longue et trapue (ἀριστολοχία μακρὰ καὶ στρογγύλη, *aristolochia*).

Après cette simple liste, la R. C. ajoute : « Il faut cueillir ces plantes et en extraire le jus quand le Soleil se trouve dans le Bélier. » Ce n'est qu'un résumé de la R. L. (2) : « Il est manifeste que le Soleil est le roi de tous les astres : or le Soleil a son exaltation dans le Bélier et il reçoit, dans ce signe, une puissance incroyable (3). C'est donc à ce moment-là que les plantes ont le plus de vertu, non seulement à cause du Soleil, mais parce que le Bélier est cause participante de l'influence que les dieux (astres) exercent sur la terre (4)... Telles étant les puissances du Bélier, c'est donc quand le Soleil est dans ce signe que tu dois cueillir lesdites plantes et en extraire le jus, sans les cuire. » Ce qu'on lit ensuite dans la R. C. ne correspond plus exactement à la longue :
R. C. : « Mais il faut aussi que le Soleil soit dans le signe de la plante qu'on veut cueillir et que la Lune soit dans le trigone du Soleil ou dans son horoscope. Que ce soit au jour et à l'heure de l'œcodespote du signe (5). Fais ainsi afin de réussir, comme le dit le Précepteur (6), selon l'influence physique et cosmique ». La R. L. n'a que ces indications toutes brèves (7) : « Exaltation du Soleil,

---

(1) La R. L. a ici μάραθρον, fenouil, VIII, 4, p. 149. 7. Cependant les manuscrits B et F (sigles de Boudreaux) donnent (B) : « dans certains (manuscrits), c'est le δράκοντι », (F) « dans certains on trouve écrit la patience (λάπαθον, plante du Capricorne) ».

(2) VIII, 3, p. 139. 1-5, 7-8.

(3) Cf. *Astr. Gr.*, pp. 193 ss., en particulier le tableau, p. 195.

(4) ἀλλὰ καὶ διότι τὸ ζῴδιον πᾶσι τοῖς τὰ πάθη ἐμποιοῦσι θεοῖς ἐπίκοινον. La version latine paraît avoir compris le sens (VIII, 4, p. 258. 8-9) : *sed quia zodiacus est causa et principium omnium impressionum quae sunt a diis*.

(5) Sc. de la planète ayant son domicile dans le signe.

(6) ὁ διδάσκαλος : sans doute le Trismégiste.

(7) VIII, 3, p. 139. 5-6.

dépression de Saturne, domicile de Mars, trigone de Jupiter » ; par contre elle donne une recette pour l'extraction du jus (1) qui manque dans la R. C. Malgré ces différences, il n'est pas douteux que la R. C. soit un résumé de l'une des traditions manuscrites de la R. L.

β. La R. L. paraît dans le texte de Thessalos (Harpokration), immédiatement après le prologue, comme le premier des opuscules de botanique astrologique dictés par Asklépios au médecin (2). Toutefois, dans un manuscrit (3), l'ouvrage est donné comme d'Hermès : « Plantes des douze signes éditées d'après Hermès » (4). La suite des plantes est la même que dans R. C., sauf pour le Verseau (5). Je résume ici le paragraphe sur la plante du Bélier (6) :

« Bélier, premier signe. Sur la sauge. Cueille à partir du 22 Phaménôth, c'est-à-dire du 18 Dystros (7), selon les Romains à partir du 15e jour avant les calendes d'avril (= 18 mars). Première plante : sauge. Elle a de grandes vertus contre le flux de sang, et pour les phtisiques, pour ceux qui sont su_jets à tomber en syncope, pour les hypocondriaques, dans les affections de la matrice » (8).

Suivent les prescriptions dans chacune de ces maladies (9). Puis le texte ajoute : « On fait aussi de la racine un cataplasme émollient tout à fait actif dans les cas de néphrite et de sciatique », et donne la recette du cataplasme. Les onze autres paragraphes sont exactement sur le même type, sauf que, à partir du cinquième signe (Lion), le manuscrit le meilleur (*Matrit.* Gr. 110) venant à manquer, on ne trouve plus au début de chaque paragraphe les indications sur la date de la cueillette (10).

b) Toute diverse est la deuxième version, longue elle aussi, attribuée à Salomon (11). D'abord, la suite des plantes n'est pas la

---

(1) VIII, 3, p. 139. 8-13.
(2) *CCAG.*, VIII, 3, pp. 139. 14-151. 15 (Boudreaux). Version latine (extraits) : VIII, 4, pp. 258. 22-259. 29 (Cumont).
(3) F de Boudreaux = *Monac.* 542 : cf. *CCAG.*, VII, p. 29.
(4) ἐκδοθεῖσαι παρὰ Ἑρμοῦ, cf. VIII, 3, p. 139. 14 (app. cr.).
(5) Cf. *supra*, p. 144 n. 1.
(6) VIII, 3, pp. 139. 14-141. 9.
(7) Deuxième mois macédonien, correspondant à mars.
(8) Spécifiées plus loin (140. 13-14) : « indurations, écoulements des humeurs, douleurs persistantes ».
(9) VIII, 3, pp. 140. 2-141. 4.
(10) Par contre, ces indications ont été conservées dans la version latine. Pour d'autres accords entre cette version et le *Matritensis*, cf. VIII, 4, p. 258. 2 (app. crit.), mais cette version est plus ancienne que le *Matrit.*; cf. *ib.*, p. 253.
(11) *CCAG.*, VIII, 2, pp. 159-162 (Heeg).

même : 1 millefeuilles (μυριόφυλλον), 2 trèfle (τριφύλλιον), 3 glaïeul (ξίφιον), 4 mandragore (μανδραγούραν), 5 marrube noir (βαλωτή), 6 solanum (στρύχνος), 7 βελονική (véronique), 8 cynoglosse (κυνόγλωσσον), 9 ἀνακάρδιος (?), 10 plante à odeur de bouc (τράγιον), 11 renoncule (βατράχιον), 12 aristoloche (ἀριστολοχία). On le voit, les deux versions ne concordent que sur cette dernière plante, celle des Poissons. Mais ce n'est pas la seule différence. Dans l'opuscule « de Thessalos », les paragraphes sont uniquement composés de recettes médicales très précises, avec indication des mesures (once, etc.) pour chaque ingrédient et du mode d'emploi en chaque maladie. Ces recettes sont purement médicales (potions, liniments, cataplasmes) et pourraient être empruntées à n'importe quel auteur sérieux : il n'est point question d'amulettes ou de charmes. Au contraire, dans le texte « de Salomon », les recettes sont plus vagues et, d'autre part, elles concernent bien plutôt la magie que la thérapeutique ; en outre la langue est beaucoup plus proche du grec populaire de l'époque byzantine et des temps modernes (1). Voici un exemple de cette pharmacopée (2) :

« La plante du Bélier est le millefeuilles. Son jus, mêlé à de l'huile de rose quand domine le même signe, a une vertu merveilleuse, il remet en trois jours une plaie mortelle résultant d'un coup d'épée. Si un homme que possèdent de mauvais esprits s'oint du jus de la plante, il tire avantage de cette possession et se rend ces esprits favorables. La racine portée en amulette au bras droit fait que le porteur est en grâce auprès de tous et que tout chagrin fuira loin de lui. »

Le reste est à l'avenant. Il s'agit donc bien ici, non pas d'une simple variante, mais d'une tradition nettement diverse, d'une école rivale. Dans son état actuel, le texte « de Salomon » est certainement plus récent que celui « de Thessalos », mais il se peut qu'il remonte, en substance, aux premiers siècles de notre ère : dans ce cas, la différence entre les deux versions témoignerait de ces oppositions dont nous avons déjà rencontré un exemple.

C. *Plantes planétaires.*

Ce sujet est traité dans trois séries de textes (3) qui diffèrent et par l'attribution — anonyme ou Alexandre ou Hermès, Thessalos

---

(1) Par exemple ἀπό avec l'accusatif (159. 14), ἀγελούδας (160. 1), etc.
(2) VIH, 2, 159. 8 ss.
(3) Je laisse ici le texte « d'Alexius » qui ne subsiste qu'en latin et dans une traduction anglaise (cf. *supra*, p. 138 n. 4, THORNDIKE, *History of Magic and Exp.*

(Harpokration) ou Hermès, Salomon —, et par les listes de plantes, et, à un moindre degré, par l'ordre assigné aux planètes dans chaque liste. Comme, pour certains textes du moins, les attributions varient, le classement le plus légitime est à prendre dans les listes de plantes.

a) *Type* πολύγονον *Soleil* — κυνόσβατος *Lune*.

Ce premier type se présente sous deux formes, l'une où la suite planétaire commence par le Soleil, l'autre où elle commence par Saturne.

α. La suite Soleil, etc., comporte elle-même trois recensions, l'une courte (R. C.) (1), les deux autres (R. L. 1, R. L. 2) (2) sensiblement plus longues. La liste des plantes est la suivante :

1) πολύγονον Soleil = litt. « le prolifique », sorte de prêle. Dite aussi *caméléon* (χαμαιλέων).

2) περιστερεών Vénus = verveine.

3) πενταδάκτυλον (ou πεντάφυλλον) Mercure = quintefeuilles.

4) ἀρνόγλωσσον Mars = plantain.

5) ἀλχαράνιος (ou σακχαράνιον ou σαγχαρώνιον) Jupiter = plante à sucre (σάκχαρον).

Science, II, pp. 233-234) ainsi que le 5ᵉ type, d'importance moindre, distingué par Delatte, *Herbarius*², p. 18, n. 1 (= *CCAG.*, XII, pp. 126-135 avec la planche I).

(1) *CCAG.*, IV, pp. 134-136 = VI, pp. 83.16-84.20; cf. VIII, 3, p. 36. C'est la forme distinguée sous le paragraphe *aβ* dans la revue de Boudreaux, VIII, 3, p. 152. Dans IV, pp. 134-136, cette RC ne compte que 35 lignes (34 l. dans VI, *l. c.*). Ni introduction, ni conclusion, ni attribution. C'est à tort, semble-t-il, que Boudreaux donne cette RC à Ptolémée d'après le cod. *Neapolitanus* II C 33 (cf. IV, p. 58). Le cod. contient bien fol. 386v-387 trois extraits de Ptolémée désignés comme tels (deux fois Κλαυδίου puis τοῦ αὐτοῦ), mais notre opuscule, qui suit immédiatement le 3ᵉ extrait (fol. 387v), porte un lemma spécial (εἰσὶ δὲ καὶ αἱ τούτων βόταναι αἳ συνεργοῦσι κατὰ τὴν ἰδίαν αὐτῶν φύσιν). Rien ne dénote que ce nouveau texte soit rapporté à Ptolémée.

(2) RL 1 = *CCAG.*, VII, pp. 233-236. Cet opuscule ne porte pas d'attribution, mais, dans le cod. *Erlangensis* 89 d'où il est tiré (fol. 175v : cf. VII, p. 74), il suit immédiatement deux morceaux hermétiques, l'un sur les 12 lieux (cf. *supra*, p. 111), l'autre le très court chapitre sur les plantes des 12 signes (*supra*, pp. 143-144). Le titre est simplement : « Sur les plantes des 7 planètes ». Pas d'introduction, mais conclusion de 7 lignes, l'opuscule comptant lui-même 92 lignes. C'est la forme distinguée sous le paragraphe *aα* dans la revue de Boudreaux, qui la donne à Hermès Trismégiste (VIII, 3, p. 152).

RL 2 = *CCAG.*, VIII, 3, pp. 159. 19-165. 10. Cet opuscule vient à la suite du traité sur les 19 plantes dans le texte dit « de Thessalos (Harpokration) », du moins dans le texte grec. Il manque dans la version latine de Thessalos (VIII, 4). Cette 2ᵉ RL compte 100 lignes. Ni introduction, ni conclusion (la conclusion qui suit VIII, 3, pp. 163 ss. est celle du texte « de Thessalos »). Dans le *Parisin*. 2256 fol. 582 (cf. VIII, 3, p. 22) d'après lequel Boudreaux l'a éditée, le titre est : « Autres 7 plantes attribuées aux mêmes planètes ». Mais ce même cod., dans l'index (1ʳᵉ main), a τοῦ αὐτοῦ (sc. Hermès Trismégiste) et en marge du fol. 582 (1ʳᵉ main) ἕτεραι τοῦ αὐτοῦ. Ce manuscrit l'attribue donc au Trismégiste. C'est la forme *b* de la revue de Boudreaux.

6) ἀσφοδελος SATURNE = asphodèle. Dite aussi ἡράκλεια (silène).

7) κυνόσβατος (ou κυνοβάτη) LUNE = églantine.

La suite des planètes est la même dans RC et RL 1 pour les planètes 1-3 et 7. Quant au reste, la seule différence est qu'en RL 1 Saturne passe avant Mars et Jupiter (RC : Mars Jupiter Saturne, RL 1 : Saturne Mars Jupiter). Par contre, le Soleil restant toujours en tête, la suite diffère entièrement en RL 2 : après le Soleil vient la Lune, second luminaire, puis les cinq planètes sont rangées selon leur distance de la terre, de la plus distante à la moins distante, soit : Saturne, Jupiter, Mars, Vénus, Mercure.

Le texte des trois recensions est à peu près le même (plus court en RC) et ce texte présente, à côté de variantes dues à l'un ou l'autre copiste, des corruptions communes, ce qui prouve que l'archétype était déjà corrompu. De la comparaison entre les trois recensions de la forme α (Soleil etc.) et de cette forme α avec la forme β (Saturne etc.) on peut tirer, pour la plante héliaque, le sens suivant : (1)

« Plante du Soleil : le prolifique.

Cette plante a reçu son nom en raison d'une certaine similitude avec le Soleil. En effet le Soleil est l'archégète et l'ensemenceur de tous les êtres : or cette plante rend apte à engendrer. Certains l'appellent caméléon (χαμαιλέων) de ce qu'elle a reçu en lot les parts du Soleil et de la terre (χαμαί — λέων, le Lion étant le domicile du Soleil) (2). Bu en potion, son jus excite à l'acte de génération et aux plaisirs de l'amour. Portée en amulette avec une prière à Dieu, qui a donné et au Soleil et à la plante de posséder une telle vertu (3), elle chasse toute ophtalmie : celui qui la porte n'en sera jamais atteint, car le Soleil a reçu en partage la domination sur les yeux (4). < Il domine aussi sur le cœur > (5) : c'est pourquoi si le Soleil est rétrograde au moment où

(1) **Je fonde ma traduction sur le texte de RL 2** (VIII, 3, p. 159. 20) qui est le plus clair.

(2) RC (IV, p. 134. 27 = VI, p. 83. 18) ont ici ἐκ τοῦ κατὰ οὐρανὸν καὶ γῆν τὰ μῆλα λελογχέναι. Ce μῆλα ne se comprend que si la plante s'appelait, comme dans *Kyran.* 34. 23, χαμαίμηλον = camomille. RL 1 et 2 ont τὰ μέρη.

(3) RL 1 a : « portée en amulette avec le nom du Soleil » : c'est la tradition purement païenne, plus ancienne. RC a seulement : « portée en amulette ». Le *Mosquensis* 415 (cf. PITRA, *Anal. sacr.*, V, 2, p. 291) mentionne aussi la prière à Dieu.

(4) τὰ φῶτα, RL 1 et 2. Littéralement « lumières », en sorte que le choix du mot fait peut-être allusion à ce que, dans cette suite planétaire commençant par Ἥλιος, le Soleil, qui par ailleurs domine sur les yeux, domine aussi sur les astres. RC n'a pas « car le Soleil... » qui paraît être une addition postérieure, car, selon la doctrine égyptienne, Soleil et Lune commandent chacun à l'un des deux yeux.

(5) Boll (VII, p. 233. 10 app. crit.) a bien vu qu'il faut ici une addition comme <κυριεύει δὲ καὶ καρδίας>, du moins dans RL 1 et 2, à cause du διόπερ et de l'explication « parce que ces maladies, etc. » : mais cette explication manque dans RC qui a seulement : « en amulette, la racine chasse les ophtalmies et guérit les frénétiques... ».

commence le mal (1), la plante remet les frénétiques et léthargiques, parce que ces maladies viennent du cœur. En amulette, elle guérit aussi merveilleusement ceux qui ont la vue faible et, sous forme d'enduits, ceux qui commencent d'être atteints de < ... > » (2).

La conclusion de RL 1 ne manque pas d'intérêt (3) :

« Qu'on sache donc qu'il convient de cueillir les plantes au jour et à l'heure de la planète, au nom de (= en prononçant le nom de) cet astre (4) ; et il convient de déchausser la plante, de la saisir, et de prier qu'elle aide pour le traitement auquel on veut l'appliquer (5), en la façon prescrite au sujet de la position de chaque astre (6), et tout ce qu'il faut dire encore de manière à réussir entièrement. Que la Lune soit en son plein (7). Quand tu dois arracher la plante, jette en compensation, à l'emplacement de la racine, un grain de blé ou d'orge » (8).

β. La suite Saturne etc. paraît dans un manuscrit de Milan (9) où l'opuscule est attribué au roi Alexandre. De même dans certains manuscrits latins et dans le *Secretum secretorum* du ps. Albert le Grand. Les plantes sont identiques à celles de la première forme. Je traduis ici le court fragment, seul édité, sur la plante du Soleil, qui vient en second, après celle de Saturne : on jugera ainsi des différences avec les recensions précédentes.

« La deuxième plante, celle du Soleil, est le prolifique (10). Elle a reçu son

---

Le Soleil est maître du cœur parce que, dans l'ordonnance dite chaldéenne des planètes, il est situé au milieu de la série et a été regardé comme le cœur du monde (καρδία τοῦ κόσμου), cf. CUMONT, *Théologie solaire du paganisme romain* (*Mém. Ac. Inscr.*, XII, 2, 1909), p. 12 [458].

(1) διόπερ ἐὰν ἀφαιρετικὸς ὑπάρχῃ ὁ Ἥλιος ἐπ τῆς γενέσεως (VIII, 3, p. 160. 2) : γένεσις ne peut guère avoir ici le sens, technique en astrologie, de « géniture », horoscope, puisqu'il s'agit d'une maladie, conjoncture accidentelle. RL 1 a simplement διόπερ ἐὰν ἀναφέρηται κακῶς, qui est ambigu. De toute façon le sens de cette observation astrologique me reste peu clair.

(2) καὶ τοὺς ἐν καταρχαῖς πειραζομένους ταῖς ὑποχύσεσιν RL 2 (VIII, 3, p. 160. 5) : κ. τ. ἐν κ. π. τ. ἀπογύσεσι RL 1 (VII, p. 233. 13) et *Mosqu.* : κ. τ. ἐν κ. τῶν ὑποχύσεων RC (IV, p. 135. 4 = VI, p. 83. 22), ce qui doit se traduire, semble-t-il : « et ceux qui commencent à souffrir de cataracte (humeurs sur les yeux) ». Si l'on garde le texte en RL 1 et 2, le nom de la maladie n'y est pas désigné.

(3) Cf. VII, pp. 235. 33-236. 3.

(4) εἰς ὄνομα δὲ τοῦ τοιούτου ἀστέρος.

(5) Sur cette prescription, cf. *infra*, p. 157, et *Vivre et Penser*, II, 1942, pp. 248 ss.

(6) περὶ ἑνὸς ἑκάστου θέσεως. Ou : « au sujet de la déposition de chaque plante » ? Le sens me reste incertain.

(7) Cf. *Vivre et Penser*, II, 1942, p. 248 et n. 27, 28.

(8) Cf. *Rev. Bibl.*, XLIII (1939), p. 68, n. 6.

(9) *Mediolan*, 23, fol. 250, cf. *CCAG.*, III, p. 15. Fragment édité *ibid.*, IV, p. 135 (n. 1 de la p. 134). Sur l'attribution à Alexandre, cf. *supra*, p. 137, n. 7

(10) Ici πολύγονος : πολύγονον dans les autres textes.

nom de ce que le Soleil est considéré comme l'archégète pour tous les êtres. Certains l'ont appelée caméléon, le Lion étant le domicile du Soleil. Bue en potion, elle guérit les maux de poitrine et d'estomac, du fait que ce signe a reçu en lot ces parties. Cette plante agit aussi, en vertu de la sympathie (συμπαθῶς), à cause de son nom. Bu en potion, son jus rend plus apte à engendrer et excite aux plaisirs de l'amour. Portée en amulette, sa racine débarrasse des ophtalmies, et, si on la porte avant d'en être atteint, on est à jamais préservé. En amulette, elle convient aussi aux frénétiques et léthargiques, du fait que le Soleil a reçu en partage la région du cœur (1). De même, elle facilite la respiration dans les cas de pneumonie, du moins au début de la maladie (2)... Elle agit aussi pour l'écoulement des menstrues si l'on donne en potion le jus » (3).

b) *Type* κιχώριον *Soleil* — φλόμος *Mercure*.

Ce type est celui du deuxième traité du texte « de Thessalos » qui, dans la traduction latine (4), vient immédiatement après l'opuscule sur les plantes des douze signes. Il y est donc considéré comme faisant partie de la révélation d'Asklépios à Thessalos. Par contre, dans le *Parisin*. 2256 (5), ce traité est publié à part (6) et nommément attribué à Hermès : « D'Hermès Trismégiste à Asklépios : sur les plantes des 7 planètes ». La suite des planètes est la même que dans RL 2 du premier type. Quant aux noms des plantes, ils sont tout différents. On a en effet (7) :

1) κιχώριον Soleil = *cichorea* (*quae et girasol dicitur*) = chicorée.

2) ἀγλαόφαντον Lune = *glycyside* (*quae et paeonia appellatur*) = pivoine.

3) ἀείζωον Saturne = *semperviva* = sempervive.

4) εὐπατόριον Jupiter = *eupatorium* = eupatoire.

5) πευκέδανος Mars = *peucedanum* = peucédane.

6) πανάκεια Venus = *panacea* (*callitrichos*) = panacée (ou capillaire).

7) φλόμος Mercure = *taxus verbascus* = molène ou verbascum.

Les noms des plantes différant, on pourrait s'attendre à ce que

---

(1) Cf. *supra*, p. 148 n. 5. On retrouve ici la même suite : Soleil commandant (*a*) aux yeux, (*b*) au cœur.
(2) ὡς ἐπὶ τῶν γενέσεων (je ne suis pas sûr du sens). Suit une phrase toute corrompue.
(3) Signalons qu'Agrippa de Nettenheim qui emprunte au *Secretum* cette liste de plantes de la suite de Saturne, etc., la met sous le patronage d'Hermès : *Hermes. quem sequitur Albertus*, cf. P. W., XIX, 1451. 34 ss.
(4) *CCAG.*, VIII, 4, pp. 259. 30-260. 29 (extraits seulement).
(5) Fol. 580 : édité VIII, 3, pp. 153. 1-159. 18.
(6) Et avant même l'extrait tiré de Thessalos, cf. VIII, 3, p. 22.
(7) Après le nom grec de chaque plante et la planète correspondante, j'indique le nom latin donné dans la trad. latine.

le texte fût aussi fort divers de celui du premier type. En fait, ces changements ne vont pas très loin, et pour cause. Comme le principal agent, dans le remède, est l'astre duquel dépend la plante, comme cet astre a des attributions relativement fixes et quant à la partie du corps sur laquelle il agit et quant aux influences qu'il y produit, il est en quelque sorte inévitable que les paragraphes relatifs à chaque planète reproduisent à peu près les indications que nous connaissons déjà. On s'en rendra compte en lisant la traduction du paragraphe sur la plante héliaque : j'y ajouterai le morceau sur la plante lunaire en raison de l'opuscule sur la pivoine qu'on trouvera plus loin.

« Plante du Soleil : chicorée. La première plante est la plante du Soleil, appelée chicorée. Mêlé à l'huile de rose, son jus fait un onguent. Ce jus est propre aux cardiaques (1) et les débarrasse de leurs maux, il brise les fièvres tierces et quartes et, mêlé à de l'huile crue selon la même recette, il arrête les céphalalgies. Si un homme, tourné vers l'Orient, s'en enduit le visage en invoquant le Soleil et en le priant de lui donner de la grâce, il sera en faveur auprès de tous ce jour-là. On prépare avec la racine une potion pour les cardiaques, les dyspeptiques dont l'estomac est malade et n'accepte pas la nourriture, et pour ceux qui acceptent la nourriture mais ne la digèrent pas : épi de blé, 8 drachmes; crocus, 2 dr. ; miel du Pont, 14 dr. ; fleur de lentisque, 6 dr. ; racine de chicorée, 24 dr. Broie dans un mortier avec du miel le plus vieux possible, fais des pilules d'une drachme environ et donne à la dose d'une pilule environ, aux cardiaques dans de l'eau, aux dyspeptiques dans du vin le meilleur possible ».

Et voici enfin le petit chapitre sur la pivoine qui offre un certain intérêt parce qu'il est entièrement construit de manière à développer une même idée : la pivoine croît et décroît comme la lune elle-même, et ses vertus, dans ces deux états, correspondent au double pouvoir de la lune selon qu'elle avance vers la plénitude ou s'en éloigne. Jamais le caractère astral de cette pharmacopée botanique ne se montre mieux à découvert (2).

« Plante de la Lune : pivoine. Cette plante, qui pousse surtout en Arabie (3), subit les mêmes changements que la Lune. En effet, quand la Lune croît, elle croit aussi, quand la Lune décroît, elle diminue. C'est alors aussi qu'elle est le plus utile. Car si, du jus de cette plante mêlé à de l'huile de rose, on

---

(1) Noter que dans cette recension, il n'est pas question des yeux, mais seulement du cœur : ceci s'accorde avec le caractère astral (fondé sur les théories astronomiques), c'est-à-dire savant, qu'on observe dans cette série.

(2) La version latine du chapitre sur la pivoine ayant été entièrement éditée (VIII, 4, p. 260. 1-18 : pour les autres plantes, il n'y a que des extraits), j'ai indiqué les variantes de cette version.

(3) « En Syrie et en Arabie » v. lat.

oint les malades atteints de fièvre tierce ou quarte, on les débarrasse du mal (1). Si un homme est possédé d'un démon quelconque, et qu'on lui fasse une fumigation de la racine, le démon fuira aussitôt. Au contraire, si, à ces mêmes malades, on attache une amulette de cette plante ou si l'on en fait une fumigation, alors que la plante croît, le mal augmentera. Si, en mer, durant une tempête, on fait une fumigation de la racine, on arrêtera la tempête (2). De la racine de la plante en ses deux états, croissante et décroissante, on prépare un emplâtre qui a même vertu et qui opère au même degré (3) que l'emplâtre d'aristoloche sarmenteuse (4), l'emplâtre de la racine de la plante en décroissance étant efficace pour les écrouelles, oreillons et toutes les tumeurs superficielles et excroissances de la chair, l'emplâtre de la racine de la plante en croissance pour combler ceux qui sont en manque (5). Toi donc, en homme d'intelligence, tu peux te rendre compte que tous les maux physiques des hommes peuvent être, par cette plante, soit augmentés soit diminués. »

c) *Type* χρυσάγκαθον *Jupiter* — ἀγλαοφῶτις (6) *Lune*.

Ce type est celui du texte « de Salomon » (7) où il apparaît, à la suite de l'opuscule sur les plantes des douze signes, après un intervalle de trois lignes dans le manuscrit. La liste des plantes est précédée d'une courte introduction (8) :

« Voici encore les plantes des sept planètes, ô très consciencieux Roboam. Quand tu voudras les cueillir, cueille-les à l'heure où domine la planète qui est alors entrée en lice (9), à son heure. Dis bien les invocations nominales (ὀνομασίας) et les prières, et tu opéreras avec ces plantes d'une façon merveilleuse : mais il n'est pas permis de le dévoiler à aucun homme (10). »

(1) V. lat. ajoute : « Si un épileptique porte au cou (en amulette) la racine de la plante, il guérit ».
(2) Manque dans v. lat.
(3) βαθμῶν. Cf. *I Tim*., III, 13, οἱ γὰρ καλῶς διακονήσαντες βαθμὸν ἑαυτοῖς καλὸν περιποιοῦνται.
(4) V. lat. ajoute : « comme nous l'avons dit plus haut » : cf. VIII, 3, 150. 4 ss.
(5) πρὸς τὴν τῶν λειπόντων ἀναπλήρωσιν (VIII, 3, p. 154. 18). C'est toujours le même principe : la Lune en croissance, donc la plante en croissance, *augmente* (la force, l'embonpoint, etc.). Au lieu de cette phrase, on lit dans la v. lat. : « Les Syriens disent vrai : si tu veux faire un emplâtre propre à mûrir (*maturativum* : c'est ainsi qu'il faut lire d'après certains Mss. latins inconnus de M. Cumont quand il édita le texte du cod. Montepessul. qui donne ma͞tat͞m, d'où la conjecture *mathematicum* (= « astrologique ») de Cumont) et à dissoudre les abcès (ap͞ata cod., *apostemata* Cumont), tu dois cueillir la plante quand la Lune croît, mais si tu veux fortifier, réduire (une tumeur) et mondifier, cueille quand la Lune décroît ». Le texte n'est pas clair et doit être corrompu.
(6) Le manuscrit (*Monac.* 70, fol. 252 s., cf. *CCAG*., VII, pp. 3-5) porte γλαοφώτη, corruption de ἀγλαοφῶτις.
(7) Édité *CCAG*., VIII, 2, pp. 162. 19-165. 24.
(8) VIII, 2, p. 162. 19-23.
(9) ὁ καθεὶς πλανήτης : pour ce sens de κάθημαι, cf. LIDDELL-SCOTT-JONES, s. v. I, 2.
(10) Lieu commun de règle dans toutes les sciences occultes.

Les plantes diffèrent et du type Soleil-πολύγονον et du type Soleil-chicorée (1), et la suite planétaire est également diverse. On a ici en effet :

1) χρυσάγκαθον   Jupiter = ?
2) πεντασίτης   Mars =   ?
3) ἡλιοτρόπιον   Saturne = héliotrope.
4) ἡλιοσκόπος   Soleil = euphorbe (?) ou tournesol (?)
5) σατύριον   Vénus = satyrion.
6) πενταδάκτυλον   Mercure = quintefeuilles.
7) ἀγλαοφῶτις (παιωνία) Lune = pivoine.

On a pu observer déjà que le texte « de Thessalos » inclinait plus à la magie que les recensions du premier type. Ici la magie déborde. Il n'est plus question de thérapeutique, de recettes présentant encore un certain caractère de raison (2) : tout consiste en amulettes et conjurations. Aussi bien le but que l'on vise n'est-il plus du ressort de la médecine : c'est la découverte d'un trésor, le moyen de parvenir dans le monde, d'y trouver grâce auprès des puissants, de réussir en affaires, de s'enrichir à peu de frais ou de ruiner un ennemi, de changer un vil métal en or pur. Ces indices donnent lieu de croire que notre texte appartient à une tradition plus récente, plus éloignée des origines médicales de l'herboristerie. Ou bien, car cette hypothèse peut se concevoir aussi, l'on admettra que, dès le principe, il a existé dans l'Égypte gréco-romaine deux écoles rivales d'herboristes, l'une plus attachée à la pharmacopée proprement dite, l'autre tournée entièrement vers la magie. C'est l'intérêt de ces petits traités que précisément ils nous font entrer dans le vif d'une société infiniment complexe, où, à côté de médecins sérieux, l'on rencontrait des charlatans qui, pour quelques oboles, promettaient un Eldorado. En tout cas la langue du texte « de Salomon », sous la forme où nous le lisons aujourd'hui, dénote un état du grec plus avancé, plus populaire, plus voisin du grec populaire moderne, que celle des autres opuscules.

Je traduis ici les chapitres relatifs à la plante héliaque (3) et à la plante lunaire (4).

(1) Sauf pour la plante lunaire.
(2) Car il est raisonnable, somme toute, de recourir à la vertu des simples : la médecine s'en est longtemps servie.
(3) VIII, 2, p. 163. 31-164. 8.
(4) VIII, 2, p. 165. 6-22.

« La plante du Soleil est nommée hélioscope, chez les Italiens *girasole* (τζιρασόλεμ). En effet elle incline la tête du côté où est le Soleil, de là son nom. Cueille cette plante à l'heure où le Soleil domine, en disant les prières, mets les fleurs et le fruit dans une peau d'aigle et porte sur toi. Là où il y a un trésor, il se découvrira aussitôt, en un clin d'œil (1). Tu verras l'or ou l'argent qu'il y a là, et, tout de suite, de nouveau la terre se refermera. Toi donc, ayant marqué le lieu d'un signe, creuse et tu trouveras ce que tu avais vu. Broie les feuilles (2) et les mêle avec de l'extrait de rose au miel, enduis-en ton visage et sors : tous alors, même les plus sauvages et les brigands, te salueront et t'honoreront comme un dieu. Porte la racine enveloppée dans une peau d'âne : tu adouciras les maîtres irrités (3) et les rois. Si tu enveloppes la racine dans une peau de phoque (4) et la portes, les rois et les chefs et les grands de ce monde (5) t'admireront et t'auront en honneur. Cette plante possède ces vertus sans que rien n'en arrête l'efficacité. »

« La plante de la Lune est la pivoine : chez les Italiens elle est dite lunaire)*lunaria*). Cueille-la à l'heure de la Lune en disant la prière et les invocations des anges, des heures, du mois, du vent et du signe qui est le domicile de la Lune, à savoir le Cancer. Cette plante a les grâces suivantes : Si tu en portes la tête avec une crête de coq, toutes les affaires auxquelles tu te rendras se feront au plus vite et dans toutes tes expéditions la route te sera bonne. Elle procure du gain aux marchands en toute affaire. Si tu prends de ses feuilles (ou « pétales ») humides de rosée (6) et, alors que la Lune croît, si tu les mêles à des pièces d'or ou d'argent ou d'autre monnaie frappée et portes ces pièces dans toutes les affaires que tu feras au marché, ta bourse se gonflera en peu de temps et tu deviendras le maître d'une grande fortune. Au contraire, si, ayant cuit ces feuilles, tu les mêles à l'argent de ton ennemi, cet argent s'évanouira. Pareillement, si tu donnes de ces mêmes feuilles à un homme, tout lui réussira. S'il les mange, de nouveau ces feuilles humides de rosée (7) lui donneront de l'avancement. Si tu jettes la tige de la plante ou sa racine en un métal quelconque dans une fonderie et opères la fonte, tu trouveras le métal devenu comme de l'or pur, tout brillant et génuine (8). Cette plante a encore bien d'autres grâces et vertus. »

Il est probable, comme on l'a remarqué (9), que ces sortes

---

(1) ὡς ἐν ῥιπῇ ὀφθαλμοῦ, cf. *I Cor.*, xv, 52, ἐν ἀτόμῳ, ἐν ῥιπῇ ὀφθαλμοῦ.

(2) Ou les pétales (φύλλα).

(3) θυμωμένους αὐθέντας. Cf. le θυμοκάτοχον *infra*, n. 5 et, pour αὐθέντας, *PGM.*, XIII, 258 αὐθέντα Ἥλιε, *I Tim.*, II, 12 γυναικὶ οὐκ ἐπιτρέπω αὐθεντεῖν ἀνδρός.

(4) Cf. *infra*, p. 156 et *Vivre et Penser*, II, 1942, p. 256 n. 30.

(5) μεγιστᾶνες. Cf. *PGM.*, XIII, 250-252 θυμοκάτοχον. πρὸς βασιλέα ἢ μεγιστᾶνα, et, sur ce mot, Cumont, *Eg. d. astr.*, pp. 34 ss., 42, n. 3.

(6) Ou « tendres » (δροσερά). De même, n. 7.

(7) Cf. n. 6.

(8) Cf. *Alch. Gr.*, p. 160. 6 ss. : τινὲς βούλονται δεύτερον καὶ τρίτον ἐν τῇ ἰώσει βαλεῖν βοτάνας, ἄνθος ἀναγαλλίδος καὶ ῥᾶ (rhubarbe) καὶ τὰ ὅμοια· καὶ κρόκον τινὲς χρῶνται καὶ ῥίζαν μανδραγόρου τὴν τὰ σφαιρία ἔχουσαν (pour la construction avec l'accusatif, cf. Moulton-Milligan, *s. v.* χράομαι). ἐγὼ δὲ προσθήσω ὅτι χωρὶς αὐτῆς οὐδὲν βάπτεται· καὶ ταύτῃ πάντα συλλειοῦται ἐν τῇ ἰώσει μετὰ κόμμεως.

(9) A. Delatte, *Herbarius*², p. 19.

d'épitomés sur les plantes correspondant aux sept planètes ne font que résumer des exposés plus complets. C'est ce que semble indiquer l'existence d'un opuscule sur la pivoine qui se rencontre, dans nos manuscrits astrologiques, sous des formes assez diverses. Un premier texte paraît en double recension : courte dans le *Vaticanus* 952 (1), longue dans le *Parisinus* 2419 (2). Ce texte, antique en' substance, offre en sa rédaction actuelle des mots du grec populaire byzantin et témoigne d'influences juives, voire, dans le cas du *Parisinus*, chrétiennes. Il dérive certainement d'un ouvrage hermétique : à preuve l'allusion explicite à Hermès et au livre hermétique dit *Archaïque* mentionné aussi dans les *Kyranides*, ainsi que la comparaison avec ces mêmes *Kyranides*. Une seconde version, sans rapport avec la précédente ni avec l'hermétisme, est fournie par le *Matritensis* 4616 (3). C'est un extrait composite où entrent, à côté d'un fragment de Dioscoride (4) et de deux phrases des *Kyranides* (5), des notions de médecine populaire dont la nature plus ou moins magique rappelle le premier opuscule, mais sans relation avec l'astrologie. Fond et forme dénotent un état plus ancien du texte (6). Il y a traces de judaïsme (7), mais non de christianisme. Enfin une troisième version, plus nettement christianisée, se lit dans un manuscrit de Venise et, parallèlement, dans un manuscrit de Léningrad (8).

J'ai traduit ici la première version de cet opuscule sur la pivoine, d'après les deux recensions du *Vaticanus* et du *Parisinus* (9).

Sur la plante appelée pivoine.

Sur la pivoine, appelée glycyside ou alphônia
La paeonie (pivoine) est ainsi nommée parce que c'est Paeon qui l'a trouvée < *certains l'appellent aussi* τζηριτῶν >. Elle est dite « consacrée » dans

(1) Fol. 162, cf. *CCAG.*, V, 4, p. 9. Édité *ib.*, VIII, 2, pp. 167-171. Même texte dans le *Bononiensis* 3632, fol. 355v, cf. *CCAG.*, IV, p. 45, DELATTE, *Anecdota Graeca* (Paris, 1927), p. 598, *Herbarius*[2], p. 19, n. 3.
(2) Fol. 145, cf. *CCAG.*, VIII, 1, p. 47. Édité *ib.*, pp. 187-193.
(3) Fol. 159, cf. *CCAG.*, XI, 2, p. 70. Édité *ib.*, pp. 164-166. Ce chapitre fait partie d'un περὶ δυνάμεως ἁπλῶν φαρμάκων attribué à Dioscoride (fol. 132-175) qui paraît composé d'extraits de Galien (περὶ κράσεως καὶ δυνάμεως τῶν ἁπλῶν φαρμάκων) et de Dioscoride (ou du Ps. Dioscoride).
(4) XI, 2, p. 165. 11-30.
(5) *Ib.*, p. 166. 25-28.
(6) Cf. l'invocation *à* la plante, p. 166. 6-7.
(7) Iaô, p. 166. 24.
(8) *CCAG.*, XII, pp. 117-119.
(9) Traduction déjà parue dans *Vivre et Penser* II, 1942, pp. 246 ss. avec un long commentaire.

le livre précédent intitulé *Archaïque*. Voici la recette. Au déclin de la Lune, mets-toi à la recherche de la pivoine. Qu'elle soit placée en un lieu bien découvert et visible de toutes parts. Tu pourras opérer quand le Soleil sera entré dans le signe de la Vierge. La pivoine pousse surtout dans la région du mont Haemus et des montagnes de Taormine, du côté de Babylone la Grande, en Thrace, au delà de Gadara, aux bords du golfe égéen. Elle pousse encore en d'autres contrées, mais elle n'y a pas autant de vertu qu'en celles-ci à cause de la position du lieu, du sort des signes zodiacaux et de l'effluve des astres. Tu pourras donc opérer comme ceci.

Puisqu'il est nécessaire, comme on a dit, que cette plante sacrée soit placée en un lieu découvert, ayant pris une graine de pivoine fermée et une autre provenant du fruit ouvert et les ayant enroulées dans sept feuilles de la même plante, étant en état de pureté enterre-les en un lieu élevé, là où tu veux. Et quand elle aura poussé et que le soir sera venu, on la trouvera. Protège-la contre les averses, les vents et les troubles de l'air. Or donc, le jour de la Lune, au début de la première heure, c'est-à-dire à l'heure où la Lune est en son déclin, le Soleil étant dans la Vierge, avant le lever du Soleil, sors de ta maison en état de pureté, ayant, toute prête, une peau de phoque qui aura été consacrée elle aussi au moment de la dissection de l'animal, comme il t'a été dit dans ce livre sacré, au chapitre *Sur les dissections*. Écris ces signes sur la peau et attache-la avec de la soie grège authentique autour de la racine de la plante. Voici ce que tu dois écrire [Signes magiques]. Pendant que tu attaches la peau, dis aussi cette prière : « Béni le Dieu du ciel et de la terre, béni et glorifié ton nom primordial. Toute nature te loue, la force immanente en toi de l'univers entier te glorifie. Car tu es le seul parfait, sans commencement, invisible, inaccessible, inaltérable, incirconscrit, intangible, éternel, investigable, insondable, incompréhensible, principe et fin, Alpha, Adonaï, Sabaoth, Sémiméphoraz, Ghéséraghé, Amnoïa, Iana, Sadaé. C'est toi qui donnes pauvreté et richesse, qui abaisses ou élèves, qui corriges et guéris, qui fais mourir et apportes la vie. $<$ ... $>$. Toi donc, Seigneur des Puissances, jette un regard du haut de ton saint domicile et du trône de ta gloire, accorde-moi, ton esclave, cette faveur $<$ *pour que cette plante devienne utile contre tout poison, contre la fièvre quotidienne, tierce, quarte, bref toute espèce de fièvre qui existe, contre les maléfices des hommes, pour servir de charme de victoire contre tout maitre et toute maitresse et contre toute sorte de mauvais œil, de maligne influence et de machination. Fais que je sois en grâce par cette plante sacrée et qu'on m'écoute favorablement : et que, chaque fois que je toucherai cette plante, j'attire à moi celle qui me plait, et que quiconque prendra un remède fait de cette plante soit immunisé contre les affections du thorax, de la poitrine, du foie, de la rate, et quant à celles des régions du bas-ventre, des reins, et contre le vent, l'ombre, la migraine, la goutte, l'arthrite, et contre toute perdition de la vigne, du champ, du jardin ou du parc, contre tout ennemi entrant dans une maison, ou pour recouvrer la parole, pour nouer l'aiguillette, pour retrouver la mémoire, pour l'évacution régulière des menstrues. En quelque lieu que je m'en aille par terre ou par mer avec cette plante pour une affaire quelconque, que, grâce à elle, la route me soit bonne et facile, que je me rende au marché ou à une vente ou à quoi que ce soit. Et, de même que l'aimant possède de par Dieu une grâce, qu'il tire à soi le fer et ne le lâche plus, qu'ainsi j'attire de même tous à moi, hommes et femmes, par le moyen de cette plante, qu'ils accourent tous à moi comme à un dieu avec des présents. Que, par la faveur du Saint-Esprit, grâce à cette plante, là où entrent des voleurs, ils soient aveuglés et ne voient plus leur chemin. Que cette plante soit secourable et pour la conception et pour prévenir la conception. En quelque remède que je l'applique, dans des emplâtres ou dans des liniments, qu'elle purifie, cicatrise et mène à complète guérison. Que cette plante aide à l'enfantement. Qu'elle soit utile pour le voyage. Qu'elle serve d'indicateur pour reconnaître la bonne route. Qu'elle assiste dans le combat et dans tous les périls des eaux, dans les expéditions à cheval et dans les précipices* >. Brof, que cette plante soit utile en quelques traitements et pratiques que je l'emploie, parce que ton nom est béni et glorifié dans les siècles. Amen ».

Puis, en langue chaldaïque et syriaque et perse, ces paroles. [Noms barbares]. « Amen, amen, amen, toujours ».

Puis, de nouveau cette prière : « Dieu assis sur les Chérubins, mets en mouvement ta puissance et viens pour nous sauver ». La première prière, dis-la sept fois < *tourné vers l'Orient* >; mais cette prière chaldaïque et syriaque, une fois seulement.

Ayant ainsi opéré, reviens en ce lieu sept jours durant pour voir si tout y est en bon ordre. Chaque jour, en t'en allant, prononce les prières avant le lever du soleil. Or donc, le jour suivant, c'est-à-dire le second jour, ayant quitté ta maison à la première heure apportant avec toi une céramite non usée encore, de vertu reconnue et bien éprouvée, et de même une sidérite et une béryllite, fumige la plante, en cercle, prononçant les deux prières. Puis, l'ayant déchaussée en cercle, arrache-la avec attention, manie-la habilement comme on va te le dire, et tu te trouveras la posséder devenue consacrée. En effet, quand tu l'auras divisée par parties, à savoir la racine, les branches, les feuilles et le fruit, les graines fermées et les graines ouvertes, tu verras que ces parties ont plus de vertu que toutes les espèces mentionnées plus haut. Cette plante sacrée, dit-on, Dieu l'a révélée à Hermès Trismégiste pour les mortels comme un remède apaisant les douleurs et utile à l'existence, ainsi qu'il a été marqué dans les livres sacrés de l'Égypte.

Celui qui possède quelque partie de la racine, s'il y inscrit les noms ineffables du Dieu Très-Haut [signes magiques], il n'aura pas à craindre les démons; en outre, dans ce cas, les maléfices ne trouvent pas place chez les hommes. S'il y inscrit les signes suivants et la porte [signes magiques], il n'aura pas à craindre de poison ni aucun autre mal. Car il repoussera loin de lui-même fièvre tierce, quarte et quotidienne, bref, toute espèce de fièvre, il repoussera le mauvais œil, l'influence maligne et la machination, cette plante mettra le porteur en grâce auprès de tous et lui en obtiendra l'audience. Si quelqu'un souffre d'épilepsie et que tu portes suspendue à ton cou cette racine, tu le guériras contre toute attente. Si quelqu'un est possédé du démon, fais une fumigation avec une parcelle ou un petit morceau de cette racine, et tu chasseras le démon : c'est là une opération divine ».

Après ce paragraphe, les deux textes sont trop divergents pour qu'on puisse compléter l'un par l'autre. Je les traduis donc successivement, en commençant par *Vat.* 952.

Vat. 952 (*VIII 2, 170.2 ss.*)

« Si, ayant pris une petite radicelle de la plante et l'ayant pilée au jour et à l'heure de Vénus, tu agites et fais boire à un couple où l'homme et la femme se haïssent mutuellement, aussitôt ils s'aimeront. Celui qui place la racine de la plante sur son oreiller n'aura pas de mauvais rêve. Celui qui la possède a en elle un bon remède pour la rate. Dans la maison où l'on en a mis, il n'entre ni démon ni influence magique. Celui qui a été empoisonné et qui la boit ne subit aucun dommage. La graine absorbée avec du miel de bonne qualité est bonne pour le corps tout entier et pareillement pour le bétail. La femme qui mange la racine de la plante a beaucoup de lait. C'est un bon remède contre la morsure des serpents. Celui qui est possédé du démon et qui la mange est guéri. Quand un homme est pris de folie et qu'il a fait une fumigation de cette plante, il est guéri. A la naissance d'un enfant, broies-en la racine, mélange-la à du lait et elle porte chance aux mamelles. Celui qui en porte la racine et la feuille détruit les influences magiques s'il inscrit ces noms ineffables du Dieu souverain maître de toutes choses [signes magiques] en plus de Alpha, Adonaï, Eloï, Sabaoth. Celui qui en a respiré la fumée et qui en porte la racine, la feuille et la graine ne sera pas mordu par les serpents. De plus, elle est préférable à toute autre plante contre toute œuvre maléfique, lorsqu'on inscrit les noms indiqués au jour et à l'heure du Soleil.

Chap. II. *Sur la conception.*

Prends de la graine fermée de ladite plante, et, l'ayant enroulée dans un chiffon de vraie soie, donne-la à porter à la femme dans la région du bas-ventre, et elle conservera la semence. Il faut inscrire sur la plante les caractères écrits ci-dessus à l'heure du Soleil.

Chap. III. *Sur un phylactère très puissant.*

« Ayant pris la racine de la pivoine au jour et à l'heure du Soleil, inscris avec un couteau *ghermaï* (?) ces caractères-ci, puis suspends au plus haut des arbres. C'est un charme de fertilité qui, d'en haut, veille sur les vignes, les champs, les jardins et qui les protège contre tout mal. Voici ce que tu dois écrire » [Signes magiques].

Paris. 2419 (*VIII 1, 191.13 ss.*)

« (Pour un philtre).

« Ayant pris une petite radicelle de la plante, du tourakison et du satyrion à la dose de ce qu'on prend sans ordonnance, et de l'encens mâle, garde cela chez toi. Ensuite, ayant pris un tesson de pot, grave dessus, avec une aiguille d'or à la troisième heure de la nuit, l'amant et l'aimée se baisant et s'étreignant. Puis, ayant pris ainsi ces portraits, fumige-les avec les plantes susdites et dis en même temps : « Sauveurs de l'amour, faites paraître devant moi celle que j'aime ». Et aussitôt ils la feront paraître frappant à ta porte et disant : « Ouvre, ouvre-moi ». Ne répète ce mystère à personne. Je t'ai transmis la force magique, afin que tu connaisses le talent que je possède. Cependant abstiens-toi de la compagnie des femmes : elles sont pleines de souillure (τὸ αἰσχρόν), surtout au temps des règles.

Du suc de la plante on prépare un remède tel que, une fois bu, il guérit toutes les affections internes qui naissent dans la région du thorax, de la poitrine, des deux parties c'est-à-dire le foie et la rate, et dans la région de l'ombilic, du bas-ventre, de l'hypogastre et des reins : bref, c'est un phylactère très puissant. Voici la recette : suc de pivoine, 1 once; suc de potamogéton, 1 once; styrax calamite, 5; racine de théogone, 1. Ayant pulvérisé ces matières, les sèches avec les humides, mets dans un vase de verre; et quand le besoin s'en fera sentir, donnes-en à boire trois hexaghia avec du vin. Pendant que le patient boit, lis toi-même la prière sept fois, la prière chaldaïque une fois, et le patient est guéri.

On fait aussi avec la racine un phylactère pour la garde des vignes, des champs et des jardins. Inscris sur la racine, avec un couteau *kermaï* (?), les signes suivants [signes magiques], et suspends au plus haut des arbres en sorte que, d'en haut, il veille sur les vignes, les champs ou les jardins. Si tu fais cela, il n'y aura de dommage ni par la grêle ni par le givre ni par la pluie torrentielle ni par la tempête. En outre ce phylactère repoussera toute bête ou serpent nuisible tel que chenille, sauterelle, *brachos* (?), nielle, *palchos*, *bouchos*, *pélocham* (?) qui détruit les légumes et les fruits des plantes, et le *choumenos* qui passe la nuit près des racines des arbres et les mange, et le *choun* qui détruit les vignes la nuit.

(*Sur les voleurs*). Si tu inscris sur une autre radicelle « toméri, phatnéri » et la suspends derrière la porte de la maison, tu repousseras de cette maison tout mal, tu rendras cette maison heureuse et fortunée.

(*Sur l'extinction de voix*). Si quelqu'un souffre d'une extinction de voix et ne parle plus, fais-lui une fumigation avec cette racine en disant « phriël » et tu le guériras.

(*Sur l'amnésie*). Si quelqu'un souffre d'amnésie, qu'il mâche un peu de cette racine, et, tandis qu'il en boit le jus, dis ce nom : « Raphael »; tu lui remettras l'esprit tout à fait d'aplomb.

(*Sur la ménopause*). Si une femme souffre de ménopause, donne-lui à boire du suc de la racine, une once. Qu'on dise aussi ces mots : « apha, rhama, naï, alla, phaza, tamana » et tu la guériras. Elle aura en effet un flux abondant. Tu arrêteras le flux si tu lui donnes à boire un autre jus sans prononcer de parole.

Ayant pris des rameaux de la plante, écris : « ghenemptri gargar ». Porte cela pour que, à quelque affaire que tu te rendes, la route te soit bonne et facile et que tu reçoives de l'honneur là où tu iras, et que les hommes accourent à toi comme à un dieu. Si quelqu'un inscrit sur les feuilles ces mots « arkeu, ili » et les place sur le seuil de la porte par où les voleurs entrent dans la maison, ils seront aveuglés et ne verront plus leur chemin.

Le fruit de la pivoine est efficace pour la conception et pour prévenir la conception [même texte que *Vat.* 952, chap. II. Puis :] Ce remède fait enfanter les stériles et rend stérile celle qui a des enfants. Ayant pris un grain provenant du fruit ouvert et l'ayant enroulé dans une peau de phoque consacrée, attache-le au bas-ventre, ainsi durant trois cycles lunaires au déclin de la Lune : de cette façon la femme sera sans fruit. Il faut aussi inscrire sur la peau ces signes [signes magiques]. Si tu veux expérimenter ce remède, opère sur un animal ou un oiseau, et il n'enfantera pas.

Avec les graines on prépare un emplâtre qui chasse les angines, purifie les plaies purulentes et difficiles à cicatriser, et qui restaure les tissus. Voici la recette : graines de pivoine, 1 litre; suc des branches, 1 once; jus de sauge, 2 onces; racine de mémakham, 2 onces; cire, 1 once; graisse d'oie, 1 once; térébinthe, 1 once. Ayant fait ce mélange, garde-le chez toi; et quand le besoin s'en fera sentir, on l'applique. Quand tu fais le mélange, dis ces mots : « aô, iô, iôn, élôi, oicham, chiak, zampri, ripha, cham ».

Si une femme en couches souffre de douleurs violentes et qu'il y a danger, prends une semence ouverte de la plante, mets-la dans de l'huile et, avec cette huile, fais une onction sur les lombes et le bas-ventre, et elle enfantera sans peine. Pendant cette opération, sois consacré.

Que nul ne connaisse ces remèdes, ne les donne à personne d'autre que ton fils, mais tiens-les en secret comme un trésor ».

D. *Plantes et pierres des XV étoiles fixes.*

Un curieux opuscule récemment édité par M. Louis Delatte (1) permet de compléter ces listes de plantes en rapport avec les astres. Nous avons vu les plantes décaniques, zodiacales et planétaires. Voici maintenant les plantes reliées aux étoiles fixes, du moins à quinze d'entre elles. Avant de déterminer la nature et l'origine de ce catalogue, disons comment il se présente (2).

L'ouvrage apparaît comme la traduction latine d'un texte arabe de Mashalla (3), astrologue arabe du viiie siècle (4), qui utilise, ou prétend utiliser, un traité d'Hermès. Après un préambule

---

(1) L. DELATTE, *Textes latins*, pp. 237 ss. « Le traité hermétique de *quindecim stellis, quindecim lapidibus, quindecim herbis et quindecim imaginibus* ». THORNDIKE, *Hist. of Mag.*, II, pp. 220-221, fait déjà allusion à ce texte et note quelques manuscrits (voir aussi I, p. 340, n. 1). Liste de MSS. de Grande-Bretagne dans D. W. SINGER, *Catalogue* (voir *infra*, p. 218, n. 5 de la p. 217), III, pp. 763 ss. Liste des traductions allemandes dans les MSS. d'Allemagne, cf. E. ZIMMER, *Verzeichnis der astronomischen Handschriften des deutschen Kulturgebiets*, Munich, 1925, pp. 101 ss.

(2) Les références sans autre indication dans le texte et en note renvoient aux pages et lignes de l'édition Delatte.

(3) J'emploie cette transcription usuelle pour Māšallah.

(4) Ceci se tire de la scholie finale dans les mss. AR (275, app. cr.) *dixit Messalah*, etc. Que la traduction latine soit faite d'après un texte arabe est d'ailleurs évident d'après les noms mêmes des étoiles, cf. *infra*, pp. 165-166. Sur Mashalla, cf. SUTER, *Mathematiker und Astronomen der Araber*, 1900, p. 5, n° 8. Il a été souvent traduit en latin au Moyen Age : cf. THORNDIKE, II, index, s. v. *Messahala* et HASKINS, *Studies*, index, s. v. *Mashallah* et *Messahala*.

(241.4-242.17) où il décore « Hermès Abhaydimon » (M. Delatte conjecture ᾿Αγαθὸς δαίμων) du nom de *pater philosophorum, antiquissimus sapiens et quasi unus ex benedictis a Deo philosophis*, l'auteur introduit les citations d'Hermès par la mention *Dixit Hermes* (242.18 et passim) (1). Que Mashalla eût à sa disposition un grand nombre d'ouvrages hermétiques ou pseudo-hermétiques, c'est ce dont témoigne un court extrait grec contenu dans le *Vatican. gr.* 1056 (2), fol. 242 :

« Traité du très sage Mashalla (Μασάλα) contenant le nombre des livres qu'a publiés chacun des anciens sages, ainsi que les propriétés de ces livres. — Mashalla dit : J'ai constaté que les anciens sages présentent des ambiguités quant à certaines doctrines fondamentales de l'astronomie, or ces savants ont écrit un nombre considérable de livres : et de là vient que l'esprit de celui qui les lit en est tout brouillé. J'ai donc publié ce livre-ci, où j'ai manifesté les points incontestés et les meilleures doctrines de ces traités, à l'aide des livres de Ptolémée et d'Hermès, ces grands sages d'une science infinie, et en m'aidant aussi des livres que mes prédécesseurs ont légués à leurs fils en héritage (3). Ceux qui ont publié des livres sont les suivants :
Hermès a publié vingt-quatre livres : de ceux-ci seize concernent la généthlialogie, cinq les consultations (περὶ ἐρωτήσεων), deux les degrés (μοῖραι) du zodiaque, un l'art de calculer (περὶ λογισμοῦ) ».

Suivent Platon, Dôrothéos, Démocrite, Aristote, Antiochus (d'Athènes), (Vettius) Valens, Erasistrate, Stochos (?), les Perses (4).
Mashalla conclut ainsi (82.33) :

« Tels sont les livres qui se trouvent en nos mains aujourd'hui, et au sujet desquels, comme je l'ai dit, j'ai manifesté (le certain), afin que vous sachiez

---

(1) C'est la formule stéréotypée dans les ouvrages arabes : cf. *CCAG.*, I, p. 81 (traduit *infra*,) εἶπεν ὁ Μασάλα ὅτι· ʽεἶδον κτλ.ʼ, V, 1, pp. 144 et ss. : extraits du *de secretis* d'Apomasar, qui tous commencent par εἶπεν ὁ ᾿Απομάσαρ ὅτι puis le style direct. Parfois l'on a toute une tradition, *v. gr.* 146. 35 εἶπε ὁ ᾿Αποσαΐτ ὅτι εἶπεν τῷ ᾿Απομάσαρ ὅτι εἶπέ μοι ὁ Μουχοῦμετ ὁ υἱὸς τοῦ Μωσέω; τοῦ Χορασμιατ ὅτι ʽἀνεπόδισα κτλ.ʼ. Dans l'opuscule même *de XV stellis*, deux mss. (AR) ajoutent à la fin la scholie (p. 275, app. crit.) : *dixit Messalah : super dictis Hermetis... dixit :* ʽ*volo quedam addere quibus, si Hermes viveret, me pro socio in tali opere reputaret...* Et dixit Messalah (répété trois fois encore, en tête de trois citations).
(2) *CCAG.*, I, pp. 81-82 : cf. V, 3, p. 63. Cet extrait est certainement dû à un byzantin, mais on ne saurait dire à quelle date. Peut-être ne faut-il pas prendre entièrement à la lettre ce témoignage de Mashalla, cf. *supra*, p. 105 n. 8.
(3) Cf. *infra*, pp. 332 ss.
(4) Chose curieuse, comme l'observe Cumont (*CCAG.*, I, p. 82, n. 1), la *Tétrabible* de Ptolémée n'est pas citée dans cette liste. Sur les Perses, cf. GUNDEL, *Jahresbericht*, pp. 121-131.

que j'ai beaucoup peiné pour produire et publier le livre que voici, où j'ai fait, en quatre traités, la synthèse des livres susdits. »

Que le traité *de XV stellis* ait fait ou non partie de la bibliothèque hermétique recueillie par l'écrivain arabe, il nous transporte en tout cas dans le cercle des sciences occultes dont nous avons vu déjà plus d'un exemple à l'époque gréco-romaine (1).

Le préambule de Mashalla, déjà farci de « dits » hermétiques, est suivi d'un court prologue d'Hermès sur les vertus du nombre quatre : 242.18 *Et dixit Hermes : « beatus est qui cognoscit quod videt »...* 243.12-13 *scilicet maledictio et eius contrarium.*

Puis commence le traité lui-même, lequel se divise en quatre parties : sur les quinze étoiles fixes, sur les quinze pierres, sur les quinze plantes, sur les quinze talismans reliés à ces étoiles (2).

Comme on l'a dit, chacune des citations d'Hermès commence par la formule *Dixit Hermes*. Cependant, même à l'intérieur de ces paragraphes, il n'est pas sûr que toute la doctrine soit purement « hermétique ». Il semble qu'on ait plutôt affaire à une sorte de commentaire continu. Le texte est fréquemment coupé de remarques telles que *et sciendum, et notandum,* qu'on ne sait à qui attribuer, Hermès ou Mashalla. Parfois la main de l'auteur arabe se découvre d'elle-même, comme dans cette formule de transition 246.7 *Postquam superius de stellis mentionem fecimus, nunc de quindecim stellis fixis explanationem dicemus Hermetis... Quindecim quidem sunt stellae de quibus Hermes in hoc libro proposuit facere mentionem.* D'autres fois on croirait bien se trouver en présence d'une intervention de l'Arabe, dans le cas par exemple où il invite à « rectifier » les calculs en tenant compte du phénomène de rétrogradation dû à la précession des équinoxes (3) : ainsi 284.5

---

(1) *Hoc enim dico exemplo quattuor nobilium scientiarum, videlicet astrologiae, physicae, magicae et alchimiae,* dit Mashalla à la fin de son prologue, 242.16-17.

(2) *A*) Étoiles. 243. 14 *Dixit Hermes : 'sub brevitate quaedam explanare volo'...* 258. 2 *in omni operatione et iudicio.*

B) Pierres. 258. 3 *Dixit Hermes : 'in initio huius voluminis intentio nostra'...* 265. 17 *pertingere poterimus.*

C) Plantes. 266. 1 *Dixit Hermes : 'postquam docuimus naturas et virtutes quindecim stellarum et quindecim lapidum'...* 272. 6-7 *ex unoquoque capitulo primam herbam sufficere affirmamus.*

D) Talismans. 272. 8 *Cum igitur in principio huius libri...* 274.15-275.1 *iam complevimus in hac particula quarta ea quae proposuimus explanare ex quindecim stellis et qui lapides sunt eis convenientes et quae herbae praedictis concordant et similiter quae imagines hominum vel animalium lapidibus debeant sculpi et quae caracteres.*

(3) La règle suivie est une différence de 1° par siècle et elle est couramment appliquée, par exemple par Théophile d'Édesse, cf. *CCAG.*, V, 1, p. 212.

Et debemus in nostro tempore considerare in quibus locis sint (sc. les étoiles) *et eas rectificare per tempora transacta. Et nota quod, postquam unam habueris rectificatam secundum latitudinem vel longitudinem suam..., poteris habere initium ex quo bonus sequetur finis ad alias stellas fixas rectificandas*, etc.; 249.7 *In tempore quidem Hermetis fuerunt ab eo inventae in 27° gradu Arietis et 20 minutis... Et scias quod eae stellae non sunt de prima nec de secunda magnitudine, et rectifica eas ut superius dictum est et invenies verum adiuvante Deo*; 250.9 *Eratque hoc intempore nostro, ut dixit Hermes, 9° gradu et 28 minutis Arietis. Rectificatio eius fiat praedicto modo*. Mais voici une petite phrase qui trouble tout, car elle donne à penser que ces conseils de rectification sont dus à Hermès lui-même — comme si Hermès déjà, de son côté, avait utilisé un travail plus ancien dont les calculs dussent être « rectifiés » : 257.3 *Dixit Hermes : quicumque has quimdecim stellas rectificare sciverit secundum quod de tribus primis superius est praelibatum, ad veritatem potentiae earum sciat quod poterit pervenire* (1).

Ce n'est pas la seule anomalie. P. 245.7 ss., l'auteur avance que les natures des étoiles fixes se reconnaissent à leurs couleurs (2) : certaines sont rouges, d'autres livides, d'autres jaunes, d'autres toutes blanches. Bien plus, ce sont ces couleurs mêmes qui permettent de les apparenter aux planètes, dont la couleur est aussi l'un des caractères déterminants (3). « Ainsi donc », continue l'auteur « touchant les couleurs, c'est de ces cinq manières, que, selon la nature, les étoiles fixes concordent avec les planètes, puisque la

---

(1) Il faut noter toutefois que ce mot *rectificare* peut comporter dans notre texte un double sens. Tantôt « rectifier la position de l'étoile », comme dans les premiers exemples indiqués. Tantôt « user correctement de », comme dans ce passage final 275 2 ss. *Dixit Hermes : sciendum quod non figuravi neque scripsi hunc librum nisi scienti cursum stellarum et introducto atque provecto in libris magiae et astronomiae : et notandum quod per hunc librum poteris rectificare stellas fixas et cognitiones lapidum et herbarum et virtutes utrorumque adipisci, deinde poteris imaginare et figurare secundum quod volueris et per hunc poteris tuam scientiam in magica rectificare.*

(2) Sur ce point, cf. dans Boll, *Fixsterne*, P. W., VI, 2407 ss., le paragraphe sur les couleurs des étoiles fixes, 2415-2416, et surtout, du même, *Antike Beobachtungen farbiger Sterne* dans *Abhandl. d. Kön. Bayer. Ak. d. Wiss.*, Phil.-hist. Kl., XXX, 1, Munich, 1918, pp. 1-164 (cité Boll, *Ant. Beob.*). Les pp. 97-155 sont un appendice de Bezold sur les données des tablettes assyriennes.

(3) Sur la couleur des planètes, cf. Bouché-Leclercq *Astr. Gr.*, pp. 313-315, Boll, art. cité, pp. 19-26, 51 ss. J. Bidez, *Les couleurs des planètes dans le mythe d'Er*, Bull. Ac. roy. de Belg. (Cl. des lettres etc.), 1935, pp. 257 ss. Deux textes nouveaux, l'un anonyme, l'autre d'Achmès, *CCAG.*, V, 4 (1940), pp. 121 et 169.

couleur de Mars est rougeâtre, celle de Saturne livide ou plombée, celle de Jupiter jaune citron avec un éclat blanchâtre (*mixtus pallori*), celle de Vénus blanche : et c'est ainsi également que tu dois considérer les couleurs des autres étoiles. En effet cette propriété et cette nature des étoiles correspond aux quatre éléments et à leurs couleurs... » (245.9-15). Comme l'a bien vu l'éditeur (1), il faut supposer ici une altération ou un remaniement du texte original. On nous annonçait cinq correspondances (*his quinque modis,* 245.9) entre les étoiles fixes et les cinq planètes. Or l'une des planètes, Mercure, a été oubliée. Davantage, aucune des correspondances annoncées n'est indiquée dans le texte, en sorte que la conclusion *tali quoque modo debes aspicere colores aliarum stellarum* demeure sans portée. Évidemment l'original devait mentionner les relations entre telle étoile fixe et telle planète (en raison de la similitude de couleur) : des quelques exemples indiqués le lecteur était invité ensuite à tirer un jugement universel. L'Arabe a négligé ce développement pour passer à des considérations sur les quatre éléments et leur couleur.

Voici une dernière bévue. En tête ou en conclusion de chacune des parties subséquentes à la première, qui concerne les étoiles mêmes, l'auteur rappelle que son dessein général comporte quatre chapitres. Ainsi, à la conclusion de la partie sur les pierres, 265.11 : *Et super hoc debemus eis* (aux pierres) *addere herbas quas communiter habere possumus, quae sunt concordes eorum complexionibus et naturis. Et cum haec tria habuerimus, quaeremus quartum, ita ut ea quae in initio libri provosuimus... compleamus* etc. De même en tête de la partie sur les talismans, 272.8 : *Cum igitur in principio huius libri secundum quod diximus quattuor explananda praemisimus... et de tribus sic iam plenarie praelibatum est, nunc de quarto aliquid disseramus,* etc. Dans ces deux cas, c'est bien, semble-t-il, l'Arabe qui parle. Car la phrase forme un paragraphe neuf non précédé de *Dixit Hermes,* et l'on se réfère à la division indiquée au début de l'ouvrage, où cette division est proposée en effet, mais seulement dans le prologue initial qui est manifestement de la main de Mashalla, 241.4 : *Inter multa alia bona quae antiqui patres sapientissimi narraverunt philosophi, Hermes Abhaydimon... librum hunc edidit divisitque eum in quattuor partes eo quod principaliter quattuor rerum virtutes, videlicet stellarum, herbarum, lapidum atque figurarum, in eo continentur.* Or, en tête

---

(1) *Textes latins,* p. 238.

du chapitre sur les pierres, on lit ceci (258.3) : *Dixit Hermes : in initio huius voluminis intentio nostra fuit circa quattuor, videlicet circa stellas fixas quae sunt res spirituales et caelestes et luminosae, quarum potentia est magna et mirabilis et nimis occulta nisi sapientibus. Modo autem in secunda particula volumus patefacere claritatem et virtutem quam ipse summus claritatis et virtutis conditor inclusit lapidibus pretiosis,* etc. Ici encore, le texte est altéré. Se référant, comme en 265.11 et 272.8, au début du livre (*in initio huius voluminis*), l'auteur arabe rappelle les quatre parties de l'ouvrage : cependant il ne mentionne que la première, relative aux seules étoiles. En outre, il fait précéder ce rappel de la formule *Dixit Hermes,* bien que, dans les paragraphes « hermétiques » (= commençant par *Dixit Hermes*), il n'ait pas été question, jusqu'ici, de cette division.

Quoi qu'il en soit de l'état du texte, le dessein général de ce petit traité se laisse voir aisément. On reconnaît sans peine les quatre parties, et cette division est même si perceptible que, dans certains manuscrits, l'opuscule porte le titre : *Quadripertitum* (—*partitus*) *Hermetis*. Néanmoins un lecteur a jugé plus commode de rattacher immédiatement à chacune des étoiles la pierre, la plante et le talisman qui lui appartiennent, comme dans l'opuscule sur les décans analysé plus haut [1]. On obtient ainsi quinze chapitres, ce nouveau texte, qui répondait sans doute à des besoins pratiques, étant d'ailleurs notablement plus court que le précédent. Sous cette forme l'opuscule a été attribué à Hénoch [2]. La doctrine est identique.

Voici donc le tableau des relations entre étoile, pierre, plante et talisman [3]. On le comparera utilement à celui des décans, indiqué plus haut.

I) Aldébaran — rubis — euphorbe — dieu ou homme combattant.

II) Alchoraya [4] (Clota *Hén.*) — cristal — fenouil — lampe ou jeune fille.

III) Caput Algol — diamant — ellébore — tête virile à barbe longue avec du sang au cou.

---

[1] Cf. *supra,* pp. 140 ss.
[2] Édité également dans *Textes latins,* pp. 277-288. Plus court que le précédent (pp. 241-275).
[3] Le talisman comporte d'une part une figure gravée sur la pierre (sous laquelle on a inséré un fragment de la plante), d'autre part un signe ou « caractère » magique tel que ceux qui sont reproduits sur le manuscrit R, cf. *Textes latins,* p. 289. Je n'indique dans le tableau que les figures. Sur les « caractères », *supra,* p. 140, n. 2.
[4] Corriger Althoraya.

IV) Alhaiot — saphir — marrube — homme prêt à se réjouir d'un concert d'instruments.

V) Alhabor — béryl — sabine (sorte de genièvre) — lièvre ou belle jeune fille.

VI) Algomeisa — agate — primevère — coq ou trois jeunes filles.

VII) Cor Leonis — grenat — chélidoine — chat ou lion ou dignitaire assis.

VIII) Ala Corvi — onyx — patience — corbeau ou colombe (serpent *Hén.*) ou nègre vêtu d'un pagne noir.

IX) Alchimech Alaazel — émeraude — sauge — oiseau, ou homme portant des marchandises à vendre.

X) Alchimech Abrameth — jaspe — plantain — homme qui danse ou joue, cheval ou loup.

XI) Benenays — aimant — chicorée — taureau ou veau, ou homme en méditation profonde.

XII) Alfeca (Alpheta *Hén.*) — topaze — romarin — homme couronné ou poule.

XIII) Cor Scorpionis — sardoine et améthyste — aristoloche longue — homme armé d'une cuirasse, l'épée en main.

XIV) Vultur Cadens (Botercadent *Hén.*) — chrysolithe — sariette — vautour ou poule, ou homme prêt à se mettre en marche.

XV) Cauda Capricorni — calcédoine — marjolaine — cerf (chèvre *Hén.*) ou bouc, ou homme en colère.

Il reste à traiter le point le plus important de notre étude : Quelles sont les étoiles indiquées? Quel est le sens de cette liste? Où trouver le modèle de notre catalogue? Que penser de ces rapports entre étoiles et planètes et des figures à graver sur les pierres? Enfin de quel hermétisme s'agit-il, le grec ou l'arabe? Je n'aurais pu venir à bout de cette enquête sans l'aide de M. Massignon : qu'il en soit ici vivement remercié.

1) Comme la plupart de ces noms d'étoiles sont des noms ou dénominations arabes (onze sur quinze), notre premier soin doit être de les déterminer (1). Une fois les étoiles reconnues, il sera facile de percevoir le sens de la liste. Dans le tableau ci-dessous, la première colonne contient les noms du *de XV stellis,* la seconde les désignations modernes correspondantes, la troisième les chiffres indiquant la grandeur de l'étoile, la quatrième les désignations de

---

(1) Je me suis servi pour cela des *Elements of Astrology* d'Al-Bīrūnī, édités par Ramsay Wright, Londres, 1934.

Ptolémée dans la *Syntaxis* (1) — je n'ai pas fait état du catalogue de la *Tétrabible* (I, 9), car Ptolémée n'y mentionne en général que les constellations — ; dans cette même colonne, après les références à Heiberg et Manitius, les derniers chiffres renvoient au tableau des étoiles claires de Boll dans son bel article sur les couleurs des étoiles (2), ou, quand l'étoile manque dans ledit tableau, au tableau des constellations de la *Tétrabible* tel que l'a dressé Boll dans la même étude.

de XV stellis	Nom moderne	Grandeur	Désignation dans la Syntaxis
I *Aldébaran* 246.14	Taureau α	1	ὁ λαμπρὸς τῶν Ὑάδων ἐπὶ τοῦ νοτίου ὀφθαλμοῦ ὑπόκιρρος = 88.24 H, 44 n° 14 M, 78 n° 4 B.
II *Alchoraya* 249.2 (3)	Taureau η	4 ou 5	ἡ Πλειάς = 90. 2-5 H, 45 n° 30-33 M, 78 n° 3 B.
III *Caput Algol* 249.18	Persée β	2	τῶν ἐν τῷ γοργονίῳ ὁ λαμπρός = 62.19 H, 38 n° 12 M, 78 n° 2 B.
IV *Alhaioth* 250.12 (4)	(((Rigel)	1	ὁ ἐν τῷ ἀριστερῷ ἀκρόποδι λαμπρός = 136.7 H, 56 n° 35 M, 78 n° 5 B.
V *Alhabor* (Canis maior) 251.6	Can. mai. α (Sirius) (5)	1	ὁ ἐν τῷ στόματι λαμπρότατος καλούμενος Κύων καὶ ὑπόκιρρος = 142. 12 H, 57 n° 1 M, 78 n° 12 B.

(1) PTOLÉMÉE, *Syntaxis*, VII 5-VIII 1 = I 2, pp. 38 ss. Heiberg = II, pp. 32 ss. Manitius (trad. allemande).

(2) BOLL, *Ant. Beob.*, pp. 78 ss. J'indique la page et le n° de l'étoile dans ce tableau. Pour les étoiles qui manquent dans ce tableau, cf. le tableau relatif à la *Tétrabible* (I, 9), BOLL, pp. 32-47.

(3) Le texte est particulièrement fâcheux, et les bévues paraissent remonter à l'original arabe, 249. 1 ss. *Haec enim stella* (scil. *secunda stella*) *hebraice Lampada dicitur eo quod ad formam lampadis sit formata ; arabice vero Choraya nuncupatur* (c'est l'étoile *thureiya* en arabe); *sed Graeci Virgilias, Latini autem ipsam Pleiades vocant et major pars occidentalium septem Capellas ; septem enim sunt stellae et ideo septem Capellae dicuntur.* Il y a ici plusieurs inexactitudes, sans parler des absurdités *hebraice Lampada, Graeci Virgilias, Latini Pleiades.* « Lampadias » existe, mais comme désignation d'Aldébaran, BOLL, *Ant. Beob.*, 8. 16. Les Pléiades ou *Vergiliae* (*a verni temporis significatione*, SERV. *in Georg.* I, 138, cf. BOUCHÉ-LECLERCQ, p. 134, n. 1 : plutôt de *verga, virga*) ne sont pas dites *Capellae*, mais il y a une constellation de la Chèvre (*Capella*) et une autre des Chevreaux (BOUCHÉ-LECLERCQ, p. 62, n. 1, p. 423, n. 3). Nous verrons plus bas une bévue analogue pour *Saltator*. Notons que *Althoraya* est dit *Clota* dans *Hénoch*, 278. 22.

(4) Ce serait *al-'aiyūq* (cf. BĪRŪNĪ, p. 163). Noter que Al-Fargâni (*infra*, 185 n. 1) a, entre Aldébaran et Sirius, une étoile *Hayok* : ce paraît être le même mot que *Alhaioth*, mais Hayok dans la liste d'Al-Fargâni correspond à Capella. L'auteur ajoute 250. 14 : *Et dicunt quidam quod est tenens frenum : alii dicunt ipsam retinentem habenas.* Erreur de nouveau! Ces caractères ne peuvent s'appliquer à Orion : il est probable que l'auteur songe à l'*Auriga* proche d'Orion et, comme Orion, paranatellon du Taureau.

(5) Il s'agit bien de Sirius, cf. 251. 7 : *haec stella est meridionalis et inter omnes*

de XV stellis	Nom moderne	Grandeur	Désignation dans la Syntaxis
VI *Aigomeisa* (Canis minor) 252.3	Can. min. α (Procyon)	1	ὁ κατὰ τῶν ὀπισθίων λαμπρὸς καλ. Προκύων = 146.12 H, 58 M, 78 n° 11 B.
VII *Cor Leonis stella regia,* 252.9	Lion α (Regulus)	1	ὁ ἐπὶ τῆς καρδίας καλ. Βασιλισκός = 98.6 H, 47 n° 8 M, 78 n° 17 B.
VIII *Ala Corvi* 253.4	Corbeau γ (ou δ)	3	ὁ ἐν τῇ δεξιᾷ (ou ἐν τῇ β̄) πτέρυγι = 156.19 (ou 158.1) H, 61 n° 4 (ou 5) M, manque dans Boll, mais cf. p. 46 n° 10.
IX *Alchimech Alaazel* 253.15 (1)	Vierge α (Spica)	1	ὁ ἐπὶ τοῦ ἀριστεροῦ ἀκροχείρου ὁ καλ. Στάχυς = 102.16 H, 48 n° 14 M, 80 n° 22.
X *Alchimech Abramech (Saltator)* 254.5 (2)	Bouvier α (Arcturus)	1	ὁ μεταξὺ τῶν μηρῶν ὁ καλ. Ἀρκτοῦρος ὑπόκιρρος = 50.17 H, 35 n° 23 M, 80 n° 23 B.
XI *Benenays (postrema in cauda Ursae maioris)* 254.9	Gde Ourse η	2	ὁ ἐπ' ἄκρας τῆς οὐρᾶς = 42. 5 H, 33 n° 27 M, manque dans Boll, mais cf. 39 n° 2.
XII *Alfeca* 255.5 (3)	Corona borealis α (Gemma)	2.1	ὁ λαμπρὸς ὁ ἐν τῷ Στεφάνῳ = 52. 3 H, 36 n° 2 M, 80 n° 24 B.
XIII *Cor Scorpionis* 255.11	Scorpion α (Antarès)	2	ὁ μέσος αὐτῶν (sc. des 3 étoiles ἐν τῷ σώματι) καὶ ὑπόκιρρος καλ. Ἀντάρης = 110.7 H, 50 n° 84, 80 n° 27 B.
XIV *Vultur Cadens* 225.18 (4)	Lyre α (Véga)	1	ὁ λαμπρὸς ὁ ἐπὶ τοῦ ὀστράκου καλ. Λύρα = 56.12 H, 37 n° 1 M, 89 n° 29 B.

stellas fixas est ex maioribus et magis apparens. Cela ne peut désigner que Sirius. On verra tout à l'heure pourquoi je précise.

(1) *Al simak al ā'zal.*

(2) *Al simak al rāmih* : c'est « le porte lance », désignation qui convient excellemment au Bouvier. Dans la liste d'Agrippa de Nettenheim citée par Boll, *Ant. Beob.*, p. 155, le n° 12 est dit *Alchamet*, où Delatte reconnaît *al-hhāmeh*, le Bouvier. Notre texte ajoute *et dicitur Saltator*. Il y a là de nouveau, semble-t-il, une erreur, car le nom de « danseur » n'a été donné (avec d'autres noms d'ailleurs), dans l'antiquité, qu'à Hercule, l'*Engonasin* (ἐν γόνασιν) des Grecs, cf. Boll-Bezold-Gundel, *Sternglaube und Sterndeutung*, 4° éd. (1931), p. 55.

(3) *Al fekka* est l'étoile de la Couronne. Dans la liste d'Agrippa, le n° 13 est dit *Elepheia* où il faut sans doute reconnaître notre *Alfeca* (var. *elfeca, elfetah, elpheta* dans les mss.), soit donc la Couronne boréale, qu'on attend ici.

(4) *Vultur cadens* (dont *Botercadent* dans *Hénoch*, 286. 5 n'est qu'une corruption)

de XV stellis	Nom moderne	Grandeur	Désignation dans la Syntaxis
XV *Cauda Capricorni* 256.8	Capricorne (γδμ)	3 ou 5	οἱ ἐν τῷ παρούρῳ (3 ou 5) = 118.10 ss. H, 52 n° 23 ss. M, manque dans Boll, mais cf. 37 n° 10 D.

Signalons tout de suite, avant de commenter cette liste, qu'elle ressemble étrangement à la liste d'Agrippa de Nettenheim citée par Boll dans son article sur les couleurs des étoiles (p. 155), d'après le *de occulta philosophia,* II, c. 31. La voici en effet :

I *Umbilicus Andromedae* = manque Hermès.
II *Caput Algol* : III Hermès.
III *Pleiades* = II Hermès.
IV *Aldeboram* = I Hermès.
V *Hircus* (= *Capella*) = manque Hermès.
VI *Canis maior* = V Hermès.
VII *Canis minor* = VI Hermès.
VIII *Cor Leonis* = VII Hermès.
IX *Cauda Ursae maioris* = XI Hermès.
X *Ala Corvi dextra* ⎱ VIII Hermès.
XI *Ala Corvi sinistra* ⎰
XII *Alchameth* = X Hermès.
XIII *Elepheia* = XII Hermès.
XIV *Cor Scorpionis* = XIII Hermès.
XV *Vultur cadens* = XIV Hermès.
XVI *Cauda Capricorni* = XV Hermès.
XVII *Humerus Equi* = manque Hermès.

Donc treize étoiles en commun, avec les mêmes désignations, et, sauf des interversions pour II-IV et IX (n°ˢ d'Agrippa), sensiblement dans le même ordre. Agrippa a en plus I et XVII et il dédouble l'Aile du Corbeau ; par contre il n'a ni l'Épi (IX Hermès) ni Rigel (IV Hermès). Les planètes correspondantes sont les mêmes, sauf pour *Elepheia* = (*Alfeca*) qui correspond chez Agrippa à Vénus et Mercure (Vénus et Mars : Hermès).

2) Que si, maintenant, l'on se reporte à une carte céleste des deux hémisphères Nord et Sud comme celle, par exemple, qu'ont

---

est la Lyre, qui porte en effet les ailes et la tête d'un vautour. Même nom dans Agrippa n° 15 et dans la liste d'Al-Fargâni (*infra,* p. 185 n. 1) où cette étoile est de même la quatorzième.

présentée Boll-Bezold-Gundel et qui correspond au temps d'Hipparque (1), on reconnaît aisément le sens de notre liste.

L'auteur suit l'ordre des signes du zodiaque qui président chacun à un mois de l'année, en commençant, selon l'usage habituel, par le Bélier. Ces figures zodiacales, on le sait, chevauchent les unes sur les autres et ne correspondent pas régulièrement aux douze degrés du cercle : de là vient que plusieurs de nos étoiles sont incluses, en réalité, entre deux signes. En gros, l'ordre est le suivant :

1) Bélier } I II III (I est dans le Taureau ; avec II et III on se
   Taureau } rapproche du Bélier : il faut renverser (III II I),
           } comme dans Agrippa).
2) Taureau IV
3) Gémeaux } V VI
4) Cancer }
5) Lion   VII
6) Vierge VIII IX
7) Balance X XI (XI est en réalité dans la Vierge)
8) Scorpion XII XIII
9) Sagittaire XIV
10) Capricorne XV

Aucune étoile pour les deux derniers signes (Verseau et Poissons) : Agrippa n'a rien pour le Verseau, mais son n° XVII (*Humerus Equi*) appartient aux Poissons (Pégase β).

3) On voit aussitôt que ce catalogue n'a rien de commun avec celui de Ptolémée ni dans la *Syntaxis* ni dans la *Tétrabible*. Dans la *Syntaxis*, le catalogue des étoiles fixes est divisé en deux sections : (I) hémisphère boréal, (II) hémisphère austral, et chacune de ces sections est subdivisée à son tour en deux classes : (A) étoiles hors du zodiaque, (B) étoiles du zodiaque. On obtient donc le tableau : VII, 5 : hémisphère boréal A et B (Bélier à Vierge) ; VIII, 1 : hémisphère austral B (Balance à Poissons) et A. Dans la *Tétrabible* I, 9, Ptolémée commence par les étoiles du zodiaque, puis énumère brièvement les étoiles au Nord du zodiaque, enfin celles qui sont au Sud. Par contre notre catalogue est fondé uniquement sur la division du zodiaque : et c'est à propos de chaque signe qu'il énumère tel ou tel paranatellon plus notable,

---

(1) 4ᵉ éd., 1931, à la fin de l'ouvrage : d'après J. van Wageningen, Leyde, 1914.

comme faisant partie du champ du signe zodiacal (1). Une autre différence plus sensible encore entre notre liste et celle de la *Tétrabible* est que, dans celle-ci, les étoiles sont rassemblées en groupes. Ainsi par exemple, pour le Bélier, on lit : « Du Bélier donc, les étoiles qui sont dans la tête ont leur puissance active tempérée en la même façon que la puissance de Mars et de Saturne ; celles qui sont dans la bouche..., celles qui sont dans le pied de derrière..., celles qui sont dans la queue... ». De même pour les constellations, la formule, en ce cas, étant régulièrement comme suit : « Parmi les étoiles qui appartiennent aux constellations au Nord du zodiaque, celles de la Petite Ourse..., celles de la Grande Ourse... » et ainsi de suite. Au contraire, notre catalogue, sauf de rares exceptions (Pléïade, Cauda Capricorni), est une liste d'étoiles particulières, dont la plupart sont des étoiles brillantes ; ce sont ces étoiles particulières, dont presque toutes ont un nom propre, que l'auteur met en relations avec telle ou telle planète.

Maintenant, comme le remarque Boll (2), en ce qui regarde la couleur des étoiles fixes, il est certain que les catalogues de groupes d'étoiles ont été précédés de listes d'étoiles particulières. Quel est en effet le problème? Mettre en relation des étoiles ou groupes d'étoiles avec les planètes. Ces relations ont pour fondement la couleur. Or il va de soi qu'avant de déterminer la couleur d'un groupe d'étoiles il faut reconnaître la couleur des étoiles qui le composent. Le plus souvent même, c'est la couleur d'une ou deux des étoiles principales de ce groupe qui fera juger de la couleur du groupe.

Le même savant a reconnu depuis longtemps (3) l'existence de telles listes d'étoiles particulières, dites « étoiles brillantes » (λαμπροὶ ἀστέρες), notamment la liste de l'Anonyme de 379 (*CCAG.*, V, I, pp. 196 ss.), dont il me paraît utile de reproduire ici une partie du prologue (**197. 6 ss.**) :

« Telle étant donc la puissance admirable et merveilleusement diverse de la force naturelle des étoiles et de l'influence différente qu'elles exercent selon les lieux, j'ai jugé nécessaire d'exposer leurs tempéraments particuliers comme les ont observés nos ancêtres : en effet c'est selon la parenté que chacun des astres fixes a avec les planètes et avec le tempérament des

___
(1) Boll a remarqué dès 1903 (*Sphaera*, p. 76 et n. 4) que cette répartition des étoiles selon les signes zodiacaux est la plus habituelle chez les astrologues. Ptolémée (*Synt.* et *Tétr.*) fait exception.
(2) Boll, *Ant. Beob.*, pp. 47, 71.
(3) Art. *Fixsterne*, P. W., VI, 2419 § 12 (*Merksterne*).

planètes, dans la mesure où ce tempérament est semblable au leur, que chaque astre fixe est aussi capable d'exercer la même influence que les planètes, comme le dit en propres termes l'Écrivain. Il ne faut donc pas considérer seulement les influences réciproques des cinq planètes et du Soleil et de la Lune, mais examiner encore celles que ces planètes exercent sur les astres fixes qui participent de la même nature, selon la parenté de ces astres avec les planètes, telle qu'on l'a observée, prouvée et inscrite dans le tableau, puisque ces astres ont même puissance et exercent même influence que les planètes ».

L'auteur rapporte ensuite que peu d'entre les anciens se sont livrés à cette étude. Voilà pourquoi, se fondant surtout sur Ptolémée, il a pris la peine de dresser, lui le premier, un nouveau tableau des correspondances entre étoiles et planètes (διετυπώσαμεν πρῶτοι καινοτέραν καὶ εὐεπίγνωστον διαγραφὴν πίνακος 197. 25) (1). Ce tableau lui-même a disparu, il n'en reste que le commentaire, avec les mesures propres à l'année des consuls Olybrius et Ausonius (379 p. C.). On devait commencer par l'Épi de la Vierge et finir par Antarès (198.12-203.31). En conclusion enfin, l'Anonyme rappelle ses devanciers. D'abord les Babyloniens et Chaldéens sur lesquels a écrit Bérose (204.13 ss.). Puis « nos ancêtres les Égyptiens », au premier rang desquels vient Hermès « qui, dans les *Influences cosmiques* (ἐν τοῖς κοσμικοῖς ἀποτελέσμασι), a composé un ouvrage sur le lever de Sirius » (204. 18 ss.); après lui Néchao et Céraphore (inconnus), Pétosiris et Néchepso, etc. Le dernier de la liste est Ptolémée (205. 17), l'auteur se référant à l'opuscule des *Phases* (Φάσεις), particulièrement au Iᵉʳ livre aujourd'hui perdu (2).

A vrai dire le catalogue de l'Anonyme, non plus que les listes de Théophile d'Édesse et d'autres qui l'ont copié (*CCAG.*, V, 1, pp. 212 ss.), ne ressemble guère au nôtre que par le fond. C'est un catalogue de 34 étoiles (3), l'ordre n'est pas le même que dans notre traité, les correspondances entre étoiles et planètes ne sont pas mises dans le même relief que chez Hermès. L'Anonyme nous intéresse pour d'autres raisons. S'il se réfère très manifestement à Ptolémée, il fait appel aussi à d'autres sources, notamment à des écrits hermétiques : ainsi nomme-t-il les *Influences cosmiques* (204.19) et les *Iatromathématika* (209.9) d'Hermès. Il n'est

---

(1) Sur le sens de πίναξ, cf. *CCAG.*, VIII, 4, pp. 118, n. 3.
(2) Boll, *Ant. Beob.*, p. 72.
(3) Boll, *Ant. Beob.*, p. 72, les ramène à 30 (cf. Porph., *Isag.*, c. 48 = *CCAG.*, V, 4, p. 221), quinze pour chaque hémisphère.

même pas impossible que l'*Écrivain* (ὁ συγγραφεύς 197.12) désigne, non pas Ptolémée (1), mais le Trismégiste (2).

Un autre catalogue analogue se peut tirer des *Excerpta* de Rhétorios (VIᵉ s.), d'après Teukros de Babylone (Iᵉʳ s. p. C. ?), édités par Boll, *CCAG.*, VII, pp. 194 ss. Ce long chapitre constitue à lui seul un traité complet sur les douze signes, du Bélier aux Poissons. On énumère, entre autres choses, les trois décans propres à chaque signe, et, à propos de chacun de ces trois décans, les étoiles extra-zodiacales qui se lèvent au-dessus de l'horizon en même temps que le segment correspondant (10° = 1 décan) du signe zodiacal (παρανατέλλοντα) (3) : touchant enfin cette étoile, Rhétorios indique à quel tempérament de planètes elle est apparentée. Mais, là encore, cette dernière indication est noyée dans le contexte, en sorte qu'il paraît fort peu probable que Rhétorios, ou Teukros auquel il emprunte, soit la source immédiate de l'opuscule hermétique.

Ni Ptolémée (*Syntaxis* et *Tétrabible*), ni l'Anonyme de 379, ni Rhétorios (Teukros) ne nous instruisent directement sur le *de XV stellis*. En revanche, on se rapproche beaucoup plus de cet opuscule avec le chapitre du Ps.-Ptolémée édité par Boll dans son article sur les couleurs des étoiles fixes (4). Cette liste suit l'ordre des douze signes. Dans chaque signe, l'auteur indique, de degré en degré, l'astre brillant du signe ou le (ou les) paranatellon le plus brillant, puis, s'il y a lieu, l'hémisphère, puis la grandeur, enfin le tempérament de la planète correspondante. On a par exemple, pour le Taureau : « Taureau. 3ᵉ degré. L'astre qui est dans le *gorgonéion* de *Persée* (Algol). Boréal. Deuxième grandeur. Tempérament de Saturne. — Du 6ᵉ au 8ᵉ degré, paranatellon : la Pléiade. — 16ᵉ degré. L'astre brillant des Hyades (Aldébaran). Austral. Première grandeur. Tempérament de Mars. » Et ainsi de suite. Sans doute ce catalogue n'est pas le prototype du nôtre : outre qu'il comporte 34 étoiles, observons seulement — le fait est remarquable, nous y reviendrons — que, pour chaque étoile, on

---

(1) Ainsi Boll, *Ant. Beob.*, p. 72.

(2) Cumont, *CCAG.*, V, 1, p. 197, n. 1, rappelle que ὁ συγγραφεύς paraît avoir ce sens dans Vettius Valens.

(3) Sur le sens premier et les sens dérivés des παρανατέλλοντα, voir surtout Boll, *Sphaera*, pp. 75 ss.

(4) Boll, *Ant. Beob.*, pp. 77 et 82 (d'après le *Vindob.* philos. gr. 108, s. XVI, f. 283 : le titre est simplement ἕτερον (scil. κεφάλαιον) τοῦ θείου Πτολομαίου). Les pp. 78-81 contiennent le tableau comparatif des données, sur ces 34 étoiles, de Ptolémée (*Tétrab.*), l'Anonyme et ses excerpteurs, Rhétorios, le Ps. Ptolémée et l'astrologue Bayer (*Uranométrie*, 1613).

n'indique le tempérament que d'une seule planète, à la différence des autres listes qui, presque toujours, mettent l'étoile en correspondance avec deux planètes. Néanmoins les ressemblances sont frappantes. Comme dans notre opuscule, c'est l'étoile qui est signalée d'abord, avec l'indication du degré — que l'on trouve aussi chez Hermès pour les trois premières étoiles. L'indication de l'hémisphère (quand il s'agit d'un paranatellon) répond aux mentions *in parte septentrionali* (Algol, 250.1), *a parte septentrionali* (Alhaioth, 250.13), *meridionalis* (Sirius, 251.7), *propinqua circulo signorum* (Algomeisa, 252.3), *accedit ad zodiacum ex parte meridiei* (Alaazel, 253.15), etc. Pour reconnaître au ciel l'étoile dont on parlait, de telles précisions étaient indispensables dans les listes qui n'étaient pas divisées de prime abord selon les deux hémisphères (comme celles, par exemple, de Ptolémée). L'indication de la grandeur a pareillement son écho chez Hermès dans les mentions qui signalent la taille, l'éclat ou la couleur de l'étoile (*est ex maioribus* : Sirius, 251.8, *non lucet tantum sicut quaedam aliae* : Ala Corvi 253.4, *non multum lucida* : Alfeca 255.6, *bene lucens* : Cor Scorpionis 255.12, *rubea clara* : Algol, 250.1, *trahens ad rubedinem* : Cor Scorpionis 255.12). Enfin la mention du tempérament planétaire clôt la suite de ces indications (nom, hémisphère, grandeur), comme de nouveau chez Hermès, où cette mention apparaît aussi, habituellement, dès la première et la seconde phrase, le reste concernant le caractère apotélesmatique de l'étoile.

On peut donc conjecturer que c'est d'un catalogue disposé comme celui du Ps.-Ptolémée, mais plus complet (quant aux indications relatives à chaque étoile) qu'a été extrait le catalogue hermétique. L'essentielle nouveauté, dans ce dernier, est la réduction de la liste à quinze étoiles. Sur ce point il n'existe, à ma connaissance, aucun modèle grec. Cela ne veut pas dire que ce modèle ait manqué. Il suffit de lire le chapitre du Ps.-Ptolémée pour se rendre compte que, sans rien changer à l'ordre de ce catalogue, il n'était pas malaisé d'en tirer nos quinze étoiles : de fait on y retrouve douze des nôtres, et, sauf l'interversion des trois premières (Hermès étant ici dans l'erreur), dans la même suite : Algol 2, Pléïade 3, Aldébaran 4, Rigel 5, Can. min. 11, Sirius 12, Regulus 17, Spica 22, Arcturus 23, Gemma 24, Antarès 27, Véga 29. Manquent Ala Corvi, Benenays, et Cauda Capricorni, soit trois étoiles ou groupes d'étoiles de faible éclat, dont on ne saurait dire pourquoi elles ont pris place dans la liste d'Hermès.

Il ressort de cette recherche que, si les manuscrits grecs ne nous ont rendu encore aucun texte hermétique qui puisse apparaître comme le modèle immédiat de notre opuscule, rien n'empêche que ce modèle ait existé dans l'astrologie gréco-égyptienne. En tout cas les éléments sont là : l'ordre des étoiles, leur détermination, leur caractère apotélesmatique, enfin, et c'est ici l'essentiel, leur rapport avec les planètes. C'est ce point remarquable qu'il nous faut maintenant considérer.

4) Les correspondances entre étoiles et planètes sont, chez Hermès, comme suit :

I Aldébaran : *de natura Martis et complexione Veneris* 246.16.

II Alchoraya : *natura autem eius est natura Lunae et complexio eius Veneris* 249.8.

III Caput Algol : *cuius natura est natura Saturni et est eius complexio complexio Iovis* 250.2.

IV Alhaioth : *ex natura Iovis et Saturni* 251.1.

V Alhabor : *ex natura Veneris* 251.12.

VI Algomeisa : *ex natura Mercurii et ex complexione Martis* 252.5.

VII Cor Leonis : *ex natura Iovis et Martis* 253.1.

VIII Ala Corvi : *ex natura Saturni et Martis* 253.6.

IX Alchimech Alaazel : *ex natura Veneris et Mercurii* 253.16.

X Alchimech Abramech : *ex natura Martis et Iovis* 254.6.

XI Benenays : *ex natura Veneris et Lunae* 255.1.

XII Alfeca : *ex natura Veneris et Mercurii* 255.5.

XIII Cor Scorpionis : *ex natura Martis et Iovis* 255.12.

XIV Vultur Cadens : *ex natura Veneris et Mercurii* 255.18.

XV Cauda Capricorni : *ex natura Saturni et Mercurii* 256.8.

Si maintenant nous recourons au tableau dressé par Boll (pp. 78-81), où il compare, sur ce point, les données de Ptolémée (*Tétrab.*), de l'Anonyme de 379 et de ses excerpteurs, de Rhétorios, du Ps.-Ptolémée et de Bayer, nous constatons les faits que voici (je laisse de côté Bayer, astrologue de 1603, mais ajoute Agrippa de Nettenheim, Boll, p. 155) :

I : Accord partout, sauf Ptol. et Ps.-Ptol. (Mars seul).

II : Accord avec Ptol. Manque ailleurs.

III : Accord partout, sauf Ps.-Ptol. (Sat. seul).

IV : Accord partout, sauf Ps.-Ptol. (Sat. seul). Manque chez Agrippa.

V : Désaccord partout, Sirius correspond toujours à Mars Sat. ou à Mars seul (Sat. seul : Ps.-Ptol.). Hermès a confondu Sirius avec le groupe du Chien qui (hormis Sirius) correspond à Vénus, Ptol. (p. 12.4 Boll) et Agrippa.

VI : Accord partout, sauf Ps.-Ptol. (Sat. seul).

VII : Accord partout, sauf Ps.-Ptol. (Mars seul).

VIII : Accord avec Ptol. et Agrippa. Manque ailleurs.

IX : Accord partout, sauf Ptol. (Vénus Mars) et Ps. Ptol. (Merc. seul). Manque chez Agrippa.

X : Accord partout, sauf Ps.-Ptol. (Mars seul).

XI : Désaccord avec Ptol. (manque ailleurs) où la Gde Ourse correspond à Mars. Hermès a dû confondre avec la *Coma* qui est sous la queue de la Gde Ourse et qui, chez Ptolémée (11.5 Boll), correspond à Lune et Vénus. Agrippa a de même : *Cauda Ursae maioris* = Vénus Lune.

XII : Accord partout, sauf Ps.-Ptol. (Merc. seul) et Agrippa (Vénus Mars).

XIII : Accord partout, sauf Ps.-Ptol. (Jup. seul).

XIV : Accord partout, sauf Ps.-Ptol. (Merc. seul).

XV : Désaccord avec Ptol. (Sat. Jup.). Manque ailleurs.

Il n'y a pas lieu de reprendre ici l'admirable travail de Boll dans l'article auquel je me suis référé plus d'une fois déjà. Je voudrais simplement noter les points suivants :

(*a*) Au début du chapitre (I, 10) qui suit le catalogue de la *Tétrabible*, Ptolémée marque la transition par cette formule (p. 30.6 Boll-Boer) : « C'est de cette façon donc qu'ont été déterminées par l'*observation des anciens* les énergies des étoiles fixes considérées en elles-mêmes (αἱ μὲν οὖν τῶν ἀστέρων καθ' ἑαυτοὺς δυνάμεις τοιαύτης ἔτυχον ὑπὸ τῶν παλαιοτέρων παρατηρήσεως) ». Ptolémée se réfère donc à une tradition plus ancienne, fondée sur l'observation. Boll et Bezold ont eu le grand mérite de montrer que les initiateurs furent ici les astronomes de Babylone. Ce sont les Babyloniens qui, d'après la similitude des couleurs, établirent des correspondances entre astres fixes et planètes. Les Grecs, sur ce point, n'ont fait que transmettre une doctrine qu'ils n'ont pas inventée, et à laquelle ils n'ont rien ajouté. « Nous n'avons aucun indice », conclut Boll (1), « que les astronomes grecs qui, sur le système et les lois de l'univers, ont poursuivi tant de recherches profitables et qui ont devancé Coper-

---

(1) *Ant. Beob.*, pp. 96-97.

nic, se soient jamais livrés, quant aux couleurs des étoiles fixes, à des observations personnelles de quelque importance. Au contraire : s'il est vrai que Ptolémée dans la *Syntaxis* ne mentionne la couleur que pour six étoiles, dans la *Tétrabible* pour trois étoiles, que, dans le chapitre I, 9 de la *Tétrabible,* il ne rend aucunement raison de la comparaison entre étoiles et planètes, que de même la source de l'Anonyme de 379 et des textes apparentés se contente de parler d'une similitude de tempérament sans en expliquer la cause, il est assez clair que ces écrivains tout au moins ne font que transmettre une doctrine reçue d'ailleurs. Sans doute les astrologues grecs plus anciens, dont l'œuvre est presque toute perdue pour nous — les astronomes au sens strict n'entrent guère ici en ligne de compte —, ont-ils dû partager aussi cette doctrine. Mais eux non plus, ils ne l'ont pas acquise par des observations personnelles. Ces observations, ainsi que la doctrine qu'elles fondent de la similitude entre les étoiles et telle ou telle planète sont plus anciennes que l'astrologie grecque ».

(*b*) Ce qui est dit ici de l'astrologie grecque peut être répété de l'astrologie arabe. Celle-ci invente moins encore que la grecque. Elle est intermédiaire au second degré. On pourrait donc conjecturer *a priori* que le texte arabe traduit dans le *de XV stellis* remonte à un original grec. Mais on en a, semble-t-il, une preuve de fait. Rappelons les données du problème. Il s'agit d'une doctrine fondée sur des observations *réelles,* sur l'observation de la couleur, d'une part des astres fixes, d'autre part des planètes. C'est la similitude de couleur qui permet de conclure à une similitude de tempérament, et par suite d'influence, entre telle étoile et telle planète. Supposons que, sur ce point, les Arabes aient recommencé de leur côté le long travail des Babyloniens, qu'ils aient réuni le même nombre d'observations, et que le *de XV stellis* soit le produit direct de cet effort. Comment expliquer, dans ce cas, que cet opuscule mentionne si rarement la couleur des étoiles ? De fait, la couleur n'est indiquée que pour Algol : *rubes clara* (250.1) et pour le Cœur du Scorpion : *trahens ad rubedinem* (255.12). Cette absence est tout à fait intelligible si le texte arabe se borne à transmettre une doctrine reçue, dont la raison d'être, on l'a vu, s'était déjà oblitérée en Grèce même ; elle ne se comprend aucunement si les Arabes s'étaient livrés eux-mêmes à une enquête originale : en ce cas la mention des couleurs, qui est l'essentiel de la doctrine, devrait occuper la première place, elle devrait être indiquée pour chaque étoile. Il est impossible de croire que l'auteur arabe pût passer sous silence le fondement même des correspondances entre étoiles et planètes. Concluons donc que, sinon peut-être sous la forme qu'il revêt aujourd'hui, du moins en substance et par ses éléments principaux, ce traité arabe remonte à un original grec : d'après ce que nous avons vu jusqu'ici du rôle d'Hermès dans l'astrologie, il n'y a pas de raison majeure d'en retirer l'attribution au Trismégiste.

(c) Dans ces conditions, il peut être intéressant de relever ce que notre opuscule ajoute aux autres catalogues grecs : Ptolémée *Tétrabible,* Ps. Ptolémée, Anonyme de 379 et ses excerpteurs, Rhétorios.

En premier lieu, et c'est le plus remarquable, à la différence de toutes les autres listes grecques, le *de XV Stellis* énonce le principe des relations entre étoiles et planètes. C'est en un lieu du prologue où, après s'être livré à des considérations sur le nombre quatre (1), l'auteur en vient à son objet propre, la « vertu » des quinze étoiles (243.14 ss.) : « Hermès dit : Je veux exposer brièvement certaines doctrines que j'ai découvertes dans les discours de certains sages... Il faut savoir en effet que, parmi les étoiles dites fixes, il y en a quinze d'une grande vertu et d'une grande signification. De ces quinze, les unes sont bonnes et assurent une vie heureuse et longue, d'autres donnent une vie courte et pauvre. » Mashalla signale alors les propriétés de ces étoiles selon leurs rapports avec telle ou telle planète, puis il reprend (245.1 ss.) : « Hermès dit : il faut savoir que, parmi les étoiles fixes, certaines sont de deux natures et complexions (*complexionum,* κράσεων) et participent au caractère de deux planètes, d'autres seulement d'une planète... Mais sache que *les natures des étoiles se reconnaissent aux couleurs, en ce que telle étant la couleur de l'étoile, telle sa parenté avec l'une ou l'autre des planètes.* Or, en ce qui regarde les couleurs, c'est de ces cinq manières que, selon la nature, les étoiles fixes concordent avec les planètes, etc. » (2). On le voit, le fondement des correspondances est ici très clairement exprimé. Hermès paraît le seul à l'avoir noté : peut-être en pourrait-on conclure que l'opuscule hermétique est plus ancien que les autres catalogues grecs.

En second lieu, le *de XV Stellis* est seul à mentionner les différences doctrinales touchant le tempérament des astres fixes. On l'a

---

(1) Ces spéculations sont bien dans le goût de l'alchimie arabe, cf. J. RUSKA, *Tabula Smaragdina* (Heidelberg 1926), p. 110 (sur les quatre principes), p. 137 (sur les quatre natures, dans le traité hermétique d'alchimie arabe dit « Livre d'Apollonius de Tyane »).

(2) Cf. *supra,* p. 163.

marqué plus haut, les listes grecques font correspondre en général — sauf quelques exceptions énumérées par Boll (1) — chaque étoile à deux planètes : seul le Ps. Ptolémée ne fait correspondre l'étoile qu'à une planète. Ces divergences témoignent de deux étapes dans la doctrine. A l'origine, chez les Babyloniens, c'est la couleur d'une seule étoile fixe qui est comparée à la couleur d'une seule planète. « Originellement, à Babylone aussi, nous pouvons le dire maintenant avec plus de certitude, on a sûrement déterminé les couleurs pour chaque étoile particulière et, dès lors — abstraction faite de la constatation, rare en tout cas, de changements de couleur réels ou apparents, — on n'a fait correspondre chaque étoile qu'à une seule planète » (2). Mais comme, le plus souvent, l'étoile fixe est étroitement liée à une autre ou à plusieurs autres pour former une constellation, et comme, dans ces constellations, il peut y avoir différence de couleur entre les étoiles, on en vint nécessairement à comparer ces groupes stellaires non plus avec une seule, mais avec deux planètes. Cet usage s'implanta si bien que, même lorsque la liste énumérait des étoiles particulières — c'est le cas du *de XV Stellis*, — on continua de les rapporter à deux planètes sans s'apercevoir que ce rapport ne valait, en principe, que pour l'entière constellation. Or il est intéressant de noter que l'opuscule latin, sur ce point, rapporte les deux traditions. D'une part on déclare (244.6) que chaque étoile fixe (*quaelibet stella fixa*) est constituée de la nature de deux planètes, par exemple de celle de Saturne et de Vénus, etc. D'autre part on signale un peu plus loin (245.1) que, selon Hermès (*Dixit Hermes*), certaines étoiles sont de la nature et complexion de deux planètes, d'autres d'une planète seulement (*quaedam vero unius*, cf. 245.5 *et sunt aliae quae non sunt nisi unius naturae vel per naturam unius planetae*). Cette contradiction (*quaelibet stella ~ quaedam stellae*) dont l'auteur, semble-t-il, ne s'est même pas rendu compte, s'explique au mieux si l'on admet que l'ouvrage hermétique dépend de deux sources divergentes. La première doctrine est celle dont on retrouve la trace, par exemple, chez l'Anonyme et ses excerpteurs : ici, toutes les étoiles ou constellations sont en rapport avec *deux* planètes (3). L'autre doctrine

---

(1) *Ant. Beob.*, p. 73.
(2) Boll, *l. c.*, p. 73.
(3) Ainsi dans Théophile d'Édesse et l'*Exc. Parisiense*, *CCAG.*, V, 1, pp. 214 ss. Chez l'Anonyme, Sirius fait exception, n'étant relié qu'à Mars (V, 1, p. 201. 1). Mais ce n'est dû peut-être qu'à une lacune du texte, car, dans le lieu parallèle (V, 1, p. 215. 19), Théophile d'Édesse porte « Mars *et* Saturne ».

est analogue à celle de la *Tétrabible* où, pour Eridanos α, Hyades α, Gemma α, Ptolémée n'indique qu'une planète, toutes les autres étoiles ou constellations étant reliées à deux planètes. L'auteur hermétique n'a pas su choisir, ni découvrir la raison d'être de la divergence. Il a simplement reproduit l'une après l'autre ces données opposées qui n'ont pu provenir que de deux documents distincts.

5) Comme je l'ai indiqué plus haut (p. 165), à chaque étoile fixe correspondent une pierre, une plante et un talisman qui comprend d'une part une figure gravée sur la pierre, d'autre part un signe magique. Ce qui se rapproche le plus de notre texte est l'opuscule hermétique sur les décans dont j'ai donné l'analyse (1).

Sans entrer ici dans l'histoire, fort complexe, des lapidaires de l'antiquité (2), je me bornerai à signaler quelques-unes des figures gravées sur les pierres.

En ce qui concerne astres, pierres et plantes, on connaît l'idée qui gouverne les correspondances. Celles-ci se fondent sur des associations, généralement tout extérieures, par exemple entre la couleur de l'astre et de la pierre, ou entre telle qualité dominante attribuée à l'astre et telle propriété de la plante. Ainsi la pierre d'Aldébaran, qui est rouge, est le rubis, les pierres de Régulus, qui est *bene lucens, trahens ad rubedinem* (255.12), sont la sardoine et l'améthyste, car la sardoine est rougeâtre (*rubens*) et l'améthyste « comme une goutte de vin rosé » (*ut gutta vini rosacei*, 264.4). On scellait donc sous le chaton un fragment de la plante, et, ainsi muni de la double vertu de la pierre et de la plante, on obtenait la faveur de l'astre correspondant. Mais il s'agit ici de pierres gravées : quel est donc le sens des figures?

On peut le dire d'un mot. Ces images gravées ne sont le plus souvent que des représentations de figures stellaires (3), mais le fait curieux est celui-ci : la constellation figurée n'est pas toujours, comme on devrait le croire, celle à laquelle appartient l'étoile en question; néanmoins la suite de ces représentations

---

(1) Cf. *supra*, pp. 139 ss.

(2) Cf. en dernier lieu Bidez-Cumont, *Mages hellénisés*, I, pp. 188 ss. : « Les vertus des herbes et des pierres ».

(3) Sur ces lapidaires *astrologiques*, voir par exemple Boll, *Sphaera*, pp. 430-434 ; J. Ruska, *Griechische Planetendarstellungen in arabischen Steinbüchern* (*Sitz. ber. Heidelberg*, 1919, 3 Abh.), pp. 3-50, et *supra*, p. 139, n. 2. Ruska définit fort bien le rôle de ces descriptions de gravures, p. 5 : « Ihre letzte Wurzel mogen die Texte in handwerkmässigen Anweisungen für Gemmenschneider haben ».

correspond à l'ordre des signes zodiacaux, tout se passant comme si la liste des figures correspondait à une liste d'étoiles conçue selon le même principe que la nôtre, bien que légèrement différente. Quand l'image ne représente pas la constellation, elle a rapport, semble-t-il, à la planète en correspondance avec l'étoile.

I Aldébaran : *ut deus vel homo litigans* Herm., *sicut deus vel sicut homines qui proeliantur* Hén. Ceci ne va pas au Taureau, mais bien à Persée, paranatellon du Bélier, premier signe.

II Pléïades : *ut lampada vel puella* Herm., *sicut lampas omatipa berggi* (?) Hén. L'erreur vient de ce que l'auteur nomme la Pléïade *lampada* parce qu'il fait une confusion avec *Lampadias*, dénomination d'Aldébaran. *Puella* ne peut guère désigner Andromède car cette constellation est un paranatellon des Poissons (12° signe zodiacal).

III Algol : *sicut caput hominis cum longa barba et parum sanguinis circa collum* Herm. Hén. Algol = « la goule » est évidemment la tête de la Méduse, tranchée par Persée. On notera ici la déformation de la figure : « avec une longue barbe ». Ce trait ne peut venir des Grecs, qui connaissaient trop bien le mythe : c'est l'interprétation arabe d'une image dont on n'entendait plus le sens.

IV Orion (confondu ici avec l'*Auriga* : cf. *tenens frenum, retinentem habenas* 250.15) : *sicut homo volens laetari instrumentis velut rapacius* (?) Herm., *sicut homo qui vult laetari cum instrumentis* Hén. Je reste court.

V Sirius : *sicut leporarius vel puella bene disposita* Herm., *sicut lepus vel pulchra virgo* Hén. Le Lièvre est entre Orion et le Chien, et l'on pourrait donc conjecturer que la liste à laquelle cette gravure appartenait originellement comportait le Lièvre à la place du Chien. Mais il est une autre et meilleure explication. Sirius, dans notre texte, est relié à Vénus : or le lièvre est un des symboles classiques de l'amour (1) et la *pulchra virgo* va de soi.

IV Procyon : *ut gallus minimus vel tres puellae* Herm. Hén. Cela ne convient aucunement à Procyon, mais rentre, à mon sens, dans la catégorie des symboles de Vénus utilisés pour Sirius. Le petit coq, comme le petit lièvre, était, dans l'antiquité, un

---

(1) **Sur l'une des fresques astrologiques du Palazzo Schifanoia à Ferrare** (Boll-Bezold-Gundel, *Sternglaube*[4], pl. XX, cf. p. 61) qui représente le mois du Taureau (Avril) auquel préside Vénus, le champ supérieur montre quantité de petits lièvres courant entre les pieds de jeunes seigneurs et de dames.

cadeau d'amoureux. Les *tres puellae* sont les trois Grâces : sur la fresque astrologique du Palais Schifanoia à Ferrare, qui représente le mois de Vénus (Taureau, Avril) (1), on voit le groupe des trois Grâces sur une hauteur, à droite, dominant toute la composition. L'auteur du *de XV stellis* aura simplement appliqué à Procyon deux des figures indiquées au graveur, comme variantes possibles, pour la constellation du Chien.

VII Régulus : *ut murilegus (catus* Hén.) *vel leo aut forma hominis honorati (ponderati* Hén.) *sedentis*. Chat ou lion, c'est la figure stellaire elle-même. Dignitaire assis : Régulus est en effet l'étoile des rois, il suffit de renvoyer à l'horoscope d'Antiochus de Commagène.

VIII Corbeau : *sicut corvus vel columba vel homo niger indutus panno nigro* Herm. (Hénoch a *serpens* pour *columba*). « Corbeau » est la figure stellaire. Je pense que le nègre vêtu d'un pagne noir n'est qu'une représentation symbolique de cette même constellation.

IX Spica : *sicut avis aut homo deferens mercaturas vel aliquid tale ad vendendum*. Peut-être parce que l'Épi est relié à Mercure (et Vénus) et que Mercure préside aux marchés : sans quoi je ne vois pas d'explication.

X Arcturus : *sicut homo saltans et volens ludere vel sicut equus vel lupus* Herm. (Hén. a *liber* pour *lupus*). Comme je l'ai dit déjà (2), *homo saltans*, etc., semble venir de ce que l'auteur a confondu le Bouvier avec Hercule dont l'un des noms était *Saltator*, le Bouvier étant un paranatellon de la Balance, Hercule du Scorpion. Mais il se peut aussi que dans la liste originelle, pour laquelle étaient données les indications au graveur, on ait passé directement de l'Épi (Vierge) à Hercule (Scorpion). *Equus* pourrait se rapporter au Centaure, paranatellon de la Vierge. Le Loup est une constellation australe, paranatellon de la Balance, entre le Centaure et l'Autel. Cela pourrait convenir ici.

XI Grande Ourse : *sicut taurus vel vitulus (circulus* Hén.) *vel sicut homo qui multum cogitat* Herm. Il est peu croyable que les Arabes aient jamais vu dans la Grande Ourse un taureau et je doute aussi que l'auteur ait confondu la Grande Ourse avec le signe du Taureau. L'explication est ailleurs. Le texte porte 254.9 : *Undecima stella dicitur Benenays et est postrema de duabus stellis quae sunt*

---

(1) Cf. p. 181 n. 1.
(2) Cf. *supra*, p. 168 n. 2.

in cauda Ursae maioris : est namque in fine caudae bovis deferentis Currum. Or chacun sait qu'un des noms anciens de la Grande Ourse est le Chariot : « l'Ourse, qu'on surnomme aussi le Chariot », dit déjà Homère ("Ἄρκτον θ', ἣν καὶ Ἅμαξαν ἐπίκλησιν καλέουσιν, *Il.* XVIII, 487 = *Od.* V, 273). C'est même là, probablement, la première image qui soit venue à l'esprit : la figure du Chariot avec les trois étoiles qui le tirent est de celles qu'un enfant même reconnaît. Le Chariot est donc tiré : en Grèce, il ne peut être tiré que par des bœufs. D'où notre indication : *taurus* ou *vitulus* symbolise ici tout le complexe, le Chariot avec son attelage (1). Pour l'homme en méditation profonde je n'ai pas d'explication.

XII Couronne boréale : *sicut homo sublimatus et coronatus, vel similitudo gallinae* Herm. (Hén. n'a pas *sublimatus*). L' « homme couronné » symbolise la Couronne. Gallina, si l'on y voit le Cygne (que le grec nomme l'Oiseau, l'arabe le Coq), renverrait déjà au Sagittaire dont cette constellation est un paranatellon (le corps du Cygne est même dans le champ du Capricorne) : conjecture peu probable.

XIII Antarès : *sicut homo armatus vel loricatus ad faciendum malum cum ense in manu.* Antarès est le cœur du Scorpion. Or, au Moyen Age et à la Renaissance, on montrait, dans le champ du Scorpion, un homme à cheval, vêtu d'une cotte de mailles, la lance ou l'épée en main (déformation du Centaure, dont une partie revient au Scorpion). Ainsi sur le manuscrit arabe d'Apomasar, Sloane 3983 (2), et sur l'une des fresques astrologiques du Salone de Padoue (3). Je pense qu'il s'agit ici du même personnage, sans être d'ailleurs en mesure de l'identifier.

XIV Vautour (Lyre) : *sicut homo volens pergere vel sicut vultur vel gallina* Herm. (Hén. *qui vult ire*). Le vautour représente ici la Lyre qui d'ailleurs, sur les cartes stellaires, est figurée avec les ailes, la tête et la queue d'un vautour (4). *Homo volens pergere* me reste mystérieux.

XV Queue du Capricorne : *sicut bestia, cervus vel hircus, vel homo qui iratus videtur* Herm. (Hén. a *capra* pour *cervus*). L'image

---

(1) Cf. GUNDEL, *Sterne u. Sternbilder*, p. 55 : « Im späten Altertum liebt man die Verschmelzung der Idee der 7 Ochsen (les 7 étoiles de la G^{de} Ourse ayant été parfois regardées comme 7 bœufs) mit der anderen Auffassung des Wagens und sieht entweder 3 oder 2 Ochsen und den Wagen mit der Deichsel in dem Bilde ».
(2) BOLL-BEZOLD-GUNDEL, *Sternglaube*[4], pl. XIII, f. 28.
(3) *Ibid.*, pl. XIV, f. 30 (2e figure à gauche dans la rangée du milieu).
(4) Sur la Lyre = *Vultur cadens* chez les Arabes, cf. déjà BOLL, *Sphaera*, pp. 115 et 445.

de l'animal s'entend d'elle-même : mais je n'ai rien à dire sur *homo iratus.*

On le voit, les figures les plus mystérieuses sont des figures d'hommes représentés en des actions ou des postures diverses : homme prêt à se réjouir d'un concert (IV), nègre vêtu d'un pagne (VIII), homme allant vendre au marché (IX), homme en méditation (XI), homme armé l'épée en mains (XIII), homme prêt à se mettre en marche (XIV), homme en colère (XV). Pour résoudre ces énigmes, il faudrait recourir peut-être à la figuration des décans et à la sphère perse et indienne : j'en laisse à d'autres le soin, espérant avoir montré que, pour l'essentiel, ces images se réfèrent directement aux constellations elles-mêmes *telles que les représentait la sphère grecque* (1).

L'examen du texte relatif aux gravures confirme donc les résultats auxquels nous avaient conduits les autres parties de l'opuscule. Le fond, les principaux éléments en sont grecs. D'autre part, certains

(1) Dans l'article signalé *supra* (p. 180 n. 3), pp. 21 ss., Ruska analyse un traité hermétique arabe « sur les sceaux des planètes », c'est-à-dire sur des pierres gravées portant l'image des planètes. Or les extraits cités et traduits par Ruska (pp. 37 ss.) montrent que ces figures sont directement issues de la tradition grecque : « Hier muß ich mich darauf beschränken, an einigen Beispielen zu zeigen, daß es sich, wenigstens soweit *Planetensiegel und Planetendarstellungen* (souligné par l'auteur, comme plus bas) in Frage kommen, um echt griechische, nur durch das fremde Gewand unkenntlich gewordene Ueberlieferungen handelt » (p. 37). Dans la *Tabula Smaragdina* (1926), p. 172, le même auteur incline à admettre, à côté des sources grecques, des sources orientales : « So gewiß griechische Texte von mir nachgewiesen wurden, so gewiß sind auch aramäische und mittelpersische als Quellen arabischer Steinbücher vorauszusetzen, ganz besonders, wenn sie sich auf *Hermes Trismegistos* und *Apollonios von Tyana* berufen ». A propos de la transmission des lapidaires hellénistiques des Grecs aux Arabes, H. H. SCHAEDER a signalé (*ap*. M. PLESSNER, *Neue Materialien zur Geschichte der Tabula Smaragdina, Der Islam*, XVI, 1927, p. 105, n. 1) la découverte dans le Turkestan oriental d'un fragment de lapidaire astrologique (chaque pierre y correspond à une planète déterminée), traduit du soghdien en turc (édité par V. THOMMSEN, *S. B. Pr. Ak.*, 1910, pp. 296 ss.). Cette découverte prouve l'existence d'une littérature de lapidaires dans l'Iran septentrional et oriental. Selon toute probabilité, cette littérature y a été introduite par les manichéens. Dans la même note, Schaeder signale des traces d'hermétisme dans le manichéisme : déjà St EPHREM (373), cf. SCOTT, *Hermetica*, IV, p. 161; FAUSTUS, *ap.* AUGUST., *c. Faustum*, XIII, 1, p. 378. 25 Zycha (cf. ALFARIC, *Évolution intellectuelle de St Augustin*, I, pp. 169 ss.). BURKITT, *The religion of the manichees*, p. 96, a conjecturé avec vraisemblance que la version manichéenne du *Pastor* d'Hermas repose sur une confusion entre Hermas et Hermès. Les manichéens ont transmis à l'Iran l'astronomie hellénistique (Mani s'intéressait à l'astronomie exacte — de préférence à l'astrologie chaldéenne —, cf. citation de son « Livre des Secrets » dans Bîrunî, *India*, éd. Sachau, p. 191. 3, trad., I, p. 381). Ce sont probablement les manichéens qui ont maintenu la plus grande partie de la tradition hellénistique dans l'Iran jusqu'à la période musulmane : leur position d' « humanistes » était aussi favorable aux études de science empirique que l'était peu le dogmatisme figé du clergé zoroastrien dans l'Empire des Sassanides.

détails (tête virile de la Méduse, peut-être « Coq » pour le Cygne) ne démontrent pas moins que cet original grec a été remanié par les Arabes.

Ainsi se découvre enfin l'intérêt du *de XV stellis*. Il constitue un apport remarquable à la série des catalogues grecs des étoiles fixes. Il marque un jalon nouveau entre l'hermétisme grec et l'hermétisme arabe. A ces deux titres, l'ouvrage méritait sans doute qu'on l'analysât un peu longuement (1).

(1) Ce paragraphe rédigé, il m'est arrivé de découvrir dans J. B. J. DELAMBRE, *Histoire de l'Astronomie au Moyen Age* (Paris, 1819), I, p. 67, au chapitre *Alfragan* (Al-Fargâni, cf. SUTER, *Mathem. u. Astronomen d. Araber*, 1900, p. 18, n° 39; souvent traduit au Moyen Age, cf. THORNDIKE, II, p. 1009 (index), s. v. *Alfraganus;* Haskins, index, s. v. *Alfraganus* et *Fargani :* Delambre cite d'après les *Elementa astronomica*, Francfort, 1590, ch. 22) une liste des « quinze étoiles fixes plus remarquables » que voici :

I) *Acharnahar* (non loin de Sohel) : Bélier.
II) *Aldébaran* (rouge) : Taureau (œil du).
III) *Hayok* (Capella, rouge) : Gémeaux.
IV) *Aschehre Aljemanija* (Chien droit, Sirius) : Gémeaux (pied droit des).
V) *Jed Algeuze* main d'Orion (Taureau/Gémeaux).
VI) *Rigel Algeuze* pied d'Orion (Taureau/Gémeaux).
VII) *Sohel* (Canobus, timon du Navire) (Cancer).
VIII) *Ascherhe Asschemalija* (Chien gauche, Procyon) : Cancer.
IX) *Cœur du Lion* (près de l'écliptique) : Lion.
X) *Queue du Lion* : Vierge.
XI) *Alramech* (Arcturus) : Balance.
XII) *Alahzel ou Assimech* (épi de la Vierge) (Balance).
XIII) *Centaure* (sommité du pied droit, près de Sohel) (Balance).
XIV) *Vautour tombant* ou *Lyre :* Sagittaire.
XV) *Bouche du Poisson austral* (Fomalhaut) : sous le Verseau.

J'ai mis, à la fin de chaque ligne, le signe du zodiaque correspondant, sans parenthèses quand ce signe est indiqué dans la liste, entre parenthèses quand il ne l'est pas. En gros, c'est le même ordre que chez Hermès, on va du Bélier aux Poissons. Nous retrouvons Aldébaran (II : I Herm.), Hayok (III Capella : II Herm. s'il a confondu les Pléiades et Capella), Sirius (IV : V Herm.), Rigel (VI : IV Herm.), Procyon (VIII : VI Herm.), Régulus (IX : VII Herm.), Arcturus (XI : X Herm.), Spica (XII : IX Herm.), Lyra (XIV : XIV Herm.), soit neuf étoiles (ou huit seulement s'il n'y a pas équivalence de Pléiades = Capella). Al-Fargâni a en plus Acharnahar (I), Jed Algeuze (V, main d'Orion), Sohel (VII), Queue du Lion (X), Centaure (XIII)), Poisson austral (XV). Il n'a pas Algol (III), Ala Corvi (VIII), Grande Ourse (XI), Couronne boréale (XII), Queue du Scorpion (XV). Une curieuse ressemblance est le fait que Hermès et Al-Fargâni confondent tous deux Orion et l'Auriga : je ne m'explique pas cette anomalie. Bref, malgré des rapports certains dont le plus marquant est sans doute le même nombre de *quinze* étoiles dans les deux listes, on ne peut dire que notre texte hermétique dérive d'Al-Fargâni ou réciproquement.

Toujours selon Delambre, la liste d'Al-Fargâni présenterait des variantes que voici :

I) *Alsamech Abramech* (id est deferens lanceam sive Bootes).
II) *Deferens caput Algol* (id est Perseus).

III) *Domina sellae* (id est Cassiopea).
IV) *Foemina quae non est experta virum* (id est Andromeda).
V) *Dauphin* (ou Lion marin).
VI) *Azalange* (ou Serpentaire).
VII) *Algibbar* (hoc est Orion).
VIII) *Alnahar* (id est Fluvius).
IX) *Cheleb Alechber* (Grand Chien).
X) *Cheleb Alasgar* (Petit Chien, Canis minor septentrionalis).
XI) *Alsephina* (Navis).
XII) *Alsigahh* (Hydra).
XIII) *Algorab* (Corvus).
XIV) *Alsabahh* (fera sive Lupus).
XV) *Alachil Algenubi* (Corona australis).

De nouveau on reconnaît certaines étoiles de la liste d'Hermès : Abramech (I : X Herm., c'est Arcturus), Deferens Caput Algol (II : III Herm. qui n'a que la Méduse), Algibbar ou Orion (VII : IV Herm.; ici encore, Fargâni a la constellation entière, Hermès seulement Rigel), Sirius (IX : V Herm.), Procyon (X : VI Herm., dans le même ordre), Algorahh ou Corvus (XIII : VIII Herm., qui n'a que l'aile). Pour le n° XIV, Alsabahh = *fera sive Lupus*, on se rappelle que le n° X d'Hermès (Arcturus) portait, comme indication de gravure, *vel sicut equus vel lupus*. Le trait saillant de cette seconde liste est qu'on y signale, non plus des étoiles particulières, mais des constellations, comme, par exemple, Ptolémée dans la *Tétrabible* (I, 9). Nous constatons en tout cas qu'il a circulé plusieurs listes des quinze étoiles brillantes : il y aurait lieu de les dénombrer et, si possible, d'en reconnaître l'origine.

CHAPITRE VI

L'HERMÉTISME ET LES SCIENCES OCCULTES

§ 1. *Les sciences occultes à l'époque hellénistique.*

Nombre de manuscrits astrologiques du Moyen Age et de la Renaissance contiennent aussi des traités ou des recettes d'alchimie de médecine et de magie. En voici quelques exemples. Le *Scorialensis* I R 14 (xv° s.) qui contient surtout de l'astrologie (1) donne fol. 150v une table de 205 signes alchimiques (2). Le *Scorial.* III Y 14 (écrit partie en 1486, partie en 1323) qui contient surtout de la médecine (3), donne fol. 149 un *tonitruale*, fol. 237 une table de 150 signes alchimiques (4). Le *Bononiensis* 3632 (xv° s.) qui contient en ses 475 feuillets toute une collection de médecine (f. 1-266), d'astrologie (5) et de magie (f. 269v-362v) (6), donne (f. 14-15, 350, 435) des recettes d'alchimie (7). L'*Angelicus* 17 (xv° s.) qui contient à la fois de la médecine (f. 1-326) et de l'astrologie (f. 326v-340) (8), donne (f. 280v-282v et 304 ss.) des recettes d'alchimie (9). L'*Atheniensis* Bibl. Publ. 1070 (xiii° et xiv° s.) recèle tout un trésor de sagesse (10) : f. 1-220, des recueils gnomiques du moine Antoine surnommé l'Abeille, de St Jean Damascène, de Démocrite et d'Épictète, de Libanius, de Plutarque, de Ménandre et de Philistion, des sept sages ; f. 220-222v, de l'astrologie ; enfin le reste du manuscrit (f. 224-231) devait comprendre une compilation (παρεκβολαί) d'aphorismes d'auteurs alchimistes — Hermès, Démocrite, Aristote et Cléopâtre — ; malheureusement, après la belle annonce de ce titre, le copiste a tourné court et l'on ne trouve en cette fin que des écrits médiocres de théologie. Ce sont surtout les

---

(1) *CCAG.*, XI, 1, pp. 3-28.
(2) *CMAG.*, V, p. 3.
(3) *CCAG.*, XI, 1, pp. 38-41.
(4) *CMAG.*, V, p. 4.
(5) *CCAG.*, IV, pp. 39-46.
(6) Delatte, *Anecd. Graec.*, pp. 572-612.
(7) *CMAG.*, II, p. 144.
(8) *CCAG.*, V, 1, pp. 3-4.
(9) *CMAG.*, II, p. 209.
(10) *CCAG.*, X, pp. 8-9 ; *CMAG.*, V, p. 149.

Parisini qui témoignent de la connexion entre les diverses branches de l'occultisme. Ainsi l'énorme recueil de sciences occultes que constitue le *Par.* 2419 (Georges Mitiadas, vers 1460) (1) contient, mêlées à une compilation astrologique composée par Mitiadas lui-même et divisée en quatre livres (f. 1-168v) (2), puis à des miscellanées d'astrologie et de magie (3), un grand nombre de recettes d'alchimie encore inédites (4). A l'inverse, l'important manuscrit alchimique *Par.* 2327 (copié en 1478 par Théodore Pélécano) (5) contient f. 280 une table des correspondances entre métaux et planètes (6) et f. 293 l'*organon* astrologique d'Hermès Trismégiste (7). Le *Par.* 2509 (xv⁰ s.), qui comprend divers auteurs astrologiques (dont Ptolémée) et des recettes magiques (8), insère parmi celles-ci la recette alchimique de l'œuf philosophal (f. 137) (9). L'association de la magie avec l'astrologie ou l'alchimie n'est pas moins fréquente. Par exemple on trouve des recettes de magie dans les manuscrits astrologiques *Par.* Suppl. gr. 696 (10), Suppl. gr. 636 (11), *Par.* 2316 (xv⁰ s.) (12) et 1603 (xvi⁰ s.) (13), pour n'en citer qu'un petit nombre. Il n'est pas jusqu'au plus vénérable des manuscrits alchimiques, le *Marcianus* 299 (xi⁰ s.) (14), qui n'ait vu, du xiv⁰ au xvi⁰ s., remplir ses pages blanches de recettes de divination, d'astrologie et de magie : onirocritique de Nicéphore (f. 3), cercle astrologique (f. 4), labyrinthe de Salomon (f. 102v), présages d'après le tonnerre (f. 128v). En retour un papyrus magique contient une recette d'affinement de l'or (ἴωσις χρυσοῦ, *PGM.*, XII, 193) et il n'est pas rare que, dans des opérations de magie, on se serve de calculs astrologiques (v. gr. III, 275; IV, 835; VII, 795; XIII 214, 1026). La conjuration à l'étoile du matin (πρὸς τὸν ἀστέρα τῆς Ἀφροδίτης, IV, 2891 ss.) est sans doute la déformation magique d'un culte astral ; de même

---

(1) *CCAG.*, VIII, 1, pp. 20-63.
(2) Cf. *CCAG.*, VIII, 1, p. 21, n. 1.
(3) *Anecd. Graec.*, pp. 445-525.
(4) *CMAG.*, I, pp. 62-68.
(5) *CMAG.*, I, pp. 17-62.
(6) Ceci ressortit tout ensemble à l'astrologie et à l'alchimie.
(7) *CCAG.*, VIII, 4, p. 19. Cf. *supra*, p. 125, n. 3.
(8) *CCAG.*, VIII, 4, pp. 65-68.
(9) *CMAG.*, I, p. 131.
(10) Recueil de géomancie, du xviii⁰ s. : *CCAG.*, VIII, 4, pp. 81-88. Cf. *Anecd. Graec.*, p. 548.
(11) xviii⁰ s. *CCAG.*, VIII, 4, p. 80. Cf. *Anecd. Graec.*, p. 549.
(12) *CCAG.*, VIII, 3, pp. 32-43. Cf. *Anecd. Graec.*, pp. 549-553.
(13) *CCAG.*, VIII, 4, pp. 7-8. Cf. *Anecd. Graec.*, pp. 554-556.
(14) *CMAG.*, II, p. 1 ss.

la prière aux parèdres de la Grande Ourse (IV, 1331-1390), l'invocation à la Lune pour qu'elle envoie ses anges ou parèdres au service du magicien (VII, 884 ss.), la prière au « saint Orion » (ὁ ἅγιος Ὠρίων, I, 26 ss.), la prière à l'étoile ou à l'ange de l'étoile qui vient obéir au magicien en toutes choses (I, 73 ss., 96 ss.) et qui en particulier lui révèle des prognoses sur l'heure où mourra un malade (188-189) (1).

Cet usage des copistes jusqu'au xvie siècle n'est pas simple fantaisie. Il répond à un dessein arrêté. C'est que le copiste lui-même ou le « savant » pour lequel il travaille est, le plus souvent, un praticien, et ce praticien opère dans tout l'ensemble des sciences occultes : il est à la fois astrologue, alchimiste, médecin et mage ; il connaît tous les secrets de la nature, il sait le moyen de les faire agir : c'est un émule du Dr. Faust.

Or, nous l'avons marqué déjà, la connexion entre les diverses branches de l'occultisme est bien antérieure à la Renaissance ou même au Moyen Age. Elle remonte à la période hellénistique. On voit alors s'accomplir une séparation très nette entre deux classes d'hommes de science. Arrêtons-nous un instant sur ce phénomène très digne d'intérêt pour l'histoire de la pensée humaine.

Que l'on compare en effet, sur le but et la méthode, les sciences de la nature telles que les concevaient Aristote et ses commentateurs du IIe siècle (Alexandre d'Aphrodisias) avec les sciences dites occultes. Leur objet est le même : ce sont les êtres des trois règnes, animaux, arbres et plantes, pierres et métaux. Mais les faits qu'on recueille, la manière dont on enquête (ἱστορεῖ) à leur sujet et la fin qu'on se propose par cette enquête sont radicalement différentes.

Pour illustrer la méthode aristotélicienne, dont on est fondé à dire qu'elle représente la méthode scientifique dans l'antiquité, je me bornerai à relier (2) quelques-uns des prologues ou des conclusions où le Stagirite définit son objet relativement aux sciences naturelles.

Météorologika I, 1, 338a 20-339 b 10 :

« Les causes premières de la nature et le mouvement physique en tous ses aspects, puis la belle disposition des astres selon le jeu du mouvement céleste,

---

(1) Sur les astres dans la magie, cf. GUNDEL, *Sterne u. Sternbilder*, ch. 15 : « Die Sterne im Zauber », en particulier, pp. 305 ss.
(2) En utilisant mon article *La place du « de anima » dans le système aristotélicien*, dans *Arch. d'hist. doctr. et litt. du M. Age*, VI (1932), pp. 25-47.

les éléments corporels, leur nombre et leurs qualités, leurs mutations réciproques, la génération et la corruption dans leurs caractères les plus communs, voilà ce dont on a parlé jusqu'ici. Il nous reste à traiter dans notre enquête cette partie que les anciens nommaient science des météores... Cela fait, nous continuerons nos recherches en traitant, selon nos moyens et d'après le plan indiqué, des animaux et des plantes, les considérant dans leurs caractères universels et dans leur détail particulier. Et nous aurons alors accompli, je pense, en son ampleur totale, l'œuvre que dès le début nous avions arrêtée. »

Ibid., IV, 12, 390 b 14-22 (1) :

« Puis donc que nous savons de quel genre est chacun des homœomères (2), il faut nous occuper de chacun d'eux pris à part pour connaître son essence, savoir par exemple ce qu'est le sang, la chair, le sperme, et ainsi du reste : or, nous ne connaissons, de chaque chose, la cause et l'essence que si nous savons le rôle que joue matière ou forme, et mieux encore quand nous savons la part de l'un et de l'autre, en sa génération et sa corruption, et quand nous tenons le principe de son mouvement. Ces problèmes mis au net, il nous faut étudier pareillement les anhomœomères, et pour finir, les corps composés d'anhomœomères, tels que l'homme, la plante et tous les autres composés de même sorte. »

Conformément à ces principes, après avoir colligé et décrit les faits (*de animal. hist.*) — « car il convient de commencer par l'étude des phénomènes au sujet de chaque genre (d'êtres), ensuite seulement on considère leurs causes et l'on traite de leur génération » (3), — après avoir donc établi, dans les *Enquêtes sur les animaux*, « le nombre et la nature des parties dont est composé chacun des vivants » (4), Aristote recherche les causes de ces faits, lesquelles doivent être examinées indépendamment des faits eux-mêmes (5) : c'est l'objet d'un traité *Sur les parties des animaux*. Qu'il y ait un lien entre cet ouvrage et les principes énoncés dans les *Météorologiques*, Alexandre d'Aphrodisias l'a bien vu et il l'affirme explicitement (6) :

« Ainsi connus les homoeomères, il faut parler, dit le Philosophe, des parties anhomoeomères, puis des corps constitués par ces parties, savoir les plantes et les animaux. A ce livre (des *Météorologika*) semble faire suite

---

(1) Il n'y pas de raisons majeures pour ne point admettre, en substance, l'authenticité de ce IV⁰ livre : cf. Ross, *Aristote*, trad. fr. (1930), p. 22.
(2) Éléments du corps formés de parties semblables ou analogues.
(3) *De part. anim.*, I, 1, 640 a 14-16.
(4) *Ib.*, II, 1, 646 a 8-10.
(5) 646 a 10-12.
(6) *In Meteor.*, p. 227. 15-22 Hayduck (Berlin, 1899).

l'ouvrage *Sur les parties des animaux* : car, au deuxième livre de cet ouvrage, il traite de ce dont il dit ici qu'il faut traiter. Il s'y occupe en effet, d'abord des parties homoeomères, puis des anhomoeomères constitués par ces parties. »

Vient alors la considération des parties en tant qu'organes doués de fonctions. C'est l'objet du traité « Sur la fonction locomotrice chez les animaux » (*de animal. incessu*) dont voici le prologue (1) :

« Au sujet des parties utiles aux vivants quant au mouvement local, il faut examiner pourquoi chacune de ces parties est telle et en vue de quelle fin elle appartient aux vivants, puis considérer les différences soit entre les diverses parties d'un seul et même vivant, soit d'un vivant à l'autre. »

Dès lors on connaît la matière de l'être vivant, c'est-à-dire ses parties considérées comme instruments d'une fonction, ses parties en tant qu'« organes ». Il est temps de passer à l'étude de la forme, et c'est bien ce qu'annonce la conclusion du *de animal. incessu* (2) :

« Pour ce qui est des parties, et singulièrement celles qui regardent la marche des vivants et, en gros, toute la fonction locomotrice, voilà comment elles se comportent. Ces choses ainsi définies, ce qui vient immédiatement après, c'est la considération de l'âme. »

Ici se placent donc le traité de l'âme (*de anima*) et les opuscules sur ses diverses puissances (*parva naturalia*). Quelles recherches suivront alors? On connaît la matière, on connaît la forme. Il s'agit maintenant d'examiner l'action conjointe de la matière et de la forme, de l'efficience et de la fin, d'une part dans les opérations propres au vivant et dans les mouvements qui l'affectent, d'autre part dans ce phénomène de la génération où la nature et les causes du vivant sont mises en plein relief. Deux traités par conséquent achèvent la construction du Stagirite, « Sur le Mouvement des animaux » et « Sur la Génération des animaux ». Le premier ne fait pas double emploi avec l'ouvrage sur la fonction locomotrice chez les animaux. Dans ce premier traité on s'occupait des parties du corps en tant qu'organes de la marche, on s'y demandait, par exemple, pourquoi ces organes sont, en l'un deux, en l'autre quatre, en cet autre multiples tandis qu'ailleurs ils manquent, pourquoi ils sont toujours en nombre pair, pourquoi l'homme et

---

(1) *De anim. incessu*, 704 b 4-9.
(2) *Ib.*, 714 b 20-23.

l'oiseau sont dipodes, les poissons apodes, pourquoi, chez l'homme et l'oiseau également dipodes, la courbure des parties locomotrices est tout juste contraire, pourquoi les quadrupèdes marchent en diagonale (1). Le *de animal. motione* répond à d'autres questions : « le mouvement des vivants en général, le nombre de ces mouvements en chaque genre de vivants, ses divers modes, les causes des particularités propres à chacun de ces modes, tout cela a été étudié ailleurs : il s'agit maintenant de considérer, d'un point de vue universel, la cause commune de tous les mouvements quels qu'ils soient dont sont affectés les vivants (en effet ils se meuvent par le vol ou la nage ou la marche ou par d'autres moyens encore) » (2). Cette cause commune étant l'âme, « il reste à considérer comment l'âme meut le corps, et quel est le principe du mouvement chez les vivants » (3). Le présent traité concerne donc, non plus la matière, mais la forme et la fin. Pour marcher, il ne suffit pas d'avoir des jambes ; il faut un but : « le principe de tout mouvement chez le vivant, c'est un objet à poursuivre ou à fuir ».

D'où l'on passe enfin à la génération. La conclusion du *de animal. motione* l'annonce (4) : « Nous connaissons maintenant, dans leurs causes mêmes » — c'est-à-dire scientifiquement, — « les parties de chacun des vivants et tout ce qui a trait à l'âme, à la sensation, au sommeil, à la mémoire, au mouvement étudié dans son principe commun : il reste à parler de la génération ». Cet ouvrage fera corps avec le précédent. On n'y traitera point des parties génératrices en tant que matière, mais du point de vue de la forme et de la fin. Les causes de la génération sont quatre en effet : forme et fin d'une part, le principe efficient, enfin la matière qui, dans le composé vivant, est constituée par les parties (les anhomoeomères), en ceux-ci par les homoeomères, en ces derniers enfin par les éléments corporels. On a parlé déjà de tous les autres membres du vivant : « il reste donc à traiter, d'une part des organes qui contribuent et conspirent à la génération chez les vivants, d'autre part de la cause qui est principe de ce mouvement générateur : or c'est là pour ainsi dire une seule et même étude », car ce principe, c'est la cause finale, et, les membres n'ayant de raison d'être qu'en vue de cette fin, on ne peut étudier la fonction à remplir que conjointement avec la fin (5).

(1) *Ib.*, 704 b 9 ss.
(2) *De anim. mot.*, 1, 698 a 1-7.
(3) *Ib.*, 700 b 9-11.
(4) *Ib.*, 704 a3-b3.
(5) *De generat. anim.*, 715 a 1-18.

Voilà donc achevé l'édifice des sciences naturelles conçu par le Stagirite. Sans doute il n'est pas complet, en partie par accident : le traité (en deux livres) sur les plantes a été perdu dès l'antiquité, du fait qu'on lui préférait l'ouvrage plus détaillé de Théophraste; l'exposé sur les pierres (minéraux) et métaux annoncé à la fin de *Météorologika* III manque dans *Météorol.* IV, ce l. IV ne formant pas d'ailleurs la suite immédiate du l. III. Néanmoins, ce qui a été écrit et conservé de l'ensemble — « Enquêtes sur les animaux », « Parties des animaux », « Fonction locomotrice chez les animaux », « Traité de l'âme » et opuscules annexes, « Mouvement des animaux », « Génération des animaux » — laisse voir suffisamment l'idée directrice qui a présidé à ce grand dessein. On part des faits : dans la mesure où le permettaient des moyens d'observation encore rudimentaires, on en examine les caractères spécifiques, les traits communs. D'où ressort un premier classement. Il y a les êtres privés de vie et les vivants. Parmi ces vivants, les uns ne sont capables que de se nourrir, de croître et de se reproduire; ils trouvent leur nourriture sur place et sont donc liés au sol : ce sont les plantes. D'autres ont à chercher leur nourriture; ils sont donc capables de locomotion, ce qui implique sensation et désir : ce sont les animaux. D'autres enfin ajoutent à ces puissances la faculté de comprendre, l'intellect : c'est l'homme. Des inanimés à l'homme, il existe une hiérarchie. Pierres et métaux sont directement issus des éléments eux-mêmes, la terre, la lumière et l'eau : ce sont des corps bruts, inorganiques. Tous les vivants, quels qu'ils soient, sont au contraire organisés : leur corps est une matière en puissance à agir, l'instrument d'une fonction. On étudie donc ce corps en tant qu'il est matière, les parties qui le composent — homoeomères, anhomoeomères, composé total —, l'organisation de ces parties en vue de l'acte à accomplir. Vient ensuite l'étude de la forme, qui donne aux organes d'agir. Enfin l'on considère le produit commun de la matière et de la forme, c'est-à-dire la fonction elle-même, et singulièrement les fonctions principales de locomotion et de génération.

D'une manière générale, le propre de cette enquête est de viser toujours au maximum d'intelligibilité (1). Elle réduit le multiple à l'un, l'accident à l'essence, le singulier à l'universel. Elle vise à

---

(1) De là, entre autres traits, le souci d'établir une classification des faits et de marquer la continuité (dans le sens vertical) entre les espèces d'un même genre et de genre à genre, cf. sur ce point les bonnes remarques de Ch. SINGER, *Greek biology*, etc. cf. *supra*, p. 8 n. 1), § 3 *The bases of the aristotelician biological system*, pp. 13 ss.

établir des lois. C'est une connaissance par la cause, et les causes que l'on discerne dans ce domaine de la nature vivante étant elles-mêmes rapportées à des causes plus compréhensives, il s'ensuit que les sciences naturelles prennent place dans un ensemble plus vaste, qui est la science du Kosmos. La partie est rattachée au Tout : on n'a pleine intelligence de la partie qu'en la référant à ce Tout. La science aristotélicienne est nettement architectonique.

On peut critiquer cette méthode en arguant, par exemple, qu'elle ne distinguait pas les véritables causes. Il reste que le souci de connaître par la cause, et d'instituer une hiérarchie des causes, répondait aux exigences de l'esprit scientifique. C'était une science. De fait l'antiquité n'en a pas connu d'autre en ce qui regarde les êtres du Kosmos. Et, dans la mesure où les anciens et les Byzantins encore, puis le Moyen Age, ont eu quelque idée de la méthode scientifique, ils le doivent au Stagirite ou à la longue lignée de ses commentateurs, d'Alexandre d'Aphrodisias à Philopon. C'est ce que prouve aussi bien ce dernier trait, qui n'est pas le moins important. La science aristotélicienne est essentiellement contemplative : elle est une θεωρία. On vise à connaître pour connaître, non pas pour utiliser cette connaissance à des fins pratiques. Rien de moins utilitaire que la notion aristotélicienne du savoir : « La connaissance étant à nos yeux chose de beauté et de noblesse, et y ayant des degrés, à ce point de vue, entre une connaissance et une autre soit parce qu'elle est plus exacte soit parce qu'elle traite d'objets meilleurs et plus admirables, pour ces deux causes c'est à bon droit que nous mettrions au premier rang ces recherches que nous faisons sur l'âme » (1). Au contraire, le trait dominant des pseudo-sciences de l'époque hellénistique et gréco-romaine, c'est qu'elles visent toujours à des fins pratiques. Si l'on contemple le ciel, c'est pour y lire la destinée des hommes. Si l'on recueille les propriétés des bêtes, des herbes et des pierres, c'est pour en tirer des remèdes. Si l'on cherche le moyen de transmuter les métaux, c'est pour trouver le secret de les changer tous en or. Ce critère de l'utilité est décisif. Il marque au mieux la frontière où se séparent deux mondes. Ceux qui se tinrent en deçà, du côté d'Aristote — ce fut le très petit nombre, — s'ils ne firent pas des savants, gardèrent au moins le sens de ce que doit et peut être une science ; ceux qui, en masse énorme, passèrent au delà, s'ils ne firent pas tous des

---

(1) *De anima*, I, 1, 402 a 1 ss. Cf. le prologue des *Métaphysiques*, 980 a 21 ss.

charlatans (1), n'en furent pas moins complètement ignorants des conditions indispensables de la science.

Quel est en effet le caractère distinctif des pseudo-sciences de la nature qu'on voit se constituer dès la mort du premier disciple d'Aristote, Théophraste, et qui remplissent également les ouvrages des naturalistes comme Pline, Élien, Solin, des romanciers comme Apulée et Philostrate, des Pères de l'Église comme Basile, Épiphane, Ambroise, Augustin, des amateurs d'allégories comme Horapollon et l'auteur du *Physiologus,* ou qui même donnent lieu à toute une littérature spéciale de *Physika* attribuée aux mages, à Salomon ou au Trismégiste? C'est l'intérêt presque exclusif qu'on y porte aux faits rares et merveilleux (*mirabilia*) et de préférence, parmi ces faits, aux vertus occultes des bêtes, plantes et pierres, aux sympathies et antipathies qui unissent ou opposent des êtres du même règne ou de règnes différents.

Ces collections de *mirabilia* ne ressemblent aucunement aux enquêtes (ἱστορίαι) aristotéliciennes : elles partent de principes tout divers. Sans doute, recueillir des faits, enquêter sur les propriétés des êtres de la nature est la démarche originelle de la science : c'est par des enquêtes sur les animaux qu'avaient débuté les études zoologiques d'Aristote, lequel suivait en ce point les méthodes des premiers « historiens », un Hécatée, un Hérodote. D'autre part, il est normal que ce qui ait frappé d'abord les enquêteurs d'Ionie, c'ait été les phénomènes les plus étonnants (le θαῦμα d'Hérodote), ceux qui avaient meilleure chance de retenir l'attention. Mais précisément le mérite d'Aristote fut de dépasser ce point de vue. Les enquêtes du Stagirite mènent à un but qui est d'établir des lois. Et cette fin d'ordre scientifique commande à son tour le choix et la classification des faits. Il se pourra donc qu'on note encore tel phénomène rare ou curieux : on ne s'y arrêtera point. Ce qui comptera, c'est le fait typique, qui, joint à d'autres de même espèce, permettra d'ordonner le réel. Au contraire, dans les collections hellénistiques de *mirabilia,* c'est le merveilleux qui est l'essentiel. Il est donc recueilli à ce titre, et la somme des faits rassemblés, loin de mettre en valeur des traits communs d'où se puissent dégager des lois, constitue une masse informe de θαύματα, une sorte de musée de l'étrange. D'un mot, au lieu de viser à l'universel, on est allé chercher le propre, l'ἰδιότης, et cela même

---

(1) Car il faut réserver le cas d'hommes comme Pline, par exemple, ou, plus tard, Isidore de Séville, ou, au Moyen Age, Albert le Grand.

qui, dans l'ἰδιότης paraissait le plus singulier (1). C'est l'opposé de la science (2).

Le même tour d'esprit se décèle, et sous un jour plus fâcheux encore, dans l'engouement, alors général, pour les vertus occultes. Mais il faut ici donner la parole au savant qui a le mieux étudié ce genre littéraire hellénistique des *Physika* (3) : « Une façon toute nouvelle, d'ordre surtout mystico-magique, de considérer la nature apparut à l'époque hellénistique en Égypte, laquelle, en quelque mesure y était prédestinée par son culte millénaire des animaux et des plantes. Alors que le Lycée avait fait de la biologie des animaux, de la géographie des plantes et du traitement méthodique de la minéralogie le centre de ses recherches de sciences naturelles, alors que, dans toutes les branches de ces sciences, malgré beaucoup d'erreurs dans l'observation et de conclusions hâtives, il avait abouti à des résultats grandioses, l'on tend maintenant, dans tout le domaine de la nature organique et inorganique, à découvrir les forces secrètes et merveilleuse des êtres de la nature, c'est-à-dire leurs φύσεις, leurs propriétés et vertus occultes, ainsi que les relations de sympathie et d'antipathie dérivées de ces φύσεις dans les trois règnes. Homme, bêtes, plantes et pierres (y compris les métaux) ne sont plus considérés que comme porteurs de forces mystérieuses, chargés, à ce titre, de guérir toutes douleurs et maladies et d'assurer à l'homme richesse, bonheur, honneurs et pouvoir magique; dans cette façon de voir, sciences naturelles et médecine ne font plus qu'un. Les représentants de cette littérature ont emprunté avec une crédulité déconcertante non seulement à la science grecque (Lycée, Démocrite, Apollodore ὁ ἰολόγος), mais aussi aux livres apocryphes des anciens Perses Zoroastre et Ostanès, du Juif Dardanos, du Phénicien Mochos, du magicien d'Égypte Apollobéchès, avec leurs horribles recettes de sympathie et d'antipathie,

---

(1) Sur l'ἰδιότης ou, plus exactement, l'ἰδιότης ἄρρητος (la *qualitas occulta* du Moyen Age), voir J. RÖHR (cf. *infra*, n. 3), pp. 96-106.

(2) Noter toutefois des correctifs à ce jugement (en ce sens que cette ps. science hellénistique a tendu, elle aussi, à un système général d'explication des phénomènes) dans la *Conclusion*, pp. 355 ss.

(3) Max Wellmann. J'utiliserai principalement quatre mémoires : *Die Georgika des Demokritos* (Abh. d. Pr. Ak. d. Wiss., Phil.-Hist. Kl., 1921, n° 4 : cité WELLMANN, *Georg.*); *Die Φυσικά des Bolos Demokritos und der Magier Anaxilaos aus Larissa* (Abh. d. Pr. Ak. d. Wiss., Phil.-Hist. Kl., 1928, n° 7 : cité WELLMANN, *Bolos*); *Der Physiologos. Eine religionsgeschichtlich-naturwissenschaftliche Untersuchung* dans *Philologus*, Supplt. Bd., XXII, 1, 1930 (cité WELLMANN, *Phys.*); *Marcellus von Side als Arzt und die Koiraniden des Hermes Trismegistos* dans *Philologus*, Supplt. Bd., XXVII, 2, 1934 (cité WELLMANN, *Koir.*). Voir aussi l'ouvrage déjà cité (p. 90, n. 1) de J. ROHR, *Der okkulte Kraftbegriff im Altertum*, pp. 56-76.

ce qui donne à cette littérature un aspect romantique très spécial. Toutes ces recherches se condensèrent dans le genre littéraire des *Physika* (Φυσικά, φυσικαὶ δυνάμεις, « livres des propriétés », *de rebus physicis*, vertus occultes ou περὶ ἀντιπαθειῶν καὶ συμπαθειῶν) : le représentant de ce genre littéraire remarquable, et en partie oriental par son contenu, est l'ἀνὴρ φυσικός (1), c'est-à-dire, selon la signification habituelle du mot à l'époque hellénistique, l'homme qui est au courant de tous les faits et rapports occultes dans la nature, le mage. Nous connaissons les principaux représentants de cette littérature : ce sont Bolos Démocrite (vers 200 av. J.-C.), Ps.-Manéthon (Φυσικῶν ἐπιτομή, IIe-Ier s. av. J.-C.), Nigidius Figulus au temps de Pompée, Démétrius ὁ φυσικός (PLIN., *n. h.*, VIII, 59), Apollodore *adsectator Democriti* (PLIN., *n. h.*, XXIV, 167) sous Tibère, Xénocrate d'Aphrodisias sous Néron, un peu plus tard l'agronome Pamphile (*Geop.*, XV, 1, 6), à la fin du Ier siècle Hermès Trismégiste avec ses *Koiranides,* vers 100 après J.-C., Pollès d'Aegae avec son ouvrage « Sur les sympathies et antipathies », vers 120 Neptunalios avec ses *Physika,* Aelius Promotus avec ses Φυσικὰ δυναμερά (« Remèdes sympathiques naturels »), puis un certain Apollonius appelé Bélinus par les Arabes (antérieur à Arnobe) (2), l'agronome Didyme au IIIe siècle, le vétérinaire Apsyrtos au IVe siècle en Syrie, plus exactement à Césarée, et le « Livre des choses de la Nature », mis sous le nom d'Aristote, mais en réalité composé vers 600 en Syrie et dont le *Liber Aristotelis de lapidibus* n'est qu'une partie » (3).

L'initiateur de cette littérature fut Bolos le Démocritéen (4), de

(1) Sur le sens de ce mot φυσικός à l'époque hellénistique, cf. WELLMANN, *Georg.*, p. 4; RÖHR, *l. c.*, pp. 77-86. Dans le même sens, on emploie souvent aussi θεῖος, *ibid.*, pp. 86-88.

(2) WELLMANN n'a pas ici de note sur cet Apollonius : mais c'est, semble-t-il, Apollonius de Tyane, regardé comme l'auteur d'apocryphes, cf. *CCAG.*, VII, pp. 174 ss.; THORNDIKE, *Hist. of Mag.*, I, p. 267; II, pp. 234-235.

(3) WELLMANN, *Bolos*, pp. 3-4. Aux deux derniers ouvrages, il faudrait ajouter le περὶ ζῴων, κτλ. de Timothée de Gaza (sous Anastase I Dikoros, 491-518), qui est en rapports étroits avec le *Physiologus* et les *Koiranides* hermétiques, cf. WELLMANN, *Phys.*, pp. 23 ss.

(4) Bolos « le Démocritéen » plutôt que Bolos Démocrite (comme dit WELLMANN *Georg.*, p. 16, et *passim*) qui prête à confusion. W. KROLL, *Bolos und Demokritos* dans *Hermes*, LXIX (1934), pp. 228 ss., a montré que Bolos ne s'est pas identifié avec Démocrite, il l'a simplement utilisé (avec d'autres sources), d'où ce surnom de Démocritéen qu'on lui a donné. Sur la relation à établir entre Bolos et Démocrite, cf. encore B. E. PERRY dans P. W., XX, 1106. 13-62 (s. v. *Physiologus*), et HAMMER-JENSEN, *ib.*, Supplt. Bd. IV, 219 ss. (il faut lire Βῶλος Δημοκρίτ⟨ει⟩ος et non Δημόκριτος), BIDEZ-CUMONT, *Mag. hellén.*, I, p. 118, JACOBY, *F. Gr. Hist.*, 263, Commentaire (Leyde. 1943), pp. 24-26. Sur la date de Bolos, cf. WELLMANN, *Georg.*, pp. 5-16.

Mendès (dans le Delta), qui vécut vers 200 avant notre ère et appartint, selon Suidas (*s. v.* Βῶλος), à la secte des néopythagoriciens (1). Ce fut un auteur abondant, qui écrivit sur l'agronomie (Γεωργικά), la sympathie et l'antipathie (Φυσικὰ δυναμερά), la médecine (Τέχνη ἰατρική), l'alchimie (Βαφικά), les recettes amusantes de la magie (Παίγνια) (2), les prodiges (Θαυμάσια), l'astrologie, la mantique, la symbolique, l'histoire (Περὶ Ἰουδαίων), la tactique (Τακτικά) et la morale (Ὑπομνήματα ἠθικά). On lui doit en outre, sous le titre Χειρόκμητα (δυναμερά), c'est-à-dire « Remèdes sympathiques artificiels », un recueil d'extraits où il fit connaître au public les recettes apocryphes des prophètes de l'Orient, Dardanos, Zoroastre, Ostanès, etc. : la plupart des citations que, dans la suite, les auteurs gréco-romains se transmettent avec monotonie sont tirées de cet ouvrage. Les écrits de Bolos, surtout ses Φυσικά, ont exercé une grande influence jusqu'à la fin du Moyen Age par l'intermédiaire des Arabes, le médecin Rhazi (mort en 923) et son *Liber de rebus physicis*, Avicenne (vers 1000) et son *De ligaturis physicis*, le médecin Ibn Zohr (mort à Séville en 1131) et son livre de merveilles (3).

Le principal ouvrage de Bolos le Démocritéen, est son livre sur les sympathies, les Φυσικὰ (δυναμερά) ou encore Περὶ συμπαθειῶν καὶ ἀντιπαθειῶν, qui traitait des sympathies et antipathies des bêtes, plantes et pierres, selon l'ordre alphabétique (4). Parmi les fragments explicitement donnés comme démocritéens (5), vingt concernent les *antipathies :* belette ∼ basilic (**1** et **19**), ibis ∼ serpent (**2**), serpent ∼ feuilles de chêne (**3**), serpent ∼ salive d'un homme à jeun (**4**), serpent ∼ raifort noir (**6**), lion ∼ coq (**9**), lion ∼ feu (**10**), hyène ∼ panthère (**11**), caméléon ∼ épervier (**12** et **34** : *Koir.*, IV, 117. 9), scorpion ∼ lézard (**14**), scorpion ∼ âne (**15** : *Koir.*, II, 70. 8 : on guérit d'une piqûre de scorpion en disant à l'oreille d'un âne « un scorpion m'a piqué » : le mal passe à l'âne), martre (ou renard) ∼ rue (**17**), joubarbe ∼ insectes (**18**), foulée

---

(1) Wellmann s'étend longuement (*Bolos*, pp. 4-9 : cf. aussi *Phys.*, pp. 115-116) sur le rôle qu'aurait joué dans le développement du genre littéraire des *Physika* le néopythagorisme, notamment les Esséniens. Je laisse ici ce point qui me paraît discutable cf. aussi KROLL, *l. c.* [*supra*, p. 197 n. 4], p. 231) et qui ne nous intéresse pas directement.
(2) Cf. *PGM.*, VII, 167.
(3) WELLMANN, *Bolos*, p. 10.
(4) Dans SUIDAS, s. v. Βῶλος, lire ἔχει δὲ περὶ συμπαθειῶν καὶ ἀντιπαθειῶν < ζώων, φυτῶν, > λίθων κατὰ στοιχεῖον, cf. WELLMANN, *Bolos*, p. 11.
(5) WELLMANN, *Bolos*, pp. 18-28. J'indique, entre parenthèses, les numéros de ces fragments et les lieux parallèles dans les *Kyranides* hermétiques.

d'une femme nue au temps de ses règles ∼ chenilles du chou (**21**), pattes de lièvre (ou cerf) ∼ punaises (**22**), pic ∼ pivoine (**3** : *Kyr.*, I, 15. 16 ; *Koir.*, III, 87. 30), éléphant ∼ bélier (ou porc), vipère ∼ rameau de chêne à glands comestibles (**28**), martre ∼ odeur de la myrrhe, tigre ∼ son du tympanon (**30**), plumes de l'aigle ∼ plumes des autres oiseaux (**32**), tamaris ∼ rate (**33**). Trois concernent les *sympathies* : serpents → grains de fenouil (qu'il mangent pour s'éclaircir la vue : **5**), salamandre → feu (**13** : *Koir.*, II, 72.8), hirondelle → herbe chélidoine (**31**). Le reste a trait à certaines *propriétés merveilleuses* des bêtes, herbes ou pierres. On apprivoise un taureau furieux en lui attachant au genou un fil de laine (**7**) ou en le liant à un figuier (**28**) ; la dépouille du serpent est emménagogue (**8**) ; la langue d'une grenouille vivante mise sur la poitrine d'une femme lui fait avouer tous ses actes (**16** : *Koir.*, II, 56. 17) (1) ; les fruits du perséa ne sont plus vénéneux si on le transplante de Perse en Égypte (**20**) ; la moelle épinière de l'hyène guérit du mal de dos (**24** : *Koir.*, II, 76. 8), le fiel de l'hyène guérit des ophtalmies (**25** : *Koir.*, II, 76. 17) ; si l'on mange le cœur ou le foie des serpents, on comprend le langage des oiseaux (**26**) (2) ; le mouron éloigne les influences hostiles et magiques (**27**) ; l'ambre jaune attire à soi tous les objets légers sauf le basilic et les objets frottés d'huile, l'aimant frotté d'ail n'attire plus le fer (**28** : Plut., *quaest. conv.*, II, 7, 641 B) ; l'ivoire est amolli par la bière d'orge (**29**) ; vertus occultes des diverses parties corporelles du caméléon (**34** : Plin., *n. h.*, XXVIII, 112) (3).

Les plus anciens témoignages sur ces fragments prouvent que le *Livre des Sympathies* de Bolos Démocrite fut déjà très lu au Ier siècle avant notre ère : à côté d'Aristote et de Théophraste, Bolos faisait autorité pour tout ce qui regarde les sciences de la nature. En effet les fragments relatifs à l'agronomie remontent en dernière analyse à Cassius (88 av. J.-C.), les fragments botaniques à Krateuas (IIe-Ier siècle), les fragments zoologiques à Juba, roi de Maurétanie (Ier av.-Ier s. ap. J.-C.), les fragments philosophiques à Posidonius. Dans la suite, à partir du Ier siècle de notre ère, il n'est pour ainsi dire pas d'auteur qui, traitant des choses de la nature, ne vienne à parler des vertus occultes et à mentionner l'une ou

---

(1) Même vertu attribuée à la langue (et au cœur) de l'oie (*Koir.* III, 100. 17) et de la chauve-souris (*Koir.* II, 68, d'après A).
(2) A la référence de Philostrate, *v. Apoll.*, III, 9 (Wellm., p. 25), ajouter I, 20.
(3) Forme du caméléon, *Koir.* (I) II, 78. 15 ; caméléon ∼ épervier, *Koir.* (III) IV, 117. 9 ; la langue fait obtenir des jugements favorables, cf. *Koir.* (I) II, 78. 15 ; le fiel guérit des glaucomes, cf. *Koir.* (I) II, 78. 13 et 77. 30.

l'autre des sympathies ou antipathies « démocritéennes ». C'est dans les *Physika* de Bolos qu'ont puisé Pline l'Ancien (1), Plutarque (2), Élien (3), Neptunalios (4), enfin Didyme d'Alexandrie (IIIe siècle) et Anatolios (IVe siècle) qui servent de base à la compilation des *Géoponika* (5). Même Galien, par ailleurs assez sobre, admet l'existence des vertus occultes et leur utilité pour la médecine (6).

Dans ces conditions, puisque cette science nouvelle prenait pour objet les secrets de la nature, puisqu'elle conférait, avec la connaissance de ces secrets, des pouvoirs merveilleux dans l'ordre de la thérapeutique et de la magie, peut-on supposer que le Trismégiste l'eût négligée? C'était un Égyptien, et c'est en Égypte que cette pseudo-science était née. C'était un prophète oriental, et il semble bien que les doctrines de l'Orient aient contribué à la naissance du genre littéraire des *Physika* (7). Enfin les émules orientaux d'Hermès, Zoroastre, Ostanès et le roi Salomon, étaient des docteurs attitrés dans la sagessse nouvelle, et leurs ouvrages, auréolés de mystère, imposaient à la crédulité du public (8). Tout conduisait ainsi les fabricants d'apocryphes à utiliser le nom glorieux du dieu-prophète de l'Égypte.

De fait, plusieurs documents de l'époque gréco-romaine nous attestent l'activité littéraire du Trismégiste dans les trois branches principales de l'occultisme : 1) dans le domaine des sciences naturelles et de la médecine — ce sont les *Kyranides* hermétiques; 2) dans le champ de l'alchimie où nous voyons les adeptes du

---

(1) Sur Bolos et Pline, cf. WELLMANN, *Bolos*, pp. 40-43, 48-52.
(2) Sur Bolos et Plutarque, cf. *ibid.*, pp. 25-26 (fragm. 28 W.) et 39-40.
(3) Sur Bolos et Élien, cf. *ibid.*, pp. 43-45.
(4) Sur Bolos et Neptunalios, cf. *ibid.*, 32-39, 45-48. Élien et Neptunalios empruntent surtout à Pamphile, et celui-ci à Bolos le Démocritéen, *ibid.*, p. 48.
(5) Cf. P. W., VII, 1221-1225 (Oder). Les *Geopon.* mentionnent 47 fois « Démocrite », *ibid.*, 1322. 6-7.
(6) Cf. THORNDIKE, *Hist. of Mag.*, I, pp. 169 ss.
(7) « Les religions orientales n'ont point séparé les spéculations sur les dieux et sur l'homme de l'étude du monde matériel. La foi s'y liant intimement à l'érudition, le théologien était aussi un physicien. Les clercs s'occupaient à leur façon de recherches sur les trois règnes de la nature. Les animaux, les plantes, les pierres étaient unis aux puissances célestes par des affinités secrètes, qui leur communiquaient des propriétés mystérieuses. La sagesse divine révélait aux âmes pieuses l'action de forces occultes qui provoquaient tous les phénomènes physiques » (BIDEZ-CUMONT, *Mag. hellén.*, I, p. 107. Voir aussi pp. 147 et 188 ss.).
(8) Les apocryphes de Zoroastre et d'Ostanès seraient antérieurs à Bolos s'il est vrai qu'il les a pillés, cf. *Mag. hellén.*, I, pp. 119 et 173; le Ps. Salomon est antérieur à Flavius Josèphe, car ce dernier y fait allusion, cf. WELLMANN, *Phys.*, p. 58 et n. 164.

Grand Art citer des apophtegmes d'Hermès et en appeler à ses enseignements ; 3) dans la magie enfin, où certaines recettes et prières paraissent dériver de l'hermétisme.

Analysons tour à tour ces trois sortes de textes. Ce chapitre est consacré aux *Kyranides :* dans les deux suivants on examinera les rapports du Trismégiste avec l'alchimie et la magie.

§ 2. Les *Kyranides* hermétiques (1).

Les *Kyranides* (2) hermétiques prennent place dans cette vaste

(1) Voir surtout les deux mémoires de Wellmann signalés *supra*, p. 196 n. 3 : WELLMANN, *Phys.* et WELLMANN, *Koir*. Les articles de Ganschinietz dans les *Byzantinische-Neugriechische Iahrbücher* (*BNGI.*), I (1920), pp. 353-360 (histoire du texte), 361-369 (prologue de Harpokration), II (1921), pp. 56-65 (*Kyranides* et *Physiologus*), 445-452 (hymnes des *Kyranides*) et dans P. W., XII, 127 ss., de TANNERY, *Rev. Ét. Gr.*, XVII (1904), pp. 335 ss. et de SERRUYS, *Rev. Philol.*, XXXII (1908), pp. 158-160, sont dépassés par ces études. — Texte grec : fort mal édité par Ruelle dans F. DE MÉLY, *Les lapidaires de l'antiquité et du Moyen Age*, II, 1 (1898 : texte d'après A = Paris. 2537), II 2 (1899 : variantes de D = Paris. 2256 et de M = Paris. 2502); traduction de Mély (d'après ADM), *ibid.*, III (1902). Recension des MSS. grecs dans *CMAG.*, I (Parisini), pp. 135-225, II (Italici), pp. 263-331, III (Britannici), pp. 23-26, V (Hispanienses), pp. 71-94 (extraits du *Matrit.* 4631, pp. 100-113). Pas de recension pour les MSS. d'Allemagne et d'Autriche, mais cf. *CCAG.*, VII, p. 63 (extraits des *Kyr.* dans *Berol.* 173) et WELLMANN, *Koir.*, p. 26 (*Vindob.* med. gr. 23). Classement des MSS. grecs par WELLMANN, *Koir.*, pp. 25-28. M. L. Delatte prépare une édition des *Kyranides*. — Traduction latine (de 1169), cf. THORNDIKE, *Hist. of Mag.*, II (1929), pp. 229 ss., HASKINS, *Stud. in the hist. of med. science* (1924), pp. 219-221 et surtout L. DELATTE, *Textes latins et vieux français relatifs aux Cyranides*, Liége-Paris, 1942, pp. 3-206. Pour les MSS. de cette traduction, cf. THORNDIKE, *l. c.*, p. 229, n. 1 ; DELATTE, pp. 6-9. Editions : Leipzig 1638; Francfort 1681; DELATTE, pp. 11-206 (édition critique d'après six MSS.). Le traducteur latin met les *Kyranides* en relation avec le livre d'Alexandre et l'écrit de Thessalos : *est apud Graecos quidam liber Alexandri Magni de VII herbis VII planetarum, et alter qui dicitur Thessali mysterium ad Hermem*, etc. (p. 12. 7 Del.), cf. HAUPT, *Philol.*, 48 (1889), p. 373, et *CCAG.*, VII, p. 231, n. 1. (Pour les MSS. du livre d'Alexandre, cf. THORNDIKE, II, p. 233, n. 4). De fait, le *Montepess.* latin 277 contient ensemble les *Kyranides* latines, le *liber Thessali* et le *tractatus Alexandri Magni* (WELLMANN, *Koir.*, p. 25). D'autre part le traité de Flaccus Africus *de VII herbis VII planetis attributis* (THORNDIKE, II, pp. 233-234 : édité par L. DELATTE, *Textes latins*, pp. 213 ss.) fait plusieurs fois mention des *Kyranides*, ainsi DELATTE, p. 213.5 ss. (cité *infra*, p. 203), 215. 13 *hoc neminem docere Arpocratio praecepit*, 233. 3 *serva igitur hoc munus excellentissimum a Deo divinitus datum de secretis Kyranidarum voluminum in quo studebis et proficies inveniendo finem laudabilem*. Notons enfin que, comme l'avait déjà soupçonné Thorndike (*l. c.*, II, p. 232 et notes 1, 2), le texte latin qui, dans deux MSS. de Venise (XIV, 37) et du Vatican (9952), se donne comme la traduction d'un écrit arabe d'un certain *Alchiranus* n'est autre qu'une des recensions, très médiocre, de la traduction latine des *Kyranides*, cf. DELATTE, p. 9.

(2) Faut-il écrire *Kyranides* (Κυρανίδες) ou *Koiranides* (Κοιρανίδες)? Les titres des MSS. ne donnent (sauf dans R) que Κυρανίδες pour la collection complète des 4 livres,

littérature des *Physika* que nous venons de définir. Elles offrent un intérêt singulier du fait qu'elles sont, avec le *Physiologus*, le seul exemple de ce genre qui subsiste à peu près complet, que cet ouvrage est ancien (certaines parties en remontent au Ier siècle de notre ère), qu'enfin l'on en peut suivre l'influence jusqu'au Moyen Age Occidental par l'intermédiaire des Byzantins, des traducteurs syriaques et des Arabes (1).

Tel qu'il est édité, c'est un ouvrage en quatre livres, les chapitres, dans chacun de ces livres, étant disposés selon l'ordre alphabétique.

Dans cet ensemble, il faut distinguer tout d'abord deux parties originellement diverses, d'un côté le l. I ou *Kyranis*, de l'autre les livres II-IV ou *Koiranides*.

A) La *Kyranis*.

Le l. I est une sorte de traité médico-magique où sont associés comme « matière médicale » quatre êtres de la nature — un oiseau, un poisson, une plante, une pierre — dont le nom commence en grec par la même lettre. Ainsi l'on a pour la lettre A : ἄμπελος λευκή (vigne blanche), ἀετός (aigle, oiseau), ἀετίτης (aétite ou pierre d'aigle), ἀετός (aigle, poisson) (2). Suit une brève définition de chacun de ces termes, et, plus ou moins développée, l'indication des remèdes qu'on en tire (3). Le lien qui rapproche ces quatre objets n'est pas, aux yeux d'un ancien, purement externe et fortuit : il ressortit à la magie des lettres, l'idée de fond étant qu'une certaine « sympathie » unit ces êtres, en vertu de l'intention du Démiurge qui les créa et qui leur imposa leurs noms (4). Aussi lit-on au début du l. I dans l'une des rédactions (5) : « Extraits d'Harpokration d'Alexandrie sur les vertus naturelles des bêtes, herbes et pierres. On a disposé par ordre alphabétique, chaque lettre

---

ce pluriel étant dérivé du titre Κυρανίς du l. I (voir *infra*). Mais les livres II-IV sont dits χοιρανίδες dans le prologue du rédacteur byzantin (*infra*, p. 209). J'emploierai donc *Kyranides* pour désigner l'ensemble, et, avec Wellmann, *Kyranis* pour désigner le l. I, *Koiranides* pour désigner les livres II-IV. Les références sans autre indication renvoient à l'édition de Ruelle (page et ligne).

(1) Sur cette influence, cf. Wellmann, *Koir.*, pp. 4-9. Pour les *Kyranides* à Byzance, cf. Cumont, *Démétrios Chloros et les Cyranides*, *Bull. Soc. des Antiquaires de France*, 1919, pp. 175-180.

(2) La liste débute toujours par la plante : pour le reste, l'ordre varie selon les lettres, mais l'oiseau vient généralement en second.

(3) La plupart de ces remèdes sont tirés de la plante et de la pierre.

(4) Cf. Reitzenstein, *Poimandres*, p. 259.

(5) *Paris.*, 2256 (D), p. 227 Ru.

comprenant une plante, un animal — volatile et poisson —, et une pierre, ces quatre étant en sympathie les uns avec les autres. » De même, le papyrus Mimaut (1) fait connaître une recette d'union (σύστασις) au dieu Soleil, dans laquelle celui-ci est invoqué selon la forme qu'il revêt, le nom qu'il porte et les êtres qu'il produit à chacune des douze heures du jour : or, pour chaque heure, les êtres produits sont, dans l'ordre suivant, un arbre, une pierre, un oiseau, un animal terrestre — par exemple, pour la 2ᵉ heure (2) : « A la 2ᵉ heure, tu as la forme d'une licorne, tu engendres l'arbre perséa, la pierre céramite, l'oiseau halouchakos, sur la terre l'ichneumon. »

Ce premier livre avait pour titre Κυρανίς d'après le nom d'un pseudo-roi perse Κυρανός, soit que celui-ci en fût considéré comme l'auteur (3), soit plutôt que l'ouvrage eût été trouvé dans la tombe de ce Kyranos, ainsi qu'il est dit au début du traité de Flaccus Africus (4) : *Post antiquarum Kyranidarum volumina..., inveni in civitate Troiana in monumento reclusum praesentem libellum cum ossibus primi regis Kyrani qui 'Compendium aureum' intitulatur, eo quod per distinctionem factam a maiore Kyranidarum volumine cum diligentia compilatum est* (5).

Cette *Kyranis* constituait un traité autonome (6), on l'appelait simplement « le livre de Kyranos », et ce n'est que plus tard, quand un rédacteur byzantin eut ajouté à cet écrit les *Koiranides* que la *Kyranis* devint le livre I de l'ouvrage entier. Le plus ancien témoignage sur cette fusion est celui de George Syncelle, après 806 (7).

De la *Kyranis,* il n'exista d'abord que le texte attribué à Kyranos et qu'on peut dire hermétique, sur la foi du prologue même (3.6) : « Ayant reçu des anges (8) le don incomparable de Dieu, le dieu

---

(1) *PGM.*, III, 495 ss.
(2) *Ib.*, 503 ss.
(3) βίβλος αὕτη Κυρανοῦ 3.1 : cf. 3.5, 4.5-6 et trad. lat. : *Liber physicalium virtutum... collectus ex libris duobus : ex prima videlicet Kyranidarum Kyrani, regis Persarum*, etc., p. 13.1-3 Del.
(4) Je cite d'après DELATTE, *Textes latins* p. 213.5-11. Voir aussi THORNDIKE, II, p. 233, n. 1. Pour les diverses formes du nom de l'auteur et les manuscrits de cet opuscule, cf. THORNDIKE, II, p. 233, n. 2 et 3; DELATTE. pp. 210-211.
(5) Voir aussi *Vindob.*, 5289, fol. 21 (THORNDIKE, p. 233, n. 1) : *tractatus de septem herbis et septem planetis qui dicitur inventus in civitate Troiana in monumento primi Regis Kirani*.
(6) Cf. 3.12 ἐν ταύτῃ δὲ τῇ καλουμένῃ κυρανίδι 6.2, 49.23-24.
(7) WELLMANN, *Koir.*, p. 11.
(8) La traduction latine *Dei donum magnum angelorum accipiens* (p. 13.6 Delatte) prouve qu'il faut lire θεοῦ δῶρον μέγιστον <ἀπ'> ἀγγέλων λαβών, p. 3.6 Ruelle (On trouve la même omission de la préposition au début de la *Korè Kosmou*

Hermès Trismégiste en fit part à tous les hommes doués d'intelligence ». Dans le *Matritensis* 4631 (I), où le prologue ne commence qu'avec les mots que nous venons de citer (1), l'ouvrage a pour titre : « D'Hermès Trismégiste l'Égyptien ». On a donc ici le cas d'un ouvrage hermétique portant un titre de fantaisie (*Kyranis*), comme on trouve ailleurs *Korè Kosmou* (Vierge du Monde), *Aphrodite*, etc. (2). C'est à ce texte hermétique que reviennent, dans le prologue, les paragraphes 3-4 (3) qui relatent le lieu commun de la « découverte de la stèle » : « Dans le livre précédent intitulé *Livre Archaïque* (4), j'ai dit l'histoire de ce livre-ci, gravé en caractères syriaques sur une stèle de fer. Dans ce livre-ci, intitulé *Kyranis*, il est traité des vingt-quatre pierres, oiseaux, plantes et poissons. Chaque vertu de ces êtres a été combinée et mêlée aux autres vertus du corps mortel, non seulement pour guérir, mais aussi pour charmer. C'est une invention de la nature, que le Dieu souverain maître de toutes choses et tout-puissant nous a accordée dans sa sagesse, et qui contient les énergies des plantes, des pierres, des poissons et des volatiles, la vertu cachée des pierres, la nature des animaux et des bêtes, leurs mélanges réciproques, leurs oppositions et leurs propriétés. »

Au IVe siècle, un certain Harpokration d'Alexandrie, peut-être le même que le *grammatikos* mentionné dans les lettres de Libanius (5), a retravaillé ce premier texte pour en donner apparemment une version plus claire. Le texte génuine de cette rédaction d'Harpokration ne se trouve que dans un seul manuscrit, le *Parisinus* 2256 (D), et ce ne sont encore que des extraits (6). Tous les

---

[456,11-12 Scott] ποτὸν ἀμβροσίας, ὃ αἱ ψυχαὶ λαμβάνειν ἔθος ἔχουσιν <ἀπὸ> θεῶν), et non pas ἀγγέλλων λαοῖς (ms. R = *Paris.*, 2419, cf. Introd., p. x-xi).

(1) C'est-à-dire qu'il laisse le § 1 (βίβλος αὕτη Κυρανοῦ, etc.). Le texte de ce § 1, bien que gâté, n'en atteste pas moins déjà le caractère hermétique de l'ouvrage : βίβλος αὕτη Κυρανοῦ <ἦν ὁ?> Ἑρμείας (*lege* Ἑρμῆς) θεὸς... Le reste est gâté (ἀφικλιτὴν τὰ τρία ἐξ ἀμφοτέρων), et les corrections de Ganschinietz (*BNGI.*, I, p. 359) ne sont guère satisfaisantes (ἀφίει κολλητὴν κτλ.).

(2) L'origine hermétique de l'ouvrage s'accorde fort bien avec le thème de la découverte d'une stèle (cf. *Korè Kosmou*), et le fait que cette stèle fût dans le tombeau d'un roi Perse s'expliquerait naturellement si, comme le pense Wellmann (*Koir.*, pp. 4-10), la *Kyranis* a été écrite en Syrie.

(3) Dans le morceau parallèle du prologue d'Harpokration (§ 11, 5.29), le début est : « Ce livre, gravé sur une stèle de fer trempé, a été enfoui dans un lac de Syrie, comme il a été dit dans le livre précédent intitulé « Livre Archaïque ».

(4) Ἀρχαϊκὴ βίβλος. Cf. *infra*, pp. 211 ss.

(5) 367, 371, 727-729 W. Né en Égypte, cet Harpokration fut *grammatikos* à Antioche, puis, sous Constance, appelé à Constantinople en 358, P. W., VII 2410. Cependant GOSSEN *ap*. P. W., VII 2416-2417 distingue H. d'Alexandrie du précédent.

(6) P. 227 Ru. *init*. ἐκ τῶν τοῦ Ἁρποκρατίωνος τοῦ Ἀλεξανδρέως κτλ. Sur l'originalité

autres manuscrits ne donnent que le texte refondu dont il va être parlé.

Harpokration avait intitulé sa rédaction : « Livre Thérapeutique venu de Syrie. Harpokration, pour sa propre fille, a écrit ceci » (1); en outre il l'avait fait précéder d'un prologue original (2). L'auteur y contait comment, s'étant rendu dans le pays de Babylone et y ayant séjourné dans une ville du nom de Séleucie, il y rencontra un vieillard qui lui montra toutes choses, et notamment, à quatre milles environ de la ville, dans un sanctuaire au milieu de tours, une stèle dont les indigènes disaient qu'elle avait été apportée de Syrie et consacrée en ce lieu pour le traitement des malades de la ville. Sur cette stèle était gravée en caractères étrangers (3) une inscription dont il reproduit le texte. C'est une suite d'hexamètres (4) où l'on annonce le sujet de la *Kyranis* (5.17-20); puis vient un poème sur le sort de l'âme, ici-bas captive de la Nécessité, mais destinée après la mort, une fois libre des liens du corps, à voir Dieu qui règne sur toute la nature (5.20-28). Ce morceau, d'allure nettement gnostique, ressortit à l'un des courants de l'hermétisme philosophique. Le reste du prologue — rencontre du vieillard, visite d'un sanctuaire (précédé de 365 marches), découverte de la stèle, traduction d'un texte étranger — n'est qu'un tissu de lieux communs habituels dans l'apocalyptique.

Comme la revision d'Harpokration date du IVe siècle, la première rédaction, hermétique, de la *Kyranis* doit remonter au plus tard au IIIe siècle de notre ère. Nous aurions sur cette version hermétique un témoignage beaucoup plus ancien si, comme le propose Ganschinietz (5), on peut appliquer à notre texte ce qui est dit de la Κυράννη dans la *Tragôdopodagra* de Lucien. Dans un long couplet qui parodie l'emphase tragique, la Goutte se vante de son pouvoir invincible auquel nul remède ne résiste. Elle décrit les remèdes employés — toutes sortes de plantes, excréments d'homme ou d'animaux, bêtes impures ou puantes, métaux, enfin toutes les matières,

---

de ce texte, cf. WELLMANN, *Koir.*, p. 12. Wellmann compare en particulier 48.1 (A) et 248 (D) où l'auteur parle à la première personne (εἶδον ἐγώ).

(1) 4.8 βίβλος ἀπὸ Συρίας θεραπευτική, κτλ. dans A et I : βίβλος κοιρανὶς θεραπευτική, κτλ. R. Il est possible, à vrai dire, que ce titre soit dû au rédacteur byzantin qui a refondu les deux rédactions d'Hermès et d'Harpokration.

(2) § 6-11, pp. 4.8-6.9.

(3) παροίκοις, 5.11. Ou « perses », en lisant περσικοῖς (Ganschinietz, *BNGI.*, I, p. 363).

(4) Si l'on adopte les restaurations de Ganschinietz, *BNGI.*, II, pp. 446-447.

(5) *BNGI.*, I, p. 354. D'autre part, si notre H. diffère de *grammatikos*, on peut lui rapporter une allusion dans TERTULL., *de corona* 7 (c. 211), cf. P. W., VII 2417.41.

sucs et sèves que l'on peut tirer de l'animal, depuis les os jusqu'à l'urine — et il faut avouer que ces remèdes ressemblent fort à ceux des *Physika* en général et de la *Kyranis* en particulier. Ces remèdes doivent être bus en quatre ou huit fois, la plupart en sept fois. « Bien plus », poursuit la Goutte (v. 171 ss.), « celui-ci se purifie avant de boire la potion sacrée; celui-là se laisse prendre par le charme des impostures; un autre fou, c'est un Juif qui l'abuse par ses incantations; un dernier enfin est allé chercher un traitement dans la *Kyrannè*, θεράπειαν ἔλαβε παρὰ τῆς Κυράννης (*v. l.* Κοιράνου) ». Le contexte ne permet guère de douter qu'il s'agisse ici d'un livre de magie médicale à mettre sur le même rang que les ἐπαοιδαί des Juifs et autres charlatans : cela conviendrait donc parfaitement à notre texte, et c'est une conjecture séduisante que de voir en ce passage de Lucien une allusion à la *Kyranis* d'Hermès.

Cependant le texte que nous lisons aujourd'hui n'est ni le texte original du Trismégiste, ni (sauf en un manuscrit) celui d'Harpokration. C'est une refonte, accomplie par quelque rédacteur byzantin entre le IVe et le VIIIe siècle, où ont été plus ou moins combinées ensemble les deux rédactions précédentes. Le début même du prologue actuel (3.2-5, d'après A) atteste ce travail rédactionnel : « Livre des vertus naturelles, des sympathies et antipathies, formé de l'assemblage de deux livres, de celui de Kyranos roi des Perses (c'est le l. I des *Kyranides*) et de ceux d'Harpokration d'Alexandrie dédiés à sa propre fille ». Il y a bien d'autres traces de cette fusion dans le texte actuel, par exemple (4.6-7). « tel est le prologue de Kyranos : celui d'Harpokration est comme suit » (8.28), « jusqu'ici Kyranos et Harpokration sont d'accord : mais, à partir d'ici, Kyranos diffère et parle ainsi » (1), et la conclusion de la *Kyranis* en porte encore la marque (49.23 ss.) :

« Ainsi finit le livre d'Harpokration, et nous n'en avons pas trouvé d'autre dans le recueil dit des *Kyranides*. Quant à ce livre-ci, tous les lieux où Harpokration diffère de Kyranos (2) ou celui-ci de celui-là, je les ai marqués dans l'ordre, et des deux ouvrages, comme il se voit ici, j'ai composé ce livre sans rien passer sous silence. »

On a d'autres exemples de refontes analogues à l'époque byzantine, ainsi pour le *Physiologus* et les *Géoponika*. Deux manuscrits

---

(1) Voir aussi : 10.9, 11.11, 21.14, 22.17, 23.18, 24.22, 28.19, 42.15 et 21, 43.19, 48.1.
(2) Les extraits d'Harpokration sont : prol., 6-10 (4.8-5.28), A, 1-19 (6.11-8.27), 30-37 (10.11-11.10), 39 (11.18-23), B1-H15 (12.1-21.15), Θ1-Ω36.

astrologiques en offrent un cas assez piquant (1) : « Ce *lunarium* (σεληνοδρόμιον) a été composé d'après deux livres : l'un est de la main du hiérogrammate Mélampous, adressé à Néchepso roi d'Égypte; l'autre a été découvert à Héliopolis d'Égypte dans le temple, dans le saint des saints, gravé en caractères sacrés (hiéroglyphes) sous le règne de Psammétique (2); il a été écrit par les très sages hiérogrammates, suivant d'un bout à l'autre tout le cours de la Lune, et a été donné au roi. Et nous, ayant lu ces deux livres, nous les avons refondus en un seul, comme il se voit ici (3). En outre, j'ai fondu aussi dès le début les figures (4) de la Lune ».

B. Les *Koiranides*.

Les *Koiranides*, c'est-à-dire le contenu des livres II-IV des présentes *Kyranides*, ont constitué, elles aussi, un ouvrage originellement autonome qui subsiste encore, à l'état séparé, dans deux manuscrits, le *Parisinus* 2502 (M) (5) et le *Vindobonensis* med. gr. 23 (W), dérivé du même archétype que M. Dans ces deux manuscrits, qui n'ont que le texte des livres II-IV, le titre *Kyranides* manque et le mot ne se trouve nulle part dans le texte; en retour, l'ouvrage est formellement désigné comme hermétique : « Livre Court (σύντομος) médical d'Hermès Trismégiste selon la science astrologique (μαθηματική) et l'influx naturel (occulte) des animaux, publié à l'adresse de (ἐκδοθεῖσα πρὸς) son disciple Asklépios » (6). D'autre part, dans un passage des *Géoponika* (X, 6), un auteur innommé qui parle à la première personne (7) annonce qu'il va donner une liste détaillée des poissons, d'après les enseignements d'Asklépios, Manéthon, Paxamos et Démocrite. Démocrite est Bolos

---

(1) *Parisin.*, 1884, fol. 150 v. = *CCAG.*, VIII, 4, p. 105.1-9; *Berolin.*, 173, fol. 177 v, cf. *CCAG.*, VII, p. 62. Voir aussi *infra*, p. 230. Le *tonitruale* édité par Boll, *CCAG.*, VII, pp. 163-167, est également composé d'après deux sources, un calendrier lunaire (qui remonte, en partie, jusqu'à Eudoxe), et un calendrier solaire emprunté à Jean Lydus où à la source de Lydus.

(2) Ψαμμητίχου Par. : Ψαμιχου Ber.

(3) εἰς ἓν συνετάξαμεν καθὼς ὑπόκειται, cf. *Kyr.*, 50.1, ἐκ τῶν ἀμφοτέρων ὡς ὑποτέτακται συνέταξα τὸ βιβλίον.

(4) σχήματα. Il peut s'agir soit des phases de la Lune soit des « aspects » (σχήματα, *configurationes* : cf. *supra*, p. 100) ou associations polygonales de la Lune avec les autres planètes ou avec les signes zodiacaux.

(5) *Lapidaires grecs*, II, 2, pp. 275 ss. Ruelle. M est illustré (fac-similé en tête de l'édition Ruelle, II, 1), W n'a pas d'illustrations et paraît donc indépendant de M.

(6) Ce titre revient en tête de chaque livre, cf. pp. 275, 283, 300 Ru.

(7) C'est sans doute le grammairien Didyme d'Alexandrie, IIIe s. ap. J.-C., cf. WELLMANN, *Koir.*, p. 39.

de Mendès; Manéthon se réfère à la Φυσικῶν ἐπιτομή, sûrement apocryphe et dépendante des *Physika* de Bolos; Paxamos est l'auteur d'un livre de cuisine réputé (1ᵉʳ s. av. J.-C.) : reste Asklépios qui désigne, selon toute apparence, notre ouvrage hermétique « dédié à Asklépios », ce seul nom d'« Asklépios » servant de titre pour l'œuvre entière comme dans le cas de l'*Asclépius* latin, traduction d'un « Livre sacré d'Hermès Trismégiste adressé à Asklépios » (1). De fait, le IVᵉ livre des *Kyranides* contient un traité des poissons et ce livre, comme les deux autres, commençait par un catalogue, conservé seulement dans la version latine.

Les *Koiranides* formaient un bestiaire où les animaux étaient étudiés selon les lettres de l'alphabet (κατὰ στοιχεῖον). Dans l'ouvrage original, l'ordre suivi (2) était : l. I (II *Kyr.*) oiseaux, II (III *Kyr.*) animaux terrestres, III (IV *Kyr.*) poissons. Tel est bien en effet l'ordre hermétique, qui correspond à la hiérarchie des éléments : feu — air — terre — eau (3). Comme le titre l'indique, ce bestiaire est essentiellement médical. La description de l'animal y est toute succincte, en général résumée en une phrase au début du chapitre. Tout le reste concerne les remèdes qu'on peut tirer de l'animal, de chaque partie de son corps, avec l'indication du mode d'emploi. Ce genre de remèdes est celui qu'on rencontre dans tous les auteurs de *Physika*. La magie y tient peut-être moins de place que dans la *Kyranis*, mais n'est pas absente : ainsi l'on porte telle ou telle partie en amulette (4), souvent en y inscrivant des mots magiques (5), ou bien l'on prononce des syllabes magiques (6). La doctrine des sympathies et antipathies circule évidemment dans tout l'ouvrage (7). Dans la description des remèdes, les *Koiranides* se rencontrent plus d'une fois avec la *Kyranis* (8).

(1) Cf. WELLMANN, *Koir.*, pp. 38-44.
(2) Conservé dans MW (l. II-IV seulement) et ND (l. I-IV). Les autres (ARJ) intervertissent oiseaux et animaux terrestres.
(3) Cf. par exemple *Stob. Herm.*, Exc XXIII (Korè Kosmou), 42 (oiseaux — quadrupèdes — reptiles — poissons), XXV, 6-7 (oiseaux — quadrupèdes — reptiles — amphibies), XXVI, 5-6, 19-23.
(4) Cf. toutes les amulettes tirées de l'ours, 51.7-52.2.
(5) Sexe de renard porté dans une vessie ou peau sur laquelle on écrit à l'encre de Smyrne *tinbibilithi*, 53.5.
(6) *Kobelthô*, en mettant un chat vivant sur un épileptique tombé à terre, 59.17.
(7) Cf. *supra*, pp. 198-199.
(8) Concordances notées par WELLMANN, *Koir.*, p. 15. Ce sont *Kyr.*, 6.17 = *Koir.* 103.5, *Kyr.*, 12.15 = *Koir.*, 90.15, *Kyr.*, 13.27 = *Koir.*, 106.21, *Kyr.*, 15.16 = *Koir.*, 87.30, *Kyr.*, 17.1 = *Koir.*, 88.23, *Kyr.*, 22.7 = *Koir.*, 65.25, *Kyr.*, 31.4 = *Koir.*, 108.22, 109.1, *Kyr.*, 34.6 = *Koir.*, 93.22, *Kyr.*, 37.17 = *Koir.*, 118.9, *Kyr.*, 41.7 = *Koir.*, 12.1-8, *Kyr.*, 44.23 = *Koir.*, 123.15, *Kyr.*, 46.1 = *Koir.*, 123.25.

Ces rapports démontrent que les deux ouvrages ont utilisé un même modèle.

Le « Livre Court d'Hermès Trismégiste » fut rattaché à la *Kyranis*, par le même rédacteur byzantin qui refondit ensemble les deux versions de la *Kyranis*, celle d'Hermès et celle d'Harpokration. Il l'indique lui-même dans le prologue (4.3) (1) : « Ayant donc divisé l'ouvrage entier (τὸ πᾶν σύνταγμα) en trois Kyranides (2), j'ai traité la matière par ordre alphabétique selon que les choses me sont revenues en mémoire (3). On les a nommées *Koiranides* (4), parce que, de tous les livres que j'ai écrits (5), elles sont les « reines » (6). Nous trouvons qu'elles viennent de Kyranos, roi des Perses. Voici la première, et tel est son prologue (7). Celui d'Harpokration est comme suit ». Le rédacteur a donc transféré au « Livre Court d'Hermès » le titre qui ne revenait en propre qu'à la seule *Kyranis*, et, par un jeu de mots que facilitait l'iotacisme, il a expliqué ce titre par κοίρανος, « souverain, roi » (8). Mais ni *Kyranides* ni *Koiranides* n'est le titre originel et véritable des livres II-IV : ce titre est « Livre Court d'Hermès... ». On comprend cependant que l'auteur ait été induit à joindre ce « Livre Court » à la *Kyranis* puisqu'il s'agissait, dans les deux cas, d'ouvrages hermétiques de contenu analogue et de même esprit : cette union accomplie, le titre *Kyranides* pour l'ensemble allait de soi.

Le « Livre Court » ne se bornait pas originellement à un bestiaire. Hermès y traitait aussi des plantes et des pierres, selon l'usage des *Physika* (9). On lit en effet à la fin de la conclusion du livre IV (10) :

(1) Allusion aussi 3.1-2, mais le texte est gâté : cf. *supra*, p. 204 n. 1.
(2) Trois (τρεῖς 4.3 : cf. τὰ τρία 3.1) n'est pas clair. Il ne devrait pas pouvoir s'agir des livres, puisque ceux-ci sont quatre, et l'on songerait donc plutôt à l'ensemble Ἀρχαϊκὴ βίβλος (considéré comme 1ʳᵉ Kyranide, cf. *infra*) + *Kyranis* (2ᵉ Kyranide) + *Koiranides* (3ᵉ Kyranide). Cependant en 4 l'auteur dit : « Voici la première » en désignant sûrement la *Kyranis*.
(3) ὡς ἐμεμνημόνευται A., l. ἐμνημόνευται : *sicut digna recordatio rerum accedit*, v. lat.
(4) Κοιρανίδες R : tous les autres ont Κυρανίδες.
(5) Lire (avec Wellmann, *Koir.*, p. 11) τῶν ἄλλων <μοι> γραφεισῶν, cf. v. lat. *aliorum meorum librorum*.
(6) βασιλίσσας = κοιρανίδας, cf. κοιρανίδης (ὁ) Soph., *Antig.*, 940 (pl.); Preisigke, *Sammelb.*, 5829 (pl.).
(7) C'est le texte 3.6-4.2.
(8) Serruys, *Rev. Philol.*, XXXII (1908), pp. 158-160, veut que le titre Κοιρανίδες (« Révélations Souveraines ») soit le seul authentique, et il rejette délibérément la forme Κυρανίδες.
(9) Les *Physika* de Bolos ἔχει περὶ συμπαθειῶν καὶ ἀντιπαθειῶν <ζῴων, φυτῶν,> λίθων κατὰ στοιχεῖον, cf. Suidas, s. v. Βῶλος.
(10) Dans A seulement, 124.10-17. La première partie de la conclusion (καὶ ταῦτα μὲν

« En outre, la bienheureuse Nature a manifesté encore sa puissance dans les pierres, les plantes, les herbes et les eaux (1). Les choses nécessaires, sans lesquelles on ne peut vivre, comme l'eau, le feu, et en outre ce qui se rapporte à l'air, au soleil, à la lumière, etc., elle nous l'a donné en présent. Quant aux choses non nécessaires à la vie, c'est de celles-là qu'elle a rendu difficile l'acquisition... (2), comme les pierres précieuses et les métaux, dont nous allons traiter dans l'ordre. Et tout d'abord, sous la conduite et par l'action de Dieu, nous allons enquêter sur les métaux qui sont dans la terre. »

Ces mots sont évidemment du rédacteur byzantin. Mais ils n'en montrent pas moins que, dans le modèle hermétique, ce rédacteur trouvait un traité des plantes et des pierres. De fait, les auteurs arabes et latins du Moyen Age nous ont livré, sur les plantes et les pierres, un certain nombre de fragments hermétiques (tirés d'un « Livre d'Hermès ») qu'on peut légitimement attribuer à cette suite, aujourd'hui perdue, du « Livre Court » (3).

Comme le poème sur les poissons de Marcellus de Sidé (sous Hadrien) s'inspire très directement des *Koiranides*, celles-ci remontent donc au moins à la fin du Ier siècle de notre ère (4). D'autre part, en rapprochant les textes parallèles de Timothée de Gaza, du *Physiologus* et des *Koiranides*, Wellmann (5) a montré que ces trois textes dérivent d'un même ouvrage de *Physika* du Ier siècle de notre ère, et cet ouvrage est si fortement marqué d'influences juives qu'on doit le supposer écrit par un auteur palestinien : il semble plausible de l'identifier avec les Φυσικά apocryphes du roi-prophète Salomon (6).

ἡ θεία φύσις) est commune (avec des variantes) à A (124.7-9) et M (311, fin du περὶ ᾠῶν [ᾠά M] τῶν ἰχθύων). D n'a pas cette conclusion.

(1) Thermales et minérales.
(2) Ici une incidente dont le texte est gâté : ἵνα ὅπερ ἐλλείπει τῷ ἀναγκαίῳ τούτῳ ἃ παραζητεῖται.
(3) WELLMANN, *Koir.*, pp. 19-24. Peut-être est-ce du Livre Court que provient un *hermeticum* inclus dans les *Prognostica* ps. démocritéens, c. 24 (cf. J. HEEG, *Abh. d. pr. Ak. d. W.*. 1913, n° 4, pp. 37, 53) : *et iaspidem lapidem* HERMES TRISMEGISTUS *dixit stomachi magnum esse adiutorium ligatum ad collum et suspensum, ita ut linguam tangat :* la recette indiquée *Kyr.*, 24.8 ss. Ru. est un peu différente. Sur les vertus du jaspe (vert), cf. encore NÉCHEPSO, fr. 29 Riess; DAMIGÉRON *ap.* MÉLY-RUELLE, II 1, p. 133.9 ss. (la recette manque dans le Damigéron latin, PITRA, *Spicil. Solesm.*, III, p. 328, c. 13); *Orphic. Lithica*, 267 ss., et HEEG, *l. c.*, p. 38.
(4) *Ibid.*, pp. 47-50 et, plus généralement, sur les *testimonia* relatifs aux *Koiranides*, pp. 28-50. Sur Marcellus de Sidé, cf. WILAMOWITZ, *Sitz. Ber. Pr. Ak.*, 1928, n° 1, pp. 3 ss., en particulier pp. 7 ss., et W. KROLL *ap.* P. W., XIV, 1496-1498, s. v. *Marcellus*, n° 56.
(5) WELLMANN, *Phys.*, pp. 44-50 (*Die Quellen der Koiraniden*).
(6) Résumons ici l'état de la tradition manuscrite des *Kyranides* (WELLMANN, *Koir.*, pp. 24-28).

C. *Livre Archaïque.*

Mais nous n'en avons pas fini encore avec les *Kyranides.* Dans les deux rédactions d'Hermès et d'Harpokration, le prologue de la *Kyranis* fait allusion à un livre antérieur, intitulé « Livre Archaïque ». Recueillons d'abord les quatre témoignages que nous possédons sur cette Ἀρχαϊκὴ βίβλος : peut-être la nature de ces fragments nous permettra-t-elle de déceler le caractère de l'ouvrage. De ces témoignages, deux sont dans la *Kyranis* (prologue (1) et lettre H) (2), un chez l'alchimiste Olympiodore (3), le dernier enfin dans l'opuscule sur la pivoine (4).

(1) *Kyranis*, prologue d'Hermès (3.11) : « *Dans le livre précédent, intitulé Livre Archaïque, j'ai dit l'histoire de ce livre-ci, qui a été gravé en caractères syriaques sur une stèle de fer* » (5). —

(a) *Koiranides* (*Kyr.* II-IV) sans *Kyranis* (*Kyr.* I), données comme « Livre court médical d'H. Tr. à Asklépios », selon l'ordre II (I) oiseaux, III (II) animaux terrestres : *Paris.*, 2502 (M) et *Vindob.* med. gr., 23 (W), M étant illustré. Cette rédaction (MW) est due à un disciple d'Athanase (cf. dans M, p. 290 sur l'araignée et p. 311 conclusion : voir aussi WELLMANN, *Koir.*, pp. 26-27), et ne peut donc remonter avant la fin du IVe siècle. Elle a servi de base à l'Ἰατρικὴ βίβλος κ. στοιχεῖον περὶ ζῴων de Siméon Seth d'Antioche (XIe s.) dont la tradition manuscrite est meilleure que celle de MW. Nombre des chapitres : en II, 29; en III, 38; en IV, 44.

(b) *Kyranides* I-IV selon l'ordre II anim. terrestres, III oiseaux : traduction latine de 1168 dont l'original était meilleur que nos MSS. actuels (contient les *indices*), puis *Paris.*, 2537 (A : de 1272), d'où dérivent *Marc.* App. cl. IV, 36, *Paris.*, 2510 (S), 2419 (R), *Matrit.*, 4631 (I); pour II-IV, *Coislin.*, 158 (C); quelques autres n'ont que des parties de I ou II. Nombre des chapitres : en II, 40; en III, 44; en IV, 74.

(c) *Kyranides* I-IV selon l'ordre II oiseaux, III anim. terrestres : *Marc.* App. cl. V, 13 (N : de 1377), *Paris.* 2156 (D), *Berol.* gr. 173 (fragm.). Cette rédaction suit MW pour l'ordre des livres, la suite des recettes et la forme du texte en II-IV. Le texte actuel est expurgé des éléments païens (cf. le prologue de N : WELLMANN, *Koir.*, p. 28 = *CMAG.*, II, p. 263) et postérieur au milieu du VIIe siècle, car on a utilisé l'*Hexaméron* de George Pisidès (sous Héraclius, 610-641), cf. WELLMANN, p. 28. Nombre des chapitres : en II, 28; en III, 37; en IV, 55.

(1) *Kyr.*, 3.11 (Hermès) et 5.29 s. (Harpokration). Voir aussi 5.14-16 (Harpokration).
(2) *Kyr.*, 20.10-14.
(3) *Alch. Gr.*, 101.11-102.3 Berthelot.
(4) *CCAG.*, VIII, 2, p. 167.3 ss. (= VIII, 1, p. 187.16); cf. *supra*, pp. 155 ss. Ce dernier texte a été omis par Wellmann dans sa diligente étude, *Koir.*, pp. 13-19.
(5) αὕτη ἡ βίβλος Συριακοῖς ἐγκεχαραγμένη γράμμασιν ἐν στήλῃ σιδηρᾷ ἐν μὲν τῇ πρώτῃ αὐτῆς Ἀρχαϊκῇ ὑπ' ἐμοῦ ἑρμηνευθεῖσα. Le participe ἑρμηνευθεῖσα (*interpretata* cod. v. l., *interpretato* Delatte; il faut lire, je pense, *interpretatus*, sc. *liber*) a valeur ici de mode personnel. Ainsi Zosime (*Alch. Gr.*, p. 230.17 Berh.) καὶ βλέψαι τὸν πίνακα ὃν καὶ Βίτος γράψας (= ἔγραψε : cf. REITZENSTEIN, *Poimandres*, p. 104, n. 1), Hippolyte (*Refut. omn. haer.*, p. 55.24 s. Wendl.) ἔστι δὲ τοῦτο αὐτὸ ἀναγκαῖον, ἵνα τι παραθῇ τοῖς ὠσὶ τοῦ παιδὸς ὄργανον, δι' οὗ πᾶν ἔστι σημᾶναι θέλοντα· (= ἃ θέλει : cf. GANSCHINIETZ,

212   LA RÉVÉLATION D'HERMÈS TRISMÉGISTE.

Prologue d'Harpokration (5.29) : « Ce livre-ci, qui a été gravé sur une stèle de fer trempé, fut enfoui dans un lac de Syrie, comme il a été dit déjà *dans le livre précédent intitulé Livre Archaïque*. »
Un peu plus haut (5.14-16), dans un passage malheureusement tout gâté (1), Harpokration mentionne aussi le Livre Archaïque, « venu de Syrie, de la région où coule l'Euphrate », comme précédant la *Kyranis*.

(2) *Kyranis*, lettre H (20.10-14) : « Huppe. Il est un animal qui vole dans l'air, qu'on appelle la huppe (2). Il a une crête de sept couleurs, longue de deux doigts, qui se dresse et se rabat. Lui-même est de quatre couleurs, comme en rapport avec les quatre saisons de l'année. On l'appelle *koukouphas* ou *poúpos* (3), comme il est écrit à son sujet *dans le livre précédent appelé « Livre Archaïque »*. Cet animal est sacré. »

(3) Olympiodore, 101.11 Berth. (sous Justinien, vi[e] s.) : « Et certes l'homme (4) aussi, nous pouvons le délayer et le transmuter par

Hippolytos Capitel gegen die Magier, 1913, p. 41, WELLMANN, *Koir.*, p. 14, n. 62). — Garder τῇ πρώτῃ αὐτῆς (τῇ πρὸ ταύτης Wellm. d'après le parallèle 6.1) en raison de 20.13 (ὡς ἐγράφη ἐν τῇ πρώτῃ αὐτῆς [τῇ cod. : correxi] βίβλῳ Ἀρχαϊκῇ καλουμένῃ), mais traduire « précédent », cf. v. lat. *in libro quidem priori*.

(1) μῦθος πολυφθεγγής, πολλὰ ἰδὼν ἀθανάτων βουλαῖς, ὅπως ἔσται δευτέρα βίβλος τοὔνομα λέξαι θεοῦ ἡ Κυρανίς, δευτέρα βίβλος ἀπὸ τῆς πρώτης Ἀρχαϊκῆς [ὁ] Συριάδος οὖσα, ὅπου ῥοαὶ χύνονται ποταμοῦ Εὐφράτου = v. lat. (17.10-14 Del.) *fabula veri exempli multiplex ista, semper multa sciens et praecavens divinitatis immissiones quasi iste secundus liber dicatur nomine Dei Kyrani. Secundus liber de prima archaica antiqua syriaca existens, ubi fluminis Dei impetus Euphratis decurrit*. Ganschinietz (*BNGI.*, II, p. 445, n. 1) propose : πολλὰ <εἰδὼς> εἶδον ἀθανάτων βουλαῖς, ὅπως ἔσται δευτέρα βίβλος <ἣ> τοὔνομα λέξεται ἡ Κυρανίς, δευτέρα βίβλος ἀπὸ τῆς πρώτης Ἀρχαϊκῆς <τῆς ἀπ>ὸ Συριάδος ἐοῦσα.

(2) *Sic* A. R précise : « Il est un oiseau de Libye, etc. », ὀρνεόν ἐστι λιβυκόν (et non λοβικόν, cf. GANSCHINIETZ, *BNGI.*, I, p. 353).

(3) κουκούφας C (κούκοφας A, κούκουρος R), mot égyptien qui se retrouve chez Horapollon, I, 55. On a le génitif κοκκοάτος *PGM.*, II, 18, le diminutif κοκκοάδιον, *ib.*, VII, 411, la forme κάκουρος (ὅ ἐστιν αἰγυπτιστὶ κακκουρατ) *ib.*, III, 424. — ποῦπος est évidemment une déformation du lat. *upupa*, d'où notre « huppe ».

(4) Dans la langue des alchimistes, « l'homme » désigne le métal lui-même, personnifié : on dit l'homme-cuivre (χαλκάνθρωπος), l'homme-asèm (ἀσημάνθρωπος), l'homme-or (χρυσάνθρωπος), cf. *Alch. Gr.*, p. 207.1-4 et les visions de Zosime, pp. 107 ss., en particulier 111.19 ss. BERTHELOT (*Alch. Gr.* [Introduction], p. 127) signale les images du *Paris.* 7147 (fol. 80 et ss.) qui représentent les métaux et les divers corps sous la figure d'hommes et de rois enfermés dans les fioles où se passent les opérations. Voir aussi l'Anonyme, 132.17 Berth. καὶ ἐντεῦθεν' (τὸ σῶμα, le corps métallique) ζῷον ἔμψυχον λέγεται τῷ θεωρητικωτάτῳ Ἑρμῇ, et BERTHELOT, *La Chimie au Moyen Age*, I, p. 261. Il faut noter que, dans ces allégories, la transmutation d'un métal en un autre est comparée à la mort de l'ἄνθρωπος qui ressuscite en πνεῦμα. D'où le sens de notre texte où il est fait allusion à l'homme maudit et métamorphosé en bête par le soleil (ou l'or), symbole du métal qui passe d'un état à l'autre.

projection (1), comme le dit le Philosophe (Hermès) (2) à Zosime. Il dit en effet : « J'ai démontré que ce vivant-ci est d'après le modèle du vivant cosmique » (3). Et de nouveau, dans la *Pyramis* (4), Hermès, faisant une allusion énigmatique au vivant, dit que le vivant est au sens propre l'essence de la chrysocolle et de l'argent (5) : de fait, ce vivant est appelé le « chrysocosme » (6). Hermès rapporte en effet que l'homme est le coq qui a été maudit par le soleil (7). *Il raconte cela dans le « Livre Archaïque »*. Il y fait aussi mention de la taupe, il dit que la taupe aussi était jadis

(1) ἐπιβαλεῖν (ou ἐπιβάλλειν), <ὥς> φησιν ὁ φ. κτλ., p. 101.11 Berth. (ἐπιβάλλον φησὶν A, πιβάλαι (sic) φησὶ M). Pour le sens, cf. ἐπιβάλλειν 68.4, ἐπιβολαί 58.1 = « projections » ou réactions chimiques destinées à produire la transmutation des métaux. Voir aussi 57.22 (= *Mages hellén.*, II, p. 313.22) : Ὀστανὲς οὐκ ἐκέχρητο ταῖς τῶν Αἰγυπτίων ἐπιβολαῖ οὐδὲ ὀπτήσεσιν, ἀλλ' ἔξωθεν διέχριε τὰς οὐσίας, et, sur ce texte, les notes de BERTHELOT. *Alch. Gr.*, III (traduction), p. 61, n. 3 (et 73, n. 3), et de BIDEZ, *Mag. hell.*, II, p. 314. Pour la « transmutation », la méthode égyptienne de projection (de certaines matières sur les métaux) s'opposait à la voie dite humide (« métaux colorés par voie d'enduit, simple vernis, ou bien alliage superficiel »).

(2) Le contexte mène à identifier ὁ φιλόσοφος à Hermès, et cette identification est confirmée par 73.2 ss. où, après avoir cité un « dit d'Hermès » (« le grand traitement est le lessivage du minerai » τὴν πλύσιν τῆς ψάμμου), Olympiodore reprend : « Ah! quelle n'est pas la générosité *du philosophe* », puisque, seul de tous les anciens, il a « éclairé l'opération et dit les choses par leur nom » (ὀνομαστὶ τὸ εἶδος ἐξεῖπεν). Noter qu'Hermès est dit ici un homme (πάνσοφος ἀνήρ).

(3) ἐτεκμηράμην ὡς ἐκ τοῦ κοσμικοῦ (sc. ζῴου) τοῦτο <τὸ> ζῷον εἶναι, p. 101.12 Berth. Ici, comme ll. 14 et 15, il faut écrire ζῷον (Ruelle corrige partout en ὠόν), cf. 101.14 et 15 où M a ζῷον (de même A, l.14, K, l.15). Dans le paragraphe précédent, auquel notre texte fait allusion, il n'est question que de l'homme (h. microcosme 100.18 ss., h. κοσμικὸν μίμημα 101.9 : noter que c'est là aussi une doctrine *hermétique*, 100.18), et de même dans la suite immédiate de notre texte. C'est la doctrine, classique dans l'hermétisme, des rapports entre le ζῷον κοσμικόν et le ζῷον humain, cf. *C. H.* IV, 2 κόσμον δὲ θείου σώματος κατέπεμψε τὸν ἄνθρωπον, ζῴου ἀθανάτου ζῷον θνητόν, VIII (trois ζῷα : Dieu, monde, homme), etc.

(4) ἐν τῇ Πυραμίδι M : κυρανίδη A, κυρανίδι K. Il faut lire avec le meilleur manuscrit (M) « Pyramis », car on ne voit pas ce qu'un aphorisme alchimique ferait dans la *Kyranis*.

(5) κυρίως οὐσίαν καὶ χρυσοκόλλης καὶ ἀργύρου, p. 101.14 Berth. Écrire ἀργύρου et non pas σελήνης : l'archétype portait le signe de la Lune qui, en alchimie, signifie « argent », cf. *CMAG.*, VIII (*Alchemistica signa*), p. 1 et *passim*.

(6) καὶ γὰρ <τοῦτο> τὸ ζῷον (τόσον τὸ ζῷον A) προσκαλεῖται τὸν (signe du Soleil) κόσμον (sic MA). Le signe du Soleil + κόσμον = χρυσοκόσμον (sans doute équivalent de χρυσάνθρωπον, cf. p. 212, n. 4). Le même signe désigne à la fois le soleil et l'or : d'où le symbolisme de notre texte où ἥλιος et χρυσός sont sans cesse employés l'un pour l'autre.

(7) καταραθέντα ὑπὸ τοῦ ἡλίου, p. 101.16 Berth. La correction καταφωραθέντα (« pris sur le fait, pris en flagrant délit ») de Wellmann (*Koir.*, pp. 16-17) en raison de la légende d'Alektryon (Cf. LUCIEN, *Gall.*, 3) me paraît mauvaise, cf. θεοκατάρατος, 101.18 et κατηραμένον ὑπὸ τοῦ ἡλίου *C. H.* II, 17 (sur ce texte, cf. *Harv. Theol. Rev.*, XXXI 1938, pp. 13-20). Au surplus le symbolisme de l'homme-métal exige une sorte de mort, (châtiment) de l'homme, cf. la 2ᵉ vision de Zosime (115.14 ss.) où il est sans cesse parlé d'une κόλασις.

un homme : mais elle a été en malédiction auprès de Dieu, pour avoir révélé les mystères du soleil (or), et il l'a rendue aveugle. Et en vérité, si elle vient à être vue par le soleil, la terre ne la reçoit plus dans son sein jusqu'au soir. Il dit que c'est pour avoir vu la forme du soleil (or) telle qu'elle était (ou « la nature de la chrysopée ») (1). Et il l'a exilée dans la terre noire, pour avoir agi contre la règle et pour avoir révélé le mystère aux hommes » (2).

(4) Traité de la pivoine (3) : « Elle (la pivoine) est dite consacrée (τετελεσμένη) *dans le livre précédent intitulé Livre Archaïque* » (4). La suite du texte nous explique comment la plante est consacrée. On attache à la pivoine, avec un fil de soie grège, une peau de phoque préalablement consacrée, elle aussi, au moment de la dissection, *« comme il t'a été dit dans ce livre sacré, au chapitre des dissections »* (5). On utilise en outre (l'auteur ne dit pas comment) une céramite, une sidérite et une béryllite, et l'on fumige la plante en cercle en prononçant deux prières. Puis on la déchausse et l'arrache avec soin, et il se trouve que, par ces opérations, la plante est désormais consacrée (6).

Il me paraît indubitable que les mots « dans ce livre sacré » (ἐν ταύτῃ τῇ ἱερᾷ βίβλῳ 167.51) se rapportent au seul livre dont on ait fait mention jusqu'alors (167.3), c'est-à-dire au « Livre Archaïque » (7). Donc le « Livre Archaïque », au chapitre « Sur les dissections » (περὶ ἀνατομῶν), traitait de la manière de consacrer la peau de phoque, au moment où l'on disséquait la bête (ἐν τῇ ἀνατομῇ αὐτῆς, scil. τῆς φώκης). Ce n'est que par contact avec cette peau consacrée que la pivoine est consacrée à son tour. De fait, diverses parties du phoque jouent un rôle dans la magie, comme

---

(1) τὴν μορφὴν τοῦ ἡλίου ὁποία ἦν, p. 102.1 Berth. : τὴν μορφὴν τῆς (signe du Soleil) ποιίας (= χρυσοποιίας) A, peut-être à préférer. La chrysopée est la fabrication de l'or, qui doit rester naturellement un mystère.

(2) Cette légende de la taupe revient dans les *Koiranides* (l. II ARJ), p. 54.1 ἀσφάλαξ ἐστὶν ζῷον τυφλὸν ὑποκάτω γῆς φωλεῦον καὶ βαδίζον· ἐὰν δὲ ἴδῃ τὸν ἥλιον, οὐκέτι δέχεται ἡ γῆ, ἀλλὰ τελευτᾷ. M (l. III, p. 286) a la variante intéressante ἥλιον μὴ βλέπων. μᾶλλον τοῦτο ὁ ἥλιος οὐχ ὁρᾷ, ἐπὰν δὲ ἴδῃ τοῦτο, οὐ δέχεται κτλ.

(3) *CCAG.*, VIII, 2, p. 167.3.

(4) ἐν τῇ πρὸ ταύτης βίβλῳ Ἀρχαϊκῇ καλουμένῃ, même texte exactement que *Kyr.*, 6.1.

(5) καθώς σοι εἴρηται ἐν ταύτῃ τῇ ἱερᾷ βίβλῳ, περὶ ἀνατομῶν 167.21.

(6) 169.7-11.

(7) Il est question aussi d'un livre sacré *Kyr.*, 7.22 (à propos des remèdes tirés de la bryonne ou vigne blanche) : « Dans ce livre sacré (ἐν ταύτῃ τῇ ἱερᾷ βίβλῳ) j'ai trouvé la recette que voici : ayant mélangé une décoction de feuilles de la plante à une quantité égale de vin blanc, donne à boire pendant 7 jours et le malade sera sauvé. » Ταύτῃ ne s'explique pas, car il n'est aucune allusion à quelque livre que ce soit dans le texte précédent de la lettre A.

instruments prophylactiques ou de bonne chance, par exemple *Kyr.* 21.25 ss. : « Prenant donc à un phoque marin les poils qui sont entre ses naseaux et sa gueule, une pierre de jaspe vert, le cœur et le foie d'une huppe, une radicelle de pivoine ou glycyside (1), de la graine de verveine, du sang cosmique de chrysanthème (2), la pointe du cœur d'un phoque, et encore la crête qui est sur la tête de la huppe, tu auras une recette plus puissante que toutes celles qu'on a dites. Après avoir donc enroulé le tout, avec un peu de musc, dans du baume des quatre ingrédients, mets-le dans une peau d'ichneumon ou de phoque ou de jeune faon ou de vautour, et porte-le, étant en état de pureté » (3).

Du premier de nos quatre témoignages (*Kyr.* prologue), on ne peut rien conclure, semble-t-il, sur le contenu du *Livre Archaïque*. Mais les trois autres fragments vont tous dans le même sens. Le fr. 2 traite de l'animal sacré nommé koukouphas ou huppe, le fr. 3 de la légende du coq et de la taupe métamorphosés d'hommes en bêtes, le fr. 4 de la consécration du phoque et de ses parties (et, par dérivation, de celle de la pivoine). Ainsi donc, trois textes sur quatre concernent les animaux, et il y a tout lieu de penser avec Wellmann (4) que le « Livre Archaïque » était une sorte de bestiaire, une φυσικὴ ἱστορία dans le goût des *Physika* de Bolos le Démocritéen, où l'on mettait en valeur les vertus occultes (φύσεις) des animaux. Ce livre médico-magique est nécessairement antérieur à la *Kyranis*. Il peut dater du Ier ou du 2e siècle de notre ère.

L'analyse des *Kyranides* nous a donc permis de reconnaître que l'hermétisme s'est fait une place importante dans la littérature médico-magique des *Physika* née en Égypte au IIe siècle avant notre ère, puis répandue dans tout l'Orient où elle devait avoir, jusqu'au Moyen Age, une si profonde influence. A ce genre littéraire, le Trismégiste a contribué au moins par trois ouvrages : le « Livre Court médical adressé à Asklépios » (*Koiranides* = *Kyranides* II-IV), le « Livre Archaïque », enfin la *Kyranis*. Ces écrits s'occupent surtout des remèdes empruntés aux animaux : mais n'oublions pas que, dans la partie aujourd'hui perdue des

---

(1) R ajoute : « une racine consacrée (ἀποτετελεσμένον), comme il a été dit ».
(2) Cf. 44.12 ss. Il s'agit de petites fourmis noires qu'on trouve dans le cœur du chrysanthème et dont on fait une sorte de préparation dite « sang cosmique ».
(3) Voir aussi 10.17 ss., 76.24 ss., 120.25 ss.
(4) WELLMANN, *hoir.*, p. 17.

Koiranides, il était traité des plantes et des pierres. Aussi bien l'opuscule sur la pivoine témoigne-t-il de l'intérêt porté par l'hermétisme aux simples. Quant à la vogue des pierres dans la littérature hermétique, nous en avons une preuve directe dans mainte recette de la *Kyranis,* et une preuve indirecte dans le prologue des *Lithika* pseudo-orphiques (1) où l'auteur nous montre Hermès révélant à l'humanité les vertus occultes des gemmes :

« Pressé d'accorder aux mortels le don de Zeus qui éloigne les maux, le fils bienfaisant de Maia nous est venu l'apporter, afin que nous possédions un ferme appui contre la misère. Recevez-le, heureux mortels, je le dis à ceux qui sont sages, dont l'âme bien disposée obéit aux dieux immortels. Mais aux fols il n'est pas permis d'obtenir ce bien sans mélange. »

(1) Éd. ABEL, *Orphica* (1885), pp. 109-135; d'où RUELLE *ap.* MÉLY, *Lapidaires Grecs,* II, 1, pp. 137-159.

CHAPITRE VII

L'HERMÉTISME ET L'ALCHIMIE (1).

L'alchimie a une longue histoire qu'il ne m'appartient pas ici de redire (2). Mon objet est simplement de marquer la place de l'hermétisme dans cette pseudo-science. Et encore me bornerai-je à la période gréco-romaine, laissant de côté la littérature hermétique d'alchimie chez les Syriens (3), les Arabes (4) et les Latins du Moyen Age (5).

(1) Pour ce résumé, outre les ouvrages de BERTHELOT (*Origines de la Chimie*, 1885; *Collection des anciens alchimistes grecs*, 3 vol. 1887 [cité *Alch. gr.*], dont l'introduction a été rééditée à part en 1889 : je cite d'après la première édition [cité *Introd.*]), l'article *Alchemie* de RIESS (P. W., I, 1338 ss.) et H. DIELS, *Antike Technik* (cité *A. T.*), 2ᵉ éd. 1920, pp. 121 ss. (*Antike Chemie*), j'utilise surtout E. O. von LIPPMANN, *Entstehung und Ausbreitung der Alchemie* (cité LIPPMANN, I ou II), 2 vol. I (1919), II (1931 : *Ein Lese- und Nachschlage-Buch*) et l'article tout récent de W. GUNDEL (*Alchemie*) dans le *RAC*. Textes grecs : *Alch. Gr.*, II (traduction, t. III) fort mal édités par Ruelle pour Berthelot. — Recensement des manuscrits : *Catalogue des manuscrits alchimiques grecs (CMAG.)*, Bruxelles, 1924 — : cf. mon article *Alchymica*, dans l'*Antiquité Classique*, VIII (1939), pp. 71-95, et A. REHM, *Zur Ueberlieferung der griechischen Alchemisten*, dans *Byz. Zeitschr.*, XXXIX (1939), pp. 393 ss.

(2) Cf. *supra*, n. 1 et A. MIELI, *Pagine di Storia della Chimica*, Rome, 1922 (bibliographie, pp. 238-245); les *Studien zur Geschichte der Chemie* (*Festgabe E. O. v. Lippmann*, cité *Studien*), Berlin, 1927, et divers articles parus dans les revues *Isis* (éd. Sarton) et *Archeion* (éd. Mieli). Bibliographie la plus récente (1942) dans GUNDEL, 259-260.

(3) Cf. BERTHELOT, *La Chimie au Moyen Age* (cité *Ch. M. A.*), 1893, t. II, *L'Alchimie syriaque* (en collaboration avec Rubens Duval).

(4) Cf. *Ch. M. A.*, III, *L'Alchimie arabe* (en collaboration avec O. HOUDAS); M. STEINSCHNEIDER, *Die arabischen Uebersetzungen a. d. griechischen*, Leipzig, 1897, § 140 (*Alchemie*), pp. 356-366, et surtout J. RUSKA, *Arabische Alchemisten*, I (*Chālid Ibn Jazīd*) et II (*Dja-'far al-Sâdiq, der sechste Imam*), Heidelberg, 1924; *Tabula Smaragdina*, Heidelberg, 1926 (sur quoi, cf. la remarquable recension de M. PLESSNER, *Neue Materialien zur Geschichte der Tabula Smaragdina* dans *Der Islam*, XVI (1927), pp. 77-113; en particulier, p. 80, n. 1 et 2, des corrections de Bergsträsser aux textes grecs analysés par Ruska); *Turba philosophorum* (*Quellen u. Studien z. Geschichte d. Naturwissenschaften*, I, 1931); *Al-Rāzī's Buch Geheimnis der Geheimnisse* (*Quellen u. Studien*, etc., VI, 1937) et nombreux articles dans *Isis*, *Archeion*, *Der Islam*, etc., en particulier *Chemie in Irāq und Persien im 10 Jh.*, *Der Islam*, XVII (1928), pp. 280 ss. Sur les travaux de Ruska, cf. *J. Ruska und die Geschichte der Alchemie... Festgabe zu seinem 70. Geburtstage* Berlin, 1937 (*ibid.*, pp. 20-40, liste des œuvres de Ruska). Pour une première vue des problèmes de la littérature alchimique arabe, voir l'excellent résumé de Ruska, *Quelques problèmes de littérature alchimique* dans les *Annales Guébhard-Séverine* (Neuchâtel, Suisse), VII (1931), pp. 156-173.

(5) Cf. *Ch. M. A.*, t. I; L. THORNDIKE, *Hist. of Magic a. Exper. Science*, t. II.

Le mot « alchimie », comme on sait, est arabe (*alkimiya*), formé de l'article arabe *al* et d'un substantif préarabe dont l'étymologie est discutée, les uns le faisant venir de l'égyptien *chemi* (noir), — d'où le grec χημία qui désignerait soit l'Égypte = « la terre noire » selon Plutarque (1), soit « le noir », matière originelle de la transmutation qui, par blanchiment et jaunissement, devient argent et or, — d'autres (2) y voyant un dérivé de χύμα (fonte du métal) (3). Les anciens, selon un usage traditionnel, rapportaient le nom et la chose à un fondateur mythique, Chémès, Chimès ou Chymès.

Quoi qu'il en soit du mot, nul doute n'est possible sur l'opération visée : c'est la fabrication de l'or et de l'argent ou, plus précisément, la transmutation de métaux communs — cuivre, fer, étain, plomb (4) — en or et en argent, cette transmutation se ramenant, en bref, à trois procédés :

teinture superficielle de métaux communs par une faible adjonction de métaux nobles (dorure et argenture);

application d'un vernis imitant l'éclat de l'or ou de l'argent;

production d'alliages ayant l'aspect de l'or ou de l'argent.

A ces trois procédés, qui sont d'ordre *qualitatif*, puisqu'ils concernent la couleur du produit, s'ajoutaient des opérations d'ordre *quantitatif* où l'on visait à augmenter le poids d'un métal ou alliage donné sans en altérer la couleur, par l'introduction de métaux étrangers (5).

L'alchimie gréco-égyptienne, d'où ont dérivé toutes les autres, est née de la rencontre d'un fait et d'une doctrine. Le fait est la pratique, traditionnelle en Égypte, des arts de l'orfèvrerie. La doctrine est un mélange de philosophie grecque, empruntée

---

(1929), pp. 214-220 et 777 ss. (*Experiments and secrets of Galen, Rasis and others : II Chemical and Magical*). — Recension des manuscrits latins : (Grande-Bretagne et Irlande) D. W. SINGER, *Catalogue of latin and vernacular alchemical manuscripts... from before the XVI century*, Bruxelles, 3 vol. 1928-1931; (États-Unis et Canada) W. J. WILSON, *Catalogue...*, Bruxelles, 1938; (Paris) J. CORBETT, *Catalogue des manuscrits alchimiques latins* I (*Manuscrits... de Paris antérieurs au XVIIe siècle*), Bruxelles, 1939.

(1) *Is. Os.*, 33 : cf. REITZENSTEIN, *Poimandres*, pp. 140 ss.

(2) Ainsi DIELS, *A. T.*, pp. 123-124. Étymologie rejetée par LIPPMANN, p. 292 et GUNDEL, 241.

(3) LIPPMANN, I, pp. 293-298 et GUNDEL, 240-241 résument la discussion et se rallient tous deux à l'étymologie χημία.

(4) C'est la τετρασωμία : Olympiodore (d'après Zosime), *Alch. Gr.*, p. 96, 7; cf. aussi p. 167, 20 ss.

(5) Cf. BERTHELOT, *Introd.*, pp. 56-57; LIPPMANN, I, p. 3.

surtout à Platon et à Aristote, et de rêveries mystiques. Cette fusion ne s'est pas faite en un jour; si malaisé qu'il soit d'en déceler le progrès, il semble toutefois qu'on puisse distinguer trois phases successives : l'alchimie comme art, l'alchimie comme philosophie, l'alchimie comme religion. Quant à la limite originelle de ces trois étapes, on n'en peut guère fixer la date avec certitude. Aussi bien tel aspect a-t-il pu apparaître sans effacer pour autant l'aspect ancien; l'alchimie a subsisté comme art alors même qu'elle eut revêtu le manteau de la philosophie et qu'elle fut devenue une religion. Néanmoins il y a grande probabilité que l'alchimie n'ait pas été autre chose qu'une technique jusqu'à Bolos le Démocritéen au IIe siècle avant notre ère; que, ce Bolos lui ayant donné un tour philosophique, elle ait été ensemble un art et une philosophie (déjà mêlée de mystique) jusqu'au IIe ou IIIe siècle de notre ère; qu'enfin, sans cesser d'être un art et une philosophie, elle ait pris de plus en plus manifestement l'aspect d'une religion mystique à partir de cette date.

§ 1. — *L'alchimie simple technique.*

De toute antiquité, l'Égypte, riche en or, avait atteint un très haut rang dans la technique des métaux précieux et des pierres précieuses comme dans la fabrication du verre et la teinture des étoffes (1). Cette longue pratique, d'abord exclusivement réservée aux ateliers royaux (2) et sacerdotaux (3), avait conduit de bonne heure à la découverte, d'une part des procédés de teinture et d'imitation, d'autre part des moyens de discerner le métal authentique de sa falsification. Il n'était pas question, dans ces recettes, de « faire » de l'or au sens propre du mot « faire »; et même, si l'on entend par alchimie l'art de trouver une substance (la pierre philosophale) qui permette de changer *réellement* un métal quelconque en or, il ne s'agissait point encore d'alchimie. Mais, quand les artisans des temples doraient ou argentaient une statue ou un objet de culte, ou bien quand ils les couvraient d'une teinture qui eût l'apparence de ces métaux, ils voulaient que le

---

(1) Cf. par exemple LIPPMANN, I, pp. 261-275 (*Die Technick in Aegypten*), CUMONT, *Égypte des astrol.*, pp. 98 ss.

(2) Les rois avaient le monopole de la recherche et du traitement des sables aurifères.

(3) Cf. le texte de Zosime (τελευταία ἀποχή), § 1, *infra*, pp. 275-276 et la suscription *Alch. Gr.*, 350.4, καταβαφὴ λίθων καὶ σμαράγδων καὶ λυχνιτῶν καὶ ὑακίνθων ἐκ τοῦ ἐξ ἀδύτου τῶν ἱερῶν ἐκδοθέντος βιβλίου.

métal, la pierre ou l'étoffe teinte « fissent », c'est-à-dire parussent comme, de l'or, de l'argent, une émeraude, de la pourpre (1). De là vient que toutes ces τέχναι se résument dans le mot de « teintures » (βαφαί ou βαφικαὶ τέχναι), le verbe correspondant étant βάπτειν, « plonger » le métal dans une teinture comme on y plonge l'étoffe qu'on veut teindre (2). Or si, par de certaines opérations, l'on obtenait un produit qui eût quelques-unes des qualités de l'or ou de l'argent, ne pouvait-on penser qu'en multipliant ces opérations, l'on trouverait, au terme, de « vrai » or et de « vrai » argent? Dès là qu'on partait de ce principe qu'un métal qui a changé de couleur est un *nouveau métal* et qu'on définissait par la coloration la qualité spécifique du métal, il n'était pas absurde d'aboutir à cette conclusion (3). Ainsi la technique des teintures menait-elle, certaines doctrines aidant, à l'idée qui devait constituer plus tard le principe fondamental de l'alchimie.

Longtemps les premiers écrits alchimiques (ou mieux chimiques) ne furent que de simples recettes, consignées dans les archives des temples, où elles servaient d'aide-mémoire aux artisans. Ces recettes devaient être tenues secrètes, ne fût-ce que par souci de la concurrence : de là, la recommandation du silence (4) et l'emploi de mots symboliques, « lait de louve », « écume de mer », « œil

(1) Cf. P. Holm. ε̄ 1-2 (p. 9) καρχηδονίου βαφή. σκευὴ κρυστάλλου ὥστε φαίνεσθαι (φένεσθαι P.) καρχηδόνιον, κ̄γ 26-27 (p. 36) βαφὴ ἐρίων φαιῶν παντοίων, ὥστε δοκεῖν αὐτῶν χρῶμα εἶναι, 34-35 ὥστε δοκεῖν ἀληθεινὸν εἶναι καὶ θαυμαστόν; P. Leid. 6, 25 ὥστε φαίνεσθαι τὰ χαλκᾶ χρυσᾶ, 3, 10 χρυσοῦ δόλος, 12, 1 χρυσίου δίπλωσις. δολοῦται χρυσὸς εἰς αὔξησιν. Et encore P. Holm. δ̄ 25-26 (p. 8) καὶ ἐξελὼν ἕξεις σμάραγδον ὅμοιον τῇ φύσει, δ̄ 41-42 (p. 8 : perle artificielle) καὶ ἔσται, χειρισθεὶς ὡς δεῖ, ὑπὲρ τὸν φυσικόν; P. Leyd. 8, 17 ἀργύρεον χρύσεον ποιῆσαι εἰς αἰῶνα μόνιμον, 11, 25-26 ἀσήμου ποίησις ἀληθῶς γεινομένη πρὸς ἀλήθειαν κρεῖσσον ἀσήμου, 11, 41 βαρύτερον ἐργάζασθαι τὸν χρυσὸν τῆς τοῦ χ(ρυσοῦ) ὁλκῆς. Lagercranz, qui a réuni ces textes (*P. Holm.*, p. 143), en a bien expliqué le sens.

(2) Cf. LIPPMANN, I, pp. 277-278, HAMMER-JENSEN, P. W., Suppl. Bd. III 461 ss. (*Färbung*), et l'article très suggestif de A. J. HOPKINS, *Transmutation by Color, A Study of earliest Alchemy*, dans *Studien*, pp. 9-14. Le *Liber Hermetis*, p. 83, 24 a *lapidum tinctores*, cf. *Ég. des astrol.*, p. 96, n. 3.

(3) Peut-être aussi, comme le veut Diels (*A. T.*, p. 131), la croyance qu'on pût obtenir de l'or ou de l'argent au moyen d'opérations chimiques fut-elle rendue plus facile par l'existence, en Égypte et ailleurs, de l'électron (ég. *asem*, grec ἄσημος), alliage naturel d'or et d'argent duquel on pouvait tirer, par séparation, soit de l'or, soit de l'argent; d'où l'on aurait conclu que, par les mêmes méthodes ou par d'autres traitements, il était possible de changer tout métal en un autre.

(4) Pap. Holm. ιζ̄ 28 (p. 28) τήρει (τήρι P.) ἀπόκρυφον <τὸ> πρᾶγμα, ἔστιν γὰρ καὶ εὐανθὴς ὑπερβολῇ (sc. ἡ πορφύρα); P. Leid. l, 10, 9 ἐν ἀποκρύφῳ ἔχε ὡς μεγαλομυστήριον, μηδένα δίδασκε, Isis à Horus, § 6, *infra*, p. 259 : sur cette règle du silence, cf. O. LAGERCRANZ, *P. Holm.*, p. 143.

de chat », « sang de dragon » etc. (1). Il est croyable en outre que, selon l'usage habituel en Orient, ces recettes se transmettaient de père en fils. Dans la légende de l'évocation d'Ostanès, au début des écrits démocritéens, il est rapporté que le mage, avant de mourir, a pris toutes assurances pour que ses secrets ne soient révélés qu'à son propre fils : aussi ne veut-il rien dire à Démocrite, « le démon ne le permet pas » (2).

De ces recettes ancestrales, purement techniques, nous avons un exemple encore dans les deux papyrus de Leyde (3) et de Stockholm (4), trouvés en 1828 à Thèbes, dans la même tombe, avec deux papyrus magiques (XII et XIII de Preisendanz). Le papyrus magique XIII et les deux papyrus chimiques sont de la même main, d'une belle écriture; ils n'ont pas la forme de rouleaux, mais constituent de véritables livres, sur des feuilles doubles, pliées. On en fixe la date (d'après l'écriture) soit à la deuxième moitié du IIIe siècle (Reuvens, Leemans), soit au début (v. 300 Lagercranz) ou à la première moitié du IVe (Preisendanz) (5). Achetés par le consul de Suède Anastasy, ces papyrus furent vendus au musée de Leyde (XII, XIII, P. Leid.), sauf l'un des deux papyrus chimiques, lequel, donné au Musée de Stockholm, se trouve aujourd'hui à Upsal. Les deux papyrus chimiques se complètent. P. Leid. contient 101 recettes qui concernent surtout l'imitation et la contrefaçon des métaux précieux (or et argent), P. Holm. 152 recettes dont

(1) Cf. LIPPMANN, I, pp. 11, 325-326; II, p. 69, s. v. *Decknamen.* Il subsiste dans le papyrus magique V de Leyde (*PGM.*, XII, 401 ss.) un curieux morceau d'« Explications » (ἑρμηνεύματα) des noms symboliques de certaines plantes et pierres, noms gravés sur les images divines pour empêcher la masse trop curieuse de s'en emparer pour des pratiques de magie. Aussi bien symbole et allégorie joueront-ils constamment un grand rôle durant toute l'histoire de l'alchimie grecque, arabe et médiévale. Sur la distinction, chez les Arabes, entre alchimie allégorisante et alchimie pratique (celle-ci ne commençant vraiment qu'avec Al-Razi), cf. J. RUSKA, *Studien zu Muḥammed Ibn Umail al-Tamīmī's kitāb al-Mā' al-Waraqī wa'l-Ard an Najmīyah* dans *Isis*, XXIV (1936), pp. 310 ss., en particulier pp. 340-342. *Ib.*, pp. 330-331, noter que l'auteur arabe se loue d'avoir mis en lumière ce que les autres avaient caché sous leurs symboles : c'est là un lieu commun, cf. l'auteur arabe du *Ghājat al-hakīm* (« Le but du sage »), en latin *Picatrix*, qui prétend avoir dépouillé de tous leurs voiles les textes hermétiques gravés en hiéroglyphes sur les temples d'Égypte, pour ne pas se montrer « envieux » comme les anciens (Grecs), voir H. RITTER, *Picatrix, ein arabisches Handbuch hellenistischer Magie* (*Vorträge d. Bibl. Warburg*, 1923), p. 34 du tiré à part.

(2) *Mages hellén.*, II, p. 317, fr. A 6.

(3) Papyrus Leidensis X (cité P. Leid.), éd. C. Leemans, Leiden, 1885 (t. II des *Pap. gr. Musei Lugduni-Batavi*).

(4) *Papyrus Graecus Holmiensis, Rezepte für Silber, Steine und Purpur* (cité P. Holm.), éd. O. Lagercrantz, Upsala, 1913.

(5) 346 de notre ère pour le pap. mag. XIII (et donc aussi P. Leid et P. Holm), 300-350 pour le pap. mag. XII : cf. *PGM.*, t. II, pp. 57 et 86.

9 seulement sur les métaux, 73 sur les pierres précieuses et les perles, 70 sur la teinture des étoffes (pourpre et indigo). Ce sont de simples formules techniques, à l'impératif singulier, sans nulle trace ni de philosophie ni de mystique.

Ces papyrus sont en grec. Se complétant l'un l'autre, ils forment ensemble une sorte de traité des quatre teintures : or, argent, pierres précieuses, pourpre. Peut-on reconnaître l'ouvrage qui en est la première source? Quelques citations mettent sur la voie : celle d'Afrikianos, nommé deux fois dans le P. Holm. (1) et qui ne peut guère être un autre que Julius Sextus Africanus (230 ap. J.-C.) (2), et celle de Démocrite lui-même, auquel se réfère le magicien Anaxilaos de Larissa (28 av. J.-C.), nommé une fois dans ce même P. Holm. (3). Ces indications, jointes à la comparaison diligente des papyrus avec les fragments alchimiques de Bolos le Démocritéen (4), ont permis à Wellmann, dans une belle étude déjà citée (5), de rapporter à Bolos l'ouvrage qui, par divers intermédiaires (6), servit de premier modèle.

Nous voici donc ramenés de nouveau à ce Bolos de Mendès dont l'activité, au IIe siècle avant notre ère, fut si riche et si féconde dans le champ des sciences occultes. C'est grâce à lui que les pratiques artisanales des ateliers sacerdotaux sortirent, pour la première

---

(1) P. Holm κα 1 (p. 32), κδ 19 (p. 37), la seconde fois avec indication du livre (ἐκ βίβλου γ).

(2) Cf. Wellmann, Bolos, p. 69. En revanche, Lagercranz hésite à confondre l'Afrikianos de P. Holm. avec J. S. Africanus, cf. *P. Holm.*, pp. 106-107.

(3) P. Holm. ᾱ 13 (p. 3) : ἄλλο (sc. περὶ ἀργύρου ποιήσεως). εἰς δὲ Δημόκριτον Ἀναξίλαος ἀναφέρει καὶ τόδε, κτλ.

(4) Sénèque (par Posidonios) *Epist.*, 90, 33; Pline, *N. H.*, XXXVII, 197 (et ailleurs, cf. Wellmann, *Bolos*, pp. 74-75); pap. mag. de Londres (*PGM.*, VII 168) : Δημοκρίτου παίγνια. τὰ χαλκᾶ χρυσᾶ ποιῆσαι φαίνεσθαι. θεῖον ἄπυρον μετὰ γῆς· κρητηρίας μείξας ἔκμασσε; diverses recettes « démocritéennes » du corpus alchimique syriaque. Cf. Diels-Kranz, *Vorsokr*[5]., 68 B 300, 14-19 et surtout Wellmann, *Bolos*, pp. 66 ss., en particulier pp. 74-75. Voir aussi Lagercranz, *P. Holm.*, pp. 107 ss.

(5) Wellmann, *Bolos* (cf. *supra*, p. 196, n. 3), pp. 66 ss.

(6) La lignée serait : pour le P. Holm., Bolos (v. 200 av. J.-C.), Anaxilaos (28 av. J.-C.), Julius Sextus Africanus (220 ap. J.-C.), enfin le rédacteur du P. Holm.; pour le P. Leid., Bolos, Anaxilaos, puis un artisan égyptien, peut-être Phiménas de Saïs nommé X, 11, 15 (ὡς Φιμήνας ἐποίει ὁ Σαείτης : on ne peut identifier ce Phiménas avec le Pammenès nommé dans les *Physika et Mystika*, *Alch. Gr.*, 49.8, 148.15, cf. Lagercranz, *P. Holm.*, pp. 105-106, Diels, *A. T.*, p. 134, n. 1), enfin le rédacteur du P. Leid. cf. Wellmann, *Bolos*, p. 77. Il convient de noter que Mme Hammer-Jensen, P. W., Suppl. Bd., IV 222.67 ss., date l'attribution des *Democritea* alchimiques au Ps. Démocrite du ve s. seulement (p. C.); en ce cas il n'y aurait plus de lien entre ces écrits et Bolos. D'autre part, W. Kroll, *Hermes* LXIX (1934), pp. 230-231, et Preisendanz, P. W., XVIII 1629.22 ss. (*Ostanes*) nient qu'il y ait aucune relation entre Bolos et le Ps. Démocrite alchimiste. Cependant je ne vois là, pour ma part, rien d'invraisemblable.

fois, de l'ombre des temples. Son ouvrage, destiné au public lettré, concernait la teinture d'or (Δημοκρίτου παίγνια), d'argent (P. Holm. ᾱ 13), des pierres précieuses (Senèque, Pline) et de la pourpre (1). Cette division des teintures demeura classique. Elle apparaît déjà dans le « Livre d'Hénoch » (milieu ou fin du II° s. av. J.-C.) en un passage qui semble directement inspiré des Βαφικά de Bolos (2) : « L'ange Azaël enseigna aux hommes à fabriquer des épées et il leur fit connaître les métaux et l'art de les traiter..., les pierres précieuses de toutes sortes et les teintures » (3). D'autre part, la composition même des deux papyrus chimiques lorsqu'on les réunit atteste également la division du Grand Art en quatre teintures : or et argent (P. Leid.), pierres précieuses et étoffes (P. Holm.).

L'ouvrage de Bolos se bornait-il à compiler des recettes, était-ce un pur manuel de technique, ou bien joignait-il à l'indication des recettes un exposé des principes qui les fondaient en raison? En d'autres termes, a-t-on lieu de croire que c'est avec Bolos que s'introduit dans la chimie une doctrine philosophique, et précisément cette doctrine philosophique qui a fait faire le grand pas de la chimie à l'alchimie, des pratiques artisanales à la pseudofabrication de l'or et de l'argent? Pour résoudre ce problème qui n'est pas sans intérêt dans l'histoire de l'alchimie, il nous faut considérer l'un des premiers en date des écrits du *Corpus* alchimique grec, les *Physika et Mystika* attribués à Démocrite (4).

Il faut bien rapporter à un individu ce développement des sciences occultes hellénistiques dont toutes les branches sont connexes. Or, puisqu'on sait que Bolos en a été certainement l'instigateur pour plusieurs branches de *Physika*, pourquoi ne pas attribuer aussi au Δημοκρίτειος des *Democritea* alchimiques?

(1) D'où le nom de Φυσικαὶ βαφαί que portaient souvent les anciens livres d'alchimie, par exemple celui d'Hermès (*Alch. Gr.*, p. 242.10); aussi Wellmann conjecture-t-il vraisemblablement, comme titre (ce titre n'est nulle part indiqué dans les fragments) de l'ouvrage alchimique de Bolos Βαφικά ou βίβλοι φυσικῶν βαφῶν, *Bolos*, p. 68. Diels (*A. T.*, p. 128) proposait βίβλοι βαφικαί.

(2) *Hénoch*, 8, p. 26, 11 ss. Radermacher (éd. Acad. Berlin, t.-V) ἐδίδαξεν τοὺς ἀνθρώπους Ἀζαὴλ μαχαίρας ποιεῖν... καὶ ὑπέδειξεν αὐτοῖς τὰ μέταλλα καὶ τὴν ἐργασίαν αὐτῶν... καὶ παντοίους λίθους ἐκλέκτους καὶ τὰ βαφικά : métaux (or et argent), pierres précieuses, étoffes, c'est la division connue (la version éthiopienne y ajoute encore les παίγνια de Bolos : « und die Tauschmittel der Welt »).

(3) Plus loin, on voit paraître le domaine des *Physika* de Bolos (ἐδίδαξεν ἐπαοιδὰς καὶ ῥιζοτομίας), puis l'astrologie, l'art des présages, l'astéroscopie, bref, tout l'arsenal des sciences occultes hellénistiques.

(4) *Alch. Gr.*, pp. 41-53. Commentaire par Synésius (IV° s.), *ibid.*, pp. 57-69. Sous ce nom de Démocrite, les anciens entendaient le philosophe d'Abdère; cf. la lettre de Démocrite à Leucippe (*Alch. Gr.*, pp. 53-56), Synés. (p. 57.6) ὁ φιλόσοφος Δημόκριτος ἐλθὼν ἀπὸ Ἀβδήρων φυσικὸς ὤν, Syncelle (I, 471 Dind.) Δημόκριτος Ἀβδηρίτης φυσικὸς φιλόσοφος ἤκμαζεν (cf. *Vorsokr*⁵., 68 B 300, 16), mais il n'est pas douteux qu'il faille rapporter les Φυσικὰ καὶ Μυστικά alchimiques à la tradition « démocritéenne »

§ 2. *Bolos le Démocritéen et les* Φυσικὰ καὶ Μυστικά.

De cet apocryphe démocritéen, il ne subsiste aujourd'hui que quelques fragments mal ordonnés. La compilation débute par deux recettes sur la teinture en pourpre (41.2-42.20) qui devraient, logiquement, venir en dernier lieu. Puis vient un passage, évidemment propre à un préambule, où Démocrite rapporte comment il a évoqué l'ombre d'Ostanès pour demander à ce maître alchimiste les secrets du Grand Art (42.21-43.24). Suivent dix recettes de chrysopée, toutes à l'impératif singulier (43.25-46.21). On passe alors à un morceau de polémique contre les « jeunes » (νέοι), qui ne veulent pas croire à la vertu de l'enseignement (46.22-48.2) : ce morceau, adressé par Démocrite à ses collègues en prophétie (συμπροφῆται, 47.3), s'achève par une formule de conclusion : « en voilà assez dit sur les teintures sèches et sur l'attention qu'il faut prêter à l'Écriture » (48. 2-3). De nouveau, ensuite, trois recettes de chrysopée à l'impératif singulier (48.4-49.9), dont la dernière, rapportée à un Pamménès qui l'aurait enseignée aux prêtres d'Égypte, semble marquer la fin d'un traité sur la chrysopée : « c'est jusque-là que, dans ces *Physika,* va la matière de la chrysopée » (1). On revient alors à un exposé doctrinal (adressé aux collègues : impératif pluriel) sur ce principe qu'une seule espèce suffit à produire une multitude d'effets (49.10-22) et l'on passe à l'argyropée qui remplit toute la fin de l'extrait (49.22-53.11) jusqu'à la conclusion commune de la chrysopée et de l'argyropée (53.12-15). Nulle trace de recette sur la « teinture » des pierres précieuses.

Que penser de cet ensemble hétéroclite et quel lien supposer entre ces *Physika et Mystika* et les *Baphika* de Bolos?

Tout d'abord il est sûr que cet ouvrage démocritéen intitulé Φυσικὰ καὶ Μυστικά comprenait quatre livres, correspondant aux quatres genres de teintures. Ainsi en témoigne l'alchimiste Synésius, commentateur du Ps.-Démocrite au IVᵉ s. : « Ayant reçu son impulsion d'Ostanès, Démocrite composa quatre livres sur les teintures (βίβλους τέσσαρας βαφικάς), sur l'or, sur l'argent, sur les pierres,

---

inaugurée, semble-t-il (cf. cependant *supra*, p. 222 n. 6), par Bolos de Mendès, dit le Démocritéen. Sur ces écrits pseudo-démocritéens, cf. LIPPMANN, I, pp. 27-46 et BIDEZ-CUMONT, *Mag. hell.*, I, pp. 198-207, 210-211.

(1) ἕως τῶν φυσικῶν τούτων ἐστὶν ἡ τῆς χρυσοποιίας ὕλη. Ce mot ὕλη doit être pris ici au sens métaphorique comme ὕλη ἰατρική chez Galien (IX, 494), « ensemble de choses qu'embrasse la médecine ».

sur la pourpre » (1). Le même fait est attesté encore par le titre du traité adressé par le prétendu Démocrite à Leucippe et qui n'a dû être rapporté à Démocrite qu'après l'achèvement des Φυσικὰ καὶ Μυστικά : ce titre porte en effet : « Livre cinquième de Démocrite dédié à Leucippe » (2). Ce qui subsiste donc des Φυσικὰ καὶ Μυστικά n'est qu'un extrait, contenant partie de l'introduction, de la chrysopée et de l'argyropée, rien du livre sur les pierres, un court fragment seulement du livre sur la pourpre, ce fragment ayant été retiré de son vrai lieu (à la fin) pour prendre place tout au début de l'extrait.

En second lieu, cet ouvrage « démocritéen » ne peut être antérieur au Ier siècle de notre ère. On y lit (44.21) le mot κλαυδιανόν pour désigner un alliage ressemblant à l'or et qui pouvait contenir du cuivre, du plomb, et de l'étain ou du laiton (3) : or, quoi qu'il en soit de l'origine du mot, il ne peut guère être antérieur à l'empereur Claude (4). On y lit de même (42.14) le mot λαχχά pour désigner une plante dont la racine servait à teindre en rouge, et qui est dite habituellement ἄγχουσα, ainsi par exemple dans le P. Holm. : or ce mot λαχχά est emprunté à l'Inde, ne reparaît ailleurs que dans un texte tardif, du VIIIe siècle (*lacca*), et si cet emprunt est évidemment possible bien avant le VIIIe siècle, il ne l'est pas avant que des relations commerciales régulières se fussent établies entre l'Inde et Alexandrie, ce qui ramène, une fois encore, à l'Empire du Ier ou du IIe siècle (5).

Que, sous leur forme actuelle, les Φυσικὰ καὶ Μυστικά ne puissent remonter à Bolos lui-même, c'est ce qui ressort enfin du morceau polémique adressé aux συμπροφῆται (46.22-48.3). Le seul fait qu'il existe des écoles rivales, des « vieux » et des « jeunes » usant de méthodes différentes, suffirait à prouver qu'on n'en est plus aux premiers essais de l'alchimie grecque, qu'on a déjà évolué (6).

(1) *Alch. Gr.*, p. 57, 11-12 = *Mag. hell.*, II, p. 313. 10.
(2) *Alch. Gr.*, p. 53. 16-17.
(3) Cf. LIPPMANN, I, pp. 34, 217. Un alchimiste Κλαυδιανός est cité dans la liste des faiseurs d'or, *Alch. Gr.*, p. 26. 1; un Κλαυδιανοῦ σεληνιακόν, *PGM.*, VII, 862.
(4) Cf. DIELS, *A. T.*, p. 128.
(5) Cf. DIELS, *A. T.*, p. 128, n. 5. La découverte récente à Pompei (oct. 1938) d'une statuette d'ivoire de la déesse Lakṣmī témoigne de relations déjà assez suivies entre Rome et l'Inde au Ier siècle : cf. R. Goossens dans *Chronique d'Egypte*, 34 (1942), p. 321 (renvoie à Maiuri, *Le Arti*, janv. 1939; U. Zanotti-Bianco, *J. Hell. St.*, LIX, 1939, p. 227; A. Ippel, *Forschungen u. Fortschritte*, XV, 15, 26, 1939, pp. 325-327). « The statuette belongs to the first decades of the Christian era, when Tiberius and Nero, having assured the transit of the Red Sea for commerce, started maritime relations with India by means of mercantile fleets defended by armed ones », U. Zanetti-Bianco, *l. c.*, p. 228. Cf. encore *Arch. Anz.* 1939, col. 370, *Gaz. B. A.*, 1939, I, p. 234.
(6) L'alchimiste Zosime (fin IIIe/début IVe siècle) fait souvent allusion à ces écoles

Mais il y a plus. Ce que l'auteur reproche aux νέοι, c'est de ne pas croire à l'Écriture (ἀπιστήσαντας τῇ γραφῇ 47.5); de là vient tout le mal : il faut prêter attention à l'Écriture (προσέχειν τῇ γραφῇ 48.3). Il existait donc, chez les Anciens auxquels s'opposent ces νέοι, une Écriture alchimique, un manuel fondamental : les νέοι rejettent ce manuel. Or, comment rapporter à Bolos lui-même cette allusion à l'Écriture, s'il est vrai que, par ses Βαφικά, il est le premier Grec qui se soit occupé des teintures, qui ait composé un ouvrage sur ce sujet? Comment peut-il, dans le propre livre qui doit servir de manuel fondamental, faire mention d'une Écriture antérieure qui serait déjà ce manuel?

Néanmoins, si l'on ne peut regarder les Φυσικὰ καὶ Μυστικά comme identiques aux Βαφικά de Bolos, on ne peut non plus, à mon sens, les ramener à une date trop basse. En premier lieu, cet ouvrage « démocritéen » est cité par tous les alchimistes postérieurs alors qu'il n'en cite lui-même aucun, sauf un artisan égyptien, Pamménès (49.8) (1), et le mage Ostanès, c'est-à-dire des écrits circulant sous ce nom : or nous avons vu que, pour ses autres ouvrages, Bolos a emprunté à de tels écrits d'Ostanès. Il est remarquable en particulier que le Ps.-Démocrite ne nomme ni Hermès, ni Agathodémon, ni la déesse Isis, ni Cléopâtre, ni la juive Maria, bref aucun des apocryphes alchimiques composés entre le Ier et le IIIe siècle de notre ère. Il y a donc lieu d'accepter en partie la tradition antique, laquelle tenait les Φυσικὰ καὶ Μυστικά pour un *textbook* du Grand Art et voyait dans leur auteur prétendu, Démocrite, le père de l'alchimie grecque. Dès lors, nous voici obligés d'examiner à nouveau le problème : sans doute les Φυσικὰ καὶ Μυστικά ne sont pas identiques aux Βαφικά, mais est-ce à dire qu'ils n'aient rien gardé de l'écrit de Bolos?

Trois éléments composent les Φυσικὰ καὶ Μυστικά : des recettes techniques, le récit d'une évocation, des exposés polémiques et doctrinaux. Les recettes sont, on l'a dit, deux formules de teinture en pourpre, dix formules de chrysopée, huit formules d'argyropée.

---

rivales. Il mentionne le nom de l'une d'elles, qui se rattachait au dieu Agathodémon (οἱ Ἀγαθοδαιμονῖται 208. 1).

(1) Sur ce Pamménès, nommé aussi par Syncelle (I, p. 471 Dind. = *Mag. hell.*, II, p. 311, fr. A 3), cf. DIELS, *A. T.*, p. 134, n. 1; BIDEZ-CUMONT, *Mag. hell.*, II, p. 311, fr. A 3, et p. 312, n. 2; GUNDEL, 242. C'est peut-être l'astrologue égyptien contemporain de Néron. Cependant Preisendanz, P. W., XVIII 1633.10 ss, paraît approuver la conjecture de Hammer-Jensen : lire, *Alch. Gr.* 49.8, αὕτη ἡ <μέθοδος τοῦ> Παμμεγέθους (Παμμένους M) ἐστιν, sc. de Démocrite qui, dans Stéphanos, est dit ὁ παμμέγης. Quelque copiste aura mal lu, d'où le rapprochement avec le Pamménès astrologue dont on aura fait un alchimiste.

Les papyrus de Leyde et de Stockholm contiennent, d'autre part, des recettes pour ces trois catégories de « teintures », et l'idée vient tout naturellement de les comparer à celles des Φυσικά. En fait, cette comparaison ne donne pas de résultats décisifs. Sans doute, comme l'avait déjà noté Berthelot (1), telle recette de chrysopée du P. Leid. offre des ressemblances avec l'une ou l'autre formule des *Physika et Mystika* et l'on pourrait déceler de même des analogies entre les recettes d'argyropée du P. Holm. ($\bar{\alpha}$-$\bar{\beta}$) (2) et celles des *Physika et Mystika,* sans que d'ailleurs aucune de ces recettes recouvre entièrement l'autre. Mais, à la vérité, de tels rapports ne permettraient de conclure à l'origine « démocritéenne » d'une recette des *Physika et Mystika* que si l'on était sûr que la formule correspondante dans le P. Leid. ou le P. Holm. remontât bien à Bolos. Or, c'est ce qu'il est impossible de dire. On peut conjecturer avec quelque probabilité que la substance de ces compilations techniques dérive, en dernière analyse, de Bolos : mais, dans les cas particuliers (sauf la formule P. Holm. $\bar{\alpha}$ 13-20 où Démocrite est nommément cité) nul critère ne garantit cette provenance. Aussi bien s'agit-il, avec ces papyrus, de manuels *techniques,* apparemment en usage chez des artisans. Et, dès lors, il va de soi que toute expérience nouvelle a pu conduire à mettre par écrit la formule qui en avait permis la réalisation. Étant donné une pratique continue du IIe siècle avant au IIIe ou IVe siècle après notre ère, cela fait un long chemin. Concluons donc qu'en l'état actuel de nos recherches, on ne peut rien tirer du plus ou moins de ressemblance entre les recettes des deux papyrus chimiques et celles des *Physika et Mystika*. Notons seulement que les deux premières recettes d'argyropée du P. Holm. ($\bar{\alpha}$ 1-12 et $\bar{\alpha}$ 12-20), dont la seconde est sûrement, la première vraisemblablement (3), de Bolos présentent quelques analogies avec l'une ou l'autre des formules d'argyropée des *Physika et Mystika* (4) : dès lors il paraît légitime

(1) *Introd.*, pp. 67, 69. Berthelot, *Trad.*, p. 54, n. 11, rapproche également la recette *Alch. Gr.*, 50. 8-16 de P. Leyd. 11, 35-39 : cf. Lagercranz, *P. Holm.*, pp. 105-106, 110.

(2) Pp. 3-5. Lagercranz (*P. Holm.*, p. 96), rapproche en particulier $\bar{\alpha}$ 28-35 (p. 4) de *Alch. Gr.*, 37. 7-12. Ces formules d'argyropée se retrouvent dans le P. Leid., cf. Lagercranz, *P. Holm.*, pp. 97-98, 107 ; Wellmann, *Bolos*, pp. 71-74.

(3) Etant donné la phrase introductive de la 2e recette : ἄλλο (sc. περὶ ἀργύρου ποιήσεως). εἰς δὲ Δημόκριτον Ἀναξίλαος ἀναφέρει καὶ τόδε (« ceci encore »). Lagercranz paraît aussi enclin à joindre la 1re recette à la 2e, d'autant qu'elles comportent « eine inhaltliche Beziehung », *P. Holm.*, p. 107.

(4) P. Holm. ($\bar{\alpha}$ 1-12) : « Fabrication de l'argent. (Ayant pris) du cuivre déjà travaillé (ἐιργασμένον : ἐιρχασμένον P) et réduit en longue feuille par le travail (ἔκτασιν ἔχοντα τῇ χρήσει), plonge dans l'acide tinctorial et dans l'alun et laisse tremper trois jours. A

de rapporter quelque partie au moins de ces formules aux *Baphika* de Bolos de Mendès (1).

Au début de son ouvrage, le Ps.-Démocrite devait dire comment il était venu en Égypte pour y porter la science des vertus occultes (τὰ φυσικά). De cette première partie du préambule, il ne reste aujourd'hui qu'une phrase, et encore n'est-elle pas en son lieu normal (2) : « Oui, je viens moi aussi en Égypte, j'y apporte la science des vertus occultes (3), afin que vous vous éleviez au-dessus de la curiosité multiple (4) et de la matière confuse (συγκεχυμένης ὕλης) ».

Puis venait, après un développement plus ou moins long sur ces φυσικά révélés par le philosophe, le récit de l'évocation d'Ostanès (5) :

« Ayant donc appris ces choses du maître susnommé (Ostanès) et conscient de la diversité de la matière, je m'exerçai à faire l'alliage des natures. Mais, comme notre maître était mort avant que notre initiation fût complète et alors que nous étions encore tout occupés à reconnaître la matière, c'est de l'Hadès, comme on dit, que j'essayai de l'évoquer. Je me mis donc à l'œuvre et, dès qu'il parut, l'apostrophai en ces termes : « Ne me donnes-tu rien en

ce moment-là fais fondre, moyennant une adjonction, pour 1 mine de cuivre, de 6 drachmes de terre de Chios, de sel de Cappadoce et d'alun schisteux. Fonds avec expérience, et cela deviendra de vrai argent. Ajoute du bon argent pur et éprouvé, pas plus de 20 drachmes, cela conservera tout le mélange et le rendra ineffaçable ». — (ā 13-20) : « Autre recette : Anaxilaos rapporte ceci encore à Démocrite : Ayant broyé en poudre bien fine du sel commun ainsi que de l'alun schisteux avec de l'acide et en ayant façonné des boulettes (κολλούρια), il les fit sécher trois jours durant dans une salle de bain; puis, ayant broyé de nouveau, il fit fondre le cuivre avec cette poudre, par trois fois, et, l'éteignant avec de l'eau de mer, il le rafraîchit. L'épreuve manifestera la qualité du produit ». — Pour la terre de Chios, cf. *Alch. Gr.*, 50. 12-13 : « cette recette blanchit tout corps : ajoutes-y dans les projections de la terre de Chios ». Pour le sel, l'alun schisteux et l'eau de mer, *ibid.*, 50. 17 : « blanchis (la magnésie blanche) avec de la saumure et de l'alun schisteux dans de l'eau de mer ». Pour les trois jours, *ibid.*, 51. 22 : « Que la composition soit maintenue dans l'état, avec (<μετὰ> καὶ) du calcaire cuit qui ait trempé dans de l'acide pendant trois ours ».

(1) On ne peut guère aller plus loin. Lagercranz montre la même prudence en ce qui regarde les recettes de teinture de la pourpre dans *Alch. Gr.*, 41. 2-42. 20 comparées à celles du P. Holm., cf. *P. Holm.*, p. 114.

(2) 43. 22-24, à la fin du récit de l'évocation, cf. *Mag. hell.*, II, pp. 311, n. 1, 320, n. 12.

(3) ἥκω δὲ κἀγὼ ἐν Αἰγύπτῳ φέρων τὰ φυσικά. C'est le ton des prophètes hellénistiques, cf. *Corp. Herm.*, I, 30 θεόπνους γενόμενος τῆς ἀληθείας ἦλθον (et ma note 78, *ad. loc.*), l'ἥκω des prophètes dans Celse *ap.* ORIGEN., *in Cels.*, VII, 9. D'autre part φέρων τὰ φυσικά rappelle le transport des objets sacrés dans les cultes à mystères.

(4) τῆς πολλῆς περιεργείας (!). Berthelot (*Alch. Gr.*, III, Traduct., p. 45, n. 2), rappelle διὰ τὴν τῶν πολλῶν περιεργίαν du pap. V de Leyde (*PGM.*, XII, 402-403), mais le sens n'est pas le même : l'idée est ici qu'il faut s'en tenir au petit nombre de bons principes (ἐν εἴδος δέκα ἀνατρέπει 47. 25).

(5) *Alch. Gr.*, p. 42, 21 ss.; *Mag. hell.*, II, p. 317, fr. A 6. Tous les textes relatifs à l'évocation d'Ostanès sont réunis *ibid.*, pp. 311-321, fr. A 3-7. Voir aussi PREISENDANZ *op.* P. W., XVIII 1631-1633.

récompense de ce que j'ai fait pour toi? » J'eus beau dire, il garda le silence. Cependant, comme je l'apostrophais de plus belle, et lui demandais comment j'allierais les natures, il me dit qu'il lui était difficile de parler : le démon ne le lui permettait pas. Il dit seulement : « Les livres sont dans le temple. » M'en retournant, j'allai donc faire des recherches au temple, pour le cas où j'aurais chance de mettre la main sur les livres — car il n'en avait rien dit de son vivant et il était mort intestat, selon les uns pour avoir usé d'un poison en vue de séparer l'âme du corps, selon son fils pour avoir avalé du poison par mégarde; et il avait pris ses sûretés, avant sa mort, pour que ces livres ne fussent connus que de son fils, s'il dépassait le premier âge : or aucun de nous ne savait rien de ces choses. — Comme donc, malgré nos recherches, nous ne trouvâmes rien, nous nous donnâmes un mal terrible pour savoir comment substances et natures s'unissent et se combinent en une seule substance (1). Or, quand nous eûmes réalisé les synthèses de la matière, quelque temps ayant passé et une panégyrie ayant lieu dans le temple, nous prîmes part, tous ensemble, à un banquet de fête : comme nous étions dans le temple, d'elle-même, tout soudain, une colonne (2) s'ouvrit par le milieu, mais à première vue, elle ne contenait rien à l'intérieur. Cependant Ostanès (le fils) nous déclara que c'est dans cette colonne qu'étaient déposés les livres de son père. Et, prenant les devants, il produisit la chose au grand jour (ἐς μέσον ἤγαγεν). Car nous étant penchés, nous vîmes avec surprise que rien ne nous avait échappé (3), sauf cette formule tout à fait utile que nous y trouvâmes : « Une nature est charmée par une autre nature, une nature vainc une autre nature, une nature domine une autre nature ».. Grande fut notre admiration de ce qu'il eût rassemblé en si peu de mots toute l'Écriture. »

Ce curieux récit offre toute une collection de thèmes « hellénistiques ». (a) La recherche angoissée de la vérité. Comme le médecin Thessalos dont nous contions plus haut l'histoire, les disciples d'Ostanès se donnent une peine infinie (4) pour découvrir les sympathies occultes des substances. C'est que, semblables sur ce point aussi à Thessalos, ils tiennent cette vérité particulière pour la Vérité totale, celle qui leur assurera le salut. De même que la

---

(1) δεινὸν ὑπέστημεν κάματον ἔστ' ἂν συνουπιωθῶσι καὶ συνεισκριθῶσιν αἱ οὐσίαι καὶ αἱ φύσεις. C'est le fondement de la transmutation alchimique : trouver une substance première (la pierre philosophale) de laquelle dérivent, par changement qualitatif, toutes les autres.

(2) στήλη τις. M. Bidez remarque justement que c'est sans doute un lecteur byzantin qui aura ajouté κίων ἦν, vu l'amphibologie du mot στήλη, littéralement « bloc de pierre », d'où base, stèle funéraire, table de pierre inscrite, borne, colonne, etc.

(3) μηθὲν ἦμεν παραλείψαντες, c'est-à-dire dans notre premier examen de la colonne ouverte. M. Bidez préfère le sens : « nous n'avions rien omis » dans les opérations visées un peu plus haut.

(4) δεινὸν ὑπέστημεν κάματον : cf. Thessalos CCAG., VIII, 3, p. 135.4-5 τούτοις γε μετὰ πολλῶν βασάνων καὶ κινδύνων τὸ καθῆκον τέλος ἐνέθηκα, 135.19 ss., 25 ss., 136.10 ss., etc...

médecine astrologique pour Thessalos, l'alchimie est pour eux l'unique voie de vie. — (*b*) Le sentiment qu'on ne peut atteindre au vrai par ses seules forces, et qu'il le faut obtenir de la révélation d'un maître divin ou inspiré : c'est tout le sujet de notre introduction. — (*c*) En conséquence, l'évocation de ce maître, ici de l'âme ou, mieux, du fantôme d'Ostanès : qu'il suffise de renvoyer aux textes cités par Hopfner pour la période hellénistique et aux papyrus magiques (1). — (*d*) La défense de divulguer la révélation, ou, du moins, de la transmettre à d'autres qu'à son propre fils. C'est là un thème constant dans les sciences occultes : nous le retrouvons à chaque page. — (*e*) La découverte, dans un temple, d'une stèle contenant un secret. Thème commun encore. N'en donnons que deux exemples empruntés à des genres littéraires voisins du nôtre, un recueil de présages pour chaque jour du mois lunaire (σεληνοδρόμιον, *lunarium*) (2) et une table d'explications de noms symboliques de plantes et de pierres (3). Voici le premier :

« Nous avons composé ce *lunarium* en unissant deux opuscules : l'un est de la main du hiérogrammate Mélampous, adressé à Néchepso roi d'Égypte, l'autre a été trouvé à Héliopolis d'Égypte dans le temple, dans le saint des saints, gravé en caractères sacrés (hiéroglyphes) sous le roi Psammétique (4) ».

Et le second débute ainsi :

« Explications données d'après les temples, en usage auprès des hiérogrammates. A cause de la mauvaise curiosité du vulgaire, ils gravèrent les noms des plantes et autres instruments magiques sur des statues divines, afin qu'on ne pût pas, sans les précautions nécessaires, se mêler indiscrètement de magie, en raison des erreurs qui en résulteraient (5). Nous cependant, nous en donnons les solutions, tirées d'un grand nombre de copies et d'écrits secrets de toute sorte » (6).

Maintenant, a-t-on le droit d'affirmer qu'aucun de ces thèmes ne remonte avant notre ère, en sorte que ce récit d'évocation ne

---

(1) Cf. Hopfner dans P. W., *Nekromantie*, XVI, 2218-2233. Voir aussi *supra*, p. 59. Pour la magie, cf. Hopfner, *Offenbarungszauber*, II, § 328-376.
(2) *CCAG.*, VIII, 4, p. 105.1 ss. Voir *supra*, p. 207.
(3) *PGM.*, XII, 401 ss. Voir *supra*, p. 221, n. 1.
(4) Sur la conflation de deux textes, cf. *supra*, pp. 206-207.
(5) Puisque ces noms, étant symboliques, ne pouvaient qu'induire en erreur, cf. *supra*, p. 221, n. 1.
(6) Sur la « stèle découverte », cf. *CCAG.*, VIII, 4, pp. 102-103; *Rev. Bibl.*, XLVIII (1939), p. 46, n. 5; Bidez-Cumont, *Mages hellén.*, I, Index, s. v. *Stèles*. Jacoby, *F. Gr. Hist.* 263 F 1 (Comm.), cite Plat., *Critias* 119 c d, Hecat. Abd. 264 F 7 § 4, Euhem. 63 T 3, F 3 c. 46, 3, 8.

pourrait être de Bolos lui-même, mais devrait être l'œuvre d'un faussaire du Ier, IIe ou IIIe siècle? Faut-il, dès lors, imaginer un troisième Démocrite, en plus du philosophe d'Abdère et de Bolos? Je ne vois pour ma part, et non plus que Diels (1), aucun motif qui oblige à cette conclusion. Sans doute, sous leur forme actuelle, les Φυσικὰ καὶ Μυστικά sont un écrit remanié, interpolé. Certains mots n'ont pu être forgés qu'à partir du Ier siècle. Certaines polémiques ne sont pas concevables, de la part de Bolos. Mais rien n'empêche que la fiction générale soit de Bolos. C'est une fiction « démocritéenne » et Bolos n'a cessé de présenter ses ouvrages comme étant de l'Abdéritain. C'est une révélation issue d'Ostanès, et nous savons que, pour ses écrits « physiques », Bolos a beaucoup emprunté à la littérature que couvrait le nom de ce mage perse. C'est une histoire farcie de thèmes dont la plupart apparaissent déjà à l'époque hellénistique, dont quelques-uns mêmes (découverte de la stèle, transmission de père en fils) sont de longue date traditionnels en Orient (2). Enfin, et cette raison est, à mes yeux, décisive, l'axiome révélé par Ostanès (« Une nature est charmée...... ») est, dans notre texte, indissolublement lié au récit même de l'évocation. Or cet axiome est celui-là même qu'on attendrait dans la bouche même de Bolos. Il vaut la peine de le marquer.

Le texte est mytérieux à souhait : ἡ φύσις τῇ φύσει τέρπεται καὶ ἡ φύσις τὴν φύσιν νικᾷ καὶ ἡ φύσις τὴν φύσιν κρατεῖ, ce qu'il ne faut pas traduire : « *la* nature est charmée par *la* nature..... », mais, comme l'a bien vu Diels (3), « *une* nature est charmée par *une autre* nature..... » Autrement dit, nous retrouvons ici, transportée au domaine des métaux, la loi des sympathies et antipathies occultes qui explique toutes les combinaisons et séparations des corps dans le monde physique. Or cette loi, nous l'avons vu, soutient tout l'édifice des *Physika* de Bolos. Comme, d'autre part, cet axiome est rapporté à une révélation d'Ostanès (4), il y a tout lieu de

---

(1) Diels, *A. T.*, pp. 129-138.

(2) Diels observe que l'argument *ex silentio* n'a point ici de valeur. De ce que ni Pline ni d'autres, citant des recettes démocritéennes d'orfèvrerie, ne fassent aucune allusion à l'aspect « mystique » des *Baphika* de Bolos, il ne s'ensuit pas que cet aspect n'a pas existé. On a pu s'intéresser à la technique (c'est le cas de Pline) en négligeant la doctrine.

(3) *A. T.*, p. 131. Diels traduit ainsi : « Eine Natur freut sich der andern. — Eine Natur vergewaltigt die andre. — Eine Natur besiegt die andre. »

(4) La tradition postérieure confirme ce point, cf. Synésius (57.13 ss. = *Mag. hell.*, II, p. 312, fr. A. 4 a) : « C'est après avoir reçu son impulsion du grand Ostanès que Démocrite écrivit (ses quatre livres) ; cet Ostanès est celui qui le premier a donné la formule *une nature*, etc. » ; de même le commentateur dit « Le Chrétien » (359.9 =

croire qu'il se rencontrait déjà dans la collection d'écrits attribués au mage (1). En tout cas, formulé par le Ps.-Ostanès ou par Bolos, il remonte à l'époque hellénistique : nous en avons une autre preuve directe par une citation dans l'ouvrage astrologique de Néchepso-Pétosiris (2) qui date, on le sait, du II° siècle avant notre ère. S'il est manifeste, par ailleurs, que formule et récit sont liés dans le texte « démocritéen », il faut donc conclure que ce récit est lui-même hellénistique : n'est-il pas plus simple, alors, de le donner en propre au Mendésien?

Mais poursuivons. L'axiome « Une nature.;... » ne paraît pas seulement au terme de l'évocation d'Ostanès (43.20-21), il revient ensuite, comme un refrain, à la conclusion de chacune des dix recettes de chrysopée (§ 4-13) qui suivent immédiatement ce récit (3), et dans les trois recettes de chrysopée (par voie des liqueurs, ζωμοί, §§ 16-18) qui suivent le morceau intermédiaire d'adjuration aux συμπροφῆται (4). Il reparaît de même dans les recettes d'argyropée (§§ 20-28) (5). On le retrouve enfin dans les exposés doctrinaux qui encadrent les recettes. Ainsi dans le premier morceau après les dix recettes de chrysopée (46.22 ss.) : « O natures qui produisez les natures, ô natures toutes grandes qui par vos changements vainquez les natures, ô natures qui, au delà de la nature (plus qu'il n'est naturel), charmez les natures » ; puis au cours de la polémique contre les jeunes (6) (47.24-25) : « ils ne

Mag. hell., II, p. 321, fr. A 8) : « _Une nature_, etc., ainsi qu'ont dit Démocrite et son maître Ostanès. »

(1) Ainsi concluent déjà Bidez-Cumont, _Mag. hell._, I, pp. 244-246.

(2) Fr. 28 Riess, d'après Firmic. Mat., _Math._, IV, 16 : _una natura ab alia vincitur unusque deus ab altero._ Néchepso applique le principe à la médecine décanique : _ex contrariis ideo naturis contrariisque potestatibus omnium aegritudinum medelas divinae rationis magisteriis adinvenit_ (sc. Necepso).

(3) Il n'y a là, chaque fois, qu'un des trois éléments de la formule : ἡ φύσις... τέρπεται §§ 5, 8, 12 ; ἡ φύσις... νικᾷ §§ 4, 9, 11 ; ἡ φύσις... κρατεῖ §§ 6, 7, 10 ; plus, une fois : « la nature se cache à l'intérieur » (ἡ φύσις ἔσω κρύπτεται § 13, 46.18) ce qui montre bien qu'il s'agit de vertus _occultes_.

(4) ἡ φύσις... τέρπεται 16, ἡ φύσις... νικᾷ 17, ἡ φύσις... κρατεῖ 18.

(5) Sous les trois formes indiquées, deux fois au pluriel (τέρπονται αἱ φύσεις ταῖς φύσεσιν 51.19, αἱ γὰρ φύσεις νικῶσι τὰς φύσεις 52.7). Par contre l'axiome manque dans les deux recettes initiales, hors de place, sur la pourpre §§ 1-2.

(6) Ici, au vrai, il peut s'agir d'une interpolation, ce morceau polémique ne pouvant sans difficulté être attribué dans son ensemble à Bolos, cf. _supra_, pp. 225-226. — Comme le remarque J. Röhr, _Der okkulte Kraftbegriff_, pp. 75-76, c'est ici l'un des lieux assez rares où l'idée de sympathie (ou d'antipathie) paraisse sous la désignation de συμπάθεια (ou ἀντιπάθεια) chez les alchimistes. Ceux-ci emploient plus volontiers le mot συγγένεια p. ex. 91.3 (Pibéchios _ap._ Olympiodore), 197.6 συγγένειαν ἔχει ὁ πυρίτης λίθος πρὸς τὸν χαλκόν (Ostanès _ap._ Zosime). Ailleurs on parle de mariage, 51.6 ἕως συγγαμήσωσιν αἱ

connaissent pas, en effet, les antipathies des natures, comme quoi une seule espèce en détruit dix autres : car une seule goutte d'huile peut effacer beaucoup de pourpre, un peu de soufre brûler beaucoup d'espèces »; enfin à la conclusion de la chrysopée (49.21); « qu'avons-nous besoin du concours de beaucoup d'espèces, puisqu'une seule nature suffit à vaincre le Tout? ».

Il est donc manifeste que ce triple principe est l'âme même des Φυσικὰ καὶ Μυστικά et l'on a le droit de penser que c'est justement l'introduction, dans les recettes chimiques, de ce principe qui a fait l'originalité et la nouveauté de l'ouvrage de Bolos par rapport aux simples manuels techniques dont usaient les artisans d'Égypte. Or on ne saurait exagérer la portée de la loi de sympathie et d'antipathie pour tout le cours de l'alchimie grecque. C'est presque à chaque page qu'on en pourrait montrer l'application. Bornons-nous à une seule citation, tirée d'un commentateur tardif, dit l'Anépigraphe (428.15 ss.) :

« En sorte que, par nécessité, il faut apprendre d'abord les natures, les genres, les espèces, les affinités, les sympathies et les antipathies, les mélanges et les séparations, les amitiés et les haines, les aversions et toutes choses analogues, et, par ce moyen, aboutir au composé qu'on veut effectuer, *ainsi que le dit en bref l'excellent Démocrite*. En effet, il ne faut pas ignorer que c'est en vertu d'une sympathie naturelle que l'aimant attire à soi le fer, en vertu d'une antipathie que l'ail frotté contre l'aimant lui enlève cette propriété naturelle. De même encore, s'il y a mélange de l'eau versée dans du vin, et séparation de l'huile versée dans de l'eau, il faut ensemble et ne pas négliger les choses qui s'associent en vertu d'une sympathie naturelle et prendre conscience de celles qui s'opposent par antipathie. Ainsi donc, c'est en raison d'une sympathie naturelle et d'une affinité substantielle que certains liquides se mélangent et unissent amicalement leurs substances, se charment l'un l'autre et se maintiennent dans cet état de coexistence qui leur est propre, tandis que d'autres s'opposent et se séparent en raison d'une antipathie, d'une haine et d'une aversion » (1).

Les Φυσικὰ καὶ Μυστικά n'offrent, on l'a vu, que de pauvres extraits d'un ouvrage beaucoup plus considérable. On en peut restituer quelques débris par les citations démocritéennes éparses dans le *Corpus* des alchimistes. L'un de ces fragments, tiré d'une suite de « trente-cinq chapitres de Zosime à Eusébie » (2),

οὐσίαι (Ps.-Démocrite), 294.18 ἰδοὺ γὰρ τὸ πλήρωμα τῆς τέχνης τῶν συζευχθέντων νυμφίου τε καὶ νύμφης καὶ γενομένων ἕν (Cléopâtre aux philosophes).

(1) Pour cette fin de phrase, j'ai suivi le texte de E.
(2) M, fol. 141 r-161 r. Notre fragment est au fol. 149 v = *Alch. Gr.*, p. 167.20 ss. Cette suite de chapitres n'est elle-même qu'un extrait de l'œuvre de Zosime, cf. mon article *Alchymica*, pp. 77-80.

commence ainsi : « Démocrite a nommé *substances* les quatre corps, c'est-à-dire le cuivre, le fer, l'étain, le plomb... Toutes ces substances sont employées dans les deux teintures (1). Toutes les substances ont été reconnues par les Égyptiens comme produites par le plomb seul : car c'est du plomb que proviennent les trois autres corps ». Ce plomb, qui est dit dans les Φυσικά « notre plomb » (2), est probablement l'antimoine, le plomb le plus riche en eau, donc le plus fusible, et il est dès lors considéré comme une sorte de matière première d'où l'on peut tirer les autres métaux (3). Pour cela, il faut lui donner la teinture convenable. D'ordinaire, toute opération de teinture comporte quatre étapes, le minerai tournant d'abord au noir (μέλανσις), puis au blanc (λεύκωσις), puis au jaune (ξάνθωσις), puis au rouge (ἴωσις) (4). Il se fait ainsi, sur une même unique matière, un changement qualitatif de couleurs qui donne lieu à la comparaison du caméléon, comme il est dit dans une opération décrite dans le « Livre de Démocrite à Leucippe » (5) :

« N'ayant pris, du cuivre que l'on traite, que deux parties, de l'arsenic et de la sandaraque (réalgar), une partie de chaque, de l'alun en demi-partie, de la pâte de safran deux parties, broie pendant 21 jours, ou 14, ou 7 jours. A la lévigation, ajoute de l'eau, et, quand tu l'auras laissé filtrer, tu verras, au cours de la lévigation, la différence des couleurs comme celles d'un caméléon. Quand il n'y a plus de changement en plusieurs apparences, sache qu'alors tu as réussi la lévigation ».

On reconnaît ici l'un des grands principes de la physique grecque (6) : l'unité de la matière première et l'explication de tout changement comme le passage d'une qualité à une autre, les deux qualités extrêmes (à l'origine et au terme de l'évolution) et toutes les qualités intermédiaires étant également soutenues par un même substrat matériel, l'ὑποκείμενον. Cette doctrine paraît constante des présocratiques au Stagirite. La seule différence

(1) Teinture de l'or et teinture de l'argent.
(2) μόλυβδον τὸν ἡμῶν 49.1.
(3) ταχὺ γὰρ εἰς πολλὰ μετατρέπεται ἡ τοῦ μολύβδου φύσις, 52.6-7. Cf. LIPPMANN, I, pp. 34-35.
(4) Ces quatre étapes deviennent classiques : πάντα οἱ φιλόσοφοι τὰ ἔργα τοῦ λίθου εἰς δ' διήρουν κτλ., 199.1 ss. (extrait d'une compilation tardive, d'après A fol. 136 v); ὥσπερ τετραμερῆ τὴν ἀρίστην φιλοσοφίαν... εὑρίσκομεν..., οὕτω καὶ τὴν καλὴν φιλοσοφίαν (l'alchimie) ζητοῦντες, τετραμερῆ ταύτην εὑρήκαμεν κτλ., 219.13 ss. (compilation de l'Anépigraphe).
(5) *Alch. Gr.*, 55.13-18. Sur cet apocryphe postérieur aux Φυσικά, cf. *Mag. hell.*, I, pp. 201, 210-211.
(6) Sauf évidemment chez les atomistes, ce qui rend encore plus piquante l'attribution de ces théories au philosophe d'Abdère.

est que les φυσικοί d'avant Socrate considéraient cette matière première comme une chose ayant une forme déterminée, qui, tout en restant substantiellement la même, n'évoluerait que par mode de changement accidentel, au lieu que, pour Platon avec la notion de χώρα et plus encore pour Aristote avec la notion de πρώτη ὕλη, la matière première n'a qu'un être virtuel, elle est en puissance de devenir telle ou telle substance mais ne possède par elle-même aucune forme déterminée qui permette de la désigner comme étant « ceci » ou « cela ». Il semblerait, de prime face, que les alchimistes, tout en considérant Platon et Aristote comme les fondateurs de l'Art sacré (1), fussent revenus à la notion présocratique de matière première déterminée, puisque cet ὑποκείμενον est chez eux le plomb, lequel, pour devenir cuivre, argent ou or, revêt une autre couleur, c'est-à-dire une autre qualité accidentelle, bien qu'il demeure le même métal. En réalité, le problème est plus complexe.

Tout métal noble se tire d'un premier métal commun, le plomb. Pour devenir argent ou or, le plomb doit revêtir une autre couleur, être « teint ». Comment effectuer cette teinture? Il faut d'abord que, sous l'action du feu, le plomb passe à l'état fluide, et c'est le plomb en cet état fluide, ou mieux, l'état fluide du métal, qui constitue la matière première : ταῦτα ἀναλυόμενα πάντα ἐργάζεται (47.2). Cet état indéterminé, où toute forme a disparu, est l'équivalent de la χώρα platonicienne, ou de la πρώτη ὕλη aristotélicienne : la matière amorphe qui, par elle-même, n'est rien au sens propre, mais peut devenir toute chose (2). Davantage, le plomb, lorsqu'il passe à l'état fluide, noircit (μέλανσις) : en sorte que le métal sous cette couleur noire, ou mieux cette couleur noire du métal, correspondant à l'état fluide, peut être dite, elle aussi, la matière première. C'est à partir du « noir premier » que se font toutes les synthèses (3).

Comment se font-elles? On va voir ici la loi de sympathie s'associer à l'idée de matière première : l'union de ces deux principes constituera comme le canon de l'alchimie. Une fois

---

(1) Cf. par exemple la liste des faiseurs d'or, *Alch. Gr.*, p. 25, qui commence par Platon et Aristote, Hermès ne venant qu'en troisième.
(2) Qu'il en soit bien ainsi est démontré par le fait que, plus tard, c'est le mercure que les alchimistes ont tenu pour substance première, à cause de sa fluidité naturelle.
(3) De là vient, pour le dire en passant, que certains exégètes entendent par χημία non pas la « terre noire » d'Égypte, mais ce « noir premier » qui est à l'origine de toutes les transmutations alchimiques.

réduit au « noir premier », par quelles opérations le métal commun revêt-il les couleurs (blanc ou jaune) qui en feront un métal noble? Il faudra unir au métal commun des substances qui aient affinité avec ce métal (et qui, évidemment aussi, « sympathisent » entre elles), de manière à composer un alliage; ou bien, dans d'autres méthodes, il faudra employer des substances qui détruisent l'aspect naturel du métal commun pour le faire apparaître sous l'aspect d'un métal noble. Bref, on utilise la loi de sympathie ou d'antipathie. C'est ce qu'expriment très clairement déjà les Φυσικὰ καὶ Μυστικά, non pas seulement par l'axiome « Une nature… » qui revient, comme un refrain, au terme de chaque recette, mais dans la formule même de ces recettes, par quelques observations sur l'affinité (συγγένεια) des ingrédients utilisés. Donnons-en quelques exemples.

Recettes de chrysopée par la voie des liqueurs (ζωμοί, 48.4 ss.). On enduit une feuille d'argent d'un mélange de rhubarbe pontique et de vin aminéen (1), puis on chauffe doucement jusqu'à pénétration complète, enfin on fait fondre la feuille et on trouve de l'or. « Si la rhubarbe est vieille, ajoutes-y une quantité égale de chélidoine (ἐλύδριον) que tu auras fait macérer selon l'usage : car la chélidoine a affinité avec la rhubarbe ». (48.12 ss.). — Dans la recette suivante (48.16 ss.) qui concerne également la préparation d'un enduit, on recommande l'usage du safran de Cilicie, car « il a même action que le mercure, comme la casse a même action que le cinname » (48.22) — Recette d'argyropée par voie de projection sur du cuivre ou du fer (49.22 ss.) : « tu amolliras le fer en y ajoutant de la magnésie ou une quantité égale de soufre ou une petite quantité de pierre d'aimant : car l'aimant a affinité avec le fer » (50.6).

Ce ne sont là encore que des procédés de détail : voici qui touche à l'essence même de la transmutation. Recette d'argyropée (51.4 ss.) : « Ayant pris 4 onces de cuivre blanchâtre, je veux dire d'orichalque, fonds, et jettes-y peu à peu 1 once d'étain préalablement purifié, en agitant de la main par en dessous *jusqu'à ce que les substances se soient mariées* (ἕως συγγαμήσωσιν αἱ οὐσίαι 51.6) ». De même dans la recette suivante que je traduis en entier (51. 11 ss.) :

« Ayant pris du soufre blanc, blanchis-le en le délayant au soleil avec de l'urine, ou de l'alun ou de la saumure de sel. Le soufre natif est de beau-

---

(1) ἀμιναῖος (ἀμηναῖος cod.) ou ἀμμιναῖος οἶνος, sorte de vin italien, cf. *Alch. Gr.*, 8.14 (et la note), 48, 5, et LIDDELL-SCOTT-JONES, s. v.

coup le plus blanc. Délaye-le avec de la sandaraque ou du lait de génisse, pendant 6 jours, jusqu'à ce que la préparation devienne semblable à du marbre. Si elle réussit, elle sera un grand mystère : car elle blanchit le cuivre, amollit le fer, durcit l'étain (1), rend le plomb infusible, incassables les substances métalliques, et fixe les teintures. Car le soufre mêlé à du soufre rend sulfureuses les teintures métalliques *parce que soufre et métaux ont une grande affinité l'un avec l'autre.* »

Voilà comment s'explicite, dans la pratique elle-même, l'axiome « Une nature est charmée par une autre nature, une nature vainc une autre nature, une nature domine une autre nature ». Il faut d'abord remonter à l'état fluide, matière première. « Seules les qualités ont une action : car un corps selon Aristote, ne peut pénétrer à travers un autre corps, il n'y a que les qualités qui puissent se pénétrer mutuellement » (150.4 ss.) (2). Puis, à partir du métal fluide, la connaissance des sympathies et antipathies permet d'opérer des alliages ou de purifier les métaux de telle sorte qu'on passe du métal commun au métal noble. Matière première, sympathie, transmutation par changement qualitatif (des couleurs), on tient ainsi la somme des principes qui constitueront l'alchimie. Or, si l'axiome « Une nature... » est bien de Bolos, il paraît indispensable de lui rapporter également ce qui a trait à la matière première. Matière première, affinité, transmutation, grâce aux affinités, à partir d'un état premier forment un tout si bien lié qu'il est impossible de les disjoindre. D'autre part, il n'y a aucune raison valable pour refuser à Bolos et ramener au début de notre ère l'introduction dans l'alchimie de l'idée de matière première : car cette idée, répétons-le, était classique en Grèce bien avant le temps de Bolos. Ainsi, et l'histoire de la pensée grecque et les données du problème des « teintures » obligent à référer au seul Bolos la paternité de la doctrine qui fonde le Grand Œuvre : inaugurée par Bolos de Mendès, cette alchimie philosophique commencerait donc, non pas au Ier ou au IIe siècle de notre ère, mais quelque deux cents ans auparavant.

S'il en va bien de la sorte, il semble qu'on puisse définir d'une manière assez précise ce que Bolos a ajouté à la technique égyptienne. Une fois de plus, on voit se réaliser l'union de l'esprit grec et d'un art oriental. L'art existe ; de toute antiquité les orfèvres

---

(1) ἄτρ.στ2ν (ἀτρηστον cod.) ποιεῖ : littéralement « empêche » l'étain de τρίζειν, cf. 161.8, d'où le verbe ἀτριστόω 162.7, 11. La feuille d'étain rend un son sifflant quand on la froisse.

(2) Zosime, dans un des 35 chapitres de Zosime à Eusébie, extraits de l'œuvre de Zosime.

d'Égypte travaillent les métaux, les pierres et la pourpre. Mais s'ils ont une infinité de recettes, transmises de père en fils et consignées dans les archives des temples, ils manquent d'une méthode raisonnée. Nul encore n'a rattaché ces pratiques aux principes qui les expliquent et les justifient. On possède la πρᾶξις, non la θεωρία. Voilà ce qu'apporte l'esprit grec. Le mérite de Bolos de Mendès aura été d'avoir uni la doctrine et l'expérience, et ainsi fondé une pseudo-science qui devait traverser les âges jusqu'à la chimie moderne.

§ 3. — *La littérature alchimique après les Physika.*

A partir des Φυσικὰ καὶ Μυστικά démocritéens qui ont été regardés par les Anciens et qu'on peut regarder en effet comme le premier ouvrage fondamental de l'alchimie grecque, les écrits des alchimistes se rangent en trois catégories, qui correspondent à trois étapes : les apocryphes, Zosime, les commentateurs (1).

1) Durant une première période, qui peut commencer dès avant l'ère chrétienne s'il est vrai que les Φυσικά du *Corpus* traduisent en substance des idées de Bolos, prennent place toute une série d'apocryphes dont il ne subsiste que des extraits (2). Ces apocryphes répondent au besoin, si marqué à l'époque hellénistique, de tenir toute science pour révélée et de rapporter cette révélation à un dieu, à un prophète ou à quelque roi du passé (3). Ils témoignent de diverses écoles, étant attribués les uns à des personnages divins ou humains de l'Égypte — Hermès, Agathodémon, Isis, Cléopâtre (4), — d'autres à des Perses comme Ostanès (5), d'autres enfin à des Juifs, par exemple Maria (6) et Théophile (7). Cette période a

(1) Je résume ici très brièvement des faits connus. Voir au surplus *Alchymica*, pp. 72-80, GUNDEL, 241-248.
(2) Par les citations dans Zosime et les Commentateurs.
(3) Cf. *supra*, Introduction, chap. I et II, et GUNDEL, 141-142.
(4) Sur le *Dialogue de Cléopâtre et des philosophes*, cf. mon article dans *Pisciculi* (1940), pp. 111-115. Le morceau a subi des interpolations chrétiennes mais peut être ancien.
(5) Voir surtout *Mag. hell.*, I, pp. 198 ss.; II, pp. 309 ss.
(6) Maria est donnée comme disciple d'Ostanès, à côté de Pamménès et de Démocrite, dans le Syncelle, cf. *Mag. hell.*, II, p. 311, fr. A 3. Sur Pamménès, cf. *supra*, p. 226, n. 1. Sur Maria, souvent citée par les alchimistes postérieurs, en particulier pour son *Traité des fourneaux* (καμινογραφία OLYMP. 90.19, d'après Zosime 240.18, où lire καμινογραφία pour χωρογραφία), cf. LIPPMANN, I, pp. 46-50.
(7) Théophile, fils de Théogène, est cité comme l'auteur d'une description géographique des mines d'or de l'Égypte, ZOSIME, 240.17, d'où OLYMPIODORE, 90.18. Il a peut-être vécu et personnellement écrit : en ce cas l'ouvrage ne serait plus à ranger dans les

duré jusqu'au ɪɪᵉ ou ɪɪɪᵉ siècle de notre ère, sans qu'il soit possible de préciser la date pour aucune des misérables reliques des apocryphes alchimiques : un seul point est sûr, ils sont antérieurs à Zosime, puisque cet écrivain les cite.

2) Ce Zosime représente à lui seul la seconde catégorie des alchimistes : celle des auteurs proprement dits, qui ont composé des ouvrages originaux. De ce point de vue, il prend rang à côté de Bolos le Démocritéen, et n'a point d'émule. Né à Panopolis d'Égypte, il a dû vivre surtout à Alexandrie (1) vers la fin du ɪɪɪᵉ ou au début du ɪᴠᵉ siècle (2). On n'a pas à redire ici toute son activité littéraire, qui fut féconde (3). Rappelons seulement que les 28 livres (4) du vaste traité qu'il dédia à sa sœur Théosébie se distinguent surtout par leur caractère franchement religieux, empreint de mysticisme et de gnose, en partie sous l'influence de l'hermétisme philosophique : nous reviendrons tout à l'heure sur cet aspect mystique de l'œuvre de Zosime.

3) Après Zosime, c'est-à-dire à partir du ɪᴠᵉ siècle, on n'a plus à faire qu'à des commentateurs, et le divorce devient de plus en plus complet entre les techniciens d'une part (5) et, d'autre part, ceux qui ne voient dans l'alchimie qu'un prétexte à spéculations pseudo-philosophiques ou à rêveries mystiques. Au ɪᴠᵉ siècle appartient Synésius, commentateur des Φυσικά, lequel, s'il n'est peut-être pas identique à Synésius de Cyrène, a écrit en tout cas avant la ruine du Sarapiéion d'Alexandrie (389) puisque son ouvrage est dédié à Dioskoros, grand prêtre de ce temple (6) ; au ᴠɪᵉ siècle Olympiodore, commentateur de Zosime, sans doute le néoplatonicien d'Alexandrie ; au ᴠɪɪᵉ siècle (il est contemporain d'Héraclius 610-641), Stéphanos d'Alexandrie, auquel se rattache la compilation poétique des « quatre » poètes — Héliodore, Théophraste, Hiérothée, Archélaos

---

apocryphes. La *Chimie de Moyse* est un ouvrage plus tardif, puisqu'on y cite Olympiodore (ᴠᵉ ou ᴠɪᵉ s.). Parmi les apocryphes, il faudrait citer encore l'écrit attribué au prêtre Jean dans le cod. A (*Alch. Gr.*, 130.5 à 138.4 + 263.3 à 267.15), mais qui est en réalité de l'Anépigraphe comme il appert du cod. M qui a la bonne suite (*Alch. Gr.*, 424.3 à 433.10 + 118.14 à 138.4 + 263.3 à 267.15), cf. O. LAGERCRANZ dans *Studien*, pp. 18-19.

(1) D'où le surnom d'Alexandrin qu'on lui donne parfois (Suidas).
(2) RIESS, P. W., I, 1348.
(3) Voir en dernier lieu GUNDEL, 246-247, 252-253.
(4) Sans doute en raison des 28 jours du mois lunaire sidéral, GUNDEL, 246-247.
(5) Qui naturellement continuent d'exister et de produire des recettes, cf. *Alch. Gr.*, pp. 321-393 (*Traités techniques*).
(6 Cf. P. W., I, 1345, GUNDEL, 247.

— qui est due en réalité à un même auteur du vii⁰ siècle (1); à cette époque également les commentateurs anonymes dits l'Anépigraphe et le Chrétien. Enfin le *Corpus* lui-même des alchimistes grecs a probablement été achevé à la fin du vii⁰ siècle (vers 675-700), peut-être par Théodoros, disciple de Stéphanos. Ce *Corpus* a servi de modèle au plus ancien manuscrit alchimique, le *Marcianus* 983 (M), du xi⁰ siècle.

§ 4. — *Les fragments alchimiques d'Hermès.*

C'est dans la première des trois périodes indiquées plus haut qu'il faut ranger les fragments qui nous restent des écrits alchimiques du Trismégiste. Il est impossible de fixer exactement la date de ces écrits. Certains peuvent remonter jusqu'au i^{er} ou au ii⁰ siècle avant le Christ. D'autres peuvent descendre jusqu'au ii⁰ ou iii⁰ siècle de notre ère. Sans doute, selon la tradition postérieure, Hermès aurait-il été le fondateur ou, du moins, l'un des fondateurs de l'alchimie. Ainsi l'Anépigraphe (vii⁰ s.), au début de son commentaire (2), présente-t-il en ces termes la succession des choryphées de la chrysopée : « Le premier donc est Hermès dit le Trismégiste parce que la présente opération se fait selon trois activités particulières de la puissance... Il fut le premier à écrire sur ce grand mystère. Il eut pour successeur Jean, grand prêtre de Tuthie (?) en Evagie (3) ». Puis viennent Démocrite, « célèbre philosophe d'Abdère », Zosime le très savant, enfin les illustres philosophes œcuméniques, commentateurs de Platon et d'Aristote, Olympiodore et Stéphanos. La même suite Hermès-Stéphanos se retrouve dans une liste anonyme de faiseurs d'or (4), mais Hermès y est précédé de Platon et d'Aristote, et Stéphanos y est suivi de tout un peuple : Sophar de Perse, Synésios, Dioskoros prêtre de Sarapis à Alexandrie, Ostanès d'Égypte, Komarios d'Égypte, Maria, Cléopâtre épouse du roi Ptolémée (xii), Porphyre, Épibéchios (= Pibéchios), Pélagios, Agathodémon, l'empereur Héraclius, les poètes Théophraste et Archélaos, Pétasios, Claudianos, le philosophe anonyme, Ménos, Pansêris, Sergius. Ce méli-mélo ne

---

(1) Cf. LIPPMANN, II, pp. 29 ss. (*Alchemistische Gedichte*).
(2) *Alch. Gr.*, p. 424.8 ss. Sur ce texte, cf. O. LAGERCRANZ dans *Studien*, pp. 15 ss.
(3) τῆς ἐν εὐαγίᾳ τυθίας (Marc.). Lagercranz (*l. c.*, p. 16) a proposé τῆς ἐν Νεβαΐαττι θεᾶς (ce qui paraît au moins douteux), Ruska τῆς ἐν Αἰγύπτῳ θυσίας, cf. *Mayes hellén.*, I, p. 205, n. 3.
(4) *Alch. Gr.*, p. 25.6 ss. (d'après A).

témoigne guère en faveur du sens historique de l'auteur et la liste, dépendant de la précédente, est en tout cas postérieure au viie siècle. Plus tard encore, au xie siècle, Psellus (1) dit que Pibéchios, élève d'Ostanès, a voilé de mystère (2) les opérations de l'art; mais Hermès, poursuit-il, l'a fait avant lui, « de là vient qu'on a nommé *Clé* (Κλείς) le livre qu'il a écrit sur ces matières. Seul Anubis a expliqué l'*Heptabible* d'Hermès, et encore ne l'a-t-il pas fait clairement : car on voit aussitôt que les noms qu'il donne aux pratiques de l'Art sont inconnus au plus grand nombre, comme *samari, phaktikon, plakôton* (3) ». On le voit, toutes ces inventions sont tardives. Quel qu'ait été le renom d'Hermès, il ne semble pas qu'il ait enlevé au Ps.-Démocrite le mérite d'avoir été le père de l'Art Sacré.

Avant de déterminer la part de l'influence qui revient au Trismégiste dans l'alchimie, il faut dénombrer et traduire les restes de ses écrits. Ces reliques sont médiocres. Hormis deux ou trois morceaux, ce sont des citations presqu'informes — le plus souvent quelques mots — dispersées chez les alchimistes postérieurs, dans l'ordre suivant : « chapitres d'Hermès, Zosime, Nil, Africanus » **(1-5)**, Zosime **(6-7)**, « trente-cinq chapitres de Zosime à Eusébie » **(8-14)**, Synésius **(15)**, Olympiodore **(16-22**, cf. **13**[bis]), l'Anépigraphe **(23-26)**, le Chrétien **(27-30)**. A ces trente fragments explicitement donnés à Hermès — je les ai répartis d'après l'ordre chronologique probable des témoins — il en faut ajouter trois, où Hermès n'est pas nommé. Le plus important (Isis à Horus) peut être rapporté à Hermès avec certitude, les deux autres avec une grande vraisemblance. Il convient enfin de déclarer très nettement que, vu la mauvaise qualité de l'édition Berthelot-Ruelle, cette liste reste provisoire (4), et que le sens des fragments demeure conjectural (5).

---

(1) Cf. *Mag. hell.*, II, p. 308, fr. A 1, avec les notes, pp. 308-309.
(2) Littéralement « a couvert d'ombre », συνεσκίασε.
(3) Ces mots sont inconnus, le second doit être latin (*facticius*).
(4) Cette liste peut s'augmenter selon qu'on choisit la leçon de tel ou tel manuscrit, ainsi Olympiod. 87.13 où M donne καὶ τὰ χρυσωρυχεῖα κτλ., L[a] porte φησὶ γὰρ ὁ Ἑρμῆς οὕτως· 'τὰ χρυσωρυχεῖα κτλ. De même 88.13 au lieu de M ἀλλ' ἱερεῖ κτλ. (texte gâté), A porte ἀλόγως Ἑρμῆς κτλ. D'autre part des corrections peuvent faire surgir le nom d'Hermès en quelque groupe de mots encore inintelligible.
(5) Quelques-uns de ces fragments ont déjà été traduits et commentés par Jul. Ruska, *Tabula Smaragdina, Ein Beitrag zur Geschichte der hermetischen Literatur* (Heidelberger Akten der Von-Portheim-Stiftung, 16), Heidelberg, 1926 (cité *T. Sm.*) pp. 11-33.

A. Chapitres d'Hermès, Zosime, Africanus (1).

1. *Alch. Gr.* 115.10 — Aphorisme d'Hermès en tête de la suite de ces κεφάλαια.

« Si tu ne décorpores pas les corps et si tu ne corporifies pas les incorporels, le résultat attendu sera néant (2) ».

2. *ibid.* 272. 4 : « Par nature, la chrysocolle est du nombre des choses dont le genre est simple selon le divin Hésiode..., c'est le chœur d'or (χρύσεον χορόν) selon Hermès Trismégiste ».

3. *ibid.* 275.15 : « Le degré de chaleur du premier feu manifeste la qualité différente des liquides, surtout s'ils proviennent d'une même matière, jaune ou blanche. Hermès dit en effet : « le grand dieu (3) opère dès le début (ἐν πρώτοις) », au lieu de dire : « la grande chaleur du feu, dès la première réduction en mercure, suffit par sa puissance à produire le Tout (τὸ πᾶν, 279.17) (4) ».

4. *ibid* 281.14 : « Hermès a dit en effet que par pourpre et par pierre couleur de pourpre les anciens entendaient la rouille du cuivre. Car c'est Hermès qui, écrivant à Pauséris (5), a dit : « Si tu trouves la pierre couleur de pourpre, sache que c'est bien celle-là (que tu cherches) : tu peux la trouver, ô Pauséris, décrite dans ma *Petite Clé* (ἐν τῷ Κλειδίῳ) ». Toutefois Hermès n'a composé aucun ouvrage sur la teinture des pierres ou de la pourpre, mais il a écrit la *Petite Clé* sur la composition de la comaris selon les deux formules, en vue d'éclaircir la difficulté de la rouille. En outre il s'est longuement occupé de la chaux vive ».

5. *ibid* 282.14 (sur l'iôsis) : « C'est de cette même opération qu'Hermès parle sous le nom de « bien aux noms multiples » (πολυώνυμον ἀγαθόν).

---

(1) D'après M fol. 92 v. à 101 : cf. l'index des traités du Corpus original, *CMAG.*, II, p. 21 = M fol 2, n° 8. Le même aphorisme est attribué à Maria la Juive dans OLYMPIOD. 93.14.

(2) ἐὰν μὴ τὰ σώματα ἀσωματώσῃς καὶ τὰ ἀσώματα σωματώσῃς, οὐδὲν τὸ προσδοκώμενον ἔσται. Sur le sens, cf. *Alch. Gr.*, III (traduction), p. 124.

(3) Après ὁ μέγας θεός M porte le signe de la chrysocolle, L^b ὁ ἥλιος : l'un et l'autre sont évidemment une interprétation des mots symboliques « le grand dieu ».

(4) Cf. *infra*, p. 244, n. 5 de la p. 243.

(5) Παύσηριν (287.15) M : Πάνσηριν L^b. On trouve aussi Παυσήρης, et je laisse à de plus savants le soin de décider quelle est la vraie forme de ce nom évidemment égyptien.

B. *Zosime.*

6. *Alch. Gr.* 228.7-234.2 = Zosime : *Sur la lettre* Ω, *infra,* pp. 263 ss.

7. *Alch. Gr.* 239.3-246.1 = Zosime : *Compte final, infra,* pp. 275 ss.

Ces deux longs morceaux seront traduits plus loin tout entiers en raison de leur importance et de l'influence qui s'y marque de l'hermétisme philosophique.

C. *Trente-cinq chapitres de Zosime à Eusébie* (1).

8. *Alch. Gr.* 150.12 « Toute vapeur sublimée (αἰθάλη) est un esprit (πνεῦμα), et telles sont les qualités tinctoriales : c'est ainsi que le divin Démocrite parle du blanchiment et Hermès de la fumée ».

9. *ibid.* 156.4 : « Il est nécessaire d'examiner aussi la question des temps favorables (καιρῶν). L'esprit, dit-il (Hermès?), doit être séparé de la fleur sous l'action du soleil (ἀπὸ ἄνθους ἡλιοῦσθαι) et il doit macérer (ταριχεύεσθαι) jusqu'au printemps et alors, désormais, en tout temps favorable, il doit être exposé au feu (2), afin que l'or soit bon pour l'usage (3). Le grand soleil en effet, dit-il (Hermès?), produit cela, parce que, dit-il, c'est par le soleil que tout s'accomplit (< πᾶν > γίνεται, cf. 175.14 ἥλιος ὁ πάντα ποιῶν).

« Écoute ce que dit Hermès, que l'amollissement des substances aptes à être amollies (4) se fait à froid (ἐν ψυχροῖς). Il s'est expliqué longuement sur ce point à la fin du *Blanchiment du plomb*. Il y dit aussi au sujet de l'or : « c'est ainsi qu'opère en quelque sorte celui qui prépare le « Tout » (5). Il y a traité aussi de la manière

---

(1) C'est le titre de la suite dans M fol. 141r-161r. Mais cette compilation, tout en contenant sans doute des extraits de Zosime, est en réalité bien postérieure, car on y cite Stéphanos (162.19, 173.1), qui est du VIIe siècle, et la « chimie de Moïse » (182.16 183.5) qui utilise Olympiodore.

(2) πυροῦσθαι Pfeiffer *ap.* Ruska, *T. Sm.*, p. 11 : πυρός M. Ce morceau 156.4-16 a été reproduit, traduit et commenté par Ruska, *l. c.*, pp. 11-12.

(3) <ἵνα> ὁ χρυσὸς <δυνατὸς ᾖ> εἰς τὸ χρῆσθαι *vel simile quid.*

(4) μαλαξίμων Ruelle : ἀλαξίμων M. Le mot nouveau μαλάξιμος sur μαλάσσω est correct, comme ἀλλάξιμος sur ἀλλάσσω, cf. ἀλλάξιμα (ἱμάτια) P. Oxyr., 1728.2, III[e] s. ap. J.-C. (noter que AKE L[b] ont dans notre texte ἀλλαξίμων, qui n'est sûrement pas possible ici). La désinence -ιμος indiquant l'utilité, l'emploi, l'aptitude à faire ou à subir, le sens doit être : « les choses aptes à être amollies »; μαλάξιμος serait donc un synonyme de μαλακτός (cf. Arist., *Meteor.*, 385 a 13, à propos du fer).

(5) ἐκεῖ καὶ περὶ τοῦ χρυσοῦ λέγει· 'οὕτως πως ὁ ποιῶν τὸ πᾶν'. Ou, sans interponction (λέγει οὕτως πως κτλ.) : « Là aussi celui qui prépare le Tout parle à peu près en ces termes au sujet de l'or », οὕτως πως se rapportant en ce cas à ce qui précède (ἡ μάλαξις

de cribler le Tout par n'importe quel crible. Et cela n'a pas échappé à Agathodémon, qui nomme cette opération « lavage » et « purification » du minerai, lorsque le minerai pulvérisé et devenu liquide passe par le crible ou le filtre. Hermès dit : « Il (le minerai) devient pareil à la gomme d'acacia en gouttes (1) ». Mais s'il se produit un sédiment, c'est la preuve que ni les substances ni le minerai n'ont été suffisamment pulvérisés.

Hermès lui-même s'est encore longuement expliqué sur ces choses dans *Les Cribles,* lorsqu'il répète au commencement et à la fin (λέγων ἄνω καὶ κάτω) (2) : « Si les eaux descendent, le crible lui-même semble s'écouler ». C'est toutes ensemble en effet que les eaux descendent selon le grand Hermès, et aussitôt elles remontent par l'instrument, dans lequel elles semblent bouillir. »

L'interprétation proposée par Ruska pour le premier paragraphe de ce morceau paraît plausible. Il s'agit d'un minerai aurifère auquel on doit faire subir diverses opérations pour en tirer de l'or pur. L'« Esprit », selon le sens courant en alchimie, est le produit de la sublimation. On l'expose d'abord au soleil d'hiver (ἡλιοῦσθαι) pour le séparer de la « fleur », c'est-à-dire des efflorescences ou excrétions impures (on dit encore fleur de cobalt, de bismuth), puis à l'action du sel (natron?), puis au feu. Les autres indications sont des recettes techniques du même ordre. « Blanchiment du plomb » signifie sans doute le passage du plomb à l'argent. La gomme d'acacia est la gomme arabique.

10. *ibid.* **162.3** : « Hermès, parlant de l'amollissement, dit plus loin : « Et il (le métal) sera blanchi. »

11. *ibid.* **169.5** : « Hermès et Démocrite sont connus d'après le

---

τῶν μαλαξίμων γίνεται ἐν ψυχροῖς), non à ce qui suit (ἐκεῖ καὶ περὶ τοῦ ἠθμῆσαι κτλ.). De toute manière ces citations tronquées sont de vrais rébus, et l'on ne peut prétendre à la certitude. — τὸ πᾶν est une expression fréquente, mais vague qui peut désigner telle ou telle préparation : 192.21 c'est le nom symbolique du corps métallique de la magnésie. Cf. Lippmann, I, p. 78 (in fine).

(1) γίνεται ὡς ἡ στακτὴ ἀκακία. Cela donne un sens possible et Ruska (qui corrige inutilement en ἀκακίας) traduit donc aussi « wie der Tropfen (der) Akazie ». Mais il faut avouer que la tradition manuscrite est incertaine : καὶ ἡ ἀκακία B, καὶ ἡ ἀκαγία AKE, καὶ ἡ ἀκαία Lᵇ. Si l'on adoptait cette leçon καὶ ἡ ἀκακία, il faudrait entendre ἡ στακτὴ = ἡ στακτὴ (κονία) « la lessive de cendre » qui joue un rôle dans l'alchimie, cf. 372.13 στακτῆς ποίησις : on traduirait donc « comme de la lessive de cendre et de la gomme d'acacia ». Aussi longtemps que la tradition manuscrite n'aura pas été éclaircie (rapports de MBA), on ne peut rien décider.

(2) Ou bien faut-il rapporter ἄνω καὶ κάτω au Trismégiste, ces mots « en haut et en bas » désignant couramment dans l'alchimie les sublimations et distillations, cf. Lippmann, I, index i, s. v. ἄνω-κάτω? Mais en ce cas la phrase suivante « Si les eaux... » fait-elle aussi partie de la citation?

Catalogue pour avoir parlé en abrégé d'une teinture unique, et les autres y font allusion. »

12. *ibid.* 175.12 : « Les anciens ont eu l'habitude de rendre les sulfureux incombustibles au moyen d'un feu léger et de matières blanchissantes (1). Or ce qu'effectue le feu d'une manière artificielle, le soleil l'effectue avec le concours de la divine nature. Et le grand Hermès dit : « Le soleil qui fait toutes choses » (cf. n° 9). Et de même Hermès n'a cessé de répéter partout : « Expose au soleil » et « délaie la vapeur au soleil », et c'est d'un bout à l'autre (ἄνω καὶ κάτω) qu'il désigne le soleil. Tout s'accomplit en quelque sorte par l'action du feu solaire, comme nous l'avons déjà dit (cf. n° 9) ».

13. *ibid.* 188.7 (2). « Comment donc se produit le corps (métallique) de la magnésie, s'il est vrai que le blanchiment se manifeste par différenciation (ἔχει διαφορὰν) au cours de la macération (ταριχείαν), comme je te l'ai dit déjà précédemment < par ces mots > « laisse (ἄφες : ἀφεὶς M) devant le fourneau »? Le fourneau doit brûler avec du bois et des écorces de cobathia rouges, car la fumée de ces écorces blanchit tout. Si donc la magnésie reçoit (= subit l'action de) (3) cette fumée, elle l'absorbe et elle blanchit.

N'ai-je pas rappelé dans le septième traité au sujet des cobathia rouges que nous avons besoin d'apprendre d'abord de quelle magnésie parlent les philosophes (alchimistes), la simple (ou « la pure », ἁπλῆν) qui vient de Chypre, ou la composée (4), que produit notre art? En effet, alors qu'ils pulvérisaient la simple, ils laissent entendre que c'est la composée, et dans le même temps ils parlaient de la simple. C'est ainsi que notre art est resté caché par l'emploi que l'on fait de mots à double sens. De même encore (5) le philo-

---

(1) λευκανθίοις ἀκαυστοῦν τὰ θειώδη 175.12. De fait ἀκαύστωσις et λεύκωσις sont associées ailleurs, cf. 166.9-10 ἔπειτα λῦσον αὐτὰ ὕδατι θείῳ, ἕως ἀκαυστωθῇ, λευκῷ λέγω τῷ δι' ἀσβέστου ἀπολελυμένου, 217.10-11 ἐὰν λέγῃ ἀκαύστωσιν, περὶ τῆς λευκώσεως λέγει.

(2) Ce passage semble bien de Zosime (*Sur le traitement du corps métallique de la magnésie*), cf. *Ch. M. A.*, II, p. 228. Pour la clarté de l'exposé, je commence un peu plus haut que la citation d'Hermès. Ce passage a été traduit et commenté par Ruska, *T. Sm.*, pp. 14-15, ainsi que le n° 13 *bis*, *ibid.*, pp. 13-14.

(3) λάβῃ subj. aor. actif (Bergsträsser *ap.* Plessner, *l. c.*, p. 80, n. 1). Si λάβῃ, subj. aor. moyen (ainsi Ruelle et Ruska), on a : « Si tu recueilles cette fumée, la magnésie, etc. ».

(4) On dirait aujourd'hui « la synthétique », τὴν σύνθετον.

(5) ὅτι ὁ φιλόσοφος Ἑρμῆς. Cet ὅτι en tête de la phrase (188.19) ne fait que reprendre le premier ὅτι τὴν ἁπλῆν λειώσαντες (188.16) après l'interrogation de Zosime, et que j'ai traduit par « en effet ». Zosime poursuit son argument : « On doit d'abord apprendre le sens exact des mots. Ainsi (1ᵉʳ exemple : la magnésie simple ∼ double). Ainsi encore (2ᵉ exemple : langage amphibologique d'Hermès) ». Il ne faut donc pas passer à la ligne, comme fait Ruelle.

sophe Hermès verse (dans le feu du fourneau) (1), après l'eau de mer, le natron, le vinaigre, le sang de moucheron (2), le suc de styrax, l'alun schisteux et autres substances semblables, et il dit : « laisse-la (la magnésie, cf. n° 13 *bis*) devant le fourneau (3), avec des (= soumise à l'action d')écorces de cobathia (4) rouges. Car la fumée des cobathia rouges, étant blanche, blanchit tout. » Ainsi parle Hermès. Mais il faut savoir que le natron, le styrax, l'alun schisteux, la cendre des rameaux de palmier, c'est le soufre blanc qui blanchit tout. Quant au sang de moucheron et au vinaigre, c'est le nom du soufre obtenu par la chaux vive. Les écorces de cobathia rouges, c'est les sulfureux, surtout l'arsenic, qui ressemble aux cobathia par sa couleur jaune d'or (τῷ [τὸ M] χρυσίζειν). Il dit en outre : « La fumée des cobathia blanchit tout. » Mais, voulant enseigner ce que sont les cobathia, le Philosophe (Démocrite, cf. 51.1-2) dit : « La vapeur du soufre blanchit tout. »

13 *bis*. Même fragment chez Olympiodore 84.20 : « En effet Hermès dit à propos de la fumée (cf. Zosime, 150.13), dans un passage relatif à la magnésie : « Laisse-la (la magnésie) », dit-il, « brûler devant le fourneau (5) avec des (= soumise à l'action d')écorces de cobathia rouges. Car la fumée des cobathia, étant blanche, blanchit les corps. » La fumée (καπνός) en effet tient le milieu entre le chaud et le sec et telle est aussi la nature du souffle brûlant (αἰθάλη) et de tout ce que dégage la combustion (δι' αἰθάλης); par contre la vapeur (ἀτμός) tient le milieu entre le chaud et l'humide, et ce mot (vapeur) désigne des souffles humides (αἰθάλας ὑγράς), comme ceux qui se dégagent des alambics (δι' ἀμβίκων) et les autres semblables ».

Le lieu parallèle en Zosime et le caractère généralement aphoristique des propos attribués à Hermès montrent qu'il faut arrêter la citation hermétique à « blanchit les corps ». Mais la suite est intéressante par la distinction qu'elle établit entre vapeurs sèches

---

(1) βάλλει ne peut évidemment se traduire « nomme » (ainsi Ruelle et Ruska « nennt »), mais βάλλειν a ici, comme souvent, le sens de « verser » (quand il s'agit de matières fluides, comme c'est ici le cas), cf. Epict., IV, 13, 12; *Mt.*, IX, 17; *Lc.*, V, 37; *Jo.*, XIII, 5; *Juges*, VI, 19; P. Lond., 1177.46 = III, p. 182 (113 p. C.) αἱ πλείω βληθεῖσαι (sc. ὕδατος χορηγίαι) βαλανείου Σευηριανοῦ.

(2) Κνίπειον αἷμα, nom symbolique désignant une teinture rouge : αἷμα est souvent employé en ce sens.

(3) Après τῆς καμίνου (189.1), le texte porte ὡς προεῖπεν qui est probablement une erreur de copiste en raison de ὡς πρώην σοι εἶπον 188.9.

(4) Sulfides arsénicaux de cobalt.

(5) A ajoute : « Sur un feu blanc ».

et vapeurs humides. Ruska signale (1) que cette distinction joue aussi un rôle dans l'alchimie arabe.

14. *ibid.* 198.3 : « Hermès a dit de son côté : « Ce corps de la magnésie que tu as désiré apprendre, pour en connaître le traitement et le poids, nous avons dit qu'on l'appelle cinabre... ». Le reste est corrompu.

D. *Synésius.*

15. *Alch. Gr.* 62.4-5 : « N'as-tu pas entendu dire à Hermès : « Il y a le rayon de miel (le mercure) blanc et le rayon jaune ». Cf. n°s 29 et 30.

E. *Olympiodore* (2).

16. *Alch. Gr.* 72.20 : « Hermès dit : « Quand tu auras pris après le grand traitement, c'est-à-dire après le lessivage du minerai (τὴν πλύσιν τῆς ψάμμου) ». Vois, il a nommé la substance « minerai » et il a dit « le lessivage », c'est-à-dire le grand traitement. Agathodémon est d'accord avec lui sur ce point. »

17. *ibid.* 83.4 : « En effet Hermès dit quelque part : « La terre vierge se trouve dans la queue de la Vierge. »

18. *ibid.* 89.9-10 (citation de Zosime qui cite Hermès) : « Que je dis vrai, j'en prends à témoin Hermès qui déclare : « Vas auprès d'Achaab la laboureur, et apprends que celui qui sème du blé fait naître du blé. »

Cf. Isis à Horus, *infra* n° 33.

19. *ibid.* 89.16 : « Pélagios (?) dit à Pauséris (3) : « Veux-tu que nous le jetions à la mer avant qu'il ne conçoive (? συλλάβῃ) les mélanges »? Et Hermès dit (4) : « Tu as bien parlé, de la façon la plus exacte. »

20. *ibid.* 99.12 : « Ils n'ont pas fait par eux-mêmes l'expérience de ces choses, mais ils parlent d'après ce que dit Hermès en plusieurs lieux : « Fais bouillir dans une étoffe de lin solide. »

---

(1) Ruska, *T. Sm.*, p. 14, n. 1.

(2) Noter que le commentaire d'Olympiodore a pour titre (d'après M fol. 163 r) « Sur le livre κατ' ἐνέργειαν de Zosime, tout ce qui a été dit d'*après Hermès* et les philosophes ».

(3) Παυσήρην M : Πάνσηριν AL. Cf. *supra*, p. 242, n. 5.

(4) καὶ φησὶν ὁ Ἑρμῆς M : καὶ οὗτος (Pausèris) ἀπεκρίνατο L, ce qui évidemment s'accorde mieux au contexte. Mais il peut y avoir une lacune après τὰ μίγματα, ou encore Pélagios (89. 16) peut être une erreur pour Hermès puisqu'on sait par ailleurs (cf. n° 4) qu'il a existé un écrit d'Hermès adressé à Pausèris.

21. *ibid.* 100.18-101.10 : l'homme microcosme, cf. *supra*, p. 127.
22. *ibid.* 101.11-102.3 : l'homme coq, l'homme taupe, cf. *supra*, pp. 212-214. On cite ici (101.13) un ouvrage d'Hermès, la *Pyramis* (1).

F. *L'Anépigraphe* (2).

23. *Alch. Gr.* 125.10 : « En effet, que signifie encore ce précepte d'Hermès : « Ce qui se détache de l'efflux (3) de la Lune, où on le trouve et où on le traite, et comment cela possède une nature incombustible, tout cela tu le trouveras chez moi et chez Agathodémon? » En effet, par le fait de dire « efflux », de nouveau il faut se souvenir (ἀναμνηστέον : ἀνάπτησον A) de l'écoulement (τῆς ῥεύσεως : τῆς ῥεύσης A), et cela devient tout à fait évident du fait qu'il (Hermès) ajoute : « Ce qui se détache de l'efflux de la Lune s'en détache (τὸ... < ἐκπίπτον > ἐκπίπτει) selon la nature substantielle (? οὐσίαν) de la Lune. » En effet le corps fixé (? κατεχόμενον) se disloque (ἐκπίπτει) par le fait de cet efflux, car la nature de la magnésie devient lunaire (σεληνιάζεται) ayant acquis en totalité le caractère spécifique de la lune (σεληνοειδὴς ὅλη γινομένη), et elle est sublimée (ἐκφυσᾶται, cf. 148.1) selon le temps opportun de l'efflux ».

Dans ce texte, qui est certes « hermétique » à souhait, le manuscrit A porte partout ἡ σεληνιακὴ ἀπορία, « le manque (ou la privation) lunaire », ce que Berthelot-Ruelle ont traduit « le déclin de la Lune » et commentent (*Traduction,* p. 133 n. 1) : « L'auteur joue sur la ressemblance des mots grecs qui signifient déclin (ἀπορία) et effluve (ἀπόρροια), mots que les manuscrits mêmes confondent et échangent ». Autant d'erreurs. ἀπορία σεληνιακή n'a jamais signifié « déclin de la Lune », le manuscrit A donne partout ἀπορία (pas de variantes indiquées pour K, Laur., E), il faut évidemment écrire ἀπόρροια, comme l'a fait déjà Ideler dans son édition de Stéphanos (qui cite ce passage, p. 203), et, avant lui, le manuscrit Lᶜ, du xvııᵉ siècle, où on lit ce texte, qui semble comme un commentaire de la rédaction de A :

« Hermès dit : « Ce qui se détache de l'efflux lunaire (τὸ ἀπὸ τῆς σεληνιακῆς ἀπορροίας ἐκπίπτον) », c'est-à-dire que, de même que la lumière de la lune augmente et diminue, de même aussi « notre argent » diminue-t-il par le moyen de la démétallisation (διὰ τῆς

---

(1) ἐν τῇ Πυραμίδι M : Κυρανίδι K, Κυρανίδη A, cf. *supra*, ch. vı, p. 213, n. 2.
(2) Sur la suite correcte de l'Anépigraphe, cf. *supra*, p. 239, n. 7 de la p. 238.
(3) ἀπορροίας (125. 11) Lᶜ : ἀπορίας A.

ἀσωματώσεως, cf. Maria *ap.* Zosime, 195.5 ss.), en correspondance avec la lune. L'efflux (ἀπόρροια) et l'influx (εἴσροια) doivent se produire au moyen d'une cuisson lente et modérée, afin de ne pas gâter le sublimé (ἵνα φυλαχθῇ τὸ πνεῦμα) ».

Il s'agit ici manifestement d'une opération par laquelle un corps appelé dans A « nature de la magnésie », en L^e « notre argent », devient de l'argent (σελήνη, comme ἥλιος pour « or »). Le procédé semble double. D'une part, ce corps subit une cuisson au cours de laquelle il se réduit; d'autre part on lui applique un « efflux » d'argent, ce qui veut dire sans doute qu'au premier métal en fusion (διὰ ἐκπυρώσεως L^e) on ajoute de l'argent fondu. Toute cette opération est décrite dans un langage allégorique où l'on joue, de fait, sur des mots, non pas sur ἀπόρροια — ἀπορία, mais sur σελήνη (ou ses dérivés), à la fois « lune » et « argent ».

23 bis. Même fragment, d'après le même auteur (l'attribution au Prêtre Jean est fausse), 263.3 ss. : « Mais, pour que nous obtenions un flux plus abondant selon ce que produisent les émanations de l'efflux lunaire (1),... étant allé aux eaux du Nil, fais selon ce qui a été écrit, en la manière qu'Hermès a prescrite par ces mots : « Ce qui se détache de l'efflux de la Lune, où on le trouve et où on le traite, etc. »

24. *ibid.* 128.15 : « Il sera nécessaire de veiller et de prêter attention au blanchiment et de le prolonger. Ainsi, Hermès prescrit-il un lessivage de six mois à partir du mois de Méchir » (cf. Olympiodore, 69.16, 72.1).

25. *ibid.* 132.16 : « Ainsi donc les qualités actives (du corps métallique) prennent vie sous l'action du chaud et se refroidissent sous l'action du froid : et de là vient que (le métal) est dit un « vivant animé (ζῷον ἔμψυχον) (2) par le très spéculatif Hermès ». Suit l'exégèse de « Trismégistos », cf. *supra*, p. 74.

Sur la macération et le lessivage, notons encore, dans l'Anépigraphe, ces deux citations qui à vrai dire ne donnent pas grand chose :

26. *ibid.* 422.15 : « Ainsi s'achève l'explication, en la façon que, dit Hermès : « Tout ce que tu peux, fais-le macérer et lave-le jusqu'à ce que tu le laisses en dépôt dans des vases; tout ce que tu peux faire, fais-le. » On fait donc macérer avec l'aide des courants liquides durant les lavages, et on laisse en dépôt dans des

---

(1) καθὰ ἀπόρροιαι (ἀπορίαι A) τῆς σεληνιακῆς ῥεύσεως.
(2) Cf. *supra*, p. 213, n. 1.

vases durant l'opération (? κατὰ τὴν ἄσκησιν), pour que cela se refroidisse encore ».

26 bis. *ibid.* 432. 15 : « ...puisqu'aussi bien l'opération de lessivage (τὸ πλύνεσθαι) a été considérée en même temps, selon les paroles de ce fameux Hermès Trismégiste que rapportent ces grands exégètes (Synésius et Olympiodore) ».

G. *Le Chrétien.*

27. *Alch. Gr.* 404. 5 : « Hermès ne néglige pas de soumettre au feu (πυρῶσαι) les espèces blanches du vin fait de grappes pressées (1) ».

28. *ibid.* 407. 10 : « D'autres disent que l'eau est multicomplexe, étant issue de deux unités complexes,... de même que le monde est numériquement un, bien que composé d'éléments multiples. Aussi Hermès déclare-t-il que l'ensemble des choses, bien que multiple, est dit un (πολλὰ ὄντα ἓν λέγεται) ».

28 bis. Même fragment, *ibid.* 408. 4 : « Ainsi donc l'eau très divine de l'Art, laquelle est nommée « abîme » par le Précepteur (τοῦ διδασκάλου : Hermès?) est une quant à la continuité (κατὰ συνέχειαν), bien que composée de deux unités et non simple. C'est ce qu'entendait Hermès quand il dit : « L'ensemble des choses, bien que multiple, est dit un. »

29. *ibid.* 410. 6 (à propos de la préparation du mercure) : « Il se forme ainsi un rayon de miel extrêmement blanc, selon ce que dit Hermès Trismégiste (cf. n° 15). Du reste il ajoute alors : « La synthèse est poussée jusqu'à ce qu'on obtienne l'alliage de l'asem, puis celui-ci est partagé en deux portions : l'une des portions, ayant pourri sous l'action de plusieurs eaux, est traitée convenablement (2) jusqu'à réduction en mercure ; l'autre est gardée exempte de pourriture, on y délaie l'eau corrompue, et l'on obtient la poudre sèche, celle qu'on cherche depuis des siècles. »

30. *ibid.* 410. 12 : « Si l'on veut poursuivre l'opération jusqu'à fabriquer de l'or,... on jaunit en versant des eaux jaunes et l'on produit un rayon de miel jaune, selon ce qu'enseigne Hermès ;

---

(1) οὐκ ἀφίησιν Ἑρμῆς [βοτρυχίτης] πυρῶσαι λευκὰ εἴδη τοῦ βοστρυχίτου. Il est question de la grappe (σταφυλή) 109.21 ἕως ἂν αὐξήσῃ ἡ σταφυλὴ ὑμῶν, 121. 10 ἀπόθλιψον τὴν σταφυλήν, 137.10 ἔκθλιψον τὴν σταφυλήν.

(2) διοργανίζεται 420. 9. Cf. 62. 12 διοργανιζομένη (ἡ ὑδράργυρος), 251. 9 τὸ διοργανισθὲν ὕδωρ (le mercure).

puis, l'ayant divisé en deux portions, laisse-le tomber au fond, et c'est produit ».

Dans cette suite de fragments, on voit cités tout au plus six ouvrages alchimiques du Trismégiste :

Petite Clé (Κλείδιον : **4**), peut-être identique à la *Clé* (Κλείς) mentionnée par Psellos (*supra*, p. 241).

Traité *à Pauseris* (πρὸς τὸν Παύσηριν : **4, cf. 19**).

Traités *sur le blanchiment du plomb* (ἐν τῷ τέλει τῆς λευκώσεως τοῦ μολύβδου : **9**) et sur *les Cribles* (ἐν τοῖς κοσκίνοις : **9**), ou peut-être simples chapitres d'un même traité qu'il est impossible de désigner plus précisément.

Pyramis (Πυραμίς : **22**).

Enfin l'*Heptabible* (ἡ Ἑπτάβιβλος) mentionnée par Psellos (*supra*, p. 241).

Kroll (1) ajoute à ces titres d'une part l'Ἀρχαϊκὴ βίβλος, mais nous avons vu que ce livre concerne plutôt les vertus occultes des animaux (2), d'autre part les traités *sur les Natures* (περὶ φύσεων) et *sur l'Immatérialité* (περὶ ἀϋλίας) cités l'un et l'autre par Zosime (229. 11, 230. 1) dans son *Livre sur la lettre* Ω (3), mais le contexte est relatif à la Fatalité et rien ne prouve que ces ouvrages fussent du nombre des écrits alchimiques. Par contre, le doute n'est guère permis pour les six traités que nous avons énumérés. De la *Petite Clé* il est dit explicitement qu'Hermès y parlait de la comaris (**4**). Les écrits à Pauséris sur le blanchiment du plomb et sur les cribles donnent des recettes d'opérations, la *Pyramis* fait état de la chrysocolle et de l'argent, l'*Heptabible* est citée dans un passage où il n'est question que d'alchimie. Notons, pour finir, qu'un document spécifie qu'il n'existe d'Hermès aucun ouvrage sur la teinture des pierres et de la pourpre (**4**).

Si maintenant l'on examine la nature même de ces extraits, trois caractères frappent de prime face.

Tout d'abord, Hermès est du nombre des auteurs alchimiques qui font usage de noms symboliques et d'allégories : **2** (chœur d'or : chrysocolle), **3** (le grand dieu : le soleil), **5** (bien polyonyme : une opération), **9** (le Tout, cf. **3**), **13** (sang du moucheron, écailles de cobathia rouges), **15** et **29-30** (rayon de miel :

---

(1) P. W., VIII 799.25 ss.
(2) Cf. *supra*, p. 215.
(3) Notre fr. 6 : cf. *infra*, pp. 263 ss. Le livre d'Hermès *Sur les Natures* paraît aussi dans le Zosime syriaque, *Ch. M. A.*, II, p. 238, cf. Ruska, *T. Sm.*, p. 41.

mercure), **17** (queue de la Vierge), **22** (homme coq, homme taupe), **23** (chose qui tombe de l'efflux de la Lune), **28** (βοστρυχίτης [οἶνος]). Une fois cependant, il paraît être félicité par Olympiodore (**16**) pour avoir franchement désigné « le grand traitement » comme le « lessivage du minerai ».

En second lieu, les écrits d'Hermès, fidèles sur ce point à la tradition première de l'alchimie, comportaient encore toute une part de technique : **3** (rôle de la cuisson au feu), **4** (comaris et chaux vive), **9** (amollissement, blanchiment, criblage), **10** (amollissement), **12** (rôle de la cuisson au soleil), **13** (blanchiment), **16** (lessivage du minerai), **24** (durée du lessivage), **26-26** *bis* (macération, lessivage), **29-30** (préparation du mercure).

Néanmoins ces écrits n'étaient pas purement techniques : à l'instar de Bolos le Démocritéen, Hermès énonçait des principes, donnait une doctrine : **1** (« Si tu ne décorpores pas... »), **18** (« celui qui sème du blé... »), **21** (l'homme microcosme), **26** (le métal « vivant animé » : panvitalisme), **28** (πολλὰ ὄντα ἓν λέγεται). Il y a même lieu de conjecturer que ce sont les principes doctrinaux qui, comme dans le cas de Bolos, faisaient l'intérêt principal des traités alchimiques du Trismégiste. Parmi ces principes, deux (**1, 18**) ressortissent exclusivement à l'alchimie, deux autres (**21, 26**) se rapportent à la théorie générale de la sympathie dans le monde et à cette idée qu'une même vie unique en pénètre toutes les parties : tout est plein d'âme, le métal même est animé. Le dernier principe enfin, qui rappelle l'unité du Tout (**28**), est l'un des axiomes fondamentaux de l'hermétisme philosophique : ainsi voit-on une fois de plus quel lien étroit relie entre elles les diverses branches de la littérature hermétique.

Ce dernier principe (l'unité du Tout) va nous permettre de rattacher encore à Hermès deux courts fragments anépigraphes; en outre, comme l'axiome « celui qui sème du blé... » constitue l'essentiel de la révélation d'Isis à Horus, ce curieux morceau, dont d'autres traits décèlent une frappante analogie avec certains textes hermétiques, peut enrichir la collection du Trismégiste. Ces trois fragments seront nos n^{os} **31**-**33** (1).

31. OLYMPIOD., *Alch. Gr.* 84.12 (d'après M.) : « De même Chémès, qui a été disciple de Parménide, déclare : « Un est le Tout, par quoi est le Tout : car si le Tout n'a pas l'Un, néant est le Tout

---

(1) Notre fr. 31 a déjà été rapporté à Hermès par Scott, *Hermetica*, IV, pp. 152-153, ainsi que le fr. 33 (Isis à Horus), *ibid.*, pp. 144-151.

(ἓν τὸ πᾶν, δι' οὗ τὸ πᾶν· τοῦτο γὰρ εἰ μὴ ἔχοι τὸ πᾶν, οὐδὲν τὸ πᾶν). »

A l'intérieur du plus grand des trois cercles concentriques de la *Chrysopée de Cléopâtre* (1), on lit ces mots : « Un est le Tout, par l'Un est le Tout, vers l'Un va le Tout, et si le Tout ne l'a pas, néant est le Tout. »

32. *Alch. Gr.* 20.13 (œuf philosophal, d'après M, fol. 106) : « Si les deux ne deviennent pas un, et les trois un, et l'ensemble du composé un, le résultat attendu sera néant (ἐὰν δὲ μὴ γένωνται τὰ δύο ἓν καὶ τὰ τρία ἓν καὶ ὅλον τὸ σύνθεμα ἕν, οὐδὲν ἔσται τὸ προσδοκώμενον). »

Ce principe fait partie d'une suite d'aphorismes (20.5 ss.) dont le premier (ἡ φύσις... τέρπει) est l'axiome fondamental de Démocrite, le second (20.9) un axiome du Trismégiste (« si tu ne décorpores pas... », cf. *supra,* **1**), le troisième notre fr. **32**. Par la forme déjà, cet extrait s'apparente et au fr. hermétique **1** (ἐὰν μὴ..., οὐδὲν... τὸ προσδοκώμενον) et à l'axiome **31** (εἰ μὴ ἔχοι..., οὐδὲν τὸ πᾶν). Quant au fond, l'on n'a ici que l'application particulière à l'alchimie de la vérité universelle « Un est le Tout ». De même que, selon le Chrétien, qui cite Hermès (**28**), « le monde est numériquement un, bien que composé d'éléments multiples », ainsi tout composé alchimique (σύνθεμα) suppose-t-il l'union de l'Un et du multiple (*supra,* **28-29**). Ces raisons générales, non moins que l'extrême ressemblance entre ce fr. **32** et les fr. **28-29**, garantissent à mes yeux le caractère hermétique de notre fragment.

33. *Isis à Horus*

Comme on l'a vu (**18**), l'alchimiste Olympiodore cite de Zosime le mot suivant (89.8 ss.) :

« Et Zosime dit dans le livre *Selon l'Énergie :* « Que mes paroles soient
« vraies, j'en prends à témoin Hermès qui déclare : *Va vers Achaab le
« laboureur, et apprends que celui qui sème du blé fait naître du blé.* Tout de
« même t'ai-je dit, moi aussi, que les substances sont teintes par les sub-
« stances, comme c'est écrit : quant à la teinture, elle ne se divise qu'en ces
« deux espèces, le corps et l'incorporel. L'Art se borne à ces deux espèces. »

Or ce mot « Va vers Achaab, etc. », ici rapporté à Hermès, se retrouve dans l'opuscule intitulé *Isis la Prophétesse à son fils Horus,* lequel subsiste en deux rédactions indépendantes, celle du *Parisin.* 2327 (A : de l'an 1478) (2) et celle du *Parisin.* 2329 (E : XVII[e] s.) (3). Par l'affabulation déjà, cet opuscule se rattache à

---
(1) Cf. BERTHELOT, *Introd.*, p. 132.
(2) Cf. *Alchymica,* pp. 87-91.
(3) Cf. *Alchymica,* pp. 92-93. Le texte de L[c] n'est qu'une copie de E, cf. *Alchymica,* pp. 93-94.

la tradition hermétique qui met en scène Isis enseignant son fils (1); cette analogie formelle, jointe au fait que l'axiome d'Hermès est ici reproduit, garantit l'origine hermétique de tout le morceau (2).

Notons que cet opuscule est peut-être signalé dans un ouvrage alchimique, le *Livre véritable de Sophé* (= Chéops) *l'Égyptien et du Dieu des Hébreux, Seigneur des Puissances, Sabaôth* (3), qui témoigne de la rencontre entre les deux traditions égyptienne et juive, et ne peut guère dater, vu son caractère franchement mystique (4), d'avant le IIIe siècle de notre ère. Dans la mesure où le texte, très mauvais, se laisse entendre (5), l'auteur met en opposition deux méthodes de chrysopée. L'une, toute excellente, consiste à obtenir de l'or par voie d'un simple vernis qui imite l'or, sans qu'aucune parcelle de ce métal soit alliée au métal commun : c'est la « teinture de Démocrite », et aussi la teinture dite « monade » qui donne la comaris de Scythie, c'est-à-dire la teinture rouge tirée de la racine du *comarum palustre* (6). L'autre méthode, imparfaite, consiste à « faire » de l'or par voie d'alliage d'une petite quantité d'or à une grande quantité de métal commun : c'est la « ·teinture d'Isis, qu'Hèrôn a fait connaître ». Or cette « teinture d'Isis », que notre auteur déprécie au bénéfice de la « teinture de Démocrite », correspond exactement à la méthode recommandée implicitement dans l'opuscule d'Isis à Horus par le

---

(1) *Stobaei Hermetica*, Exc. XXIII-XXVI Scott.
(2) Sur ce point, voir déjà REITZENSTEIN, *Poimandres*, pp. 141-144.
(3) *Alch. Gr.* pp. 213-214.
(4) P. 213. 10 ss. Je reviendrai plus loin sur ce passage, cf. *infra*, pp. 261-262.
(5) Je lis 214. 1 ss. : οὐδαμοῦ εὑρίσκω τὰς παντελείας καταβαφὰς λαμβανούσας χρυσόν (a), οἷον τὴν Δημοκρίτου καὶ τὴν μονάδα τὴν παραδιδοῦσαν τὴν σκυθικὴν κόμαριν (b), τὰς δ' ἀτελείας (c) εὑρίσκω λαμβανούσας (d), οἷον τὴν Ἴσιδος (e), ἣν προσφωνεῖ ὁ Ἥρων... (214. 8) ὥστε χρὴ < διὰ > μεθοδειῶν (f) ἄνευ χρυσοῦ καὶ ἀργύρου ἐργάσασθαι [καὶ] τὰς διπλώσεις < καὶ > μὴ χωρίζειν χρυσὸν ἢ ἄργυρον, ὡς καὶ πορνείαν καὶ μῆνιν (g)· χρυσὸν < γὰρ > οὐ λαμβάνουσιν τὰ (h) μείζω, ὅτι, ἐὰν τὸν χαλκὸν ἀσκίαστον (i) ποιήσῃς < καὶ > λευκάνῃς (j) τοῖς λευκαίνουσιν φαρμάκοις καὶ ξανθώσῃς (k) τοῖς ξανθοῦσιν φαρμάκοις καὶ βάψῃς (l) τῇ καδμείᾳ ἢ κινναβάρει (m), χρυσὸς ποιεῖται.
(a) ἥλιον A par une faute assez fréquente, son modèle ayant porté le signe de l'or qui est le même que celui du soleil. — (b) κώμαριν A, mais cf. P. Holm. ιδ 2, 5, κε 15, *Alch. Gr.*, 155. 1, 351. 11. — (c) τῆς δὲ τελείας A. — (d) λαμβάνουσαν A. — (e) Ἴσιδα A. — (f) « Stratagèmes », cf. *Eph.* IV. 14 πρὸς τὴν μεθοδίαν τῆς πλάνης ; VI, 11 στῆναι πρὸς τὰς μεθοδίας τοῦ διαβόλου. — (g) ὡς ... μῆνιν me reste peu clair. — (h) τὸ A. — (i) Cf. 152. 3, 182. 7 χρυσὸς ἀσκίαστος. De même ἄσκιος 183. 1 (λευκαίνειν καὶ ἄσκιον ποιεῖν), ἀσκιαστόω 183. 3 (associé à ξανθόω), ἀσκιάστως 217. 10 « sans ombre de rouille ». — (j) λευκαινεῖς A. — (k) ξανθώσεις A. — (l) βάψεις A. — (m) τὴν καδμίαν ἢ κιννάβαριν A. La cadmie est le cobalt, le cinabre donne la teinture en vermillon.
(6) Cf. LIPPMANN, I, p. 22.

mot : « celui qui sème du blé... ». L'or est comparé à un grain de blé qui, jeté en terre, fructifie et se multiplie lui-même : ainsi l'or, jeté dans la masse d'un métal commun, vient-il à se multiplier au point de transformer en or tout ce métal. Mais, de même qu'on ne moissonne pas de blé si l'on n'a, au préalable, semé du blé, ainsi ne recueille-t-on point d'or si l'on n'a, au principe, semé de l'or. D'autre part cette recette est « prononcée » par Hèrôn (ἣν [sc. τὴν καταβαφήν] προσφωνεῖ ὁ Ἥρων) (1). Un dieu Hèron est connu en Égypte, et, si l'on dispute sur la véritable nature de ce personnage divin (2), l'une des solutions plausibles est d'identifier Hèrôn à Horus. En ce cas, on retrouverait exactement dans le *Livre de Sophé* la recette de l'opuscule d'Isis à Horus et l'allusion serait évidente.

Enfin il y a peut-être une allusion à cet opuscule dans Zosime (3). Le récit d'Isis témoigne manifestement d'influences juives. En particulier il rappelle de manière très explicite les chapitre 6-8 du *Livre d'Hénoch* où l'auteur juif, développant la légende de la *Genèse* (VI, 1-4), montre comment les anges se sont épris des filles des hommes et, pour atteindre à leurs fins, leur ont révélé tous les arts défendus (4) : orfèvrerie, teinture des pierres, astrologie, divination, etc. Or, ayant conté à son tour cette légende d'après Hénoch (ἐκ τοῦ πρώτου βιβλίου Ἐνώχ), le Syncelle poursuit : « Il est bon de comparer avec ce texte une citation du philosophe (= alchimiste) Zosime de Panopolis, extraite de ses écrits à Théosébie, au livre IX de l'*Imouth*. La voici :

(1) Pour προσφωνέω avec un *acc. rei*, cf. *Syll.*³ 814. 8 (67 p. C) προσεφώνησεν τὰ ὑπογεγραμμένα, et mieux encore, Zos. *Compte Final* § 8 θυσίας ... ἃς προσεφώνησεν Μεμβρῆς τῷ ... Σολομῶντι, *PGM.*, XIII, 225 τούτων τὴν ἀκάματον λύσιν καὶ θεοφιλῆ προσεφώνησά σοι, τέκνον, ἣν οὐδὲ βασιλεῖς ἴσχυσαν καταλαβέσθαι, 230 πλήρης ἡ τελετὴ τῆς Μονάδος προσεφωνήθη σοι, τέκνον, *CCAG.*, VIII, 3, p. 92. 8 ὁ Ὑστάψις Ὠδαψὸς (legendum esse putat Boudreaux ὁ Ὑστάσπου Ὠδαψὸς) ἱερεὺς λεγόμενος κοσμικὰ συνέταξεν ἀποτελέσματα, προσφωνεῖ δὲ βιβλιδάριον † ᾧ ἀναφέρει † (τῷ Ἀρταφέρνει coni. Boudreaux) ἐν ᾧ διαλαμβάνει κτλ., Simpl., *in Epict.*, p. 1. 14 D. ᾧ καὶ τὸ σύνταγμα προσεφώνησεν.

(2) Voir en dernier lieu Cumont, dans *Mélanges..... Dussaud* (Paris, 1939), I, pp. 1 ss., en particulier pp. 6-7. L'hypothèse de Reitzenstein : Hèrôn = Agathodémon (*Poimandres*, p. 144 et n. 3) paraît bien douteuse. Pour l'identification Hèrôn = Horus, cf. Perdrizet, *Negotium perambulans in deserto* (Publ. Fac. Lettres Strasbourg 6, 1932), pp. 8-11. Je ne vois guère ce qu'on peut tirer de *PGM.* V, 247 ss. (prière magique au Soleil) ἐγώ εἰμι Θωύθ, φαρμάκων καὶ γραμμάτων εὑρετής καὶ κτίστης ..., ἐγώ εἰμι Ἥρων ἔνδοξος, ὢν ἴβεως, ὢν ἱέρακος, ὢν Φοίνικος ἀεροφοιτήτου, sauf que le faucon est l'animal sacré d'Horus. Une terre cuite de la collection Fouquet représentant Horus avec une tête de faucon porte au dos l'inscription Ἥρων, cf. Perdrizet, *Terres cuites d'Égypte*, n° 110, p. 36 et pl. LI, *Negotium*, p. 9.

(3) P. 20 Dindorf, cf. Scott, *Hermetica*, IV, p. 140 et n. 1. Cette légende des anges déchus, fondateurs de l'alchimie, paraît dans le Zosime syriaque, *Ch. M. A.*, II, p. 238.

(4) Cf. *supra*, p. 223 et n. 2.

« Il est dit dans les Saintes Écritures, ô femme, qu'il existe une race
« de démons qui a commerce avec les femmes. Hermès en a fait
« mention dans ses *Physika* (au vrai presque tout l'ouvrage, ouvertement
« et en secret, en fait mention). Il est donc rapporté dans les antiques
« et divines Écritures que certains anges s'éprirent des femmes et qu'étant
« descendus du ciel, ils leur enseignèrent tous les arts de la nature. A cause
« de quoi, dit l'Écriture, ayant offensé Dieu, ils demeurèrent hors du ciel,
« parce qu'ils avaient enseigné aux hommes tous les arts mauvais qui
« n'ont aucune utilité pour l'âme. »

Il appert de ce texte : (*a*) que Zosime a connu le *Livre d'Hénoch*, car on ne voit pas à quel autre écrit pourrait se rapporter « Saintes Écritures »; (*b*) qu'il a connu un ouvrage hermétique où était mentionnée la légende des anges épris des femmes; (*c*) que l'auteur de cet ouvrage hermétique connaissait également le *Livre d'Hénoch*; (*d*) enfin, puisqu'il n'existe pas d'autre écrit alchimique où paraisse la légende, que l'opuscule d'Isis à *Horus* est très vraisemblablement tiré des *Physika* d'Hermès.

Voici donc la traduction de cet opuscule hermétique : j'ai mis en parallèle la rédaction de A et celle de E, car les différences sont trop grandes pour qu'on puisse fondre les deux textes en un seul discours (1).

A

Isis la Prophétesse à son fils Horus.

1. — « Quand tu fus sur le point de partir, mon fils, pour te mesurer en combat avec le déloyal Typhon au sujet de la royauté de ton père, m'étant rendue moi-même à Hormanouthi <métropole?> (2) de l'art sacré de l'Égypte, j'y demeurai un assez long temps.

Or, par la permission des opportunités (3) et selon le cours nécessaire du mouvement des sphères, il arriva

E

Isis la Prophétesse à son fils Horus.

1. — « Toi, mon fils, tu décidas de partir pour la lutte contre Typhon, afin de lui disputer la royauté de ton père : quant à moi, après ton départ, je me rendis à Hormanouthi, où l'art sacré de l'Égypte se pratique en secret. Et étant demeurée là un assez long temps, je voulus m'en retourner.

Or, alors que je me retirais, l'un des prophètes ou des anges qui résident

---

(1) A = *Alch. Gr.*, pp. 28-33; E = *ibid.*, pp. 33-35. Cf. Scott, *Hermetica*, IV, pp. 145-149, où les deux textes sont mis en parallèle.

(2) γενομένης μου < εἰς > Ὁρμανουθὶ < τὴν μητρόπολιν? τῆς > ἱερᾶς τέχνης Αἰγύπτου. Reitzenstein (*Poimandres*, p. 141, n. 3) conjecture Ὡρμαχυθί (« chez l'Horus d'Edfou ») et retrouve cette ville d'Edfou comme siège de l'alchimie dans l'Ἀπολλωνόπολις (Ἀπόλενος cod.) d'*Alch. Gr.*, 26.11 parmi les cinq τόποι ἐν οἷς τὸ ψῆγμα σκευάζεται.

(3) κατὰ τὴν τῶν καιρῶν παραχώρησιν. Il s'agit ici des καιροί ou opportunités astrologiques, du temps favorable selon les astres pour entreprendre une action (καταρχή), cf. Bouché-Leclercq, *Astr. Gr.*, ch. XIII, pp. 458 ss.

que l'un des anges qui résident dans le premier firmament, m'ayant vue d'en haut, voulut s'unir à moi dans un commerce d'amour.

Déjà il s'était avancé, il allait atteindre le but, mais je ne lui cédai pas, car je voulais apprendre de sa bouche la préparation de l'or et de l'argent.

Or, comme je l'interrogeai là-dessus, il dit qu'il ne lui était pas permis de s'expliquer à cet égard, car ces mystères surpassent toute description, mais que, le lendemain, viendrait à moi un ange plus grand que lui, Amnaël (1), et que celui-là serait assez puissant pour répondre à ma question.

2. — Il ajouta que cet ange-là porterait son propre signe (2) sur la tête, et qu'il exhiberait un vase non enduit de poix rempli d'une eau transparente (3). Et il refusa de me dire la vérité.

dans le premier firmament me vit, et, s'étant avancé vers moi, il voulut s'unir à moi dans un commerce d'amour.

Moi pourtant je ne lui cédai pas, alors que déjà il allait atteindre le but, mais je réclamai de lui < qu'il me dit > la préparation de l'or et de l'argent.

Mais il me répondit qu'il ne lui était pas permis de s'expliquer à cet égard, car ce mystère surpassait toute description.

2. — Le lendemain vint à moi le premier ange et prophète parmi eux, du nom d'Amnaël, et de nouveau, je l'interrogeai sur la préparation de l'or et de l'argent.

Lui cependant exhiba un certain signe qu'il avait sur la tête et un vase non enduit de poix, rempli d'une

---

(1) Amnaël ('Αμναήλ = « El a affirmé ») ne paraît pas dans le récit d'Hénoch ni dans Syncelle. Il est probable que des variantes de la légende devaient circuler en Égypte.

(2) σημεῖον, signe distinctif caractéristique, en particulier signe physique, cf. Wilcken, *Chrest.* 76 (171 p. C.), l. 12 ss. ἐπύθετο (sc. ὁ ἀρχιερεὺς) τῶν παρόντων κορυφαίων... εἰ σημεῖον ἔχοι ὁ παῖς. εἰπόντων ἄσημον αὐτὸν εἶναι κτλ. Comme me le signale M. Cumont, il doit s'agir ici d'un tatouage, pareil à ceux dont étaient marqués les initiés dans certains mystères. Voir en dernier lieu les études de F. J. Dölger, *Antike und Christentum*, I (1929), pp. 86-91 : Mithra (Dölger note cependant que dans Tertull., *de praescr. haer.* 40, il faut lire, d'après le cod. Agobardinus, *si adhuc memini Mithrae, signat* [sc. *diabolus*] *illic in frontibus milites suos*); pp. 66-72 et 317, Attis; II (1930), pp. 110-116 : Dionysos; pp. 297-300 : Atargatis; pp. 291-296 : prêtres d'Isis, et, sur ceux-ci, cf. J. Babelon, *La tête d'Isiaque du Cabinet des Médailles* dans *Monuments Piot*, XXXVIII (1941), pp. 117-128 (je croirais plus volontiers avec M. Babelon, p. 128, à une marque rituelle qu'à des cicatrices provenant de coups, comme le pense Dölger, *l. c.*, pp. 294-296). Notre texte dit simplement « sur la tête » : les Isiaques ont la tête rasée et portent en général ces marques sur le crâne; les mystes, non rasés, sont marqués sur le front ou sur les mains. — Serment et tatouage sont rapprochés, comme ici (§ 5), à propos d'une initiation, dans un papyrus (*PSI.*, X, 3162) réédité et commenté par M. Cumont, *Harv. Theol. Review*, XXVI (1933), pp. 151 ss., cf. p. 155, ll. 15-17 avec le commentaire, p. 156.

(3) κεράμιον ἀπίσσωτον ὕδατος διαυγοῦς πλῆρες. Reitzenstein (*Poimandres*, p. 141, n. 4) compare le dieu Chnoubis qui porte sur la tête le κύκλος δισκοειδής; et à côté duquel est posé un κεράμεον ἀγγεῖον.

3. — Le jour suivant ayant paru et le soleil étant au milieu de sa course, l'ange supérieur au précédent, Amnaël, descendit vers moi, épris à mon sujet du même désir d'amour, et loin de contenir son impatience, il se hâtait vers la fin pour laquelle il était venu (1). Mais moi, je ne m'en préoccupais pas moins de l'interroger sur ces choses.

4. — Comme il ne cessait d'y mettre des délais,

3. — Le lendemain, étant revenu vers moi, Amnaël fut saisi de désir à mon sujet, et il se hâtait vers la fin pour laquelle il était venu. Mais moi, je ne me préoccupais pas de lui.

eau transparente, qu'il tenait entre ses mains. Mais il refusa de me dire la vérité.

4. — Lui cependant ne cessait de me tenter et de m'inviter à la chose ; mais moi,

je ne m'abandonnai point, mais je triomphai de sa convoitise jusqu'à ce qu'il m'eût exhibé le signe qu'il avait sur la tête et qu'il m'eût fait, généreusement et sans rien cacher, la révélation des mystères cherchés.

5. — Il se décida donc enfin à m'exhiber le signe et il commença la révélation des mystères. Et, ayant passé (2) aux avertissements et aux serments, il me dit :

5. — Il se décida donc enfin à m'exhiber le signe et me fit la révélation des mystères, ayant commencé par me dire les avertissements et les serments, en la manière que voici :

Je t'adjure par le ciel <et> la terre, la lumière et les ténèbres.
Je t'adjure par le feu, l'eau, l'air et la terre.
Je t'adjure par la hauteur du ciel (3) et la profondeur du Tartare
Je t'adjure par Hermès et Anubis,

le hurlement de Cerbère (4) et le serpent gardien.

et par le hurlement du serpent ouroboros (5) et du chien tricéphale, Cerbère, le gardien de l'Hadès.

Je t'adjure par cette barque célèbre et le nocher de l'Achéron (6).

Je t'adjure par ce passeur célèbre, le nocher de l'Achéron.

Je t'adjure par les Trois Déesses du Destin, par leurs fouets et par leur glaive.

(1) ἔσπευδεν ἐφ' ὅ (Scott : οὗ A ᾧ E) καὶ παρῆν.
(2) ἐγχωρήσας ego (ἐκχωρίσας A).
(3) καὶ γῆς secl. Scott.
(4) ὕλαγμα τοῦ Κερβέρου (ὕλαγμα τῶν Κερκόρου A).
(5) Qui se mord la queue, symbole de l'unité du Tout : cf. *CCAG.* VII, p. 246; Berthelot, *Alch. Gr.*, Introduction, p. 159.
(6) On pourrait s'étonner de trouver un serment par la barque si le σκάφος ne faisait pas partie, comme le πορθμεύς, des constellations de la « sphère barbare », cf. Boll, *Sphaera*, pp. 246 ss.

L'HERMÉTISME ET L'ALCHIMIE.

6. — Lorsqu'il m'eut fait jurer par ces paroles, il m'enjoignit de ne communiquer la révélation à nul autre qu'à mon fils chéri et légitime (1), afin que lui il soit toi et toi, lui (2).

Va donc, observe, et interroge Acharas (3) le laboureur et apprends de lui ce qu'est ce qui est semé et ce qu'est ce qui est récolté, et tu apprendras que celui qui sème du blé, récolte aussi du blé, et que celui qui sème de l'orge récoltera aussi de l'orge.

6. — Lorsqu'il m'eut fait jurer par toutes ces paroles, il se mit à m'enjoindre de ne communiquer la révélation à nul autre qu'à mon fils chéri et légitime (1).

Toi donc, mon enfant, va vers un certain laboureur, et demande-lui ce qu'est ce qui est semé et ce qu'est ce qui est récolté, et tu apprendras de lui que celui qui sème du blé récolte aussi du blé et que celui qui sème de l'orge récolte aussi de l'orge.

7. — Ayant entendu ce discours, mon enfant, apprends à connaître l'entière fabrication (δημιουργίαν) et génération de ces choses, et sache qu'il est de la condition de l'homme de semer (4) un homme, du lion un lion, du chien un chien, et s'il arrive que l'un de ces êtres soit produit contre l'ordre naturel, il est engendré à l'état de monstre et il ne pourra pas subsister.

Car une nature se réjouit d'une autre nature (5) et une nature vainc une autre nature (6).

8. — Ainsi donc, ayant eu part à cette puissance divine et ayant été favorisés de cette présence divine, illuminés eux aussi en conséquence de la demande d'Isis, ayant fait leur préparation à l'aide des seuls minerais (7) sans employer d'autres substances, (les alchimistes) atteignirent le but, du fait que la matière ajoutée était de la même nature que ce qui était préparé (8). Car de même que,

Car une nature réjouit (τέρπει E) une autre nature, et une nature vainc une autre nature.

8. — Il faut donc préparer la matière à l'aide des seuls minerais sans employer d'autres substances.

De même que, comme je l'ai dit, le

---

(1) εἰ μὴ μόνον τέκνῳ φίλῳ καὶ γνησίῳ ego (εἰ μὴ μόνον τέκνῳ καὶ φίλῳ γνησίῳ AE).

(2) Cf. REITZENSTEIN, *Poimandres*, p. 142 et n. 1. Même formule dans un papyrus magique (*PGM.*, XIII, 795) et dans une « Prophétie de Zoroastre » conservée dans des textes syriaques, cf. *Mages hellén.*, II, p. 128, l. 9, 130, l. 11.

(3) ἐρώτησον Ἀχάραν τὸν γεωργόν A (30. 9) : ἄπελθε πρὸς Ἀχαὰβ τὸν γεωργόν, Zos. *ap.* Olymp. (89. 10). Je ne connais pas, dans la tradition juive, de laboureur Achab ou Acharas (?), mais le dicton « celui qui sème, etc. », sous une forme ou l'autre, est familier : cf. *Jérémie*, XII, 13 (parlant d'efforts inutiles) σπείρατε πυροὺς καὶ ἄκανθαν θερίζετε, *Proverbes*, XXII, 8 ὁ σπείρων φαῦλα θερίσει κακά, surtout *Jo.*, IV, 17 ὃ γὰρ ἐὰν σπείρῃ ὁ ἄνθρωπος, τοῦτο καὶ θερίσει. C'est au surplus une vérité universelle.

(4) σπείρειν A, γεννᾶν E.

(5) τῇ φύσει (τὴν φύσιν A) τέρπεται.

(6) ἡ φύσις τὴν φύσιν νικᾷ AE.

(7) Littéralement « des sables ».

(8) Ταύτης (αὐτῇ A) οὖν δυνάμεως θείας μετεσχηκότες καὶ παρουσίας εὐτυχήσαντες κἀκεῖνοι προσλαμπόμενοι αὐτῆς (κἀκείνοις προσλαμπομένοις αὐτοῖς A) ἐξ αἰτήσεως, ἐξ ἄμμων

comme je l'ai dit, le blé engendre du blé et que l'homme sème un homme, de même aussi l'or récolte-t-il de l'or, le semblable son semblable.

Voici donc que t'a été révélé le mystère.

9. — Ayant donc pris du mercure, etc... » (1).

blé engendre du blé, et l'homme un homme, de même aussi l'or (engendre-t-il) de l'or.

Vois, c'est là tout le mystère.

9. — Ayant donc pris du mercure, etc... » (1).

§ 5. — *L'Alchimie religion mystique.*

Lorsqu'on aborde pour la première fois les écrits de Zosime, on a le sentiment d'être entré dans une chapelle, d'avoir accès à une religion ésotérique toute pleine de mots de passe, de croyances fantastiques, de rites étranges. Les secrets de l'alchimie sont révélés au cours de visions (2) où il est question d'hommes coupés en morceaux, ou brûlés vifs, ou changés en esprits : toutes les opérations alchimiques sont des sortes de sacrifices, des cérémonies de mystères qu'on n'accomplit qu'après initiation. Ces rites à leur tour se fondent sur une doctrine et ils exigent une préparation spirituelle. La doctrine, en particulier le mythe de « l'Homme Premier », l'*Anthrôpos,* émane certainement de milieux gnostiques et rappelle les théories du *Corpus Hermeticum.* La préparation spirituelle est ce détachement de la matière, ce repliement de l'âme sur elle-même pour s'unir au Dieu qui l'habite, bref, cette attitude essentielle de recueillement que prônent toutes les sectes gnostiques, païennes ou chrétiennes. On se trouve bien désormais en présence d'une religion qui vise au salut de l'âme et qui recherche ce salut par la gnose.

L'alchimie nous est apparue d'abord comme une technique. Avec Bolos le Démocritéen, cette technique s'est appuyée sur quelques principes philosophiques auxquels se mêlaient déjà, pour illustrer l'idée de révélation, certains récits mythiques sur l'origine du Grand Art. Dans la mesure où l'on en peut juger par quelques fragments trop maigres, les apocryphes n'ont guère changé ce tableau, sauf que, dans l'opuscule hermétique d'*Isis à Horus,* le mythe, emprunté

καὶ οὐκ ἐξ ἄλλων οὐσιῶν κατασκευάσαντες ἐπέτυχον διὰ τὸ τῆς αὐτῆς (οὔσης A) φύσεως ὑπάρχειν τὴν προσβαλλομένην ὕλην τοῦ κατασκευαζομένου. C'est, exprimé en langage abstrait, le même principe qu'on lisait plus haut en langage symbolique : « Celui qui sème... ». Si l'on veut que le métal apprêté (τὸ κατασκευαζόμενον) soit de l'or, il faut que la matière ajoutée (par alliage) ou appliquée (par enduit) au métal commun soit de l'or. On ne récolte que ce qu'on a semé.

(1) Suivent des recettes d'opérations.
(2) πράξεις α' β' γ' = *Alch. Gr.*, pp. 107, 115, 117.

en partie aux Juifs, s'est fait une place plus considérable. Encore faut-il tenir compte de la mode littéraire, toute science hellénistique devant obligatoirement se mouler dans le cadre d'une communication divine et d'une transmission de mystère. Du moins, ni chez Bolos, ni dans ces apocryphes, l'alchimie ne se donnait-elle comme, une religion de salut, il n'était pas nécessaire d'avoir été initié à la « connaissance » de Dieu et d'être sauvé pour pratiquer le Grand OEuvre. Avec Zosime, l'idée de salut prédomine. De quand date ce changement?

On ne saurait le dire avec certitude. Sans doute un passage des Φυσικὰ καὶ Μυστικά suppose-t-il le dogme du salut (47.12) : « Ces gens-là qui, dans un élan inconsidéré et irréfléchi, veulent préparer le remède qui doit guérir l'âme et l'affranchir de toute peine (τὸ τῆς ψυχῆς ἴαμα καὶ παντὸς μόχθου λύτρον) ne se rendent pas compte qu'ils iront à leur perte ». Mais précisément ce passage, avec les mots significatifs παντὸς μόχθου λύτρον, se trouve dans l'un des morceaux polémiques qu'il semble difficile de rapporter à Bolos lui-même (1).

Le *Livre Véritable de Sophé* l'Égyptien s'ouvre par ces lignes également caractéristiques (213.10 ss.) (2).

« Le livre véritable de Sophé l'Égyptien et du Dieu des Hébreux, Seigneur des Puissances, Sabaôth — car il y a deux sciences et deux sagesses, celle des Égyptiens et celle des Hébreux — est plus solide que la justice divine. En effet cette science et sagesse des choses les plus excellentes est issue du fond des âges — nul maître ne l'a produite, elle est autonome —, et elle est immatérielle et ne recherche rien des corps plongés dans la matière et entièrement périssables, car elle opère sans subir elle-même aucun changement (ἀπαθῶς). Maintenant tu la possèdes en don gratuit. En effet, pour ceux qui sauvent et purifient l'âme divine enchaînée dans les éléments (στοιχείοις), ou plutôt le souffle divin mêlé à la pâte de la chair (φυραθὲν τῇ σαρκί), le symbole de la chimie se tire de la création du monde (κοσμοποιία) par manière d'exemple, car, de même que le soleil, fleur du feu, est soleil céleste et œil droit du monde, ainsi le cuivre, s'il devient fleur par la purification, est-il un soleil terrestre, qui est roi sur la terre comme le soleil l'est au ciel » (3).

(1) Cf. *supra*, pp. 225-226.
(2) Ici encore le texte est très mauvais (d'après A fol. 260 r). Je lis comme suit (213. 9-15) βίβλος ἀληθὴς Σοφὲ Αἰγυπτίου καὶ θεοῦ Ἑβραίων κυρίου τῶν δυνάμεων Σαβαώθ — δύο γὰρ ἐπιστῆμαι καὶ σοφίαι εἰσὶν ἡ τῶν Αἰγυπτίων καὶ ἡ τῶν Ἑβραίων — βεβαιοτέρα ἐστὶν δικαιοσύνης θείας. ἡ γὰρ τῶν ἀγαθωτάτων ἐπιστήμη τε καὶ σοφία [κυριεύει ἀμφοτέρων] ἐκ τῶν αἰώνων ἔρχεται — ἀβασίλευτος γὰρ αὐτῆς (αὐτῶν A) ἡ γέννα (γενεά A) καὶ αὐτόνομος — ἄυλός τε καὶ μηδὲν ζητοῦσα τῶν ἐνύλων καὶ παμφθάρτων (παμαφθόρων A) σωμάτων· ἀπαθῶς γὰρ ἐργάζεται. νῦν δωρεὰν δὲ ἔχεις (νῦν δωρεὰς δὲ εὐχῇ A). χημείας < γὰρ > σύμβολον φέρεται κτλ. (le reste comme dans Ruelle).
(3) ὥσπερ ὁ ἥλιος ἄνθος πυρὸς καὶ ἥλιος οὐράνιος καὶ δεξιὸς ὀφθαλμὸς τοῦ κόσμου, οὕτω καὶ ὁ χαλκός, ἐὰν ἄνθος γένηται διὰ τῆς καθάρσεως, ἥλιός ἐστιν ἐπίγειος, βασιλεὺς ὢν ἐπὶ

On reconnaît bien ici le grand thème de la mystique hellénistique. Divine par son origine, l'âme ici-bas est plongée dans les liens de la matière. Elle ne voit rien, n'entend rien des choses spirituelles. Pour en avoir l'intelligence, il lui faut d'abord purifier ce souffle divin, qui est en elle, de la pâte de la chair : alors elle perçoit le sens des mystérieuses correspondances entre la terre et le ciel. Le livre clos jusqu'à ce jour tout soudain se découvre. Les apparences du monde sont le symbole de l'Art sacré et l'âme pénètre la signification de ces rapports.

Malheureusement cet écrit non plus ne peut être daté avec précision (1). Ce n'est vraiment qu'avec Zosime qu'on tient un point fixe. Le plus probable est que l'alchimie a évolué comme l'esprit du temps et que les préoccupations de salut y ont de plus en plus marqué dans la mesure où ces idées prenaient sur les âmes un plus grand empire. Or cette évolution est surtout notable à partir du IIe siècle. Encore faut-il observer que, chez Zosime même, si l'alchimie est devenue religion mystique, ce n'est pas à l'exclusion de tout profit matériel. Dans un passage polémique des *Commentaires sur la lettre Ω,* Zosime annonce la ruine de ses émules qui ne connaissent pas le bon emploi des fourneaux, emploi, dit-il, « qui les ferait, bienheureux mortels, triompher de la pauvreté, ce mal incurable » (ἵνα μακάριοι γενόμενοι νικήσωσι πενίαν, τὴν ἀνίατον νόσον 233. 26). La même phrase reparaît dans un extrait du *Livre de Sophé* attribué à Zosime (2) : « Par cette méthode tu vaincras la pauvreté, ce mal incurable. » C'était là peut-être une manière de proverbe dans le milieu des alchimistes (3). On n'oubliera pas,

---

γῆς ὡς ὁ ἥλιος ἐν οὐρανῷ, *Alch. Gr.*, 213. 18-21. Il y a ici une allusion à une doctrine astrologique égyptienne, cf. Sext. Emp., *adv. astrol.*, V, 31 οἱ Αἰγύπτιοι βασιλεῖ καὶ δεξιῷ ὀφθαλμῷ ἀπεικάζουσι τὸν Ἥλιον, et, sur ce texte, Cumont, *Théologie solaire*, p. 23 [469] (note 3 de la p. 22); sur le soleil roi, *ibid.*, p. 7 [453] n. 1. Porphyre complique la doctrine, cf. *Isag.* c. 45 (*CCAG.*, V, 4, p. 217. 12 ss.) Ἥλιος δὲ (κυριεύει) καρδίαν ... καὶ ὅρασιν ἐπ' ἀνδρὸς μὲν τὴν δεξιάν, ἐπὶ δὲ θηλείας τὴν εὐώνυμον.

(1) Un autre extrait du *Livre de Sophé* (*Alch. Gr.*, p. 211) porte en sous-titre, dans A (fol. 251 r) « livre mystique de Zosime le Thébain ». « Thébain » est une erreur, Zosime étant dit ou le Panopolitain, à cause de son origine, ou l'Alexandrin, parce qu'il vécut sans doute à Alexandrie. Mais il se peut, après tout, que l'ouvrage soit de Zosime; celui-ci connaissait la tradition juive (cf. *supra*, p. 256 et *infra*, pp. 268 ss., 277-278) et une phrase caractéristique d'un de ses écrits reparaît dans le *Livre de Sophé* (cf. *infra*, n. 2). Si l'attribution est exacte, le Livre de Sophé ne remonte pas avant la fin du IIIe siècle.

(2) *Alch. Gr.*, p. 211. 13. Cf. *supra*, n. 1.

(3) Synésius (*Alch. Gr.*, 59. 6) attribue déjà le mot à Démocrite : εἴρηκε γὰρ ὑποκατιὼν οὕτως· 'ἐὰν ᾖς νοήμων καὶ ποιήσῃς ὡς γέγραπται, ἔσῃ μακάριος· νικήσεις γὰρ μεθόδῳ πενίαν, τὴν ἀνίατον νόσον', et le même reprend ce mot à son compte (211. 9) εἰ δὲ καὶ

après tout, que les fidèles de l'Art Sacré se donnaient pour tâche de « faire de l'or », et l'on ne comprendrait guère les mesures policières de Dioclétien à leur endroit s'ils n'avaient dû être considérés que comme de simples rêveurs.

Qu'on me pardonne la longueur peut-être excessive des deux citations qui vont suivre. Diverses raisons m'excusent. Tout d'abord ces exposés de Zosime se rapportent directement à l'hermétisme philosophique : les *Commentaires sur la lettre* Ω nomment souvent Hermès, et mentionnent en particulier le livre « Sur les Natures » et le traité « sur l'Immatérialité » ; le *Compte Final* se réfère au *Poimandrès* et au baptême dans le Cratère (*Corp. Herm.* IV). En outre, si la philologie allemande (1) a beaucoup contribué à améliorer le premier texte, il n'en existe, du moins en France, aucune traduction qui tienne compte de ces corrections. Enfin, nul résumé ne vaut le contact avec les documents eux-mêmes. Voilà pourquoi je les présente ici.

Du même Zosime sur les appareils et les fourneaux. Commentaires authentiques sur la lettre Ω (2). -

1. — La lettre Ω, la ronde (3), formée de deux parties, appartenant à la

ἰώσεις ἢ κινναβαρίσεις, μακάριος ἔσῃ, ὦ Διόσκορε· τοῦτο γάρ ἐστιν τὸ λυτρούμενον πενίας, τῆς ἀνιάτου νόσου.

(1) Surtout REITZENSTEIN, *Poimandres*, p. 267 (= *Alch. Gr.*, 228.7-11), pp. 102-106 (= *Alch. Gr.*, 229.10-233.2). Voir aussi BIDEZ-CUMONT, *Mag. hell.*, II, p. 243 (= *Alch. Gr.*, 229.16-20, 229.27-228.11), p. 243, n. 1 (= *Alch. Gr.*, 228.7-14) ; enfin SCOTT, *Hermetica*, IV, pp. 105.1-110.25 (= *Alch. Gr.*, 228.4-243.10). La division en paragraphes, *infra*, est celle de Scott. Le texte est tiré de M, fol. 189 r. et ss. — RUSKA, *T. Sm.*, pp. 23-32, a donné de ce morceau, ainsi que des recettes techniques qui suivent, une longue analyse qui vaut une traduction.

(2) On sait que l'ouvrage de Zosime dédié à Théosébie comprenait 28 livres. Peut-être chacune des lettres appartenait-elle à l'une des planètes dont la série était quatre fois répétée (7 × 4 = 28) : cette série, commençant par la lune, aurait donc fini par Saturne, à qui dès lors appartenait la lettre Ω (on s'est livré à des combinaisons semblables avec les signes du zodiaque, chaque signe étant mis en rapport avec deux lettres, cf. *CCAG.*, IV, p. 146 Χρῆσμα τεχνωθὲν παρὰ τοῦ Οὐάλεντος, et surtout BOLL, *Sphaera*, pp. 469 ss. : ici chaque planète obtient quatre lettres). Mais d'autre part le *Compte Final*, adressé lui aussi à Théosébie, mentionne les livres K et Ω, et le titre même semble indiquer que ce traité achevait toute la suite (cf. *infra*, p. 274) : ce serait donc le 28ᵉ livre. En somme le problème des « 28 livres à Théosébie » demeure encore un mystère. — Sur le sens symbolique de l'Ω, FR. DORNSEIFF, *Das Alphabet in Mystik und Magie* (Stoicheia, VII, 1922), p. 25, renvoie également à l'*Etymologicum Magnum*, p. 294. 29.

(3) ⟨τὸ⟩ στρογγύλον Reitzenstein. Sur ces accumulations asyndètes d'épithètes ou de phrases qualificatives, chacune précédée de l'article, cf. SCOTT, IV, pp. 118-119 et, outre le § 1 τὸ Ω στοιχεῖον, ⟨τὸ⟩ στρογγύλον, τὸ διμερές, τὸ ἀνῆκον, les §§ 7 τὸν πνευματικὸν ἄνθρωπον, τὸν ἐπιγνόντα ἑαυτόν, 11 ὁ ἔσω ἄνθρωπος, ὁ πνευματικός, 12 τὸν ἐκ τῆς εἱμαρμένης, τὸν ἐκ τῶν τεσσάρων στοιχείων, 17 τὸν ἀντίμιμον, τὸν ζηλωτήν.

septième zone (celle) de Kronos, selon le sens corporel (1) — car selon le sens incorporel (2), elle est quelque chose d'autre, inexplicable, que seul Nikothéos (3) le caché (4) a su, — selon donc (5) le sens corporel ce qu'on appelle l'Océan « origine et semence de tous les dieux », dit le poète (*II*. 14, 201-246)... (6). La donc susdite grande et admirable lettre Ω contient le traité sur les appareils de l'eau divine (7) et sur tous les fourneaux, mécaniques et simples, et généralement sur toutes matières (8).

2. — Zosime à Théosébie, heureux comportement (9).

Les teintures opportunes (10), ô femme, ont fait tourner en ridicule le

---

(1) = Matériel, κατὰ τὴν ἔνσωμον φράσιν, cf. *Poimandres*, p. 267; *Mag. hell.*, II, pp. 243, n. 1, 244, n. 2.

(2) = Spirituel, κατὰ τὴν ἀσώματον (φράσιν).

(3) Sur ce gnostique, auquel on attribuait une *Apocalypse* (PORPH., *v. Plot.*, 16), cf. SCOTT, IV, pp. 116-117, 485-486; *Poimandres*, pp. 267-268; C. SCHMIDT, *TU* (NF), V, 4, pp. 58 ss.; CH. A. BAYNES, *A Coptic Gnostic Treatise* (Cambridge 1933), pp. 84, 85, n. 7.

(4) <ὁ> κεκρυμμένος. Cf. § 11 Νικόθεος ὁ ἀνεύρετος. Allusion peut-être à un enlèvement au ciel (*Poimandres*, p. 268) ou à une vie cachée d'anachorète (REITZENSTEIN, *Hist. Monach.*, p. 150, n. 3).

(5) δὴ scripsi : δὲ M. Cette mention de l'Océan fait allusion à des théories mystiques qui reparaissent chez les Naasséniens d'Hippolyte, *Ref. haer.*, V, 7, 38 οὗτος (le 1ᵉʳ Homme, Adamas), φησίν, ἐστιν <ὁ> Ὠκεανὸς 'γένεσίς <τε> θεῶν, γένεσίς τ' ἀνθρώπων' κτλ.

(6) Après la citation on lit καθάπερ, φησίν, αἱ μοναρχικαὶ τῆς ἐνσώμου φράσεως, que je ne comprends pas.

(7) L'Ω est le signe du θεῖον = « soufre », cf. *CMAG.*, VIII, p. 2, n° 55 : θεῖον ὕδωρ = « l'eau de soufre » ou (par jeu de mots) « l'eau divine », cf. *Alch. Gr.*, III (trad.), p. 8, n. 2; LIPPMANN, I, p. 8 et index, s. v. θεῖον ὕδωρ. Mais l'Ω est aussi l'un des signes du plomb et de Saturne auquel le plomb appartient, cf. *Alch. Gr.*, p. 8.13 θεῖον ὕδωρ ἐστὶ τὸ ἐκ μολύβδου ἐψούμενον.

(8) περὶ... καὶ καμίνων πασῶν μηχανικῶν καὶ ἁπλῶν, καὶ ἁπλῶς πάντων (πασῶν M) : cf. le titre p. 247 ἑρμηνεία περὶ πάντων ἁπλῶς καὶ περὶ τῶν φωτῶν (les feux).

(9) εὖ διάγειν scripsi : ευηειαει M. Cf. DIOG. LA., III, 61 (Platon) ἐπιστολαὶ τρισκαίδεκα... ἐν αἷς ἔγραφεν εὖ πράττειν, Ἐπίκουρος δὲ εὖ διάγειν, Κλέων χαίρειν. On a χαίρειν en tête du *Compte Final* (239. 1). Une suite magique de voyelles (SCOTT, IV, p. 114) me semble ici très peu probable.

(10) Le problème des καιρικαὶ βαφαί (on le retrouve plus loin dans le *Compte Final*, 239.5, 246.2) reste obscur. Le sens le plus probable me paraît encore « teintures opportunes » c'est-à-dire accomplies aux temps opportuns (καιροί), aux temps où les conjonctions d'astres sont favorables : l'idée serait astrologique (cf. GUNDEL, *Alchemie* 256). Lippmann a proposé un sens tout différent (I, pp. 281, 303) : « teintures où l'on entourait le minerai de bandelettes (καιρία ou κειρία, κηρία, κιρία) comme un cadavre ». Mais il n'y a aucune raison de penser que καιρικός, dont la dérivation à partir de καιρός est certaine, ait été détourné par Zosime de son sens habituel pour une acception si insolite. RUSKA, *Tabula Smaragdina*, pp. 22-23, conserve de même le sens normal de καιρικός = « accompli au temps opportun » et propose lui aussi une explication astrologique de ce terme (« so sind die καιρικαὶ βαφαί die *an bestimmte Zeiten gebundenen*, vom Lauf und von der Stellung der Gestirne abhängigen Metallfärbungen », p. 23). Non par souci d'indépendance, mais pour montrer la convergence de nos résultats, je signale que ce chapitre était entièrement rédigé avant que j'eusse pu consulter le livre de Ruska.

livre sur les fourneaux (1). Beaucoup en effet, pour avoir joui de la faveur de leur démon propre (2) en sorte de réussir (3) dans les teintures opportunes, ont ridiculisé le livre sur les fourneaux et les appareils, comme n'étant pas vrai. Et nul argument n'a pu les convaincre que ce livre est vérité; c'est seulement quand leur propre démon les a quittés aux temps marqués pour eux par la Fatalité et qu'ils ont été pris en charge par un autre démon, celui-ci funeste, que cela les a persuadés (4). Alors, comme leur art et tout leur bonheur (5) ont été empêchés et que les mêmes formules de hasard (6) ont été tournées vers des effets contraires, s'étant rendus bien malgré eux à l'évidence des arguments de leur Fatalité, ils ont confessé qu'il y avait quelque vérité aussi dans ces procédés qu'auparavant ils méprisaient (7).

3. Mais de tels hommes ne peuvent trouver admission ni auprès de Dieu ni auprès des philosophes (alchimistes). Que les temps en effet changent à nouveau de forme et s'améliorent d'une minute à l'autre (8), que le démon leur accorde un bienfait matériel, de nouveau ils changent d'avis et confessent le contraire de ce qu'ils disaient : ils ont oublié toutes les évidences de fait antérieures, et, toujours à la remorque de la Fatalité soit vers l'opinion susdite soit vers son contraire, ils ne conçoivent rien d'autre que les choses matérielles, rien d'autre que la Fatalité.

4. Ce sont de tels hommes que, dans son livre *sur les Natures*, Hermès appelait « hommes sans intellect, simples poupées dans le cortège de la Fatalité, n'ayant aucune idée des choses incorporelles, ni même de la Fatalité elle-même qui les entraîne justement, mais ne cessant de protester contre ses corrections corporelles et ne concevant rien d'autre que les bonheurs qu'elle donne (9) ».

(1) Un livre sur les fourneaux déjà existant, peut-être celui de Maria la Juive, de qui l'on cite une καμινογραφία (90.19). Zosime dit lui-même (§ 21) qu'il ne devrait pas avoir à refaire ce traité, car il ne saurait mieux dire que les anciens.

(2) Sur le rôle des démons dans l'alchimie, cf. *infra*, le *Compte Final*. Mais, vu le contexte, je pense qu'il s'agit ici des démons qui, au service des astres, prennent en charge chacun des mortels au moment de sa naissance (cf. *Corp. Herm.*, XVI, 15) ou au moment où il se lance dans une entreprise (καταρχή), ici une opération alchimique.

(3) εὐμένειαν ἐσχηκότες παρὰ τοῦ ἰδίου δαιμονίου ἐπιτυγχάνειν : infinitif de conséquence sans ὥστε, cf. ABEL, *Gramm. grec biblique* (Paris 1927), § 69 e.

(4) εἰ μὴ αὐτὸς ὁ ἴδιος αὐτῶν δαίμων κατὰ τοὺς χρόνους τῆς αὐτῶν εἱμαρμένης μεταβληθείς, παραλαβόντος αὐτοὺς κακοποιοῦ δαίμονος (*sic* Scott : παραλ. αὐτοῦ κακοποιοῦ δὲ M), ἔπεισεν ego (εἰπεῖν M). Ruska adoptant une correction de Pfeiffer (παρέλαβεν αὐτόν, κακοποιοῦσαν δὲ εἰπών), traduit : « wenn sie nicht ihr eigener Geist, unter der Einwirkung der durch die Zeiten (der Gestirne) bestimmten Schiksalsmacht umgewandelt, annahm, obwohl er diese als Schlimmes bewirkend bezeichnet hatte ».

(5) τῆς εὐδαιμονίας. Noter que εὐδαιμονία a longtemps gardé en grec son sens propre : « le fait d'avoir un bon δαίμων », cf. *Contemplation... selon Platon*, pp. 268 ss.

(6) τῶν αὐτῶν τύχῃ ῥημάτων.

(7) κατεφρόνουν Scott : ἐφρόνουν M.

(8) κατὰ τοὺς λεπτοὺς χρόνους. Même sens apparemment que τὰ λεπτά, division d'un degré de l'heure (minutes) ou de la minute (secondes).

(9) τοὺς τοιούτους δὲ ἀνθρώπους ὁ Ἑρμῆς ἐν τῷ περὶ φύσεων ἐκάλει ἄνοας, τῆς εἱμαρμένης μόνον ὄντας πομπάς, κτλ. Cf. *Poimandres*, p. 102. 6. πομπαί me paraît avoir ici le sens

5. Hermès et Zoroastre (1) ont dit que la race des philosophes (alchimistes) est au-dessus de la Fatalité, puisque ni ils ne se réjouissent du bonheur qu'elle donne, car ils dominent les plaisirs, — ni ils ne sont frappés par les maux qu'elle envoie, s'il est vrai qu'ils regardent au terme de tous leurs maux, — ni ils n'acceptent les beaux présents qui viennent d'elle, parce qu'ils passent toute leur vie dans l'immatérialité (2).

6. C'est aussi pourquoi Hésiode met en scène Prométhée donnant des avertissements à Épiméthée (3) :

(Prométhée) « Quel est, aux yeux des hommes, le plus grand bonheur ? »
(Épiméthée) « Une belle femme et beaucoup d'argent »
Et il (Prométhée) déclare :

« Garde-toi d'accepter des présents de Zeus Olympien, mais rejette-les loin de toi » (4), montrant ainsi à son frère à rejeter par la philosophie les présents de Zeus, c'est-à-dire de la Fatalité.

7. Zoroastre (5) affirme présomptueusement que par la connaissance de toutes les choses d'en haut et la vertu magique des sons corporels, on détourne de soi tous les maux de la Fatalité, et les particuliers et les universels. Hermès au contraire, dans son livre *Sur l'Immatérialité*, s'en prend à la magie elle aussi, car il dit qu'il ne faut pas que l'homme spirituel, celui qui se reconnaît soi-même, redresse quoi que ce soit par la magie, même s'il le juge bon, ni qu'il fasse violence à la Nécessité, mais qu'il la laisse agir selon sa nature et son choix, qu'il progresse par la seule recherche de soi-même, tienne solidement, dans la connaissance de Dieu, la Triade ineffable (6) et laisse la Fatalité traiter à sa guise la boue qui lui appartient, c'est-à-dire le corps. Et ainsi, dit-il, par cette façon de penser et

---

concret et signifier les poupées qu'on portait en procession, mais je n'ai pas d'autre exemple. Le passage est peut-être emprunté au *C. H.* IV (Κρατήρ) — qui serait, en ce cas, le περὶ φύσεων —, cf. § 7 : καθάπερ αἱ πομπαὶ μέσον παρέρχονται, μήτε αὐταὶ ἐνεργῆσαί τι δυνάμεναι, τοὺς δὲ ἐμποδίζουσαι, τὸν αὐτὸν τρόπον καὶ οὗτοι μόνον πομπεύουσιν ἐν τῷ κόσμῳ, παραγόμενοι ὑπὸ τῶν σωματικῶν ἡδονῶν.

(1) Ce morceau sur Zoroastre a été édité et commenté dans *Mag. hell.*, II, pp. 243 ss. Voir aussi mon article dans *Mémorial Lagrange* (Paris, 1940), pp. 125-127 (où p. 126, l. 1, il faut lire « traité de l'Immatérialité »).

(2) J'ai admis dans le texte une interversion des deux propositions causales πάντοτε ἐν ἀϋλίᾳ (sic Scott, Bidez-Cumont : ἐναυλία M <ἐν> ἐναυλίᾳ Reitzenstein ἐναυλίαν sc. ζωήν Liddell-Scott-Jones; cf. *Mém. Lagrange*, p. 125, n. 3) ἄγοντας et ἐπείπερ εἰς πέρας κακῶν βλέπουσιν, et je lis donc : τῷ μήτε τῇ εὐδαιμονίᾳ αὐτῆς χαίρειν — ἡδονῶν γὰρ κρατοῦσιν — μήτε τοῖς κακοῖς αὐτῆς βάλλεσθαι, ἐπείπερ εἰς πέρας κακῶν βλέπουσιν, μήτε τὰ καλὰ δῶρα παρ' αὐτῆς καταδέχεσθαι, πάντοτε ἐν ἀϋλίᾳ ἄγοντας. Dès lors, il n'y a pas à corriger κακῶν (κακόν Reitzenstein, κακά Bidez-Cumont).

(3) Sur cette interprétation allégorique du mythe de Prométhée-Épiméthée, cf. Ferguson *ap.* Scott, *Hermetica*, IV, Introd., p. XLII, notes pp. 459-460, 484-485. La division de τίνα οἴονται... πλούτῳ πολλῷ est de Ferguson (Introd., *l. c.*) : Reitzenstein et Scott avaient supprimé cette phrase. Il faut admettre que Zosime lisait un texte d'Hésiode interpolé, ce qui n'étonne pas outre mesure.

(4) Cf. Hés., *Erga* 85 ss. οὐδ' Ἐπιμηθεὺς | ἐφράσαθ' ὥς οἱ ἔειπε Προμηθεὺς μήποτε δῶρον | δέξασθαι πὰρ Ζηνὸς Ὀλυμπίου, ἀλλ' ἀποπέμπειν | ἐξοπίσω, μή πού τι κακὸν θνητοῖσι γένηται.

(5) Sur cette antithèse entre les deux voies de Zoroastre et d'Hermès, cf. *Mémor. Lagrange*, pp. 125-127.

(6) « Triade ineffable » rend un son chrétien (cf. *Mémor. Lagrange*, p. 126, n. 4) et,

de vivre, [8] tu verras le Fils de Dieu devenant toutes choses en faveur des âmes pieuses pour tirer l'âme de la région de la Fatalité et l'élever à l'incorporelle. Vois-le devenant tout, dieu, ange, homme passible. Car, comme il peut tout, il devient tout ce qu'il veut. [Et il obéit à son Père] (1). Pénétrant à travers tout corps (2), illuminant l'intellect de chacun, il lui donne l'élan pour monter vers la région bienheureuse où cet intellect se

comme d'autres éléments de ce texte, a pu être emprunté à une gnose chrétienne, mais je croirais bien plutôt qu'il est fait ici allusion à la Triade des *Oracles Chaldaïques*, pp. 14-15 Kroll : car la suite du texte (cf. p. 267 n. 1) me semble également en dépendance de Julien le Théurge. L'explication de Reitzenstein (*Hist. Mon.*, p. 200, n. 1) qui voit dans cette triade l'Ame du Monde, d'après PORPH., *de abst.*, II, 37 (le Premier Dieu est incorporel et n'a besoin de rien, οὐ μὴν οὐδ' ἡ τοῦ κόσμου ψυχὴ ἔχουσα μὲν τὸ τριχῇ διαστατὸν καὶ αὐτοκίνητον ἐκ φύσεως), me paraît très peu probable : « Triade ineffable » ne peut désigner que la Divinité toute première.

(1) πάντα γὰρ δυνάμενος, πάντα ὅσα θέλει γίνεται, καὶ πατρὶ ὑπακούει. Ruska traduit : « Denn zu allem geworden, da er alles vermag, geschiet alles, was er will », πάντα étant sujet de γίνεται. Mais, d'après le parallèle du § 14 et d'Hippolyte (*infra*), ce sujet doit être plutôt le Fils de Dieu — sans compter que la construction serait étrange. L'idée générale du morceau est que, par le détachement et le recueillement, on parvient à voir Dieu : c'est toujours le grand thème de la vision de Dieu dès ici-bas, but ultime de toute la mystique hellénistique. « Fils de Dieu » n'est pas nécessairement chrétien, cf. *Corp. Herm.*, I, 6 ὁ δὲ ἐκ Νοὸς φωτεινὸς Λόγος υἱὸς θεοῦ. Ce « Fils de Dieu » est, par essence, invisible aux yeux du corps, il ne se laisse voir qu'à l'œil du *noûs* (après les purifications nécessaires) : lieu commun, cf. par exemple JAMBL., *de myst.*, X, 5-6. Cependant le même Jamblique, en dépendance des *Oracles Chaldaïques*, enseigne que, par la théurgie, on peut atteindre à la vue *corporelle*, non pas sans doute du Dieu suprême, mais de son Fils et des dieux inférieurs : cf. JAMBL., *de myst.*, II, 3; KROLL, *De Oraculis chaldaicis* (Breslau, 1894), pp. 55 ss.; BIDEZ, *La vie de l'Empereur Julien* (Paris, 1930), ch. XII, pp. 73 ss. C'est à ces croyances, semble-t-il, que se réfère Zosime et il n'est donc pas besoin de tenir (avec Reitzenstein) ὅρα αὐτὸν γινόμενον πάντα, θεόν, ἄγγελον, ἄνθρωπον παθητόν pour une interpolation chrétienne. Dieux revêtant une forme d'homme : *Or. Chald.*, p. 56 Kroll. SCOTT, p. 127, cite HIPPOL., *Ref. haer.*, V, 7, 25 (p. 84. 14 Wendl.) λέγουσιν (les Naasséniens) οὖν περὶ τῆς τοῦ πνεύματος (à garder!) οὐσίας, ἥτις ἐστὶ πάντων τῶν γινομένων αἰτία, ὅτι τούτων ἔστιν οὐδέν, γεννᾷ δὲ καὶ ποιεῖ πάντα τὰ γινόμενα, λέγοντες οὕτως· 'γίνομαι ὃ θέλω καὶ εἰμὶ ὃ εἰμί'. Je serais disposé par contre à tenir καὶ πατρὶ ὑπακούει pour une interpolation chrétienne (cf. *infra*, p. 270 n. 10), l'interpolateur ayant appliqué au Christ une doctrine, ici hermétique, du Fils de Dieu. Cette obéissance ne peut faire ici. — REITZENSTEIN, *Hist. Mon.*, pp. 299-300 (voir aussi FERGUSON, *l. c.*, pp. 485-486), pense que Evagrius (*Ep.*, 29, p. 587 Fr.) vise directement ce passage de Zosime : « Souviens-toi de la vraie foi et sache que la Sainte Trinité ne se laisse voir ni dans le spectacle des choses corporelles ni dans la contemplation des incorporelles et qu'elle ne fait pas nombre avec les créatures... En effet, la Sainte Trinité est une gnose (un objet de gnose) essentielle et elle est insondable et incompréhensible. Il n'y a donc pas profit à regarder du côté des sages païens qui nomment Dieu, d'un terme compréhensif, souffle ou feu spirituel (γνωστικόν) en tant qu'il n'a pas de figure, mais souffle ou feu qui se change en telle chose qui lui plaît et qui en prend la ressemblance (ὁμοιούμενον οἷς ἂν θέλῃ : cf. Zos. πάντα ὅσα θέλει γίνεται, Naass. ap. Hipp., γίνομαι ὃ θέλω). Cela ne convient pas à Dieu, mais aux démons que ces païens honorent plus que tout et qui se métamorphosent aisément en toutes formes corporelles. ».

(2) διὰ παντὸς σώματος διήκων. C'est une expression toute stoïcienne et une qualification habituelle du πνεῦμα stoïcien, cf. *Stoic. V. Fr.*, II, 306. 21 πνεῦμα διῆκον δι' ὅλου τοῦ κόσμου ou διὰ πάντων (137.30), voir l'index, s. v. διήκω.

trouvait déjà avant de devenir corporel, il le fait marcher à sa suite, le met en état de désir et lui sert de guide jusqu'à cette lumière surnaturelle.

9. Considère aussi le tableau qu'a dessiné Bitos (1) et < ce qu'ont écrit > le trois fois grand Platon, et l'infiniment grand Hermès, tu verras que Thoyth s'interprète en langage hiératique le premier homme, l'interprète de tous les êtres, celui qui donne un nom à toutes les choses corporelles (2).

10. Les Chaldéens, les Parthes, les Mèdes et les Hébreux (3) le nomment Adam, ce qui s'interprète terre vierge, terre couleur de sang, terre rouge feu, terre de chair. On trouve tout cela dans les bibliothèques des Ptolémées (4) et on a fait des dépôts de ces écrits dans chaque temple, particulièrement au Sarapiéion, quand on a invité Anésâs le grand prêtre de Jérusalem à envoyer un interprète (5), lequel traduisit tout le texte hébreu en grec et en égyptien (6).

(1) Il s'agit sans doute d'un diagramme analogue à celui des Ophites *ap*. ORIGEN., *in Cels.*, VI, 30-32. Bitos devait renvoyer à Hermès et celui-ci à Platon (Thoyth est mentionné *Phil.* 18 b); cf. *Poimandres*, p. 104, n. 1. Bitos est peut-être le même que le Βίτυς προφήτης du *de myster.*, VIII, 4, qui interpète un écrit d'Hermès dédié au roi Ammon; cf. *Poimandres*, pp. 106-108. Noter καὶ Βίτος γράψας pour ἔγραψεν, participe au lieu du *verbum finitum :* construction fréquente chez Zosime et dans d'autres textes alchimiques.

(2) Cf. *Gen.*, II, 20. En outre jeu de mots ordinaire sur Ἑρμῆς ἑρμηνεύς.

(3) Sur ces associations de noms de peuples orientaux, cf. *supra*, pp. 20 ss. Parthes et Mèdes ne sont pas nommés sans raison, ces spéculations sur l'homme primitif (auquel Adam est assimilé) remontant au mazdéisme, comme on l'a établi depuis longtemps, cf. BOUSSET, *Hauptprobleme der Gnosis,* 1907, pp. 215 ss.; REITZENSTEIN-SCHAEDER, *Studien zum antiken Synkretismus*, 1926; CUMONT, *Rev. Hist. Rel.*, CXIV (1936), p. 39, n. 2. — Zosime est ici en désaccord avec la tradition du λόγος des Naasséniens sur le Premier Homme Adamas, cf. HIPPOL., *Ref. haer.*, V, 7, 2 ss. (p. 79.6 ss. Wendl.). Ce Premier Homme n'est dit Adam que chez les Chaldéens (V, 7, 6) alors que les Assyriens le nomment Adonis ou Endymion (V, 7, 11), les Phrygiens Attis (V, 7, 13-15), les Égyptiens Osiris (V, 7, 22-24), les Grecs Hermès (V, 7, 30-34). En outre les Phrygiens donnent à ce Premier Homme bien d'autres noms (V, 8-9) et toutes ces désignations sont enfin résumées dans l'hymne à Attis (V, 9, 8) σὲ καλοῦσιν μὲν Ἀσσύριοι ... Ἄδωνιν, ὅλη δ' Αἴγυπτος Ὄσιριν, ἐπουράνιον μηνὸς κέρας Ἑλληνὶς σοφία, Σαμοθρᾷκες Ἄδαμνα..., Αἱμόνιοι Κορύβαντα, καὶ οἱ Φρύγες ἄλλοτε μὲν Πάπαν, ποτὲ δὲ < αὖ > νέκυν ἢ θεὸν ἢ τὸν ἄκαρπον ἢ αἰπόλον ἢ χλοερὸν στάχυν ἀμηθέντα ἢ... < Ἄττιν >.

(4) Cf. OLYMPIOD., *Alch. Gr.*, 89. 3 ss. ἐκ τοῦ Ἀδάμ· οὗτος γὰρ πάντων ἀνθρώπων πρῶτος ἐγένετο ἐκ τῶν τεσσάρων στοιχείων· καλεῖται δὲ καὶ παρθένος γῆ καὶ πυρρὰ γῆ καὶ σαρκίνη γῆ καὶ γῆ αἱματώδης. ταῦτα δὲ εὑρήσεις ἐν ταῖς Πτολεμαίου βιβλιοθήκαις. Il semble qu'il y ait ici le produit de combinaisons élaborées chez les Juifs d'Alexandrie entre heb. *adamah* = γῆ et gr. ἀδμής = παρθένος. Hesychius a ἀδάμα· παρθενικὴ γῆ : de même Jos., *Antiq.*, I, **1**, 2 σημαίνει δὲ τοῦτο (scil. Ἄδαμος) πυρρός, ἐπειδήπερ ἀπὸ τῆς πυρρᾶς γῆς ἐγέγονει, τοιαύτη γάρ ἐστιν ἡ παρθένος γῆ (références du Prof. Margoliouth *ap*. SCOTT, IV, p. 121). Scott cite encore Eus., *pr. ev.*, XI, 6, 10 ss. παρ' Ἑβραίοις Ἀδὰμ ἡ γῆ καλεῖται κτλ.

(5) ἑρμηνέα, Scott : Ἑρμῆν (M) paraît impossible.

(6) On a ici l'une des traditions qui couraient dans les juiveries d'Égypte sur l'origine des LXX. Asénas (nom égyptien) a remplacé Éléazar qu'on trouve partout ailleurs (Nicétas seul a Azarias); les soixante-dix interprètes ne sont plus qu'un; enfin la traduction est en grec et *en égyptien,* ce que Zosime est seul à dire et qui marque le caractère égyptien de sa source.

11. C'est ainsi donc que le premier homme, celui qui chez nous est Thoyth, ces gens-là l'ont nommé Adam, d'un nom emprunté à la langue des anges. Et non seulement cela, mais ils l'ont nommé symboliquement, l'ayant désigné par quatre lettres (éléments) tirées de l'ensemble de la sphère, selon le corps. Car la lettre A de ce nom exprime le levant, l'air; la lettre Δ exprime le couchant, la terre qui s'incline vers le bas à cause de son poids; < la seconde lettre A exprime le nord, l'eau >; la lettre M exprime le midi, le feu maturant (1) qui est intermédiaire entre ces corps et qui a trait à la zone intermédiaire, la quatrième (2). C'est ainsi donc que l'Adam charnel est nommé Thoyth selon le modelage extérieur. Quant à l'homme qui est à l'intérieur d'Adam, l'homme spirituel (3), il a tout à la fois un nom propre et un nom commun. Son nom propre, je l'ignore

(1) πεπαντικὸν πῦρ: cf. *C. H.*, I, 17 τὸ δὲ πέπειρον ἐκ ψυχῆς.

(2) στοιχεῖον signifie « élément » et\` « lettre ». Le Premier Homme, Adam, est formé des 4 éléments (cf. Olympiodore et infra § 12) et dans le nom d'Adam entrent les initiales de ἀνατολή, δύσις, ἄρκτος, μεσεμβρία : ainsi Adam est-il le symbole de la sphère, résumant en lui les éléments qui composent le monde et les 4 points cardinaux. La même étymologie se retrouve dans l'*Hénoch* slave, cf. R. H. CHARLES, *The Apocrypha and Pseudepigrapha of the Old Testament*, Vol. II, Oxford, 1913, p. 449 :
« ... And I appointed him a name, from the four component parts, from east, from west, from south, from north, and I appointed for him four special stars, and I called his name Adam, and showed him the two ways, the light and the darkness... »
The Book of secrets of Enoch, XXX, 13-14. Charles note à propos du verset 13 :
« This verse may either be the source of or else derived from the *Sibyll. Or.*, III' 24-6 :

αὐτὸς δὴ θεός ἐσθ' ὁ πλάσας τετραγράμματον Ἀδάμ
τὸν πρῶτον πλασθέντα καὶ οὔνομα πληρώσαντα
ἀντολίην τε δύσιν τε μεσημβρίην τε καὶ ἄρκτον.

The third line frequently occurs, e. g. in II. 195, VIII. 321, XI. 3, and the order of letters is wrong. In the anonymous treatise *De Montibus Sina et Sion*, 4, formerly ascribed to Cyprian, we have a long account : « *Nomen accepit a Deo. Hebreicum Adam in Latino interpretat* « *terra caro facta* », *eo quod ex quattuor cardinibus orbis terrarum pugno comprehendit, sicut scriptum est : « palmo mensus sum caelum et pugno comprehendi terram et confinxi hominem ex omni limo terrae; ad imaginem Dei feci illum ». Oportuit illum ex his quattuor cardinibus orbis terrae nomen in se portare Adam* ». At each of the four quarters four stars were set by the Creator, called anatole, dysis, arctus, mesembrion. Take from these stars the first letter of each, and you have the name ἀδάμ. Bede, *in Genesin Expositio* IV. approves, and adds that « *haec proprietas significat dominaturam Adam in quattuor partibus mundi* ». Voir aussi Fr. DORNSEIFF, *Das Alphabet* (cf. *supra*, p. 263 n. 2), pp. 137-138. M. Cumont me signale que les quatre étoiles placées aux quatre points cardinaux (et correspondant aux quatre lettres du nom d'Adam) sont celles qui, suivant le *Boundahish*, II, 7, commandent aux étoiles du Levant, du Nord, du Sud et du Couchant.

(3) La même opposition « homme extérieur charnel ∼ homme intérieur spirituel » se retrouve chez les Naasséniens à propos d'Adamas, HIPPOL., *Ref. haer.*, V, 7, 35-36 ('ὄν', φησίν, 'ἐντάσσω Ἀδάμαντα εἰς τα θεμέλια Σιών'· ἀλληγορῶν, φησί, τὸ πλάσμα τοῦ ἀνθρώπου λέγει. ὁ δὲ ἐντασσόμενος Ἀδάμας ἐστὶν < 'ὁ ἔσω ἄνθρωπος', θεμέλια Σιὼν δὲ οἱ > ὀδόντες· ὡς Ὅμηρος λέγει 'ἕρκος ὀδόντων', τουτέστι τεῖχος καὶ χαράκωμα, ἐν ᾧ ἐστὶν ὁ ἔσω ἄνθρωπος, ἐκεῖθεν ἀποπεπτωκὼς ἀπὸ τοῦ ἀρχανθρώπου ἄνωθεν Ἀδάμαντος, ὁ ... κατενηνεγμένος εἰς τὸ πλάσμα τῆς λήθης, τὸ χοϊκόν, τὸ 'ὀστράκινον'), comme d'ailleurs dans toute la mystique gnostique.

jusqu'aujourd'hui : seul en effet Nicothéos l'introuvable l'a connu. Son nom commun se dit *phôs* (φώς) et de là est venu l'usage d'appeler les hommes *phôtés* (1).

12. Alors que Phôs était au Paradis prenant le frais (2), à l'instigation de la Fatalité < les archontes? > le persuadèrent, disant que c'était sans malice et sans portée (3), de revêtir le corps d'Adam qui sortait de leurs mains, qui était issu de la Fatalité (4), qui était formé des quatre éléments. Lui, comme c'était sans malice (5), ne s'y refusa point, et eux se glorifièrent, à la pensée que désormais ils le tenaient en esclavage (6).

13. En effet l'homme extérieur est un lien, au dire d'Hésiode (7), le lien par lequel Zeus lia Prométhée. Puis, après ce lien, Zeus lui envoie comme autre lien Pandôra, celle que les Hébreux nomment Éva. En effet, selon le langage allégorique, Prométhée et Épiméthée ne font ensemble qu'un seul homme, c'est-à-dire l'âme et le corps. Tantôt Prométhée (= l'homme) a la ressemblance de l'âme, tantôt celle de l'intellect, tantôt celle de la chair à cause du refus d'Épiméthée quand il refusa d'entendre son propre < intellect > (8).

14. En effet le *Noús*, notre dieu, déclare (9) : « Le Fils de Dieu, qui peut tout et qui devient tout ce qu'il veut, se montre comme il le veut à chacun. » [A Adam se joignit Jésus-Christ < qui le > transporta là où vivaient auparavant ceux qu'on appelle *phôtés*. Et il apparut encore aux hommes tout à fait impuissants comme un homme né passible et frappé de verges, et en secret il enleva les *phôtés* qui étaient à lui, attendu qu'il ne souffrit d'aucune façon, mais qu'il montra comment on foule aux pieds la mort et n'en fait nul cas] (10).

15. Et jusqu'à ce jour et jusqu'à la fin du monde, en secret et à découvert,

(1) Jeu de mots bien connu sur φώς — φῶς. La lumière (φῶς) joue un grand rôle dans la doctrine du Premier Homme de *C. H.*, I.

(2) Je lis ὅτε ἦν Φὼς ἐν τῷ παραδείσῳ διαπνεόμενος, ὑπὸ τῆς εἱμαρμένης ἔπεισαν αὐτὸν κτλ. sans rien corriger (je ne comprends pas διαπνεομένῳ ὑπὸ τῆς εἱμαρμένης Keil *ap.* Reitz). « Paradis » indique l'origine juive de ce mythe de Φώς, cf. *Gen.*, II. 8. — Avant ou après αὐτόν, ajouter (ou sous-entendre) avec Reitzenstein οἱ ἄρχοντες ou quelque équivalent : il doit s'agir des démons des astres, agents de l'Heimarménè.

(3) ὡς ἄκακον καὶ ἀνενέργητον. Ou « vu qu'il était sans malice et inactif ».

(4) τὸν ἐκ τῆς εἱμαρμένης : cf. *C. H.*, I, 20 προκατάρχεται τοῦ οἰκείου σώματος τὸ στυγνὸν σκότος, ἐξ οὗ ἡ ὑγρὰ φύσις, ἐξ ἧς τὸ σῶμα συνέστηκεν ἐν τῷ αἰσθητῷ κόσμῳ, ἐξ οὗ θάνατος ἀρδεύεται.

(5) ὁ δὲ διὰ τὸ ἄκακον : ou « comme il était sans malice ».

(6) ὡς δεδουλαγωγημένου αὐτοῦ : cf. *C.H.*, I, 15 ἀθάνατος γὰρ ὢν ... τὰ θνητὰ πάσχει ὑποκείμενος τῇ εἱμαρμένῃ· ὑπεράνω οὖν ὢν τῆς ἁρμονίας ἐναρμόνιος γέγονε δοῦλος.

(7) Hés., *Théog.*, 521-523, 614-616.

(8) τοῦ ἰδίου < νοῦ > Reitzenstein : cf. § 17 Ἐπιμηθέα συμβουλευόμενον ὑπὸ τοῦ ἰδίου νοῦ, τουτέστι τοῦ ἀδελφοῦ αὐτοῦ.

(9) φησὶ γὰρ ὁ Νοῦς ἡμῶν. Noûs est ici nom propre, comme dans *C. H.* I 6 τὸ φῶς ἐκεῖνο, ἔφη, ἐγὼ Νοῦς ὁ σὸς θεός, 9 ὁ δὲ Νοῦς ὁ θεός, 11 καθὼς ἠθέλησεν ὁ Νοῦς, 16 καὶ μετὰ ταῦτα Νοῦς ὁ ἐμός, 21 ὦ Νοῦς ἐμός, 22 παραγίνομαι αὐτὸς ἐγὼ ὁ Νοῦς ... οὐκ ἐάσω αὐτὸς ὁ Νοῦς. — Pour la suite, cf. *supra*, p. 267 n. 1.

(10) Les mots entre crochets, ici et plus bas, rompent la suite des idées et me paraissent, comme à Reitzenstein, une interpolation chrétienne dans un texte qui ressortit substantiellement à une gnose indépendante du christianisme.

il vient à ceux qui sont à lui et communique avec eux (1), leur conseillant, en secret et par le moyen de leur intellect, de se séparer de leur Adam [qu'ils ont frappé et mis à mort], qui les aveugle et qui jalouse (2) l'homme spirituel et lumineux [ils tuent leur propre Adam].

16. Ainsi en va-t-il, jusqu'à ce que vienne le démon faux imitateur (3), qui les jalouse et qui veut, comme auparavant déjà, les égarer en se disant Fils de Dieu, bien qu'il soit hideux d'âme et de corps (4). Mais eux, comme ils sont devenus plus sages depuis qu'ils ont reçu en eux celui qui est réellement Fils de Dieu, ils lui abandonnent leur propre Adam (5) pour qu'il le tue, cependant qu'ils sauvent leurs esprits lumineux pour leur propre pays, là où ils étaient déjà avant le monde (6).

17. Mais, d'abord, avant d'en venir à ces audaces, le faux imitateur, le jaloux, envoie de Perse son précurseur qui se répand en discours mensongers et qui entraine les hommes dans le cortège de la Fatalité. Son nom a neuf lettres, en comptant pour deux la diphtongue, ce qui correspond au compte de la Fatalité (7). Ensuite, après environ sept périodes (8), lui aussi, dans sa propre nature, il viendra (9).

18. On ne trouve cela que chez les Hébreux et dans les livres sacrés d'Hermès (10), touchant l'homme lumineux et son guide le Fils de Dieu,

---

(1) ἔπεισι λάθρα καὶ φανερὰ (allusion aux communications intérieures et aux visions corporelles) συνὼν τοῖς ἑαυτοῦ : cf. *C. H.* I, 22 παραγίνομαι αὐτὸς ἐγὼ ὁ Νοῦς τοῖς ὁσίοις καὶ ἀγαθοῖς καὶ καθαροῖς καὶ ἐλεήμοσι, τοῖς εὐσεβοῦσι, καὶ ἡ παρουσία μου γίνεται βοήθεια, καὶ εὐθὺς τὰ πάντα γνωρίζουσι (ils ont la gnose!) καὶ τὸν πατέρα ἱλάσκονται.

(2) Cf. *C. H.*, VII, 2, τὸν δι' ὧν φιλεῖ μισοῦντα καὶ δι' ὧν μισεῖ φθονοῦντα.

(3) ὁ ἀντίμιμος δαίμων. L'expression, à ma connaissance, ne revient pas ailleurs, mais l'idée rappelle d'une part la notion de l'Antichrist, cf. *II Thess.*, II, 4 ὁ ἀντικείμενος καὶ ὑπεραιρόμενος ἐπὶ πάντα λεγόμενον θεὸν ἢ σέβασμα, ὥστε αὐτὸν εἰς τὸν ναὸν τοῦ θεοῦ καθίσαι, ἀποδεικνύντα ἑαυτὸν ὅτι ἔστιν θεός, d'autre part, la notion mazdéenne de l'ἀντίθεος, sur quoi cf. CUMONT, *Rel. Or.*[4], p. 278, n. 49. Il s'agit de Satan, qui veut prendre les âmes, comme il l'a fait déjà pour Ève (d'où ὡς τὸ πρώην, exclu par Reitzenstein : mais ce passage-ci semble venir d'une source gnostique).

(4) λέγων ἑαυτὸν υἱὸν θεοῦ, ἄμορφος ὢν καὶ ψυχῇ καὶ σώματι. Ruska corrige en ἄμομφος et traduit : « indem er sich selbst Sohn Gottes nennt, als tadellos an Leib und Seele ».

(5) C'est-à-dire l'homme extérieur, le corps.

(6) < εἰς > ἴδιον χῶρον, ὅπου καὶ πρὸ κόσμου ἦσαν : cf. *supra*, § 7, φωτίζων τὸν ἑκάστου (Reitz. : ἑκάστης M) νοῦν εἰς τὸν εὐδαίμονα χῶρον ἀνώρμησεν (ici transitif), ὅπουπερ ἦν καὶ πρὸ τοῦ σωματικὸν γενέσθαι. D'où πρὸ κόσμου « avant de venir dans le monde », mais cet état préempirique des âmes peut être antérieur à la création du monde, comme dans *C. H.* I et *Korè Kosmou*.

(7) Il s'agit de Manichée, mort sous Bahram Ier (274-277), ce qui fait un *terminus a quo* pour Zosime. Μανιχαῖος compte 9 lettres, comme Εἱμαρμένη. Pour ὅρος = terme d'une « ratio », cf. LIDDEL-SCOTT-JONES, s. v. ὅρος, IV, 2, ARIST., *Eth. Nic.*, V, 1131 *b* 5 ss.

(8) Pour les sept périodes, cf. CUMONT, *La fin du monde selon les Mages occidentaux* dans *Rev. Hist. Rel.*, CIII (1931), pp. 93 ss.; voir aussi *Mages hellén.*, I, pp. 218-219; BOLL-BEZOLD-GUNDEL, *Sternglaube*[4], pp. 200-205 : *Weltperioden und Planetenlauf*.

(9) Malgré le contexte immédiat, αὐτός désigne probablement, non pas Satan, mais, comme le veulent Scott (IV, p. 132) et Ruska, le Fils de Dieu.

(10) Les deux sources principales de Zosime sont ici nettement indiquées : des

272   LA RÉVÉLATION D'HERMÈS TRISMÉGISTE.

l'Adam terrestre et son guide le faux imitateur qui se dit, par un mensonge blasphématoire, le Fils de Dieu. Or les Grecs nomment l'Adam terrestre Épiméthée, qui reçoit de son intellect (1), c'est-à-dire de son frère, le conseil de ne pas accepter les présents de Zeus. Cependant après être tombé, et s'être repenti, et avoir cherché le pays bienheureux <......... Quant à Prométhée, c'est-à-dire à l'intellect> (2), il explique tout et conseille en tout ceux qui ont des oreilles spirituelles (3). Mais ceux qui n'ont que des oreilles corporelles appartiennent à la Fatalité (4), car ils n'acceptent et ne confessent rien d'autre.

19. Ceux qui réussissent dans les teintures opportunes (5) prétendent qu'il n'y a rien en dehors de leur art, et ils ridiculisent le grand livre sur les fourneaux. Ils ne remarquent même pas ce mot du poète (*Od.* 8, 167) : « Non, jusqu'ici, les dieux n'ont pas donné aux hommes tous les biens à la fois », et la suite, et ils ne font nulle attention, ils ne prennent pas garde au cours ordinaire des choses humaines, en ce sens que, touchant un art donné, le succès est divers, diverse la pratique, du fait que la diversité des mœurs humaines et des figures astrales rendent divers aussi l'art en question (6), que tel artisan prend la tête (7), tel autre reste simple artisan, qu'un autre demeure en arrière et qu'un autre encore, plus mauvais, ne fait aucun progrès.

20. On peut voir ainsi, dans toutes les industries, les hommes pratiquer le même art avec des outils et des méthodes qui diffèrent et se montrer divers quant à l'intelligence et au succès. Mais, plus qu'en aucun autre,

« livres hermétiques » (il a cité un περὶ φύσεων [peut-être *C. H.*, IV] et un περὶ αὐλίας, mais les rapprochements les plus significatifs sont avec le *C. H.*, I) et « les Hébreux », c'est-à-dire, d'une part des exégèses allégoriques du récit de la Genèse (Adam), d'autre part des écrits gnostiques pseudo-chrétiens (Nicothéos). Une troisième source, mentionnée aussitôt après, est l'exégèse allégorique de la légende de Prométhée-Épiméthée. Zosime a dû se servir d'un commentaire allégorique des poèmes d'Hésiode, cf. J. GALENOS, *Allegor. Hesiod.* dans GAISFORD, *Poetae Gr. Min.*, II (éd. 1823), p. 580.

(1) Pour Prométhée = « l'intellect », cf. PLUT., *de fortuna*, p. 98 C Προμηθεύς = ὁ λογισμός, et SYNCELLE, *Chronogr.*, p. 282 Dind., citant PLATON LE COMIQUE dans la comédie des *Sophistes* (I, 136 Koch).

(2) La lacune a été reconnue par Reitzenstein. Du même, les mots entre crochets : mais l'on pourrait suppléer aussi ὁ δὲ Νοῦς ἡμῶν, « Quant à Noûs, notre dieu... ».

(3) ἀκοὰς νοερὰς, opposé à ἀκοὰς σωματικάς. Pour l'idée, cf. *Math.*, XI, 15; XIII, 9 ὁ ἔχων ὦτα ἀκούειν ἀκουέτω... (13) διὰ τοῦτο ἐν παραβολαῖς αὐτοῖς λαλῶ, ὅτι βλέποντες οὐ βλέπουσιν καὶ ἀκούοντες οὐκ ἀκούουσιν οὐδὲ συνιοῦσιν... (16) ὑμῶν δὲ μακάριοι οἱ ὀφθαλμοὶ ὅτι βλέπουσιν, καὶ τὰ ὦτα ὑμῶν ὅτι ἀκούουσιν... (19) παντὸς ἀκούοντος τὸν λόγον τῆς βασιλείας καὶ μὴ συνιέντος, ἔρχεται ὁ πονηρὸς καὶ ἁρπάζει τὸ ἐσπαρμένον ἐν τῇ καρδίᾳ αὐτοῦ, etc.

(4) τῆς εἱμαρμένης εἰσί, littéralement « sont de la Fatalité », ainsi *I Cor.*, I, 12 ἕκαστος ὑμῶν λέγει· 'ἐγὼ μέν εἰμι Παύλου... ἐγὼ δὲ Χριστοῦ', cf. 3, 4. Un supplément ne me paraît pas nécessaire.

(5) Cf. *supra*, p. 264, n. 10. Zosime revient ici à son objet propre qu'il a quitté au § 4.

(6) Je lis διὰ < τὸ διάφορα > τὰ ἤθη καὶ διάφορα < τὰ > σχήματα τῶν ἀστέρων < διάφορον καὶ τὴν (Scott) > μίαν τέχνην ποιεῖν. L'allusion à la diversité des « figures » astrales confirme le sens adopté pour καιρικός, *supra*, p. 264, n. 10.

(7) Τὸν μὲν ἄγειν (ἄγων M) τεχνίτην.

c'est dans l'Art Sacré (1) surtout qu'on peut le constater. Suppose par exemple le cas d'une fracture d'os. Trouve-t-on un prêtre rebouteur (2), celui-ci, fort de sa piété envers les dieux, recolle l'os, si bien qu'on entend un crissement quand les os s'emboîtent l'un dans l'autre. Ne trouve-t-on pas de prêtre, que le malade n'aille pas craindre de mourir : on va quérir des médecins qui possèdent des livres pourvus de figures linéaires ombrées à la manière des peintres et de toutes sortes de dessins (3), et, selon ce que dit le livre, on lie le patient tout autour au moyen d'un appareil, et il vit longtemps, ayant recouvré la santé. Il n'est donc pas question de laisser mourir cet homme (4) parce qu'on n'a pas trouvé de prêtre rebouteur : ces gens-là au contraire, quand ils ont échoué, se laissent mourir de faim parce qu'ils n'ont pas pris la peine (5) de comprendre et de réaliser le modèle « ostodétique » des fourneaux (6), qui les ferait, bienheureux mortels, triompher de la pauvreté, cé mal incurable (7).

21. Mais en voilà assez sur ce point, Revenons à notre sujet, qui concerne les appareils ».

L'auteur annonce alors à Théosébie que, malgré sa répugnance — car il ne peut mieux faire que les Anciens —, il se rendra au désir de son élève et composera pour elle un traité sur les fourneaux. Ainsi s'achève ce morceau, tout pénétré de mystique et de gnose, qui doit servir de préambule à un ouvrage technique sur les appareils alchimiques. Celui-ci manque en fait. Il n'en subsiste qu'un paragraphe (234.11-235.5) décrivant diverses parties de l'alambic : ce qui est imprimé à la fin du morceau (235.6-20) n'a, comme l'a reconnu Ruska (8), aucun rapport avec les instruments et les fourneaux qui font l'objet propre de ce traité.

Il est possible que le chapitre suivant dans Berthelot-Ruelle

---

(1) ἐν τῇ ἱερατικῇ. Ruska lit ἐν τῇ ἰατρικῇ = « bei der Tempelmedizin. »

(2) ἱερεὺς ὀστοδέτης ego (ὀστεοδέτης Scott : ὃς τόδε M, mais ὀστοδέτην paraît 7 lignes plus loin, ce qui rend la correction certaine).

(3) βίβλους κατὰ ζωγράφους γραμμικὰς σκιαστὰς ἐχούσας γραφᾶς (γραμμὰς M) καὶ ὁσαιδηποτοῦν εἰσὶ γραμμαί. Scott (IV, pp. 134-135) a bien vu le sens du passage. Les καιρικαὶ βαραί sont comparées à l'action toujours aléatoire du rebouteur, les βαραί à l'aide d'un livre scientifique (ici le περὶ ὀργάνων καὶ καμίνων) correspond à l'action du médecin qui s'appuie sur des diagrammes et remet le membre « selon les règles ». Si l'on a échoué par la première voie, il ne faut pas se décourager mais recourir à la seconde. De fait, on rencontre, en certains manuscrits médicaux grecs, l'image d'appareils pour guérir les fractures.

(4) καὶ οὐ δήπου ἀφίεται < ὁ > ἄνθρωπος ἀποθανεῖν Scott : ἐφίεται codd.

(5) Ou peut-être (avec Ruska) : « se laissent plutôt mourir de faim que d'apprendre à connaître, etc. ».

(6) τὴν ὀστοδετικὴν τῶν καμίνων διαγραφήν est une expression recherchée. Le sens est « le diagramme des fourneaux qui a même vertu (dans l'alchimie) que le diagramme médical pour recoller les os ». J'ai transcrit « ostodétique » pour faire court.

(7) Cf. *supra*, p. 262 et n. 3.

(8) Ruska, *T. Sm.*, pp. 30-31.

(pp. 236-238), où l'on décrit le tribicos et le tube, fasse partie encore de ce *Livre* Ω sur les appareils. L'auteur s'y réfère surtout à l'alchimiste juive Maria, mais il recommande aussi l'étude des *Pneumatika* et des *Méchanika* d'Archimède, de Héron (1) et « des autres » (237.20-21) : mention curieuse et intéressante, qui montre que tout n'était pas verbiage ou charlatanerie dans ces opérations des alchimistes, mais qu'on s'y rapportait encore à la grande tradition de la science grecque. Pour le *Compte Final*, dont je vais traduire ici le prologue, il ne peut, malgré ce qu'en dit Ruska (2), faire partie du *Livre* Ω : car non seulement le sujet diffère — ici teintures, là fourneaux —, mais en outre, à la fin de l'introduction, Zosime renvoie formellement au *Livre* Ω (246.21), comme il mentionne, un peu plus haut (246.13), le *Livre K*. Le titre même, *Compte Final* (ἡ τελευταία ἀποχή), paraît indiquer qu'il s'agit d'un livre final, d'un « dernier compte », qui clôt toute la série.

Ce prologue du *Compte Final* offre la même sorte d'intérêt que celui du *Livre* Ω. On nous disait, dans le *Livre* Ω, que, pour pratiquer l'Art Sacré, il faut avoir l'intelligence des mystères divins, être uni au Fils de Dieu. On nous annonce, dans le *Compte Final*, que la voie royale de l'alchimie est le recueillement, la mort aux passions, la quête silencieuse de Dieu. Cette préparation de l'âme joue un rôle plus essentiel encore que l'habileté manuelle et les connaissances techniques. Et c'est, dans les deux traités, à la sagesse d'Hermès que Zosime rapporte son enseignement. Ruska l'a marqué justement (3), le lien profond, trop négligé jusqu'à ce jour, entre l'hermétisme philosophique et l'hermétisme des sciences occultes ne se montre nulle part en meilleur relief.

---

(1) Ces titres correspondent à des ouvrages de Héron et l'on connaît des *Méchanika* d'Archimède : du même, Pappos cite des θαυμασιουργοὶ διὰ πνευμάτων, cf. HEIBERG *Gesch. d. Math. u. Naturwiss. im Altertum*, 1925, p. 69. Pour « les autres », cf. *ibid.*, pp. 69 ss.
(2) RUSKA, *T. Sm.*, pp. 31-32.
(3) RUSKA, *T. Sm.*, pp. 32-37.

Zosime. *Compte Final* (1).

Premier livre du Compte Final de Zosime le Thébain (2).

« Zosime à Théosébie, salut! »

A

1. — Tout le royaume d'Égypte, ô femme, existe grâce à ces deux arts, celui des minerais obtenus par chance (3) et celui des minerais <naturels>. En effet l'art qu'on appelle divin, qui, pour la plus grande partie, ressortit à l'exposé dogmatique (4) et professoral (5), a été donné aux gardiens <...> (6) pour leur subsistance, et non seulement cet art, mais, une fois pour toutes, les quatre arts nobles (7) et les produits artificiels.

MA[1]

1. — Tout le royaume d'Égypte, ô femme, subsiste grâce à ces deux arts, celui des minerais obtenus par chance et celui des minerais naturels. En effet, l'art qu'on appelle divin, c'est-à-dire l'art dogmatique, auquel s'adonnent tous ceux qui se livrent à la recherche de tous les produits artificiels et des nobles techniques, je veux dire des quatre qui sont réputées effectives, n'a été concédé qu'aux prêtres. Quant au traitement des

---

(1) Texte d'après A pour le tout (*Alch. Gr.*, 239 ss.), d'après M et A[1] pour le premier extrait d'Olympiodore (*Alch. Gr.*, 90.14. Ruelle ne donne pas le texte, mais indique seulement les variantes dans l'apparat, pp. 239-240. J'ai rétabli ce texte d'après des photographies de M, fol. 171 v-172 r, obligeamment prêtées par M. Bidez), d'après M pour le second extrait d'Olympiodore (*Alch. Gr.*, 84.4-11). Le dernier morceau (§ 8, pp. 244.17-245.7 B.) a été reproduit par Reitzenstein (*Poimandres*, p. 214, n. 1, *Historia Monachorum und Historia Lausiaca*, pp. 108-109) et Scott (*Hermetica*, IV, pp. 111-112; commentaire, *ibid.*, pp. 136-144). Ruska, *T. Sm.*, pp. 18-23, analyse tout l'ensemble et traduit quelques passages. J'ai essayé de donner un texte grec lisible à la fin de ce volume, Appendice I, pp. 363 ss.

(2) Titre d'après A. « Thébain » est une erreur déja rencontrée (« Livre de Sophé l'Égyptien », *Alch. Gr.*, p. 211). Le titre est suivi d'une phrase certainement interpolée, quel qu'en soit le sens, ἔνθεν βεβαίωται ἀληθὴς βίβλος : « par là par ce signe?) est garantie l'authenticité du livre », ou « par là (par ce livre) est confirmé le *Livre Véritable* (de Sophé l'Égyptien?) ». Cf. une interpolation semblable au début de l'*Asclepius* (p. 36 Thomas) : *Asclepius iste pro sole mihi est.*

(3) Ou « Obtenus selon les moments opportuns »; pour καιρικός, cf. *supra*, p. 264, n. 10, et l'explication qu'en donne Zosime lui-même, *infra*, § 6.

(4) Un art « dogmatique » ou « ressortissant à un exposé dogmatique » est un art qui se fonde sur une doctrine, sur des principes généraux, par opposition à un art purement empirique : la distinction est commune dans la médecine ancienne.

(5) σοφιστής sous l'Empire se dit du professeur de rhétorique (cf. la Nouvelle Sophistique) et d'une manière générale, du professeur : donc exposé « professoral » ou « didactique ». L'idée continue celle de « dogmatique ».

(6) Texte gâté. On peut conjecturer un mot composé, voir n. crit. : « gardiens des archives » (des temples) donnerait un bon sens.

(7) Teintures de l'or, de l'argent, des pierres précieuses, des étoffes.

Quant à l'art des ouvriers du métal, il était monopole royal (1), en sorte que, s'il arrivait que cet art, étant venu jusqu'à nous de vive voix ou par les stèles qu'on tenait en héritage des ancêtres, fût interprété, nul homme pourtant n'opérait, même avec la connaissance de ces choses et bien qu'il eût cette connaissance libre d'obstacles, car il eût été châtié. Car, de même que les ouvriers capables de frapper les monnaies royales ne frappent pas pour leur propre compte puisqu'ils seraient châtiés, de même aussi sous les rois de l'Égypte les ouvriers de la cuisson et ceux qui ont la connaissance de la suite des opérations n'opéraient pas pour eux-mêmes; loin de là, c'est précisément pour cela qu'ils étaient enrôlés dans les armées des rois d'Égypte comme travailleurs aux trésors royaux (3); ils avaient, en plus, des chefs qui leur étaient directement préposés; bref, il y avait toutes sortes de règles tyranniques pour la cuisson, non seulement pour elle, mais pour les ouvriers des mines d'or; en effet, si quelqu'un était surpris creusant une mine, selon une loi de l'Égypte il devait livrer le produit après en avoir déposé le compte par écrit (4).

minerais naturels, il était monopole royal, en sorte que, s'il arrivait qu'un prêtre ou un homme réputé habile eût interprété les dits des anciens ou ce qu'il avait hérité de ses ancêtres, même avec la connaissance de ces choses et bien qu'il vît cette connaissance libre d'obstacles, il n'opérait pas (2), car il eût été châtié. Car, de même que les ouvriers capables de frapper les monnaies royales ne frappent pas pour leur propre compte, puisqu'ils seraient châtiés, de même aussi sous les rois de l'Égypte les ouvriers de la cuisson, bien qu'ils eussent la connaissance du lessivage des minerais et de la suite des opérations, n'opéraient pas pour eux-mêmes; loin de là, c'est précisément pour cela qu'ils étaient enrôlés militairement comme travailleurs aux trésors royaux; ils avaient, en plus, des chefs particuliers préposés aux trésors et des archistratèges; bref, il y avait toutes sortes de règles tyranniques pour la cuisson : en effet selon une loi de l'Égypte, il était même défendu d'écrire ces choses et de les publier.

(1) Sur les monopoles au temps des Ptolémées, cf. WILCKEN, Grundzüge, pp. 238 ss. monopole de l'orfèvrerie (χρυσοχοϊκή) sous l'Empire, Chrest., n° 318.

(2) Dans Olympiodore, le texte de A[1] donne : « ce qu'ils avaient hérité des ancêtres et possédaient, bien qu'il vît (καί restrictif devant le participe) l'ordre régulier (τὴν ἀκολουθίαν) de cet art, il n'accomplissait pas ce que pourtant il comprenait. »

(3) De fait, sous l'Empire du moins, les travailleurs aux mines et carrières en Égypte (c'étaient le plus souvent des malfaiteurs) étaient soumis à une surveillance militaire, une *statio* adjoignant d'ordinaire le camp des mineurs, cf. LETRONNE, *Recueil des inscriptions grecques et latines de l'Égypte*, I, pp. 143 (carrières de porphyre du Mont Claudien), 454 (mines d'émeraude de Senskis). Toutes ces mines et carrières étaient, au temps de Tibère, sous la surveillance d'un μεταλλάρχης, ibid., p. 454, *OGI.*, 660. 2. Voir aussi CUMONT, *Ég. d. astrol.*, p. 97, n. 2. Pour le monopole de la frappe des monnaies, cf. *ibid.*, p. 49.

(4) Pour ἐγγραφῶς ἐπιδιδόναι, cf. λόγον ἐγγράφειν (ἀποφέρειν, διδόναι) dans ESCHINE c. Ctés, 15, 20. 22. Texte plausible, sans quoi la correction ἐκδιδόναι ou ἀποδιδόμαι serait facile, cf. *C. H.*, IX, 1 χθές, ὦ 'Ασκληπιέ, τὸν τέλειον ἀποδέδωκα λόγον, XII, 12 σαφέστατα, ὦ πάτερ, τὸν λόγον ἀποδέδωκα;. Pour le texte de M, cf. *C. H.*, XII, 8 τοῦ

2. — Certains donc reprochent à Démocrite et aux Anciens de n'avoir pas mentionné ces deux arts, mais seulement ceux qu'on dit nobles. Or ce reproche est futile. Ils ne le pouvaient pas en effet, eux qui étaient les amis (1) des rois d'Égypte et qui se glorifiaient de tenir le premier rang dans la classe des prophètes (2). Comment eussent-ils pu ouvertement, à l'encontre des ordres royaux, exposer en public leur savoir et donner à d'autres la puissance souveraine de la richesse? Même s'ils l'avaient pu, ils ne l'auraient pas fait, car ils étaient jaloux de leurs secrets. Il n'était possible qu'aux Juifs, secrètement, d'opérer, d'écrire et de publier ces choses. De fait, nous trouvons que Théophile, fils de Théogène, a décrit toutes les mines d'or du pays, et nous avons le traité des fourneaux de Marie, et les écrits d'autres Juifs encore.

3. — Mais les teintures opportunes, aucun ni des Juifs ni des Grecs ne les a jamais publiées : ces teintures, en effet, les Juifs les déposaient dans les <trésors (?)> où ils mettaient leurs richesses (3), les donnant à garder à des images divines. Quant au traitement des minerais, lequel diffère beaucoup des teintures opportunes, ils ne s'en montrèrent pas tout à fait aussi jaloux, du fait que cet art vient de lui-même au dehors (4) et que celui qui tente de le pratiquer <ne> demeure <pas>sans châtiment — en effet si un individu est pris en train de creuser une mine par les surveillants des fabriques de l'État pour le compte des revenus royaux, <.....> (5) — ou parce que les fourneaux ne peuvent être cachés, tandis que les teintures opportunes échappent entièrement au regard. C'est pourquoi tu ne vois pas qu'aucun des Anciens ait publié, en secret ou à découvert (6), quoi que ce soit à leur

---

Ἀγαθοῦ Δαίμονος... ἐγὼ ἤκουσα λέγοντος ἀεί — καὶ εἰ ἐγγραφῶς ἐκδεδώκει (cf. **M** : μηδὲ ἐγγράφως αὐτά τινα ἐκδιδόναι), πάνυ ἂν τὸ τῶν ἀνθρώπων γένος ὠφελήκει... — ἤκουσα γοῦν κτλ.

(1) Titre honorifique, cf. *OGI.*, 100. 2 et souvent ailleurs, notamment chez les astrologues, cf. Cumont, *Ég. d. astrol.*, p. 34, n. 3.

(2) ἐν τῇ προφητικῇ (τάξει). Noter que dans le morceau polémique des Φυσικὰ καὶ Μυστικά, l'auteur s'adresse à ses collègues sous le nom de συμπροφῆται (47. 3). Les prophètes sont ici seuls nommés, parce qu'ils forment la classe la plus haute dans la hiérarchie sacerdotale (Cumont, *Ég. d. astr.*, p. 119, n. 5) et que l'auteur veut marquer l'importance de ces devanciers qui étaient « amis des rois » et prophètes. Cf. la définition du prophète dans la *Korè Kosmou* 68 ὡς μήποτε ὁ μέλλων θεοῖς προσάγειν χεῖρας προφήτης ἀγνοῇ τι τῶν ὄντων, ἵνα φιλοσοφία μὲν καὶ μαγείᾳ ψυχὴν τρέφῃ, σώζῃ δ' ὅταν τι πάσχῃ ἰατρικὴ σῶμα.

(3) Le sens général me paraît à peu près sûr (cf. le § 5), mais le texte est gâté. χρημάτων pour χρωμάτων est une correction facile, et il faut supposer une lacune après χρημάτων. On peut conjecturer θησαυροῖς, qu'on lit au § 5, mais tout autre mot de même sens est possible, cf. χρηματοφυλάκιον chez Strabon, XII 5, p. 754. Mein.

(4) ἐξάγειν me reste obscur. Je pense qu'il s'agit de la forme (apparemment) intransitive du verbe et que le sens est « se montre au dehors » : on ne peut exploiter sans se faire voir, et, dès lors, il y a moins de risques à écrire sur cette technique puisqu'il y aura peu d'amateurs.

(5) « Par les... » (ἀπὸ τῶν κτλ.) peut dépendre du verbe manquant. Pour le passif avec ἀπό (= ὑπό), cf. § 4 (p. 365.17 *infra*) ἀλλ' ὅτε ἐφθονήθησαν ἀπὸ τῶν... δαιμόνων, § 6 (p. 366.16 *infra*) φθονοῦνται δὲ ἀπὸ τῶν περιγείων δαιμόνων et Moulton-Milligan, s. v.

(6) οὔτε κρυβηθὲν οὔτε φανερῶς : cf. *C. H.*, XIII, 1 σὺ δέ μοι καὶ τὰ ὑστερήματα ἀναπλήρωσον οἷς ἔφης μοι παλιγγενεσίας <γένεσιν> παραδοῦναι προσθέμενος ἐκ φωνῆς ἢ κρυβήν.

278   LA RÉVÉLATION D'HERMÈS TRISMÉGISTE.

sujet. Dans toute la série des Anciens, je n'ai trouvé que Démocrite pour y avoir fait allusion.... (1).

4. — (242.9) Il est évident qu'autrefois, au temps d'Hermès, ces teintures (2 étaient appelées naturelles, puisqu'elles devaient être décrites sous le titre commun du livre dénommé *Livre des Teintures Naturelles, dédié à Isidore*. Mais, quand elles furent devenues l'objet de la jalousie des <démons> de la chair, elles devinrent les teintures opportunes et elles furent nommées telles. Néanmoins, on reproche aux Anciens, et surtout à Hermès, de ne les avoir publiées ni ouvertement ni en secret et de n'y avoir fait aucune allusion.

5. — Seul Démocrite les a exposées dans son ouvrage et il en a fait mention) Quant à eux (3), ils les gravèrent sur leurs stèles dans les ténèbres et les profondeurs des temples en caractères symboliques — et ces teintures elles-mêmes et la chorographie de l'Égypte —, en sorte que, eût-on poussé l'audace jusqu'à pénétrer dans ces profondeurs ténébreuses, si l'on avait négligé de connaître la clé, on ne pût déchiffrer les caractères malgré tant d'audace et de peine. Les Juifs donc, imitant ces derniers, ont déposé les teintures opportunes dans leurs chambres souterraines (tombeaux?) (4) en même temps que leurs formules d'initiation (5), et ils donnent cet avertissement dans leurs testaments : « Si tu découvres mes trésors, laisse l'or à ceux qui veulent leur propre perte, mais ayant trouvé le moyen de comprendre (6) (?) les caractères, tu rassembleras en peu de temps toutes les richesses. Au contraire, si tu prends seulement les richesses, tu iras à ta propre perte à cause de la jalousie des rois, et non seulement des rois, mais de tous les hommes. »

6. Il y a donc deux genres de teintures opportunes. L'un, celui des étoffes, les démons qui surveillent chaque lieu l'ont remis à leurs propres prêtres. C'est pourquoi d'ailleurs ils les appelaient *opportunes*, parce qu'ils opéraient selon les moments opportuns par la volonté des prétendus démons, ět, lorsque ces démons cessaient de vouloir, ils n'opéraient plus [.......] (7).

(1) Je laisse ici une dissertation assez obscure sur Démocrite (§§ 3-4) et reprends à la fin du § 4.
(2) Qui sont dites aujourd'hui « opportunes ».
(3) Les anciens Égyptiens. Le thème des révélations secrètes gravées sur des stèles est tout à fait commun, et l'origine en est l'impuissance où l'on se trouvait de déchiffrer les hiéroglyphes, cf. l'introduction de Sbordone aux *Hieroglyphica* (Naples, 1940). Une recette du papyrus magique V de Leyde (*PGM.*, XII, 401 ss., cf. *supra*, p. 230) donne l'explication des noms secrets des plantes gravés sur les statues divines (εἰς θεῶν εἴδωλα ἐπέγραψαν) des temples d'Égypte pour que les gens trop curieux de magie ne puissent les utiliser : l'auteur de la recette en apporte la solution, ἡμεῖς δὲ τὰς λύσεις ἡγάγομεν (*PGM.*, XII, 406). Cf. *supra*, p. 230 n. 6.
(4) ἐν τοῖς καθέτοις. Cf. une épitaphe d'Akmonia, *Mon. Asiae Minor. Antiqua*, VI, p. 335, n° 315... [ἐξ]έσ|ται ἑτέρῳ ἀνῦξαι τὸ | κάθετον ἢ μόνον ἐὰν | συνβῇ τοῖς παιδίοις κτλ. Les éditeurs commentent : « L. 3 κάθετον (the term is new, and perhaps Jewish) suggests a lair beneath the surface, or the floor of a ἡρῶον. For the formation, cf. εἰσώστη (see L. S.), probably meaning a *cubiculum* in the wall of a ἡρῶον ».
(5) L'initiation (μύησις) concerne l'alchimie elle-même, cf. § 6 *infra*, p. 366.16 ἐπὰν δέ τις μυηθεὶς ἐκδιώκει αὐτούς (les démons).
(6) « Comprendre » traduit la correction supposée περικρατεῖν pour περὶ τῆς. Cf. n. cr.
(7) J'ai laissé ici une phrase qui rompt la suite des idées et dont le texte est d'ailleurs corrompu.

L'autre genre de teintures opportunes, celui des teintures génuines et naturelles, Hermès l'a inscrit sur les stèles : « Fais fondre la seule chose qui soit jaune verdâtre, rouge, couleur de soleil, vert pâle, jaune d'ocre, vert tirant au noir et le reste » (1). Quant aux terres elles-mêmes, il les a appelées d'un nom secret « sables » et il a révélé les espèces des couleurs. Ces teintures-ci agissent naturellement, mais elles sont jalousées par les démons terrestres (2). Cependant si quelqu'un, ayant été initié, repousse les démons, il obtiendra le résultat cherché.

7. Ainsi donc les démons surveillants, jadis repoussés par les puissants d'alors, délibérèrent de s'emparer des teintures naturelles à notre place, afin de ne plus être chassés par les hommes, mais de recevoir leurs prières, d'être invoqués par eux et d'être régulièrement nourris par les sacrifices (3) : c'est donc là ce qu'ils firent. Ils cachèrent tous les procédés naturels et qui agissent par eux-mêmes, non seulement parce qu'ils étaient jaloux des hommes, mais parce qu'ils avaient souci de leur propre subsistance, pour ne pas être fouettés, chassés et mourir de faim, dès là qu'ils ne recevraient plus de sacrifices. Voici ce qu'ils firent. Ils cachèrent la teinture naturelle et introduisirent à sa place leur propre teinture non naturelle, et ils remirent ces procédés à leurs prêtres, et, si les gens du village négligeaient les sacrifices, ils les empêchaient de réussir même dans la teinture non naturelle (4). Tous ceux donc qui apprirent la prétendue doctrine des démons du siècle fabriquèrent des eaux, et, par le fait de la coutume, de la loi et de la crainte, leurs sacrifices se multiplièrent. Cependant, même les fausses promesses qu'ils avaient faites, les démons ne les remplirent plus. Mais, quand il se fut produit un retournement complet des régions (?) (5) et que la région fut déchirée par la guerre et que la race humaine eut disparu de cette région, quand les temples des démons ne furent plus qu'un désert et que leurs sacrifices furent négligés, ils se mirent à flatter les hommes qui restaient, les persuadant par des songes, à cause de leur fausseté, et par de nombreux présages, de s'attacher aux sacrifices ; et, comme ils renouvelaient leurs fausses promesses de teintures non naturelles, voilà que tous les malheureux hommes, amis du plaisir et ignorants, se réjouissaient. Dès lors à toi aussi, ô femme, c'est cela qu'ils veulent faire par l'entremise de leur pseudo-prophète (6). Ces démons

(1) Hermès *ap.* Zos., p. 243. 13-14 B. A ajouter à la liste *supra,* pp. 242 ss. Cette chose multicolore doit être la πρώτη ὕλη, comparée plus haut (p. 234) au caméléon.

(2) δαίμονες περίγειοι. Cf. Procl., *in Cratyl.,* p. 69. 4 ss. Pasquali : ὅτι αὐτὸς μὲν ἕκαστος τῶν θεῶν ἀμιγῶς ἐξῄρηται τῶν δευτέρων, καὶ τῶν δαιμόνων οἱ πρώτιστοι καὶ ὁλικώτεροι τῆς τοιαύτης ὑπερίδρυνται σχέσεως, πνεύματα δὲ περίγεια καὶ μερικὰ (nos κατὰ τόπον ἔφοροι!) συλλαμβάνουσιν εἴς τινῶν γενέσεις, κτλ., *CCAG.,* VIII, 4, p. 252. 14 ss. : πάλιν ἀερίων μὲν ὄντων τῶν θεῶν τὸ ἐαρινὸν τεταρτημόριον σκεπτέον, οὐρανίων δὲ τὸ θερινόν, περιγείων δὲ τὸ φθινοπωρινόν, λιμναίων δὲ ἢ θαλασσίων τὸ χειμερινόν, et, sur ces distributions de dieux ou de démons, la longue note de Wolff, *Porphyri de philosophia ex oraculis haurienda* (Berlin 1856), pp. 112, n. 5.

(3) Cf. *Mages hellén.,* II, p. 281, n. 3, 292, n. 10.

(4) Il semble donc que, pour l'auteur, les « démons » soient les dieux locaux des nomes d'Égypte, cf. § 6 οἱ κατὰ τόπον ἔφοροι = « les démons qui veillent (ou président) sur chaque lieu ».

(5) Le sens de ἀποκατάστασις τῶν κλιμάτων me reste obscur.

(6) Il semble que Théosébie ait été sous l'influence de maîtres alchimistes appartenant à une autre école que celle de Zosime. Ces maîtres sont évidemment des sup-

locaux te flattent, car ils ont faim non seulement des sacrifices, mais de ton âme.

8. Toi donc (1), ne te laisse pas tirer çà et là, comme une femme, ainsi que je te l'ai dit déjà dans les livres *selon l'Énergie* (2). Ne t'agite pas en tous sens à la recherche de Dieu (3), mais reste assise à ton foyer, et Dieu viendra vers toi, lui qui est partout et qui n'est pas confiné dans un espace infime comme les démons. Dans ce calme repos du corps, fais reposer aussi tes passions, convoitise, plaisir, colère, chagrin, et les douze lots de la mort (4). Et ainsi, te corrigeant toi-même, appelle à toi la divinité et elle viendra réellement, elle qui est partout et nulle part. Puis, sans même qu'on t'y invite, offre des sacrifices aux démons, non pas ceux qui leur profitent, non ceux qui les nourrissent et les réconfortent, mais ceux qui les chassent et les font disparaître, ceux dont Membrès a donné la formule à Salomon roi de Jérusalem (5), et mieux encore ceux que Salomon lui-même a écrits d'après sa propre sagesse (6). En agissant de la sorte, tu obtiendras les teintures

---

pôts des mauvais démons. Dans un autre morceau (« Sur le traitement de la magnésie », *Alch. Gr.*, 188-191), Zosime met sa sœur en garde contre ces alchimistes rivaux et il nomme quelques-uns d'entre eux, Νεῖλος ὁ σὸς ἱερεύς (191. 8, cf. 191. 17-18), Παφνουτία ἡ παρθένος (190. 11-12, 191. 16). Tout le passage *Alch. Gr.*, 190. 10-191. 18 ressemble à notre § 8 : σὺ δέ, ὦ μακαρία, παῦσαι ἀπὸ τῶν ματαίων στοιχείων τῶν τὰς ἀκοάς σου ταραττόντων. ἤκουσα γὰρ ὅτι μετὰ Παφνουτίας τῆς παρθένου καὶ ἄλλων τινῶν ἀπαιδεύτων ἀνδρῶν διαλέγῃ· καὶ ἅπερ ἀκούεις παρ' αὐτῶν μάταια καὶ κενὰ λογύδρια, πράττειν ἐπιχειρεῖς κτλ.

(1) J'ai traduit ici le texte de A. Pour l'extrait d'Olympiodore, cf. *infra*, p. 281 n. 3.

(2) Autre référence de Zosime à ce traité, *Alch. Gr.*, p. 178. 3. C'est lui qui fait l'objet du commentaire d'Olympiodore, pp. 69-106. Voir aussi *Alch. Gr.*, index, p. 462 s. v. Ζώσιμος.

(3) Sur le besoin de recourir à Dieu pour réussir dans l'Alchimie, cf. OLYMPIODORE citant Zosime, p. 85. 22 ss. ὅπως δὲ ἡ ἀκρίβεια τοῦ παντὸς σκευάζηται, εὔξασθε παρὰ θεοῦ μαθεῖν, φησὶν ὁ Ζώσιμος· οἱ ἄνθρωποι γὰρ οὐ παραδιδόασι καὶ <οἱ δαίμονες> φθονοῦσι καὶ ἡ ὁδὸς οὐχ εὑρίσκεται· σοφοὶ ζητοῦνται καὶ αἱ γραφαὶ ἀδιάγνωστοι, καὶ πολλὴ ὕλη καὶ πολλὴ ἀμηχανία γίνεται· καὶ εἰ μὴ πολλῷ μόχθῳ τὸ τοιοῦτον οὐκ ἐξανύεται, μάχη καὶ βία καὶ πόλεμος ἔσται.

(4) Ces douze μοῖραι τοῦ θανάτου sont les douze vices « châtiments de la matière » (τιμωρίαι τῆς ὕλης) du *Corp. Herm.*, XIII, 7, correspondant aux douze degrés (signes) du zodiaque. Mort et matière sont la part du corps, et le corps matériel est en dépendance des zones planétaires et des signes zodiacaux.

(5) Μεμβρῆς peut être la transcription soit de *Mēmrā*, la Parole de Dieu personnifiée (*sic* SCOTT, IV, pp. 139-140), soit de *Mmra* ou *Mambres* (mais il n'est pas nécessaire de corriger en Μαμβρῆς) ou *Iambres* (cf. *II Tim.*, III, 8), l'un des deux sorciers égyptiens qui s'opposèrent à Moïse. (REITZENSTEIN, *Poimandres*, p. 214, n. 1). Vu le contexte (indication de sacrifices relatifs aux démons), cette dernière solution paraît préférable.

(6) Sur la littérature apocryphe de Salomon, cf. WELLMANN, *Der Physiologos*, p. 58, n. 164. A cette liste, ajouter le *Traité de Magie* de Salomon qui paraît sous différentes formes : *Monac. gr.* 70 (*CCAG.*, VIII, 2, pp. 143-165), *Harl.* 5596 (*Anecd. Gr.*, pp. 397 ss.), *Paris*. 2419 (*Anecd. Gr.*, pp. 470 ss.), *Athous Dion. mon.* 282 (*Anecd. Gr.*, pp. 649 ss.), et le *Testament de Salomon* (cf. MAC COWN, *The Testament of Solomon*, Chicago, 1922 : autre recension, *Anecd. Gr.*, pp. 212-227). Le corpus syriaque de Zosime (*Ch. M. A.*, II, pp. 264-266) fait également allusion aux pratiques de Salomon contre les démons.

opportunes génuines et naturelles. Fais cela jusqu'à ce que tu atteignes à la perfection de l'âme. Et lorsque tu reconnaîtras que tu as été rendue parfaite, alors, ayant obtenu les teintures naturelles, crache sur la matière (1), réfugie-toi auprès de Poimènandre, et, ayant reçu le baptême du cratère (2), élance-toi pour rejoindre ta race (3).

9. — J'en viens pourtant à la tâche que m'assigne ton Imperfection (4). Mais il me faut m'étendre encore un peu et considérer à nouveau l'objet de notre enquête : il ne faut pas se montrer inférieur, et l'objet se découvre facile à chevaucher » (5).

Après cette phrase, il y a sans doute une lacune; Zosime devait citer un auteur alchimiste, peut-être Hermès, car la suite immédiate (245. 11) n'est pas sans rappeler notre n° 32 (*supra* p. 253) qui a trait à l'« œuf des philosophes ». Voici en effet cette suite : « Écoute ce qu'il dit un peu après : « Les deux œufs imbibés (6) ne sont qu'une seule chose, qui est devenue diverse, d'une part humide et froide, d'autre part sèche et froide, et ces deux ne font qu'un seul ouvrage » (7). Plus loin (246.1), après

(1) Cf. Métrodore l'épicurien (cité *Idéal*, p. 104, n. 2) ἀλλ' ὅταν ἡμᾶς τὸ χρειὼν ἐξάγῃ, μέγα προσπτύσαντες τῷ ζῆν καὶ τοῖς αὐτῷ κενῶς περιπλεκομένοις ἄπιμεν ἐκ τοῦ ζῆν μετὰ καλοῦ παίωνος.

(2) Allusion évidente au *Poimandrès* (*C. H.*, I) et au *Cratère* (*C. H.*, IV).

(3) C'est-à-dire la race divine des Parfaits; ou encore (ainsi REITZENSTEIN, *Poim.*, p. 215) Théosébie doit prêcher aux hommes, cf. *C. H.*, I, 32 καὶ τῆς χάριτος ταύτης φωτίσω τοὺς ἐν ἀγνοίᾳ τοῦ γένους, μοῦ ἀδελφούς, υἱοὺς δὲ σοῦ. Voici la traduction de l'extrait d'Olympiodore : « Reste assise à ton foyer, reconnaissant qu'il n'y a qu'un seul Dieu et un seul art, et ne t'agite pas çà et là à la recherche d'un autre Dieu. Car Dieu lui-même viendra à toi, Lui qui est partout et qui n'est pas confiné en un espace infime comme le démon. Immobile de corps, immobilise aussi tes passions. Et ainsi, t'étant corrigée toi-même, appelle à toi la divinité et elle viendra réellement à toi, elle qui est partout. Et quand tu te seras reconnue toi-même, alors tu reconnaîtras aussi celui qui seul est réellement Dieu. En opérant de la sorte, tu obtiendras les teintures génuines et naturelles, en crachant sur la matière ».

(4) τὸ προκείμενον τῆς σῆς ἀτελειότητος. Reitzenstein (*Hist. Mon.*, p. 109, n. 5) voit ici une pointe, ἡ σὴ τελειότης (« Votre Perfection ») ayant dû être une formule d'adresse parmi les « parfaits ».

(5) Le texte (245. 9) est tout à fait mauvais. Je propose : ἀλλ' ὀλίγον (Reitz. : ὀλίγῳ A) ἐπεκτεῖναι καὶ ἀνενεγκαὶ χρή με (Reitz. : χρῆμα A) τὸ ζητούμενον· ἀνάγκη (Berthelot : ἤνεγκεν A) μὴ ἐλαττοῦσθαι (ἐλαττεῖ A), καὶ εὐήλατον (ἐνήλατος A) εὑρίσκεται. εὐήλατον se rapporte à τὸ ζητούμενον : pour l'emploi au figuré, cf. EUS. MYND. 63 (*FPG.*, III p. 17 Mullach) ἡ τῆς ἀρετῆς (sc. ὁδὸς) τὰ πρῶτα οὐκ εὐήλατά κως παρέχειν δοκέει.

(6) καταποτιζόμενα : καταποτασόμενος A (le καταποτισόμενος de Ruelle n'offre aucun sens); ποτίζω se rencontre 167. 2 καὶ ποτίζεις τὸ σύνθεμα μετὰ κόμμεως καὶ ὑδραργύρου καὶ θείου ὕδατος, 183. 5 πότιζε ὕδατι θείου ἀθίκτου.

(7) ἄκουσον αὐτοῦ λέγοντος καὶ μετ' ὀλίγα· ἓν πρᾶγμά ἐστιν <τὰ> δύο ὠὰ καταποτιζόμενα καὶ διαφόρως γενόμενον, τὸ μὲν ὑγρὸν καὶ ψυχρόν, τὸ δὲ ξηρὸν καὶ ψυχρόν, καὶ τὰ δύο ἓν ἔργον ποιοῦσιν. Cf. 20. 13 notre n° 32 ἐὰν δὲ μὴ γένωνται τὰ δύο ἕν, καὶ τὰ τρία ἕν,

avoir répété « Mais j'en viens à la tâche assignée », Zosime distingue deux procédés de teintures opportunes, l'un par la teinture crue, l'autre par la cuisson, et ce dernier se subdivise lui-même selon les liquides (eau ou vin) et les fours qu'on emploie, et selon la durée et la force des feux.

Je traduis enfin la conclusion de ce long prologue (246.17) à cause d'une petite phrase caractéristique : « Ces teintures ont donc la faculté de pourrir (σήπεσθαι) aussi bien une grande quantité qu'une petite, en ce sens qu'on les obtient aussi bien dans des fourneaux de verre (ἐν καμινίοις ὑελοψικοῖς[?]) que dans des creusets (χώναις : χωνείαις A) grands ou petits et dans des appareils de toute sorte (ἐν διαφόροις ὀργάνοις) par le moyen des feux et selon la force des feux. *C'est l'expérience qui le manifestera, jointe à la parfaite droiture de l'âme* (μετὰ καὶ τῶν ψυχικῶν πάντων κατορθωμάτων). Quant aux démonstrations des feux et de toutes les choses en question, tu les as dans la lettre Ω. C'est de ce point que je vais donc commencer, ô femme ornée de la pourpre (πορφυρόστολε γύναι) ! »

Les mots soulignés résument à merveille le sens général des deux prologues que j'ai traduits. L'alchimie est une voie de vie, qui suppose un travail intérieur de perfection. L'hermétisme occultiste et l'hermétisme philosophique, d'abord séparés, ont fini par faire alliance. Désormais, du moins chez les Arabes, cette alliance ne sera plus brisée.

καὶ ὅλον τὸ σύνθεμα ἕν, οὐδὲν ἔσται τὸ προσδοκώμενον. τέλος τοῦ ᾠοῦ. L' « œuf » peut désigner toute sorte de composition alchimique, toute espèce de σύνθεμα.

CHAPITRE VIII

L'HERMÉTISME ET LA MAGIE

§ 1. *Le témoignage des papyrus magiques.*

Par la fonction même qui lui avait été attribuée dès l'origine dans le Panthéon égyptien, Hermès-Thoth, inventeur du langage, maître des mots qui lient et délient, devait jouer un rôle dans la magie. Je laisserai ici de côté les textes proprement égyptiens, antérieurs à la période hellénistique, pour m'en tenir aux papyrus magiques grecs (1), qui s'échelonnent du IVe siècle avant au VIIe siècle après J.-C., mais dont le plus grand nombre date des IIe, IIIe et IVe siècles de notre ère (2). Aussi bien, pour le fond des recettes, la question de date n'a-t-elle pas grande importance, rien n'étant plus conservateur que la magie : tout au plus peut-on saisir, avec le temps, un progrès dans le sens du syncrétisme et de l'utilisation, purement verbale d'ailleurs, de termes juifs et gnostiques.

Divers par la longueur — car les uns ne sont qu'un feuillet et ne contiennent qu'une recette, les autres forment de vrais livres et composent tout un arsenal pour toutes les occasions possibles —, ces documents offrent des traits analogues. Ce sont, comprenant en général une opération (ποίησις, πρᾶξις) et une prière ou formule d'évocation (λόγος, κλῆσις), des recettes de divination que, pour suivre le classement assez commode de Hopfner (3), on peut nommer divination théurgique, magique ou goétique.

A) La divination *théurgique* fait apparaître le dieu lui-même directement. Cela se produit sous deux modes :

---

(1) Texte et traduction allemande dans K. PREISENDANZ, *Papyri graecae magicae* (cité *PGM.* et le n° du pap.), 2 vol., 1928-1931. Un troisième volume, non paru encore, contiendra les *indices*. J'ai consacré à ces écrits une étude d'ensemble dans *L'Idéal religieux des Grecs et l'Évangile*, Excursus E : *La valeur religieuse des papyrus magiques*, pp. 281 ss. (cité *Idéal*). Voir aussi Th. HOPFNER, *Griechisch-Aegyptischer Offenbarungszauber* (*Stud. z. Palaeogr. u. Papyruskunde...* von C. Wessely, XXI et XXIII), 2 vol., 1921-1924 (cité *OZ.* I ou II). Dans les traductions plus bas, MM = Mots magiques. NN correspond à ὁ (ou ἡ) δεῖνα, « Un Tel » (ou « Une Telle »).

(2) Cf. *Idéal*, p. 281, n. 2.

(3) *OZ.*, II, §§ 70-75. Cf. *Rev. Bibl.*, XLVIII (1939), pp. 73-74. Voir aussi l'intéressant article de S. EITREM, *La théurgie chez les Néoplatoniciens et dans les papyrus magiques*, *Symbolae Osloenses*, XXII (1942), pp. 49 ss.

(α) Le dieu est vu au cours d'une extase : l'âme du visionnaire, quittant le corps, se sent enlevée au ciel où elle contemple la divinité. C'est comme une mort anticipée. Le type classique de ce phénomène est *PGM.* IV, 475 ss. (n° **20** *infra*).

(β) Le dieu descend lui-même sur la terre et se montre en personne, après avoir été évoqué par certains symboles et noms magiques en vertu de la sympathie universelle. Il n'est fait usage d'aucun instrument ni d'aucun médium. Cette vision du dieu peut être obtenue soit dans l'état de veille soit en songe. Un bon exemple du premier cas est la vision de Thessalos ou la vision « en état de veille » (αὐτοπτος) de *PGM.* IV, 930-1114. Quant à la vision en songe et à la recette pour obtenir un songe (ὀνειραιτητόν), c'est là un des éléments les plus familiers de nos textes : on en trouvera plus loin deux exemples (nos **13** et **13** *bis*).

B) Dans la divination *magique,* le dieu fait connaître sa présence indirectement, soit en apparaissant dans un instrument matériel — flamme d'une lampe ou torche (lychnomancie), eau d'un bassin (lécanomancie) —, soit que, sans apparaître lui-même, il « anime » un médium et s'entretienne avec lui, ce médium se trouvant en état de possession ou de transe. Je donnerai ci-après un exemple de lychnomancie (n° **8**).

C) Enfin, dans la divination *goétique,* le dieu, sans apparaître, fait connaître sa pensée en « animant » un objet auquel il imprime certains mouvements ou dont il modifie certaines propriétés.

Ces brèves remarques ne veulent servir que d'orientation, pour diriger notre marche dans le seul problème qui nous touche ici : quel rôle Hermès-Thoth et l'hermétisme ont-ils joué dans ces textes de magie gréco-égytienne?

Il faut distinguer, semble-t-il, entre Hermès (Thoth) lui-même et la gnose qui porte son nom.

Hermès (Thoth) est mentionné en certaines recettes, simplement parce qu'il est le fondateur de la magie : il ne s'agit alors que de la conception traditionnelle, sans aucun mélange de gnose ou de mysticisme tardif. A ce titre de fondateur de la magie, Thoth peut intervenir de diverses manières. Ou bien l'on rappelle les prouesses magiques du dieu, car ces prouesses constituent comme un précédent en faveur du magicien : Thoth est obligé de refaire ce qu'il a fait si bien déjà une première fois. Ou bien, selon une fiction très fréquente dans la magie, l'opérateur se donne comme une incarnation nouvelle de Thoth, et, en vertu des pouvoirs de ce dieu, il somme alors la divinité évoquée de lui obéir. Ou encore, c'est un écrit magique de Thoth qui sert de base à l'opération, on met en œuvre une recette qu'il a inventée, ainsi l'anneau d'Hermès (n° **10**). Ou enfin on évoque Thoth lui-même en façonnant une image qui le représente et qui, à la suite d'une consécration, est censée douée de vie. Dans tous ces exemples, le magicien en use avec Thoth comme il fait, en d'autres occasions, à l'égard d'Isis, d'Osiris, d'Horus ou d'Hélios, la seule différence étant que les pratiques rapportées à Thoth sont considérées comme particulièrement efficaces à cause du lien plus étroit qui subsiste entre ce dieu et la magie.

D'autres textes ont moins rapport à la personne même d'Hermès Thoth — celui-ci peut n'y être même pas nommé — qu'aux écrits du Trismégiste, en ce sens qu'ils en reproduisent certaines expressions ou, d'une manière plus subtile, témoignent du même état d'esprit qui a donné naissance à la gnose hermétique. Qu'il ait existé des échanges entre les *Hermética* et la magie, un petit fait en donne la preuve immédiate : dans une recette d'union à Hélios du P. Mimaut (*PGM.* III, 591-609), on a inséré tout bonnement l'original grec de la prière qui se lit aujourd'hui, traduite en latin, à la fin de l'*Asclépius* (c. 41). Mais, en dehors de cet emprunt direct, il n'est pas douteux qu'on entende en certains documents de la magie comme des résonances hermétiques. Ainsi les prières au dieu cosmique ou à l'Aiôn (*infra* n°ˢ **14-17**) rappellent-elles les prières de *C.H.* I, V et XIII et la doctrine de l'Aiôn remplit tout le *C.H.* XI. Ainsi encore la « Création du Monde » du P. Leyd. W (*PGM.* XIII) n'est-elle pas sans analogies avec les cosmogonies du *Poimandrès* et de la *Korè Kosmou*. Et de même enfin la recette d'immortalité du P. Paris (*PGM.* IV, 475 ss.), recette d'extase au cours de laquelle le myste est régénéré, fait songer à l'opération mystérieuse du *C.H.* XIII où le disciple subit la régénération dans le temps même qu'il entend la parole du maître.

Il est utile de noter ces rapprochements. Mais il serait abusif, selon moi, d'en conclure à une religion spirituelle du *Noûs* dans la magie, comme a fait, par exemple, Reitzenstein (1) qui s'est livré, au surplus, à des assimilations fantaisistes : Hermès Thoth serait Agathodémon (2), et cet Hermès Agathodémon (ou encore Horus) serait le dieu Intellect ou Esprit, le *Noûs* (3). « Hermès,

---

(1) REITZENSTEIN, *Poimandres*, pp. 14 ss.
(2) *Ib.*, pp. 18-19.
(3) *Ib.*, pp. 24, 30.

Horus et Ἀγαθὸς δαίμων apparaissent, pour l'essentiel, dans le même rôle, savoir comme dieux créateurs dans la double nature indiquée, et comme représentants du *Noûs,* et, en conséquence, d'une part comme dieux révélateurs, d'autre part comme les maîtres de tout succès dans la vie pratique; ils sont identifiés l'un avec l'autre ou réunis sur le même plan : la conception demeure toujours essentiellement pareille et les formules mêmes passent de l'un à l'autre » (1). Cependant (*a*) il n'y a pas un seul exemple, dans les papyrus magiques, d'identification certaine entre Hermès et Agathodémon; (*b*) si Hermès, dans la *Kosmopoiia* de Leyde, est nommé Intellect ou Entendement (Νοῦς ἢ Φρένες), et si, dans une prière au dieu cosmique, l'on prononce (XIII, 791) : « entre dans mon intellect (νοῦς) et dans mes pensées (φρένες), pour tout le temps de ma vie, et accomplis pour moi tous les souhaits de mon âme », cela ne suffit guère pour constituer une « religion du Noûs ». A vrai dire, il ne peut être question de doctrine ou de système (2) dans les papyrus magiques. Le magicien se moque bien de philosophie ou de vie spirituelle : ce qu'il veut, c'est réussir dans l'opération. Mais précisément, pour réussir, il fait appel à toutes les forces religieuses. Il invoque le dieu sous tous les noms possibles, il utilise toutes les légendes divines, il prend à son compte toutes les formules de prière. S'il est quelque système dans la magie, c'est un système de démarcage, rien de plus. Mais de là vient aussi que les écrits magiques, surtout à partir du IIe siècle, peuvent servir de témoins. Ils aident à recomposer l'atmosphère, de piété exaltée, de mysticisme trouble, où plongent certains des *logoi* hermétiques (*C.H.* I et XIII). La mode est aux révélations — sur la création du monde, sur les origines et les destinées de l'âme, etc. — et notre magicien reproduit une révélation de cosmogonie qui forme, dans son texte, une sorte de bloc erratique sans nul rapport avec la recette : mais c'est un écrit mystérieux à souhait, et, dès lors, il se l'est approprié. La mode est aux grands mots — *Noûs, Aiôn* (singulier et pluriel), *Sophia,* etc. — et, sans les comprendre, il les insère dans ses compositions parce qu'il les croit chargés d'une vertu toute spéciale, au même titre que les noms barbares. La mode est aux prières au Dieu suprême, *Kosmokratôr* ou *Pantokratôr,* et il s'empresse de les imiter ou même, comme il fait une fois, de copier simplement

---

(1) *Ib.,* p. 30.
(2) Le mot est de Reitzenstein, p. 30.

une prière hermétique. La mode enfin est à la divinisation : c'est une croyance répandue dans les cercles théosophiques d'Égypte qu'il soit possible non seulement de voir un dieu, mais de se sentir dieu soi-même, d'éprouver, par quelque changement intérieur, qu'on devient un dieu : et notre magicien d'appliquer à une recette de divination ce schème grandiose de l'*apathanatismos* (IV, 475 ss.).

§ 2. *Textes de magie hermétique.*

Les papyrus magiques valent ainsi, pour l'hermétisme, comme témoins indirects. Il convenait donc de rassembler un choix de ces documents. Je les ai classés en deux groupes. Dans le premier, on trouvera des textes relatifs à Hermès-Thoth magicien. Le second réunit divers exemples de ce courant hermétique ou, plus généralement, gnostique que la magie a utilisé pour ses fins propres. Ce ne sont ici que des traductions accompagnées de quelques notes indispensables. Il n'entrait pas du tout dans mon dessein d'étudier ces textes magiques pour eux-mêmes. Je ne les ai considérés que dans la mesure où, d'une façon ou de l'autre, ils illustrent l'hermétisme.

I. Textes relatifs a Thoth-Hermès

A. *Thoth inventeur de la magie.*

1) *IV, 2289 ss.* (dans une invocation à Séléné) :

« Je te connais comme pleine de fraude et comme celle qui délivre de la crainte, oui, moi, l'archégète de tous les magiciens, Hermès l'Ancien, le père d'Isis ».

2) *XXIV a = OZ. II, § 298.*

« Grande est la dame Isis! Copie d'un livre sacré qui a été découvert dans les archives d'Hermès. C'est la méthode concernant les vingt-neuf lettres, grâce auxquelles Isis avec Hermès trouva son frère et époux Osiris, qu'elle cherchait.
Invoque Hélios et tous les dieux de l'abîme, au sujet des choses sur lesquelles tu désires recevoir un signe. Prends à un palmier mâle 29 feuilles, inscris sur chacune des feuilles les noms des dieux (1) et, après avoir dit

(1) C'est-à-dire évidemment sur chaque feuille un nom de dieu différent.

une prière, lève les feuilles deux par deux. La feuille qui reste, la dernière, lis-la et tu trouveras ton signe, relativement aux choses qui t'intéressent, et tu auras la révélation toute claire ».

3) *IV, 2373 ss.*

Charme de succès ou d'invocation pour atelier, maison, ou quelque lieu où on le dépose. Si tu le possèdes, tu seras riche et réussiras. C'est HERMÈS qui l'a fait pour Isis errante, et il est merveilleux : on l'appelle « petit mendiant » (ἐπαιτητάριον) ».

4) *IV, 883 ss.* (dans une « transe de Salomon, effective et sur les enfants et sur les adultes », cf. 850 ss.).

« Viens à moi par l'intermédiaire de cet homme ou de cet enfant, NN, et éclaire-moi avec exactitude, car je prononce tes noms, ceux qu'HERMÈS TRISMÉGISTE a gravés à Héliopolis en caractères hiéroglyphiques » (1).

5) *XIII, 14 ss.*

« C'est ce livre-ci qu'HERMÈS a pillé quand il a dénommé les sept parfums de sacrifice dans son livre sacré intitulé l'*Aile* (Πτέρυξ) ».

Cette petite phrase est bien intéressante, car elle manifeste une rivalité d'écoles. « Ce livre-ci » est le *Livre de Moïse* dont le contenu remplit le P. Leyd. W (*PGM.*, XIII), et l'on assiste à une polémique de la part d'une « école » juive ou judaïsante (il a certainement existé des apocryphes de Moïse comme des apocryphes de Salomon, etc.) contre une « école » hermétique qui s'appuie sur des livres de Thoth (2). L'une et l'autre revendiquent la priorité. Nous avons déjà constaté plus haut des querelles analogues à propos des livres de médecine astrologique : Asklépios n'a pas tout dit à Néchepso-Pétosiris, l'écrit dicté à Thessalos représente une révélation plus complète (3).

B. *Recettes avec invocation à Thoth-Hermès.*

6) *VII, 919-924.*

« *Merveilleux charme de victoire d'Hermès*, que tu dois porter dans tes sandales.

---

(1) Cf. JAMBL., *de Myster.*, VIII, 5.
(2) Cf. DIETERICH, *Abraxas*, p. 165.
(3) Au surplus la mention de telles rivalités est quasi un *topos* dans la magie, cf. déjà la lutte entre Moïse et les thaumaturges égyptiens (*Ex.*, VII, 10-13) qui a eu une influence durable sur la littérature, CUMONT, *Rev. H. d. Rel.*, CXIV, 1936, pp. 19 ss.

Prends une feuille d'or, grave avec un stylet d'airain et porte-le, quand tu veux : vois alors la vertu qu'il a sur un bateau, un cheval, et tu en seras stupéfait. Voici les caractères (signes, parmi lesquels ceux du Soleil et de la Lune). « Thôouth, donne victoire, force, puissance au porteur ». »

7) XIII, 270-277 = Poimandres, p. 22.
(Charme pour devenir invisible ou changer de forme).

« Je t'invoque, toi seul, toi qui seul as tout arrangé dans le monde pour les dieux et les hommes, toi qui t'es métamorphosé en formes saintes et qui, du néant, as tiré l'être et, de l'être, le néant (1), Thayth saint, de qui nul dieu n'est capable de voir le vrai visage. Fais qu'aux yeux de toutes les créatures, je devienne loup, chien, lion, feu, arbre, vautour, mur, eau (ou ce que tu veux), car tu es puissant ». « Dis le nom ».

8) VII, 540 ss. = OZ. II, § 220-221.
Lychnomancie.

« Place un chandelier de fer dans la partie orientale d'une chambre bien propre, mets dessus une lampe non peinte au minium et allume. Que la mèche soit de lin neuf. Allume aussi un encensoir et fais brûler de l'encens sur des copeaux de vigne. Que l'enfant soit vierge, pur.

Prière : « Phisio, Iaô (MM), je vous prie, qu'en ce jour d'aujourd'hui, qu'en cette heure présente paraissent à cet enfant la lumière et le Soleil — Mané Ousiris, Mané Isis — et Anoubis le serviteur de tous les dieux, et fais que cet enfant entre en transe et voie les dieux qui viennent pour donner oracle, tous. Apparais-moi dans l'oracle, dieu magnanime, Hermès Trismégiste, que m'apparaisse celui qui a créé les quatre parties du ciel et les quatre fondements de la terre (MM), viens à moi, toi dans le ciel, viens à moi, qui es né de l'œuf (2). Je vous conjure, au nom de celui qui est à Tapsati (?) (MM), que m'apparaissent les deux dieux qui t'escortent, Thath (3) ! Le premier dieu est appelé Sô, le second Aph (MM) ».

Prière que l'on récite : « Viens à moi, Esprit qui voles à travers l'air, toi que j'appelle par des symboles et des noms ineffables, viens à cette lychnomancie que j'opère, et entre dans l'âme de l'enfant afin qu'il se représente la

---

(1) καὶ ἐκ μὴ ὄντων εἶναι ποιήσαντα καὶ ἐξ ὄντων μὴ εἶναι : cf. IV, 3077 καὶ ποιήσαντα τὰ πάντα ἐξ ὧν οὐκ ὄντων εἰς τὸ εἶναι. La formule rappelle *II Macch.*, vii, 28 ὅτι οὐκ ἐξ ὄντων ἐποίησεν αὐτὰ ὁ θεός et peut avoir été influencée, en fait, par un texte judaïque.

(2) Comme l'observe Hopfner, *l. c.*, ce sont plusieurs dieux qui doivent apparaître à l'enfant et non le seul Trismégiste. La phrase précédente a mentionné déjà Hélios et Anoubis. Ici l'on ajoute Hermès, puis le dieu de la terre Geb (*sic* Hopfner) qui a déposé sur la terre l'œuf de la création : le dieu né de l'œuf serait donc son fils — ou le dieu orphique? En tout cas, rien ne soutient l'affirmation de Reitzenstein, *Poimandres*, p. 117, n. 5 : ὁ ἐκ τοῦ ᾠοῦ = « Hermes als Urgott ».

(3) Thath est manifestement ici une variante orthographique de Thoth, et représente le même dieu Thoth-Hermès. On ne peut donc conclure de ce texte que Tat, fils d'Hermès, « s'est véritablement fait une place dans le culte », Reitzenstein, *Poimandres*, p. 117. Tat n'est qu'une fiction littéraire, cf. *infra*, p. 353.

forme immortelle dans une lumière puissante et impérissable, parce que je t'appelle dans mon chant, Iaô, Elôaï (MM). Viens à moi, Seigneur, porté sur la lumière sans souillure, viens sans mensonge et sans colère, à moi et à ton épopte cet enfant (MM), parais! »

Récite trois fois. Si l'enfant dit : « Je vois ton seigneur dans la lumière », dis : « Saint Hyméri (MM) ». Et de cette façon il répond. Interroge (MM). »

9) *VIII, 1-63 = Poimandres,* pp. 20-21.
Charme contraignant d'amour, d'Astrapsoukos (1). *Prière :*

« Viens à moi, Seigneur Hermès, comme les enfants dans le sein de leurs mères. Viens à moi, NN, Seigneur Hermès, et donne-moi faveur, nourriture, victoire, prospérité, bonheur en amour, beauté du visage, et la force de tous les hommes et de toutes les femmes (2). Tes noms sont au ciel (MM). Ces noms sont ceux que tu portes aux quatre coins du ciel. Je connais tes formes, qui sont : à l'Est, tu as la forme d'un ibis, à l'Ouest, tu as la forme d'un cynocéphale, au Nord tu as la forme d'un serpent, au Sud, tu as la forme d'un loup. Ta plante est la vigne, qui est là l'olive (3). Je connais aussi ton bois : l'ébène (4). Je sais, Hermès, qui tu es et d'où tu es, et quelle est ta ville : Hermoupolis. Viens à moi, Seigneur Hermès aux noms multiples, toi qui connais les choses cachées sous le pôle du ciel et sous la terre. Viens à moi, NN, Seigneur Hermès, sois-moi bienfaisant, toi bienfaiteur du monde. Écoute ma prière, fais que j'obtienne faveur auprès de toutes les sortes d'êtres de la terre habitée. Ouvre pour moi les mains de tous ceux qui répandent des présents, contrains-les de me donner ce qu'ils ont dans les mains. Je connais aussi tes noms barbares (trois MM) : tels sont tes noms barbares.

S'il est vrai qu'Isis, la plus grande de toutes les divinités, t'a invoqué, en tout péril, en tout lieu, contre les dieux, les hommes, les démons et les bêtes qui vivent dans l'eau et sur la terre, et si elle a obtenu ta faveur et la victoire sur les dieux, les hommes et tous les animaux qui vivent sous la terre, eh bien moi, de même, NN, je t'invoque. Aussi donne-moi faveur, bonne apparence, beauté. Entends ma prière, Hermès, bienfaiteur, inventeur des philtres, laisse que je converse librement avec toi, écoute-moi, en la même manière que tu as accordé toutes choses à ton cynocéphale d'Éthiopie, le Seigneur de ceux qui vivent sous la terre. Fais que tous aient de doux sentiments pour moi, donne-moi force, bonne apparence (tes vœux, comme

---

(1) Cf. Riess dans P. W., II, 1796 ss. Pseudo-magicien perse sous le nom duquel il a circulé un certain nombre d'écrits relatifs aux sciences occultes.

(2) ἀλκὴν ἁπάντων καὶ πασῶν. L'expression est bizarre et la correction de Reitzenstein ἀπὸ πάντων καὶ πασῶν (« devant tous et toutes ») est plausible, d'autant qu'on retrouve alors une formule consacrée.

(3) Ces mots « la vigne... » sont en copte.

(4) Les magiciens opéraient souvent avec une baguette d'ébène, cf. Ps.-Callisth., I, 1; Jul. Valerius, 2, 1; Hegemonius, *Acta Archelai,* 27, p. 22 Beeson (Mani) *baculum tenebat ex ligno ebenino.* Les deux mages des fresques du mithréum à Doura-Europos tiennent dans la main droite l'un une canne noire, l'autre une baguette noire, cf. *The Excavations at Dura-Europos,* VII (1939), p. 110 et pl. xvi-xvii.

à l'ordinaire) (1), et qu'ils me donnent de l'or et de l'argent et toute sorte de nourriture en quantité inépuisable. Préserve-moi pour toujours des poisons, des embûches, de toute atteinte du mauvais œil et des langues mauvaises, de toute possession démoniaque, de toute haine des dieux et des hommes. Qu'ils me donnent faveur, victoire, succès dans l'opération et prospérité. Car toi tu es moi, et moi toi, ton nom est le mien, mon nom le tien : car je suis ton portrait. Si quelque accident m'afflige en cette année ou ce mois ou ce jour ou cette heure, qu'il afflige le grand dieu *Akkemen Estroph* dont le nom est inscrit sur la proue du bateau sacré. Ton vrai nom est inscrit sur la stèle sacrée dans l'adyton à Hermoupolis, là où tu es né. Ton vrai nom : *Osergariach Nomaphi*. C'est là ton nom, le nom aux quinze lettres dont le nombre des lettres correspond aux jours de la Lune dans sa croissance; ton second nom compte sept lettres d'après les Dominateurs du Monde, et son chiffre est 365 d'après les jours de l'année : oui, vraiment, *Abrasax* (2). Je te connais, HERMÈS et tu me connais. Je suis toi et toi, moi. Accomplis pour moi toutes choses et tourne-toi vers moi avec la Bonne Fortune et le Bon Démon, maintenant, maintenant, vite, vite! »

Préparation.

« Prends un morceau de bois d'olivier, grave un petit cynocéphale assis, portant le casque ailé d'HERMÈS et, sur le dos, un étui, inscris le nom d'HERMÈS sur une feuille de papyrus et place-la dans l'étui. Écris à l'encre de myrrhe, après avoir prié, l'opération que tu fais et ce que tu désires, ferme avec un couvercle, fais brûler de l'encens et place à l'endroit qui te plaît, au milieu de l'atelier. Le nom à inscrire est : *Phthoros, Phthionè, Thôüth*. Grave en outre les grands noms que voici : « *Iaô Sabaôth Adônaié Ablanathanalba Akrammachamarei*, 365, donne à l'atelier succès, faveur, prospérité, bonheur en amour, à moi NN et à l'atelier, maintenant, maintenant, vite, vite! »

C. *Recette où le magicien s'identifie à Thoth-Hermès.*

10) *V, 213-302 = OZ. II, § 294-295 : Anneau d'Hermès.*

« *Préparation du scarabée*. Prends un scarabée gravé (sur un anneau) comme il est indiqué plus bas, pose-le sur une table de papyrus et, sous la table, mets un linge pur et des branches d'olivier répandues en litière; au milieu de la table pose un petit autel à encens, et fais-y brûler de la myrrhe et du kyphi. Aie, tout prêt à servir, un petit vase bleu turquoise (3) dans lequel soit contenue de l'huile de lys ou de myrrhe ou de cinnamome, et, ayant

---

(1) Cette parenthèse concerne le futur opérateur auquel le magicien s'adresse à l'impératif, selon l'usage constant de toute cette forme de littérature (astrologie, alchimie, magie). Il veut dire ici que c'est à ce moment que le praticien doit exprimer ses vœux.

(2) Cf. *infra*, p. 301 n. 1.

(3) χαλλάϊνον ou χαλάϊνον : poterie vernissée de la couleur de la turquoise, fabriquée à Alexandrie, cf. LIDDELL-SCOTT-JONES, s. v. χαλάϊνος II.

pris l'anneau, pose-le dans l'huile après t'être rendu pur de toute souillure ; fais brûler sur l'autel le kyphi et la myrrhe, et laisse reposer trois jours ; puis prends et dépose dans un lieu pur. Tiens prêts aussi, pour la consécration, des pains purs et ce que la saison offre en fruits mûrs. Fais encore un autre sacrifice de parfums sur des sarments de vigne, et, pendant ce sacrifice, retire l'anneau de l'huile et porte-le. De l'huile où a baigné le scarabée, oins-toi le matin, tôt, et, tourné vers le soleil levant, dis la formule mentionnée ci-dessous.

Gravure du scarabée. Sur une pierre d'émeraude, d'un grand prix, grave un scarabée, transperce-le (1) et fais passer au travers un fil d'or. A l'envers du scarabée, grave une image sainte d'Isis : consacre, comme j'ai dit, et utilise.

Jours où l'on doit opérer. A partir de la nouvelle lune, les 7e, 9e, 10e, 12e, 14e, 16e, 21e, 24e, 25e jours. Les autres jours, suspends l'opération (2).

Formule à réciter devant le soleil.

« Je suis THOYTH, l'inventeur et le créateur des philtres et des lettres. Viens à moi, toi sous la terre (3), éveille-toi pour moi, puissant démon, Phroun chthonien ou bien vous, démons-Noun chthoniens! Je suis Hérôn l'illustre, l'œuf de l'ibis, l'œuf du faucon, l'œuf du Phénix qui vole à travers l'air. J'ai sous la langue la glaise de Em (Emon?); je suis revêtu de la dépouille de Keph. Si je ne viens pas à connaître ce qu'il y a dans les âmes de tous, Égyptiens, Hellènes, Syriens, Éthiopiens, de toute race et de tout peuple, si je ne viens pas à connaître le passé et l'avenir, si je ne viens pas à connaître leurs arts, leurs occupations, leurs activités et leurs manières de vivre, leurs noms et ceux de leurs pères, mères, frères, amis et ceux des morts, je répandrai le sang du dieu noir à tête de chien (4) dans une marmite neuve et qui n'a point servi encore, et je la placerai sur un réchaud à marmite neuf, et je brûlerai au-dessous les os de l'Ésiès (5), et, à l'ancrage de Bousiris, je crierai le nom de celui qui est resté trois jours et trois nuits

---

(1) On trouve la même recette chez Damigéron, c. 6 : *lapis smaragdo* (je cite d'après PITRA, *Spicilegium Solesmiense*, III (1855), p. 326; la recette manque dans les extraits grecs, MÉLY-RUELLE, II 1, pp. 131-133) : *oportet autem eum perficere sic : adeptus lapidem, iube sculpere scarabeum, deinde sub ventre eius stantem Isidem ; postea pertundatur in longitudinem. Tunc autem in fibulam missum dicato, porta, consecrato; et fac locum quemdam bonum praeparari, et ornare tu, et caetera quae tua sunt, et videbis gloriam lapidis, quamque ei Deus concessit.* Pour le percement de la pierre, cf. encore PLIN., *N. H.*, XXXVII 20, 2 (Littré) à propos des béryls, et le traité περὶ λίθων cité par RUSKA, *Sitz. Ber. Heidelb.*, 1929, 3, p. 13 (λίθος σμάραγδος) : ἔπειτα τρύπησον εἰς μῆκος καὶ ἐμβαλὼν χρυσῆν βελόνην φόρει περὶ τὸν δάκτυλον.

(2) Sur ces jours favorables et défavorables de la Lune, cf. BOLL-BEZOLD-GUNDEL, *Sternglaube*[4], pp. 173 ss. (*Die Texte der Laienastrologie*), en particulier, p. 174.

(3) L'esprit évoqué par Thoth (le magicien qui s'identifie à Thoth) est celui d'un individu qui a péri de mort accidentelle (un νεκυδαίμων), dans le cas présent l'esprit d'un homme qui s'est noyé dans le Nil et qui, comme tel, est identifié à Osiris sous le nom d'Ésiès, voir n. 5.

(4) C'est Anoubis.

(5) Sur l'Ésiès (noyé assimilé à Osiris) et sur notre texte, cf. en particulier F. J. DÖLGER, *Antike und Christentum*, I (1929), pp. 174-183, spécialement, pp. 179 ss. Voir aussi HOPFNER, *OZ.*, II, § 295 (fin p. 142), et mon *Idéal*, p. 299, n. 1.

dans le fleuve, l'Ésiès, celui qui a été emporté dans le cours du fleuve jusqu'à la mer et qu'ont enveloppé les flots de la mer et les nuées de l'air. Ton ventre sera mangé par les poissons, et je n'empêcherai pas les poissons de dévorer de leurs gueules ton cadavre, et les poissons ne fermeront pas leur gueule. J'arracherai l'enfant sans père (Horus) à sa mère, je ferai tomber le pôle du ciel et les deux montagnes n'en feront plus qu'une. Je lâcherai contre vous l'Ouverture, et elle fera ce qu'elle veut (1). Je ne laisserai ni dieu ni déesse rendre ses oracles jusqu'à ce que moi, NN, je sache à fond ce qu'il y a dans les âmes de tous les hommes, Égyptiens, Syriens, Hellènes, Éthiopiens, de toute race et de tout peuple, qui m'interrogent et se présentent devant mes yeux, qu'ils parlent ou se taisent, en sorte que je leur annonce leur vie passée, présente et future, et que je connaisse leurs arts et manières de vivre, leurs occupations et leurs actes, leurs noms et ceux des morts et, d'une façon générale, ceux de tous, et que je sache lire une lettre scellée et que je puisse leur révéler toutes choses conformément à la vérité. »

Une recette fondée sur la même croyance (assimilation du magicien au dieu) se lit *XIII, 277 ss. Résurrection d'un cadavre.*

« Je t'adjure, esprit qui voltiges dans l'air, entre dans ce corps, remplis-le de souffle et de force vitale, réveille-le par la puissance du dieu éternel, et qu'il fréquente ce lieu-ci, parce que je suis celui qui opère par la puissance de THAYTH, le dieu saint ». « Dis le nom. »

D. *Recettes où le magicien utilise une figurine de Thoth-Hermès.*

11) *IV, 2359 ss. Charme de succès.*

« Prends de la cire jaune, des extraits de la plante de l'air et de la plante de la lune, mélange et façonne un HERMÈS, creux par en dessous, tenant de la gauche le caducée et de la droite une bourse. Écris sur une feuille de papyrus hiératique ces noms-ci et tu le verras agir sans plus cesser : « (MM), donne gain et succès à ce lieu, parce que Psentébeth habite ici ». Mets la feuille dedans, bouche avec la même cire et pose l'objet au mur, sans qu'on le voie, couronne l'HERMÈS de l'extérieur, sacrifie-lui un coq avec des libations de vin d'Égypte et allume devant lui une lampe non peinte au minium. »

12) *XII, 145 ss. Pour obtenir un songe* (ὀνειραιτητόν).

« Dessine le plus exactement possible sur une pièce de byssus avec du sang de caille le dieu HERMÈS, debout, avec un visage d'ibis ; puis inscris à l'encre de myrrhe le nom et là-dessus prononce la prière. »

---

(1) ἐπαφήσω ἄνοιξιν ἐφ' ὑμᾶς, καὶ ὃ θέλει, ποιήσει. Le sens n'est pas expliqué. Hopfner lit ἀπαφήσω Ἄνοιξιν ἀφ' ὑμῶν καὶ ὃ θέλω, ποιήσει = « je détournerai loin de vous le dieu de l'Ouverture et il fera ce que je veux ». Ce dieu de l'Ouverture serait le dieu de la barre rocheuse d'Assouan, laquelle, aux temps mythologiques, se serait ouverte pour laisser passer le Nil. Tout cela reste plein de conjectures.

13) V, 370-439 = OZ. H, § 174-180.

Pour obtenir un songe.

(a) *Préparation*.

370-399. « Prends 28 feuilles d'un laurier qui a déjà son cœur formé (?) (1), de la terre vierge (2), de la graine d'armoise, de la farine de froment et de l'herbe « petite tête de chien » (cependant j'ai entendu dire à un Héracléopolitain qu'il prend 28 feuilles d'un olivier qui vient tout juste de pousser (3), de cet arbre qui est cultivé [ou importé] à si grands frais) (4), le tout est porté par un enfant vierge (5). On mêle aux choses susdites la partie liquide d'un œuf d'ibis de manière à en faire une même pâte, avec quoi on modèle une figurine d'Hermès portant la chlamyde, quand la lune se lève dans le Bélier ou le Lion ou la Vierge ou le Sagittaire. Cet Hermès doit tenir un caducée. Écris la formule sur une feuille de papyrus hiératique ou sur une gorge (6) d'oie (ainsi que je l'ai entendu dire aussi à l'Héracléopolitain) et introduis-la dans la figurine, en vue de l'animation; et, quand tu veux obtenir un oracle, prends une feuille de papyrus et écris la formule et la question, coupe-toi un cheveu de la tête, enroule-le autour de la feuille après avoir lié celle-ci d'un ruban rouge et, à l'extérieur, d'un rameau d'olivier, et dépose aux pieds de l'Hermès (d'autres disent : « dépose-le sur l'Hermès »). Que la figurine soit installée dans une chapelle de bois de tilleul. Quand tu veux obtenir un oracle, place la chapelle avec le dieu contre ta tête et récite la prière (7), tout en faisant brûler, sur un autel, de l'encens, de la terre provenant d'un champ qui produit du blé et un bloc de sel ammoniaque. Que tout cela soit près de ta tête et, quand tu auras récité, couche-toi, sans avoir répondu à personne.

(1) δάφνης ἐνκαρδίου. Ainsi Preisendanz « Nimm 28 Blätter von einem Lorbeerbaum, der schon Mark hat (qui a déjà de la moelle) ». Mais M. Cumont me suggère une autre explication, séduisante : « Prends 28 feuilles (lamelles) du cœur de laurier ». τὸ ἐγκάρδιον est la moelle, le cœur, du bois. Le laurier est une plante chaude consacrée au soleil, mais cette chaleur réside dans la moelle de l'arbre : aussi est-ce la moelle qu'il faut utiliser, cf. ce qui est dit de la rue *Geopon.*, XII, 25, 3, la rue étant aussi une plante chaude. Voir Cumont, *La stèle du danseur d'Antibes*, pp. 13 ss.

(2) Sur la terre vierge, cf. *supra*, p. 268, n. 4.

(3) ελ ἀρτιβλαστ Pr, d'où ἐλαίας ἀρτιβλάστου Kenyon. Ou « feuilles qui viennent tout juste de pousser » (ἀρτίβλαστα) Preisendanz.

(4) Le texte n'est pas sûr : του δενδρουχ|ομιοθ του εντοσον P. Je lirais donc τοῦ δένδρου κομισθέντος ἐς τόσον. La culture de l'olivier a toujours été rare et difficile en Égypte, l'huile d'olive y coûtait cher.

(5) Le παῖς ἄφθορος comme médium est bien connu dans la magie, cf. Hopfner, *OZ.*, I, p. 236 et dans P. W., s. v. *Mageia* 360 ss.; Cumont, *Rev. H. d. Rel.*, CIII (1931), p. 72; mon *Idéal rel. d. Grecs*, p. 288, n. 2.

(6) εἰς φῦσαν χήνειαν. Ou « sur une vessie d'oie » ?

(7) δίωκε, qui a valeur technique en ces textes magiques, cf. IV, 335, 958.

(b) *Prière*.

400-423. « Hermès, souverain dominateur du monde, toi qui es dans le cœur (1), cercle de la Lune, toi qui est rond et carré, archégète de la parole articulée, plaidant la cause de la justice (2), toi qui portes la chlamyde, dieu aux sandales ailées, toi qui mènes ta course rapide depuis l'éther jusqu'aux profondeurs du Tartare, guide de l'esprit, œil du soleil, très grand, archégète de la parole qui peut tout exprimer, toi qui réjouis par tes luminaires ceux d'en bas, dans les profondeurs du Tartare, les mortels qui ont achevé leur vie, on t'appelle « Celui qui prédit les destins » et « Songe divin », toi qui de jour et de nuit nous envoie des oracles! Guéris toutes les souffrances des mortels par tes remèdes. Viens, bienheureux, fils très grand de la Mémoire qui accomplit ses desseins. Montre-toi en ta forme, favorable, lève-toi favorable pour un homme pieux, laisse apparaître ta forme favorable à moi, NN, afin que je te reçoive dans les oracles où s'exprime ta vertu puissante (3). Je t'en supplie, Seigneur, sois-moi favorable, montre-toi sans me décevoir et rends oracle. »

Récite aussi bien au lever du soleil que de la lune.

Inscription sur les feuilles de papyrus qui accompagnent l'image (MM, entre autres : Baubô, Éreschigal, Toi qui te dévores la queue) (4). < A réciter? > trois fois. Puis, en langage ordinaire, ce que tu souhaites (5).

Formule de contrainte. (MM) Toi au regard terrible (MM). Puis le nom aux cent lettres d'Hermès [ce nom manque]. »

La même prière (400-423) paraît, avec de légères variantes, dans une pratique pour obtenir un songe *PGM, VII, 665 ss.*, dont voici le début (665-669) :

13bis) *Pour obtenir un songe.*

« Prends une pièce de byssus sur lequel tu écris à l'encre de myrrhe l'affaire en question, et, ayant enroulé autour un rameau d'olivier, pose-le contre ta tête, du côté gauche de ta tête, puis couche-toi, pur, sur une natte de jonc, par terre, récitant l'hymne sept fois à la lueur de la lampe : « Hermès, Souverain maître de l'univers... ».

Enfin on la retrouve, mais dans une version assez différente, dans un papyrus de Strasbourg, *PGM., XVIII b* (le papyrus ne contient que cet hymne) :

« Hermès, Souverain maître du monde, toi qui es dans le cœur, cercle

---

(1) ἐνκάρδιε : cf. IV, 1785 νήπιε, ὅταν γεννηθῇς ἐνκάρδιος (l'Erôs); XIII, 487 ἐφάνη Νοῦς κατέχων καρδίαν, καὶ ἐκλήθη Ἑρμῆς; Horap. I, 36 καρδίαν βουλόμενοι γράφειν, ἴδιν ζωγραφοῦσι· τὸ γὰρ ζῷον Ἑρμῇ ᾠκείωται, πάσης καρδίας καὶ λογισμοῦ δεσπότῃ.

(2) πειθοδικαιόσυνε : ou « obéissant à la justice ».

(3) ὄφρα σε μαντοσύναις, ταῖς σαῖς ἀρεταῖσι, λάβοιμι Preisendanz : ὄφρα τε (*sic* P) μαντοσύνας ... λάβοιμι Hopfner, leçon peut-être meilleure, en raison des parallèles.

(4) C'est le serpent *ouroboros*, symbole de l'Éternité.

(5) Cf. *supra*, p. 291, n. 1.

de la Lune, toi qui es rond et carré, archégète de la parole articulée, plaidant la cause de la justice, toi qui portes la chlamyde, dieu aux sandales ailées, veillant sur la parole qui peut tout exprimer, prophète pour les mortels... (4 lignes gâtées, puis)... qui envoies un oracle vrai : on t'appelle « Fileur des destinées » et « Songe divin », dompteur universel que nul ne dompte... (1 ligne gâtée)... Aux bons tu donnes de bonnes choses, aux mauvais des choses pénibles. C'est pour toi que s'est levée l'aurore, et pour toi que, rapide, la nuit s'est approchée. Tu règnes sur les éléments, le feu, l'air, l'eau et la terre, car tu es le pilote de l'univers entier. A ton gré, tu fais descendre les âmes dans l'Hadès et, de nouveau, les éveilles à la vie. Car tu es l'ornement du monde (κόσμος γὰρ κόσμου γεγαώς). Tu guéris toutes les maladies des mortels. Toi qui, de jour et de nuit, envoies des oracles, fais apparaître ta forme, à moi aussi, qui te prie, à moi mortel, pieux suppliant, ton soldat. »

II. *Textes relatifs à la gnose hermétique.*

Dans cette seconde catégorie, j'ai rangé trois sortes de documents. Tout d'abord (A) une suite de cinq prières qu'on peut dire « cosmiques » (cf. n° **17**), en ce sens qu'elles s'adressent soit au Dieu suprême, créateur et souverain dominateur du monde (n°s **14-17**), soit au soleil (n°s **17-18**). Il n'est pas toujours facile de distinguer entre ces deux objets, parce que les mêmes formules passent d'un texte à l'autre, bien que le Dieu auquel s'adresse la prière soit différent. Ainsi l'expression « toi qui sors des quatre vents » (ὁ ἐκ τῶν δ' ἀνέμων) est-elle appliquée tour à tour au Dieu Suprême (n° **15**) et au Soleil (n° **18** ὁ ἀνατέλλων ἐκ τεσσάρων ἀνέμων), qui aussi bien fait souvent figure de Dieu Suprême. De même les épithètes de κοσμοκράτωρ, παντοκράτωρ vont-elles également au Dieu Suprême et au Soleil. Enfin le syncrétisme est aussi virulent dans les premières prières que dans les dernières. Il paraît sûr, en tout cas, que ce Dieu Suprême n'est jamais assimilé à Hermès. Par contre il est en relations étroites avec l'Aiôn, et l'on parle une fois (n° **17**) de sa Gloire et de sa Sagesse, « qui est aussi l'Aiôn ». Ces prières, on l'a dit déjà, offrent des analogies assez frappantes avec certaines prières hermétiques. Le n° **15** en particulier a un mouvement tout semblable à celui de *C. H.* V, 6-8 (« Qui a façonné etc. ») (1).

Le second type de documents (B) est constitué par la *Kosmopoïia* de Leyde (n° **19**) qui peut aider à mieux comprendre les cosmogonies de *C.H.* I et de la *Korè Kosmou.*

Enfin la « recette d'immortalité » (C, n° **20**), le plus remarquable

---

(1) Il serait intéressant de les comparer aussi avec les prières de **Firmicus Maternus** au dieu du monde, *Math.*, V praef. 3-6 (II, p. 2.4 Skutsch-Kroll), et au Soleil, *Math.*, I, 10, 14 (I, p. 38.6 Skutsch-Kroll).

à coup sûr des écrits magiques, projette quelque lumière sur la pratique de « régénération » qui s'accomplit dans le *C.H.* XIII.

Répétons que ces textes importants ne sont pas ici examinés pour eux-mêmes : de là vient qu'on s'est abstenu d'y joindre le commentaire que, par ailleurs, ils méritent.

A (a) *Prières au Dieu Suprême (Aiôn ou Seigneur de l'Aiôn).*

14) *XIII, 62-71* (A) = *570-582* (B) = *Poimandrès,* pp. 22-23.

« Je t'invoque, toi qui es plus grand que tous, qui as tout créé, qui es né de toi-même, qui vois tout et qui n'es point vu. C'est toi qui as donné au Soleil sa gloire et toute sa puissance, à la Lune de croître et de diminuer et de suivre une course régulière, sans avoir rien enlevé aux ténèbres antérieures, mais en attribuant à tous une part égale. Car c'est avec ton apparition que le monde vint à l'être et que la lumière apparut. Toutes choses te sont soumises, toi dont aucun des dieux ne peut voir la vraie forme, toi qui, tandis que tu revêts toutes les formes, demeures l'invisib e Aiôn de l'Aiôn ».

15) *XII, 238-269* (238-244 [A] = XIII, 761-773 [B] = XXI, 1-9 [C]). Voir aussi IV, 1605-1615.

« Viens à moi, toi qui sors des quatre vents (1), Dieu souverain maître, toi qui as insufflé aux hommes des souffles de vie, seigneur de tout ce qu'il y a de beau dans le monde, écoute-moi, Seigneur, dont le nom est caché, ineffable, au nom de qui les démons tremblent de peur, le Soleil <...>, la terre tourne en cercle, l'Hadès entre en trouble, les flammes, la mer, les marais et les sources se figent, dont le ciel est la tête, l'éther le corps, la terre les pieds, et l'eau qui t'entoure est l'Océan, le Bon Démon. Tu es le Seigneur qui engendre et nourrit et fait croître toutes choses.

Qui a façonné les formes des animaux, qui a découvert les chemins? Qui a produit les fruits, qui a fait se dresser le sommet des monts? Qui a commandé aux vents d'accomplir leurs travaux annuels? Quel Aiôn nourrissant l'Aiôn règne sur les Aiôns? Le Dieu unique, immortel. C'est toi qui engendres tous les êtres, qui à tous distribues des âmes, qui règnes sur tout, Roi et Seigneur des Aiôns, devant qui tremblent monts et plaines, les courants des sources et des fleuves, les profondeurs de la terre et les souffles, tout ce qui vit. Le ciel qui brille en haut tremble à ta vue ainsi que toute mer, Seigneur, souverain maître, Chef saint de tous les êtres. C'est par ta puissance qu'existent les éléments et que tout croit, le cours du Soleil et de la lune, de la nuit et du jour, dans l'air et sur la terre, dans l'eau et la vapeur du feu. A toi appartient l'éternelle salle des fêtes où se dresse, comme une image sainte, ton nom, l'heptagramme, selon l'harmonie des sept voyelles dont les sons correspondent aux vingt-

---

(1) Sur les quatre vents, cf. Cumont, *Recherches sur le symbolisme funéraire des Romains,* p. 106, n. 5 (vision d'Ezéchiel) et p. 107.

huit phases de la lune. De toi descendent les bonnes influences des astres, Démons, Fortunes et Destinées. C'est toi qui donnes richesse, vieillesse heureuse, fécondité, vigueur, nourriture. Toi, seigneur de la vie, qui règnes sur les régions d'en haut et d'en bas, de qui la justice n'est point entravée, dont les anges célèbrent le nom illustre, qui possèdes la vérité sans mensonge, écoute-moi, consacre pour moi cette pratique, afin que cette puissance, pour moi qui la porte, se conserve en tout lieu, en tout temps, sans subir nul dommage, fatigue ou souillure, pour moi qui porte cette puissance. Oui, Seigneur, car toutes choses te sont soumises, à toi dieu du ciel, et aucun des démons ou des esprits ne me fera obstacle, parce que, à la consécration, j'ai invoqué ton grand nom, et de nouveau je t'invoque, selon les Égyptiens « *Phnô éaï Iabôk* », selon les Juifs « *Adônaïé Sabaôth* », selon les Grecs « Roi universel, seul Monarque! », selon les grands prêtres « Dieu caché, invisible, qui veille sur tous! », selon les Parthes (1) « *Ouertô* tout-puissant ». Consacre pour moi et remplis de pouvoir magique cette opération pour tout le temps de ma vie ».

16) IV, 1115-1164 = Poimandres, pp. 277-278.

Texte secret (2).

« Salut, système entier de l'esprit de l'air, salut, Souffle qui pénètres toutes choses depuis le ciel jusqu'à la terre, et depuis la terre, sise au creux central du monde, jusqu'aux extrémités de l'abîme. Salut, Souffle qui entres en moi et te saisis de moi et te sépares de moi, selon la volonté de Dieu, en bienveillance. Salut, principe et fin de la nature immobile, salut, tourbillon des éléments qui jamais ne vous fatiguez de remplir vos fonctions, salut, lumière resplendissante du rayon solaire au service du monde, salut, cercle à l'éclat inégal de la lune qui brille la nuit, salut, tous les souffles des démons de l'air, salut, vous à qui il est donné de vous réjouir dans l'eulogie, frères et sœurs, dévots et dévotes! O grand, très grand, circulaire, incompréhensible schème du monde! Souffle céleste, intérieur au ciel, éthéré, intérieur à l'éther, aqueux, terrestre, igné, venteux, lumineux, ténébreux, brillant comme les astres, humide-igné-froid! Je te loue, dieu des dieux, qui as ajusté les membres du monde, qui as emmagasiné les eaux de l'abîme sur le fondement invisible de leur position, qui as séparé le ciel et la terre, et d'une part couvert le ciel d'éternelles ailes d'or, d'autre part solidement assis la terre sur des fondements éternels, qui as suspendu l'éther au point culminant de la région d'en haut, qui as disséminé dans l'air des souffles qui se meuvent d'eux-mêmes, qui as mis autour de la terre l'enveloppe circulaire de l'eau, qui amènes les ouragans chargés de foudre, qui grondes, lances des éclairs, envoies la pluie, secoues la terre, produis les êtres vivants, dieu des Αἰῶνς. Tu es grand, Seigneur, Dieu, Maître de l'Univers (3)! »

(1) Cette mention des **Parthes** est intéressante pour fixer la date du texte.
(2) J'ai négligé dans cette traduction les mots magiques qui interrompent presque continuellement le texte.
(3) Cf. encore la prière au Dieu πρωτοφυής et πρωτογενής I 196 ss. Il est dit ici αἰωναῖος Αἰών *ib.*, 200.

A (b) *Prières au Soleil.*

17) *IV, 1165-1225.*

Texte utile à toute fin, qui délivre même de la mort. N'en cherche pas le secret. *Prière.*

« Toi, unique et bienheureux parmi les Aiôns, père du Kosmos, je t'invoque par des prières cosmiques. Viens à moi, toi qui as donné souffle à tout l'univers, qui as suspendu le feu à l'océan du ciel et séparé la terre de l'eau, prête l'oreille, forme, esprit, terre et mer, à la parole du sage de la divine Nécessité, et reçois mes prières comme des traits de feu, car je suis un homme (ou « l'Homme »), de Dieu qui est dans le ciel la créature la plus belle, née du souffle, de la rosée et de la terre (1). Ouvre-toi, ciel, reçois mes appels, écoute, Hélios, père du monde. Je t'invoque par ton nom (MM), toi qui seul possèdes le fondement, tu es le nom saint et fort, le nom sanctifié par tous les anges, préserve-moi, NN, de l'arrogance et de la démesure de toute puissance supérieure. Oui, fais cela, Seigneur, dieu des dieux, (MM), créateur du monde, qui as tout créé, Seigneur, dieu des dieux (MM). J'ai appelé par son nom ta GLOIRE insurpassable, créateur des dieux, des archanges et des décans. Les myriades des anges se tiennent près de toi et ils ont élevé le ciel (2), et le Seigneur a rendu témoignage à ta SAGESSE, qui est l'Aiôn (Voyelles), et il lui a dit que tu as autant de puissance qu'il en a lui-même. J'invoque ton nom aux cent lettres, qui pénètre, depuis la voûte céleste, jusqu'aux profondeurs de la terre. Sauve-moi, car c'est à cela que, toujours et partout, tu prends joie, à sauver les tiens (MM : cent lettres). Je t'invoque, toi sur la feuille d'or, pour qui brûle sans cesse la lampe inextinguible, le grand dieu, qui apparaît dans l'univers entier, qui brille à Jérusalem, Seigneur *Iaô* (voyelles, dont Iaô : cent lettres). A toute bonne fin, Seigneur! »

18) *IV, 1598 ss.* = *Poimandres*, pp. 28-29.

« Je t'invoque, le plus grand des dieux, Seigneur éternel, dominateur du monde, toi qui es sur le monde et sous le monde, puissant dominateur de la mer, qui étincelles au point du jour, qui, pour le monde entier, te lèves à l'Orient, et qui te couches à l'Occident. Viens ici, toi qui te lèves sortant des quatre vents, gracieux Agathodémon, qui t'es donné pour salle de fête tout le ciel. J'invoque tes noms sacrés, grands et cachés, que tu te réjouis d'entendre. Sous tes rayons la terre a refleuri, les plantes ont porté fruit par la grâce de ton rire, à ton commandement les vivants ont produit d'autres vivants. Donne gloire, honneur, faveur, succès et force magique à cette pierre, pour laquelle aujourd'hui j'opère la consécration (ou : à ce phylactère que je consacre)

---

(1) ὅτι ἐγώ εἰμι ἄνθρωπος, θεοῦ τοῦ ἐν οὐρανῷ πλάσμα κάλλιστον, γενόμενον ἐκ πνεύματος καὶ δρόσου καὶ γῆς Preisendanz. REITZENSTEIN, *Poimandres*, p. 279 lit ὅτι ἐγώ εἰμι Ἄνθρωπος θεοῦ, ᾧ πλάσμα κάλλιστον ἐγένετο ἐκ πνεύματος κτλ. et retrouve ici la doctrine du Premier Homme céleste de *C. H.* I.

(2) ὕψωσαν τὸν οὐρανόν Preisendanz. Ne faut-il pas lire ὕψωσάν < σε εἰς > τὸν οὐρανόν?

contre NN. Je t'invoque, toi qui es grand dans le ciel (MM, dont *Bal Misthrèn*), Sabaoth, Adônaï, Dieu grand (MM, dont *Bal Minthrè*), étincelant Hélios qui brilles sur toute la terre. Tu es le grand Serpent, qui marches en tête de tous les dieux (1), tu détiens le premier lieu de l'Égypte (2), qui est aussi le dernier de la terre habitée, tu t'es engendré dans l'Océan, Psoï, dieu des dieux, tu es celui qui se manifeste chaque jour, qui se couche au Nord-Ouest du ciel, et qui se lève au Sud-Ouest... (1704) Oui, Seigneur Kmèph (MM). Je conjure la terre et le ciel, la lumière et les ténèbres, et le grand dieu qui a tout créé, Sarousis, toi, Bon Génie qui m'assistes, donne-moi plein succès dans cette pratique par le moyen de cet anneau ou de cette pierre. »
— Quand tu opères, dis : « Il n'y a qu'un Zeus Sarapis. »

B. *Kosmopoiia* de Leyde (3).

19) *XIII, 138-213* (A) = *443-563* (B).

Le titre est donné par le papyrus lui-même, dans la description de la recette magique, 694 ss. : « Cependant avant de boire le lait et le vin, prononce cette supplique (εὐτυχίαν) et, après l'avoir dite, tends l'oreille sur ton grabat, tenant en mains tablette et stylet, et dis la « création du monde » (κοσμοποιίαν), dont le début est « Je t'invoque, toi qui enveloppes tout l'univers... » ; et quand tu en seras venu aux voyelles, dis : « Seigneur, je reproduis ton image par les sept voyelles, viens à moi et écoute-moi »... ». Le même passage nous donne donc aussi le début et la fin de la *Kosmopoiia*.

Cette « Création » subsiste en deux versions, l'une plus courte (A), l'autre plus longue (B). Je traduirai d'abord la première version, et j'indiquerai ensuite les principales variantes de la seconde.

A = 138-213.

[1ª] « Je t'invoque, toi qui enveloppes tout l'univers, en toute langue, en tout dialecte, en la façon dont t'a chanté tout d'abord celui qui a été établi par toi et à qui tu as confié toute l'autorité souveraine (πάντα τὰ αὐθεντικά), *Hélios Achébykrôm* (ce qui veut dire « flamme ou rayon du disque solaire »), de qui la louange est *aaa, éêê, óóó*, car c'est grâce à toi qu'il a été glorifié comme celui qui a produit les choses de l'air, puis, de même, les étoiles à la figure étincelante et qui, par la lumière remplie de divin, a créé le monde, *iii aaa óóó*, dans lequel tu as tout divisé avec soin, *Sabaôth, Arbathiaô Zagouré*. Voici quels sont les premiers anges apparus : *Arath, Adônaié, Basé-*

---

(1) πάντων τῶν θεῶν Reitzenstein : τούτων τ. θ. P et Preisendanz.
(2) L'ἀρχή ou premier nome de Haute Égypte est le nome d'Éléphantine, siège du Bon Génie.
(3) Sur ce texte, voir surtout Dieterich, *Abraxas*, Leipzig, 1891 ; Reitzenstein, *Die Göttin Psyche in der hellenistischen und frühchristlichen Literatur* (*Sitz. Ber. Heidelberg*, Phil. H. Kl., 1917, 10), pp. 1-111.

mon Iaô. Le premier ange crie dans la langue des oiseaux : « *araï* », ce qui veut dire « malheur à mon ennemi », et tu l'as établi sur les Punitions. Hélios te chante dans la langue des hiéroglyphes : « *Laïlam* », et en langue hébraïque par le même nom « Je suis (MM, 36 lettres) », ce qui veut dire « Je te précède, Seigneur, moi qui me lève sur la barque, le disque solaire, grâce à toi ». Ton nom magique (φυσικόν) est en égyptien « *Aldabiaeim* » (9 lettres). Celui qui apparaît sur la barque accompagnant le Soleil dans son lever est un renard cynocéphale. Il te salue en sa langue propre, par ces mots « Tu es le nombre de l'année, *Abrasax* » (1). Et celui qui est de l'autre côté, le faucon, te salue en sa langue et crie vers toi, pour obtenir sa nourriture « hi hi hi hi hi hi hi, tip tip tip tip tip tip tip ». Et le dieu aux neuf formes (ἐννεάμορφος) te salue en langue hiératique « *Ménéphôiphôth* », ce qui veut dire « Je te précède, Seigneur ».

[1ᵇ] Ayant dit, il applaudit trois fois et Dieu rit sept fois « Ha ha ha ha ha ha ha ». Et pendant que riait Dieu, il naquit sept dieux, qui enveloppent le monde. Ceux-là sont les dieux qui apparaissent en premier.

[1ᶜ] Au premier éclat de rire de Dieu, *Phôs* (la lumière) apparut et il illumina l'univers. Il devint le dieu qui domine sur le monde et sur le feu (*Bessum berithen bério*).

[2] Il éclata de rire une seconde fois, et tout devint eau. Ayant entendu le bruit, la Terre poussa un cri d'appel et s'éleva en masse ronde, et l'eau se divisa en trois parties. Un dieu parut, qui reçut le commandement sur l'abîme. Sans lui en effet, l'eau ni n'augmente ni ne tarit. Le nom du dieu est *Eschakléo*. Car tu es *óéai*, tu es l'Existant, *béthellé*.

[3] Alors qu'il se proposait d'éclater de rire pour la troisième fois, par la colère de Dieu apparut *Noûs* (ou l'Entendement) tenant en mains un cœur. Il fut appelé Hermès, il fut appelé *Sémésilam*.

[4] Dieu éclata de rire pour la quatrième fois, et il apparut *Genna*, tenant en mains la semence. Elle fut appelée *Badètophôth Zôthaxathôz*.

[5] Il rit pour la cinquième fois et tout en riant s'assombrit, et il apparut *Moïra* tenant en mains une balance, manifestant ainsi qu'en elle réside la justice. Mais Hermès entra en rivalité avec elle, disant : « C'est en moi que réside la justice ». Pendant qu'ils se disputaient, Dieu dit : « C'est de vous deux que naîtra la justice, mais tout ce qui est dans le monde, sera sous ta domination (= de *Moïra*) ». Et c'est elle qui la première reçut le sceptre du monde, elle dont le nom sous forme d'anagramme est grand et saint et illustre. C'est (nom à 49 lettres).

[6] Il éclata de rire pour la sixième fois et montra une grande joie. Et il apparut *Kairos* tenant en mains un sceptre, signifiant (μηνύων) la royauté, et il remit au dieu premier-créé le sceptre, et celui-ci le prit et dit : « Toi qui t'es revêtu de la gloire de *Phôs*, tu seras près de moi » (MM, 36 lettres).

[7] Dieu ayant éclaté de rire pour la septième fois, il naquit *Psyché*, et tout en riant il pleura. A la vue de *Psyché*, il siffla et la Terre s'éleva en masse ronde et enfanta le serpent pythien qui sait d'avance toutes choses.

---

(1) XIII 156. Nul n'ignore que Abraxas (ou Abrasax) et l'*isopsèphe* du nombre des jours de l'année (additionnées, les lettres — qui, en grec, ont valeur numérique — font le même total que les jours de l'année : 1 + 2 + 100 + 1 + 60 + 1 + 200 = 365). Cf. Reitzenstein, *Poimandres*, pp. 272 ss.

Dieu l'appela *Ilillou* (répété 4 fois, puis « *Ithôr*, lumière étincelante, *Phôchô, Phôbôch* »). A la vue du dragon, Dieu fut saisi de frayeur et fit claquer sa langue. A ce claquement de langue de Dieu, il apparut un individu tout armé, qui est appelé *Danoup Chratôr Berbali Barbith*. A sa vue, Dieu de nouveau fut saisi d'épouvante, comme s'il avait aperçu un plus fort, et il craignit que la terre n'eût excrété un dieu. Jetant les yeux en bas vers la terre, il dit : *Iaô*. De l'écho il naquit un dieu, qui est le seigneur de tous. Le premier entra en rivalité avec lui et dit : « Moi, je suis plus fort que lui ». Dieu dit au fort : « Toi tu es né du claquement de langue, lui de l'écho. Vous dominerez l'un et l'autre sur toute Nécessité ». De ce moment il fut appelé *Danoup Chratôr, Berbali, Balbith, Iaô.* »

« Seigneur, je reproduis ton image par les sept voyelles, viens à moi et écoute-moi : *a éé êêê iiii ooooo uuuuuu ôôôôôôô.* »

« Quand le dieu sera venu, baisse les yeux et écris ce qu'il dit, ainsi que son propre nom, qu'il te donne. Et qu'il ne sorte pas de ta tente avant de t'avoir dit exactement ce qui te concerne ».

B 443-567.

J'indique ici seulement les variantes principales, d'après les paragraphes de la version A.

[3] «... et il fut appelé HERMÈS, par lequel toutes choses ont été interprétées. Il domine sur l'Entendement; c'est par lui qu'a été administré l'univers. »

[4] «... et il apparut *Genna*, tenant en mains la semence de toutes choses; c'est par elle que tout a été engendré ».

[6] « Il éclata de rire pour la sixième fois et montra une grande joie. Et il apparut *Kairos*, tenant en mains un sceptre qui signifie (μηνύον) la royauté, et il remit au dieu premier-créé le sceptre, et celui-ci le prit et dit : « Toi qui t'es revêtu de la gloire de *Phôs*, tu seras près de moi, puisque, le premier, tu m'as remis le sceptre. Tout te sera soumis, ce qui a été et ce qui doit être, toute puissance sera en toi. » Et lorsque *Kairos* se fut revêtu de la gloire de *Phôs*, le disque solaire, en se tournant, fit paraître une certaine lueur de *Phôs*. Et Dieu dit à la reine : « Toi qui t'es revêtue de la lueur de *Phôs*, tu seras près de lui, enveloppant l'univers. Tu grandiras par *Phôs* en ce que tu recevras de lui accroissement, et de nouveau tu diminueras par lui. C'est avec toi que tout grandira et diminuera ». Voici le nom grand et admirable : (MM, 36 lettres).

[7] Il éclata de rire pour la septième fois, ayant respiré fortement, et il naquit *Psyché*, et tout fut mis en mouvement. Alors Dieu dit : « Tu mettras tout en mouvement, et tout sera en joie, HERMÈS te servant de guide. » A ces paroles de Dieu, tout fut mis en mouvement et rempli de souffle, sans pouvoir être retenu. A cette vue, Dieu claqua de la langue, et tout fut saisi de frayeur, et il apparut, du fait du claquement de langue, *Phobos*... revêtu de l'armure entière. Il est appelé *Danoup Chratôr Berbali Balbithi* (26 lettres). Alors (Dieu) se pencha vers la terre et siffla bien fort, et la terre s'ouvrit, ayant reçu en elle l'écho; et, du fait du son émis par Dieu, elle enfanta un être

particulier, le serpent pythien, qui sait d'avance toutes choses. Son nom grand et saint est *Ililloui*, etc.

Lorsqu'il eut paru, la terre s'éleva en masse ronde et se dressa puissamment. Mais le pôle demeura ferme en son lieu, bien qu'il menaçât de se rencontrer avec la terre. Alors le Dieu dit : *Iaô*, et tout s'immobilisa, et il parut un grand dieu, le plus grand, qui a établi tout ce qui a été et tout ce qui sera dans le monde. Et il n'y eut plus aucun désordre dans les choses de l'air. Or *Phobos*, ayant vu un plus fort que lui, entra en conteste avec lui, disant : « Je suis plus ancien que toi. » Et lui dit : « Mais c'est moi qui ai tout établi. » Et Dieu dit : « Toi tu es né de l'écho, lui du son. Or le son est plus fort que l'écho, mais c'est de l'un et de l'autre que te viendra ta puissance, à toi le dernier paru, afin que toutes choses soient en ordre. » De ce moment il fut appelé du nom grand et admirable *Danoup Chratôr Berbali Balbith Iaô*. Or, comme il voulait conférer de l'honneur aussi au dieu qui siégeait auprès de lui, puisque celui-ci avait fait son apparition en même temps que lui, il lui donna la préséance sur les neuf dieux ainsi qu'une puissance et une gloire égales aux leurs. Et, après qu'il eut enlevé aux neuf dieux et leur puissance et jusqu'aux *apices* de leurs noms, il fut appelé *Bosbéadii*, et quand il eut fait de même pour les sept planètes, il fut appelé *Aééiouô, Eéiouô, Eiouô, Iouô, Ouô, Uô, O, Ouoiééa, Uoiééa, Oiééa, Iééa, Eéa, Ea, A* (anagramme puissant et admirable). Quant à son nom le plus grand, c'est ce nom-ci grand et saint, de 27 lettres (MM, à la fin *Iaô*) ; sous une autre forme : MM, puis *Iaô ou aééiouô*. »

« Quand donc le dieu sera venu, baisse les yeux, etc. »

C. La recette d'immortalité (1).

20) *IV, 475-732* = Dieterich, *Eine Mithrasliturgie*[3] (1923), pp. 2-21.

« Sois-moi favorable, Providence et Ame, à moi qui mets par écrit ces mystères qui m'ont été transmis ! Je ne réclame l'immortalité que pour mon enfant, myste (2) de cet art puissant que nous pratiquons et que le grand dieu Hélios Mithra a ordonné qui me fût communiqué par son archange, afin que, moi seul, dans mon pèlerinage (3), je gravisse le ciel et contemple toutes choses. »

---

(1) Le papyrus magique qui contient la « recette d'immortalité » (*Pap. Bibl. Nat. suppl. gr.* 574) a été écrit environ au temps de Dioclétien, mais il est facile de montrer que cette recette même est plus ancienne : le copiste fait allusion à plusieurs recensions, ce qui suppose un texte déjà évolué, ayant passé de main en main ; le caractère gnostique du morceau ressortit à une gnose purement païenne, qui ne décèle aucun apport chrétien, mais non plus aucun emprunt au néoplatonisme (par contre, nombreuses ressemblances avec les *Oracula Chaldaica*) : cela nous ramène au IIe siècle, où, du moins, un tel phénomène s'entend bien mieux au IIe s. qu'au IIIe s. de notre ère, cf. A. Dieterich, *Eine Mithrasliturgie*, pp. 43-46.

(2) ἀξιῶ, μύστῃ scr. : αξιω μυσται pap. ἀξιῶ, μύσται Preis. (« je réclame..., mystes de... »).

(3) ἀλήτης Cum. (Reitz.) : αιητης pap.

Invocation de la prière (ἔστιν δὲ τοῦ λόγου ἥδε ἡ κλῆσις).

(487) « Génération première de ma génération, premier Principe de mon principe, Souffle du souffle, du souffle en moi premier Souffle, Feu qui, d'entre les mélanges qui sont en moi, a été donné par Dieu pour mon mélange, du feu en moi premier Feu, Eau de l'eau, de l'eau en moi Eau première, Substance terreuse, prototype de la substance terreuse qui est en moi, Corps Parfait de moi, façonné par un bras glorieux et par une dextre impérissable dans le monde sans lumière et lumineux, dans l'inanimé et l'animé, — s'il vous agrée de me transmettre et communiquer la naissance à l'immortalité, à moi qui suis lié encore par ma condition naturelle, puissè-je, après la violente contrainte de l'imminente Fatalité (1), contempler le Principe immortel grâce au souffle immortel, à l'eau immortelle, à l'air tout à fait solide, puissè-je être régénéré en esprit et que souffle en moi le souffle sacré, puissè-je admirer le feu sacré, puissè-je voir l'abîme de l'Orient, l'eau effrayante (2), et que m'entende l'éther qui donne la vie et qui est répandu autour de toutes choses, — car je dois contempler aujourd'hui de mes yeux immortels, né mortel d'une matrice mortelle, mais exalté par une force toute puissante et une dextre impérissable, grâce au souffle immortel, l'immortel Aiôn, le souverain des diadèmes de feu, saintement sanctifié par les purifications saintes, tandis que se retire un peu de moi (3), pour un peu de temps, ma nature psychique humaine, que je reprendrai de nouveau, non diminuée, après la contrainte douloureuse de l'imminente Fatalité, moi NN, fils d'une telle, selon le décret immuable de Dieu. Puisqu'il ne m'est pas possible, né mortel, de m'élever avec les rayons d'or de la clarté inextinguible (4), tiens-toi tranquille, Nature périssable des mortels et <reprends-moi> sur-le-champ sain et sauf, après la contrainte de l'impitoyable Fatalité. Car je suis le Fils. »

(537) Tire des rayons le souffle, en aspirant trois fois de toute ta force, et tu verras que tu deviens léger et que tu franchis l'espace vers le haut, en sorte qu'il te semblera demeurer au sein de l'air. Tu n'entendras rien, ni homme ni animal, mais tu ne verras rien non plus, à cette heure, des choses mortelles de la terre, tu ne verras que de l'immortel. Car tu verras la divine position des astres de ce jour et de cette heure-là, les dieux qui président à ce jour, les uns montant vers le ciel, les autres redescendant. Le voyage des dieux visibles à travers le disque solaire (le dieu, mon père) te deviendra manifeste, et de même ce qu'on appelle « la flûte », d'où part le vent qui est de service. Car tu verras, suspendue au disque, comme une flûte, dirigée en fait du côté de l'Ouest, à l'infini, en tant que vent d'Est; si la direction assignée est du côté de l'Est, en ce cas le vent opposé (le vent d'Ouest) se portera semblablement vers cette région : tu verras le

---

(1) Il s'agit de la mort (temporaire) que suppose la régénération, cf. APUL., *metam.*, XI, 23 (p. 282. 14 Helm) : *accessi confinium mortis.*
(2) Cf. CUMONT, *Recherches sur le symbolisme funéraire*, p. 130, n. 1.
(3) ὑπεξεστώσης Eitr. (Preis.) : υπεστωσης pap.
(4) συνανιέναι ταῖς ... μαρμαρυγαῖς τῆς ἀθανάτου λαμπηδόνος : cf. PHILOSTR., *V. Apoll.*, III, 15 ἀλλ' ὁπόσα τῷ Ἡλίῳ ξυναποβαίνοντες τῆς γῆς ὁρῶσιν (*scil.* les Brahmanes).

mouvement tournant de l'image (1). Tu verras en outre les dieux te fixer du regard et s'élancer contre toi. Alors, aussitôt, applique-toi l'index de la main droite sur la bouche et dis : « Silence, Silence, symbole du Dieu vivant impérissable, protège-moi, Silence! » Ensuite, pousse deux longs sifflements, puis fais claquer ta langue et dis : « Toi qui lances tes rayons resplendissants, Dieu de lumière! » Et alors, tu verras les dieux te regarder d'un air bienveillant; ils ne s'élanceront plus contre toi, mais s'en iront, chacun à sa place, là où il doit agir. Quand donc tu verras que le monde d'en haut est clair et se meut en cercle, et qu'aucun des dieux ni des anges ne s'élance contre toi, apprête-toi à entendre un formidable grondement de tonnerre qui te frappera de stupeur. Toi alors dis de nouveau : « Silence, Silence » et la suite, « je suis un astre qui mène avec vous sa course, bien qu'il surgisse des profondeurs. » A peine auras-tu dit, que le disque se déploiera. Après avoir dit la seconde prière « Silence, Silence » et la suite, pousse deux sifflements, fais claquer deux fois ta langue, et tu verras aussitôt des astres se détacher du disque et venir à toi, larges de cinq doigts : il y en aura beaucoup et ils rempliront toute la région de l'air (2). Toi alors dis de nouveau : « Silence, Silence ». Et quand le disque se sera ouvert, tu verras un cercle sans feu et des portes de feu fermées. Toi alors prononce aussitôt la prière que voici, les yeux clos.

Troisième prière (λόγος γ').

(587) « Ecoute-moi, entends ma prière, moi NN, fils d'une telle, Seigneur, toi qui par ton souffle as fermé les serrures de feu de la quatrième zone (3), Gardien du feu (4), Créateur de la lumière (5), dieu au souffle de feu, dieu

(1) τὴν ἀποφορὰν τοῦ ὁράματος, « die Umdrehung des Gesichts » (Dieterich) : cf. μεταφορά, περιφορά où le sens cinématique de φορά est resté sensible : la « flûte » se transporte du côté du disque par où le vent doit sortir.

(2) L'âme du myste ayant déclaré sa nature astrale et prononcé le mot de passe (ἐγώ εἰμι σύμπλανος ὑμῖν ἀστήρ 574), elle voit surgir du disque solaire — car le Soleil est le créateur — une foule d'âmes de forme sphérique, pareilles à des astres (576, 580 ss.). Sur les âmes conçues comme les astres circulaires, cf. Cumont, *Recherches sur le symbolisme funéraire des Romains*, p. 122. Sur le Soleil créateur des âmes, K. Reinhardt, *Kosmos u. Sympathie*, pp. 308 ss., qui cite un curieux texte de Sext. Emp., adv. phys., I, 71-74 où se lit ἔκσκηνοι γοῦν ἡλίου γενόμεναι (sc. αἱ ψυχαί) τὸν ὑπὸ σελήνην οἰκοῦσι τόπον. Reinhardt traduit (p. 311) « nach ihrem Fortzug aus der Region der Sonne bewohnen sie die Region unter dem Monde ». Le passage de la « recette d'immortalité » semble confirmer cette interprétation, qui offre pourtant des difficultés, cf. Cumont, *op. cit.*, p. 190, n. 4.

(3) τοῦ τετάρτου διαζώματος scr. : τοῦ Δ διζωματος pap. La 4ᵉ zone est celle du Soleil dans l'ordre dit « chaldéen » où le Soleil occupe le milieu entre les six autres planètes, cf. Bouché-Leclercq, *Astrol. Gr.*, pp. 107-110; Boll, *Hebdomas* dans P. W., VII, 2567 ss. Or c'est du dieu Hélios qu'il s'agit ici. Pour Hélios Aiôn, cf. la vision de Mandoulis, *supra*, pp. 49-50 et p. 50 n. 3. Pour διάζωμα « zone planétaire, domaine d'une planète », cf. *Stob. Herm.*, XXVI, 8, 10, 11, p. 530. 2, 24 ss. Scott.

(4) πυρίπολος (= πυρπόλος) doit se rattacher aux formations ὀνειροπόλος, ἱεραπόλος (*Syll.*³ 669) et, sans doute aussi, θεοπόλος (Elide et Achaïe) : donc « servant du feu, qui veille sur le feu » (« Feuerwaltender » Dieterich).

(5) Le texte ajoute ici : οἱ δὲ 'συνκλεῖστα' = d'autres (textes) portent « toi qui as pouvoir de fermer » (les portes dont il est question plus haut).

au cœur de feu, Esprit de lumière, toi que le feu réjouit, splendeur de lumière, Aiôn, Souverain de la lumière, dieu au corps de feu, toi qui donnes le feu, toi qui sèmes le feu, toi qui brandis le feu, fort comme la lumière (1), toi qui fais tourbillonner le feu, toi qui meus la lumière, toi qui brandis la foudre, gloire de la lumière, toi qui fais croître la lumière, toi qui maintiens par le feu la lumière, dompteur des astres. Ouvre-moi, car j'invoque, à cause de la cruelle et impitoyable Fatalité imminente, les noms qui jamais encore n'ont trouvé place dans la Nature mortelle, que jamais encore n'articula langue humaine, son ou voix d'un mortel, les noms éternellement vivants et glorieux » (2).

(617) Prononce tous ces noms avec le feu et le souffle, disant une première fois toute la série complète, puis de même recommençant une seconde fois jusqu'à ce que tu aies dénommé entièrement les sept dieux immortels du monde. Quand tu auras dit ces noms, tu entendras des éclats de tonnerre et des grondements dans l'air qui t'entoure; en même temps, tu sentiras en toi une forte secousse. Toi alors dis de nouveau : « Silence » et le reste, puis ouvre les yeux et tu verras les portes grandes ouvertes et le monde des dieux à l'intérieur des portes (3), si bien que, par la volupté et la joie de cette vue, ton esprit bondira pour monter jusque-là. Reste en place cependant, et aussitôt, de ce monde divin, le fixant du regard, attire à toi le souffle. Quand donc ton âme sera revenue à elle-même, dis : « Viens à moi, Seigneur ». Quand tu auras ainsi parlé, les rayons se tourneront vers toi. Regarde bien en leur milieu. Quand tu l'auras fait, tu verras un dieu tout jeune, de belle apparence, aux cheveux de feu, vêtu d'une tunique blanche et d'une chlamyde de pourpre, portant une couronne de feu. Salue-le aussitôt de cette salutation de feu.

(640) « Salut, Seigneur à la force puissante, à la domination souveraine, Roi, le plus grand des dieux, Hélios, Seigneur du ciel et de la terre, dieu des dieux. Ton souffle est fort, et forte ta puissance, Seigneur. S'il te plait ainsi, conduis-moi vers le Dieu Suprême, vers Celui qui t'a engendré et qui t'as fait : car un homme, moi, NN, fils d'une telle, né de la matrice mortelle d'une telle et d'une liqueur séminale, et qui, aujourd'hui même ayant été régénéré par toi, entre tant de myriades d'hommes a été immortalisé à cette heure selon le décret du Dieu infiniment bon, croit juste de t'adorer et t'adresse cette prière selon ses forces humaines ».

(655) Quand tu auras ainsi parlé, il s'avancera vers le pôle et tu l'y verras marcher comme sur une route. Toi alors, le fixant du regard, pousse un long mugissement comme au travers d'une corne, y mettant tout ton souffle et pressant tes flancs, puis baise les phylactères et dis, tourné d'abord vers la droite : « Protège-moi ». Ayant dit, tu verras les portes s'ouvrir et s'avancer des profondeurs sept vierges en robes de byssus avec des visages de serpents. On les nomme « les Tychés du ciel », elles tiennent des sceptres d'or. A cette vue, salue-les par ces mots :

---

(1) φωτοβία : cf. les formations εὐρυβίης, αἰνοβίης, παντοβίης : donc « toi qui as la force de la lumière ».

(2) Suit vingt-trois fois le groupe de sept voyelles avec retour le plus fréquent des sons o, ô, é, è.

(3) Sur ces portes ouvertes, cf. *infra*, p. 315, n. 2.

(666) « Salut, les sept Tychés du ciel, vierges augustes et bonnes, vierges sacrées, compagnes de vie de... (1), vous les très saintes gardiennes des quatre colonnes. Salut, toi la première..., salut, toi la seconde (2)... »

S'avancent alors à leur suite sept autres dieux au visage de taureaux noirs, ceinturés de pagnes de lin, portant sept diadèmes d'or. Ce sont ceux qu'on nomme « les Seigneurs des pôles du ciel ». Il te faudra les saluer de même chacun à son tour par son nom propre :

(678) « Salut, les gardiens des axes, saints et robustes jouvenceaux, vous qui, obéissant au commandement unique, faites tourner l'axe tournoyant du cercle céleste, qui envoyez à la race des impies tonnerre, éclairs, séismes et jets de foudre, mais à moi, car je suis pieux et craignant Dieu, santé, intégrité du corps, de force l'ouïe et de la vue, tranquillité d'âme dans les bonnes heures présentes de ce jour d'hui, vous, mes Seigneurs, dieux qui régnez en grande puissance. Salut, toi le premier...., salut, toi le second (3).... »

(693) Quand, alors, ils se dresseront de part et d'autre, en rang, comme une garde menaçante, fixe les yeux droit devant toi dans l'air, et tu verras choir des éclairs, briller une lumière éclatante, trembler la terre, et descendre un dieu d'une taille immense, au visage de lumière, tout juvénile, aux cheveux d'or, vêtu d'une tunique blanche, d'un turban d'or et de larges houseaux, tenant dans sa main droite l'épaule d'un veau d'or, c'est-à-dire l'Ourse qui meut le ciel et le fait tourner en sens contraire, qui d'heure en heure gravit puis redescend le pôle. Ensuite, des yeux du dieu tu verras jaillir des éclairs et de son corps, des étoiles. Pousse alors aussitôt, un long mugissement, pressant tes flancs, pour éveiller d'un seul coup tes cinq sens, longuement jusqu'à épuisement, baise à nouveau les phylactères et dis : « Vie de NN, demeure avec moi (4) dans mon âme, ne m'abandonne pas, car tel est l'ordre de... » (5). Fixe alors le dieu du regard, poussant un long gémissement, et salue-le en ces termes :

(743) « Salut, Seigneur, Maître de l'eau, salut, Créateur de la terre, salut, Prince du souffle, dieu à l'éclat resplendissant. Rends un oracle, Seigneur, sur la présente conjoncture. Seigneur, né à nouveau voici que je m'en vais, pendant que je grandis et déjà grand je meurs, né d'une naissance qui donne vie je me dissous pour entrer dans la mort, selon que tu as établi, selon que tu as institué et fondé le mystère (6). Je suis, moi... ».

---

(1) Nom magique μινιμιρροφορ.
(2) Et ainsi de suite jusqu'à la septième, chaque adjectif numéral étant suivi d'un nom magique.
(3) Même suite que *supra*, cf. n. 2.
(4) μενεσυνεμε pap., d'où μένε σὺν ἐμέ Dieterich : μένε συ, νέμε (« demeure, toi, habite ») Preisendanz.
(5) Nom magique.
(6) Cette phrase énigmatique rappelle la prière initiale aux Éléments. C'est la même idée de fond : la renaissance suppose une mort : cf. *supra*, p. 304 n. 1. Pour le mot nouveau ἀπογενεσία, cf. Plot., III, 4, 6. 12 εἰς τὸ αὐτὸ σχῆμα ἐλθεῖν μετὰ τὴν ἀπογένεσιν. Dieterich, Hopfner et Preisendanz ponctuent et traduisent à peu près de même. Reitzenstein (*Hellen. Mysterienreligion.*³, p. 181) coupe le texte ainsi : κύριε, πάλιν γινόμενος (γενόμενος pap.) ἀπογίγνομαι αὐξόμενος, καὶ αὐξηθεὶς τελευτῶ κτλ. [« naissant de nouveau je m'en vais en grandissant, et ayant grandi je meurs, né d'une naissance

Quand tu auras ainsi parlé, aussitôt il rendra son oracle. Tu seras délié de ton âme, tu ne seras plus en toi-même quand il te répondra. Il te donnera l'oracle en vers et, ayant dit, s'en ira. Toi cependant reste là en silence, car tu comprendras tout cela de toi-même, et alors tu retiendras sans faute toutes les paroles du grand dieu, même si l'oracle comptait des milliers de vers ».

qui donne la vie, maintenant dissous dans le ne-plus-être-né (ἀπογενεσίαν), je rentre dans le monde » = « geworden aus lebenspendender Geburt (also aus irdischer), jetz aufgelöst in das Nichtmehrgeborenwerden (das Sein) kehre ich in die Welt zurück »] et compare ce sens d'ἀπογενεσία au nirwana de l'Inde. Tout cela paraît assez fantaisiste et, du point de vue formel, il paraît préférable de garder la symétrie des trois membres : παλινγενόμενος ἀπογίγνομαι, αὐξόμενος ... τελευτῶ, ἀπὸ γενέσεως ζωογόνου γενόμενος εἰς ἀπογενεσίαν ἀναλυθεὶς; πορεύομαι. En outre, il vaut mieux entendre ἀπογενεσία en conformité avec ἀπογίγνομαι qui, à l'époque hellénistique, est tout à fait usuel au sens de « mourir » : cf. PREUSCHEN-BAUER, s. v., et la même valeur de ἀπό dans ἀπογεννάω (« détruire »), *PGM*., V, 155 ἐγώ εἰμι ὁ γεννῶν καὶ ἀπογεννῶν.

CHAPITRE IX

LES FICTIONS LITTÉRAIRES DU *LOGOS* DE RÉVÉLATION

Quel qu'en soit l'objet, la sagesse que nous considérons dans ce livre est une sagesse révélée. Ce n'est pas la raison qui la trouve par ses seules ressources : elle vient d'en haut, elle est donnée, c'est là son premier caractère. Il est naturel qu'une croyance aussi répandue ait forgé à son usage un certain nombre de fictions littéraires pour exprimer les diverses modalités du don divin.

J'ai dit *fictions* : car, pour nous, modernes, il est évident que les récits hellénistiques de révélation ne comportent aucun fond de vérité. Mais en a-t-il été de même pour l'homme ancien? Ne voyait-il là, également, que fiction pure? Il est bien malaisé d'en décider. Assurément, la part de la mode doit être grande, comme elle le fut, en d'autres genres littéraires, pour l'emploi des thèmes de la descente aux Enfers, de l'île merveilleuse où florissent les meilleures institutions politiques, ou, dans le roman d'aventures, des amours entravées, des prodiges et des reconnaissances. Il est presque impossible de dire, pour chaque *logos* de révélation, si l'auteur est sincère, s'il croit vraiment à ce qu'il rapporte, ou s'il se borne à reproduire une fiction littéraire dont le public se montre avide. N'oublions pas néanmoins que beaucoup de traits, invraisemblables à nos yeux, paraissaient tout naturels dans l'antiquité. On ne mettait alors en doute ni les visions nocturnes, ni les phénomènes d'extase, ni la possibilité d'évoquer, par de certains rites, les dieux ou l'âme des morts. Je l'ai montré naguère à propos de l'expérience du médecin Thessalos (1) : si le prêtre qui, pour Thessalos, évoque le dieu Asklépios usa sans doute de prestiges magiques, il n'y a point d'apparence que Thessalos lui-même n'ait pas été sincère, qu'il n'ait point cru à la réalité de cette vision. Mais que penser de la suite du récit? On a peine à admettre, évidemment, qu'Asklépios ait dicté au médecin tout un long traité sur les plantes : Thessalos le croyait-il lui-même? ou veut-il nous abuser? C'est donc ici que la fiction reprendrait.

(1) *Rev. Bibl.*, XLVIII (1939), pp. 45 ss., en particulier, pp. 73-79.

On le voit, dans un seul et même ouvrage — et je ne donne que cet exemple —, il n'y a pas moyen de distinguer entre le récit véridique et la supercherie.

De toute manière, si l'on peut et doit peut-être suspecter le plus souvent la sincérité de l'auteur, il y a lieu d'admettre, pour l'ordinaire, la bonne foi du public. Nulle époque ne semble avoir été plus crédule que les quatre premiers siècles de notre ère. Les prodiges les plus absurdes enchantent la foule. Païens et chrétiens se laissent également tromper par les sortilèges des magiciens. Sur ce point, la littérature romanesque des *Actes* apocryphes des apôtres offre de curieux exemples de l'esprit du temps. Je n'en veux citer qu'un seul. On voit, par les *Actes de Pierre,* que le fameux thaumaturge Simon n'abusa pas moins les nouveaux disciples de l'Évangile que la plèbe païenne de Rome (*Acta Petri* 4) : c'est par les miracles les plus saugrenus que l'apôtre Pierre fut comme obligé de triompher de son rival. Ainsi fait-il parler un chien (*ib.,* 12) et un enfant de sept mois (*ib.,* 15), nager et manger un hareng saur (*ib.,* 13), et je ne parle pas des prodiges qu'on pourrait dire ordinaires, songes annonciateurs (*ib.,* 22), apparitions éclatantes (*ib.,* 5, 21), résurrection de cadavres (*ib.,* 26, 27, 28) (1). Or ces romans chrétiens, dont quelques-uns obtinrent un succès prodigieux (2), n'étaient pas destinés à plaire, du moins n'était-ce pas là leur premier but : ils visaient essentiellement à édifier, et l'on peut dès lors être sûr que les miracles de l'apôtre concourent, dans l'ouvrage, à ce dessein. C'est donc que ces miracles obtenaient créance. Le public païen n'était pas moins crédule : il suffit de rappeler l'histoire d'Alexandre d'Abonotique chez Lucien. Enfin il n'y avait pas que le vulgaire à se laisser prendre. Un païen aussi cultivé que Julien, le protagoniste de l'hellénisme, s'abandonne avec enchantement, sous la conduite de Maxime d'Éphèse, aux illusions assez grossières des mystères du feu de la « Théologie chaldaïque » (3); Jamblique lui-même

---

(1) Dans une autre version des *Actes* de Pierre, l'apôtre ressuscite un taureau que Simon-le-Mage avait fait tomber mort en lui parlant à l'oreille (la version latine du ms. de Verceil a remplacé ce taureau par un enfant, ch. 25) : cf. Cumont, *La plus ancienne légende de Saint Georges*, *R. H. d. Rel.*, CIV (1936), p. 19, qui signale justement que le miracle du taureau représente certainement la forme la plus ancienne de la légende; c'en est aussi la plus étrange, et l'on a voulu corriger ensuite.

(2) Cf. l'étonnante diffusion des Actes apocryphes de Saint Georges, sur quoi voir en dernier lieu le *Martyrologium Romanum... scholiis historicis instructum* des Bollandistes, Bruxelles, 1940, p. 152.

(3) Cf. J. Bidez, *Vie de Julien* (Paris, 1930), ch. xii.

consacre tout un livre à expliquer et justifier ces apparitions.

Il faut garder en mémoire tout ce « contexte » pour juger avec pertinence de nos écrits. Fiction et sincérité s'y mêlent, et la part de l'une et de l'autre varie probablement en chaque cas, sans qu'il soit possible de discerner le point précis où l'une finit et l'autre commence. On voit bien les deux extrêmes : la parodie pure dans l'*Histoire Vraie* de Lucien, la pure crédulité dans un ouvrage comme les *Actes de Pierre*. Entre les deux, tout un monde de nuances : il a pu arriver que l'auteur fût pleinement sincère; d'autres fois, il a pu se laisser prendre au jeu et finir par croire à sa propre invention; d'autres fois encore, il ne fait que suivre la mode. Comment le savoir?

Sous ces réserves, il peut être intéressant de dénombrer les divers types de fictions littéraires dont on use dans le *logos* de révélation. Boll en a offert un classement commode, que j'adopte (1). Ce savant distingue une révélation directe et une révélation indirecte. Dans le premier cas, le prophète est directement instruit soit au cours d'un songe ou d'une extase, soit par une conversation avec un dieu, soit par la découverte d'un livre miraculeux (d'origine divine), soit par des signes au ciel. Dans le second cas, la révélation est transmise sous forme d'instruction orale ou de lettre, soit par un sage à un roi, à un grand personnage ou à ses collègues, soit par un père à son fils ou par un maître à son élève qu'il regarde comme son propre fils. Toutes ces variétés de types se retrouvent dans l'hermétisme populaire et savant, et nos observations dans ce chapitre vaudront donc pour l'un et pour l'autre. On a un phénomène d'extase et de conversation divine dans le *Poimandrès* (*C.H.* I.), une conversation avec un ange dans l'opuscule alchimique d'Isis à Horus, la découverte d'un livre divin dans les *Kyranides* hermétiques et la *Koré Kosmou*, un dialogue entre le sage Tat et un roi dans le *C.H.* XVII, une lettre du sage Asklépios au roi Ammon dans le *C.H.* XVI, une instruction orale du sage Hermès à son fils Tat ou à son disciple Asklépios dans la plupart des *logoi* du *Corpus Hermeticum* et des

---

(1) Cf. Fr. Boll, *Aus der Offenbarung Johannis* (cité *Off. Joh.*), pp. 4 ss. Voir aussi mon article sur Thessalos, *Rev. Bibl.*, XLVIII (1939), pp. 46-54. Pour la littérature hermétique arabe (surtout alchimique), cf. J. Ruska, *Quelques problèmes de littérature alchimique*, *Annales Guébhard-Séverine*, VII (1931), pp. 168-169. Ruska distingue : (*a*) vision dans un temple; (*b*) découverte de livres cachés dans un temple, tombeau, antre; (*c*) testament d'un père à son fils; (*d*) lettre ou épître à une personne ou à un cercle; (*e*) dialogue.

extraits de Stobée, une conférence d'Hermès à Tat, Asklépios et Ammon dans l'*Asclepius*, des leçons orales d'Isis à son fils Horus dans les derniers *Hermetica* de Stobée (XXIII-XXVI Scott). Toutefois, comme la littérature de révélation dépasse de beaucoup l'hermétisme, il m'a semblé utile de ne pas borner mes exemples aux seuls écrits hermétiques, pour considérer le problème en toute sa généralité.

§ 1. *Les types de la révélation directe.*

I. Révélation au cours d'un songe ou d'une extase.

Quand Thessalos eut échoué dans le traitement de la pilule héliaque, il sortit d'Alexandrie et se jeta au désert, résolu à découvrir le secret ou à quitter la vie par le suicide. Or, dit-il, « comme mon âme me prédisait sans cesse que j'aurais commerce avec les dieux, je tendais continuellement les mains vers le ciel, suppliant les dieux de m'accorder, par une vision en songe ou par l'insufflation d'un esprit divin (1), quelque faveur de cette sorte ». Ces mots résument le premier mode de révélation.

L'art d'obtenir une révélation en songe n'est qu'une branche de l'oniromancie. Or ce phénomène est trop connu, trop répandu dans l'antiquité, pour qu'il ait besoin d'illustration. Rappelons seulement que les philosophes en apportèrent la justification (2), que l'interprétation des songes fit l'objet, du moins dans la religion gréco-égyptienne, d'un métier sacerdotal (3), qu'Artémidore de Daldis, en Lydie, écrivit au IIe siècle un livre sur ce sujet (4),

---

(1) δι' ὀνείρου φαντασίας ἢ διὰ πνεύματος θείου, *CCAG.*, VIII, 3, p. 135.29-30.

(2) Par exemple ARISTOTE, *Parva Naturalia*, V (περὶ τῆς καθ' ὕπνον μαντικῆς), 462 b 12-464 b 18. Sur les théories philosophiques de la mantique des songes, cf. K. REINHARDT, *Poseidonios* (1921), pp. 422-471; *Kosmos und Sympathie* (1926), pp. 214-275. Sur l'oniromancie, en général, cf. BOUCHÉ-LECLERCQ, *Hist. de la divination dans l'antiquité*, I (1873), pp. 277-329; DEUBNER, *De incubatione*, 1900, pp. 1-14, etc.

(3) Cf. les oniroscrites égyptiens de Délos (*Inscr. de Délos*, 2105, où tous les textes déliens mentionnant l'ὀνειροκρίτης sont indiqués) et de Memphis (U. WILCKEN, *Urk. d. Ptolemäerzeit*, I, 1922, pp. 13, 354). Sur l'onirocrite, cf. P. ROUSSEL, *Les cultes égypt. à Délos*, 1916, pp. 269; WILCKEN, *l. c.*, p. 354; CUMONT, *Ég. d'astrol.*, pp. 127-129. Un *Livre des Songes* publié par Gardiner (*Hieratic papyri in the British Museum*, 3e série, Londres, 1935) prouve que l'usage est antérieur à la période hellénistique.

(4) Il circulait, dans le même temps, bien d'autres *Onirocritica*, entre autres celui du fabuleux Astrampsychos, mage perse : cf. BOUCHÉ-LECLERCQ, *l. c.*, pp. 277-278, SCHMID-STÄHLIN, II, pp. 804-805, et en dernier lieu les travaux de FRANZ DREXL (énumérés par FR. PFISTER, *Die Religion d. Griechen u. Römer, Bursian's Jahresber.*, Suppl. Bd. 229, Leipzig, 1930), en particulier son édition de l'*Oneirocriticon* d'Achmès (Teubner, 1925). Quelques textes aussi dans DELATTE, *Anecdota Atheniensia*,

et que les recettes pour obtenir un oracle en songe (ὀνειραιτητά) comptent au nombre des textes les plus communs des papyrus magiques (1).

La révélation reçue en extase est un phénomène plus singulier. On le rencontre sous plusieurs formes, dont le trait commun est l'extase même, le fait d'être « sorti de soi » (2).

Tantôt le sujet, étant sorti de son état normal, se sent rempli d'un souffle divin (θεῖον πνεῦμα : Thessalos) qui, soudainement, met en lui et lui fait prononcer l'oracle. Tel est le cas de l'*Oracle du Potier* (3). C'est, conservée dans un papyrus grec du IIIe siècle de notre ère, l'histoire d'un prophète d'Isis et d'Osiris sous le règne d'Aménophis. Riche, possédant maison et champs, il vend un jour tous ses biens pour se faire potier. Par cet acte, il avilit la fonction sacerdotale et se montre en quelque sorte impie : on le croit donc fou (fr. 1, l. 1-10). La suite du texte, très gâtée, se ramène en résumé à ceci. La population, irritée de ce manquement aux dieux, envahit l'atelier du pseudo-potier et lui brise tous ses instruments. Lui alors tombe en extase (4) et, possédé d'un esprit divin (5), se met à vaticiner. Le peuple s'assemble, on prévient le roi, qui mande et interroge le prophète toujours en état d'extase (6). La réponse est si étrange que le roi s'émeut, fait venir les principaux des prêtres et un hiérogrammate (ici, « secrétaire »), pour écrire l'oracle du potier (fr. 3). Suit alors cet oracle même qui annonce la ruine et le relèvement de l'Égypte.

Tantôt le schème est plus complexe. Le sujet, tombé en extase, se sent quitter la terre, monter au ciel (7), et là, il entend une

---

I (1927), pp. 165-205, 511-547. La mode des « onirocritiques » s'étend jusqu'à l'époque byzantine et plusieurs des textes édités par Drexl ou Delatte sont, de fait, byzantins.

(1) Sur les visions de songes à l'époque hellénistique, voir en dernier lieu A. Wickenhauser, *Die Traumgesichte des Neuen Testaments in religionsgeschichtlicher Licht, Pisciculi*, 1939, pp. 320 ss.

(2) Je laisse de côté naturellement la chresmologie officielle (Pythie, etc.), sur quoi cf. Bouché-Leclercq, *l. c.*, pp. 344 ss.; W. R. Halliday, *Greek Divination*, 1913, etc.

(3) Manteuffel, *De opusculis graecis Aegypti e papyris... collectis* Varsovie, 1930), n° 7, pp. 99 ss., Reitzenstein-Schaeder, *Studien z. antiken Synkretismus* (Leipzig, 1926), pp. 38 ss.

(4) ἐξεστηκότως τῶν φρενῶν : fr. 1, 1.14-15.

(5) θεοφόρου 1.15, ἐκ τοῦ οὐρανοῦ γνούς 16.

(6) fr. 2, l. 4 Manteuffel donne ἐξητασμένον τῶν φρενῶν. Je crois sûrement qu'il faut écrire ἐξιστάμενον τῶν φρενῶν.

(7) ὡς τὰ ἐπὶ γῆς καταλιπόντας οὐρανοβατεῖν : Vett. Val., VI, *praef.*, 241.14. Dans les songes aussi, le thème de la montée au ciel est habituel, cf. Artémidore, p. 246.1 Hercher : Πλούταρχος εἰς τὸν οὐρανὸν ἀναβαίνειν ἔδοξεν ὑπὸ τοῦ Ἑρμοῦ ἀγόμενος. Sur l'expression οὐρανοβατεῖν, cf. *Idéal*, index *s. v.*

voix divine et jouit le plus souvent d'une vision. L'exemple classique est celui de Néchepso (1). Au cours d'une extase, le roi astrologue se sent monter (?) en l'air, il entend une voix du ciel (καί μοί τις ἐξήχησεν οὐρανοῦ βοή), cependant que lui apparaît une forme enveloppée d'un péplos sombre qui répand de l'obscurité. Dans le récit de Thessalos, Asklépios fait peut-être allusion à cette voix divine quand il dit au médecin : « Le roi Néchepso, tout homme fort sensé qu'il était et en possession de tout pouvoir magique, n'a cependant point reçu d'une voix divine aucun des secrets que tu veux apprendre » (2).

L'enlèvement au ciel au cours d'une extase est un des traits du genre apocalyptique : ainsi Hénoch (12, 1) est-il « enlevé » (ἐλήμφθη), « et nul homme n'a su où il fut enlevé et où il est et ce qui lui est advenu ». D'autre part extase, voix divine et vision sont étroitement associées dans l'*Apocalypse*. Jean, étant ravi en extase (3), entend derrière lui une voix forte, comme une trompette, qui dit : « Ce que tu vois, écris-le dans un livre, etc... ». Il se retourne alors pour voir qui parle ainsi, et c'est à ce moment que lui apparaît la vision. Plus loin, cette même voix semblable à une trompette dit au prophète (IV, 1) : « Monte ici (ἀνάβα ὧδε), et je te montrerai ce qui doit arriver dans la suite. » Aussitôt, reprend-il, « je fus ravi en esprit (ἐγενόμην ἐν πνεύματι), et voici que... ». C'est, de nouveau, l'association de l'extase et de la montée au ciel.

Les mêmes éléments (extase, vision, voix, mais non la montée au ciel), se retrouvent mêlés dans le *Poimandrès* hermétique (*C.H.* I, 1) :

« Un jour que je m'étais mis à méditer sur les êtres et que ma pensée s'en était allée planer dans les hauteurs tandis que mes sens corporels étaient liés comme il arrive à ceux qu'accable un lourd sommeil (4)..., il me

---

(1) Fr. 1 Riess = VETT. VAL., VI, *praef.*, 241.16 ss. Kroll : cf. REITZENSTEIN *Poimandres*, p. 5. Le début du texte est gâté : ἔδοξε δέ μοι πάννυχον πρὸς ἀέρα, puis lacune; < βλέψαντα προσεύξασθαι > Reitzenstein, < ἀρθῆναι > Riess. L'idée d'une montée au ciel me paraît en tout cas devoir être admise, et je ne suis pas choqué, pour ma part, de πάννυχον < ἀρθῆναι >. Il peut très bien sembler à Néchepso avoir monté « toute la nuit ».

(2) *CCAG.*, VIII, 3, p. 137.14 ss.

(3) ἐγενόμην ἐν πνεύματι I, 10; IV, 2; cf. ἀπήνεγκεν ἐν πνεύματι XVII, 3; XXI, 10.

(4) Extase et sommeil sont souvent comparés. Ainsi Hénoch, qui est dit enlevé (ἐλήμφθη 12,1), décrit ensuite son expérience en ces termes : « Pour moi, j'ai vu dans mon sommeil ce que maintenant je rapporte » (ἐγὼ εἶδον κατὰ τοὺς ὕπνους μου ὃ νῦν λέγω 14,1). Le récit propre de la vision commence plus loin (14,8 καὶ ἐμοὶ ἐφ' ὁράσει οὕτως ἐδείχθη· ἰδοὺ κτλ.). Le prophète monte dans l'air (nuages, brouillard, course des astres,

sembla voir se présenter à moi un être d'une taille immense, au delà de toute mesure définissable, qui m'appela par mon nom et me dit... ».

Plus loin, au cours de la vision, le prophète voit d'abord une lumière, puis une obscurité qui produit « une sorte de son, un gémissement indescriptible », puis il en jaillit un cri inarticulé « pareil à une voix de feu » (C.H. I, 4). De même encore, dans la recette d'immortalité du papyrus de Paris (1), le sujet gravit d'abord les différentes zones célestes; puis, quand il est arrivé à la dernière zone, il entend des éclats de tonnerre et des grondements dans l'air, il voit les portes (du ciel) et le monde des dieux à l'intérieur des portes grandes ouvertes (2), et enfin le dieu Hélios lui apparaît lui-même, qui lui donnera la révélation. Tout cela se passe alors que le sujet est en extase (3), mais cette condition ne l'empêche pas de retenir l'oracle, long pourtant de milliers de vers.

Il est bon d'observer, avec Boll (4), que les auteurs qui parlent d'extase et d'ascension céleste se rendent bien compte qu'il ne s'agit pas là d'un fait réel, mais d'un phénomène psychologique. Pour le mieux marquer, ces auteurs indiquent volontiers la double condition du sujet en extase : par une partie de lui-même, celui-ci a traversé le ciel et il communique avec les dieux; par une autre partie, il se trouve encore sur la terre qu'il n'a, au vrai, jamais quittée. Ainsi Philon écrit-il, dans un passage où il attaque les prêtres « chaldéens », c'est-à-dire les prêtres-astrologues de

---

éclairs) jusqu'à une porte de maison qu'il franchit; il parvient à une seconde maison dont la porte, de feu, est ouverte : à l'intérieur, un trône, et, sur le trône, la Grande Gloire. Alors il entend une voix qui lui dit : « Viens ici, Hénoch, et écoute ma parole ». Même association, encore une fois, de la vision et de la voix.

(1) Cf. *supra*, pp. 303 ss.
(2) L'image de la porte menant à la cour céleste est un trait familier dans cette littérature. Cp. *PGM.*, IV, 624 ss. καὶ ὄψῃ ἀνεῳγυίας τὰς θύρας καὶ τὸν κόσμον τῶν θεῶν, ὅς ἐστιν ἐντὸς τῶν θυρῶν, ὥστε ἀπὸ τῆς τοῦ θεάματος ἡδονῆς καὶ τῆς χαρᾶς τὸ πνεῦμά σου συντρέχειν καὶ ἀναβαίνειν et *Apoc. Jo.*, IV, 1 ss. μετὰ ταῦτα εἶδον, καὶ ἰδοὺ θύρα ἠνεῳγμένη ἐν τῷ οὐρανῷ, καὶ ἡ φωνὴ... λέγων (cf. 14, 19 τὴν ληνὸν... τὸν μέγαν, XI, 4 αἱ δύο ἐλαῖαι καὶ αἱ δύο λυχνίαι αἱ... ἑστῶτες, XIII, 14 τῷ θηρίῳ ὅς)· 'ἀνάβα ὧδε...'
(2) εὐθέως ἐγενόμην ἐν πνεύματι· καὶ ἰδοὺ θρόνος ἔκειτο ἐν τῷ οὐρανῷ, καὶ ἐπὶ τὸν θρόνον καθήμενος κτλ. Voir aussi *Hénoch*, 14, 15 καὶ ἰδοὺ ἄλλη θύρα ἀνεῳγμένη κατέναντί μου καὶ ὁ οἶκος μείζων τούτου (sc. la maison précédente) καὶ ὅλος οἰκοδομημένος ἐν γλώσσαις πυρός... (18) ἐθεώρουν δὲ καὶ εἶδον θρόνον ὑψηλόν... (20) καὶ ἡ δόξα ἡ μεγάλη ἐκάθητο ἐπ' αὐτῷ... (24) κἀγὼ ἤμην ἕως τούτου ἐπὶ πρόσωπόν μου βεβλημένος καὶ τρέμων.
(3) Cf. 725 ὑπέκλυτος δὲ ἔσει τῇ ψυχῇ καὶ οὐκ ἐν σεαυτῇ ἔσει.
(4) Boll, *Off. Joh.*, p. 6. Voir aussi les textes réunis par Cumont, *Le mysticisme astral dans l'antiquité* (*Bull. de l'Acad. roy. de Belgique*, Classe des Lettres, 1909, n° 5), pp. 256 ss., en particulier, pp. 279-286.

son temps (1) : « Tu as les pieds sur la terre : alors pourquoi bondir au-dessus des nuages? Comment te dire capable de toucher aux choses de l'éther quand tu es tout enraciné au sol? » Philon polémique ici contre cette prétention des mystiques, mais ailleurs il la prend à son compte et l'admire (2) :

« Tous ceux qui, ou chez les Grecs ou chez les Barbares, s'exercent à la sagesse en menant une vie sans blâme et sans reproche, bien décidés à ne subir de leur prochain nul dommage ni à lui en causer en retour, évitent la société des brouillons dont tout le temps est pris aux intrigues humaines et fuient les lieux où ces gens-là mènent leurs affaires — tribunaux, parlements, places publiques, lieux d'assemblée, bref, toute bande, toute réunion d'hommes vulgaires — : poursuivant une vie sans luttes et pacifique, ils contemplent excellemment la nature et les êtres de la nature, ils pénètrent les secrets de la terre, de la mer, de l'air et du ciel ainsi que de leurs lois physiques, ils accompagnent dans leurs circuits, par la pensée, la lune, le soleil, le chœur des autres planètes et des astres fixes, *attachés en bas au sol par leurs corps, mais donnant des ailes à leurs âmes*, en sorte que, marchant sur l'éther, ils contemplent les puissances qui s'y trouvent, car ils sont devenus d'authentiques citoyens du monde, eux qui ont fait du monde leur cité, dont ils regardent comme membres tous les amis de la sagesse. »

L'hermétisme exprime à son tour cette dualité de condition chez le contemplatif, et il l'exalte comme un des plus grands privilèges de l'homme (*C.H.* X, 24-25) :

« L'homme est un vivant divin, qui doit être comparé non pas au reste des vivants terrestres, mais à ceux d'en-haut, dans le ciel, qu'on nomme dieux. Ou plutôt, s'il faut oser dire la vérité, c'est encore au-dessus des dieux qu'est établi l'homme réellement homme (3) ou, du moins, il y a entre eux complète égalité de pouvoir. En effet, aucun des dieux célestes ne quittera la frontière du ciel et ne descendra sur terre : l'homme au contraire s'élève même jusqu'au ciel, et il le mesure, et il sait ce qui dans le ciel est en haut, ce qui est en bas, et il apprend tout le reste avec exactitude, et, merveille suprême, *il n'a même pas besoin de quitter la terre pour s'établir en-haut*, si loin s'étend son pouvoir! »

Et ailleurs (*C. H.* XI, 19) :

« Commande à ton âme de se rendre dans l'Inde, et voilà que, plus rapide que ton ordre, elle y sera. Commande-lui de passer ensuite à l'océan, et voilà que, de nouveau, elle y sera aussitôt, non pour avoir voyagé d'un lieu à un autre, mais comme si elle y était déjà. Commande-lui même de s'envo-

---

(1) Phil., *de somniis*, I, 10, § 54 (III, 216.14 Wendl.).
(2) *de special. leg.*, II, 3, § 44-45 (V, 97.5 Cohn).
(3) L'idée que l'homme peut être supérieur même aux dieux se retrouve dans le stoïcisme, cf. Cumont, *Recherches sur le symbolisme funéraire*, p. 507 (note à la p. 271).

ler vers le ciel, elle n'aura pas besoin d'ailes : rien ne peut lui faire obstacle, ni le feu du soleil, ni l'éther, ni la révolution du ciel, ni les corps des autres astres; mais, coupant au travers tous les espaces, elle montera dans son vol jusqu'au dernier corps céleste. »

C'est une expérience familière à l'hermétiste que de se sentir à la fois en lui-même et partout (*C. H.* XI, 20) :

« Ayant mis dans ta pensée qu'il n'est pour toi rien d'impossible, estime-toi immortel et capable de tout comprendre... Monte plus haut que toute hauteur, descends plus bas que toute profondeur. Rassemble en toi-même les sensations de tout le créé, du feu et de l'eau, du sec et de l'humide, imaginant que tu es à la fois partout, sur la terre, dans la mer, au ciel, que tu n'es pas né encore, que tu es par delà la mort. »

Qu'il s'agisse bien là d'une expérience mystique, c'est ce qu'atteste le traité XIII, dont tout l'objet est de décrire l'initiation spirituelle grâce à laquelle le disciple parviendra aux plus hauts degrés de la gnose. Or, une fois « régénéré », voici comment s'exprime le néophyte (XIII, 11) :

« Devenu inébranlable de par Dieu, ô père, je me représente les choses, non par la vue des yeux, mais par l'énergie spirituelle que je tiens des Puissances. Je suis dans le ciel, dans la terre, dans l'eau; je suis dans l'air, dans les animaux, dans les plantes; dans le ventre, avant le ventre, après le ventre, partout. »

Ce noble privilège de l'homme, cette faculté qu'il possède, par la contemplation ou l'extase, de dépasser les bornes de son être pour s'unir aux dieux bienheureux, nul ne l'a mieux rendu que Ptolémée, dans une épigramme fameuse (1) :

« Je le sais, je suis mortel et ne dure qu'un jour. Mais quand j'accompagne, dans leur course circulaire, les rangs pressés des astres, mes pieds ne touchent plus la terre, je vais auprès de Zeus lui-même me rassasier d'ambroisie, comme les dieux. »

II. Révélation reçue au cours d'un entretien avec un dieu.

Ce second mode de révélation peut avoir lieu en songe ou en extase. Mais il peut être obtenu aussi par d'autres voies, c'est-à-

---

(1) *Anthol. Pal.*, IX, 577. Cf. Cumont, *Myst. astral.*, p. 277; *Eg. d'astr.*, p. 206; Boll, *Vita Contemplativa* (Heidelberg, 1922), pp. 19 et 39. Noter que Ptolémée fait encore allusion ici au thème (pieds sur la terre, pensée au ciel), mais par la négative, d'une manière évidemment métaphorique : οὐκέτ' ἐπιψαύω γαίης ποσίν, ἀλλὰ κτλ.

dire par les méthodes de la magie et de la télestique. On en a vu un exemple dans le récit de Thessalos. Jamblique, dans le *de mysteriis*, expose toutes sortes de procédés d'évocation : se rencontrer et converser avec un dieu est un phénomène qui n'a rien d'inouï à l'époque gréco-romaine (1). Bien des fois, dit l'astrologue Vettius Valens (2), « il m'a semblé que les êtres divins conversaient avec moi (3) et je sentais alors que mon intelligence était toute claire et pure (4) pour la recherche. »

Dans ces conversations, on peut s'entretenir avec un dieu, mais aussi avec l'âme d'un mort — c'est le cas de Démocrite qui évoque l'ombre d'Ostanès (5) — ou avec un ange : ainsi est-ce d'un ange qu'Isis obtient la révélation des secrets de l'alchimie (6).

L'une des caractéristiques de ce type est la fiction du livre « dicté » par le dieu ou l'ange au cours de la rencontre. Le médecin Thessalos prévoyait le cas; il a emporté de l'encre et du papier pour écrire sous la dictée d'Asklépios (7). Le détail reparaît, sous diverses formes, dans le genre prophétique et apocalyptique. Ézéchiel (II, 9 ss.) est invité à manger le livre qu'une main divine lui tend et qu'il devra reproduire dans sa prédication. L'ange de l'*Apocalypse* dit à Jean : « Ce que tu vois, écris-le dans un livre » (I, 11 et 19). L'idée de fond est toujours la même : les paroles prononcées ou écrites par le prophète sont des paroles divines; la sagesse qu'il enseigne lui a été révélée, elle vient directement de Dieu lui-même. Peut-être faut-il voir une parodie innocente de ce trait dans les *Métamorphoses* d'Apulée (VI, 25), quand Lucius — qui a été changé en âne, mais qui conserve les sentiments d'un homme — se désole de n'avoir pas sous la main tablettes et stylet pour écrire la merveilleuse histoire de Psyché, telle que vient de la conter une petite vieille.

---

(1) Voir surtout à ce sujet Th. HOPFNER, *Offenbarungszauber*, I-II (Leipzig, 1921-1924).

(2) VETT. VAL., VI, *praef.*, p. 242.17.

(3) τὰ θεῖά μοι προσομιλεῖν ἐδόκει : sur l'expression ὁμιλεῖν (προσομιλεῖν, συνομιλεῖν), cf. déjà *Idéal*, index, p. 335.

(4) Littéralement « sobre, à jeun », νηπτικόν : cf. Hans LEWY, *Sobria Ebrietas*, Giessen, 1929.

(5) Cf. *supra*, pp. 228-229. Voir aussi Th. HOPFNER dans P. W., s. v. *Nekromantie*, XVI, 2218 ss.

(6) Cf. *supra*, pp. 256 ss. Sur la continuation de ce type chez les Arabes, voir en particulier les récits où Hermès obtient la vision de son Noûs, dit l'« Esprit de la Nature Parfaite », dans *Picatrix* et *Istamahis* (cf. *infra*, p. 321 n. 11) : cet Esprit joue le rôle de πάρεδρος δαίμων, et il y a peut-être là un souvenir du *Poimandrès*.

(7) *CCAG.*, VIII, 3, p. 136.27.

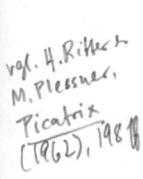

Il peut arriver que le livre ne soit pas dicté, mais que, ayant été écrit par un dieu lui-même et caché dans un temple, il soit ensuite, parfois après de nombreux siècles, redécouvert par un prophète, lequel y puisera son inspiration. C'est le troisième mode de révélation.

III. Révélation par la découverte d'un livre ou d'une stèle.

Rien n'est plus populaire que ce thème qui apparaît déjà dans les contes égyptiens (1) et, à vrai dire, dans la littérature de tous les pays (2).

Il est largement répandu dans les écrits de révélation, qu'il s'agisse de l'astrologie ou des sciences occultes (alchimie, magie, etc...), mais il déborde ce genre. Car, dès le début de la période hellénistique, Évhémère l'utilise dans sa *Sacra Scriptio* (ἱερὰ ἀναγραφή) : en effet la tradition qu'il rapporte sur les dieux dérive, selon son récit, d'une stèle d'or gravée en caractères sacrés (3), qui se trouvait cachée au fond du temple de Zeus Triphylios dans l'île de Panchaïe (4). Cette stèle contenait les hauts faits (πράξεις, *res gestae*) d'Ouranos, de Kronos et de Zeus, et elle a été gravée par Zeus lui-même : c'est donc une révélation divine, dont l'autorité ne peut être mise en doute. Au cours de la période hellénistique, c'est également à une stèle dressée dans le temple de Ptah-Héphaistos à Memphis que remontent les diverses arétalogies isiaques de Kymé, Andros, Ios, ainsi que l'extrait qu'en donne Diodore de Sicile (I 27.4) d'après une stèle de Nysa en Arabie (5). Au Ier siècle avant notre ère, l'auteur de l'*Axiochos*, se réfère, pour ce qu'il dit du sort des âmes, à une révélation du mage Gobryès, dont le grand-père l'aurait trouvée à Délos, lors de l'expédition de Xerxès, inscrite sur deux tablettes d'airain apportées de chez les Hyperboréens (6). Le mythe conté par Plutarque dans le *de facie in orbe lunae*, et qui décrit le mode d'existence des âmes dans la lune, provient de certains parchemins sacrés découverts à Carthage, qui,

---

(1) Cf. l'histoire de Neneferkaptah : HOPFNER, *OZ.*, II, § 12 ss., BIDEZ-CUMONT, *Mages hellén.*, I, p. 206.
(2) Pour l'antiquité, cf. *Mages hellén.*, I, index, s. v. *Stèles;* BOLL, *Off. Joh.*, pp. 7-8; *Rev. Bibl.*, LXVIII (1939), p. 46, n. 5. Déjà PLAT., *Critias* 119 cd, cf. *supra*, p. 230 n. 6.
(3) τὰ παρ' Αἰγυπτίοις ἱερὰ καλούμενα, DIOD. SIC., V, 46, 7 ; Παγχάια γράμματα, VI, 1, 7.
(4) Cf. JACOBY *ap.* P. W., s. v. *Euemeros*, VI, 963 s., et *supra*, p. 230 n. 6.
(5) Cf. PEEK, *Der Isishymnos von Andros*, Berlin, 1930.
(6) Cf. Ps. PLAT., *Axiochos*, 371 a ss., et, sur ce texte, CUMONT, *Recherches sur le symbolisme funéraire des Romains*, Paris, 1942, pp. 48 ss.

« lors de la destruction de la première ville, avaient été emportés en cachette et, à l'insu de tous, étaient restés longtemps en terre » (1). Rappelons enfin que l'*oracle du Potier,* après avoir été comme dicté à l'hiérogrammate, en présence du roi et des prêtres, par le prophète en état de transe, est déposé, sur l'ordre d'Aménophis, dans les archives sacrées d'Héliopolis où tous peuvent le consulter (2).

Les manuscrits astrologiques mentionnent un *lunarium* composé sous le roi Psammétique par des hiérogrammates d'une sagesse consommée (πάνσοφοι) : écrit en lettres hiératiques, il a été déposé dans le saint des saints du temple d'Héliopolis où on l'a découvert longtemps après (3). On voit une autre forme de la légende dans le cas du « livre royal » déposé dans un navire qui, miraculeusement sauvé par les dieux (4), s'en vient aboutir à la côte « trapézitique » (?) (5). Le prestige du livre très ancien est si grand que Ptolémée, dans la *Tétrabible* (6), ne craint pas d'user lui-même de cette fiction : Ainsi écrit-il à propos de la doctrine astrologique des confins :

« Voici cependant qu'il nous est tombé entre les mains un exemplaire très antique et en grande partie gâté... [21] La suite même du texte (τὸ κατὰ λέξιν) était fort longue et fort nourrie de preuves, mais difficile à lire à cause du mauvais état du livre, et c'est à grand peine que nous avons pu montrer et réduire en schème le plan d'ensemble de l'auteur » (7).

Dans la littérature alchimique, nous trouvons le récit de Bolos le Démocritéen sur l'évocation d'Ostanès. Celui-ci annonce que « les livres sont dans le temple » : on les y cherche en vain jusqu'à ce que, une colonne s'étant ouverte, on y découvre la sentence fameuse : « Une nature est charmée par une autre nature,

---

(1) Plut., *de facie,* 26, p. 942 C, ed. Raingeard (Les Belles-Lettres, 1935), p. 41 Sur le désaccord de cette fiction avec le thème de la révélation du mythe par les démons, qui servent Kronos dans l'île nordique (945D), cf. Cumont, *Recherches sur le symbolisme funéraire des Romains,* p. 196, n. 3.
(2) Fr. 3, P. Rain. col. II, 17-20, p. 106 Manteuffel.
(3) *CCAG.,* VII, p. 62, fol. 177 = VIII, 4, p. 105.4 et Cumont, *ibid.,* pp. 102-103. Voir *supra,* p. 207.
(4) *CCAG.,* VII, p. 59, fol. 157 : ἐν τῷ θεοσώστῳ στόλῳ.
(5) ἐν τῇ τραπεζητικῇ. Boll propose ἐν τῇ Τραπηζουντικῇ, « sur la côte de Trébizonde », ville du Pont.
(6) I, 21, 20-21, p. 49.14 ss. Boll-Boer.
(7) Boll, qui signale ce passage *Off. Joh.,* p. 7, n. 5, cite Luc., *Philops.* 12 ἱερατικά τινα ἐκ βίβλου παλαιᾶς ὀνόματα ἑπτά et le *Livre Archaïque* du traité de la pivoine *CCAG.,* VIII, 2, p. 167.3 (ἐν τῇ βίβλῳ ἀρχαϊκῇ καλουμένῃ), cf. *supra,* pp. 156, 204, 211 ss.

etc... » (1). Par la suite, le thème du livre caché, puis découvert fleurit à plein dans les écrits d'alchimie syriaque et arabe. Ainsi lit-on dans les lettres de Pébéchios à Osron (2) : « Pébéchios, le plus humble des philosophes, à Osron, salut! — J'ai trouvé en Égypte les livres cachés et divins d'Ostanès, écrits en lettres persanes, et je n'ai pu les expliquer. » Il en demande donc l'explication au mage perse Osron, qui lui répond. Dans une seconde lettre, Pébéchios rapporte cette curieuse histoire (3) :

« Alors ils (les disciples d'Hermès) purent défaire le sortilège du roi, et ils expliquèrent ce qui était écrit dans les stèles sacerdotales d'Hermès, dans chacune de ces stèles. Ils y lurent les six jours et ils montrèrent au roi l'art véritable. Le roi, après s'être réjoui parce que son désir était rempli, et après avoir rendu grâces, construisit des lieux secrets en Égypte. Il inscrivit l'art divin et inénarrable sur sept tablettes (ou stèles), tant de ses propres mains que par les mains des philosophes, puis il les plaça dans l'endroit secret. Il disposa à l'entrée de cet endroit sept portes » (4). Sur l'une des portes, le roi fit peindre le serpent ouroboros et des images symboliques, et « il conseilla de n'ouvrir la porte des secrets à aucune personne qui ne fût de bonne naissance, ni instruite : mais il convenait de réserver tous les mystères divins pour les adeptes du maître. C'est ainsi que les prêtres scellèrent tous les mystères; puis chacun d'eux retourna dans son pays » (5).

De son côté, l'alchimie arabe se montre particulièrement friande de cette fiction : par exemple dans le livre d'Ostanès « Sur les trente chapitres » (6), le « Trésor d'Alexandre le Grand » (7), le « Livre de la découverte du secret caché de la science du Kaf » (8), la « Table d'Émeraude » (9), le « Livre d'Hermès sur les Causes des Êtres » (10), pour ne citer que quelques-unes des élucubrations de l'hermétisme arabe (11). Le « Livre de

---

(1) Cf. *supra*, pp. 228 ss.
(2) Berthelot-Duval, *Chim. M. A.*, II, p. 309 = *Mag. hell.*, II, pp. 336-337 (Ostanès A 16).
(3) *Mag. hell.*, *l. c.*, n° 3, p. 338.
(4) Une pour chaque planète, et chaque porte étant sans doute d'un métal différent, en vertu de la correspondance entre métaux et planètes.
(5) Cf. *Poimandrès*, *C. H.*, I, 29 καὶ ἀναπληρώσαντες τὴν εὐχαριστίαν ἕκαστος ἐτράπη εἰς τὴν ἰδίαν κοίτην. — On trouve un récit analogue dans un autre écrit syriaque, cf. *Mages hellén.*, II, p. 341 ss. (Ostanès A 17).
(6) Berthelot-Houdas, *Chim. M. A.*, III, pp. 119 ss. = *Mages Hellén.*, II, pp. 247 ss. (Ostanès A 19 *a*).
(7) J. Ruska, *Tabula Smaragdina*, pp. 73-79. On a ici la *traditio* Hermès-Apollonius de Tyane (Balinas)-Aristote-Alexandre le Grand-Antiochus-al Muʿtaṣim.
(8) *Ibid.*, p. 109.
(9) *Ibid.*, pp. 113-114, 181.
(10) *Ibid.*, pp. 138-139.
(11) Le motif du livre caché et découvert dans un antre ou chambre secrète, parfois

Cratès » (1) offre non seulement le thème du livre caché, puis découvert (pp. 45-46, 74), mais on peut dire qu'il contient presque tous les lieux communs de la littérature de révélation : ravissement au ciel et vision céleste (p. 46), livre remis par un personnage divin (ici Hermès Trismégiste : pp. 46-47, 74), livre dicté (pp. 52 ss., 64 ss.), temple céleste à la porte ouverte (p. 61), sans parler d'autres motifs que nous n'avons pas rencontrés encore, mais qui sont chers au folklore hellénistique, comme la lutte contre le dragon (pp. 72 ss.).

Les *Kyranides* hermétiques, à leur tour, exploitent la fiction du livre caché. On y lit en effet dans le prologue original (2) : « Ce livre fut gravé en lettres syriaques sur une colonne (ou stèle) de fer » (p. 13.13 Del.). Le récit d'Harpokration, plus développé, vaut d'être reproduit (p. 15.11 Del.) :

« Or il m'arriva de rencontrer un vieillard fort savant dans les lettres étrangères et grecques. Il se disait Syrien, mais il avait été fait captif et il demeurait là (3). Ce vieillard donc me fit faire tout le tour de la ville et il me montrait toutes choses. Or, étant arrivés à un lieu distant de la ville de quatre milles, nous vîmes, près d'une grande tour, une colonne que les habitants de la Syrie (= l'Assyrie) disaient avoir été apportée et placée là pour la santé et la guérison des habitants de la ville (4). En y regardant de près, je vis que cette colonne portait une inscription en lettres étrangères. Le vieillard, que j'avais interrogé, consentit bientôt à m'expliquer la chose, et j'écoutai son récit sur la colonne, ainsi que la traduction, qu'il me fit volontiers, en langue éolique (5), de l'écrit barbare. « Tu vois », dit-il, « mon fils, la disposition de ces trois tours, dont l'une est distante de cinq milles, l'autre de deux et demi, la troisième de quatre. Elles ont été bâties par les Géants lorsqu'ils voulurent monter au ciel : c'est d'ailleurs pour cette folle impiété

joint au motif de la vision d'un dieu ou ange qui enseigne, se retrouve encore dans *Picatrix* (cf. H. RITTER, *Picatrix, ein Handbuch hellenistischer Magie, Vortr. d. Bibl. Warburg*, 1921/2, Leipzig-Berlin, 1923, pp. 27-29 du tiré à part) et dans un groupe d'écrits arabes énumérés par M. PLESSNER, *Neue Materialien zur Geschichte d. Tab. Smar.*, dans *Der Islam*, XVI (1927), pp. 93-95 : Isṭamaḫis (cf. REITZENSTEIN-SCHAEDER, *Studien z. antiken Synkretismus*, 1926, p. 113) où le récit est analogue à celui de *Picatrix* (Hermès étant le narrateur); Isṭamaṭis (Hermès entre dans la caverne, etc.; analysé dans REITZENSTEIN-SCHAEDER, *Studien*, pp. 112 ss.); Livre de Balinas sur les Talismans; opuscule hermétique sur la magie (ms. du *Trésor d'Alexandre*, fol. 44-50 : découverte du livre dit *Secret de la Création* dans une chambre secrète), etc.

(1) BERTHELOT-HOUDAS, *Chim. M. A.*, III, pp. 44-75.

(2) Je traduis sur la version latine récemment publiée par Louis DELATTE, *Textes latins*, etc... (cf. *supra*, p. 201, n. 1), p. 15.11 ss., et qui représente une tradition du texte plus ancienne que celle des manuscrits grecs.

3) A Séleucie sur le Tigre ou dans une ville peu éloignée.

(4) C'est donc un monument talismanique qui fait des miracles, une sorte de pierre sacrée. Cf. chez les Arabes, les monuments talismaniques dressés près des villes pour les préserver de tout dommage, BLOCHET, *Gnosticisme musulman*, 1913, p. 49.

(5) *aeolica voce*, c'est-à-dire en grec.

qu'ils ont été frappés de la foudre, ou atteints de folie pour le reste de leurs jours par le jugement de Dieu, ou que Dieu, dans sa colère, les a jetés dans l'île de Crète ». Le vieillard qui me montrait ces choses m'ordonna de mesurer au cordeau la taille de la pierre (= de la tour?). Je mesurai donc celle qui était le plus proche et la trouvai haute de 32 coudées, large de 78 : elle comportait un escalier de 208 marches. Nous vîmes aussi l'enclos sacré, au milieu duquel il y avait un temple avec un escalier de 365 marches en argent et un autre de 60 marches en or. Nous les gravîmes pour prier Dieu, cependant que le vieillard me révélait les mystères de la puissance divine, qu'il ne convient pas de redire. Quant à moi, malgré mon désir d'en savoir plus long, je remis le reste à plus tard et ne m'enquis que de la colonne. Le vieillard alors, ayant enlevé une housse de byssos, me montra l'inscription en lettres étrangères. Comme il connaissait ma langue, je le priai et le suppliai de m'expliquer le texte, sans détours et sans jalousie. Voici donc ce qui se lisait sur la colonne... ».

Le *Compendium aureum* de Flaccus Africus, qui se donne comme une compilation extraite des *Kyranides*, présente le même motif avec cette variante que le livre est trouvé, cette fois, dans un tombeau (1) :

« Flaccus Africus, disciple de Belben (2), à Claudius d'Athènes le calculateur (?) (3), bonne continuation d'études et bon succès dans la recherche ! — Après les livres des antiques *Kyranides* qui te sont connus et qu'on rapporte à ton collègue Harpocration, j'ai découvert dans la ville de Troie, caché dans un tombeau avec les ossements du premier roi Kyranos, cet opuscule intitulé « Compendium d'or » parce que c'est une somme d'extraits, faite avec soin, d'après l'ouvrage plus important des *Kyranides*. »

Achevons cette liste par quelques citations des papyrus magiques. *PGM*. VII, 862 : « Sacrifice de parfums à la Lune, de Claudianos (4). — Ce livre même, propriété des Douze Dieux, a été découvert à Aphroditopolis (5) auprès de la très grande déesse l'Aphrodite

(1) Cf. L. DELATTE, *op. cit.*, p. 213. Le motif du livre dans un tombeau est très populaire (tombeau de Cléopâtre, d'Alexandre, d'Hermès Trismégiste, ici de Kyranos roi de Perse) : cf. BOLL, *Off. Joh.*, pp. 136-137; J. RUSKA, *Tab. Smar.*, ch. IV : « Arabische Nachrichten über Hermes und die Verwahrung seiner Bücher in Pyramiden und Schatzkammern », pp. 61 ss. Selon la croyance des Arabes, Hermès (le premier H., celui qui a vécu avant le déluge) bâtit les pyramides pour y déposer tous les secrets des sciences avant que le monde ne fût détruit par le cataclysme (déluge et feu, cf. *Asclépius*, c. 26) qu'il a prévu, BLOCHET, *Gnost. Mus.*, pp. 29-30, H. RITTER, *Picatrix* (1923), p. 14. Lui-même et Agathodémon sont ensuite enterrés dans les pyramides.

(2) Sans doute le Balinas (Apollonius de Tyane) des Arabes.

(3) *epilogistico* est une conjecture de L. Delatte pour *epilogitico*, *epilogico* des MSS.

(4) Κλαυδιανοῦ σεληνιακόν (i. e. ἐπίθυμα).

(5) Il y eut plusieurs villes égyptiennes de ce nom, Aphrodite représentant Hathor, cf. P. W., I, 2793 s.

Céleste, qui embrasse tout l'univers ». — VIII, 41 (Prière à Hermès, cf. *supra,* p. 290) : « Ton vrai nom est inscrit sur la stèle sacrée de l'adyton à Hermoupolis, là où tu es né. » — XXIV a : « Grande est la Dame Isis! Copie du livre sacré qui a été découvert dans les archives d'Hermès » (1).

Tous ces exemples, qu'on pourrait multiplier, illustrent le geste du Trismégiste dans la *Korè Kosmou.* Hermès a reçu directement des dieux la révélation de toutes choses (*K. K.* 5). Ayant vu l'ensemble des choses et chargé de le faire connaître aux hommes (qui n'ont pas encore été créés), il grave « les symboles secrets des éléments cosmiques » sur des stèles qu'il cache près des « objets secrets » d'Osiris, puis il remonte au ciel (*K. K.* 7).

IV. Révélation reçue au moyen de signes dans le ciel.

Il n'y a pas à insister sur ce chapitre. C'est tout le mystère de l'astrologie. Rappelons seulement le *Brontologion* et l'opuscule « sur les tremblements de terre » attribués à Hermès Trismégiste (2).

§ 2. *Les types de la révélation transmise.*

Nous l'avons indiqué déjà, ce second mode de révélation se manifeste essentiellement sous deux aspects : tantôt c'est un sage qui enseigne, oralement ou par écrit, un roi, ou un personnage, ou des collègues; tantôt c'est un père qui instruit son fils ou un maître son élève.

I. Instruction d'un sage à un roi.

Boll l'a montré excellemment (3), les rois ont droit à la révélation parce qu'ils sont les plus proches de la divinité. Un traité hermétique conservé par Stobée (XXIV Scott) donne la raison de ce privilège. Horus ayant demandé à sa mère Isis quelle est l'origine des âmes royales, Isis commence par un exposé de cosmologie. Le monde est divisé en quatre régions : le ciel, où habitent les dieux, sous le commandement de Dieu; l'éther, séjour des astres, auxquels com-

---

(1) Ἀντίγραφον ἱερᾶς βίβλου τῆς εὑρεθείσης κτλ. Quand on lit seulement, dans le titre d'une recette *PGM.,* III, 424, ἀντίγραφον ἀπὸ ἱερᾶς βίβλου, il y a tout lieu de croire que ce titre a été écourté, et que le titre complet devait porter la mention d'une découverte analogue aux précédentes.

(2) *Supra,* pp. 109-111, cf. Boll, *Off. Joh.,* pp. 9-12.

(3) *Off. Joh.,* pp. 136 ss.

mande le Soleil; l'air, où habitent les âmes qui ont passé à l'état de démons, commandées par la Lune; enfin la terre, habitacle des hommes, pour lesquels l'auteur n'entrevoit pas d'autre gouvernement que le gouvernement royal (XXIV, 1) (1). Les trois derniers chefs — Soleil, Lune, roi — sont des émanations du Roi Suprême, et plus un chef est proche de Dieu, plus il est royal : le Soleil est plus royal que la Lune, celle-ci que le roi terrestre (XXIV, 2). Mais, si le roi est ainsi le dernier des dieux, il est en retour le premier des hommes. « Tant qu'il est sur la terre, il demeure fort éloigné de la vraie divinité, mais il a, eu égard aux hommes, quelque chose d'exceptionnel qui est semblable à Dieu : car l'âme qui est envoyée en lui vient d'une région supérieure aux régions d'où descendent les âmes envoyées dans les autres hommes » (XXIV, 3). Plus divine quant à son origine, l'âme royale a droit aussi à une révélation plus complète.

Assurément, le roi peut la recevoir directement d'un dieu et l'on revient alors à la révélation directe. Ainsi est-ce le roi Néchepso qui, au dire de Vettius Valens, entend la voix céleste. « La nature elle-même », écrit Manilius (I, 38 ss.), « a donné aux hommes la force (de la connaître), elle s'est elle-même découverte à leurs yeux : ce sont les âmes royales qu'elle a incitées d'abord à cette connaissance, parce que ces âmes touchent de plus près le sommet du monde, au ciel » (2) : les prêtres ne viennent qu'en second lieu (3). Aussi ne s'étonne-t-on pas que les rois se fassent instructeurs. Les manuscrits astrologiques mentionnent un « livre royal » (4); parmi les écrits alchimiques se trouve une conférence de Cléopâtre aux philosophes (= alchimistes) (5), et l'on rencontre ce propos dans une recette magique, *PGM.*, XIII, 226 : « Je t'ai révélé ici, enfant, la solution facile et bénie de Dieu, dont les rois eux-mêmes n'ont pas eu le pouvoir de se rendre maîtres » (6).

Néanmoins, il est plus habituel dans nos écrits de voir le roi instruit par un prophète ou un sage, et le genre épistolaire de la

---

(1) Ce pourrait être l'un des rares traits authentiquement égyptiens dans les *Hermetica*. Encore faut-il se souvenir que l'auteur écrit sous l'Empire, en un temps où la monarchie impériale paraît, surtout dans les provinces, le seul gouvernement possible.
(2) *Regales animos primum dignata movere,*
   proxima tangentes rerum fastigia caelo :
c'est, en deux vers, l'exact résumé de la doctrine de *Stob. Herm.*, XXIV, 1-3.
(3) Manil., I, 44 : *tum qui templa sacris coluerunt omne per aevum*, et la suite.
(4) *CCAG.*, VII, p. 59 : *supra*, p. 320.
(5) Cf. mon article dans *Pisciculi*, pp. 111 ss.
(6) Cf. Boll, *Off. Joh.*, p. 138.

lettre à un roi est l'une des productions les plus courantes de la littérature astrologique. Parfois, mais plus rarement, l'enseignement du prophète est donné de vive voix : c'est ainsi que le *C. H.* XVII nous offre un court fragment de dialogue entre le prophète Tat (fils et doublet de Thoth) et un roi anonyme.

Commençons par le *Corpus Hermeticum* qui, dans le traité XVI, exploite le motif. C'est une lettre d'Asklépios au roi Ammon, qui débute ainsi : « Je t'envoie, ô Roi, un important discours qui est comme le couronnement et le memento de tous les autres. » La suite du texte présente une curieuse anomalie. La langue de ce *logos* est le grec, comme pour tous les autres *logoi* hermétiques. Et cependant, il semblerait que la langue originale de ce *logos* dût être l'égyptien, car Asklépios recommande au roi de ne pas faire traduire son discours en grec, « de peur que l'orgueilleuse élocution des Grecs, avec son manque de nerf et ce qu'on pourrait dire ses fausses grâces, ne fasse pâlir et disparaître la gravité, la solidité, la vertu efficace des vocables de notre langue (égyptienne). Car les Grecs, ô Roi, n'ont que des discours vides bons à produire des démonstrations : et c'est là en effet toute la philosophie des Grecs, un bruit de mots (λόγων ψόφος). Quant à nous, nous n'usons pas de simples mots, mais de sons tout remplis d'efficace » (XVI, 2). Comme le traité se lit en grec, on en devrait conclure que cette traduction a été composée malgré la recommandation formelle d'Asklépios, et que le traducteur cependant ne s'est pas rendu compte de son méfait, puisqu'il a laissé, au début, le passage même qui le condamne. Mais, en réalité, tout ce galimatias est fiction pure. Le *logos* n'a jamais été écrit qu'en grec. Et c'est l'auteur grec qui ne s'est pas aperçu de la maladresse dont il se rend coupable en utilisant à contre-temps le lieu commun, fort goûté sous l'Empire, du pouvoir d'incantation des vocables égyptiens par opposition à l'inertie des mots grecs (1). Au surplus, la doctrine de ce *logos* n'a rien d'égyptien : c'est un exposé de théologie solaire et de démonologie dans le goût de la gnose du IIIe siècle.

---

(1) Ce thème se rattache à la croyance très répandue que les hiéroglyphes de l'Égypte cachaient de profonds mystères : les *Hieroglyphica* d'Horapollon sont un des derniers témoins de cette tradition. Voir la préface de Sbordone à son édition des *Hieroglyphica* (Naples, 1940), et ma recension de cet ouvrage dans la *Rev. Ét. Gr.*, LIV (1941), pp. 131-133. Sur la manière dont les Arabes, à la suite des Grecs, ont regardé les hiéroglyphes comme une écriture symbolique destinée à cacher les mystères de l'hermétisme et de l'alchimie, cf. BLOCHET, *Gnost. mus.*, pp. 168 ss., H. RITTER, *Picatrix* (1923), p. 14, etc.

Les manuscrits astrologiques, on l'a dit, fournissent un certain nombre d'exemples de lettres à un roi; il s'y ajoute deux textes des papyrus magiques. Tous ces écrits sont construits sur le même modèle. Après une formule d'introduction que nous analyserons tout à l'heure, l'auteur passe aussitôt à son sujet propre, qui varie évidemment en chaque occasion. Je me borne ici à indiquer les titres ou formules initiales; puis, par la comparaison des prologues, j'essayerai de définir ce genre épistolaire.

A. *Pétosiris à Néchepso.*

1 (*a*). Riess, fr. 37 : *Petosiris Nechepso regi salutem*. Pronostic sur les malades alités (*decumbentes*), les esclaves fugitifs ou les gladiateurs (*monomachi*) d'après une méthode d'onomatomancie astrologique (cf. Bouché-Leclercq, pp. 538 ss.).

1 (*b*). Riess, fr. 38 = *CCAG.*, VI, p. 56, n° 11, fol. 294 : « Pétosiris au très honoré roi Néchepso, salut! » Même texte que le précédent, mais dans une recension plus longue.

1 (*c*). Riess, fr. 39 = *CCAG.*, XI, 2, p. 152. 15 ss. (cf. VIII, 1, p. 26, n° 4, fol. 32 : inédit). Pas de titre, la formule initiale est tronquée. Même texte que 1 (*a-b*), mais avec des variantes et des coupures. Il subsiste de ce morceau, avec le même incipit (περὶ ἑνὸς ἑκάστου), une recension plus longue *CCAG.*, IV, pp. 121-122 (titre « Lettre du philosophe Pétosiris au roi Néchepso »).

1 *bis*. Riess, fr. 40 (= *CCAG.*, XI, 2, p. 163. 23) et 41 (*CCAG.*, VIII, 1, p. 26, n° 4, fol. 32 : édité Berthelot, *Alch. Gr.*, Introduction, p. 88) : « Instrument astronomique de Pétosiris dédié au roi Néchepso roi des Assyriens ». Pas de formule initiale. C'est le premier des deux cercles de Pétosiris, cf. Bouché-Leclercq, p. 538, n. 2 et p. 539, fig. 44.

2. *CCAG.*, VII, p. 160. Ni titre ni formule initiale. Ce n'est qu'un fragment de lettre sur une recette d'onomatomancie astrologique (rapports entre les lettres du nom et les signes du zodiaque) analogue à 1 (*a-c*). L'intérêt du morceau est qu'il mentionne d'autres lettres de Pétosiris à Néchepso sur les planètes, leurs signes, leurs activités, et leurs relations avec les signes du zodiaque (1). Il n'y a plus trace, que je sache, de cette correspondance.

---

(1) *L. c.*, p. 161.2 ss. οὕτως ἐξακριβευσάμενος (sic : cf. Riess fr. 38 1.10, fr. 39 1.2 ἑκάστου ἀστέρος τά τε σημεῖα καὶ τὰς πράξεις εὕρῃς καὶ διαγνώσῃ, ὁποῖον ἕκαστος ἔχει ἀστέρα, καθὰ καὶ ἐν τῷ περὶ πλανήτων ἀστέρων ὑπεδείξαμεν λόγῳ, καί, ὡς ἐνταῦθα ἀπεγραψάμεθα, εἰς ποῖον ἔστηκε ζῴδιον ἕκαστος. ἑξῆς δέ σοι ἑτέρας ἐκθήσομαι χρείας διαφόρων πραγματειῶν, κράτιστε ἀνδρῶν Νεχεψώ, βασιλέων βασιλεῦ, κτλ.

B. *Lettres à Philippe.*

a. « Dionysos au roi Philippe, salut! » : *CCAG.*, V, 3, pp. 76-78. Moyen de calculer les heures d'après l'ombre que projette le corps.

b. « Sextus l'hôrokratôr au très honoré roi Philippe » : *CCAG.*, VII, pp. 186-190. Même texte que le précédent, dans une recension assez différente (les deux prologues ont le même sens, mais ne se recouvrent pas).

C. *Bothros à un roi* (1).

Subsiste en deux recensions.

a. VIII, 3, pp. 126-127. 10 : « D'un certain sage Bothros à un roi ». De la même main, en sous-titre : « D'un certain sage, le roi Bothrus, à un roi ».

b. VIII, 3, pp. 127. 11-128 : « Du roi des Perses Bothros sur l'utilité que présentent pour beaucoup d'hommes les propriétés du vautour ».

Les deux exemplaires ont le même *incipit* (πολλοὶ τῶν ἀνθρώπων), mais ne se recouvrent pas et paraissent avoir été résumés l'un et

---

(1) M. Cumont, *Rev. de Philol.*, L (1926), pp. 24-33, a donné du même texte une édition plus complète en s'aidant de 3 MSS. latins, et commenté l'opuscule grâce aux textes parallèles dans Pline et les médecins anciens. D'autre part, Bilabel (*Philologus*, LXXVIII, pp. 401-403) ayant pensé reconnaître dans Bothros un certain βόθορ mentionné dans le roman copte de la conquête de l'Égypte par Cambyse et concluant (Bothros-Bothor n'étant rien d'autre que l'arabe Boutrous) que l'épître grecque ne peut être antérieure à la conquête de l'Égypte par les Arabes en 640, M. Cumont (*Rev. de Philol.*, *ibid.*, pp. 13-23) a montré qu'elle est certainement antérieure à cette date, d'un côté parce qu'elle dérive de la même source que les *Kyranides* hermétiques, de l'autre parce que cette source paraît bien être la lettre écrite à l'empereur Claude par Arétas, phylarque des Arabes Scénites, que mentionne Lydus, *de mensib.*, IV, 104 (p. 143. 14 Wünsch), et dont l'authenticité semble pouvoir être défendue par des raisons valables. En ce cas, cette épître prendrait grand intérêt par ce qu'elle nous ferait connaître de la médecine superstitieuse des Arabes à une époque assez haute (cf. Cumont, *l. c.*, pp. 18-21 et Levi della Vida, *ibid.*, pp. 244-246 : rapprochements avec les auteurs arabes qui ont traité des propriétés du vautour). Le nom lui-même de Bothros reste mystérieux, mais βότρος, βοτρῆς, βότρυς, βοῦτρος se rencontrent dans les papyrus bien avant l'invasion arabe (Cumont, *l. c.*, p. 13, n. 5). Noter que dans l'un des MSS. latins (Montpell., Ec. de méd., 27, fol. 21), la lettre porte la suscription : *Provinciae Babyloniae Alexandri regis Romanorum salutem*. Ce serait donc la lettre d'un empereur romain (Alexandre-Sévère? mais celui-ci ne régnait pas sur la Babylonie) à la province de Babylonie. En vérité, comme le remarque Levi della Vida (*l. c.*, p. 244), il se pourrait bien que ces désignations, « sage Bothros », « Arétas l'Arabe », « Alexandre roi des Romains », ressortissent à l'habitude des anciens d'attribuer aux sages ou aux rois des connaissances mystérieuses.

l'autre d'après un texte plus développé (1). Il y a de nombreux points de contact avec les *Kyranides*.

D. *Néphôtès à Psammétique.*

PGM., IV, 154-285 (cf. Hopfner, *OZ.*, II, § 241-244) : « Néphôtès à Psammétique, le roi d'Égypte à la vie éternelle, salut ! » Recette pour avoir puissance sur le dieu Kosmokratôr et obtenir ainsi un oracle par lécanomancie.

E. *Pitys à Ostanès*

PGM., IV, 2006-2138 (cf. Hopfner, *OZ.*, II, § 367-370; Bidez-Cumont, *Mag. hell.*, II, p. 308 [Ostanès fr. 28]) : « Pitys au roi Ostanès, salut ! » Recette d'évocation d'un mort pour s'en faire un auxiliaire (πάρεδρος). Ce Pitys lui-même est dit roi (IV, 1928 : ἀγωγὴ Πίτυος βασιλέως), Thessalien (IV, 2138 Πίτυος Θεσσαλοῦ ἀνάκρισις σκήνους) (2).

F. *Thphé à Ochos.*

PGM., XIII, 957-959 : « en la façon que le saint nom est révélé dans la lettre du hiérogrammate Thphé à Ochos ».

Il n'y a point d'autre allusion à cette lettre dans les papyrus magiques.

La comparaison des formulaires de ces lettres fait reconnaître de nombreux points communs.

A. Pétosiris (1*b*) :

« Comme (ἐπειδὴ) ton âme divine, ô le plus sage des rois, s'est donné la peine de faire une enquête attentive sur les mouvements des astres et qu'elle recherche l'issue des choses futures — qui comporte, en effet, de multiples aspects et qui est difficile à comprendre —, tu m'as demandé de t'exposer sous forme de petite règle un résumé de chacune des découvertes que j'ai faites eu égard à la vie humaine. J'en ai donc fait une description exacte et n'ai pas hésité à te l'envoyer. Pour toi, avec le secours de la prévoyance que la divinité t'inspire, opère au moyen de mes écrits ».

B. Philippe *a* (Dionysos) :

« Comme j'ai vu (ἰδὼν participe) que tu es tout plein d'ardeur pour

---

(1) Le premier exemplaire emploie la forme byzantine et néogrecque μὲ pour μετά.
(2) Sur Bitos, Bitys, Pitys, cf. Reitzenstein, *Poimandres*, pp. 107-108 et W. Kroll, *Neue Jahr. f. d. Klass. Alt.*, XLIX (1917), p. 156, n. 2.

connaître à fond les mouvements des heures, de combien de pieds (1) le jour se compose dans chaque mois, j'ai essayé de te le révéler en toute exactitude afin que cela te devienne clair ».

Philippe *b* (Sextus) :

« Comme, au sujet du mouvement des heures, je t'ai vu (αἰσθόμενος) tout désireux d'apprendre, je n'hésiterai pas (2) à te le faire connaître »

C. Bothros (*ab*) :

« Beaucoup d'hommes ignorent, ô Roi, comment se fait la dissection du vautour et quelles vertus cette anatomie possède pour guérir et fortifier les corps humains » (3).

D. Néphôtès :

« Puisque (ἐπεί) le Grand Dieu t'a établi roi à la vie éternelle et que la Nature a fait de toi le sage le plus excellent, je veux moi aussi te manifester mon zèle, et je t'ai donc envoyé cette recette magique qui opère en toute facilité un saint accomplissement. Si tu en fais l'essai, tu admireras la vertu extraordinaire de cette pratique : car tu obtiendras une vision directe dans un bassin, en quelque jour ou nuit ou lieu que tu voudras, tu verras le dieu dans l'eau (du bassin), et tu entendras, venant du dieu, une voix qui te donnera en vers l'oracle que tu désires ». Plus loin (243), le roi est dit « Roi très grand et chef des mages » (μάγων καθηγεμών).

E. Pitys :

« Puisque (ἐπειδή), en toute occasion, tu m'écris au sujet de la consultation des *skyphoi* (4), j'ai pensé qu'il était nécessaire de t'envoyer cette recette, car elle est très digne qu'on l'aime et elle peut te plaire au delà de toute mesure. Je vais t'indiquer d'abord la recette elle-même, puis je te révélerai la matière de l'encre qu'on y emploie ».

Négligeons C (Bothros) qui ne paraît être qu'un résumé assez tardif. Restent A B D E qui suivent tous un même modèle, la lettre commençant par une période laquelle s'ouvre soit sur la conjonction « puisque » (ἐπεί, ἐπειδή), soit sur un participe aoriste de

---

(1) *Pieds*, parce que l'heure se calcule d'après l'ombre du corps, laquelle est mesurée en pieds. Boll (*CCAG*., VII, p. 188, n. cr. *ad* 8) cite Suidas ἑπτάπους σκιά· τοῖς ποσὶν κατεμέτρουν τὰς σκιὰς ἐξ ὧν τὰς ὥρας ἐγίνωσκον.

(2) οὐκ ὀκνήσω : cf. Pétosiris (1*b*) οὐκ ὤκνησα.

(3) ἀνατομή est pris ici et au sens de « dissection » — laquelle se fait sans témoin, au moyen d'un (ou de trois) roseau pointu, cependant qu'on prononce le nom de trois anges : Adamaël (ou Adamanel), Elehôë (ou Eloël), Abrak (ou Babriel = Gabriel?) — et au sens de « membres dissectés ».

(4) Vases à boire, ou peut-être ici « crânes », puisqu'il s'agit de l'évocation d'un mort.

même sens. Dans ce moule habituel, on rencontre cependant deux types : tantôt le roi a consulté le prophète et la lettre de celui-ci est en ce cas une réponse (A, E); tantôt le prophète, ayant constaté chez le roi un grand désir de connaître et de merveilleuses aptitudes à la science, prend lui-même les devants et envoie au monarque une œuvre de son cru.

L'un et l'autre formulaires sont, à coup sûr, stéréotypés. Il serait intéressant de pousser la recherche plus avant et de reconstituer, avec toutes ses règles, le petit genre littéraire de la lettre d'un sage à un roi.

I bis. Lettre d'un prophète à un personnage.

La lettre d'un prophète à un personnage n'est qu'une variété du même genre. Dans cette catégorie se rangent, en alchimie, la lettre de Synésios à Dioskoros, « prêtre du grand dieu Sarapis à Alexandrie » (1) et la correspondance entre Pébéchios et Osron (2). Les manuscrits astrologiques n'en offrent, à ma connaissance, point d'exemple, s'il est vrai que les diverses formes du nom du correspondant de Pythagore ne sont que des altérations de Télaugès (3), fils du sage. Enfin, on en peut citer au moins un exemple dans les papyrus magiques. C'est la lettre de

Pnouthios le hiérogrammate à Kéryx.

PGM., I, 43-196 (cf. Hopfner, *OZ.*, II, § 135). Le premier nom doit être, selon Preisendanz, Pinouthis ou Pinouthios. Voici le début de la lettre :

« Pnouthios à Kéryx, qui adore Dieu (4), salut ! — En qualité d'initié (5), j'ai préposé à ta garde l'Auxiliaire (6) que voici pour que tu n'échoues pas dans l'accomplissement de cette pratique. Laissant de côté tous les préceptes qui nous ont été laissés dans une infinité de livres, je ne t'indique que cette

---

(1) *Alch. Gr.*, pp. 57 ss. = *Mages hell.*, II, pp. 312 ss., fr. A 4 a.
(2) *Mages hell.*, II, pp. 336 ss., fr. A 16.
(3) Cf. *infra*, p. 336.
(4) σεβαζομένῳ τὸν θεόν. La formule rappelle l'expression célèbre des *Actes des Apôtres*, οἱ σεβόμενοι (ou φοβούμενοι) τὸν θεόν, sur quoi voir en dernier lieu Kirsopp Lake dans Foakes Jackson-Kirsopp Lake, *The Beginnings of Christianity*, V (Additional Notes to the Commentary), pp. 84-96.
(5) « Eingeweihter », Preisendanz. Littéralement « en homme qui sait, qui a été instruit (sur les mystères) », εἰδώς.
(6) πάρεδρος : dieu ou démon qui vient se mettre au service du mage.

seule recette de l'Auxiliaire.... Je t'ai donc envoyé ce livre, pour que tu l'apprennes à fond. Car la parole de Pnouthis a puissance de persuader les dieux et toutes les déesses. Voici donc la recette pour obtenir l'Auxiliaire ».

On notera, dans la suite du texte, les recommandations usuelles : 130 « Ne communique à personne, mais cache, par Hélios, toi qui as été ainsi honoré (ἀξιωθείς, *dignatus*) par Dieu, le Seigneur, ce grand secret »; 192 « Ne transmets ces choses à personne d'autre qu'à ton fils, au fils de tes entrailles (1), quand il te demandera (la recette des) forces magiques que je t'ai indiquée. Sois heureux toujours! »

Quant à la leçon, orale ou écrite, d'un sage à ses collègues, il suffit de rappeler la conférence de Démocrite à ses confrères en prophétie (*supra*, pp. 223, 224) et celle de Cléopâtre aux « philosophes » (alchimistes) (2).

II. La « tradition » de père en fils (3).

Les historiens anciens rapportent que, chez les divers peuples de l'Orient, les secrets de toute science et toute sagesse se transmettaient de père en fils. Ainsi chez les Chaldéens selon Diodore de Sicile (4) : « Chez les Chaldéens, c'est de père en fils que se transmet la sagesse (φιλοσοφία), le fils succède à son père (5) et il est libéré de toute autre fonction. De là vient aussi que, comme les disciples ont pour maîtres leurs propres pères, ils apprennent toutes choses sans qu'on leur refuse rien (ἀφθόνως) et en même temps ils donnent toute leur attention à ce qu'on leur transmet, car ils croient plus fortement ». — De même chez les Égyptiens selon Diodore encore, qui emprunte ici à Hécatée d'Abdère (6) :

---

(1) ἰσχινῷ υἱῷ. Le mot ἰσχινός est un *apax*, litt. « fils de tes hanches ».
(2) Cf. *Pisciculi*, pp. 111 ss.
(3) Sur ce problème, cf. déjà A. Dieterich, *Abraxas*, pp. 160-163; Ed. Norden, *Agnostos Theos*, pp. 290-291. Voir aussi Reitzenstein, *HMR.*, pp. 40-41 (sur la traditio dans les mystères); Boll, *Aus der Offenbarung Johannis*, p. 139, n. 1. L. Durr, *Heilige Vaterschaft im antiken Orient* dans *Heilige Ueberlieferung, Festgabe... Ild. Herwegen* (Munster, 1938), pp. 1 ss., n'ajoute rien pour la période hellénistique.
(4) Diod. Sic., II, 29, 4. Selon Schwartz, la source de Diodore serait Posidonius.
(5) καὶ παῖς παρὰ πατρὸς διαδέχεται : cf. Diog. La., *prooem.*, 2,2 καὶ μετ' αὐτὸν (Zoroastre) γεγονέναι πολλούς τινας Μάγους κατὰ διαδοχήν, Sozom., *Hist. Eccl.*, II, 9, 1 κατὰ διαδοχὴν γένους ἀρχῆθεν et Bidez-Cumont, *Mag. hell.*, II, p. 8, n. 5.
(6) Diod. Sic., I, 73, 4-5.

« D'une façon générale ils (les prêtres d'Égypte) s'occupent avec le roi des affaires les plus importantes en tant que présidents du conseil royal (προβουλευόμενοι), à titre soit de collaborateurs (συνεργοί) soit d'instigateurs (εἰσηγηταί) et de précepteurs (διδάσκαλοι); ils lui annoncent l'avenir grâce à l'astrologie et à l'inspection des victimes, et, d'après les précédents consignés dans les livres sacrés, ils lui indiquent les mesures d'utilité publique. Car il n'en va pas chez eux comme chez les Grecs, où la charge de prêtre n'est remplie que par un seul homme ou une seule femme : c'est en foule qu'ils s'acquittent des sacrifices et des honneurs dus aux dieux, et ils transmettent ce mode d'existence à leur progéniture ». — Chez les Perses également, au témoignage d'Ammien Marcellin (1) : « Comme Zoroastre (2), ayant pénétré avec confiance au fond de l'Inde supérieure, était parvenu à une solitude entourée de forêts, dont la paix et le silence convenaient aux méditations sublimes des Brahmanes (3), il s'y instruisit sous leur conduite des lois du mouvement de l'univers et des astres, et, dans la mesure où il les put recueillir, des rites purs du culte; puis il enseigna aux Mages une partie des choses qu'il avait apprises, et tout cela, joint à l'art de prédire l'avenir, les Mages le transmettent aux générations successives, chacun dans sa propre famille. [34] De là vient que, pendant un grand nombre de siècles jusqu'à ce jour, c'est une seule et même race, devenue une multitude, qui est consacrée au culte des dieux ». Ce même renseignement se lit encore chez d'autres auteurs. Le Ps. Chrysostome (IVᵉ s.) (4) parle d'un écrit de Seth que les savants se transmettaient de génération en génération, les pères le remettant à leurs fils (5). Un écrivain syrien, Théodore Bar Kônai (6), reproduit une prophétie de Zoroastre où il s'adresse à ses disciples en ces termes : « Je m'adresse à vous, mes amis et (mes) fils, que j'ai nourris de ma doctrine » (7). Kosmas de Jérusalem (VIIIᵉ s.) (8) relate ainsi la succession des doctrines chez les fondateurs de l'astrologie : « Il faut parler aussi de ce qu'on

---

(1) Amm. Marc., XXIII, 6, 33-34. Cf. *Mag. hell.*, II, p. 32, fr. B 21.
(2) *Qui* représente bien Zoroastre (et non Hystaspe), cf. *Mag. hell.*, *l. c.*, p. 33, n. 3.
(3) Cf. *supra*, p. 45 ss.
(4) *Mag. hell.*, II, p. 118, fr. S 12.
(5) Cf. *ib.*, pp. 119, n. 3.
(6) *Mg. hell.*, II, p. 126, fr. S 5.
(7) Cf. *ib.*, p. 127, n. 3.
(8) *CCAG.*, VIII, 3, pp. 120 ss. = *Mag. hell.*, II, p. 271, fr. 8b.

nomme le cercle du zodiaque (1). Le premier qui en ait traité est Zarathoustrès, un barbare ; après lui, c'est Zamès et Damoïtas (2), ses fils, puis Orhoièsos, fils de Damoïtas ; puis, après ceux-ci, Ostanès » (3). — C'est enfin de père en fils que se transmet l'astrologie chez les patriarches ou les rois-prophètes d'Israël. Sur les patriarches, voici un petit roman qui rassemble à plaisir plusieurs τόποι hellénistiques (4) : « Ce propos se transmet depuis les origines, que les combinaisons des astres, les appellations des mois et des années et tout ce qu'on peut dire encore sur les êtres célestes, Seth, fils d'Adam, l'a gravé en langue hébraïque sur des tables de pierre, instruit lui-même par un ange de Dieu (5), et qu'ensuite, après la dispersion des langues, Ammon le Grec (6) poussa plus loin cette science, et d'autres après lui. On dit aussi que Hénoch, le septième après Adam, grava en langue hébraïque sur des tables de pierre une prédiction sur la colère prochaine de Dieu ; après le déluge, certaines de ces tables furent trouvées sur une montagne, et, plus tard, on les transporta en Palestine » (7). La mention « le septième après Adam » montre que l'auteur croit à une transmission continue d'Adam à Hénoch. Aussi bien Adam, fondateur de l'astrologie, l'avait-il transmise à Seth, d'après le *Testament d'Adam* (8). Un reste de ces croyances apparaît encore chez un autre byzantin, le moine Glykas (9), qui dit « avoir

---

(1) Littéralement « zôophore », qui porte des figures d'animaux : cf. *C. H.*, XIII, 12, Stob. Herm., Exc. VI, 2, 13.

(2) Damoïtas ne serait qu'un doublet de Zamès, et ce nom grec représenterait Djâmâspa, qui fut en réalité le gendre de Zoroastre et son successeur comme grand prêtre, *Mag. hell.*, II, p. 273, n. 2.

(3) Sur cet usage chez les Perses, cf. encore *Mag. hell.*, II, p. 8, n. 5, I, p. 93, n. 1. Noter que, dans les mystères de Mithra, la *traditio* se fait par le *pater :* la paternité spirituelle a remplacé la paternité naturelle quand ce ne fut plus seulement une caste, mais tous les hommes qui furent admis à l'initiation. L'initié est le *fils* de celui qui l'a instruit, et il a pour *frères* les autres initiés.

(4) *CCAG.*, VII, p. 87.

(5) παρὰ θείου ἀγγέλου ἐκδιδαχθείς : *topos* connu de la révélation directe par un ange (cf. *supra*, pp. 256 ss. : Isis à Horus) ou par un dieu, cf. encore *PGM.*, III, 439 τῆς πράξεως ταύτης μείζων οὐκ ἔστιν· πεπείραται ὑπὸ Μανεθῶνος, ὃς αὐτὴν ἐλάβετο δῶρον ὑπὸ θεοῦ Ὀσίρεως τοῦ μεγίστου.

(6) C'est le roi Ammon d'Égypte, pris ici pour un Grec.

(7) Sur Seth fondateur de l'astrologie, cf. encore *CCAG.*, V, 1, 118.10 (Manuel Commène) et II, p. 182.26, VI, p. 3, fol. 175 (Stéphanos). Sur Hénoch fondateur de l'astrologie et parfois confondu, au Moyen Age, avec Hermès, cf. Thorndike, *Hist. of Mag.*, I, pp. 340-341, II, p. 220, n. 7 ; *CCAG.*, V, 1, p. 140, VII, p. 87.

(8) Écrit gnostique chrétien dont il ne subsiste qu'une version arabo-éthiopienne et une version grecque remaniée dans l'opuscule du Ps.-Apollonius, cf. *infra*, p. 340 et n. 5.

(9) *CCAG.*, V, 1, p. 140.

appris d'une ancienne histoire » (ἐκ παλαιᾶς ἠκούσαμεν ἱστορίας) que l'ange préposé aux astres, le divin Ouriel, descendit auprès de Seth, et qu'ensuite, à partir de Seth, Hénoch révéla aux hommes les changements des saisons et le sens des manifestations stellaires. Quant aux rois-prophètes juifs, un *lunarium* se donne comme l'œuvre du prophète David et de son fils Salomon (1). D'autre part, Salomon transmet à son fils Roboam une hygromancie (2) et il subsiste d'Isaac, fils de Salomon (?), un traité de l'urine (3).

De fait, on l'a montré récemment (4), ces allégations des historiens grecs, latins ou syriaques sont confirmées par la littérature indigène de certains peuples de l'Orient. Science et sagesse ont été effectivement transmises, en Orient, de père en fils : d'une part le père était l'éducateur né de son fils, d'autre part science et sagesse étaient comme un dépôt sacré qu'on se passait, un secret (μυστήριον) qui ne devait pas sortir de la famille. De là vient que, du jour où il se fut institué en Égypte (sous le Nouvel Empire) des écoles de scribes, les élèves, qui évidemment n'étaient pas tous les enfants du scribe, étaient appelés par lui ses fils. Dans un papyrus de la 19ᵉ ou 20ᵉ dynastie (5), on lit à propos des scribes : « Du grand au petit, (les hommes) deviendront leurs enfants, car le scribe est leur précepteur... Les enfants des autres leur seront donnés comme héritiers, au même titre que leurs propres enfants. » En Babylonie et en Assyrie également, le maître donne à son élève le nom de fils : « Viens, mon fils, assois-toi à mes pieds » (6). Enfin de nombreux passages de l'Ancien Testament laissent voir la même coutume : quantité de sentences des Livres Sapientiaux commencent par « mon fils » (*beni*, τέκνον) (7), et les relations d'Élie et d'Élisée sont celles d'un père avec son fils (8).

On a montré aussi que, dans l'ancien Orient déjà, la parole du maître est tenue pour avoir valeur créatrice et salvatrice (9). Cette conception sacramentelle du mot qui est si frappante à l'époque

---

(1) *CCAG.*, X, p. 122.
(2) Cf. *infra*, p. 3!9.
(3) *CCAG.*, XII, p. 208, fol. 78 : *Ysaac filii Salomonis de cognitione urine*. Faut-il lire *filii Abraham*?
(4) L. Durr, *Heilige Vaterschaft* (cf. *supra*, p. 332 n. 3), pp. 6 ss.
(5) P. Beatty IV Rs. 2, 5-3, 11 : cité par Durr, *l. c.*, p. 7.
(6) Tablette citée par Durr, p. 8.
(7) V. gr. *Prov.*, I, 8.10.15 ; II, 1 ; III, 1.11 ; IV, 1.10.20 ; V, 1.7.20 ; VI, 1, etc.
(8) Durr, *l. c.*, pp. 9-10.
(9) Durr, *ib.*, pp. 16-20.

hellénistique — par exemple, nous le verrons, dans le *C.H.* XIII, — et qui donne tout son poids à l'idée de paternité spirituelle, déjà se fait jour en de vieux textes. C'est que la parole du sage vient de Dieu : « Écoute, mon fils Nadin », dit *Ahiqar* (7, 1), « écoute ma parole... comme une parole divine ». Et l'auteur des *Proverbes* (XXXI, 1) (1) : « Mes paroles ont été dites par Dieu... Que garderas-tu dans ton cœur, enfant? Quoi? les paroles de Dieu, je te le dis, mon fils premier né ». De là les effets de la parole : « la parole, qui sort de ma bouche, ne revient pas à moi sans effet, mais elle exécute ce que j'ai voulu et accomplit ce pour quoi je l'ai envoyée » (*Isaïe*, v, 11). Dans un papyrus d'Égypte, le maître dit à son élève (2) : « J'ai exposé devant toi une doctrine, je t'ai instruit sur la voie de la vie, pour t'établir sur un chemin sans trouble ». Et, dans les *Proverbes* (III, 18), la sagesse est dite un arbre de vie pour ceux qui la saisissent, celui qui s'y attache est heureux. Selon le livre de la *Sagesse* (VI, 24), les sages sont le salut du monde (πλῆθος δὲ σοφῶν σωτηρία κόσμου).

Or, il est bien important de considérer que, dans la « petite littérature » qui a pris naissance en Égypte, à l'âge hellénistique, pour traiter des sciences occultes, la *traditio* de père à fils est l'une des fictions les plus habituelles.

Je voudrais insister sur ce dernier point par des exemples tirés surtout des écrits astrologiques et magiques.

A. « *Livre Sacré* » d'Hermès à Asklépios (sur les décans) = cf. *supra*, pp. 139 ss. Cet opuscule se présente sous la forme d'une lettre, cf. le préambule, *supra*, p. 140.

B. *Pythagore à Télaugès.*

Nombreux exemplaires dans les manuscrits astrologiques : *CCAG.*, IV, p. 15, n° 5 f. 39bis; p. 31, n° 11 f. 77; p. 41, n° 18 f. 274; p. 75, n° 29 f. 38; VI, p. 33, n° 3 f. 97 v; VII, p. 21, n° 7 f. 134 v; VIII, 1, p. 26, n° 3 f. 32; XI, 2 p. 59, n° 34 f. 82 v; p. 72, n° 35 f. 158. Édité, après Tannery et Desrousseaux, par Zuretti, XI, 2, pp. 139-142 d'après deux manuscrits de Madrid (n°s 34 et 35).

Le nom du correspondant de Pythagore se présente sous diffé-

---

(1) 24, 69 dans l'édition Swete (Cambridge, 1930). Ne se trouve que dans les Septante.

(2) P. Beatty IV Rs. 6, 3-9 : cité par Durr, *l. c.*, p. 19.

rentes formes : Ilias (IV, pp. 41, 75), Hélias (VIII, 1 p. 26), Télaugès (XI, 2 p. 59), Augia (XI, 2 p. 72) (1). Mais le texte étant partout le même (sauf de légères variantes), je pense qu'Ilias, Hélias et Augia ne sont que des altérations de Télaugès, nom du fils de Pythagore, en sorte qu'on retrouve ici le type de la *traditio* de père à fils.

Cet opuscule concerne l'onomatomancie arithmétique, telle que l'ont décrite Tannery (2) et Bouché-Leclercq (3). Il s'agit de savoir lequel triomphera de deux adversaires, plaideurs, gladiateurs, et, plus généralement, tous adversaires en quelque affaire que ce soit. On évalue les deux noms en nombres, en additionnant les valeurs numériques des lettres et en ne comptant, du chiffre correspondant à chaque lettre, que les unités : soit, jusqu'à 10, les unités proprement dites; de 10 à 100, les unités de dizaines, de 100 à 1000 les unités de centaines (c'est le système dit des *monades*). Prenons, par exemple, le nom d'Hector, Ἕκτωρ. Les lettres additionnées représentent : $50 + 20 + 300 + 800 + 100$. En simplifiant par le système des monades, on a $5 + 2 + 3 + 8 + 1 = 19$. On divise ensuite ce chiffre par 9 et l'on prend le reste, ici 1. Supposons maintenant, en face d'Hector, un adversaire du nom de Patrocle (le texte grec *CCAG.*, XI, 2, 140. 20 porte ici la forme vocative Πάτροκλε). Soit $80 + 1 + 300 + 100 + 70 + 20 + 30 + 5$, ce qui donne, par le système des monades, $8 + 1 + 3 + 1 + 7 + 2 + 3 + 5 = 30$. On divise par 9, reste 3. On obtient donc, pour les deux adversaires Hector et Patrocle, les nombres impairs inégaux 1 et 3. Or chacun sait que Patrocle a été tué par Hector. D'où, selon Bouché-Leclercq, on aurait conclu qu'en règle générale, de deux adversaires représentés, après les opérations susdites, par deux valeurs impaires inégales, c'est celui qui est représenté par la valeur la plus faible qui remportera la victoire. Ainsi s'explique, dans le premier tableau de la lettre de Pythagore (*l. c.*, p. 141), la formule « 1 triomphe » (ἡ α΄ νικᾷ) dans tous les cas où les adversaires s'opposent comme 1 à 3, 1 à 5, 1 à 7, 1 à 9. Pour des raisons de même goût, on admettait que, dans le cas de

---

1) « Pronostic de Pythagore *archikestor* à la très honorée Augia ». ἀρχικέστορος m'est inintelligible, il n'existe pas de mot κέστωρ. Faut-il lire ἀρχικέντορος, « l'archiconducteur »? κέντωρ apparaît dans la langue hellénistique (poétique).

(2) *Notice sur des fragments d'onomatomancie arithmétique* (*Notices et extraits des mss.*, XXXI, 2, 1885, p. 248) = *Mémoires scientifiques*, IX, pp. 17-50.

(3) *Histoire de la divination dans l'antiquité*, I (1879), pp. 258 ss., en particulier pp. 261-263. Je suis de près cet exposé.

valeurs inégales dont l'une est paire, l'autre impaire, c'est la plus forte qui triomphe, et que, dans le cas de valeurs paires inégales, la victoire est à la plus faible. Ainsi, dans le tableau cité, quand les adversaires s'opposent comme 1 à 2, 1 à 4, 1 à 6, 1 à 8, la victoire revient à la valeur 2, 4, 6, 8. Par contre, si les adversaires s'opposent comme 2 à 4, 2 à 6, 2 à 8, c'est toujours la valeur 2 qui triomphera. Reste le cas où les adversaires sont « isopsèphes », c'est-à-dire où l'addition des lettres de leur nom produit le même chiffre, lequel, divisé par 9, laissera le même reste. Dans cette conjoncture, si le reste est impair, c'est l'agresseur qui triomphe; s'il est pair, l'effet est inverse (1).

Quelle que soit l'origine des règles appliquées à ce petit jeu prophétique, elles ont évidemment un caractère arithmétique, elles tiennent à la qualité des nombres. De ce coup, elles se rapprochent des principes mystérieux qui régissent les traités d'arithmologie pythagoriciens de l'époque gréco-romaine (2). Or précisément l'un de ces opuscules est associé au nom de Télaugès. Selon Jamblique en effet (*de v. pyth.* 146, p. 85.5 D.), il circulait dans la secte pythagoricienne un *logos hiéros* qu'on attribuait tantôt à Pythagore lui-même, tantôt à son fils Télaugès (cf. Diog. La. VIII, 43), qui l'aurait composé d'après des documents secrets laissés par Pythagore à sa famille. Ce « discours sacré », en prose dorienne, traitait de l'essence éternelle du Nombre, « principe infiniment sage de l'ensemble du ciel, de la terre et de la nature intermédiaire, racine de la permanence (διαμονᾶς) des êtres mortels, des dieux et des démons » (3). Entre ces hautes spéculations et la divination par les nombres, il n'y a pas grande distance dans l'antiquité. Comme l'a bien dit M. A. Delatte, l'arithmétique, chez les anciens, « resta longtemps une pseudo-science à laquelle nous ne pouvons plus décemment donner aujourd'hui le nom d'arithmétique. Le nom d'*arithmologie* pourrait servir commodément à désigner ce genre de remarques sur la formation, la valeur et l'importance des dix premiers nombres, où se mêlent la saine

---

(1) Dans le second tableau, *CCAG.*, XI, 2, p. 141, il faut lire sûrement : ββ′ ὁ ἐγκαλούμενος (et non ὁ ἐγκαλῶν) νικᾷ καὶ ὁ πράττων. De même, dans la seconde recension (Augia), *ib.*, p. 140, 4° et 3° l. depuis le bas de la page, lire : εἰ δὲ τρεῖς καὶ τρεῖς, ὁ ἐγκαλῶν (et non ὁ ἐγκαλούμενος) νικᾷ.

(2) Sur ce point, cf. l'ouvrage cité de A. Delatte, *Études sur la littérature pythagoricienne*, pp. 139-268, en particulier pp. 191-208.

(3) ἔτι δὲ καὶ θνητῶν (ego : θείων cod., θείων ἀνθρώπων Deubner) καὶ θεῶν καὶ δαιμόνων διαμονᾶς ῥίζαν, Jambl., *v. p.*, 28, 146, p. 83.2. Cf. Syrian., p. 912 B πατέρα θεῶν τε καὶ δαιμόνων καὶ τῶν θνητῶν πάντων ἀριθμὸν ἀνυμνεῖ.

recherche et les fantaisies de la religion et de la philosophie » (1). Le même auteur fait même remarquer que le caractère religieux alla toujours s'accentuant dans ces écrits d'arithmologie, jusqu'à ce point qu'aux premiers siècles de notre ère « l'Arithmologie ne comprit plus guère que les rapports entre les divinités et les nombres » (2). Que d'autre part les cercles pythagoriciens férus d'arithmologie aient pratiqué aussi l'astrologie et la divination, on le sait par l'exemple, entre autres, de Nigidius Figulus. Il n'est donc pas invraisemblable de supposer que la *Lettre de Pythagore à Télaugès* des manuscrits astrologiques soit bien issue de la secte pythagoricienne et qu'elle soit à ranger à la suite des opuscules d'arithmologie étudiés par M. Delatte.

En voici le début : « Après avoir traversé bien des épreuves (παθών : d'autres recensions ont μαθών ou καταμαθών) et fait bien des essais, je t'ai envoyé ce petit livre qui contient un tableau (πλινθίδα) tout plein de charme. Celui qui le lira saura, grâce aux lettres ci-dessous, et le passé et le présent et aussi l'avenir » (3).

C. *Hygromancie de Salomon à Roboam* = *CCAG.*, VIII, 2, pp. 143 ss. (4).

Selon Heeg (*ib.*, p. 140), le texte a été remanié à la fin de la période byzantine dans l'Italie méridionale, mais il doit avoir été écrit en Égypte, dans le même temps que les autres apocryphes magiques de Salomon dont témoigne déjà Flavius Josèphe (5), c'est-à-dire au Ier siècle avant notre ère. L'ordre des planètes (144. 14 ss.) — Soleil, Vénus, Mercure, Lune, Saturne, Jupiter, Mars — ne peut être que celui des Égyptiens, mal copié (6). Le début, comme on

---

(1) Delatte, *l. c.*, p. 139.
(2) *Ibid.*, p. 140.
(3) 1er texte de Zuretti (Télaugès). Le 2e texte (Augia : *l. c.*, p. 139, sous le 1er texte) porte : « ce que sera le présent, l'avenir et le passé, et si le malade reviendra à la santé ».
(4) D'après *Monac.* gr. 70, f. 240-254. Recensions voisines (avec quelques variantes), *Athous* Dion. 282, f. 28 v (= Delatte, *Anecdota Atheniensia*, pp. 649-651 : extrait seulement) et, semble-t-il, *Taurin.* gr. C, VII, 15, f. 75 v (= *CCAG.*, IV, p. 16 : brûlé). Un préambule analogue se lit au début du *Traité de Magie* de Salomon, en deux recensions voisines : *Paris.* 2419 f. 218 (= *An. Ath.*, pp. 470 ss.) et *Harleian.* 5596, f. 18 v. (= *An. Ath.*, pp. 397 ss.).
(5) *Ant. Jud.*, VIII, 44. Cf. Wellmann, *Physiologos*, p. 58, n. 164.
(6) Heeg., p. 144, n. 2. On le retrouve dans l'*heptazônos* de *PGM.*, XIII, 217, où il est mis en regard de l'ordre dit « hellénique », cf. *infra*, p. 343, n. 2 et 3. Il faut lire Saturne Jupiter Mars Soleil, etc.

l'a noté depuis longtemps (1), rappelle un passage de la *Korè Kosmou* (§ 32).

« Petite Clef de l'art total de l'hygromancie, découverte par divers opérateurs et par le saint prophète Salomon (2) dans laquelle (sc. hygromancie) il parait écrire à son fils Roboam.

Prête l'oreille, très scrupuleux (3) Roboam, mon fils, à l'exposé exact de cet art, que je te fais, moi ton père Salomon, quant aux opérations où réside tout le soin de l'hygromancie — à savoir qu'il faut avant tout posséder à fond les observations relatives aux planètes et aux signes zodiacaux, et, après cela, poursuivre la recherche et agir selon son vouloir. »

Roboam dit alors à son père Salomon : « Père, en quels objets réside le pouvoir magique des opérations? » Et Salomon dit : « C'est dans les plantes, les formules et les pierres que résident tout l'art et la faveur et le pouvoir magique de l'effet cherché. Avant tout, connais les positions des sept planètes... ».

Suit l'indication détaillée : 1) des sept planètes et de ce qu'il faut faire à leurs heures, c'est-à-dire à l'heure où elles dominent chaque jour de la semaine, 144.10-149.27;

2) des anges et démons qui dominent à chaque heure, 149.34-154.16;

3) des prières à chaque planète et aux anges, 154.17-157.30;

4) des signes magiques de chaque planète, 157.31-159.6 (manquent les signes de la Lune);

5) des plantes des signes zodiacaux, 159.7-162.18;

6) des plantes des planètes, 162.19-165.23.

Le prologue est extrêmement intéressant pour notre objet, parce qu'il offre une particularité que nous retrouvons en quelques *logoi* hermétiques (*Asclépius, St. H.*, II A + II B + XI (4); l'opuscule est censé être un *écrit* (φαίνεται γράφειν) de Salomon à Roboam, et, en même temps, il présente une partie de *dialogue* où Salomon lui-même s'entretient avec son fils.

D. *Livre de sagesse d'Apollonius de Tyane à Postumus* = *CCAG.*, VII, p. 175 (5).

Selon Boll (p. 174), l'ouvrage est évidemment apocryphe mais il

---

(1) REITZENSTEIN, *Poimandres*, p. 187, n. 1. Cp. προσέχε, ὦ ἀκριβέστατε υἱὲ Ροβοάμ et *K.K.* 32 προσέχε, τέχνον Ὧρε.

(2) Athous : « et composée par Salomon », καὶ συντεθὲν παρὰ τοῦ Σ.

(3) Ou « très pénétrant » ou « très exact » : ἀκριβέστατε convient, en tout cas, à un élève. Le *Paris*. 2419 a προσέχε ἀκριβῶς.

(4) Cf., sur ce point, *Rev. Et. Gr.*, LV (1942), pp. 97-100.

(5) D'après le *Berolin.* 173, f. 72 v. Il subsiste une autre recension plus longue

doit être antérieur au *Contre Hiéroclès* d'Eusèbe, car celui-ci déjà y fait allusion à de « futiles inventions » (περίεργοι μηχαναί) attribuées à Apollonius (1). La date de composition se placerait donc entre 217 (Philostrate, *Vie d'Apollonius*) et 311-313 (Eusèbe, *Contre Hiéroclès*). L'auteur a probablement appartenu à un milieu de gnostiques chrétiens : il fait prédire à Apollonius la venue du Christ qui, dit-il, « ne détruira pas ma science astrologique, car tout ce que j'ai accompli, c'est par sa puissance que je l'ai accompli et fermement établi » (2) ; en outre l'opuscule présente beaucoup d'analogies avec un autre produit du gnosticisme chrétien, le *Testament d'Adam*.

« Livre de sagesse et d'intelligence des accomplissements (astrologiques) d'Apollonius de Tyane, qui l'écrit pour l'enseignement de son disciple Postumus Thalassus, lui parlant en ces termes :

« Écoute-moi, mon fils, et je te découvrirai le mystère de la sagesse, mystère inintelligible, inconnu et caché à beaucoup, sur les saisons et les temps, les heures du jour et de la nuit, sur leur dénomination et leur influence, et sur la sagesse véritable qui s'y trouve cachée. Et je te révélerai les accomplissements de la science qui m'a été donnée par Dieu, grâce auxquels sont enseignés les premiers éléments (στοιχειοῦνται) de tout ce que Dieu a créé sur la terre. Voici en effet que j'ai produit quatre livres plus précieux que les bijoux d'or et que les pierres d'un grand prix : l'un d'astronomie, l'autre d'astrologie, le troisième « scolastique » (? σχολαστικήν), le quatrième, plus noble que tous les autres, contenant les signes puissants et terribles et de même les prodiges et les mystères, je veux dire le livre enseignant les premiers éléments (τὴν περὶ στοιχειώσεως) des choses visibles créées par Dieu, afin que celui qui lira ce livre puisse, s'il le veut, réaliser avec succès de tels prodiges ».

L'auteur fait ensuite des recommandations d'abstinence : s'abstenir de toute mauvaise action, en particulier de tout contact avec la femme, surtout si elle est au temps de ses règles.

176. 11. « Il faut donc, comme j'ai dit, suivre exactement ces recommandations, si du moins l'on veut mettre complètement sous le joug de la Nécessité les êtres de la terre, « déliant » les arbres, « liant » les oiseaux, les bêtes, les serpents, le souffle des vents et le cours des rivières. Celui qui pratique exactement cette science dit et prononce les noms de Dieu grand et tout-puissant, les noms qui conviennent à chaque moment et à chaque temps ».

dans trois manuscrits de Paris : éditée par Nau, *Patrol. Syr.*, I, 2, pp. 1363 ss. Sur ce curieux morceau, cf. Boll, *CCAG.*, VII, pp. 174-175 et *Offenbarung*, pp. 141-142.
(1) Eus., *c. Hier.*, p. 407.27 Kayser.
(2) P. 176. 22 τὴν δὲ ἀποτελεσματικὴν ἣν ἐγὼ ποιήσω οὐκ ἀφανίσει, διότι **πᾶν ὅπερ ἀπετέλεσα μετὰ τῆς αὐτοῦ δυνάμεως ἀπετέλεσα καὶ ἐστερέωσα,**

Apollonius annonce alors la venue du Christ et il ajoute (176. 24) : « le temple que j'ai bâti à Tyane, et dans lequel j'ai dressé une colonne d'or, deviendra un objet d'adoration pour tous les hommes ». Puis, après le lieu commun : « prête-moi attention » (176.26 προσήκει δή σε προσέχειν τὸν νοῦν), on passe au sujet même (177.3 ss.) :

1) Signes zodiacaux et nom mystique affecté à chaque saison, 177.3-12 ;

2) Nom mystique et influence de chaque heure du jour, 177.13-178.7 ;

3) Nom mystique et influence de chaque heure de la nuit, 178.8-179.8.

Ce paragraphe sur les heures conclut ainsi (179. 9-12) : « Telles sont les dénominations que Dieu a établies dans les sept jours de la semaine : je les ai apprises et connues en don de Dieu et je te les ai révélées. A celui qui a bien compris il n'y aura rien de caché, mais toutes choses lui seront soumises ».

4) Heures favorables de chaque jour de la semaine et anges proposés à ces jours, 179.13-180.8. Voici la conclusion de ce paragraphe (179.23 ss.) :

« Telles sont, dans chacun des sept jours, les heures que Dieu bénit. Quelque opération que tu veuilles préparer, veille sur ces heures comme on veille sur un trésor dans la terre : car les sages ont caché ces heures dans leur cœur, comme un trésor dans la terre, parce qu'en elles réside le souffle de la sagesse. Ne sois pas incrédule quant à ce livre, car c'est Dieu même qui a établi l'échelle de ces heures du jour et de la nuit, et c'est par son nom puissant et caché que tout s'accomplit. Moi-même d'ailleurs, c'est en tenant compte des heures plus haut décrites que j'ai accompli mes pronostics, et il ne peut y avoir de doute sur ces accomplissements. Or, si je n'avais reconnu que l'humaine nature ne demeure pas ici-bas, mais qu'elle se rend dans un autre monde, je n'aurais révélé ma sagesse à personne, mon enfant, car elle est plus précieuse que l'or et que les pierres d'un grand prix. Mais je te la montrerai à toi, afin que tu te souviennes de moi toujours » (1).

E. *Livre sacré intitulé « Monade » ou « VIII⁰ Livre de Moïse » sur le nom saint* = PGM., XIII, I ss.

La formule finale « Porte-toi bien » (ἔρρωσο : *vale*) prouve que cet écrit est une lettre à un disciple (2) : il devait donc sûrement y

---

(1) Boll cp. Vett. Val., *prooem.* à VII (263.4 ss.) et IX (331.4 ss.), et *ib.*, pp. 301.3 ss., 359.21. Parodie dans Lucien, *Tragodopodagra*, v. 271 ss.

(2) Comme l'a déjà marqué Dieterich, *Abraxas*, pp. 160 ss.

avoir un prologue ou, du moins, quelque formule initiale de salut; le copiste l'a négligée. Le *Livre Sacré* subsiste en deux recensions : (A) 3-234, suivi, en appendice, d'une collection de recettes « exécutées d'après le livre » 235-340, avec conclusion 340-343. (B) 343-730, suivi, en appendice, de l'indication de noms divins et de diverses prières, 735 ss. Les passages qui nous intéressent se trouvent, en A, à la conclusion du livre et de l'appendice, en B, au début de l'appendice. Diverses indications sont de la main du copiste, par exemple : 4, après le titre : « Voici le contenu du livre » (περιέχει δὲ οὕτως); 213 « Quant à la détermination de la planète qui préside au jour, le livre contient ceci » (περιέχει οὕτως); 730, après avoir, à la fin du livre, répété le titre « Livre secret de Moïse, livre VIIIe », le copiste ajoute : « dans un autre exemplaire que j'ai découvert, il y a écrit... » (1) (suit une nouvelle forme du titre).

213 ss. « Enquiers-toi, enfant, de la planète à qui appartient le jour selon l'ordre grec (2), va à l'Heptazone (3), compte à partir du bas et tu trouveras... (Suivent les deux tableaux — ordre grec, heptazone — puis, l. 226 :) Voilà, je t'ai adressé, enfant, la solution facile et agréable à Dieu, que des rois eux-mêmes n'ont pas eu la force de trouver (4). L'inscription sur la tablette de natron (5), tu la feras avec l'encre tirée des fleurs des sept planètes (6) et de leurs aromates. De même pour la « lentille » (7), que j'ai décrite allégoriquement dans ma *Clef,* tu la prépareras au moyen des fleurs et des parfums de sacrifice (8).

(1) ἐν ἄλλῳ, < δ > εὗρον, ἐγέγραπτο : cf. V, 51, ἐν δὲ ἄλλοις ἀντιγράφοις ἐγέγραπτο.

(2) εἰς τὸ Ἑλληνικόν : Soleil, Lune, Mars, Mercure, Jupiter, Vénus, Saturne (c'est notre semaine).

(3) ἐλθὼν εἰς τὴν ἑπτάζωνον (sc. σφαῖραν). L'heptazone paraît avoir été une sphère astrologique servant à la détermination des confins ou termes planétaires (ὅρια : cf. VETT. VAL., III, 9, p. 144.14 ss.; BOUCHÉ-LECLERCQ, pp. 213-215) d'après l'ordre égyptien des planètes (Soleil au milieu, entre Saturne Jupiter Mars au-dessus, Vénus Mercure Lune au-dessous) : cf. VETT. VAL., VI, 7, p. 256.29 ss., οἱ πλεῖστοι μέντοι μερίζουσι τοὺς χρόνους ἐπὶ πάσης γενέσεως κατὰ τὴν ἑπτάζωνον ἀρξάμενοι ἀπὸ Κρόνου. ἔπειτα Διί, εἶτα Ἄρει, εἶτα Ἡλίῳ, μεθ' ὃν Ἀφροδίτη, ἔπειτα Ἑρμῇ καὶ ἑξῆς Σελήνῃ· καὶ ὁμοίως κατὰ ἀνακύκλησιν τῶν χρόνων σκόπουσι τὸν δεσπόζοντα τῆς ἑβδομάδος καὶ τῶν ἡμερῶν. C'est exactement l'opération prescrite dans le papyrus.

(4) Cf. *supra,* p. 325 et n. 6.

(5) ἐπιγράψεις δὲ τὸ νίτρον, 228 : cf. 38, εἶτα τῇ καθολικῇ συστάσει (pour servir de recommandation auprès de tous les dieux avec lesquels on entrera en contact) ὄγε νίτρον (une tablette de natron), τετράγωνον, εἰς ὃ γράψεις τὸ μέγα ὄνομα ταῖς ἑπτὰ φωναῖς·

(6) Elles sont nommées 23 ss., d'après un livre de Manéthon : marjolaine (Sat.), lis (Jup.), lotus d'Égypte (sorte de nénuphar : Mars), ἐρεφύλλινον (? : Soleil), narcisse (Vénus), giroflée (Merc.), rose (Lune). Pour les plantes des planètes, cf. *supra,* pp. 146 ss.

(7) τὸν ὄροβον, 228 : il s'agit d'une pilule, composée d'ingrédients divers. Cf. 21, ὃ δὲ λέγει ἐν τῇ Κλειδὶ Μουσῆς 'σκευάσεις ἐπὶ παντὸς ὀρόβου ἡλιακόν' (cf. Thessalos, *CCAG.,* VIII, 3, p. 135.17, σκευάσας γὰρ τὸν ὑπ' αὐτοῦ θαυμαζόμενον τροχίσκον ἡλιακόν), κύαμον Αἰγύπτιον τούτοις λέγει.

(8) ἐκ... τῶν ἐπιθυμάτων, 229 : il y en a 7 aussi, correspondant aux 7 planètes,

344 LA RÉVÉLATION D'HERMÈS TRISMÉGISTE.

230. Voilà, enfant, je t'ai adressé l'initiation de la *Monade* toute complète. Mais j'y veux rattacher encore, pour toi, enfant, les recettes du livre sacré que les sages ont exécutées d'après ce livre saint et béatifique. Selon le serment que je t'ai fait prêter (1), enfant, dans le temple de Jérusalem, rempli maintenant de la sagesse divine (2), tiens ce livre en secret, que nul ne le trouve ».

Les recettes ajoutées en appendice (235-340) sont suivies d'une nouvelle et dernière conclusion (341) :

« Tu as là, mon enfant, le livre saint et béatifique de la *Monade* que nul encore n'a eu la force d'expliquer ou de mettre en pratique. Bonne santé, enfant! »

Voici maintenant le début de l'appendice sur les noms divins dans la recension B (735 ss.) :

« Pour obtenir une vision personnelle, mon enfant, tu tiendras compte en outre des dieux du jour, de l'heure et de la semaine, d'après ce qui est dans le livre, des douze seigneurs du mois (τοὺς ιβ' τριακοντάρχας) et du nom aux sept lettres qui est dans le premier livre (3), et que tu trouves aussi indiqué dans la *Clef*, nom grand et admirable. Car c'est ce nom qui donne vie (τὸ ἀναζωπυροῦν) à tous tes livres de magie. Je t'ai fait connaître aussi le serment qui est prescrit pour le livre. Du moment que tu auras reconnu la puissance du livre, tu le tiendras secret, mon enfant : car il garde en dépôt le nom du Seigneur, c'est-à-dire l'Ogdoade, Dieu, qui ordonne et gouverne tout l'univers » (4).

---

cf. 17 ss. : styrax (Sat., « car il est fort et d'odeur agréable »), bétel (Jup., μαλάβαθρον), costus (Mars), encens (Sol.), nard indien (Vén.), casse (Merc.), myrrhe (Lune).

(1) On a là l'imitation d'un serment de mystère, cf. IV, 851, ὄμνυμί σοι θεούς τε ἁγίους καὶ θεοὺς οὐρανίους μηδενὶ μεταδοῦναι τὴν Σολομῶνος πραγματείαν μηδὲ μὴν ἐπί του εὐχεροῦς πράττειν... μή πώς σοι μῆνις τηρηθεῖν et *supra* Isis à Horus, p. 259; *Kyran.*, prooem., p. 3.6-10 Ru.; VETT. VAL., VII, prooem. (p. 263.19), VII, 5 (p. 293.25), CUMONT, *Un fragment de rituel d'initiation aux mystères* dans *Harv. Theol. Rev.*, XXVI (1933), pp. 151 ss., et mon article sur Thessalos, *Rev. Bibl.*, XLVIII (1939), pp. 50-51.

(2) Ou « de la théosophie » (τῆς θεοσοφίας) au sens technique déjà.

(3) Le τῶν ζ' γραμμάτων ὄνομα de 737 est sans doute le même que le μέγα ὄνομα ταῖς ἑπτὰ φωναῖς, le nom aux 7 voyelles de 40 et 423 (τὰς ζ' φωνάς). Ces sept voyelles représentent chacune une planète, et le Dieu suprême, fixé dans (ou se confondant avec) le Ciel suprême au-dessus des 7 sphères planétaires, est donc justement appelé l'Ogdoade, cf. DIETERICH, *Abraxas*, pp. 41-43; REITZENSTEIN, *Poimandres*, pp. 263-269; DORNSEIFF, *Alphabet in Myst. u. Magie*, pp. 43-44, qui cite un passage de la 2ᵉ recension du L. de Moïse (555 ss.) où la correspondance voyelle-planète sert à une sorte d'anagramme symbolique : καὶ τῶν ζ' ἀστέρων αεηιουω, εηιουω (ainsi, en laissant chaque fois une voyelle, jusqu'à ω, puis on reprend le jeu, de ωνοιηεα à α) ἀναγραμματιζόμενον μέγα καὶ θαυμαστόν. Voir aussi Ch. Em. RUELLE-Élie POIRÉE, *Le chant gnostique des sept voyelles*, Solesmes, 1901.

(4) C'est l'Ogdoade elle-même qui est Dieu, le nom contient la puissance divine

F. *Kyranis*, prooem. 3, p. 3.6-10 Ru.

Cette partie du prologue appartient à la première version de la *Kyranis* (= livre I), à la version qu'on peut dire hermétique (1). Celle-ci date au plus tard du III⁰ siècle et peut être, comme on l'a vu (2), beaucoup plus ancienne si c'est bien à la *Kyranis* que Lucien fait allusion quand il se moque de la *Kyrannè*.

« Ayant reçu des anges (3) le don incomparable de Dieu, le dieu Hermès Trismégiste en fit part à tous les hommes doués d'intelligence. Ne va donc pas le communiquer aux hommes sans jugement, mais garde-le par devers toi comme un grand bien. Ne communique qu'à tes enfants, si tu le peux, toi leur père (4), en guise de trésor précieux, ce bien qui a grande vertu pour l'action magique, et seulement après leur avoir donné à connaître le serment (5) de tenir ces livres en secret (6), mon fils saint (τέχνον ἱερόν) » (7).

G. *Littérature orphique* : fr. 61, 247, 285 Kern.

Quelque sens qu'ait eu l'orphisme à l'origine, la littérature orphique de l'époque gréco-romaine est sœur de l'hermétique : elle répond aux mêmes besoins, elle est issue d'officines semblables, elle adopte des formes littéraires toutes voisines. La seule différence marquante est que le Trismégiste, sauf de très rares exceptions, écrit en prose, tandis que, le fabuleux Orphée ayant été poète, le fatras qu'on lui attribue est en vers. Les trois morceaux dont nous allons citer des passages appartiennent sûrement à l'orphisme tardif, du moins les deux derniers. Quant au premier, il est extrait des « *Discours sacrés* en vingt chants », et Kern (8) tient pour indubitable que ces « Discours » ont conservé des vestiges

---

selon la croyance égyptienne : voilà pourquoi ἀναζωπυρεῖ. Sur l'Ogdoade, cf. *Poimandres*, pp. 53 ss. à propos de *C. H.*, I, 26.

(1) Cf. *supra*, p. 203.
(2) Cf. *supra*, pp. 205-206.
(3) < ἀπ' > ἀγγέλων : cf. *supra*, p. 203, n. 8.
(4) Outre la disposition du texte (la version d'Harpokration ne commence qu'au § 6) les mots (σὺ πατήρ) empêchent l'attribution de ce morceau à Harpokration, lequel avait dédié son ouvrage à sa fille (τῇ οἰκείᾳ θυγατρὶ ὁ Ἁρποκρατίων γεγράφηκε τάδε, 4.8).
(5) ὅρκον αὐτοῖς δούς ne peut signifier ici « après leur avoir prêté serment » (sens normal) : c'est à l'initié à prêter serment, non à l'initiant.
(6) ἀσφαλῶς ἔχειν : cf. *K.K.*, 5, καὶ χαράξας ἔκρυψε, τὰ πλεῖστα σιγήσας ἀσφαλῶς ἢ λαλήσας, ἵνα ζητῇ ταῦτα πᾶς αἰὼν ὁ μεταγενέστερος κόσμου.
(7) Le texte latin est un peu différent, p. 13.7-12 Del. : *Dei donum magnum angelorum accipiens fuit Hermes Trismegistus deus hominibus omnibus notus Librum hunc ne tradas ergo hominibus inscientibus, sed habe apud te velut possessionem magnam : solum autem filiis, si possit, tradat pater pro auro ad efficaciam actionis, adiurans eos solum secure habere ut filium sacrum.*
(8) KERN, *Orphicor. fragm.*, p. 141.

des anciens poèmes. Mais le même savant reconnaît que le poème, dans son ensemble, n'a pas été composé longtemps avant l'âge des Néoplatoniciens — ce sont eux surtout qui l'utilisent. Or comme, sauf une exception (1), nul témoignage des auteurs classiques ne vient à l'appui, on n'a aucun moyen de dire si tel ou tel fragment est vraiment ancien. Notre n° 1, tiré des « Discours Sacrés », est mentionné par Aristocrite le manichéen dans la *Théosophie* de Tubingue. Le second est extrait de la plus longue des trois rédactions du *Testament,* la « redactio aristobuliana » qui se lit dans la *Préparation Évangélique* d'Eusèbe : les deux autres rédactions présentent d'ailleurs le même type, et je n'ai choisi celle-ci qu'en raison de deux vers plus caractéristiques. Le troisième enfin est le poème sur les tremblements de terre dont nous avons déjà parlé (2), Hermès et Orphée s'en étant disputé le patronage. *Discours Sacré, Testament* et περὶ σεισμῶν sont tous des instructions (en vers) adressées par Orphée à son fils Musée. Selon Platon (*Rép.,* III, 363 c), « Musée et son fils accordent aux justes, de la part des dieux, des biens plus splendides encore » (que ceux que leur attribue Homère). Si, comme le veut Norden (3), la *traditio* d'Orphée à son fils Musée était déjà connue de la Grèce antique, on aurait ainsi la preuve que, dès avant l'époque hellénistique, l'idée d'une *traditio mystica* de génération en génération (Orphée — Musée — Eumolpe) était répandue en Grèce : mais tout cela me paraît conjecture. Notons enfin qu'au début des *Hymnes Orphiques,* faux tardif comme on sait, on lit une prière à tous les dieux adressée par Orphée à son fils : c'est donc que toute la collection est censée lui être offerte.

1) Fr. 61 K : *Théosophie* de Tubingue, p. 116.15 Buresch (*Klaros*) = Hartmut Erbse, *Fragmente griechischer Theosophien* (Hambourg, 1941), p. 183.7 :

« C'est pourquoi, dans le IVᵉ chant (des *Discours Sacrés*), il (Orphée s'adresse à Musée en ces termes :

« Garde soigneusement ces choses en ton esprit, mon cher enfant, sachant qu'elles sont d'une antiquité toute fabuleuse (μάλα πάντα παλαίφατα) et qu'elles viennent de Phanès ».

On retrouve ici deux des lieux communs les plus chers à notre

---

(1) Fr. 14, cité par Platon, *Phil.*, 66 c.
(2) Cf. *supra*, p. 110.
(3) *Agnostos Theos*, p. 290.

LES FICTIONS LITTÉRAIRES. 347

littérature : la révélation remonte à un passé insondable (1) et, qui plus est, elle vient d'un dieu. Cela sent à plein nez le faux hellénistique.

2) Fr. 247 K. : red. *Aristobuliana, ap.* Eus., *præp. ev.,* XIII, 12.

v. 1-10 : « Je ne parlerai qu'aux initiés : à la porte les profanes, vous qui fuyez les saints statuts de la justice, alors que la loi divine a été établie pour tous. Mais toi, écoute, fils de la Lune brillante, Musée : car je dirai paroles vraies. Que les pensées qui ont pu naître auparavant dans ton esprit ne te fassent pas perdre l'éternité bienheureuse. Quand tu l'auras considéré, attache-toi à ce discours, corrigeant l'enveloppe intelligente de ton cœur (2). Entre courageusement dans le chemin, n'aie de regard que pour l'immortel Formateur du monde. Un antique discours (3) rapporte à son sujet qu'il est unique, etc. »

Ce morceau est à peu près identique dans les trois rédactions. Les deux vers que voici (**17-19**) ne se lisent que dans la rédaction aristobulienne :

« Tu ne saurais le voir (Dieu), du moins non pas avant qu'ici bas, mon enfant, sur la terre, je te l'aie montré, là où je perçois ses vestiges et la forte main du Dieu tout-puissant ».

C'est, ici encore, un thème hellénistique (et hermétique) : Dieu, essentiellement invisible, ne se laisse voir que par ses œuvres, cf. par exemple *C.H.,* V.

3) Fr. 285, 1 K : περὶ σεισμῶν (cf. *supra,* p. 110).

« Apprends encore ce discours, mon enfant : toutes les fois que l'Ébranleur aux cheveux sombres (Poséidon) secoue la terre, cela présage, etc. »

§ 3. *L'influence du motif de la* traditio *sur le* logos *hermétique.*

Cette liste pourrait s'allonger. Mais, si l'on y ajoute le *logos* alchimique d'Isis à Horus (4), elle suffira, je pense, à montrer que le type de la *traditio mystica* a été répandu dans toutes les branches de l'occultisme, astrologie, alchimie, magie, orphisme. La forme littéraire de ces écrits est partout la même : c'est une instruction adressée par le prophète à son fils, ou à un disciple qu'il regarde comme son fils.

---

(1) Cf. *supra,* p. 320 et n. 7, et l'Introduction, ch. II.
(2) κραδίης νοερὸν κύτος, 7 : cf. Plat., *Tim.,* 44 a, τὸ τῆς ψυχῆς κύτος = le corps.
(3) παλαιὸς λόγος, 9 : c'est toujours le même thème.
(4) Cf. *supra,* pp. 256 ss.

Cette *traditio* a pu s'enrichir d'un autre élément, celui-là purement rituel et d'ailleurs bien connu : la *traditio* dans les religions à mystères (1). Mais elle relève surtout, je crois, du mode consacré en Orient, et particulièrement en Égypte, pour la transmission de toute science, art ou sagesse. Même quand les diverses techniques et disciplines furent sorties du sein de la famille, c'est encore sous le régime corporatif que se constituèrent les métiers, qui, en Égypte, étaient le plus souvent en dépendance des temples. Chaque temple avait ses secrets de fabrication, chaque ouvrier pouvait avoir les siens. Tout cela était censé remonter, et pouvait remonter en fait, à une très haute antiquité. Enfin, à l'origine de tous ces secrets, il y avait la révélation d'un dieu, premier inventeur (εὑρετής).

De fait, à l'époque hellénistique encore et à l'époque gréco-romaine, le magicien se présente d'ordinaire accompagné d'un élève qui est dit « le disciple » (μαθητής) ou « l'enfant » (παῖς) (2). Le mot παῖς se rencontre souvent dans les papyrus magiques (3), pour désigner un être d'ordinaire tout jeune, un enfant impubère (4) : on spécifie, dans certaines opérations, qu'il doit être nu (ainsi *PGM.*, IV, 88). L'enfant sert surtout dans les pratiques de vision, en particulier dans les visions au moyen d'un bassin (lécanomancie), d'une lampe (lychnomancie) ou d'un miroir (catoptromancie). Après avoir longtemps supplié le prêtre de Thèbes, qui refuse d'abord de lui rien enseigner — car la magie est un secret —, Thessalos obtient enfin de devenir son disciple : et c'est à un exercice de lécanomancie que le vieillard l'invite en premier lieu (5).

Les manuscrits utilisés par M. Delatte dans ses *Anecdota Atheniensia* (6) fournissent une ample moisson sur le rôle du παῖς : μαθητής. Le traité de magie du cod. 115 de la Société historique d'Athènes nomme à plusieurs reprises le μαθητής (7), ou le παῖς, employé en général dans des lécanomancies ou d'autres pratiques où l'enfant

---

(1) Cf. par exemple Reitzenstein, *HMR.*³, pp. 40-41.

(2) Ou encore « le fils ». Le sens d'« esclave, serviteur » ne convient pas ici : l'esclave n'est pas μαθητής, et, dans la magie, le παῖς est effectivement un enfant ou un adolescent.

(3) v. gr. *PGM.*, IV, 88, 850; V, *init.;* VII, 348, 544, 549, 680, etc.

(4) Littéralement non corrompu, ἄφθαρτος κοῦρος, *PGM.* VII, 680. Les recettes magiques des *Anecdota Atheniensia* (cf. *infra*, n. 6) insistent souvent sur la παρθενία du παῖς ou μαθητής, et aussi sur celle du maître, cf. index, s. v.

(5) Cf. *supra*, pp. 57-58.

(6) T. I, *Textes grecs inédits relatifs à l'histoire des religions*, Paris-Liége, 1927. Comme je ne citerai que ce premier volume, je mentionne seulement la page et la ligne.

(7) 36.22, 37.7, 45.24. Voir aussi 418.8.

doit voir soudain quelque chose (1). Un dessin de ce codex indique quelle doit être la place, dans le cercle magique, du maître (διδάσκαλος) et du disciple (μαθητής) (2). Il est dit pareillement, dans le traité de magie de Salomon du *Harleianus* 5596 (417.20) : « Que la largeur et la longueur (du lieu magique) soit suffisante pour contenir deux individus, le maître et son élève », et une figure de ce manuscrit montre un cercle avec ces mots « lieu de l'enfant, c'est-à-dire du disciple (ἤγουν τοῦ μαθητοῦ), et du maître » (432.15). Un manuscrit de Bologne, le *Bononiensis* 3632 (572 ss.) est particulièrement riche en figures représentant le maître se livrant, avec son παῖς ou son μαθητής, à diverses opérations. Ici (586), le maître, coiffé d'un long bonnet pointu selon l'usage, est assis; contre lui s'appuie l'enfant (coiffé lui aussi d'un bonnet, mais moins haut), qui regarde dans un bassin; une inscription porte « le maître avec l'enfant ». Là (595), c'est encore une lécanomancie, mais, cette fois, le maître est debout, l'élève assis, tous deux à l'intérieur d'un grand cercle magique qui enclôt toute la scène; l'élève a les yeux fixés sur un haut vase de cristal à deux anses, placé au milieu d'un petit cercle : l'inscription porte « le maître du bassin » (c'est-à-dire de l'art du bassin) « et de l'art prognostique, et l'enfant avec lui ». Ailleurs (592), on a une scène de catoptromancie : le maître est debout; l'enfant, lui tournant le dos, est assis sur une sphère décorée de pentalphas et regarde dans un miroir. Dans toutes ces scènes, le maître est en contact physique avec son élève, le plus souvent il lui met la main sur l'épaule. Sur d'autres images, l'élève porte le nom de disciple (μαθητής), et il paraît effectivement plus âgé. Ainsi dans une phôtomancie (577), où le maître, coiffé d'un turban, est debout derrière l'élève assis, qui tient une torche : le maître s'appelle ὁ Φερεμίδης qu'il faut corriger sans doute, avec M. Delatte, en ὁ Φερεκύδης, l'antique sage Phérécyde (3). Dans une ὀομancie (581), le maître (ὁ μαίστωρ) tient haut dressé un œuf, il est accompagné d'un disciple qui lève la main droite. Ailleurs, dans des scènes de catoptromancie, c'est le μαθητής qui joue le rôle que nous voyions plus haut dévolu au παῖς : tantôt le maître (ὁ τεχνίτης) et l'élève sont assis, l'un derrière l'autre comme d'habitude (582, même scène 499); tantôt le maître (nommé Simonide!) et l'élève sont debout, l'élève paraissant pris de mouvements con-

---

(1) 38.2, 19; 44.5, 46.16, 52.19. Pour παῖς, voir aussi 496.3, 497.3 (διὰ τὴν παρθενίαν τοῦ παιδός), 498.17 (mêmes mots), 500.1, 584.25, 588.8, 22.

(2) Fol. 21, p. 25.

(3) Scène analogue 579, figure du bas.

vulsifs (583) : le maître, dans ces deux figures, tient de la main gauche un long grimoire. Notons que ce maître est souvent un personnage d'importance. Nous avons rencontré Phérécyde (577) et Simonide (583) : voici Héraklès « l'astronome » ('Ιρακλῆς ὁ ἀστρονόμος fol. 339 v) (1) ou « le Perse, devin par le bassin (λεκανόμαντις), du nom d'Apollonius » (sans doute Apollonius de Tyane : 495.4 et fig., p. 494) (2).

Que ce παῖς fût le « fils mystique » et que, à ce titre, il eût seul droit à la révélation, c'est ce que prouvent maintes formules. On lit ainsi dans le traité de magie de Salomon du *Harleianus* (413.11) : « Que personne ne te voie en train de faire cette opération, sauf ton disciple mystique » (< πλὴν > τοῦ μυστικοῦ σου μαθητοῦ); ou encore (416.19) : « Puisque tu as appris l'art et la méthode de chaque genre (de pratique),... il me reste à parler du lieu où tu dois te tenir avec ton disciple, sans que nul autre ne te voie » (ἄλλου τινὸς μὴ εἰδότος). Le même précepte est constant dans les papyrus magiques, par exemple *PGM.*, I, 192 : « Ne transmets ces choses à personne, si ce n'est seulement à ton fils légitime, lorsqu'il te demandera les opérations que je t'ai dites ». Dans la recette d'immortalité du papyrus de Paris (IV, 475 ss.), c'est pour son fils seulement que le prophète demande l'immortalité (μόνῳ δὲ τέκνῳ ἀθανασίαν ἀξιῶ Preisendanz). De même, dans le *logos* alchimique d'Isis à Horus (3), l'ange Amnaël fait jurer Isis de ne communiquer la révélation à nul autre qu'à son fils chéri et légitime (εἰ μὴ μόνῳ τέκνῳ φίλῳ καὶ γνησίῳ). On pourrait multiplier les exemples (4).

---

(1) Cf. *CCAG.*, IV, p. 45 ; VIII, 3, p. 99, n. 1.
(2) Ce même dessin montre un cercle contenant un pentalpha dans lequel on lit ὁ παῖς (493.20, fig., p. 494).
(3) Cf. *supra*, pp. 259 et n. 1.
(4) Cf. *Rev. Bibl.*, XLVIII (1939), pp. 50-51. La fiction de la *traditio* de père en fils se transmettra aux astrologues arabes, cf. Mashalla (viiie s.) dans *CCAG.*, I, p. 82.2 ss., ἐγὼ δὲ ἐξεθέμην τὴν τοιαύτην βίβλον, συνοπτικῶς δηλώσας ἐν αὐτῇ τὰ ἀναμφίβολα καὶ τὰ τῶν λόγων κρείττονα ἀπό τε τῶν βιβλίων τοῦ Πτολεμαίου καὶ τοῦ Ἑρμοῦ, τῶν μεγάλων σοφῶν καὶ πολυμαθῶν, ὡσαύτως καὶ ἀπὸ τῶν βιβλίων τῶν καταλειφθέντων παρὰ τῶν πρὸ ἐμοῦ τοῖς παισὶν αὐτῶν εἰς κληρονομίαν. Le Livre d'El-Habīb commence ainsi (*Ch. M. A.*, III, p. 76, cf. Ruska, *T. Sm.*, p. 52 : je suis la traduction de Ruska, *ib.*, n. 2) : « Ceci est le livre de El-Habīb, qu'il a légué en testament à son fils (« das er seinem Sohn vermacht hat »); la plus grande partie de son testament porte sur toutes questions relatives à l'éducation ». Ruska fait remarquer (*T. Sm.*, p. 57) que cette forme du « testament » n'est plus ici qu'une fiction littéraire. On la retrouve à la fin du « Livre d'Apollonius de Tyane », Ruska, p. 157 : « Ich habe es so, wie es in dem Bande geschrieben war, der sich vor Hermes in der dunkeln Kammer befand, meinen Söhnen und Nachkommen hinterlassen und meinen Freunden unter den Weisen und den Söhnen der Weisen ». Je ne résiste pas, pour finir, au plaisir de citer un curieux

Pour toute autre personne, le mystère doit rester caché. *PGM.*, I, 130 : « Ne transmets à nul autre, mais cache, au nom du Soleil, après avoir été reconnu digne par le Seigneur Dieu (ἀξιωθεὶς ὑπὸ τοῦ κυρίου θεοῦ, cf. *infra*), le grand mystère que voici ». XII, 93 : « Je suis celui que tu as rencontré au pied de la montagne sainte (ὑπὸ τὸ ἱερὸν ὄρος, cf. *C. H.*, XIII, 1 ἐπὶ τῆς τοῦ ὄρους μεταβάσεως) et à qui tu as accordé la connaissance du nom le plus grand, connaissance que je garderai purement, sans la transmettre à personne, sauf à tes frères dans l'initiation (εἰ μὴ τοῖς σοῖς συνμύσταις), pour tes saints mystères ». XIII, 233 : « Selon le serment que je t'ai fait prêter, enfant, dans le temple de Jérusalem, rempli maintenant de la théosophie, tiens ce livre en secret, que nul ne le trouve » (1). Rien ne revient plus souvent, dans les papyrus magiques, que le mot κρύβε, « cache, tiens secret ». I, 41 « Cache, cache cette pratique et abstiens-toi, durant sept jours, du commerce de la femme »; IV, 922 « Tu as tout appris, cache »; 1251 « Cache,

---

texte dont il ne subsiste que la traduction latine (*Cat. man. alch. latins*, I, *Manuscrits... de Paris*, Bruxelles, 1939, p. 19, fol. 39-40) éditée par M. Plessner, *Neue Materialien*, etc. (cf. *supra*, p. 217 n. 4), pp. 109-111. C'est le prologue à l'une des versions de la *Tabula Smaragdina*, sous le titre *Liber Hermetis de alchimia*. Après un préambule du traducteur latin, où il annonce qu'il va reproduire les paroles d'Hermès d'après un livre « Galieni Alfachim » (sc. « d'Apollonius le sage » : l'erreur *Galienus* pour *Apollonius* est fréquente et *Alfachim* = *al-ḥakīn*), le prologue arabe commence en ces termes :

In libri mei tractatibus, sicut scriptura que inter Hermetis adinventa est manus in antro, id est obscuro, continebat, rei tocius radicem explanando exposui. Scripsi namque hoc meis filiis et meo generi, omnibus praeterea sapientibus. Beate igitur quisquis es ad cuiuscumque manus liber iste meus, non absque divino nutu, pervenerit, deprecor et coniuro ne eum nisi viro sapienti qui et in timore dei sit et ydoneus ad id fore videatur proferas sive ostendas. Nam hoc est consciltum (?) quod deus creavit in mundo, quodque Hermes omnibus gentibus occultum habuit atque moriens in manu sua reposuit in antro. Fecitque Telesmum, id est secretum, super hoc quod nisi sapienti non patebit, qui celet illud sicut fecit Hermes, pater noster, qui noster fuit magister, capudque (!) omnium mundi doctorum. Celate ergo hoc filii mei sicut fecit Hermes, nec ostendatis illud alicui maligno nec insocietis vobis in hoc negotio quempiam malum. Si enim mandatum dum vixeritis tenueritis, super omnem orbem terrarum divites post deum eritis. Et sunt hee littere que fuerunt scripte in fine libri Galieni ipseque inexplanate.

Cum ingrederer in antrum, accepi tabulam caradi que fuit scripta inter manus Hermetis, in qua inveni scriptum... Suit la *Tabula Smaragdina* selon le texte de la « Vulgate ».

On reconnaît dans ce morceau un grand nombre des *topoi* analysés dans le présent chapitre : la caverne au trésor, le testament légué aux fils et à la famill, la recommandation du silence, la légende selon laquelle Hermès lui-même a caché le livre pour qu'il ne fût pas exposé aux profanes, la promesse de jouir, si l'on garde jalousement le secret, d'une « richesse » quasi divine.

(1) Cf. *supra*, p. 344, n. 1 et 2.

l'opération est achevée »; 1873 « N'enseigne à personne »; 2512 « Cache »; 2517 « Cache, mon fils (υἱέ »); XII, 32 « Tiens ceci en dépôt dans un lieu secret comme un grand mystère (ὡς μεγαλομυστήριον), cache, cache »; XIII, 755 « Cache, l'ayant appris, enfant, le nom aux neuf lettres ».

Par contre le disciple a droit à une *traditio* complète. *PGM.*, XII, 27 « Je t'écris cette recette d'après le meilleur de ma science (κατ' εἰδός), sans rien te refuser (ἀφθόνως), afin que tu saches tout et n'aies plus besoin d'aucune recherche ». La seule condition exigée de l'élève, c'est qu'il soit « digne » (ἄξιος, *dignus*). Ce mot même n'est peut-être pas assuré au début de la recette d'immortalité (1), mais on a I, 30 « après avoir été reconnu digne (ἀξιωθείς, *dignatus*) par le Seigneur Dieu », et bien d'autres exemples, colligés par Norden (2), Boll (3) et Reitzenstein (4) prouvent la nécessité de cette condition. Elle dérive sans doute des usages propres à tout organisme clos et jaloux de ses secrets, école, secte ou corps de métier. La *dignatio* implique alors, en général, une épreuve à la suite de laquelle le novice est solennellement admis : le *dignus es intrare* de Molière est le dernier et plaisant vestige de ces usages ancestraux. Mais la *dignatio* implique aussi, du moins à l'époque hellénistique, une faveur spéciale de la divinité qui reconnaît comme digne celui qui postule l'initiation. Il est ἀξιωθείς, *dignatus, destinatus, vocatus* (5) : bref, c'est le dieu lui-même qui l'appelle et le reçoit. On est prophète par la grâce de Dieu.

Telle est bien, semble-t-il, la forme littéraire à laquelle se rattache le *logos* hermétique. Cette forme ne vient pas de la Grèce. Socrate, il est vrai, s'entretient avec des jeunes gens. Mais, sauf dans le colloque de Diotime et de Socrate (Socrate étant alors le disciple), l'élève n'est pas initié, le cadre du dialogue ne fait pas songer à un mystère, les relations du maître avec l'élève ne sont pas celles d'un père avec son fils. L'expression ὦ παῖ revient sans doute à plusieurs reprises dans l'œuvre de PLATON : *Phèdre* 267 c (Socrate à Phèdre), *Sophiste* 237 a (l'Étranger à Théétète), *Théétète* 151 e (Socrate à Théétète), *Philèbe* 15 a (Socrate à Protarque). Dans tous ces cas, le sens est simplement « mon garçon, mon jeune

---

(1) Dieterich lisait ἀξίῳ μύστῃ, mais le papyrus porte αξιω μυσται et Preisendanz lit ἀξιῶ, μύσται.
(2) *Agnostos Theos*, pp. 290 ss.
(3) *Offenbarung Joh.*, p. 8 et 136, n. 1.
(4) *H M R*[3], pp. 252 ss. : « Erwählung, Berufung, Rechtfertigung, Verklärung ».
(5) Cf. REITZENSTEIN, *HMR*[3], *l. c.*

ami », et le ton de l'entretien n'est pas du tout celui d'un sermon. Je ne vois qu'un exemple où ὦ παῖ peut, et doit peut-être, se traduire « mon fils », parce qu'il s'agit, cette fois, d'un sermon, d'une instruction morale à un jeune homme qu'on veut redresser. C'est un passage des *Lois* (X, 888 a), dans la fameuse homélie à celui qui ne croit pas aux dieux : « Mon fils, tu es très jeune; quand tu auras un peu vécu, l'âge te fera penser le contraire de ce que tu penses maintenant. » Mais, en fait, ce jeune homme n'est pas un disciple, et, le fût-il, cet exemple unique ne compte guère.

En revanche, ce type de la *traditio* semble avoir été de règle en Égypte depuis l'antiquité la plus haute. Aussi bien est-ce en Égypte qu'il a longtemps correspondu à une réalité : le père enseignait son propre fils. Comme la plupart des ouvrages hellénistiques relatifs aux sciences occultes sont des productions égyptiennes, il y a tout lieu de penser que c'est à ce genre littéraire égyptien que les auteurs occultistes ont emprunté leur décor. Or, nous l'avons marqué plus d'une fois, l'hermétisme populaire (astrologique, alchimique, etc.) a précédé l'hermétisme philosophique. Quand donc le Trismégiste voulut se mêler aussi de philosophie, le genre littéraire était tout constitué : il suffisait d'insérer dans ce cadre préexistant, non plus des recettes d'astrologie ou de magie, mais des thèmes philosophiques conduisant à l'élévation (1).

Et, de fait, si l'on n'a regard qu'au décor, il n'y a aucune différence entre les productions de l'occultisme hellénistique et celles d'Hermès philosophe. Dans ces dernières également, on voit un maître (Hermès) instruisant un élève, Tat, qu'il appelle son fils, et qui est en réalité — du moins selon la fiction hermétique — son propre fils. Or voici un fait étrange et significatif : Tat n'a pas d'existence en dehors de l'hermétisme. Il n'a nulle part au culte, on ne connaît de lui ni sanctuaire ni statue ni rites d'aucune sorte, il n'est mentionné, que je sache, dans aucune autre littérature que l'hermétique. *Tat* n'est, au vrai, qu'un double de *Thoth-Hermès*, et un double qu'on lui a donné pour sacrifier à la fiction quasi obligatoire de la *traditio* de père en fils. Hermès nomme Tat son fils parce que Tat l'est en effet; mais il est plus vrai encore qu'on a pourvu Hermès d'un fils parce qu'Hermès est éminemment le scribe maître de sagesse, qu'il a donc pour fonction d'enseigner, et que toute science ou toute sagesse se transmet normalement, en Égypte, de père en fils.

(1) Cf. sur ce point *Rev. Et. Gr.*, LV (1942), pp. 77 ss.

Deux passages de la *Korê Kosmou* montrent combien ce lieu commun a de force dans l'hermétisme. L'un concerne une *traditio* indirecte qui, par l'intermédiaire de Kaméphis, va d'Hermès à Isis, puis de celle-ci à son fils Horus (§ 32) : « Prête l'oreille, mon fils Horus, car tu entends ici la doctrine secrète que mon aïeul Kaméphis entendit de la bouche d'Hermès, le mémorialiste qui relate tous les faits, <et moi je l'entendis> de la bouche de mon ancêtre Kaméphis quand il m'honora du don du Noir Parfait : toi, maintenant, tu l'apprends de ma bouche. » L'autre concerne une *traditio* directe d'Hermès à ses disciples, Tat et Asklépios (§ 6) : « Et là-dessus, il (Hermès) s'éleva jusqu'aux astres pour faire escorte aux dieux ses cousins. Mais il laissait des successeurs : Tat, à la fois son fils et l'héritier de ces enseignements ; puis, peu après, Asklépios dit Imouthès, selon les desseins de Ptah-Héphaistos, d'autres encore, tous ceux qui, par le vouloir de la Providence reine de toutes choses, étaient destinés à s'enquérir avec une exactitude scrupuleuse de la doctrine du ciel ». On n'a pas à discuter ici sur le caractère divergent de ces deux traditions : qu'il suffise de reconnaître le thème. A l'origine, dans des temps très anciens, un dieu ou prophète révélant ; puis, par une suite de disciples fidèles, la transmission continue de la doctrine jusqu'au dernier prophète élu de Dieu (1).

D'autre part, toutes les conséquences de cette fiction première se retrouvent ici ou là dans les *Hermética* : le livre caché (*K. K.*, 5, 7-8), la *traditio* du mystère au vrai fils (*C.H.*, XIII, 1-3), le droit du fils à ce qu'on lui dise tout ἀφθόνως (*C.H.*, XIII, 3 μὴ φθόνει μοι, πάτερ, *Ascl.* 1 *nulla invidia*), l'exclusion des profanes (*C.H.*, XVI, 2, *Ascl.* 1), la loi du silence (*C.H.*, XIII, 2 τοῦτο τὸ γένος, ὦ τέκνον, οὐ διδάσκεται, 16 τοῦτο οὐ διδάσκεται, ἀλλὰ κρύπτεται ἐν σιγῇ, 22 ; *Ascl.*, 32 (p. 72.2 Th.) *et vos,... intra secreta pectoris divina mysteria silentio tegite et taciturnitate celate*), etc. Le décor hellénistique est donc indéniable : nous en avons montré l'origine.

---

(1) Noter l'insistance : Πτανὸς καὶ Ἡφαίστου (sur ce καὶ équivalent à un trait d'union, cf. *Vivre et Penser*, II, 1942, pp. 56-57) βουλαῖς... βουλομένης τῆς πάντων βασιλίδος προνοίας. C'est un trait important : les prophètes successifs doivent être élus par la divinité suprême, qui elle-même leur donne l'inspiration. Cela revient à dire : « Moi qui parle ici, je parle en prophète élu et inspiré. Il faut donc m'écouter. » Ainsi le prophète anonyme (Hermès) de C.H. I. a-t-il soin de rappeler qu'il a reçu mission du *Noûs*, I, 26 ss. Voir aussi XIII, 13, ἵνα μὴ ὦμεν διάβολοι τοῦ παντὸς εἰς τοὺς πολλούς, < ἀλλ' > εἰς οὓς ὁ θεὸς αὐτὸς θέλει.

CONCLUSION

Est-il permis d'énoncer quelques idées générales? Le lecteur les attend peut-être, en conclusion d'une étude qui fut surtout d'analyse. Du moins faut-il essayer de dégager les faits les plus remarquables.

1) En ce qui concerne l'hermétisme populaire, c'est-à-dire les écrits de sciences occultes qui ont fait l'objet du présent travail, il apparaît tout d'abord que cette littérature hermétique n'eut rien de propre et d'original. Le nom d'Hermès a couvert un mouvement qui se rencontre, tout identique, sous le patronage d'autres prophètes. L'alchimie d'Hermès — du moins ce qui en transparaît dans les citations — ne diffère pas de l'alchimie d'Ostanès. La botanique astrologique d'Hermès ne se distingue en rien de celle qui est attribuée à d'autres maîtres (Salomon, Alexandre, Ptolémée, etc.) : elle se fonde sur la même doctrine des vertus cachées (sympathies et antipathies), elle relève des mêmes croyances à la puissance des astres ou des dieux des astres, elle met en œuvre les mêmes pratiques. Les recettes magiques d'Hermès sont en tout semblables à celles, par exemple, d'Apollonius. Bref, dans ce domaine, Hermès paraît n'avoir été qu'un des prête-noms dont on se sert à l'époque hellénistique pour contenter le besoin de révélation qui travaillait alors un si grand nombre d'esprits. J'ai fait du nom d'Hermès et de la littérature hermétique le centre de mon enquête parce que je devais limiter mon objet et que, dans l'exploration d'une forêt sauvage encore, il me fallait un point de repère. Mais le résultat n'eût pas été différent si, comme d'autres savants, j'avais choisi pour auteurs les « mages hellénisés » (Zoroastre, Ostanès, Hystaspe), ou les prophètes juifs (les écrits salomoniens couvrent également le triple champ de l'astrologie, de l'alchimie et de la médecine occulte), ou même Apollonius de Tyane. D'un mot, il n'y a pas d'occultisme proprement hermétique, en ce sens que les écrits du

Trismégiste sur ces matières n'apportent rien de neuf. De là vient que, pour donner l'intelligence de la littérature hermétique, j'ai dû, souvent, déborder le cadre, emprunter à d'autres traditions.

2) Si donc l'on demande quel est l'intérêt de l'hermétisme occulte, on voit aussitôt que le problème recule, et qu'il faut donner à la question une portée plus vaste : quel est l'intérêt de ce mouvement tout ensemble scientifique et religieux — pour faire court, je le nomme occultisme — qui a exercé tant d'influence à la période hellénistique et gréco-romaine? De ce grand nombre de textes que j'ai voulu citer pour que le lecteur pût en juger lui-même, quelle impression se dégage?

Je sais bien qu'il y a toujours quelque imprudence à se porter aux généralisations, et qu'elles déplaisent à maints esprits. L'historien doit se borner à décrire : c'est au lecteur ensuite à tirer, s'il lui plaît, les leçons de ce qu'on lui expose. Mais cette méthode est aussi la plus facile; et ces grands scrupules qu'on montre pourraient bien n'être qu'un voile sous lequel on cèle sa paresse. On ne veut pas s'imposer à soi-même le dur effort de comprendre : et l'on décide alors que cet effort d'intelligence ne relève pas de l'histoire parce qu'il outrepasse les faits. Néanmoins, me fortifiant de beaux exemples modernes (1), j'aime mieux encourir ici le reproche d'imprudence que de paresse. Encore ne s'agit-il, évidemment, d'aucun jugement de valeur. Je voudrais simplement marquer les traits qui m'ont frappé davantage.

3) Le premier et le plus apparent est qu'il n'y a plus de séparation entre science et religion. Distinguer rigoureusement ces deux domaines, définir avec précision ce qui revient à la connaissance du monde et ce qui revient à la connaissance du divin, dégager l'ordre rationnel de la gangue mythologique, ç'avait été, on le sait bien, l'une des grandes conquêtes de la philosophie grecque depuis les présocratiques. Ces domaines sont de nouveau confondus, et ils le sont dans leur principe même puisque, désormais, la science, toute science, ne peut être obtenue que d'un dieu ou d'un prophète théopneuste, qui la donne par révélation. C'est là le fait essentiel. Tout le reste en dépend.

Cette révélation, on l'a vu, peut affecter bien des formes. Toute-

---

(1) Ainsi les conclusions de M. Cumont en ses *Religions Orientales dans le paganisme romain* et de M. Rostovtzeff dans *The Social and Economic History of the Roman Empire*.

fois, de quelque manière qu'elle se présente, et sous réserve des modes littéraires qui souvent ont dû influer sur cette présentation, l'on reconnaît généralement une même doctrine fondamentale. Qu'il s'agisse d'astrologie, de thérapeutique, d'alchimie, voire de magie, une même figure du monde se dessine, d'où résulte une même façon de comprendre et la science et la religion.

Cette doctrine du monde manifeste une réaction contre la science abstraite. Elle est à l'opposé d'une science de type mathématique, dans laquelle tout phénomène se réduit à une formule, et tout l'ensemble des phénomènes à un ordre de formules intelligibles à la seule pensée. Sans doute, ce type de science n'a-t-il jamais prévalu dans l'antiquité. Mais on y avait fait une part aux études mathématiques et, pendant longtemps, il n'avait pas semblé qu'un homme cultivé pût les négliger. Or il faut bien avouer que la doctrine nouvelle s'oppose résolument à l'appareil scientifique traditionnel dans les écoles, où il était condensé dans le « cycle des études ». On voit bien pourquoi. Les études mathématiques ne faisaient appel qu'à la raison ; elles prétendaient aboutir sans un recours direct à la divinité. Elles corrompent dès lors la vraie « philosophie » : « Je puis te le déclarer en effet par manière de prophétie », dit Hermès dans l'*Asclépius* (c. 12), « il n'y aura plus après nous aucun amour sincère de la philosophie, qui consiste dans le seul désir de mieux connaître la divinité par une contemplation habituelle et une sainte piété. Car beaucoup déjà la corrompent d'une infinité de manières... Par un astucieux travail ils la mêlent à diverses sciences inintelligibles (*non comprehensibiles*), l'arithmétique, la musique et la géométrie » (1).

D'autre part la science nouvelle n'est pas moins éloignée de la science de type aristotélicien où les phénomènes s'enchaînent les uns aux autres par le moyen d'une hiérarchie de genres et d'espèces, les genres inférieurs servant en quelque sorte de matière aux supérieurs pour former un système abstrait, depuis l'être tout matériel, inerte, insensible, irraisonnable, jusqu'à la Cause Première immatérielle, pure Pensée sans cesse consciente d'elle-même, sans cesse en activité, qui cependant ne dirige point le monde par un contact direct, mais grâce à un ensemble de lois.

De ce point de vue il semblerait que la tendance à l'unité,

---

(1) Allusion peut-être aux néopythagoriciens. Justin, dans le *Dialogue avec Tryphon* (2, 4), se plaint que le Pythagoricien auquel il s'était adressé pour apprendre la sagesse eût exigé de lui qu'il s'instruisît d'abord de la musique, de l'astronomie et de la géométrie.

qui avait caractérisé les philosophies de Platon et d'Aristote, eût disparu entièrement. On l'a dit plus haut (pp. 195 s.), l'universel a fait place au phénomène singulier, à l'individu concret. Et comme, dans cet individu, c'est à la propriété la plus étrange que maintenant l'esprit s'arrête, on ne voit pas comment, sur de telles bases, se pourrait constituer une science.

4) Cependant, de ce grand nombre de propriétés étranges que l'on s'est plu à recueillir, voici que, de nouveau, l'unité va sortir. Ce ne sera plus une unité abstraite. Le monde ne sera pas un en ce sens qu'il se présenterait comme un ordre de formules ou un système de lois. Ce sera une unité entre choses concrètes. Car on ne verra, dans l'univers, que des individus concrets. Les corps célestes dans l'éther, les êtres des trois règnes dans l'air, dans l'eau et sur la terre, ne seront plus considérés sous les espèces du nombre ou de qualités très générales en tant qu'ils sont susceptibles de changement, de mouvement local ou d'animation : en réalité tout être individuel apparaît désormais comme un être *vivant,* doué de propriétés particulières qui le singularisent et lui permettent d'agir, d'une certaine manière qui n'est qu'à lui, sur les autres individus. Ces propriétés d'action et de réaction des êtres concrets les uns sur les autres, nous les formulerions aujourd'hui en termes de chimie ou de radio-activité : pour les anciens, ce sont des « vertus occultes », des forces étranges, inexplicables par les seules raisons naturelles. Et cependant, maintenant que toute la science tourne autour de ces forces et de leur emploi, il importe extrêmement de les connaître et de les expliquer. D'où viendra l'explication?

5) C'est ici qu'intervient la doctrine des astres qui a joué un si grand rôle à partir du IIIe siècle avant notre ère. J'ai cité déjà bien des textes. En voici un dernier, de l'*Asclépius* (ch. 2-3), qui résume excellemment ce que je veux définir :

« Tout descend du ciel sur la terre, dans l'eau et dans l'air... Tout ce qui descend d'en haut est générateur ; tout ce qui s'épanche vers le haut est nourrissant. La terre, qui est seule à demeurer en repos dans son lieu, est le réceptacle de toutes choses... C'est donc là le Tout qui, comme il t'en souvient, contient tout et qui est tout... (c. 3). Le ciel donc, dieu perceptible aux sens, gouverne tous les corps, dont l'accroissement et le déclin ont été commis à la charge du soleil et de la lune... Or, de tous ces corps célestes dont je viens de parler, qui sont tous gouvernés par le même Dieu, il se répand de continuels effluves à travers le monde et à travers l'âme de tous les genres et de tous les individus d'un bout à l'autre de la nature. »

Et encore, dans un langage plus sibyllin (c. 24) :

« Ignores-tu donc, Asclépius, que l'Égypte est la copie du ciel, ou, pour mieux dire, le lieu où se transfèrent et se projettent toutes les opérations que gouvernent et mettent en œuvre les forces célestes? »

De la constatation des vertus occultes et de la doctrine astrale est né l'occultisme hellénistique (1). Les vertus occultes ont fourni les données immédiates de cette « science », c'est-à-dire le phénomène qui, aux yeux du *physikos,* est susceptible d'être utilisé pour quelque opération de télestique ou de médecine, d'alchimie ou de magie. La doctrine astrale offre le principe d'explication. C'est que toutes ces relations de sympathie ou d'antipathie entre les corps terrestres dépendent, en réalité, d'effluves émanés des corps célestes. Il s'établit ainsi, de tel astre à tel animal, à telle plante, à telle pierre — il faudra ajouter, en magie : à tel signe ou « caractère » — une chaîne verticale qui, selon le mot de l'*Asclépius,* « traverse le monde ». Et l'on devra tenir compte encore des jours et des saisons, car ces influences varient selon les moments de la durée. Comme ces énergies astrales s'étendent à la terre entière et à tous les êtres concrets sur cette terre, il en résulte que les diverses parties du monde sont ainsi reliées par une sorte de réseau de forces, que ce qui se passe ici-bas est comme la projection de ce qui se passe là-haut, c'est-à-dire des sympathies et antipathies qui subsistent

---

(1) Sympathie (ou antipathie) occulte et astrologie ne sont pas nécessairement liées (cf. déjà *supra*, p. 90, n. 1). En bien des cas, on s'est borné à la constatation des vertus occultes, par exemple des propriétés actives de telle plante sur telle autre, sans faire appel, pour les expliquer, à la doctrine astrologique, ou en les expliquant par les lois purement physiques qui régissent la nature de cette plante. C'est ainsi qu'un botaniste arabe qui s'inspire évidemment de science grecque, ayant constaté l'action des cendres de la rue sur la croissance de la violette (si, par exemple, on fume le pied de la violette avec les cendres de la rue) explique cette propriété par la loi de contrariété entre ces deux plantes : la rue est chaude, sèche, bannit le sommeil, réchauffe l'estomac et y fait naître des vapeurs chaudes qui montent au cerveau, etc.; au contraire, la violette est froide, humide, somnifère, elle chasse du cerveau les vapeurs chaudes et calme la migraine (chaude). Cf. Ernst Bergdolt, *Beiträge zur Geschichte der Botanik im Orient I : Ibn Wahhschija, Die Kultur des Veilchens (Viola odorata L.) und die Bedingungen des Blühens in der Ruhezeit* (Berichten der Deutschen Botaniken Gesellschaft, 1932, Bd. L, Heft 6). Je dois cette référence à M. L. Massignon. Voir aussi dans Théophraste, π. ὀσμῶν, c. 13 (III, p. 91 Wimmer), l'explication du fait que les peaux de bêtes sentent plus fort en la saison du rut : θαυμαστὸν δὲ καὶ ἴδιον τὸ συμπάσχειν τὰς τραγέας (sc. δοράς = peaux de bouc), ὅταν ἡ ὥρα καθήκῃ τῆς ὁρμῆς. Il en donne une raison naturelle : une partie de la δύναμις, de l'ὑγρότης, qui, chez l'animal vivant, incite au rut est demeurée dans la peau; dès lors, en la saison du rut, cette δύναμις agit encore dans la peau morte. Cf. J. Röhr, *Der okkulte Kraftbegriff*, 1923 (*supra*, p. 90, n. 1), p. 58.

entre les astres mêmes, qu'ainsi enfin le monde apparaît de nouveau comme un grand Tout merveilleusement Un, dont l'unité se fonde désormais, non plus sur un principe abstrait, mais sur des affinités réelles, bien que mystérieuses et en quelque sorte divines.

6) Comment connaître ces affinités? Puisqu'elles proviennent du ciel lui-même, puisqu'aussi, comme je l'ai marqué dans l'Introduction, on se défie de la raison et ne veut plus en croire qu'un Dieu ou un prophète inspiré, il faut bien les demander à une révélation : « Le roi Néchepso, tout homme fort sensé qu'il était et en possession de tout pouvoir magique, n'a cependant point reçu d'une voix divine aucun des secrets que tu veux apprendre : doué d'un naturel sagace, il avait compris les affinités des pierres et des plantes avec les astres (συμπαθείας λίθων καὶ βοτανῶν), mais il n'a pas connu les moments et les lieux où il faut cueillir les plantes. Or la croissance et le dépérissement de tous les fruits de la saison dépendent de l'influx des astres ». Ainsi parle Asklépios au médecin Thessalos au cours de la révélation qu'il lui accorde (1). On voit aussitôt quelle conséquence tout à fait importante découle de ce principe. C'est que, en fait et en droit, la science n'est plus distinguée de la religion; l'exercice de piété prend désormais la place de l'effort rationnel; la connaissance des secrets divins qui est, au vrai, une illumination, cette connaissance d'un type nouveau qu'on est convenu de nommer *gnose* pour la distinguer de la connaissance purement rationnelle, est en fonction directe de la piété. Retournant le mot d'un ancien, Bousset a justement résumé le phénomène dans cette formule : *novit qui colit*.

7) Cela est vrai de l'hermétisme philosophique. C'en est même le trait commun, si divers que soient par ailleurs les *logoi* du *Corpus Hermeticum*. Mais ce caractère n'est pas moins apparent dans l'hermétisme occulte, et, plus généralement, dans l'occultisme hellénistique. Écoutons, à propos de l'astrologie, le poète Manilius (II, 113 ss.) :

« Qui pourrait connaître le Ciel si le Ciel lui-même n'en avait donné la science, qui pourrait trouver Dieu si l'on n'était soi-même une parcelle de la divinité? La masse énorme de ce globe qui s'étend à l'infini, ces chœurs des astres, cette voûte enflammée du monde, et cette guerre que se font l'une à l'autre les étoiles, qui pourrait les discerner, enfermer ce spectacle immense dans l'étroit volume du cœur, si la nature n'avait donné à nos esprits des yeux d'une telle force, si elle n'avait elle-même, tournant vers soi notre âme qui lui est apparentée, commandé un si grand ouvrage, si enfin

(1) *CCAG.*, VIII, 3, p. 137. 15 ss.

ne venait du Ciel ce qui nous appelle au Ciel pour une sainte conversation avec le Ciel ? »

C'est par la prière et l'ascèse, singulièrement par un jeûne de trois jours, que le médecin Thessalos s'apprête à recevoir du dieu Asklépios la science botanique qu'il en attend : car il s'agit là d'un acte de religion, d'une *unio mystica;* il faut que le disciple soit pur pour ce grand moment. Quant à la magie, un simple regard dans le recueil de Preisendanz suffit pour qu'on y discerne le rôle éminent que joue, dans chaque recette, la « préparation » : jeûne, abstinence des plaisirs charnels, prières, sacrifices, l'un ou l'autre de ces éléments ou tous ensemble sont choses habituellement requises du magicien s'il veut réussir dans l'opération. Mais le texte le plus significatif est sans doute celui que nous lisons dans le *Compte Final* de l'alchimiste Zosime (*supra*, pp. 280-281). Ne l'oublions pas, cet écrit n'est pas originellement un ouvrage de dévotion. Zosime n'a pas pour dessein de former Théosébie à la piété, il veut lui enseigner la doctrine alchimique des teintures. Néanmoins, comme il est persuadé que la science de l'alchimie ne s'acquiert que par un don divin, qu'on ne peut rien obtenir sans une aide directe et efficace de Dieu lui-même, c'est tout naturellement qu'il en vient à des conseils de sagesse et de recueillement. Pour connaître les secrets de l'Art, il faut trouver Dieu; pour trouver Dieu, il faut rentrer en soi-même, faire taire les passions. Nous ne cessons de nous agiter, de chercher en dehors de nous ce qui, en vérité, est en nous. Ce défaut vient de la matière. Que l'âme donc se libère de la matière, se concentre au fond d'elle-même, où Dieu est présent. C'est en cela que réside la perfection (τελείωσις), telle que la définit Hermès dans le *Cratère :* recevoir le baptême de l'Intellect, puis, grâce à cet Intellect qui réforme notre entendement et nous munit de facultés nouvelles, participer à la gnose. Alors, se connaissant soi-même, on connaîtra Dieu, et, connaissant Dieu, on connaîtra aussi les teintures les plus excellentes. Car tout savoir se résume en cet unique savoir : qui communique avec Dieu puise à la source même d'où toute vérité découle.

Voilà certes le trait le plus original de la littérature mi-scientifique, mi-religieuse que nous avons analysée en ce volume. Sans doute la piété à laquelle elle conduit présente des formes bien diverses. Les effluves émanés des astres ont pu être personnifiés en des êtres démoniaques ou du moins rapportés à des démons, qu'il s'agissait alors de se concilier par des rites sacrificiels et des formules de prières. D'autres fois au contraire, ces effluves astraux étaient tenus pour des émanations directes du Dieu Premier, et la piété consistait, dans ce cas, à s'unir à l'Esprit divin, à se fondre dans cette Vie sans limites immanente en tous les êtres, partout présente bien qu'invisible, présente à l'œil de l'âme quand on a mortifié les passions et qu'on s'est recueilli au fond de soi-même. L'une de ces voies de piété menait à une démonologie de plus en plus complexe où le monde hellénisé, en son déclin, retrouvait en fait les conceptions les plus primitives et les plus sauvages du temps de ses origines. L'autre menait à une contemplation toute pure et spirituelle qui allait, par certains traits, rejoindre le christianisme. Il n'est pas impossible que les mêmes âmes païennes aient suivi tour à tour ces deux voies, qu'après s'être plongées dans les opérations de la magie la plus grossière elles se soient perdues ensuite dans des élans d'amour pour le Dieu hypercosmique. On rencontre, dans l'Empereur Julien, de telles disparates.

Et c'est là, en définitive, que réside l'intérêt principal de nos écrits : ils nous mettent dans un contact direct avec la réalité humaine. On peut n'avoir qu'un goût médiocre, aujourd'hui, pour l'occultisme et la magie. Mais est-ce bien la question? Il s'agit de comprendre. On cherche à se représenter les sentiments, les croyances, les raisons de vivre et d'agir en ces temps de l'Empire romain où, réunis en apparence sous un même prince, soumis aux mêmes lois, formés dans les mêmes écoles, parlant tous grec ou latin, les hommes en vérité s'opposaient les uns aux autres par des contrastes infinis en ce qui touchait leur vrai fond, dans ces régions de l'âme où naissent les vrais motifs de la conduite. Plus on considère la vie spirituelle dans l'Empire décadent, plus on la voit diverse. L'unité n'était que de surface : elle n'avait point gagné les âmes, il n'y avait point de communion.

On s'est souvent demandé comment l'armature extérieurement si solide du monde romain a pu s'écrouler si vite sous les coups des Barbares. La profonde diversité des esprits et des âmes m'en paraît une des causes les plus fortes. Selon une image qu'on goûtait alors, la civilisation dans l'Empire était une tapisserie. J'ai eu dessein dans ce livre d'en montrer l'un des aspects les moins connus encore, et qui méritait sans doute qu'on le mît en lumière.

APPENDICE I

Zosime, *Compte Final* (1).

τὸ πρῶτον βιβλίον τῆς τελευταίας ἀποχῆς Ζωσίμου Θηβαίου [ἔνθεν βεβαιοῦται ἀληθὴς βίβλος].
Ζώσιμος Θεοσεβείᾳ χαίρειν.

A

1 ὅλον τὸ τῆς Αἰγύπτου βασίλειον, ὦ γύναι, ἀπὸ τῶν δύο τούτων [τῶν] τεχνῶν ἐστιν, τῶν τε καιρικῶν καὶ τῶν ⟨φυσικῶν⟩ ψάμμων· ἡ γὰρ καλουμένη θεία τέχνη ἡ λόγῳ δογματικῷ καὶ σοφιστικῷ [ἢ] τὰ πλεῖστα ὑποπίπτουσα τοῖς †ον† φύλαξιν ἐδόθη εἰς διατροφήν, [ὃ] οὐ μόνον δὲ αὕτη, ἀλλὰ καὶ ἅπαξ αἱ καλούμεναι τίμιαι τέσσαρες τέχναι καὶ τὰ χειρόκμητα. [αἱ μέντοι] καὶ ἡ δημιουργικὴ μὲν ἦν

M A¹

1 ὅλον τὸ τῆς Αἰγύπτου βασίλειον, ὦ γύναι, ἀπὸ τῶν δύο τούτων τεχνῶν συνέστηκε, τῶν τε καιρικῶν καὶ τῶν φυσικῶν [καὶ] ψάμμων· ἡ γὰρ καλουμένη θεία τέχνη, τουτέστιν ἡ δογματική, περὶ ἣν ἀσχολοῦνται ἅπαντες οἱ ζητοῦντες τὰ χειρόκμητα ἅπαντα καὶ τὰς τιμίας τέχνας, τὰς τέσσαράς φημι ⟨αἳ⟩ δοκοῦσί τι ποιεῖν, μόνοις ἐξεδόθη τοῖς ἱερεῦσιν· ἡ γὰρ φυσικὴ ψαμμουργικὴ βασιλέων ἦν, ὥστε καὶ

Alch. Gr., 239 ss.

A = Paris. 2327, fol. 251 v-255 r. Habet totum (*Alch. Gr.*, 239 ss.).

M = Marc. 299, fol. 171 v-172 r (quod ex imagine phototypica descripsi). Habet excerptum ex Olympiodoro (*Alch. Gr.*, 90.14) ὅλον τὸ... ἄλλους Ἰουδαίους.

A¹ = Paris 2327, fol. 111 r (*Alch. Gr.*, 209.10-20). Habet eiusdem excerpti partem ὅλον τὸ... ἐτιμωροῦντο γάρ.

A

1/3 titulum habet A ‖ 1/2 ἔνθεν... βίβλος secl. Scott ‖ 6 τῶν (secundum) seclusi ‖ 7 καιρικῶν Ruelle : κυρικῶν A ‖ 8 τῶν ψάμμων Ruelle : τὸν ψάμμον A. — φυσικῶν addidi ‖ 9 ἢ] ἢ A ‖ 10 ἢ seclus¹ ‖ 11 νομοφύλαξιν uel ἱεροφύλαξιν uel βιβλιοφύλαξιν conici potest ‖ 12 ὃ secl. Ruelle ‖ 14 χειρόκμητα] χειροτμήματα A ‖ 15 αἱ μέντοι seclusi ‖ 5 μὲν ἦν] μένη A.

MA¹

5 βασιλεῖ A¹ ‖ 6 τεχνῶν τούτων A¹ ‖ 7 καθέστηκεν A¹. — καιρικῶν] κερικῶν M μερικῶν A¹ ‖ 8 καὶ (MA¹) seclusi ‖ 8/9 καλουμένη M : ἀλλοιουμένη A¹ ‖ 10 περὶ ἧς A¹ ‖ 11 χειρόκμητα] χειροκμήματα M χειροτμήματα A¹ ‖ 12 τιμίας om. A¹ ‖ 13 αἳ add. Ruelle (209.14).

A

βασιλέων, ὥστε καὶ ἐὰν συμβῇ ἢ ἐκ φωνῶν γενομένην ἑρμηνευθῆναι <ἢ> ἐκ τῶν στηλῶν <ἃς> ἔσχον προγόνων κληρονομίαν, ἔχων καὶ ἰδὼν τὴν γνῶσιν τῶν τοιούτων ἀκώλυτον οὐκ ἐποίει <οὐδείς>, ἐτιμωρεῖτο γάρ· ὥσπερ <γὰρ> οἱ τεχνῖται οἱ ἐπιστάμενοι βασιλικὸν τύπτειν νόμισμα οὐχ ἑαυτοῖς τύπτουσι, ἐπεὶ τιμωροῦνται, οὕτω καὶ ἐπὶ τοῖς βασιλεῦσιν τῶν Αἰγυπτίων οἱ τεχνῖται τῆς ἑψήσεως καὶ οἱ ἔχοντες τὴν γνῶσιν τῆς ἀκολουθίας οὐχ ἑαυτοῖς ἐποίουν, ἀλλ' εἰς αὐτὸ τοῦτο ἐστρατεύοντο τοῖς Αἰγυπτίων βασιλεῦσιν εἰς τοὺς θησαυροὺς ἐργαζόμενοι· εἶχον δὲ καὶ ἰδίους ἄρχοντας ἐπιχειμένους καὶ πολλὴ τυραννὶς ἦν τῆς ἑψήσεως, οὐ μόνον αὐτῆς, ἀλλὰ καὶ τῶν χρυσωρύχων· εἰ γάρ τις εὑρίσκεται ὀρύσσων, νόμος ἦν Αἰγυπτίοις ἐγγράφως αὐτὰ ἐπιδιδόναι.

M

ἐὰν συμβῇ ἱερέα ἢ σοφὸν λεγόμενον ἑρμηνεῦσαι τὰ [τὰ] ἐκ τῶν παλαιῶν ἢ <ἃ> ἀπὸ προγόνων ἐκληρονόμησεν, καὶ ἔχων καὶ ἰδὼν τὴν γνῶσιν αὐτῶν [τὴν] ἀκώλυτον οὐκ ἐποίει, ἐτιμωρεῖτο γάρ· ὥσπερ <γὰρ> οἱ τεχνῖται οἱ ἐπιστάμενοι βασιλικὸν τύπτειν νόμισμα οὐχ ἑαυτοῖς τύπτουσιν, ἐπεὶ τιμωροῦνται, οὕτω καὶ ἐπὶ τοῖς βασιλεῦσι τῶν Αἰγυπτίων οἱ τεχνῖται τῆς ἑψήσεως οἱ ἔχοντες τὴν γνῶσιν τῆς ἀμμοπλυσίας καὶ ἀκολουθίας οὐχ ἑαυτοῖς ἐποίουν, ἀλλ' εἰς αὐτὸ τοῦτο ἐστρατεύοντο εἰς τοὺς θησαυροὺς ἐργαζόμενοι· εἶχον δὲ καὶ ἰδίους ἄρχοντας ἐπικειμένους ἐπάνω τῶν θησαυρῶν καὶ ἀρχιστρατήγους, καὶ πολλὴ τυραννὶς ἦν τῆς ἑψήσεως· νόμος γὰρ ἦν Αἰγυπτίοις μηδὲ ἐγγράφως αὐτά τινα ἐκδιδόναι.

2 τινὲς οὖν μέμφονται Δημόκριτον καὶ τοὺς ἀρχαίους, ὡς μὴ μνημονεύσαντας τούτων τῶν δύο τεχνῶν, ἀλλὰ μόνων τῶν λεγομένων τιμίων, μάτην δὲ αὐτοὺς μέμφονται· οὐ γὰρ ἠδύναντο φίλοι ὄντες τῶν βασιλέων Αἰγύπτου καὶ τὰ πρωτεῖα ἐν προφητικῇ αὐχοῦντες· πῶς ἠδύναντο ἀναφανδὸν μαθήματα κατὰ τῶν βασιλέων δημοσίᾳ ἐκθέσθαι καὶ δοῦναι ἄλλοις πλούτου τυραννίδα;

A

1 συμβῇ Ruelle : συνευῇ A || 2 γενομένη A. — ἑρμηνευθῆναι] ἑρμηνεύηται A. — ἢ addidi || 3 ἃς addidi. — ἔσχον] ἔχειν A || 5 ἀκώλυτον] ἀκωλύτων A || 6 οὐδείς addidi || 7 γὰρ addidi || 12 ἀκολυσίας A || 17 πολὺ τυραννῆς A || 21 <μὴ ἂν>εγγράφως Diels (A. T²., 150, 4).

MA[1]

1 ἱερεῖ σοφῷ A[1] || 2 ἑρμηνεῦσαι τὰ] ἑρμηνεύσαντα MA[1]. — τὰ M (τοῖς A[1]) seclusi. || 3 ἃ addidi || 3/5 ἐκληρονόμησαν καὶ ἔσχον, καὶ ἰδὼν ταύτης τὴν ἀκολουθίαν τὸ συνετὸν οὐκ ἐποίει A[1] || 5 τὴν seclusi || 6 γὰρ addidi || 8/9 ἐπεὶ τιμωροῦνται M : ἐτιμωροῦντο οὗτοι A[1], qui cum iis uerbis desinit || 17 πολλὴν τυραννίην M.

22 ὡς μὴ om. A || 22/23 μνημονευσάντων A || 23 τῶν τούτων τεχνῶν A. — ἀλλὰ μόνων om. A || 23/24 τί δὲ αὐτοῖς μέμφονται; A || 24 ἠδύναντο M. — φίλοι ὄντες M : μέμφοντες A || 25 ἐν προφητικῇ αὐχοῦντες M : ἐν προφητίᾳ καυχῶντες A. — ἄλλοις ante ἀναφανδὸν add. A || 26 ἐκθέσθαι M : ἐνυμυμήσασθαι A (ἐκμηνύσασθαι Ruelle).

APPENDICE I. 365

1 οὔτε εἰ ἠδύναντο ἐξεδίδουν, ἐφθόνουν γάρ · μόνοις δὲ Ἰουδαίοις ἐξὸν ἦν λάθρα ταῦτα ποιεῖν καὶ γράφειν καὶ ἐκδιδόναι. ἀμέλει γοῦν εὑρίσκομεν Θεόφιλον τὸν Θεογένους γράψαντα ὅλα τὰ τῆς χωρογραφίας χρυσωρυχεῖα, καὶ Μαρίας τὴν καμινογραφίαν, καὶ ἄλλους Ἰουδαιούς.

3 ἀλλὰ <τὰς> καιρικὰς οὔτε Ἰουδαίων οὔτε Ἑλλήνων οὐδεὶς ἐξέδωκέν ποτε· καὶ αὐτὰς γὰρ ἐν τοῖς καθ' ἑαυτοὺς χρημάτων <...> κατετίθεντο, εἰδώλοις παραδόντες τηρεῖν· καί γε τὴν ψαμμουργίαν πολὺ διαφέρουσαν τῶν καιρικῶν οὐ πάνυ τι ἐφθόνησαν διὰ τὸ τὴν τέχνην αὐτὴν ἐξάγειν καὶ τὸν ἐπιχειροῦντα <μὴ> ἀποκόλαστον γίνεσθαι — εἰ γὰρ ὀρύσσων κατάφωρος
10 γίνεται ἀπὸ τῶν τηρούντων τὰ ἐμπόρια τῆς πόλεως διὰ τὰ βασιλικὰ τέλη, <...> — ἢ τῶν καμίνων μὴ δυναμένων κρυβῆναι, τὰς δὲ καιρικὰς διὰ πάντα λανθάνειν· διὸ καὶ οὐχ εὑρίσκεις οὐδένα τῶν ἀρχαίων οὔτε κρυβηθὲν [ἰδεῖν] οὔτε φανερῶς ἐκδιδόντά τι περὶ αὐτῶν· μόνον δὲ Δημόκριτον εὗρον ἐν πάσῃ τῶν ἀρχαίων <τάξει> αἰνιξάμενον κατ' αὐτῶν....

15 4 δηλονότι τοῖς παρελθοῦσι χρόνοις τοῖς Ἑρμοῦ φυσικαὶ βαφαὶ ἐκαλοῦντο αὗται, μέλλουσαι γράφεσθαι κοινῇ τῇ ἐπιγραφῇ τῆς βίβλου λεγομένης βίβλος φυσικῶν βαφῶν Ἰσιδώρῳ δοθεῖσα· ἀλλ' ὅτε ἐφθονήθησαν ἀπὸ τῶν τῆς σαρκὸς <δαιμόνων>, καιρικαὶ ἐγένοντο καὶ ἐλέχθησαν· οὐ μὴν ἀλλὰ καὶ τοὺς ἀρχαίους μέμφονται <καὶ> μάλιστα Ἑρμῆν, ὅτι οὔτε δημο-
20 σίᾳ αὐτὰς ἐκδεδώκασιν οὔτε ἐν παραβύστῳ, οὔτε ἡνίξαντο ὅτι κἂν ἔστιν.

5 αὐτὸς δὲ μόνος ἀπέδειξεν ὁ Δημόκριτος εἰς τὸ σύγγραμμα καὶ ἡνίξατο· αὐτοὶ δὲ ἐν ταῖς στήλαις αὐτὰ ἐνέγλυψαν ἐν τῷ σκότει καὶ τοῖς μυχοῖς τοῖς συμβολικοῖς χαρακτῆρσιν, καὶ αὐτὰς καὶ τὴν χωρογραφίαν Αἰγύπτου, ἵνα κἂν τις τολμήσας ἐπιβῆναι τῶν μυχῶν τοῦ σκότους, πεπλημμελημένων τῶν
25 ἐπιλύσεων, μὴ εὕρῃ ἐπιλύσασθαι τὸν χαρακτῆρα μετὰ τοσαύτην τόλμην καὶ κάματον· οἱ οὖν Ἰρυδαῖοι αὐτοὺς μιμησάμενοι ἐν τοῖς καθέτοις αὐτὰς τὰς καιρικὰς παραδώσαντες μετὰ τῆς αὐτῶν μυήσεως καὶ παρακελεύονται ἐν ταῖς

Habet M οὔτε ... Ἰουδαιούς 1-4.
1 οὔτε εἰ M : οὐδὲν A. — ἔξω δίδουν A. — ἐξὸν ἦν M : ἐξέδοσαν A ‖ 2 ἐκδιδόναι M : παραδιδόναι A. — ἀμέλει M : κἂν μέλη A ‖ 3 τῆς χωρογραφίας χρυσωρυχεῖα M : τῆς χειρογραφίας κατορίχει A ‖ 4 τὴν καμινογραφίαν M : τὴν χωρογραφίαν A. — Cum verbo Ἰουδαιούς desinit Olympiodori excerptum M ‖ 5 τὰς addidi. — κυρικὰς A, corr. Ruelle ‖ 6 καθ' ἑαυτῶν χρωμάτων κατετέθεντο A. — Lacunam statui. Num θησαυροῖς? Cf. § 5, et supra, p. 277, n. 3 ‖ 7 διαφέρουσα A. — κυρικῶν A, corr. Ruelle ‖ 8 ἐξάγην A, corr. Ruelle ‖ 9 μὴ addidi. — κατάφορος A ‖ 9/10 ἀπὸ τῶν Berthelot : ἀπιὼν A ‖ 10 lacunam statui ‖ 11 ταῖς δὲ καιρικαῖς A ‖ 12 διὸ καὶ] ὅτι ἐπεὶ καὶ A. — ἰδεῖν seclusi ‖ 13 ἐκδιδόντα ἱ A ‖ 14 τάξει add. Ruelle. — ἐνηξάμενον A, corr. Ruelle. — Post κατ' αὐτῶν sequitur dissertatio ualde obscura de Democrito (§ 3-4), quam hic omitto : textum resumo inde ab Alch. Gr., 242.10 ‖ 15 παθλερὸν A, corr. Ruelle ‖ 16 λέγων A, corr. Ruelle ‖ 18 δαιμόνων addidi ‖ 19 καὶ add. Ruelle ‖ 20 αὐτοῖς A, corr. Ruelle ‖ 22 μοιχοῖς A, corr Ruelle ‖ 24 τολμήσας : de participio pro modo finito, cf. supra, p. 211, n. 5. — μοιχῶν A, corr. Ruelle. — πλημμελημένων A, correxi ‖ 25 εὕρει A, corr. Ruelle ‖ 26 καθέτοις, conieci, cf. τὸ κάθετον (« tumba »), Mon. Asiae Min. Antiqua, VI, p. 335, nº 315 : καταθέτοις A ‖ 27 παραδώσαντες A, cf. τολμήσας (l. 24).

διαθήκαις αὐτῶν· ἐὰν ἡμῶν εὕρῃς τοὺς θησαυρούς, παρίδε τὸν χρυσόν. τοῖς ἐθέλουσιν ἑαυτοὺς φονεύειν καὶ †περὶ τῆς† τῶν χαρακτηρῶν εὑρηκώς, τὰ ὅλα χρήματα ἐν ὀλίγῳ συνάξεις· τὰ δὲ χρήματα μόνον λαβών, ἑαυτὸν φονεύσεις ἐκ τοῦ φθόνου τῶν κρατούντων βασιλέων, οὐ μόνον αὐτῶν, ἀλλὰ καὶ πάντων ἀνθρώπων'.

6 δύο οὖν γένη εἰσὶν καιρικῶν, <καὶ> ἓν <μὲν τὸ> τῶν ὀθωνῶν ἐκδεδώκασιν οἱ κατὰ τόπον ἔφοροι τοῖς ἑαυτῶν ἱερεῦσι· τούτου <δ'> ἕνεκεν καὶ καιρικὰς ἐκάλεσαν, ἐπειδὴ κατὰ καιροὺς ἐνήργουν τῇ θελήσει τῶν δοκούντων <δαιμόνων>, μηκέτι δ' <ἂν> θελήσωσι, τοὐναντίον ἐποίουν [†ἐπίμικτοι οὖν ἦσαν αἱ καιρικαί... ... τοῖς εἴδεσι, ἔκ τε τῶν γνησίων εἰδῶν τῶν καιρικῶν τῶν ἄλλων [ἄλλων] τοῖς ἀνήκουσι ταῖς τιμίαις τέχναις†]· τὸ δὲ ἄλλο γένος [τῶν] τῶν καιρικῶν, <τὸ τῶν> γνησίων καὶ φυσικῶν ὁ Ἑρμῆς ἀνέγραψεν εἰς τὰς στήλας· 'ἀποχώνευε τὸ μόνον ξανθομήλινον πυρρὸν ἡλιῶδες χλωρὸν ὠχρὸν μελάγχλωρον καὶ τὸ ὅμοιον'· καὶ αὐτὰς δὲ τὰς γέας μυστικῶς ψάμμους ἐκάλεσεν καὶ τὰ εἴδη τῶν χρωμάτων ἐμήνυσεν· αὗται φυσικῶς ἐνεργοῦσιν, φθονοῦνται δὲ ἀπὸ τῶν περιγείων <δαιμόνων>· ἐπὰν δέ τις μυηθεὶς ἐκδιώκει αὐτούς, τεύξεται τοῦ ζητουμένου.

7 οἱ οὖν ἔφοροι ἐκδιωκόμενοί ποτε παρὰ τῶν τότε μεγάλων ἀνθρώπων συνεβουλεύσαντο ἀντὶ ἡμῶν τῶν φυσικῶν ἀντιποιήσασθαι, ἵνα μὴ διώκωνται παρὰ τῶν ἀνθρώπων, ἀλλὰ λιτανεύωνται καὶ παρακαλῶνται, οἰκονομῶνται <δὲ> διὰ θυσιῶν, ὃ καὶ πεποιήκασιν· ἔκρυψαν <γὰρ> πάντα τὰ φυσικὰ καὶ αὐτόματα, οὐ μόνον φθονοῦντες αὐτοῖς, ἀλλὰ καὶ περὶ τῆς ἑαυτῶν ζωῆς φροντίζοντες, ἵνα μὴ μαστιζῶνται ἐκδιωκόμενοι καὶ λιμῷ τιμωρῶνται, θυσίας μὴ λαμβάνοντες. ἐποίησαν οὕτως· ἔκρυψαν τὴν φυσικὴν καὶ εἰσηγήσαντο τὴν ἑαυτῶν ἀφύσικον, καὶ ἐξέδωκαν αὐτὰ τοῖς ἑαυτῶν ἱερεῦσι, εἴ τε δημόται ἤμελλον τῶν θυσιῶν, ἐκώλυον καὶ αὐτοὶ τὴν ἀφύσικον φιλοτιμίαν· ὅσοι δὲ κατεκράτησαν τὴν νομιζομένην δόξαν <δαιμόνων> τοῦ αἰῶνος ὑδρογεννήσαντο, καὶ ἐπληθύνθησαν ἔθει καὶ νόμῳ καὶ φόβῳ αἱ θυσίαι αὐτῶν. <ἀλλ'> οὐκέτι οὐδὲ τὰς ψευδεῖς αὐτῶν ἐπαγγελίας ἀπεπλήρουν· ἀλλ' ὅτε ἐγένετο ἄρα ἀποκατάστασις τῶν κλιμάτων καὶ διεφέρετο κλίμα πολέμῳ καὶ ἐλείπετο ἐκ τοῦ

---

2 aut περὶ τῆς corruptum (uerbum desideratur ut περικρατεῖν uel simile quid) aut περὶ τῆς τ. χ. <ἐπιλύσεως> uel s. q. supplendum. — τῶν χαράττας A ‖ 6 κυρικῶν A, corr. Ruelle. — καὶ et μὲν τὸ addidi ‖ 7 οἱ κατὰ Scott : ἢ κατὰ A. — δ' addidi ‖ 8 καιρικαὶ A, corr. Ruelle. — κατὰ καιροὺς ἐνήργουν Scott : καὶ καιροῖς ἐνεργοῦν A. — δοκούντων] δωκόντων A ‖ 9 δαιμόνων addidi. — δ' ἂν θελήσωσι] δὲ θελήσασιν A ‖ 9/11 ἐπίμικτοι... τέχναις ut glossatoris seclusi ‖ 10 signa alchimistica ‖ 12 τῶν secl. Ruelle. — τὸ τῶν addidi ‖ 12/13 ὁ Ἑρμῆς ἀνέγραψεν Scott : τὸ Ἑρμᾶν ἐνέγραψεν A ‖13 ἀποχώνευε Ruelle ἀπὸ γωνεὲ A. — τὸν μόνον A. — ξανθωμήλινον A, corr. Ruelle. — πυρὸς ἡλιοδὸν A ‖ 14 μέλαν χλωρὸν A ‖ 15 ἐκάλεσαν A ‖ 16 περγείων A, correxi, δαιμόνων addidi : cf. *CCAG.*, VIII, 4, 252.15 ‖ 18 ἔμφοροι A, corr. Ruelle. — ποτε] τότε A ‖ 18/19 συνευουλεύσαντο A, corr. Ruelle ‖ 19 ἀντιποιήσασθαι] πάντων ποιῆσαι A ‖ 20 οἰκονομοῦντα A. — δὲ addidi ‖ 21 πεποίηκαν A, corr. Ruelle. — γὰρ addidi ‖ 27 ὑδρογενήσαντα A ‖ 28 ἔθος A, corr. Ruelle. — ἀλλ' addidi ‖ 29 ἐγγενεῖ, corr. Ruelle ‖ 30 κλημάτων A. — κλῆμα A.

APPENDICE I. 367

1 κλίματος ἐκείνου τὸ γένος τῶν ἀνθρώπων καὶ τὰ ἱερὰ αὐτῶν ἠρημοῦντο καὶ αἱ θυσίαι αὐτῶν ἠμελοῦντο, τοὺς περιλειπομένους ἀνθρώπους ἐκολάκευον ὡς δι' ὀνειράτων διὰ τὸ ψεῦδος αὐτῶν <καὶ> διὰ πολλῶν συμβόλων τῶν [τῶν] θυσιῶν ἀντέχεσθαι, αὐτὰς δὲ πάλιν παρεχόντων τὰς ψευδεῖς καὶ ἀφυσίκας
5 ἐπαγγελίας καὶ ἥδοντο πάντες οἱ φιλήδονοι ἄθλιοι καὶ ἀμαθεῖς ἄνθρωποι· ὥστε <τοῦτο> καί σοι θέλουσιν ποιῆσαι, ὦ γύναι, διὰ τοῦ ψευδοπροφήτου αὐτῶν· κολακεύουσίν σε τὰ κατὰ τόπον <δαιμόνια>, πεινῶντα οὐ μόνον θυσίας, ἀλλὰ καὶ τὴν σὴν ψυχήν.

A | M

10 8 σὺ γοῦν μὴ περιέλκου ὡς γυνή, | οἴκαδε καθέζου ἐπιγνοῦσα ἕνα θεὸν
ὡς καὶ ἐν τοῖς κατ' ἐνέργειαν ἐξεῖπόν | καὶ μίαν τέχνην, καὶ μὴ ῥέμβου ζητοῦ-
σοι, καὶ μὴ περριρέμβου ζητοῦσα θεόν, | σα θεὸν ἕτερον· θεὸς γὰρ ἥξει πρὸς σὲ
ἀλλ' οἴκαδε καθέζου, καὶ θεὸς ἥξει | ὁ πανταχοῦ ὢν καὶ οὐκ ἐν τόπῳ ἐλα-
πρὸς σὲ ὁ πανταχοῦ ὢν καὶ οὐκ ἐν | χίστῳ ὡς τὸ δαιμόνιον· καθεζομένη δὲ
15 τόπῳ ἐλαχίστῳ ὡς τὰ δαιμόνια· καθε- | τῷ σώματι καθέζου καὶ τοῖς πάθεσιν·
ζομένη δὲ τῷ σώματι καθέζου καὶ τοῖς | καὶ οὕτως σαυτὴν διευθύνασα προσ-
πάθεσιν, ἐπιθυμίᾳ ἡδονῇ θυμῷ λύπῃ | καλέσῃ πρὸς ἑαυτὴν τὸ θεῖον καὶ
καὶ ταῖς δώδεκα μοίραις τοῦ θανάτου· | ὄντως ἥξει πρὸς σὲ τὸ θεῖον τὸ παντα-
καὶ οὕτως αὐτὴν διευθύνουσα προσκα- | χοῦ ὄν· ὅταν δὲ ἐπιγνῷς σαυτήν, τότε
20 λέσῃ πρὸς ἑαυτὴν τὸ θεῖον καὶ ὄντως | ἐπιγνώσῃ καὶ τὸν μόνον ὄντως θεόν·
ἥξει τὸ πανταχοῦ ὂν καὶ οὐδαμοῦ. καὶ | καὶ οὕτως ἐνεργοῦσα ἐπιτεύξῃ τῶν
μὴ καλουμένη | γνησίων καὶ φυσικῶν, καταπτύουσα
τῆς ὕλης.

πρόσφερε θυσίας τοῖς <δαίμοσιν>, μὴ τὰς προσφόρους, μὴ τὰς θρεπ-
25 τικὰς αὐτῶν καὶ προσηνεῖς, ἀλλὰ τὰς ἀποτρεπτικὰς αὐτῶν καὶ ἀναιρετικάς,
ἃς προσεφώνησεν Μεμβρῆς τῷ Ἱεροσολύμων βασιλεῖ Σολομῶντι, αὐτὸς δὲ
μάλιστα Σολομῶν ὅσας ἔγραψεν ἀπὸ τῆς ἑαυτοῦ σοφίας· καὶ οὕτως ἐνεργοῦσα

1 κλήματος A. — ἐρημοῦντο A || 3 διὰ τὸ ψεῦδος αὐτῶν fortasse secludendum. — καὶ addidi, — συμβούλων A. — τῶν (secundum) secl. Ruelle || 5 καὶ (primum) retinui (de usu καί in apodosi post temporalem protasin, cf. L. S. J., s. u., B 3) || 6 τοῦτο add. Scott || 7 δαιμόνια add. Scott.

10 ὦ γύναι Scott || 11 ἐν τοὺς κατ' ἐνείαν A, corr. Ruelle || 12 περιρέμβου A, corr. Reitzenstein (Poimandres, 214.1, Hist. Mon., 108-109) || 13 ὁ ante θεὸς add. Reitz. (H. M., 108) || 18 ταῖς ιβ' μύραις A (μοίραις Ruelle) || 19 αὐτήν Reitz. : αὐτὴν A || 20 ὄντως Reitz. : οὕτως A || 21 ὂν Reitz.: ὧν A.

9/22 excerptum ex Olympiodoro, M fol. 169 r (Alch. Gr., 84.4-11) || 18/19 τὸ πανταχοῦ ὢν M, corr. Ruelle.

22 μὴ καλουμένη secl. Scott || 24 δαίμοσιν add. Reitz. — προσφύρους A || 25 ἀποθρεπτικὰς A, corr. Ruelle || 26 Μεβρῆς A : Μαμβρῆς Reitz.

368   LA RÉVÉLATION D'HERMÈS TRISMÉGISTE.

1 ἐπιτεύξῃ τῶν γνησίων καὶ φυσικῶν καιρικῶν. ταῦτα δὲ ποίει ἕως ἂν τελειωθῇς τὴν ψυχήν. ὅταν δὲ ἐπιγνῷς σαυτὴν τελειωθεῖσαν, τότε καὶ <ἐπιτύχουσα> τῶν φυσικῶν τῆς ὕλης κατάπτυσον καὶ καταδραμοῦσα ἐπὶ τὸν Ποιμένανδρα καὶ βαπτισθεῖσα τῷ κρατῆρι ἀνάδραμε ἐπὶ τὸ γένος τὸ σόν.

5   **9** ἐγὼ δὲ ἐπὶ τὸ προκείμενον ἐλεύσομαι τῆς σῆς ἀτελειότητος, ἀλλ' ὀλίγον ἐπεκτεῖναι καὶ ἀνενέγκαι χρή με τὸ ζητούμενον.

    1 κυρικῶν A, corr. Ruelle. — ἐποίει A, corr. Ruelle. ‖ 1/2 ἂν τελειωθῇς Ruelle : παντελειωθῇς A ‖ 2 ἐπιγνῷς σαυτὴν (uel ἑαυτὴν)] ἐπιγνοῦσα αὐτὴν A ‖ 2/3 ἐπιτύχουσα addidi, coll. Olympiodoro (*supra*, 367.21), τῶν φυσικῶν secl. Reitz. (*H. M.*, 109) ‖ 3 κατάπτησον A, corr. Reitz ‖ 5 ἀτελειώτητος A ‖ 6 ὀλίγῳ A, corr. Reitz. — ἐπέκτειναι A. — γρῆμα A, corr. Reitz.

APPENDICE II

(cf. p. 38, n. 1).

LA « CONFESSION » DE CYPRIEN LE MAGE

A) Bibliographie de Cyprien d'Antioche (ordre chronologique)(1).

Theodor Zahn, *Cyprian von Antiochien und die deutsche Faustsage*, Erlangen, 1882. Histoire de la légende. Édition et traduction de textes.

O. von Lemm, *Sahidische Bruchstücke der Legende von Cyprian von Antiochien*, St. Petersbourg, 1899.

R. Reitzenstein, *Cyprian der Magier* (*Nachr. von der kgl. Ges. d. Wiss. zu Göttingen*, phil.-hist. Kl., 1917, 1, pp. 38-79). Genèse et évolution de la légende.

H. Delehaye, *Cyprien d'Antioche et Cyprien de Carthage* (*Analecta Bollandiana*, XXXIX, 1921, pp. 314-332). Relation entre le Cyprien historique et le Cyprien de la légende.

R. Reitzenstein, (*Arch. f. Rel.-Wiss.*, XX, 1920/21, pp. 236 s.). Courte note où l'auteur, à la suite de son article des *NGG*, observe que tous les noms qui apparaissent dans la légende de Cyprien sont connus par des textes littéraires, ce qui corrobore la thèse de l'origine littéraire de la légende.

L. Radermacher, *Cyprian der Magier* (*Arch. f. Rel.-Wiss.*, XXI, 1922, pp. 233 ss.). Corrobore la thèse de Reitzenstein quant à la légende de Cyprien et de Justine, montrant qu'il s'agit là d'un « motif » populaire qu'on retrouve dans Lucien, *Philops.* 14 et dans les papyrus magiques.

Id., *Griechische Quellen zur Faustsage, Der Zauberer Cyprianus, die Erzählung des Helladius, Theophilus* (*S.-B. der Wiener Ak.*, 206, 4, 1927, 277 pp.). Nouvelle édition des textes grecs relatifs à

---

(1) Je n'ai pu consulter V. Ryssel, *Der Urtext der Cypriansage*, *Archiv für das Studium der neueren Sprachen und Literaturen*, CX, 1903.

la légende de Cyprien-Justine et d'autres textes (grecs) concernant des légendes similaires, avec introduction, traduction et commentaire.

Fr. Bilabel-Ad. Grohmann, *Griechische, koptische und arabische Texte zur Religion und religiösen Literatur in Aegyptens Spätzeit* (*Veröffentlichungen aus der badischen Papyrus-Sammlungen*, H. 5, Heidelberg, 1934), pp. 32-325 (*Studien zu Kyprian dem Magier*), 448-451 (*Wiener Fragment der Kyprianlegende*). Textes coptes inédits relatifs à la *Confession* et au *Martyre* de Cyprien : état actuel du problème.

H. Delehaye, P. Peeters, M. Coens, B. de Gaiffier, P. Grosjean, Fr. Halkin, *Martyrologium Romanum... scholiis historicis instructum* (*Propylaeum ad Acta Sanctorum decembris*, Bruxelles, 1940), p. 417 (Sept. 26).

Les éditions des textes grecs, latins et orientaux relatifs à Cyprien sont énumérées dans :

*Bibliotheca Hagiographica Graeca*² (Bruxelles, 1909), N°ˢ 452-455.

Bibliotheca Hagiographica Latina (Bruxelles, 1898-1901), N°ˢ 2047-2051.

Bibliotheca Hagiographica Orientalis (Bruxelles, 1910), N°ˢ 228-232.

B) Dossier de Cyprien (cf. déjà Bilabel, pp. 32-41 et 204).

I. LÉGENDE DE CYPRINE

Cette légende comporte trois écrits : (a) *Conversion*, (b) *Confession*, (c) *Martyre*.

a) *Conversion*.

Texte **grec** : (1) Cod. *Paris.* 1468, fol. 84-88 (s. XI) = *Cat. Cod. Hag. Gr. Paris.* (1896), 1468, n° 12, p. 143; Cod. *Paris.*, 1454, fol. 95-99 (s. X) = *Cat. Cod. Hag. Gr. Paris.*, 1454, n° 15, p. 126. Ed. Zahn, pp. 139 ss. (d'après *Paris.*, 1468).

(2) Cod. *Sinaiticus* 497, fol. 108r-112v (s. XI). Ed. Mrs. M. G. Gibson, *Studia Sinaitica*, VIII (1901), pp. 64 ss.

(3) Nouvelle édition de la *Conversion* dans ses trois recensions différentes, Radermacher, *S. B. Wien. Ak.*, pp. 71 ss.

Recension I = Cod. *Paris.* 1468 (P).

Recension II = Cod. *Sinait.* 497 (S).

Cod. *Paris.* 1454 (R).

Cod. *Bodley. Laud.* gr. 68, s. XI, fol. 45v-50r (O).
Cod. *Vatican.* gr. 865, s. XII, fol. 123r-125v (V¹).
Cod. *Palatin.* gr. 68, s. XIII, fol. 76v-81r (V²).

Recension III = Cod. *bibl. Barberian. de urbe* gr. 517, s. XIII, fol. 24r-27r (B).

Texte **latin** : (1) Martène et Durand, *Acta SS. Cypriani et Justinae martyrum* (*Thesaurus novus Anecdotorum*, III [1717], pp. 1617 ss. : d'après un ms. de Rouen, contient *Conversion, Confession, Martyre*).

(2) Autre recension *Acta Sanctor.*, Sept., VII (1760), pp. 195 ss. (contient *Conversion, Martyre*).

Textes **syriaque, arabe, éthiopien, copte, vieux slave** : cf. Bilabel, pp. 36-38.

b) *Confession.*

Texte **grec** : Cod. *Paris.* 1506. Ed. Maranus, appendice aux *Cypriani Opera* de Baluze, Paris, 1726 (t. III, pp. ccxcv ss.); Venise, 1758, col. 1105-1140 (j'ai résumé la *Confession, supra*, pp. 38 ss. d'après ce texte). Reproduit *Acta Sanctor.*, Sept., t. VII (1760), pp. 222 ss. (26 Sept.). Traduit en allemand, avec des remarques critiques, par Zahn, pp. 30 ss.

Texte **latin** : (1) J. Fell, *S. Caec. Cypriani Opera* (Oxford, 1682), appendice, pp. 54 ss. (d'après trois MSS. anglais).

(2) Martène et Durand, voir *supra* (a : latin 1).

Texte **copte** : Outre quelques fragments dans des MSS. de Paris, de Londres, de Naples et de Vienne (cf. Bilabel, pp. 37-38, 43-58 [texte et traduction], 58-61 [rapports entre les MSS. de Paris, Londres et Naples], 448-451 [ms. de Vienne]), texte complet de *Confession* et *Martyre* dans le cod. Pierpont Morgan (M 609). Ed. Bilabel, *l. c.*, n° 116, pp. 65-160 (texte), 161-203 (traduction), 204-230 (commentaire). Traduit *infra*, pp. 374 ss. Texte **éthiopien** et **vieux slave**, Bilabel, pp. 37-38.

c) *Martyre.*

Texte **grec** : *Acta Sanctor.*, Sept., t. VIII (1760), pp. 242 ss.

Texte **latin** : (1) Martène *et* Durand, voir *supra* (a : latin 1).

(2) *Acta Sanctor.*, Sept., t. VII (1760) (Quelques notices seulement).

Texte **copte** : voir *supra* (b : copte).

Texte **syriaque, arabe, éthiopien, vieux slave**, Bilabel, pp. 36-38).

On a la preuve que *Conversion* et *Confession* existaient avant 379, date du *Panégyrique de S. Cyprien de Carthage* par Grégoire de Nazianze, *Or.* XXIV, 8-12 (éd. Clémencet, Paris, 1778, pp. 441-445), car ce saint y fait allusion et, parlant du discours assez long prononcé par Cyprien le Mage pour relater ses fautes, il le désigne du terme propre de « Confession » (ἐξαγόρευσις) (1). D'autre part les trois écrits qui composent la légende ont été fondus dans un poème (hexamètres) par Eudokia, femme de Théodose II, vers 440. Il en subsiste 322 vers pour la fin de la *Conversion*, 479 pour le début de la *Confession*, rien pour le *Martyre* : éd. A. Ludwich, *Eudociae Augustae Proclii Lycii Claudiani carminum reliquiae*, 1897, pp. 24 ss. Enfin Photios au ixe siècle (Phot. Bibl. cod. 184) et Siméon Métaphraste au xe (Migne, t. 115, 847 ss.) ont retravaillé la matière.

II. PRIÈRES DE CYPRIEN

Pour le détail, cf. Bilabel, pp. 38-40. Je n'indique ici que l'essentiel.

1) Textes **latins.** Deux prières, *Oratio Cypriani Antiocheni pro martyribus* et *Oratio Cyp. Ant. quam sub die passionis suae dixit.* Ed. Baluzius (Paris, 1726), en appendice aux *Opuscula*, p. xxxi ss. ; éd. de Venise (1758), col. 797-802. Rééditées par Hartel (*CSEL*, III, 3) append., pp. 144-151 (la 1re d'après un ms. du xe siècle, la 2e d'après un ms. du viiie siècle, cf. *Praefatio*, p. lxiv). La 1re prière n'existe pas en grec, la 2e (la plus longue) ne correspond pas au texte grec édité par Bilabel, pp. 236 ss.

2) Texte **arabe.**

Oratio sancti Cypriani... adversus daemones, précédant une traduction arabe de la lettre d'Abgar d'Édesse. En deux recensions, l'une courte, l'autre longue.

(*a*) Rec. *courte* : (α) cod. arab. *Vatic.* 51, 2 : édité, après Mai, par A. Grohmann ap. Bilabel, pp. 250 ss.

(β) Papyrus de Heidelberg PSR 820, 819, 818 (fragments du même texte) : édité par Grohmann, *l. c.* Ce texte arabe est bien la traduction (avec variantes) du texte grec édité par Bilabel, pp. 236 ss.

---

(1) Il y a cette différence entre le récit de la légende dans Grégoire et ce même récit dans nos textes, que, dans Grégoire, c'est Cyprien lui-même qui tombe amoureux de Justine, alors que, dans *Conversion*, Cyprien ne fait que mettre son art magique au service du jeune Aglaïdas, amoureux de Justine, et que, dans *Confession*, Aglaïdas et Cyprien sont également épris de la jeune fille.

(*b*) Rec. *longue* : cod. arab. *Paris.* suppl. 95, fol. 104v-111v. Inédit. Traduction française dans R. Basset, *Les apocryphes éthiopiens traduits en français,* VI (*Les prières de S. Cyprien et de Théophile*), Paris, 1896, pp. 38-52.

3) Texte **éthiopien,** cf. Bilabel, p. 39. Le texte du cod. Paris. traduit dans Basset, pp. 6-24.

4) Texte **grec** : *Paris.* gr. 426 (P), *Ottobon. Vatic.* gr. 290 (O), *Vatic.* gr. 695 (V), *Panorm.* III B 25 (M), *Bodl. Barroc.* 8 (B), *Ambros.* A 56 (A), tous du XV° ou XVI° s.

Ed. Th. Schermann, *Die griechischen Kyprianosgebete* (*Oriens Christianus,* 3, 1903, pp. 303 ss.) d'après P,O,V. Réédité (avec l'introduction de la prière dans les six MSS.) par Bilabel, *l. c.,* pp. 232-247, d'après A. Cette prière est suivie, dans A, après une première conclusion, d'une recette εἰς λῦμα ἀνθρώπου (cf. pp. 300-301); d'un *lunarium* (cf. *CCAG,* VIII, 3, pp. 179 ss.), d'un σκοπικὸν γαλυνόν (sic) (1), d'un tableau, de type connu, περὶ ζωῆς καὶ θανάτου. Vient enfin une dernière conclusion de la prière : Bilabel, pp. 247-249. Commentaire de la prière et des recettes, pp. 296-303.

Sous quelque forme qu'elle se présente, cette prière est manifestement dérivée de la légende et donc postérieure à celle-ci, cf. Bilabel, p. 41.

III. SECRETA CYPRIANI

Allusion seulement à ce texte **latin,** sans indication des MSS., dans J. Fell, *S. Caecilii Cypriani opera* (Oxford, 1682), p. 61. L'auteur s'excuse de ne pas reproduire cet écrit qu'il dit *superstitione foedissima et ineptis Daemonologiae mysteriis scatere.* Cf. Bilabel, pp. 40-41, qui n'a pu retrouver le texte.

IV. LIVRE DE MAGIE DE CYPRIEN

Texte **copte** d'après un papyrus de Heidelberg, Inv. n° 1684. Ed. Bilabel, *l. c.,* pp. 304-314. Traduction, *ib.,* pp. 314-319. Commentaire, *ib.,* pp. 320-325.

---

(1) Bilabel (p. 302, n. 1) propose Γαληνοῦ. Mais je crois qu'il faut lire simplement γαληνόν = « doux », c'est-à-dire « bon », cf. *P. Grenf.* I, 60 (iv° s.) γαληνότατος δεσπότης =, « très doux (bon) maître ! ». Ideler (*Phys. et med. min.,* I (1841). pp. 138-143) a édité, d'un certain Andromachos, un poème (élégiaque) intitulé Θηριακὴ ἀπ' ἐχιδνῶν ἡ καλουμένη Γαλήνη où on lit (vv. 3-4) Κλῦθι, Νέρων, Ἰλαρήν μιν ἐπικλείουσι, Γαλήνην, | εὔδιον, ἢ κυανῶν οὐκ ὄθεται λιμένων· En fait, dans ce σκοπικὸν γαληνόν, il s'agit de pronostics sur la maladie d'après le jour du mois où le sujet tombe malade, cf. *CCAG.,* III, pp. 32 s., 39 s. (προγνωστικὸν περὶ ἀρρώστων· ψῆφος τῆς Σελήνης pour les 30 jours du mois), 142 s.; VIII, 4, pp. 103 s., 105 s.; X, p. 136 ss.

Dans les textes de magie copte qui suivent (BILABEL, n°ˢ 125-138, pp. 360-399), je note, n° 138, p. 399, une variante copte de la formule *sator arepo*, qui se lit ici : *aretô tenêt ótera rótas auter*, soit *arepo tenet opera rotas sator*. Sur cette formule magique (qui forme un carré), cf. en dernier lieu : C. HOPKINS, *The Excavations at Dura-Europos*, V (1934), pp. 159-161; G. DE JERPHANION, *La formule magique « Sator Arepo » ou « Rotas Opera »* (*Rech. Sc. Relig.*, XXV, 1935, pp. 188-225); M. DELLA CORTE, *Il crittogramma del « Pater Noster » rinvenuto a Pompei* (*Rendiconti d. Pont. Ac. rom. di archeol.*, XII, 1936, pp. 397-400); G. DE JERPHANION, *Osservazioni sul l'origine del quadrato magico « Sator Arepo »*, ibid., pp. 400-404; ID., *A propos des nouveaux exemplaires, trouvés à Pompei, du carré magique « Sator »* (*C. R. Ac. Inscr.*, 1937, pp. 84-93); ID., *Du nouveau sur la formule magique Rotas Opera (et non Sator Arepo)*, dans *Rech. Sc. Relig.*, XXVII (1937), pp. 326-335.

C) TRADUCTION DE LA VERSION COPTE DE LA *Confession* (1).
Cod. Pierpont Morgan, col. 53 r°-62 v°.

Les crochets droits indiquent un supplément fourni soit par le contexte soit par une version parallèle; les parenthèses contiennent des compléments exigés par le sens de la phrase.

(53 ro. 1) Ceci est la repentance (μετάνοια) de Cyprien le Mage (μάγος) qui devint chrétien (χρηστιανός) grâce à la Vierge (παρθένος) Justine; qui fut, par la suite, évêque (ἐπίσκοπος) dans la ville (πόλις) de Nicomédie et qui obtint, enfin, la couronne de martyr (-μάρτυρος) avec Justine, sous le roi Dioclétien, le 20 Phaopi, en paix (εἰρήνη). Amen.

..... **(53 ro. 2)** du Christ; qu'ils regardent ma détresse et mes larmes, qu'ils reconnaissent par elles l'exactitude (ἀκρίβεια) des paroles que j'ai écrites. Car, (quant à) ceux qui se complaisent à l'art des démons (-δαιμόνιον), ce qu'ils en obtiennent est vain et ridicule. En effet, aucun des démons (δαιμόνιον) ne pourra, ni vous inspirer la crainte, ni vous donner l'apaisement autant (παρά) qu'(ils l'ont fait avec) moi. Et vous ne pourrez pas, non plus (οὐδέ), pénétrer le mystère (μυστήριον) de la cause (αἰτία) de leur puissance, ni les (i. e. les démons) connaître comme moi, **(53 vo. 1)** eux que l'on nomme dieux.

(1) Je dois cette traduction à M. Malinine, cf. Préface, p. x.

APPENDICE II.

Je suis Cyprien, celui qui fut consacré (ἀνάθημα), dès son adolescence, dans le temple d'Apollon et qu'on a instruit, dès l'enfance, dans les impostures que le Dragon (δράκων) accomplit. Car (γάρ) n'ayant pas encore atteint l'âge de 7 ans, je m'adonnai (déjà) aux mystères (μυστήριον) de Mithra.

Bien que je fusse, par ma naissance (γένος), un étranger (προσήλυτος) pour les Athéniens et non pas un originaire de la ville, **(53 vo. 2)** le zèle (σπουδή) de mes parents fit de moi un citoyen (πολίτης) dans ce lieu. Et (δέ) lorsque j'eus 15 ans, je servis Déméter et je marchai devant elle à la procession (ἀπο<πο>(μ)πεύω) (?) en portant des torches (λαμπάς). (Quant à) sa fille qu'on appelle « la Vierge » (παρθένος), je portai son deuil, vêtu d'habits brillants.

Je portai l'offrande (θυσία) à Pallas, celle qui réside en un lieu élevé (= l'Acropole). Je servis le Dragon (δράκων).... **(54 ro. 1)** J'allai à l'Olympe, le joyeux(?) (ἀσπασμός), qu'on appelle « le mont des dieux ». Je m'initiai aux secrets (μυστήριον) de l'Image (εἰκών), à la façon dont elle parle, (façon) qui consiste en la succession (διήγησις) des bruits qui se produisent habituellement lors d'une manifestation (φαντασία) de démons (δαιμόνιον), lorsqu'(?) ils se révèlent (σημαίνω).

Je vis en ce lieu des sortes (-τύπος) d'arbres et des herbes en puissance d'agir (ἐνεργέω), comme si (ὥστε) les dieux les regardaient. Et (δέ) je vis encore en ce lieu 4 étoiles dans lesquelles se trouvaient les vents (πνεῦμα) changeants, la succession (διαδοχή) (des saisons et) des fruits (καρπός), **(54 ro. 2)** les différents jours marqués par les puissances (ἐνέργεια) du Diable (ἀντικείμενος). Et (δέ) je vis aussi là des chœurs (χορός) de démons (δαιμόνιον), les uns chantant (ὑμνεύω), les autres, au contraire (δέ), dressant des embûches, trompant (ἀπατάω) et provoquant des troubles. Et (δέ) je vis se dresser (devant moi) l'escorte (τάξις) de chacun des dieux et des déesses.

Je passai 40 jours et 40 nuits en ces lieux, me nourrissant seulement de la sève (?) des arbres, après le coucher du soleil.

(54 vo. 1) Et (δέ) c'est de ce lieu que sont envoyés par le Roi de mauvais esprits (πονηρός, πνεῦμα) sous l'aspect de guerriers dont chacun exerce son influence (ἐνέργεια) sur (toute) la terre et sur tous les peuples (ἔθνος).

Lorsque j'atteignis l'âge de 15 ans, je fus instruit par les prêtres, par les 7 prophètes et par la prophétesse (προφήτης) du Diable, avec lesquels ce dernier s'entretient bouche à bouche. Ce sont eux, en effet (γάρ), qui procurent du travail à chacun des démons (δαιμόνιον).

Mes parents devinrent pleins d'attention (σπουδάζω) **(54 vo. 2)** pour moi quand j'eus connu toute la puissance du Diable (διάβολος). Ce dernier m'apprit comment la terre est solidement établie sur ses fondements. Il m'apprit la loi de l'Air (ἀήρ) et de l'Ether (αἰθήρ). Je visitai la mer (θάλασσα) jusqu'au (μέχρι) Tartare (τάρταρος).

Ensuite j'allai à Argos, je célébrai la fête de Héra et (là) on m'apprit comment on sépare les femmes de leurs époux et comment on jette la haine entre les frères et entre les amis. J'appris l'unité de l'Air (ἀήρ) et de l'Ether (αἰθήρ) et la façon dont la Terre **(55 ro. 1)** s'associe (κοινωνός) à l'Eau, ainsi que (κατά), d'autre part, l'Eau à l'Ether (αἰθήρ).

Et (δέ) je partis (ἀποδημέω) aussi pour une ville (πόλις) appelée Thalis (1) qui est le pays (χώρα) que l'on nomme Lacédémone. J'appris à connaître les mystères (μυστήριον) d'Hélios et d'Artémis, la loi de la lumière et des ténèbres, des astres, de (leurs) orbites, des Pléiades, des étoiles — Neter (?) (2) et de toute la cohorte (στρατία) des corps célestes (ἐπουράνιον); (je connus) quelle était leur influence (ἐνέργεια) et leur constitution (σχῆμα)....... [et les étoiles? de] **(55 ro. 2)** Cronos; elles sont plus importantes que les autres étoiles, puisque (ἐπειδή) certaines parmi elles accomplissent des orbites irrégulières.

Ensuite, j'allai chez les peuples (ἔθνος) qu'on appelle Phrygiens. J'appris d'eux à connaître la divination. Je connus le langage des barbares (βάρβαρος), la science des augures, le langage des corbeaux et des oiseaux qu'on observe (παρατηρέω), les signes (σημεῖον) des animaux et les présages, (ayant appris tout cela) des prêtres **(55 vo. 1** qui prédisent aux hommes ce (αἰτία) qui doit arriver; (je connus) les arbres qui produisent des sons et les pierres qui se trouvent sur les tombeaux (τάφος) et sur les portes. J'appris à connaître chacune de ces choses.

Et (δέ) je connus aussi les membres (du corps) (μέλος) qui font un mouvement convulsif brusque (κατὰ ... ἐνέργειαν), les nerfs qui se rétractent provoquant des démangeaisons, et d'autres qui s'accrochent l'un à l'autre; (je connus) l'art de poser un piège (βόλος) pour les paroles, les nombres (ἀριθμός) que l'on obtient par les doigts quand on les jette en avant et aussi les nombres qui **(55 vo. 2)** s'échappent soudainement (ἐξαπίνα) des lèvres des hommes.

---

(1) *Sic*. Probablement transcription d'une corruption ancienne déjà dans l'original grec. Il faut lire « en Elide » (ἐν τῇ Ἤλιδι), cf. *supra*, p. 39 n. 2.

(2) *Neter* : mot égyptien (pluriel) désignant probablement une constellation,

APPENDICE II. 377

Je créai des choses avec mes paroles et je constatai qu'elles étaient réelles. Et (δέ) j'appris à reconnaître (νοέω) comme (ὡς) inexistantes en réalité des maladies provoquées (?); des serments qu'on entend, de même que ceux qu'on n'entend pas; un accord (συμφωνία), de même qu'une dispute; une lutte qui se présente comme une paix (εἰρήνη).

Rien ne me resta caché de ce qui existe sur la terre et dans l'air (ἀήρ), dans la mer (θάλασσα) et dans le monde souterrain; aucune chose (apparaissant lors) d'une manifestation (φαντασία), **(56 ro. 1)** que ce soit (εἴτε) un phénomène perceptible par l'intelligence ou (εἴτε) une chose visible aux sens (?) (ὄψις?); que ce soit (εἴτε) une imposture ou (εἴτε) une pratique d'idolâtrie (εἴδωλον); que ce soit (εἴτε) une œuvre d'art ou (εἴτε) de mécanique (μηχανικόν), ou (εἴτε) toute (autre) chose difficile à reconnaître, comme les moindres (ἐλάχιστος) des maladies que les vieilles femmes provoquent par méchanceté: Je me suis intéressé à tout cela.

J'allai encore à Memphis et à Héliopolis...... **(56 ro. 2)**. Je visitai (·πεῖρα) leurs souterrains obscurs où les démons (δαιμόνιον) de l'air (ἀήρ) font leurs réunions avec les démons qui demeurent sur la terre; (j'appris à connaître) comment (κατά) ils induisent les hommes en tentation et quelles sont les étoiles où les démons se plaisent (ἡδύνω), s'ils y tombent; quelles sont les lois (νόμος) qu'ils proclament et par quel moyen, eux-mêmes, ils s'y soustraient; et comment les esprits (πνεῦμα) luttent avec les démons.

Et j'appris à connaître combien il y avait d'Archontes (ἄρχων) des **(56 vo. 1)** ténèbres et les rapports (κοινωνία) qu'ils ont avec les âmes (ψυχή) et les corps (σῶμα) privés de raison (ἄλογον) jusqu'aux poissons (y compris); et (je connus) quelle est l'œuvre accomplie par eux (les Archontes): l'un provoquant (ἐνεργέω) la fuite d'un homme; un autre agissant sur (ἐνεργέω) l'intelligence pour que l'homme se livre à lui; un autre agissant (ἐνεργέω) sur (sa) mémoire; un autre (lui) inspirant (ἐνεργέω) la terreur; un autre (procédant) par des ruses astucieuses; un autre par surprise (ὁρμή); un autre **(56 vo. 2)** (provoquant) l'oubli; un autre qui agit (ἐνεργέω) sur la foule pour qu'elle se révolte (στάσις); et beaucoup d'autres phénomènes qui se produisent de la même façon.

J'appris à connaître le tremblement de terre, l'eau de pluie de ces lieux, une terre en train de produire et une mer (θάλασσα) couverte de vagues, sans l'action (ἐνεργέω) d'une manifestation (φαντασία) (démoniaque). [Je vis les âmes des géants enfermés dans les ténèbres, supportant l'ombre de (?) la terre, qui paraissaient] comme quelqu'un qui porte un lourd fardeau. Je vis des dragons (δράκων) entrer en contact (κοινωνός) avec les démons (δαιμόνιον) et **(57 ro. 1)** (je sentis) le goût amer (πικρία) du venin sortant de leurs bouches (destiné) à tuer ceux qui demeurent sur terre; (venin) dont se servent les esprits (πνεῦμα) de l'Air (ἀήρ) pour causer tous ces maux aux hommes; de même que (s'en servent) d'autres esprits tirant un profit (ἀπολαύω) (quelconque) des hommes qui se réjouissent de l'aide (βοήθεια) qu'ils obtiennent des bêtes habitant sous la terre (??).

Je vis aussi la terre soulevée par un vent (πνεῦμα) qui la maintenait suspendue au-dessus de l'eau contrairement à la substance naturelle (φυσικός) (de ces deux éléments).

(57 ro. 2) On me conduisit aussi dans un endroit (τόπος) de ces lieux où les esprits (πνεῦμα) changent selon les apparences que le Dragon (δράκων), luttant contre la loi de Dieu, invente pour eux; où ces esprits (πνεῦμα) vilains (πονηρός) se transforment, suivant (κατά) le caractère de la séduction (πλάνη), pour servir ainsi les hommes qui communient (κοινωνέω) avec eux dans ces mêmes sacrilèges (-ἀσεβής). Car (γάρ) c'est une dévotion (-εὐσεβής) sacrilège (ἀσεβής) que les hommes accomplissent dans ce lieu pour obtenir une intelligence **(57 vo. 1)** sans raisonnement (λογισμός), une justice (δικαιοσύνη) qui est une injustice et un grand ordre (κατάστασις) qui demeure dans un grand désordre (ἀταξία).

Je vis dans ces lieux : l'esprit (πνεῦμα) de mensonge ayant une apparence (μορφή) aux nombreux aspects; — l'esprit (πνεῦμα) de luxure (πορνεία) à triple face, dont une est couleur de sang, une autre couleur de toile de couverture(?) (i. e. grise ou blanche), une autre putréfiée comme sous l'action de la flamme; — aussi, l'esprit (πνεῦμα) de colère (ὀργή) qui est **(57 vo. 2)** comme une pierre (πέτρα) dure, laid et d'un aspect de bête sauvage (θηρίον); — l'esprit (πνεῦμα) de ruse avec un grand nombre de langues aiguisées les unes contre les autres, qui le recouvraient; — l'esprit (πνεῦμα) de haine qui est comme un aveugle, avec les yeux, placés derrière la tête, fuyant tout le temps la lumière; ses jambes sont suspendues derrière sa tête et il est sans intestins à cause des œuvres impitoyables qu'il accomplit....; **(58 ro. 1)** — et (δέ) aussi, l'image de l'envie (φθόνος), semblable à celle de la jalousie, mais (δέ) se distinguant seulement de celle-ci par une langue pendante comme une faucille; — et (δέ) l'esprit (πνεῦμα) de méchanceté (πονηρία) qui se présente comme un os desséché, avec une langue et un point obscur dans ses yeux qui lancent des flèches et sont toujours prêts à faire du mal; il avait un .... large ....; — et (?) [l'esprit d'insatiabilité à deux gueules(?) dont une .... et] **(58 ro. 2)** l'autre sur sa poitrine (qui ressemblaient aux gueules? des) bêtes(?) (litt. : « ils, elles ») qui traînent pour elles de la terre et (?) des pierres; et (δέ) je le vis faiblir de plus en plus, car il était......; il ne cherche à atteindre et ne dévore personne; — l'esprit (πνεῦμα) d'obstination (ἀγνώμων), (l'obstination) avec laquelle l'homme agit alors que cet esprit accorde ce qui (lui) fait (ἀρέσκω) plaisir; [— l'esprit d'impudicité??....] privé de (tout sens de) la pudeur(?) : son corps (σῶμα), en forme d'oiseau qu'on appelle « faucon » (ἄρπη), est fin; les pupilles de ses yeux **(58 vo. 1)** s'enfoncent dans (le plumage de) sa tête de sorte que (ὥστε) (l'on pourrait croire qu')elles n'existent pas du tout; — l'esprit (πνεῦμα) de commerce dont l'aspect est celui d'un nain (κολοβός) robuste, avec un corps (σῶμα) sale; il porte une jatte(?) (δίσκος), contenant tout son avoir, sur ses épaules; — et (δέ) l'image de la vanité, elle a l'apparence d'un homme bien nourri et gras, sans os du tout; — et (δέ) l'image de l'idolâtrie (-εἴδωλον), elle est un esprit (πνεῦμα) qui plane **(58 ro. 2)** sous le firmament (στερέωμα); ses ailes (s'attachent) à sa tête; il croit (pouvoir) recouvrir avec elles tout le monde, alors (δέ) qu'aucun de ses membres (μέλος) n'en est couvert; — l'esprit d'hypocrisie (-ὑποκριτής) a pris l'apparence (σχῆμα) d'un pénitent (ἀσκητής) qui endure les souffrances, qui peine et est accablé de grandes afflictions : mais (ἀλλά) celles-ci se déversent sur lui, l'entourent et deviennent tortueuses comme une corde; — l'esprit (πνεῦμα) de folie [qui se présente comme une jeune fille dévêtue] **(59 ro. 1)**, qui n'est jamais en repos; [— l'esprit de traîtrise, avec une grande langue], plus longue que tout son corps (σῶμα); — l'image de la déraison, je la vis avec une tête aussi petite qu'une noix et avec un cœur arrêté et débile; il n'a même pas assez de force pour lever la tête. Et (δέ) je vis aussi dans ces lieux l'image de la passion (πάθος) et des (autres) vices que chacun des démons fait........, partant..... (pour le) monde (κόσμος)....... [et je vis?] **(59 ro. 2)** le péché (?) et les vices, (pesant) sur le monde (κόσμος), à l'aide desquels les démons (δαιμόνιον) mesurent le monde. Je vis aussi l'apparence de la vaine gloire, de la vertu et de la justice stérile par lesquelles les démons (δαιμόνιον) ont trompé (ἀπατάω) les philosophes (φιλόσοφος) grecs (Ἕλλην); elles sont, en effet (γάρ), toutes impotentes et sans force. Certaines sont comme la poussière, tandis que (μέν.... δέ) les autres sont comme des ombres; elles **(59 vo. 1)** ne deviennent apparentes que si elles cessent (d'agir). Car (ἄρα γάρ) les démons qui font agir les idoles (εἴδωλον), en induisant les philosophes grecs en erreur, sont au nombre de (?) (1) 365. Pour que toutes ces choses [.....]; je ne pourrai pas vous les dire une à une, pour ne pas (μήπως) écrire de nombreux livres; mais (ἀλλά) je vais vous (en) raconter quelques-unes qui suffiront pour rendre apparente l'ardeur (σπουδή) de mon impiété (-ἀσεβής).

Lorsque j'atteignis l'âge de 30 ans, je quittai l'Égypte pour le pays des Chaldéens, afin d'apprendre comment est l'Ether (αἰθήρ). **(59 vo. 2)**. Les gens de là-bas disent qu'il est établi au-dessus (litt. « il se dresse sur ») du Feu; mais (δέ) les Sages parmi eux prétendent qu'il demeure au-dessus (litt. « il existe sur ») de la lumière.

Et (δέ) j'en appris aussi à connaître la diversité (διαφορά) des étoiles et des plantes (dont) quelques-unes sont utiles (ὠφελέω), d'autres nuisibles (βλάπτω). Leurs chœurs (χορός) (des étoiles) sont réglés d'après la loi de la guerre (πόλεμος). On m'apprit la place de chacune des étoiles et le rapport qu'elles ont... [et je connus?...[**(60 ro. 1)** des images (?) (εἰκών?), leurs vertus particulières vis-à-vis des hommes. Et on me dénombra les 365 parties (μέρος) de l'Ether (αἰθήρ) dont chacune possède sa (propre) nature (φύσις) et entre en contact (κοινωνός) avec la force (ἐνέργεια) des substances matérielles (ὑλικός) que sont nos corps (σῶμα). Elles sont soumises à la loi de leur Archonte (ἄρχων) (respectif?) et suivent le conseil des Archontes qui donnent des signes à celui qu'ils........... et qui cachent......... **(60 ro. 2)**........... que sont les choses qu'ils font de leurs (i. e. des hommes) offrandes (θυσία) et de leurs libations. Certaines parmi elles (les 365 parties?), cependant (δέ), n'obéissent pas (πείθομαι) et (ἀλλά) gardent une attitude (διάθεσις) hostile(?) (ou « contraire »?) à la Parole de la Lumière.

On m'apprit également comment on (les) a persuadées (πείθω) à participer (μετέχειν) au dessein des êtres matériels (ὑλικός), comment on leur a fait connaître la Volonté de la Lumière et comment elles lui obéissent.

Et (δέ) je vis aussi des Médiateurs (μεσίτης) qui se trouvent parmi elles. Je fus surpris par (le nombre des) esprits (πνεῦμα) des ténèbres qui se trouvent dans l'air (ἀήρ).

(60 vo. 1). Il existe là une diversité (διαφορά) (de condition) dans

---

(1) Littéralement *hm* = « dans ». D'où peut-être : « en 365 (lieux, portions de l'éther?) ».

leur existence (βίος). J'appris à connaître les conventions (διαθήκη) qu'ils élaborèrent entre eux, et je fus très étonné (de constater) qu'ils s'y soumirent. Il existe dans ce lieu-là une constitution (διάθεσις), une bonne volonté (σπουδή), un commandement (ἐντολή) et un bon sens leur permettant de jouir (ἀπολαύω) de la vie en commun (κοινωνία). Et (δέ) il existe dans ce lieu de sagesse (σοφία) un Archonte (ἄρχων) qui possède toute intelligence mauvaise, celui qui remplit son cœur de perversité et(?) de toute impiété (-ἀσεβής) **(60 vo. 2)** de l'Air (ἀήρ). Cependant (δέ), après (? avoir instruit ces esprits sur ce qui se passe sur?) la terre, il (l'Archonte) fit instruire leur cœur sur l'état de choses sous la terre. Il fit apparaître un plan (προαίρεσις) rempli de toutes les pratiques (πρᾶξις) de fourberie (πανουργία), lui qui ne laisse pas le monde (κόσμος) en paix. Aussi, il les (i. e. les hommes) força de s'écarter de leur propre nature (φύσις), d'abandonner Dieu et de ne plus le servir.

Et il mit du zèle (σπουδάζω) pour transformer tout (leur) égarement en une erreur (πλάνη) et les fit vivre plongés dans leurs péchés.......... **(61 ro. 1)** vain.

Si vous voulez bien me croire (πιστεύω), je le vis, lui, le Diable, face à face. Je le fis apparaître devant moi par des offrandes (θυσία). Si vous tenez pour vraie ma parole, je le saluai (ἀσπάζω) bouche à bouche. Je lui parlai et il pensa à mon sujet que j'étais un des grands qui étaient devant lui. Il m'appela « Jeune homme doué qu'il est facile d'instruire », et, aussi, « Petit Iambrès digne de ma société (κοινωνία) ». Il m'aima et fit de moi son Archonte (ἄρχων) à la tête de tous les démons (δαιμόνιον) et de toutes les puissances (ἐξουσία); **(61 ro. 2)** après (δέ) toutes ces choses qu'il avait promises, (il dit) « Je t'aiderai par elles dans ta vie (βίος) », car j'étais très considéré par lui. Car (γάρ) il eut confiance dans l'escorte (τάξις) qui lui était soumise. Lorsque j'allais partir, il cria mon nom : « O très zélé Cyprien, sois un homme fort et persévérant en tout ce que tu fais ». Et (δέ) lorsqu'il se leva et me reconduisit, tous les Archontes (ἄρχων) furent consternés et se soumirent (ὑποτάσσομαι) à moi.

(61 vo. 1). Et (δέ) son apparence était semblable à une fleur de joie(?), et ornée de pierres précieuses (μαργαρίτης); il avait sur sa tête une couronne parsemée de ces mêmes pierres dont la lueur se répandait dans tout ce lieu (?). Et (δέ) son vêtement (στολή) rayonnait (si fort) que (ὥστε) l'endroit où il se tenait remuait.

Et (δέ) de nombreuses troupes (τάγμα), toutes différentes les unes des autres, se dressaient près de son trône (θρόνος), en inclinant leurs têtes et leurs puissances (ἐνέργεια) devant lui, **(61 vo. 2)** en signe de soumission.

Mais c'est par une grande illusion qu'il produit ces choses, faisant luire la lumière en ce lieu et inspirant de la crainte à tous. Car il a créé lui aussi des images d'étoiles, d'arbres et d'êtres animés (ζῶον), tandis qu'il lutte contre la loi de Dieu et combat (πολεμεῖ) contre ses anges (ἄγγελος), croyant peut-être pouvoir induire ainsi en erreur (πλανάω) les hommes, comme s'il était Dieu......... et......

... **(62 ro. 1)** Tout cela, ce sont des images illusoires (φαντασία), mais il s'enorgueillit à leur sujet quand il pense à elles; car, grâce à ces images, il crée aussi des hommes comme s'il (ὥστε) les amenait du néant à l'existence. C'est pourquoi les démons manifestent leur puissance au moyen de ces images (εἰκών). Mais (δὲ οὖν) comment peuvent-ils (1) prendre les formes (μορφή) de ces ombres si ce n'est (εἰ? μήτι) par les offrandes (θυσία)...

(62 ro. 2)... pour eux et leurs autres esprits (πνεῦμα), comme le lainage, la toile, les vêtements tissés (?), la teinture de pourpre, l'art (τέχνη-) de coudre (?) et les outils dont on se sert pour les fabriquer. Ils (les démons) s'en revêtent en se servant (χράομαι), comme de formes (μορφή), des ombres qui sont en ce lieu. C'est pour cela qu'il (le diable) réclame [...], jusqu'à une fourmi qu'on doit lui donner comme offrande (θυσία), et de l'eau, du lainage et des fruits (καρπός). Et (δέ) toutes les choses qui se trouvent sur la terre, il les réclame (αἰτέω) pour pouvoir, grâce à elles, se servir (χράομαι) **(62 vo. 1)** des ombres illusoires (-φαντασία). Comme ceux qui meurent et dont nous nous représentons la forme (μορφή) dans notre cœur, que nous voyons sans (ἀλλά) qu'ils se manifestent et à qui nous parlons, et qui nous répondent, — telle est aussi la façon d'agir du diable (διάβολος). Il façonne (τυπόω) les images (μορφή) qu'on lui présente en offrande (θυσία), et lui-même et les siens s'en revêtent. Il envoie de l'eau de pluie, mais (ἀλλά) elle n'est pas telle qu'on puisse la boire; il crée le feu, mais (ἀλλά) celui-ci ne peut ni donner une flamme ni brûler **(62 vo. 2)** en vérité. Il crée un poisson, mais (ἀλλά) on ne le mange pas. Il se revêt aussi des autres formes matérielles (ὕλη), et il se manifeste dans des villes (πόλις), dans des maisons, dans des pays (χώρα), dans des montagnes et dans des villages. Il prend aussi l'apparence des roses et des lis

---

(1) « Peuvent-ils » correction pour « pouvons-nous ».

dans l'air (ἀήρ), (1) (roses et lis) dont ils font le vêtement de leurs idoles, selon (? κατά) un vêtement illusoire (φαντασία). Les hommes qui l'adorent... ».

Lacune d'environ cinq lignes, puis commence le récit de la conversion proprement dite.

(1) *mp aèr* : littéralement « dans l'air » ou « de l'air ». Il est probable que cela se rapporte au sujet : le diable prend dans l'air l'apparence, etc...

APPENDICE III

INVENTAIRE DE LA LITTÉRATURE HERMÉTIQUE ARABE (1)
par Louis Massignon.

I. — *Introduction.*

Au sens strict, sont textes hermétiques, en arabe, ceux qui se réfèrent nommément à Hermès, ou aux « trois Hermès » (Harâmisa). L'immense majorité des auteurs arabes étant musulmane (avec une petite minorité de chrétiens, de manichéens et de juifs), admettre Hermès ne signifie pas adhésion au culte païen qui était encore célébré à Harran au début du ixe siècle de notre ère, par des Sabéens de langue syriaque (2), pour qui Hermès ($=$ Thoth) était bien resté le dieu de toutes les inventions civilisatrices. Admettre Hermès marquait un essai de syncrétisme; pour des manichéens, Hermès était le premier des cinq précurseurs, prophètes avant Mani; pour certains chrétiens syro-arabes, c'était, sinon une préincarnation du Logos comme chez les gnostiques Naasséniens, du moins un précurseur du monothéisme (3) et de l'ascétisme des Pères. Il n'y avait plus de juif hellénisé songeant à identifier Hermès avec Moïse, comme dans Artapan; mais, pour bien des musulmans, Hermès était un prophète authentique, antédiluvien,

---

(1) Au point de départ de cet « inventaire » se trouvait une conférence préparée pour les « Eranos Tagungen » d'Ascona des 3-9 août 1942, consacrées au « mythe d'Hermès »; dont la traduction allemande doit paraître, dès que les circonstances le permettront, dans l'*Eranos Jahrbuch*, au Rhein-verlag de Zürich.

(2) Cf. Tkatsch, *Die arab. übers. des Poetik der Aristoteles*, I, 114. Le sabéen Thābit-b.-Qurra († 288/901) a écrit en syriaque et traduit en arabe les « Lois d'Hermès » $= k.$ *nawāmis Harmas;* cf. Chwolsohn, *Ssabier*, 1856, II, p. iii, v). Sur les Sabéens de Harran, et leur culte païen, voir ia bibliogr. résumée de Carra de Vaux (ap. *Encycl. Isl.*, s. v.) Hermès n'était qu'un de leurs dieux, mais aussi l'inventeur de leur rituel. On peut appeler les Sabéens « hermétistes » dans la mesure où ils ont diffusé une philosophie hellénistique « primitive » attribuée aux « trois Hermès » (de Basse-Égypte, de Chaldée, et de Haute-Égypte) sans l'ultérieure précision des systèmes

(3) Un alchimiste gréco-syriaque loua Hermès et Hippocrate en les opposant à Homère et à son polythéisme impie (Berthelot-R. Duval, *Chimie au Moyen Age*, II, xlv, 316-317). Cf. Arnobe et Lactance.

qu'ils identifiaient à la fois à Idrîs, cité dans le *Qur'ân* (1), et à Ukhnûkh (l'Enoch de la *Genèse*).

Si Hermès-Idrîs était un prophète, il ne rentrait pas dans la catégorie des prophètes-législateurs, à qui Dieu a fait remettre un Texte *ne varietur* (2), par le ministère d'un ange (Thora, Évangile, Qur'ân). Il était venu initier les hommes, par inspiration directe (*ilhâm*, opposée à *wahy*, révélation indirecte par le moyen d'un ange) pour organiser les premières cités sédentaires (3) et leurs techniques. On retrouve là l'écho de la présentation dialoguée, des « colloques secrets » (4) des textes hermétiques grecs. Les premiers musulmans qui « hermétisèrent » étaient des shi'ites, pour qui l'histoire est cyclique, et doit pouvoir s'expliciter en remontant aux exemples des plus anciens prophètes (d'où le rôle d'Hermès chez les Druzes et Nusayris) (5). C'est grâce à Hermès-Idrîs que la tradition hellénistique réclama droit de cité dans l'Islam, alors que la syllogistique et la métaphysique d'Aristote n'y étaient pas encore admises. La propagande manichéenne des *zanâdiqa* (6) se servait d'Hermès, pour sa doctrine de l'inspiration, tandis que les Sabéens de Harran, menacés d'extermination comme païens, voyaient dans le « prophétisme » d'Hermès-Idrîs (7) un moyen inespéré de se faire admettre parmi les cultes monothéistes officiellement tolérés dans l'État musulman. Ils annonçaient aux musulmans que Hermès reviendrait ici-bas comme leur *Mahdi;* et qu'A[gatho-]démon serait le Juge du Jugement (8). Mais l'hermétisme n'avait pas de Livre révélé; dès 321/933, le cadi A. I. Istakhrî, alors muhtasib de Bagdad, demanda l'extermination des Sabéens, qui durent se convertir petit à petit (leur dernier chef officiel connu

---

(1) *Qur'ân:* XIX, 57 (ascension); XXI, 85, cf. k. *altuffâḳa, JRAS.*, 1892, 222, 228.

(2) On n'a sous son nom que des « ṣuḥuf » (feuillets) apocryphes (cf. les « ṣaḥâ'if Idris » ascétiques du ms. Syr. Soc., anal. SPRENGER, *JASB.*, 1856, p. 147-150).

(3) La date très reculée qu'on assignait à Hermès ressort de cette remarque de Bêrûnî (*chron*. 342) que : selon Hermès le lever des Pléiades coïncide avec le point vernal; ce qui n'eut lieu que plus de 3.300 ans avant l'ère chrétienne.

(4) FESTUGIÈRE, ici, pp. 309 ss.

(5) Chez les Nusayris, Hermès est l'incarnation divine ('*Ayn*) dans la seconde *qubba*, celle des Binn (cf. *bâkûra*, p. 61) ; et le *majm. al-a'yâd* de Ṭabarânî (ms. Nieger, f. 70 b) l'identifie à Aristote. Chez les Druzes, Ukhnûkh est passif féminisé (identifié à Eve; à Idris aussi et à Hermès); c'est la seconde émanation, Nafs, Ḥujja; ap. pièces nᵒˢ XII et XXXII du canon druze.

(6) Voir *Enc. Isl.*, s. v. ZINDIK.

(7) La fête sabéenne d'Hermès tombait le 7 adhar (Bêrûnî, *chron.* 316).

(8) *Qasida* de Nashwân, ap. D. H. MÜLLER, *bürg. und schlöss.*, I, 75, n. 6; et *Ikhwât al-safâ*, IV, 107-108.

est Ḥukaym-b-'Isä-b-Marwân; successeur de Sa'dân-b-Jâbir, † 15 rabi'I 333/944) (1).

Bientôt, d'ailleurs, une réaction se produisit contre les infiltrations de l'hermétisme dans la pensée musulmane. On avait accepté sa technique instrumentale ; c'est à Harran que se fabriquaient les astrolabes (2) nécessaires pour la fixation quotidienne des moments des cinq prières canoniques (le sunnisme exige un recours à l'expérience directe, et, de même que pour fixer la néoménie, condamne, encore aujourd'hui, le recours aux almanachs calculés d'avance); les alambics d'alchimistes, et les talismans astrologiques étaient employés partout; mais bien des penseurs musulmans, d'ailleurs pour des motifs différents, réprouvaient l'astrologie, l'alchimie (3) et la magie talismanique, peu conciliables avec la transcendance et le bon plaisir divins.

La polémique, qui atteignit alors la théodicée hermétique, prouve qu'à cette époque l'hermétisme constituait bien un tout. Non pas qu'il fût professé par une société de pensée organisée; la persistance du serment hippocratique, encore prêté en Espagne par le médecin Ibn Zuhr († 525/1130 : ap. *taysîr*, ms. Paris 2960, f. 133 b : relevé par A. Faraj) (4), ne prouve pas que la diffusion des techniques antiques en Islam ait été assurée par une organisation d'initiés; et, en dehors de l'hôpital de Jundisabur, l'enseignement de la science antique n'avait pas d'écoles spécialisées, et devait se perpétuer avec celui de l'*Organon* à l'ombre des séminaires chrétiens syriaques d'Irak (surtout nestoriens : à Deïr Qunnä, Maḥûzé, et Mâr Théodore). Mais, tout en personnalisant dans Hermès-Idrîs l'état primitif de la culture païenne (comme dans les maximes de Luqmân-Aḥikar),'on avait encore conscience d'une certaine homogénéité doctrinale unissant les divers textes (alchimie, astrologie, talismans, théodicée) transmis et traduits sous le nom d'Hermès.

Le philosophe Sarakhsî († 286/899), disciple de Kindî, considère avec lui Hermès comme un des fondateurs de la religion sabéenne. Il ajoute (5) que Kindî avait lu ce qu'Hermès avait dit à son fils du

---

(1) Selon Abû Sa'îd Sijazî, *k. Jâmi' shâhî*, s. v. Ce passage important d'un ms. historique unique (phot. pers.) complète *Fihrist*, p. 326; et fait mourir Kusṭâs (non : Qusṭâs), prédécesseur de Sa'dân, le 29 muh. 330/941. Sijazî, astrologue renommé, paraît avoir été sabéen (voir excursus in fine).

(2) Hamdànî, *k. jazîrat l-'arab*, s. v.

(3) Contre l'alchimie : Kindî, Ibn Sînâ, et la plupart des canonistes (Ibn Taymîya). Pour : Râzî, Fârâbî, Ṭughrâï.

(4) A. Faraj, *Relations médicales hispano-maghribines au XII° siècle*, Paris, 1935, 52.

(5) *Fihrist*, 320 (et 318) il doit s'agir du *Poimandrès*.

« tawḥîd » (= énonciation de la foi en l'Unité divine), et en avait admiré l'exactitude, observant qu'un philosophe (musulman) comme lui n'aurait pu l'exprimer mieux : il s'agissait de l'ineffable transcendance divine, que l'outil du syllogisme ne saurait atteindre (et qui n'est accessible qu'à la théurgie, comme nous allons le voir). Écarter de l'Essence divine toute discrimination d'attributs, c'est ce que développe en arabe un texte hermétique, le Ps.-Empédocle, qui, selon Ibn al-Qifṭî, influença le mu'tazilite 'Allâf († 233/849) et l'ascète andalou Ibn Masarra († 319/932) (1). On peut même se demander si Jahm ne s'était pas déjà inspiré de l'hermétisme quand il nia toute distinction d'attributs en Dieu, puisque, selon Ibn Ḥanbal (2), il emprunta alors à des chrétiens manichéens leur preuve par l'immanence de l'Esprit pour réfuter l'athéisme bouddhique ou jaïna (Sumaniya).

En tout cas, nous pensons qu'à travers Dhû'l Nûn Misrî († 245/859), à la fois alchimiste et mystique (Égyptien), la démonstration hermétique de l'inefficacité de l'usage du syllogisme en théodicée fut connue des sûfîs qui, comme A. S. Kharrâz († 286/899) et Ḥallâj († 309/922), opposèrent les premiers à la raison ('aql) impuissante l'esprit (rûḥ), seul apte à goûter Dieu expérimentalement. C'est ce qu'avaient fait déjà des shi'ites extrémistes teintés d'hellénisme à Kûfa (3). Un d'entre eux, Shalmaghânî († 322/934) (4), avait écrit sur l'alchimie; sa thèse sur l'infusion divine dans le corps du saint use de deux termes hermétiques et sabéens (ḥulûl, infusion; haykal, statue de l'idole où la conjuration théurgique fait venir l'esprit du dieu), et on les retrouve dans Ḥallâj, provenant plutôt chez eux deux de shi'ites extrémistes au courant de l'écrit polémique de Manès contre Bardesane sur l'âme (5).

En théodicée, la philosophie hellénistique unit communément deux thèses contrastantes : d'une part, que l'essence divine est ineffablement une; d'autre part qu'elle est non seulement susceptible d'émanation, mais qu'elle peut, par notre prière, être

(1) ASIN PALACIOS, *Abenmasarra y su escuela*, Madrid, 1914.
(2) IBN ḤANBAL, *radd 'ala'l zanâdiqa*, ms. Londres, ar. Supp. 169, f. 1ᵇ-3ᵇ.
(3) Les premiers shi'ites extrémistes de Kûfa semblent avoir connu des textes hermétiques : quand Mughîra montre son Dieu arrachant les deux yeux à son propre visage reflété dans l'océan d'eau douce lumineuse pour en faire le soleil (= Muḥammad) et la lune (= 'Alî), on pense aux deux yeux d'Horus (Shahrastani, II, 13-14).
(4) Dont je viens de retrouver le *k. al mubâhala*, édité, sous le nom de son disciple Abû'l Mufaḍḍal Shaybânî, dans l'encyclopédie de Majlisi (*biḥâr* VI, 641-652 fol.).
(5) Fragment de ce traité de Bardesane (selon P. Kraus) ap. Jâḥiz, *ḥayawân*, V, 38 (l. 9 d'en bas).

contrainte à s'infondre, soit dans l'idole (néoplatonisme de Porphyre), soit dans le saint (théurgie hermétique). C'est cette seconde thèse, du *ḥulûl*, qui était la plus incompatible avec la lettre de l'Islam; et la condamnation dont elle fut frappée chez certains shi'ites et mystiques visa sans doute aussi l'hermétisme. De plus, comme l'a remarqué Shahrastânî, l'*ascension* de l'esprit au ciel, telle qu'Hermès y initie (1), dispense de croire à la *descente* d'un ange messager pour remettre au prophète le Texte révélé : autre incompatibilité avec l'Islam strict (car l'Islam mystique admet, grâce à al-Khaḍir (2), une inspiration directe, supérieure à l'état prophétique).

Graduellement éliminée en théodicée islamique, l'influence hermétique a faibli en magie talismanique (où la mantique des chiffres et des traits sur le sable a gagné), mais a régné souverainement, sinon par ses principes, du moins par ses pratiques, en astrologie et en alchimie musulmanes, jusqu'à nos jours. Là comme au Maroc, où existent encore des *muwaqqit*, fonctionnaires de mosquées, chargés d'observer l'heure exacte des cinq prières au moyen de l'astrolabe, on note que l'astrolabe sert aussi, surtout dans les zaouïas, des congrégations populaires, à relever des présages, heureux ou funestes (3).

Le but de cette note n'est pas d'esquisser un tableau complet de l'astrologie, de l'alchimie et de la magie talismanique musulmanes, mais de donner un inventaire des textes arabes lexicalement ou consciemment hermétiques.

Voici à quels signes réunis nous les avons reconnus tels :

1° Une *théodicée*, où le Dieu Un, conçu comme ineffable, inaccessible au syllogisme, se laisse atteindre par une technique d'ascèse et de conjuration : cf. la formule shi'ite et mystique « biḥaqq... » (4), « par le droit (sur Toi) des Cinq du Manteau, (chez les shi'ites); ou, par le droit de l'Humanité (chez Ḥallâj), je Te demande... »;

2° Une *physique synthétique,* qui, bien loin d'opposer le monde sublunaire au ciel empyrée (et les 4 éléments corruptibles à la quintessence), affirme l'unité de l'univers; théoriquement par

---

(1) Shahrastani, II, 133.
(2) Al-Khaḍir = le guide anonyme de Moïse ap. *Qur'ân,* XVIII, 64 sq.
(3) Cf. Zerhuni, *riḥla de Tasaft*, trad. Justinard, 1940 (début).
(4) Les théologiens sunnites refusent d'admettre « biḥaqq »; non seulement pas *ex condigno*, mais pas *ex congruo*.

APPENDICE III.

une science des *correspondances* entre les divers « horizons » de l'univers (1) (voir leur table selon A. Kayyâl, ap. Shahrastânî, I 18; selon l'encyclopédie des Ikhwân al-Safâ, I, 116-118; selon *Picatrix*, éd. Ritter, 150-156); pratiquement par l'exploitation expérimentale systématique de ces correspondances, en « provoquant des résultats » en astrologie horoscopique (2), en typologie (toxiques en médecine, caractères individuels et collectifs dans la combinaison des métiers et la science des cités), en alchimie (sublimation). La polémique que mènent le *k. sirr al-khalîqa* contre le mixisme dualiste et le Ps.-Jâbir pour l'activation et la sublimation des corps simples de l'alchimie au moyen d'un « esprit » que l'on y infond, fait penser que les premiers adaptateurs de la physique hermétique en arabe ont été des manichéens ou des bardesaniens, avant que des musulmans, comme Ps.-Jâbir, essaient d'y introduire les causes substantielle ou instrumentale d'Aristote.

Ce principe des *correspondances* explique la polyglossie du vocabulaire des techniques en arabe, farci de mots exotiques, grecs, syriaques, persans. Personnellement, je serais enclin à faire remonter le début de ce mélange, si visible en astrologie et en pharmacopée, plus haut que les Sassanides (théorie de Ruska) (3), dès la conquête achéménide de l'Égypte (qui commençait à s'helléniser); l'architecture de Persépolis révèle déjà un syncrétisme poussé. Hermès est le dieu polyglotte des exégètes et des drogmans.

3° L'usage de *séries causales anomalistiques* (4) *et empiriques*, ce qui différencie la tendance hermétique de la tendance logique d'Aristote, et rapproche l'hermétisme de la dialectique concrète et empirique des écoles stoïcienne (cf. en grammaire, l'école stoïcienne anomalistique de Pergame, précisément imitée par la première école de grammairiens arabes, celle de Kûfa) (5) et hippocratique. Je pense qu'un lien s'est toujours maintenu entre l'hermé-

---

(1) Éléments, vents, heures, humeurs, facultés, vertus, rythmes, parfums, sons, goûts, couleurs, métiers, vêtements, fleurs, gemmes, langages, sciences, organes internes et externes, classes d'animaux. — Cf. les almanachs égyptiens (voir MICHELL, *An egyptian calendar*, 1900), les tables de correspondances chinoises et hindoues.

(2) L'introduction des cycles (*adwâr, akwâr*) dans la cosmogonie shi'ite, qui remonte, selon Nawbakhtî (*firaq*, 32) à Hârithî (vers 125/742) décèle une infiltration d'astrologie hermétique.

(3) RUSKA, *tab. smaragd.*, 168.

(4) Par « anomalistiques », j'entends « aberrantes, individuelles ».

(5) Contre l'école « analogique » d'Alexandrie ; imitée par les grammairiens arabes de Baṣra.

tisme alchimique et la médecine hippocratique, même durant l'Islam médiéval, et qu'ainsi s'est préparé l'avènement de la méthode scientifique expérimentale moderne. Ruska a montré (1), à propos du grand médecin Râzî, le clivage qui a écarté graduellement l'alchimie symbolique de la chimie moderne. L'usage de séries causales s'opposait aussi à la vieille scolastique islamique, qui s'interdit de superposer un accident à un accident.

On ne saurait, en hermétisme arabe, chercher des différences qui le séparent, soit du néopythagorisme, soit du néoplatonisme; mais on peut, en revanche, l'isoler du gnosticisme, car l'hermétisme, ici, est une philosophie religieuse, une « sagesse inspirée » (*hikma ladunniya,* dit la « Table d'Émeraude »), éloquente (*Logos;* non pas *Sigê*) (2).

En philosophie, les deux maîtres musulmans qui ont esquissé une conciliation du néoplatonisme et du sûfisme, Suhrawardî d'Alep († 587/1191) et Ibn Sab 'în († 668/1269 : le correspondant de Frédéric II), se sont explicitement réclamés d'Hermès, le premier, en l'associant à Agathodémon (= Seth), le second, en construisant une curieuse chaîne d'initiation (*isnâd*), publiée par son disciple Shushtarî (3) : elle descend des trois Hermès jusqu'à lui en passant par Socrate, Platon, Aristote, Alexandre (= Dhû' lqarnayn), Ḥallâj, Shiblî, Niffarî (l'auteur des « mawâqif »), Ḥabashî, Qaḍîb al-Bân, Shûdhî (= Ḥallâwî, le cadi de Séville). Cet *isnâd* d'hermétistes a d'ailleurs scandalisé les contemporains : car il initie à une inspiration directe sans passer par le Prophète de l'Islam; inspiration non seulement révélatrice, mais sanctifiante, au dedans.

II. — *Répertoires arabes des ouvrages hermétiques.*

1° vers 377/987 :

Ibn al-Nadîm al-Warrâq, *kitâb al-Fihrist,* éd. Fluegel, 1871, pp. 238, *267,* 286, *312,* 318, 320, *353 :* donne 22 titres d'œuvres d'Hermès (voir ici *infra*), suivis d'un grand nombre de noms d'auteurs et ouvrages hermétiques païens et musulmans (seuls ces derniers seront énumérés ici). La première partie de cette liste a été étudiée par Ruska, *tab. smaragd.,* p. 64.

(1) Ruska, préface à son édition de Râzî, *k. sirr. al-asrâr.*
(2) Ou, en style shi'ite, ismaëlien (Nâṭiq), plutôt qu'imâmite (Ṣâmit), cf. notre *Salman Pak,* p. 35-36. Le gnosticisme Manichéen est *contre* l'astrologie; tandis que comme Bardesane, l'hermétisme est *pour.*
(3) Cf. notre *Recueil de textes inédits...,* 1929, p. 139.

A) en ALCHIMIE (p. 353) : 13 titres :

k. Harmas ilä ibnihi (« Hermès à son fils ») sur le grand œuvre (ṣanʿa); — *k. al-dhahab al-saʾïl* (« l'or liquide »); *k. ilä Ṭát* (« à Thoth ») sur le grand œuvre; — *k. ʿamal al-ʿunqûd* (« usage de la scorie »? — Ruska corrige ʿuqûd = fixierungen); — *k. al-asrâr* (« les secrets »); — *k. al-Hárîtûs* (KZ lit Hâwiṭûs; titre répété *infra*); — *k. al-Malâṭis* (Blochet, ap. *RSO,* 1908 = *Études sur le gnost. mus.,* p. 70, lit Madâṭis = grec Mathètès; KZ en fait un traité d'envoûtement des animaux); — *k. al-Isṭamâkhîs* (étudié *infra*); — *k. al-Salmâṭis* (id. : transcrit aussi Isṭamâṭis); — *k. Armînas* (lettre à ce disciple); — *k. Nitâdas* (id. : sur la doctrine); *k. al-Adkhîqî* (sic); *k. Damânûs* (id.).

Viennent ensuite deux ouvrages de disciples : d'Usṭânis (= Ostanès) (1) *k. muhâwarat Tawhîr* (= « entretien avec Tawhîr, roi hindou »), et de Zusîmûs (= Zosime), *k. al-mafâtîh* (= « les clés »; dit aussi « les LXX »; collection de traités divisée en 3 parties).

Puis 53 noms d'hermétistes antiques, 4 titres d'œuvres du prince musulman Khâlid-b-Yazîd-b-Muʿâwiya (2), 45 titres d'ouvrages d'hermétistes anciens, liste des 238 ouvrages du « Corpus Geberianum » (Ps.-Jâbir-b-Ḥayyân Azdî), 2 de Dhûʾl Nûn Miṣrî, 19 du grand médecin Râzî (comp. sa bibliogr. ap. « *Épître* de Bêrûnî », éd. P. Kraus) 5 d'Ibn Waḥshiya (examinés *infra*), 11 de ʿUthmân Ikhmîmî, 9 d'Abû Qirân, 7 d'Isṭafan Râhib, 6 du Saïḥ ʿAlawî, 2 de Muḥammad Dubays (élève de Kindî), 4 d'Ibn Sulaymân, 2 d'Isḥâq-b-Nuṣayr, 4 d'Ibn Abîʾl ʿAzâqir (= Shalmaghânî), 5 d'Aḥmad Khanshalîl (3).

B) en TALISMANS (nîranjât) (p. 312) : 4 titres :

k. al-nashr (« désenvoûtement »); — *k. al-Hârîṭûs* (talismans des arbres, fruits, huiles et herbes); — *k. Firîkûpiyûs* (= Procope; sur les talismans solaires, lunaires et planétaires, et les noms des sages); — *k. Firîkûpiyûs* (= Procope; sur les propriétés magiques).

C) en ASTROLOGIE (p. 267) : 5 titres : latitude, — *k. miftâh al-nujûm* (« clé des étoiles »; en 2 livres : latitude, longitude, Blochet compare au grec « kleidion »); — *k. tasyîr al-kawâkib* (« mouvement des astres »); — *k. qisma tahwîl siniy al-mawâlid* (« révolu-

---

(1) Du persan Usṭânis, voir fragm. publ. Berthelot (*Ch. M. A.,* III, 116-123 (trad.; = 79-91 texte arabe).

(2) Il est bien entendu que ce sont des pseudépigraphes postérieurs.

(3) La trad. Houdas de cette notice (ap. BERTHELOT, *Chimie au Moyen Age,* III, 26-40) est à reviser.

tion annuelle des thèmes généthliaques »; ms. Berlin 3257); — *k. qaḍîb al-dhahab* (« rameau d'or » : livre secret sur les mystères des étoiles).

2° avant 462/1070 : Ṣâ'id Andalusî, *ṭabaqât al-umam*, éd. Cheïkho, pp. 18-19, 39-40; donne les titres d'astrologie ci-dessus (N⁰ˢ 1-2, et 5), puis 2 titres de Birjis (astr.), 4 du roi Wâlîs (id.), 1 d'Isṭafan Bâbilî (id.); enfin 2 titres d'Hermès : *kîmiyâ* (= alchimie), et *sumûm* (= toxiques).

3° avant 646/1248 : 'Alî Ibn al-Qifṭî, *akhbâr al-ḥukamâ*, éd. Khânjî, p. 5 et 227; donne les 5 titres d'astrologie ci-dessus, une « lettre à Ṭâṭ » (dialogue) et des maximes (liste p. 5; comp. Shahrastânî, *milal*, éd. Caire, II, 142-146; qui donne, *l. c.*, II, 95,166, des éléments hermétiques chez les Sabéens et le Ps. Empédocle).

4° vers 803/1400 : Ibn Khaldûn, en ses *prolégomènes*, donne simplement quelques noms d'alchimistes connus déjà par ailleurs; entre autres Abû Qaṣaba Ibn Tammâm 'Irâqî (cf. infra, 5°).

5° en 879/1492 : Aḥmad-b-Muḥammad Masmûdî, *k. al-wâfî fî tadbîr al-kâfî* (Br. S. II, 369 : Berthelot-Houdas, *Chimie au moyen âge*, III, 41-42); donne 22 titres d'alchimie : de Zosime (1,5), Ibn Umayl (3,8,9,12), Ps.-Jâbir (2,19), Mukhtafî (= probablement Marrakushî, Br. S. II, 1033 : *k. sirâj al-ẓulma*, 4; 30 épîtres, 6), Dhû'l Nûn Miṣrî (*qaṣîda*, = ms. Paris, a. f. arabe 1074ᵇⁱˢ; 7), Ibn al-Mundhirî (cf. Br. I, 367?; *k. firdaws al-ḥikma*, 10), Ibn 'Utba Yamânî (*k. al-arkân*, 11), Ibn Arfa' ra'sahu (*dîwân al-shudhûr*, 13), Musä al-ḥakîm (3 épîtres, 14), 'Irâqî (Ibn Tammâm; est-ce Sîmâwî, Br. I, 496? — *k. tuḥfat al-tadbîr li-ahl al-tabṣîr*, attribué à Ism. Tinnîsî par Br. S. III, 1235; et *sharḥ al-shudhûr*; 15,16); Ibn Waḥshiya (et non Jildakî), auteur du *k. al-shawâhid 'alä' lḥajar al-wâḥid* (Br. I, 243; 17,18); Muḥammad-b-Ibrahîm, 9), Ibn Tammâm 'Irâqî (poème, avec comm. de Qayrawânî; 20,21), poèmes de Khâlid-b-Yazîd (entre autres « al-firdaws »; 22).

6° vers 1068/1658 : Muṣṭafä Ḥâjjî Khalîfa, *kashf al-ẓunûn* (abr. : KZ); ce dictionnaire donne, à leur rang alphabétique (numérotés seulement dans l'édition Fluegel), 12 titres (ses remarques indiquent qu'il en avait identifié au moins 3 (signalés *infra*) dans les fonds mss. d'Istanbul); liste étudiée par Blochet, *l. c.*, p. 69; et par Ruska, *l. c.*, p. 65 : *k. khâfiya* (KZ, III, 53,128); — *k. sirr al-badî'* (KZ, III, 592 : talismans); *k. al-Saḥîfa al-'uẓmä* (KZ, IV, 10 sur le grand œuvre; citat. ap. *nihâyat al-ṭalab* de Jildakî, ms. Paris 4688, commentant le *muktasab* de Sîmâwî); — *k. istijlâb rûhâniyat al-bahâïm* (= k. al Malâṭis : cité *supra;* cf. KZ, V, 39, 157 « k. al Malâṭis al-akbar »); — *k. al-asfûṭâlîs* (KZ, V, 41 = l'asphodèle); *k. al-Hâwîtûs* (KZ, V, 171; cité *supra*); — *muṣhaf al-qamar* (KZ, V, 587 : talismans lunaires); — *k. kanz al-asrâr wadhakhâïr al-abrâr* (« trésor des secrets et ressources des gens pieux »; KZ, V, 247; examiné *infra*); — *k. al-falakîya al-kubrä* (KZ, IV, 465; III, 424; sur le ciel; exam. *infra*); — *k. zajr al-nafs* (KZ, III, 540; ascèse de l'âme : cf. *infra*); — *k. rumûz al-ḥikma fî'l iksîr* (KZ, III, 480; sur l'élixir); — *risâlat al-sirr fî'lkîmiyâ* (KZ, III, 409 : lettre d'Hermès Bûdashîn (sic : cf. Chwolsohn, *l. c.*, I, 798) sur l'alchimie, à la prêtresse Amnûtâsiya, cf. Théosébéia).

III. — A : *Textes existants (1); traductions arabes de traités hermétiques hellénistiques :*

C'est évidemment la section la plus intéressante à étudier. Malheureusement la collection des alchimistes de Berthelot (avec Houdas pour l'arabe) n'a pas pu fournir d'édition vraiment critique des fragments alchimiques arabes qu'elle a publiés, et qu'il faut reprendre un à un. L'existence d'un prototype grec, ou gréco-iranien, paraît établie :

1° par Ruska (*l. c.*, p. 51) pour le « livre de Cratès » (*kitâb Qarâṭis al ḥakîm*, ms. Leyde 440, ap. Berthelot, *l. c.*, III 44-75 (trad.) et 1-34 (texte); et pour le « livre de l'ami » (*k. al-ḥabîb;* ap. Berthelot, *Chimie au M. A.*, III, 76);

2° par Nallino (*Or. St. Browne*, p. 361) pour le *k. Tankalûsha* du Ps.-Ibn-Waḥshiya (astrologie), qui dépend de la version iranienne des *paranatellonta* de Teukros;

3° par B. Strauss (« Das Giftbuch des Shânâq », Berlin, 1934), pour la traduction arabe (d'après une réédition faite dans le milieu médical de Jundisabur de la traduction persane de ce traité de toxicologie hindoue, amalgamée à une source grecque) du manuel des toxiques de Çanakya.

N. B. : Parallèlement, il y aurait à dresser une liste des *traductions latines de textes hermétiques arabes*. Esquissée ap. Ber-

---

(1) La source fondamentale, à cet égard, au point de vue des mss. arabes en général, est BROCKELMANN, *Geschichte der Arab. Litt.*, 1898-1902; avec 3 vol. de Supplément, 1937-42 (abrégé ici en : Br.). Notre connaissance des mss. arabes d'hermétisme, et ses progrès depuis vingt ans, doivent presque tout à J. Ruska et aux travailleurs formés à son Institut d'histoire de la médecine et des sciences (section orientale).

thelot, *Chimie au moyen âge*, I, 229-393; depuis, l'école de Ruska en a signalé beaucoup d'autres.

III. — B) *Textes existants, nommément attribués à Hermès, et pouvant contenir des citations hermétiques traduites du grec :*

1° Textes transmis par des chrétiens ou des manichéens : *risâla fi'lnafs* (= « épître sur l'âme »), ms. Gotha 82 : § I-VI éd. et trad. Fleischer, 1840 et 1870; § VII-XIV, retrouvés et publ. par Bardenhewer (= *de castigatione animae*), 1873. = *k. zajr al-nafs* éd. P. Philémon, Beyrouth, 1903; KZ, III, 540, en cite l'incipit; prologue (récit d'encadrement) du moine Sâjiyûs (= Sergius de Reschaina?) au *k. sirr al-khalîqa* (voir *infra*).

2° Maximes transmises par des doxographes : extraits donnés par Ibn al-Qiftî (*l. c.*, p. 5); — et par Shahrastânî, *milal*, II, 142-146.

3° Textes alchimiques (utilisés par Jildakî : cf. infra) : *k. al-kîmîyâ*; extr. ap. un ouvrage de Khâlid-b-Yazîd, utilisé par A. Kircher (*OEdipus Ægyptiacus*, 1653 — cf. Ruska, *tabula smaragdina*, 59, 216).

4° Textes talismaniques :

k. kanz al-asrâr (cité *supra* d'après Hâjjî Khalifa, KZ, V, 247), qui subsisterait dans le commentaire de Yahyä Umawî (*k. al-istintâqât*), et aurait été commenté par Thâbit-b-Qurra et Hunayn-b-Ishâq;

k. 'ilal al-rûhâniyât (talismans astraux suivant les climats; soi-disant trad. en arabe par Hunayn-b-Ishâq), ms. Paris 2577, f. 38 a sq.; apocryphe tardif, étudié par Blochet, *l. c.*, p. 96;

5° Textes astrologiques :

k. al-Istamâkhîs (cité *supra*), étudié par Reitzenstein-Schaeder (*Stud. z. antik. Synkret.*, p. 112) avec le *k. al-Istâmâtîs*. Plessner doit en donner une analyse précise dans le vol. II de *Picatrix*, qui n'a pas encore paru. On trouve de longs extraits de l'*Istamâkhîs* ap. al-Makîn, *majm. mubârak* (« histoire universelle », ms. Paris 4524 ff. 4a, 136a, etc.), — ap. *Picatrix*, éd. Ritter, I, 233, 242, — ap. ms. Paris 2577 (cf. Plessner, *Neue Materialien zur Geschichte der tabula smaragdina*, ap. « Der Islam », XVI (1927), p. 81, 93, 95). Maïmonide l'attribue à Aristote (Chwolsohn, *l. c.*, I, 715).

k. al-falakîya al-kubrä (cité *supra*, KZ, IV, 465; III, 424; où en est cité l'incipit).

k. sharh Harmas 'alä k. al-'ilm al-makhzûn fî asrâr al-'âlam al-maktûm (= commentaire d'Hermès sur « la science secrète des mystères du monde invisible »; — ce dernier ouvrage (cité ap. Ikhwān al ṣafâ, IV, 461) est attribué à Nifṭawayh (sic); or ce nom, qui est un hapax, désigne un écrivain zâhirite bagdadien mort en 323/939; le titre a donc été refait bien après cette date; ms. Paris 2578 f. Ib selon Blochet, *l. c.*, p. 76,87 et 95 (extr. ap. ms. Paris 2577).

L'évolution de l'astrologie (1) arabe, qu'il n'est pas question de retracer ici, a manifesté, comme celle de l'alchimie, mais plus tôt, un clivage entre la tendance symbolique hermétique, et l'astronomie positive moderne (cf. ap. Battânî). Les deux auteurs les plus riches en matériel hermétique sont Abû Ma'shar Balkhî († 272/885) (Br. I, 221) et Abû Sa'îd Ibn 'Abdaljalîl Sijazî († vers 370/980) (Br. I, 219); ils ont particulièrement développé la notion couplée « kedkhudhâh-haylâj » (signes de la longévité et de la félicité horoscopiques) (2), dont Nallino a montré la survie en latin médiéval, jusqu'à Campanella (3).

IV. — *OEuvres originales des grands hermétistes arabes.*

vers 210/825 : 1° Ps. Balînâs (= Balînûs, *k. sirr al-khalîqa wa ṣun'at al-ṭabî'a* (= « secret de la création et technique de la nature »), écrit sous Ma'mûn († 218/833) par un musulman hétérodoxe anonyme que le médecin Râzî avait identifié (P. Kraus doit publier cette référence); mis par lui sous le nom d'Apollonius de Tyane (= Bâlînûs Ṭûwânî); construit sur un prototype attribué à Hermès (titre : *'ilal al-ashiyá* = causes des choses); concluant par le fameux texte dit « Table d'Emeraude » (cf. Ruska, *tabula smaragdina*, 1926, pp. 124-163 où l'on trouve une analyse complète et des extraits du *k. sirr al-khalîqa* cf. Plessner, *l. c.*, 89 sq.). Sylvestre de Sacy, dès 1799 (ap. *Not. et Extr. des mss.*, Tome IV, p. 108 sq.) a signalé l'importance de ce texte, dont Nyberg prépare une édition. C'est un recueil systématique d'explications causales aberrantes des phénomènes de la nature et de la vie, dans un cadre de théologie musulmane indépendante (ex. : les 24 attributs divins). Il semble avoir provoqué la naissance, chez les écrivains musulmans shi'ites

---

(1) Kraus et Plessner ont signalé un problème important : celui de l'adhésion à l'astrologie du grand théologien néo-ash'arite Fakhr al-dîn Râzî († 606/1209) et de l'authenticité de son *k. al-sirr al-maktûm* (Br. S. I, 913; mss. Paris 2645, 2692).

(2) Voir notre *Passion d'al-Hallâj*, p. 438.

(3) Nallino, ap. *Giornale critico della filosofia italiana,* VI (1925), p. 84-91.

et mystiques, de toute une série de livres « sur les causes des choses » (cf. aussi les questions et réponses des propagandistes qarmates, à la fin du IIIe siècle hégirien). C'est un ouvrage original, non pas une traduction du grec. Il utilise le *Poimandrès* (Sacy, *l. c.*, p. 120, 123, 140). — Mss. Paris 2300-2302, Gotha 82, Leipzig (cat. II, 269), Berlin 4131, Leyde 1207, Uppsala 336 (écrit en l'an 322/934).

avant 240/854 : 2° Ps. Jâbir (I), *k. al-járûf* (= « la malchance » « le sort funeste »; corr. « le gourmand » (sic), de Houdas), attribué à Jâbir (cf. *fihrist*, 357 : ou à Abû Sa'îd Miṣrî (et exposant un scepticisme expérimental méthodique (probablement en confrontant deux explications logiques d'égale valeur). Ce livre fit scandale parmi les théologiens musulmans, qui s'efforcèrent de le réfuter, tant mu'tazilites, comme Ibn al-Rêwendî que shâfi'ites comme Ibn Surayj († 306/918; cf. Baghdâdî, *uṣûl al-dîn*, 309). On retrouve certainement des extraits de ce livre dans les réfutations de « l'équipollence des preuves antagonistes » (*takâfû'al-adilla*) dues à Ibn Ḥazm (*fiṣal*, v, 119) et à Ibn Taymiya (*sharḥ al-'aqîdat al-Isfahâniya*, 70). L'idée maîtresse en devait être que le syllogisme ne saurait faire accéder à Dieu : idée hermétique.

vers 320/932 : 3° Ps. Ibn Waḥshiya, *k. al-filâḥa al-nabaṭîya* (= « l'agriculture nabatéenne ») attribuée à Ibn Waḥshîya († 291/903), et due en réalité à un shi'ite, membre d'une famille vizirale Abu Ṭâlib A. Ibn al-Zayyât († vers 340/951 ; *fihrist*, 312). Ce livre célèbre où Chwolsohn avait cru trouver des vestiges de la civilisation chaldéenne commence à être réhabilité (Plessner, ap. *Zeitschr. f. Semitistik*, VI (1928), 27-56; Bergdolt, ap. *Bericht. Deutsch. Botan. Gesellsch.*, L (1932), 321-336). Car, sous des noms d'auteurs truqués, il rapporte une documentation scientifique « païenne », tantôt sabéenne, tantôt hindoue (toxiques), souvent teintée de néoplatonisme ou d'hermétisme. Ms. Leyde 114, Paris 2803,6 mss. Istanbul (Umumiyé 4064, Velieddin 2485, Fâtih 3612-13, Es'ad 2490, Hamidiyé 1031; selon Bergdolt).

Des dix autres ouvrages d'Ibn Waḥshîya cités par Brockelmann (I, 242 S. I, 430), quatre au moins sont hermétiques (*k. Tankalûsha*, tiré de l'astrologie grecque de Teukros; *k. maṭâli' al-anwâr fî'l ḥikma; k. al-uṣûl al-kabîr* (alchimie); *k. al-hayâkil wa'ltamâthîl*) et seraient à étudier.

vers 330/941 : 4° Ps. Jâbir (II) « Corpus Geberianum » = l'ensemble des œuvres attribuées à Jâbir-b-Ḥayyân Kûfî († 160/776), que Ruska et P. Kraus ont montré dater au plus tôt de la fin du

IIIe/IXe siècle. De fait, leur compilateur final s'appelait Ḥasan Nakad Mawṣilî (vers 330/941), selon Abû Sulayman Manṭiqî, *ta'lîqât*, ap. Abû Naṣr Asad-b-Abî'l Fatḥ Iliyâs-b-Jirjîs Ibn Muṭrân Dimishqî († 587/1191), *bustân al-aṭibbâ warawḍat al-alibbâ* (vol. 2 (1) : cité ap. *Rev. Acad. Arabe Damas*, vol. III, fasc. 1, p. 7; comm. P. Kraus).

P. Kraus a achevé, sur Jâbir, une étude d'ensemble, qui n'a pas encore paru (2), et dont il convient de ne pas anticiper les conclusions. Cette énorme collection a un lexique homogène (en oculistique, c'est le lexique que Ḥunayn († 260/873) a substitué à celui d'Ibn Mâsawayh († 243/857)). Elle a également une doctrine suivie; elle est hermétique par ses sources (Zosime; Tabula Smaragdina), mais elle est péripatéticienne (hylémorphisme, puissance et acte); dans ses expériences d'alchimie, et les pesées délicates qu'elle exécute, elle recherche le *mîzân* = la « balance », la proportion juste des 4 qualités aristotéliciennes (chaud, froid, sec, humide), combinées différemment suivant les éléments. Elle reste hermétique par la façon de raisonner qu'elle conserve en matière politique et sociale, où elle se montre shi'ite extrémiste, attendant, pour transmuer et sublimer la Cité d'ici-bas, la venue d'un Chef légitime, qui en sera l'Elixir (al Iksîr) transfigurant : en tant qu'émanation de l'Esprit divin. Sur cette doctrine du Sîn, opposée aux thèses shi'ites du Mîm et de l'Ayn, cf. notre étude *Salmân Pâk* (ap. *Publ. Soc. Étud. iran.* N° 7, Paris, 1934, p. 35).

vers 450/1058 5° Ps. Majrîṭî, *k. ghâyat al-ḥakîm*, éd. H. Ritter : « Das Ziel des Weisen », Berlin, 1933; avec le sous-titre « *Picatrix* » (= Hippocrate), pris à sa trad. latine médiévale. Ritter et Plessner ont entrepris la rédaction d'un second volume de commentaires, très important pour l'histoire de l'hermétisme (je ne crois pas qu'il ait paru encore). Ce manuel de science talismanique astrale, étroitement apparenté aux sources sabéennes du Ps. Ibn Waḥshiya, a été faussement attribué à Maslama Majrîṭî († 398/1007), qui passe pour avoir introduit l'encyclopédie des Ikhwân al-ṣafâ en

---

(1) Ms., existant à Najaf.

(2) Il n'en a paru que le recueil *Jâbir-b-Hayyân, textes choisis* (en arabe), Paris, Caire, 1935, 559 pages. Alors que Houdas n'avait publié (ap. Berthelot, *Ch. au M. A.-III*), sur onze traités alchimiques, que six traités du Ps.-Jâbir (*k. al-mulk*, trad. p. 126, texte, 91; *k. al-raḥma*, trad. 133, texte, 99; *k. al-mawâzîn* (ṣaghîr; cf. Kraus, 425), trad. 139, texte 105; *k. al-raḥma* (2°), trad. 163, texte, 132), *k. al-tajmî'* (concentration, cf. Kraus, 341), trad. 191, texte, 161), et *k. al-zaybaq al-sharqî* (mercure oriental), trad. 207, texte, 180), — le recueil de P. Kraus contient le **texte critique de 26 traités jâbiriens.**

Espagne (cf. H. Ritter *Picatrix, ein arabisches Handbuch hellenistischer Magie,* ap. *Vorträge der Bibliothek Warburg,* 1921-22, p. 95-124).

6° je mentionne ici pour mémoire l'encyclopédie des *Ikhwân al-ṣafâ* (éd. Bombay 1888; 2° éd. Caire 1928; nombreuses études de Dieterici; il faudrait en établir un index). Cet ouvrage, vraisemblablement de la seconde moitié du IV/IX° s., a eu, sur l'évolution des esprits cultivés en Islam, une influence de premier plan. Profondément hellénistique, fondé sur l'*Organon,* et très péripatéticien (avec des notes originales, il ajoute aux 5 universaux la « personne », *shakhṣiya*), il est, en philosophie politique musulmane légitimiste, c'est-à-dire shi'ite, de la secte ismaëlienne (celle de l'anticalifat Fâtimite). Il contient d'importants éléments hermétiques, empruntés au système d'un auteur ismaëlien antérieur, Aḥmad Kayyâl (cité I, 108; III, 20). Il renferme au moins (selon les relevés en cours de MM. Slama et A. Awâ) neuf références à Hermès (pagination de la 2° édition, du Caire) : I, 92, 168, 228; II, 196; III, rien; IV, 331, 461, 463, 467, 472. Mais on ne peut le considérer comme spécifiquement hermétique; il est beaucoup plus proche (idées générales, et non « sympathies ou convenances personnelles », usage du syllogisme) des philosophes proprement dits, comme Fârâbî et Ibn Sînâ.

V. — *Textes existants des hermétistes arabes secondaires :*

A) (alchimie) :

'Uṭârid (vers 290/902), *k. manâfi' al-aḥjâr,* ms. Paris 2775/3 (probablement retouché).

Muḥammad Ibn Umayl Tamîmî (vers 380/990), *k. al-mâ' al-waraqî, k. sharḥ al-ṣuwar, qaṣîda* = « three treatises... », éd. Stapleton-Turâb 'Alî-Hidayat Husayn, Calcutta, 1933; cf. Ruska, ap. *Isis,* XXIV (1936), N° 68, p. 310 sq.

Ibn Arfa' Ra'sahu Jayyânî († 593/1197), *dîwân shudhûr al-dhahab* (« diwân des paillettes d'or »), cf. Brockelmann, I, 496, S. I, 908. D'un de ses disciples immédiats, le *k. qabas al-qâbis fî tadbîr Harmas al-Harâmis,* édité et traduit par A. Siggel, ap. *Der Islam,* année 1938, 287-306.

Sîmâwî (même siècle), *k. al-muktasab,* cf. Brockelmann, I, 497, S. I, 909.

Jildakî (Qulmuṭâr 'Alî-b-al-amîr Aydemir-b-'Alî, † 743/1342), le plus intéressant des alchimistes symbolistes de second ordre;

liste de ses œuvres conservées ap. Brockelmann, II, 138, S. II, 172 ;
Wiedemann l'a étudié. C'est un poète.

Après lui, il suffit de nommer Marjûshî Izniqî (Br. II, 233 =
S. II, 667) et Bustân Effendî Aïdini (Br. II, 448), au X/XVe s.

Vers 1070/1659, Ṣâliḥ Ḥalabî traduit Paracelse en arabe (1).

B) (magie talismanique) :

Après Ṭabbasî († 482/1089), la magie talismanique, utilisée
d'ailleurs par des corporations de charlatans dont Jawbarî (vers
620/1222) a analysé la mentalité avec une complaisante ironie en
son *kashf al-asrár* (Br. I, 497 ; cf. Zarkhûrî, ap. Br. II, 139) prend
sa forme définitive avec le fameux *k. shams al-ma'árif alkubrä*
de Bûnî († 622/1225), dont Doutté (ap. *Magie et religion en
Afrique du Nord*, 1909, p. 58 seq.) a donné les thèmes ; et avec
la construction par Sabtî († 698/1298) de la « zâïrja » (machine
à calculer les présages, au moyen d'une série de cercles concentriques, apparentés à l'*Ars magna* de Lulle) ; Ibn Khaldûn en avait
été impressionné, et le dit dans ses *prolégomènes ;* le mot « zâïrja »
figure déjà chez les astrologues hermétistes quatre siècles plus tôt,
par ex. ap. Ibn 'Abdaljalîl Sijazî, ms. Paris 6686 (2).

Rien n'y réfère plus à une philosophie, ce n'est qu'une technique
mécanique, de plus en plus farcie de versets coraniques, par pré-
caution d'orthodoxie (Zabîdî † 893/1488, Br. II, 190 ; Ibn Qurq-
mâs † 882/1477, Br. II, 139 ; Shabramallisî, Br. II, 365 ; et le
peul soudanais Muḥammad de Katséna (corr. ainsi « Kishnâwî »
de Br. II, 366) mort au Caire en 1154/1741).

L'étude des talismans congréganistes rapportés de la Mekke
par les pèlerins (cf. Sanûsî, *salsabîl ma'în*) montre une influence
croissante de l'hindouisme (cf. *jawáhir khamsa* de Ghawth Hindî
Shaṭṭârî † 970/1562 : répandues jusqu'au Niger) ; avec une curieuse
résurgence, parmi les musulmans d'A. O. F., de la mantique du *ramal*
(traits sur le sable ; employés en apologétique par un Tijânî contemporain, Amadou Ḥampaté Bâ ; cf. aussi, pour le Dahomey, les
très curieux documents, sous presse, de B. Maupoil). L'hermétisme musulman, là encore, s'estompe dans le passé.

---

(1) Comp. Br. II, 365, S. II, 666-667, et Sudhoff, *Paracelsus Handschriften*, 695.
Sur les gemmes, cf. A. Tîfâshî († 651/1253 ; Br., I, 495).

(2) F. 25[b] : « zâïrjât li-istikhrâj al haylâj ».

Note additionnelle A :

Sur Abū Sa'îd A. b. M. Ibn 'Abdaljalîl Sijazî Sinjârî (mort après 389/999). Complément aux notices de Brockelmann, *G.A.L.*, S. I, 388 et de Sarton, *I. H. S.*, I, 665) :
L'année 358 où ce mathématicien probablement sabéen acheva le texte du ms. Paris 2457 ne réfère pas à l'ère hégirienne, mais à l'ère de Yazdadjard II ; c'est donc l'année 380 de l'hégire, 990 de l'ère chrétienne.

Son livre est dédié à un prince « al-mālik al-'adil Abū Ja'far Ahmad-b-Muḥammad » qu'il y a lieu d'identifier avec le prince de Balkh-Jūzjān Abū Naṣr(?) Ahmad-b-Muḥammad Ibn Farighun (389 † 410) qui maria en 385 sa fille à Subuktakin (cfr. Minorsky-*Ḥudūdé-'Alam*, p. 173) ; c'est à son père, déjà surnommé « al-mālik al-'ādil » que l'auteur anonyme des *Ḥudūdé-'Alam*, dédia cet ouvrage de géographie descriptive.

Note additionnelle B :

Sur la chaîne d'initiation hermétique du philosophe andalou Ibn Sab'in († 668/1269). Elle a soulevé l'indignation de canonistes comme le ḥanbalite Ibn Taymiya (*majm. ras. kubrā*, II, 99) et le shâfi'ite Quṭb aldin M-b-A. Ibn al-Qastallânî (né 614 † 686 ; ap. Ibn Taghrîbardî, *manhal*, V, 94 ; et 'Akarî, V, 397) ; mais s'est perpétuée çà et là, tant en Maghreb qu'en Syrie, jusqu'à Murtaḍā Zabîdî Bilgramî († 1205/1791 : commentateur de Ghazâlî, et correspondant du sultan 'Abdalḥamîd Ier), qui nous dit (*'iqd al-jawhar al thamin*, ms. Taymûr, tas. 332, p. 57, 66), l'avoir reçue : 1° d'Ibn Sab'in, via 'AR.-b-Aslam Makkî (Br. S. II, 1026), 'AA-b-Sâlim Basrî († 1135/1723), l'imâm M-b-M-bS. « nazil Makka » (= Rûdânî † 1093/1682), Abû 'Uthm. Sa'îd-b-Ibr. Jazâirî (= Ibn Qaddûra † 1050/1655), Sa'îd-b-A. Muqrî, A-b-Hy. Ibn Qunfudh († ap. 807/1404 : cadi de Constantine) qui, par ses père et grand-père, rejoint Ibn Sab'in ; — et 2° de Shushtarî (disciple d'Ibn Sab'in), vla : M-b-'AA-b-Ayyûb Tilimsânî, A-b-'AR. Fâsi et son grand-père, Shihâb A-b-M. Tilimsânî, Sa'îd Qaddûra, Ibn Qunfudh, ses père et grand-père. — Les deux noms à relever sont : le cadi Ibn Qunfudh, et surtout Rûdânî, mathématicien, astronome et mystique, ami d'Abû Sâlim 'Ayyâshî (*riḥla*, II, 30 sq.), auteur du *Ṣilat al-khalaf* (ms. Paris 4470) référant par isnâd à beaucoup d'auteurs rares (notamment sur Ḥallâj), f. 43 b, 76 a), compilé grâce à Ibn Ṭûlûn de Damas, et au *kanz* de l'algérien Abû Mahdi 'Isä Tha 'âlibî (cf. Kattânî, *fihris*, I, 317-21 ; II, 192). L'examen des mss. d'Ibn Sab'in et de Shushtarî procure une série de noms de leurs disciples, notamment à Damas, bien après Ibn Hûd († 699), et jusqu'à Rûdânî, dans le milieu ḥanbalite des Maqdisî. Ibn Sab'in avait composé un commentaire sur le *Sifr Idrîs* (cf. KZ III, 599), et ce « livre d'Hermès » devait traiter des ḥurûf et de la si'miyâ (technique du souffle créateur). Ibn Sab'in considère surtout Hermès (= Idris) comme le premier philosophe spiritualiste, qui a démontré que l'âme était une substance autonome, indépendante du lieu, en la faisant sortir hors de son corps durant sa vie : lors de son ascension (raf'), grâce à son ascèse. Ce *Sifr Idrîs* peut être identique aux *Ṣaḥâif Idrîs* (ms. S. S. Beyrouth, anal. Sprenger, ap. JASR., 1856, 147-50). L'hermétisme d'Ibn Sab'in qui lui vient du cadi de Séville A' AA. M. Ḥallawî Shûdhî (cf. Ibn Maryam, *bustân*, 68-70), peut remonter à l'école d'Ibn Masarra étudiée par Asin Palacios.

TABLES

TABLES

I

(1) Auteurs anciens

A. T.

Ex., VII, 10...	288, 3
Is., V, 11	336
Jér., XII, 13	259, 3
Ezech., II, 9	318
Prov., III, 18	336
XXII, 8	259, 3
XXXI, 1	336
Sap. Sal., VI, 24	336
VII, 17-22	41, 1
II Macch., VII, 28	289, 1

N. T.

Mth., XI, 15	272, 3
XIII, 9, 13, 16, 19	272, 3
Jo., IV, 17	259, 3
II Thess., II, 4	271, 3
I Cor., I, 12	272, 4
XV, 52	154, 1
Eph. IV, 14	254, 5
VI, 11	254, 5
I Tim., II, 12	154, 3
III, 13	152, 3
II Tim., III, 8	280, 5
Apoc. Jo., I, 10	314, 3
I, 11, 19	318
IV, 1-2	314; 315, 2
XVII, 3	314, 3
XXI, 10	314, 3

Acta Petri

4 ss	310

Aetius

I, 3, 1 (*Dox.* 276.10)	23, 8

Alexandre d'Aphrodisiade

227.15-22 (Hayduck)	190-191

Alexandre Polyhistor

Fr. 138 (Cl. Al., *Str.* I, 15, 70, 1)	25, 1

Ammien Marcellin

XXIII, 6, 32-36	22, 9; 333

Apophthegmata Patrum

I, p. 382 Cotelier	36-37

Apulée

Metam., VI, 25	318
XI, 5	10, 3
23	304, 1

Aristocrate

fr. 2 (Plut., *Lyc.*, 4, 8)	23, 3

Aristote

Phys., I, 1	60-61
II, 7	61
VII, 1, 242 a 16	61
VIII, 6, 259 a 8	61
Meteor., I, 1, 338 a 20-339 b 10...	189-190
IV, 12, 389 b 14-22	190
De an., I, 1, 402 a 1 ss	194, 1
Part. anim., I, 1, 640 a 14-16	190, 3
II, 1, 646 a 8-10	190, 4
Anim. mot., 1, 698 a 1-7	192, 2
700 b 9-11	192, 3
704 a 3-b3	192, 4
Anim. inc., 704 b 4-9	191, 1
704 b 9 ss	192, 1
714 b 20-23	191, 2
Gen. anim., 715 a 1-18	192, 5
Eth. Nic., V, 1131 b 5	271, 7
Fragm., 6 Rose[2]	22, 3

Aristoxène de Tarente

Arithmet., ap. Stob., I, p. 20	69, 4

Arnobe

Adv. nat., II, 13	80, 7
15	80, 8
IV, 3	21, 3

Artapan

Ap. Euseb., *pr. ev.*, IX, 18, 1....   22, 8
              IX, 27, 6....   70, 4

Artémidore

Onirocr., p. 246 1H..............   313, 7

S. Augustin

Civ. Dei, VIII, 9................   21, 5

Chérémon

Ap. Porph., *de abst.*, IV, 6-8....   28-30
Ib., IV 8 (241. 1 N)..............   75, 4

Cicéron

De nat. deor., III, 22 (56).......   70, 5

Clément d'Alexandrie

Strom., I, 15, 69, 1-3............   24, 5
       15, 69, 4-6... ....   25, 8
       15, 70, 1..............   25, 1
   VI, 2, 27, 2...............   24, 4
       4, 35, 3-37, 3.........   75, 3
       4, 37, 3...............   124, 2
       5, 43, 1...............   42, 5

Cosmas de Jérusalem

II, 7, 245 (*P. G.*, XXXVIII, 496)..   70, 3
ap. *CCAG.*, VIII, 3, 120 ss......   333-334

S. Cyprien

Qu. id. dii n. s., 6..............   80, 2

Cyprien le Mage

Confessio...............   38-40; 374-383

Damigéron

c. 6 (Pitra, *Spic. Sol.*, III, 326)..   292, 1;
                      cf. 210, 3

Démocrite

Diels-Kranz, *Vors.*[5] 68 B 299........   25, 8
              68 B 300, 1-20...   137, 3
              68 B 300, 16. ...   223, 4

Diodore de Sicile

I, 16, 2..........................   67, 7
   27, 4..........................   319
   73, 4-5........................   332, 6
   96-98..........................   23, 4
   98.............................   25, 6

II, 29, 4........................   332, 4
III, 2 ss........................   26, 2

Diogène Laerce

Proœm. 1, 1....................   20
       2, 2...............   22, 2; 332, 5
       5, 6...............   34
       6, 7...............   32; 34
I, 43............................   23, 9
III, 61...........................   264, 9
VIII, 46.........................   15, 5

Dion Chrysostome

Or. 36, 40 (II, 11.23 A.)...   32
     49, 7 (II, 123-4 A.)...........   35, 3

Eschine

C. Ctés. 15, 20, 22...............   276, 4

Eusèbe

C. Hierocl., 407.27 K.............   341, 1
Pr. Ev., XI, 6, 10...............   268, 4

Evagrius du Pont

Epist., 29, p. 587 Fr............   267, 1

Evhémère

Ap. Diod. Sic., V, 46, 3.........   230, 6
                 46, 7..........   319, 3
                 46, 8..........   230, 6
               VI, 1, 7..........   319, 3

Flavius Josèphe

C. Apion I, 19, 129..............   79, 8
           22, 179..............   22, 5
Ant. Jud., I, 1, 2................   268, 4
B. J., II, 8, 2 ss.................   31, 3

Galien

XI, 798 K.......................   77, 4

Hécatée d'Abdère

Ap. Diod. Sic., I, 16......   69, 5; 71-72

Hégémonius

Acta Archelai 27................   290, 4

Hénoch

8 (26.11 Rad.)....................   223, 2
12, 1 (34. 18 R)..................   314
14, 1, 8 (36.27; 38.10 R.).........   314, 4
14, 15 ss. (38.25 R)..............   315, 2

TABLES.

Hermès Trismégiste
C. H.

I 1	314-315
6	267, 1; 270, 9
9, 11	270, 9
15	270, 6
16	270, 9
17	269, 1
20	270, 4
21	270, 9
22	270, 9; 271, 1
29	321, 5
30	228, 3
32	281, 3
II 17	213, 7
IV 2	213, 3
6	84, 1
V 3	88
5	94
6-8	296
7	265, 9
VII 2	271, 2
IX 1	276, 4
8	94
X 11	92
24-25	316
25	88
XI 1	54, 1
2	94
19	316-317
20	317
XII 5-9	88
8, 12	276, 4
21	94
XIII 1	87; 277, 6
2, 3	354
7	280, 4
11	317
11-12	87
16, 22	354
XVI 1 ss	85
2	26; 354
3	74, 4
4 ss	91-92
13-16	81
15	265, 2
16	88
XVIII 11	91

Stobaei Hermetica (Scott)

Exc. I	80, 6
VI 1-12	118-120
1-16, 18-19	82
17	82, 3
XXII 8	85, 2

XXIII (Korè Kosmou)

5	324; 345, 6; 354
6	354
7	324
7-8	354
14-18	88
19-20	87
28-29	87
32	340, 1; 354
38, 42, 48	88
68	88; 277, 2
XXIV 1-3	324-325
6	85, 3
11-13	88
11	93
13	85
XXIX	94; 107, 1 (p. 109)

Asclépius

1	354
2-3	358
10	88; 94
12-13	65
12	357
19	87
24	88; 359
26	323, 1
32	354
35	121, 1
37	75, 2; 85, 4
39-40	88
41	31, 1; 83; 285

Kyranides

I	202-207
II-IV	207-210
I, 3.1 Ru	203, 3; 209, 1
3.2-5	206
3.6 ss	203-204
3.6-10	345
3.11 ss	204
4.3 ss	209
4.6-7	206
4.8-6.9	205
7.22	214, 7
8.28	206
15.16	199
21.25	214-215
44.12 ss	215, 2
49.23 ss	206
54.1	214, 2
II, 56.17	199
68 (A)	199, 1

72.8	199
76.8	199
76.17	199
77.30	199, 3
78.13	199, 3
78.15	199, 3
III, 87.30	199
100.17	199, 1
IV, 117.9	199, 3
124.10-17	209-210

Kyr. (lat)
13.7-12 Delatte	345, 7
13.13	322
15.11 ss	322-323

Kyr. (livre Archaïque)
1) *Kyr.* I, 3.11	211
5.14-16	212, 1
5.29	211-212
2) *Kyr.* I, 20.10-14	212
3) Olymp., *Alch. Gr.* 100.11	212-214
4) *CCAG.*, VIII, 2, 167.3	214-215

Hérodote
I, 131	32
II, 82	102, 2
137, 138	69
III, 143	27

Hésiode
T av., 85 ss	266, 4
Théog., 521-523	270, 7
614-616	270, 7

Ste Hildegarde
P. 10.28 Kaiser	93, 4

Hippolyte
Ref. o. h., I, 2, 12 (7.2 W.)	24, 6
2, 18 (8.21 W.)	24, 2
2, 18 (8.22 W.)	20, 1
13, 1 (16.24 W.)	25, 7
24, 1-4 (27.24 W.)	33, 4
24, 2 (28.5 W.)	34, 5
24, 5-7 (29.2 W.)	34, 5
IV, 43, 4 (65.12 W.)	21, 8
V, 7, 2 ss. (79.6 W)	268, 3
7, 25 (84.14 W.)	267, 1
7, 29 (85.18 W.)	79, 4
7, 35-36 (87.18 W.)	269, 3
7, 38 (88.12 W.)	264, 5
9, 8 (99.13 W.)	268, 3
13, 8 (109.25 W.)	79, 7
IX, 13-17 (251.8 W.)	19, 3
17, 1 (255.8-12 W.)	19, 4

Horapollon
I, 36 (81.4 Sb.)	295, 1
38 (85.4 Sb.)	124

Isocrate
Busiris 28	24

Jamblique
De myst. I, 2	22, 1
VIII, 4	75, 3; 77, 3
V. pyth., 3 (14), 10.18 D	25, 2
3 (16-17), 12.1 D	39, 1
4 (18-19), 12.27 D	25,
28 (146), 83.2 D	338, 3
28 (151), 85.14 D	25, 4

S. Jérome
Epistol., 60, 4, 2	21, 4
De v. ill., 67	38

Justin
D. c. Tryph. I, 3	10
4-5	12, 2
II, 3-6	11
III, 1	11; 45, 1
VII, 1-2	14, 1

Lucien
Hermotimus 1, 29	11
Nigrinus	11
Nekyomanteia	59
Philopseudes 12	320, 7
34	46, 1
Tragodopodagra, v. 171ss	205-206 [Lucien]
De astrologia 3-9	26, 2

Jean Lydus
De mensibus, IV, 104 (143.14 Wue.)	328, 1
De ostentis, p. 88 ss. Wachsm	109,

Macrobe
Saturnal., I, 20, 17	93, 1

Mages Hellénisés
1) Zoroastre
Fr. B 1, 2, t. II, pp. 7, 9 B.-C	22, 4
B 6, II, p. 17 B.-C	20, 4
B 21, II, p. 32 B.-C	22, 9; 333, 1
D 1, II, p. 63 B.-C	24, 6
D 9, II, p. 81 B.-C	43, 7
S 12, II, p. 118 B.-C	333, 4

S 15, II, p. 126 B.-C..........	333, 6
S 15, II, p. 128.9 B.-C........	259, 2
S 16, II, p. 130.11 B.-C......	259, 2
O 8, II, p. 142 B.-C..........	43, 6
O 11, II, p. 157 B.-C.........	43, 8
O 12, II, p. 158 B.-C.........	43, 9
O 99, II, p. 243 B.-C......	44 ; 263, 1

2) OSTANÈS

Fr. 8 b, II, p. 271 B.-C...........	333, 8
A 1, II, p. 308 B.-C...........	241, 1
A 3, II, p. 311 B.-C...	226, 1 ; 238, 6
A 3-7, II, pp. 311-321 B.-C....	228, 5
A 4a, II, p. 312 B.-C..........	331, 1
A 6, II, p. 317 B.-C.......	228-229
A 16, II, p, 336 B.-C..........	331, 2

3) HYSTASPE

Fr. 8, II, p. 362 B.-C............	42, 5

MANÉTHON

Ap. Syncelle, 72.16 Dind.........	75, 1

MARC-AURÈLE

IV, 3, 19......................	31

MARTIAL

V, 24, 15......................	74, 4

NUMÉNIUS

Fr. 1, p. 115.4-5 Leemans.......	17, 4
p. 116.1...................	17, 3
9a, p. 130.8.................	19, 2
10, p. 130.22................	19, 1

ORACLES DE CLAROS

Buresch, Klaros, p. 48, n° IV.....	13, 3
— — p. 55, n° V....	10, 13

ORACLES SIBYLLINS

III, 24-26.......................	269, 2

ORPHICA

Orph. fr., 61 (Kern).............	346
— 201, v. 10-30..........	92-93
— 247..................	347
— 283, v. 1-10..........	110
— 285	347
Lithika, v. 1 ss.................	216

PALLADIUS

Hist. Laus. XXXIII, 1.............	30, 1

PAUSANIAS

III, 16, 7 (I, 704.8 H.-Bl.)........	39, 2

PHILON

De Somn., I, 10, 54..............	316
De sp. leg., II, 3, 44-45..........	316
V. Cont., 2, 20 (53.1 Con.).......	45, 4
— 3, 22-24 (58.2 Con)....	31, 6
— 4, 34 (70.6 Con.).......	31, 4
— 4, 34-35 (71.2 Con.)....	39, 1

PHILON DE BYBLOS

Ap. Eus., pr. ev., I, 9, 24........	78, 4

PHILOSTRATE

V. Ap. T., I, 20.................	199, 2
II, 30.................	33, 2
III, 9..................	199, 2
15............	33, 3 ; 36, 5
17.................	36, 6
19.................	23, 1
41.................	140, 2
VI, 10-11...............	26, 2
11...................	23, 2

PLATON

Crat., 298 d-e...................	71, 3
407 e ss.................	71
408 c-d..................	71
Criti., 119 c-d...................	230, 6
Lois, X, 888 a...................	353
Phèdre, 267 c...................	352
274 c-275 b............	69, 3
Phil., 15 a.....................	352
18 b-d...................	69, 3
66 c.....................	346, 1
Soph., 237 a...................	352
Théét., 151 e...................	352
Tim., 21 e ss...................	27
22 b.....................	27
44 a...................	347, 2
[Platon]	
Axioch., 371 a...................	319, 6
Epin., 987 d 9-988 a 5..........	6-7

PLINE L'ANCIEN

N. H., II, 18.................	11, 4
V, 17...................	31, 5
XXIV, 156.................	137, 2
XXV, 13.................	137, 2
XXVIII, 112...............	199
XXXVII, 197.............	222, 4

PLOTIN

Enn., II, 9, 1, 12 ss..............	63
9, 6, 1 ss..............	62

9, 14, 14 ss............	62	*Stoicorum Veterum Fragmenta*	
9, 14, 37 ss............	62	II, 306.7 Arn..................	72, 5
III, 4, 6, 12..............	307, 6	316.25.......................	72, 6
PLUTARQUE		III, 235.1....................	72, 7
De def. orac., 21, p. 241 F......	45, 5		
De facie, 26, p. 942 C.......	319-320	STRABON	
Is. Os., 2........................	34	XVI, 38, p. 1062.26. ss. M........	35, 4
52.....................	47, 3	39, p. 1063.15 ss..........	35-36
61.....................	78, 3	XVII, 1, 46, p. 1138.30..... 57, 1;	78, 2
Quaest. Conv., II, 7, p. 641 B...	199	1, 46, p. 1139.6............	57, 1
PORPHYRE		TERTULLIEN	
De abst., II, 37.................	266, 6		
IV, 6-8..............	28-30	*Adv. Valentin.*, 15..............	79, 1
16..................	32	*De anima*, 2....................	78, 7
De antro n., 5..................	32	28....................	79
V. Plot., 16.....................	43-44	33....................	78, 6
V. Pyth., 6.....................	25	*Apolog.*, 42, 1..................	45, 2
ap. Procl., *in Tim.*, I, 208.16 D..	21, 1	*De praescr. haer.*, 7, 9..........	66
PROCLUS		40..........	257, 2
Hypot., 5, 10	8, 2	THÉOPHRASTE	
in Crat., p. 69.4 Pasq..........	279, 2	π. ὀσμῶν 13 (III, 91 W.)........	359, 1
in Remp., II, p. 154.5 Kr.......	134, 1		
π. τ. ἱερ. τ..................	133-136	*Théosophie de Tubingue*	
PTOLÉMÉE		P. 183.7 Erbse..............	346-347
Syntax., VII 5-VIII 1........	167-169		
ap. *Anth. Pal.*, IX, 577..........	317	VARRON	
Scholia Platonica		Ap. Aug., *Civ. Dei*, VII, 14.......	72
Ad Alcib., 122 a (100 Greene)....	32, 3	XVIII, 3......	75, 2
SÉNÈQUE		VITRUVE	
Epist., 90, 33....................	222, 4	IX, 6, 3........................	104, 4
SEXTUS EMPIRICUS		XÉNOPHON	
Adv. astrol., V, 31..............	261, 3		
Adv. phys., I, 71-74.............	305, 2	*Mem.*, 1, I, 9....................	9, 1

(2) INSCRIPTIONES

Bull. Corr. Hell., 1894, 149-151...	47-49	DITTENBERGER, *Sylloge*[3]	
151-152....	47, 2	669............................	305, 4
154-157....	47-49	814.8..........................	255, 1
DITTENBERGER, *OGI*		*Harvard Theological Review*, XXVII	
90.11, 19, 26....................	70, 2	(1934), 100-102..............	49-50
90.19.........................	73, 4	*Inscriptions de Délos*, 2105.....	312, 3
100.2..........................	277, 1	MANTEUFFEL, *de opusc. gr. Aegy-*	
130.9.........................	70, 8	*pti... collectis*, 198.........	47-49
131........................	70, 8; 73	*Mon. Asiae Minoris Antiqua*, VI,	
176.5.........................	73, 3	335, n° 315....................	278, 4
178.3.........................	73, 3	*Rev. Et. Gr.*, 1894, 284-291.....	47-49
202, 204, 206....................	73, 2	291-292........	47, 2
208.....................	70, 9; 73, 2		
716.1.........................	74, 2		

(3) Papyri

P. Holm.
$\overline{\alpha}$ 1-20	227, 4
13 (p. 3)	222, 3
$\overline{\delta}$ 25-26 (p. 8)	220, 1
41-42 (p. 8)	220, 1
$\overline{\epsilon}$ 1-2 (p. 9)	220, 1
$\overline{\iota\zeta}$ 28 (p. 28)	220, 4
$\overline{\kappa\alpha}$ 1 (p. 32)	222, 1
$\overline{\kappa\gamma}$ 26-27 (p. 36)	220, 1
$\overline{\kappa\delta}$ 19 (p. 37)	222, 1

P. Leid. X
3.10	220, 1
6.25	220, 1
8.17	220, 1
10.9	220, 4
11.25-26	220, 1
11.41	220, 1
12.1	220, 1

P. Lond. III, p. 163.5 .... 70, 7

P. Oxyrh.
II, 235	96, 1
IV, 804	96, 1
XI, 1380, col. V, 103	10, 2
1381	52-55, 1

P. Salt (= *CCAG.* VIII, 4, 95)... 103

PSI, X, 3162	257, 2

Manteuffel, *de opusc. gr. Aegypti... collectis*
86 ss	52-55
99 ss	313, 3
106, fr. 3	320, 2
112-116	55-56

Wilcken, *Chrestomathie*
n° 15	70, 6
68, 3-5	73, 2
76, 12 ss	257, 2
77, 9	73, 2
85, 11	73, 2
86, 8	73, 2
87	29, 5
92, 5, 7	73, 2
93	73, 3
102, 3-4	73, 2
109, 6	73, 5
116	47, 6
121	73, 3
122	73, 2

Wilcken, *UPZ.*, t. I
n° 77, col. II, 11.22-31	51
78, 11.22-24	51
81	55-56

I A

Astrologie

CCAG.
I, 39	107, 1 (109)
81-82	161, 2
82.8	105, 8
82.33 ss	161-162
84.14	104, 8
128.3-12	107, 1 (n° 3); 125; 125, 3
154.17	105, 8
III, 9	107, 1 (109)
IV, 39-46	187, 5
81.1 ss	105, 5
81.1-2	78, 1
121-122	327
134-136	147, 1
135	149-150
146	263, 2
154	104, 1
V, 1, 3-4	187, 8
42	107, 1 (109)
43	107, 1 (109)
75	105, 4
85 ss	106, 1
98.8, 10	106, 2
100.7	106, 2
100.14-101.15	106, 2
102.10	106, 3
102.10-11	106, 4; 107, 1 (n° 20)
102.13	106, 5
140	334, 9
142-144	104, 6
144 ss	161, 1
146.35	161, 1

149.27	104, 7	126-127.10	328
188.23	104, 2; 105, 3	127.11-128	328
194 ss	95, 2	134 ss	56-59
194-226	120, 1	135.17	343, 7
204.17 ss	95, 2; 104, 1	135.29-30	312, 1
209.2	105, 2	136.27	318, 7
3, 58	111, 6	137.14 ss	314, 2; 360
63	78, 1; 105, 5	139 ss	107, 1 (n° 12)
76-78	328	139.1-8	144
4, 166-167	127, 6	139.8-13	145, 1
177	105, 8	139.14-141.9	145, 6
216.24-217.4	127, 6	139.14-151.15	145, 2
VI, 39	107, 1 (109)	153.1-159.18... 107, 1 (n° 14); 150, 5	
56, f. 294	327		150-152
73	140, 1; 141, 4	159.19-165.10	147, 2
74	140, 2; 141, 4	159.20 ss	148-149
79	107, 1 (109); 111, 5	190.20	105, 6
83.16-84.20	147, 1	4, 7-8	188, 13
VII, 59, f. 157	320, 4; 325, 4	19	125, 3; 188, 7
87	334, 4	65-68	188, 8
129-151	77, 1	80	188, 11
160	327	95	103, 6
163-167	207, 1	105.1-9	207, 1; 230, 2
161.2 ss	327, 1	105.4	320, 3
167-171	110-111	117	112, 2
175 ss	340-342	126 ss	105, 7
186-190	328	127-174	107, 1 (n° 13); 111-112
226 ss	109	170	140, 3
232-233	143-144	174-182	120, 1
233-236	147, 2	252.14 ss	279, 2
246	258, 5	258.18-259.29	143, 2; 145, 2
VIII, 1, 20-63	188, 1	259.30-260.29	150, 4; 150-152
26, f. 32	327	X, 8-9	187, 10
27	141, 4	122	335, 1
139	107, 1 (n° 12); 145	XI, 1, 3-28	187, 1
172-177	111, 3	38-41	187, 3
187-193	104, 5; 155, 2; 155-157; 158-160	2, 139-142	336-339
190.31	104, 5	152.15 ss	327
265.8	94, 3	163.23	327
2, 87.1-2	77, 2	164-166	155, 3
43-165	280, 6; 339-340	XII, 117-119	155, 8
159.8	146, 2	126-135	146, 3
159-162	145-146	208, f. 78	335, 3
162.19-165.24	152,7; 152-153		
163.31-164.8	154, 3	[APOLLONIUS DE TYANE]	
165.6-22	154, 4	NAU, *Patr. Syr.*, I, 2, 1363 ss	340, 5
167.3 ss	214-215; 320, 7	FIRMICUS MATERNUS	
167-171	155, 1; 155-157; 158		
3, 32-43	188, 12	*Mathésis* I, 10, 14	296, 1
92.8	255, 1	II, 4, 4-6	132, 1
93.8-9	103, 2	III, *praef*	103, 5; 105, 1
101.16 ss	105, 7	1, 1	126, 6
120 ss	333-334	1, 2	126, 5
		2-4	126, 2

IV, praef., 5 .... 103, 1
16 .... 232, 2
22, 1-2 .... 132, 2
22, 2 .... 126, 4
V, 3-6 .... 296, 1

Flaccus Africus

L. Delatte, *Textes Latins*, 213 ss.
138, 4; 201, 1;
213.5-11 .... 203, 4, 5; 323

Hermès Trismégiste

Liber Hermetis = Gundel, *Abh. Bay. Ak.*, 1936.... 112-123; 128-129

Livre Sacré à Asklépios = Ruelle, *Rev. Phil.*, XXXII, 147 ss. 107, 1 (n° 11);
127, 7;
132, 6; 139-143;
336

Iatromathematica Hermetis = Ideler, *Phys. et med. minores*,
I, 387-396 .... 107, 1 (n° 6);
130-131; 133, 1
π. κατακλίσεως Ideler, I, 430-440 .... 107, 1 (n° 7);
130, 3

De XV Stellis = L. Delatte, *Textes latins*, 237 ss... 107, 1 (n° 22);
137, 8; 139, 1;
160-186
Ib., 289 Delatte 140, 2

[Manéthon]

V (VI), v. 4 .... 104, 3
v. 10 .... 76, 4; 102, 7

Manilius

I, 30 103
38 ss..................... 325
44 .... 325, 3
II, 113 ss.................. 360-361

Néchepso-Pétosiris

fr. 1 Riess.............. 104, 4; 313, 7;
314, 1
27-32 .... 137, 6
28 .... 232, 2
29 .... 210, 3
37-41 327
41-42 .... 125, 1

Paul d'Alexandrie

Εἰσαγωγή, K 2-4 .... 105, 4; 112, 5

Porphyre

Isagoge (= *CCAG.*, V, 4, 187 ss.). 2, 6
c. 44 (V. 4, 216.24-217.4)........ 127, 6
c. 45 (V, 4, 217.5-219.21) 130, 2
c. 45 (V, 4, 217.12)............... 261, 3
c. 47 (V, 4, 221.3)............... 139, 2
c. 48 (V, 4, 221).................. 172, 3

Ptolémée

Tétrabible (Boll-Boer)
I, 3, 18 (16.9 ss.)............... 124, 1
9 .... 167, 2
21, 20-21 .... 320, 6

Teukros de Babylone

Ap. Psellos, *Paradoxa*, 147.21 ss. 139, 2

Théophile d'Édesse

CCAG., V, 1, 212................ 162, 3
V, 1, 214 ss............. 179, 3

Vettius Valens

III, 9, p. 144.14 Kroll........... 343, 3
VI, *praef.*, p. 241.14............ 313, 7
241.16 .... 314, 1
242.17 .... 318, 2
c. 7, p. 256.29........... 343, 3

I B

Alchimie

CMAG
I, 17-62 .... 188, 5
62-68 .... 188, 4
131 .... 188, 9
II 1 ss 188, 14
144 .... 187, 7
209 .... 187, 9
V, 3 .... 187, 2
4 .... 187, 4
149 .... 187, 10
VI, 148-151 133-136
VIII, 2, n° 55 .... 264, 7

CMAL
I (Man. de Paris), 19..... 107, 1 (p. 108);
217, 5 (p. 218)

Anépigraphe (cf. 238, 7)

Alch. Gr., 121.10		250, 1
—	128.15	249
—	132.16	249
—	132.17	212, 4
—	132.19	74, 5
—	137.10	250, 1
—	263.3 ss	249
—	422.15	249
—	424.8 ss	74, 6; 240
—	428.15 ss	233
—	432.15	250

Chrétien

Alch. Gr., 404.5		250
—	407.10	250
—	408.4	250
—	410.6	250
—	410.12	250

[Démocrite]

Alch. Gr., 41-53		223, 4; 223-238
—	41.2-42.20	224
—	42.14	225
—	43.20-21	232
—	43.22-24	228, 2
—	43.25-46.21	224
—	44.21	225
—	46.22 ss	232
—	46.22-48.2	224; 225
—	47.2	235
—	47.5	226
—	47.24-25	232-233
—	48.2-3	224
—	48.3	226
—	48.4-49.9	224
—	48.4 ss.	236
—	48.12 ss	236
—	48.22	236
—	49.1	234, 2
—	49.8	226, 1
—	49.10-22	224
—	49.21	233
—	49.22-53.11	224
—	49.22 ss	236
—	50.6	236
—	50.8-16	227, 1
—	51.4 ss	236
—	51.6	232, 6; 236
—	51.11 ss	236-237
—	51.19	232, 5
—	52.6-7	234, 3
—	52.7	232, 5
—	53.12-15	224
—	53-56	223, 4
—	53.16-17	225, 2
—	55.13-18	234, 5

Hermès Trismégiste

1. *Fragments*

1, *Alch. Gr.*, 115.10		242
2, 272.4		242
3, 275.15		242
4, 281.14		242
5, 282.14		242
6-7, cf. Zosime, n°ˢ 2-3		243
8, 150.12		243
9, 156.4		243
10, 162.3		244
11, 169-5		244
12, 175.12		245
13, 188.7		245
13 *bis*, 84.20		246
14, 198.3		247
15, 62.4-5		247
16, 72.20		247
17, 83.4		247
18, 89.9		247
19, 89.16		247
20, 99.12		247
21, 100.18-101.10		248
22, 101.11-102.3		248
23, 125.10		248
23 *bis*, 263.3		249
24, 128.15		249
25, 132.16		249
26, 422.15		249
26 *bis*, 432.15		250
27, 404, 5		250
28, 407.10		250
28 *bis*, 408.4		250
29, 410.6		250
30, 410.12		250
31, 84.12		252
32, 20.13		253
33, 28-33		256 ss.
ap. Zosime, 243.13-14 B		279, 1

2. *Liber Hermetis de alchimia*

CMAL, I, 19...... 107, 1 (n° 26); 350, 4

Isis à Horus

Alch. Gr., 28-33.................. 256-260

Livre de Sophé l'Égyptien

Alch. Gr.,	211.13...............	262, 1,2
—	213.10 ss............	261
—	214.1 ss.............	254, 5

OLYMPIODORE

Alch. Gr.,	72, 20.................	247
—	73.2 ss..............	212, 6
—	83.4.................	247
—	84.12................	252-253
—	85.22 ss.............	280, 3
—	87.13................	241, 4
—	88.13................	241, 4
—	89.3 ss..............	268, 4
—	89.8-10.............	247 ; 253
—	89.16................	247
—	91.3.................	232, 6
—	96.7.................	218, 4
—	99.12................	247
—	100.18-101.10......	126 ; 127 ; 213, 1 ; 239 ; 248
—	101.11.............	212, 5
—	101.11-102.3.....	212-214 ; 248

SYNÉSIUS

Alch. Gr.,	57-69.......	223, 4 ; 331, 1
—	57.6.................	223, 4
—	57.11-12.............	224-225
—	57.13 ss.............	231, 4
—	57.22................	212, 5
—	58.1.................	212, 5
—	62.12................	250, 2
—	68.4.................	212, 5

ZOSIME

1. *Praxis* A, B

Alch. Gr.,	107 ss................	212, 4
—	109.21...............	250, 1
—	111.19 ss............	212, 4
—	115.14 ss............	213, 5

2. *Sur la lettre* Ω

Alch. Gr.,	228.7-234.2.......	243 ; 263 ss.
—	229.16 ss.........	44 ; 266-267

3. *Compte Final*

Alch. Gr.,	239.3-246.1.......	243 ; 275 ss.
—	244.17 ss........	280-281 ; 361
—	245.6-7...............	80, 13
—	245. 9 ss............	281, 5, 7
—	246.17...............	282

4. *Sur le traitement de la magnesie*

Alch. Gr.,	188-191...............	279, 6
—	190.10-191.18......	279, 6

5. *Ap.* Olymp., 89.8 B......... 247 ; 253
Ap. Syncell., p. 20 Dind......... 255-256

INCERTI

Alch. Gr.

Intr.,	87-92.....................	125, 1
—	88.......................	327
—	127.......................	212, 4
—	132.......................	253
—	159.......................	258, 5
Texte,	8.13.....................	264, 7
—	20.13..................	253 ; 281, 7
—	23.8-17..	107, 1 (n° 2) ; 125 ; 125, 4
—	25.6 ss................	235, 1 ; 240
—	26.1.....................	225, 3
—	37.7-12.................	227, 2
—	150.4 ss................	237
—	152.3....................	254, 5
—	160.6 ss................	154, 8
—	161.8....................	237, 1
—	162.7....................	237, 1
—	166.9-10................	245, 1
—	167.2....................	281, 6
—	167, 20 ss..............	233, 2
—	178.3....................	280, 2
—	182.7....................	254, 5
—	183.1, 3.................	254, 5
—	183.5....................	281, 6
—	198.3....................	247
—	199.1 ss.................	234, 4
—	207.1-4..................	212, 4
—	208.1....................	225, 6
—	213.18-21................	261, 3
—	217.10....................	254, 5
—	217.10-11.................	245, 1
—	219.13 ss.................	234, 4
—	251.9.....................	250, 2
—	294.18....................	232, 6
—	351.11....................	254, 5
—	359.9.....................	231, 4

I C

MAGIE

A. Delatte, *Anecdota Graeca*

165-205	312, 4
212-227	280, 6
331.10, 32	74, 1
397 ss	280, 6; 339, 4
413.11	350
416.19	350
417.20	349
432.15	349
445-525	188, 3
470 ss	280, 6; 339, 4
493.20	350, 2
495.4	350
499	349
511-547	312, 4
549	188, 11
549-553	188, 12
554-556	188, 13
572 ss	349
572-612	187, 6
577	349; 350
581, 582	349
583	350
586	349
592, 595	349
649 ss	280, 6
649-651	339, 4

PGM

I, 26 ss	189
41	351
43-196	331-332
73 ss	189
96 ss	189
130	351
188-189	189
192	350
196	298, 3
II, 18	212, 3
III, 243	93, 2
275	188
424	212, 3; 324, 1
439	334, 5
495 ss	203, 1
503 ss	203, 2
591-609	285
IV, 154-285	329
475-732	285; 303-308; 350
624	315, 2
725	315, 3
835	188
851	344, 1
883	288
922	351
1115-1164	298
1165-1225	299
1251	351-352
1331-1390	189
1598	299-300
1605-1615	297-298
1785	295, 1
1873	352
2006-2138	329
2289	287
2359	293
2373	288
2512	352
2517	352
2891	188
3077	289, 1
V, 51	343, 1
213-302	291-293
247 ss	255, 2
370-439	294-295
VII, 167	198, 2
168	222, 4
411	212, 3
540	289-290
551	74, 3
665-669	295
680	348, 4
795	188
862	225, 3; 323-324
884	189
919-924	288-289
VIII, 1-63	290-291
41	324
X, 978-980	78, 1
XII, 27	352
32	352
93	351
145	293
193	188
238-269	297-298
351 ss	125, 2
401 ss	221, 1; 228, 4; 230, 3; 278, 3

TABLES.

XIII, 14	288	277		293
21	343, 7	341		344
23 ss	343, 6	423		344, 3
38	343, 5	443-567		302-303
40	344, 3	487		295, 1
62-71	297	555 ss		344, 3
138-213	300-301	570-582		297
156	301, 1	735 ss		344
213 ss	343	737		344, 3
214	188	755		352
217	339, 6	766-772		93, 2
225	255, 1	791		286
226	325	957-959		329
230 ss	344	1026		188
233	351	XVIII *b*		295-296
250-252	154, 5	XXI, 3-7		93, 2
258	154, 3	XXIV *a*		324
270-277	289			

I D

Textes Corrigés

Alch. Gr. 29.25	258, 2	404.5		250
30.7-8	259, 1	*CCAG.,* VI, 83.3-4		141, 3
30.20 ss	259, 8	XI, 2, 140.3 (a t.)		338, 1
101.11	212, 5	141.13		338, 1
101.12, 14, 15	213, 3, 5	*PGM,* IV, 589		305, 3
125.10 ss	248	V, 374		294, 4
156.4 ss	243-244	*P. Oxyrh.,* XI, 1381, 161		54, 1
188.7 ss	245-246	*Oracle du Potier, fr. 2, l. 4*		313, 6
213.9-15	261, 2			
214.1 ss	254, 5	Chérémon, *ap.* Porph.,		
228.15	264, 9	*de abst.*, p. 237.13 N		28, 4
228.22	265, 4	p. 238.23-239.1 N		29, 4
229.17-20	266, 2			
230.12	267, 1	Hermès Trismégiste		
231.14	270, 2	*Kyran.,* p. 3.6 Ru		203, 8
232.12	271, 6	*Livre Sacré (Rev. Phil.*		
233.9	272, 6	XXXII, 247 ss.), § 2		141, 3
233.10	272, 7			
233.16-17	273, 2	Jamblique		
233.20-21	273, 3	*v. pyth.*, 28 (146), p. 83.2D		338, 3
239.3-245.9	362-368			
245.9-10	281, 5	Proclus		
245.11-13	281, 7	ap. *CMAG.,* VI, 151.16		136, 3

II

Mots Grecs et Latins

Ἀδάμ (= ἡ γῆ)	268, 4	καμινογραφία	238, 6
Ἀδάμ (= ἀνατολή, etc.)	269, 2	κνίπειον (αἷμα)	246, 2
ἀκαύστωσις — λεύκωσις	245, 1	κουκούφας	212, 3
ἀκταὶ νοεραί	272, 3	Κυρανίδες (Κοιρανίδες)	201, 2
ἀμιναῖος (οἶνος)	236, 1		
ἀνατομή (membres dissectés)	330, 3	λέπτοι (χρόνοι)	265, 8
ἄνθρωπος (dans l'alchimie)	212, 4		
ἀντίμιμος δαίμων	271, 3	μαλάξιμος	243, 4
ἄνω – κάτω	244, 2	μεγιστάν (ὁ)	154, 5
ἀπό (= ὑπό)	277, 5	μεθοδία	254, 5
ἀπογενεσία	307, 6	μοῖραι τοῦ θανάτου	280, 4
ἀποφορά (« Umdrehung »)	305, 1	μόνος et dérivés	45
ἀρχιχέστωρ	337, 1		
ἀσκίαστος, ἄσκιος	254, 5	Νοῦς (ὁ)	270, 9
ἀτελειότης (ἡ σή)	281, 4		
ἄτριστος, ἀτριστόω	237, 1	οἶκος	57, 3
αὐθέντης	154, 3	ὄροβος	343, 7
		ὄρος	271, 7
βάλλειν	246, 1	ὀστοδέτης	273,
γαληνόν (σκοπικόν)	373, 1	παῖς (τέκνον, μαθητής)	110, 4; 348 ss.
		περίγειοι (δαίμονες)	279, 2
διάζωμα	305, 3	ποτίζω, καταποτίζω	281, 6
διοργανίζεσθαι	250, 2	προσφωνέω (c. acc. rei)	255, 1
		πυρίπολος	305, 4
ἐγγράφως ἐπιδιδόναι	276, 4		
εἰδώς (initié)	331, 5	σεβαζόμενοι τὸν θεόν	331, 4
ἐνκάρδιος	294, 1; 295, 1	σημεῖον	257, 2
ἔνσωμος, ἀσώματος (φράσις)	264, 1, 2	στακτή (ἡ)	244, 1
ἐπιβάλλειν	212, 5	σταφυλή	250, 1
ἑπτάζωνος (σφαῖρα)	343, 3	στήλη	229, 2
ἐρημία (ἠρεμία)	45	συγγένεια	232, 6
εὐθλίζων (λίθος)	142, 1	συμπάθεια	90, 1; 232, 6; 359, 1
ζῷον (κοσμικόν)	213, 3	τρισμέγιστος	73-74
ἤκω	228, 3	φυσικός (ὁ)	197, 1
		φώς, φῶς	270, 1
θύρα ἀνεῳγμένη	315, 2	φωτοβιής	306, 1
ἰδιότης	196, 1	χράομαι (c. acc. rei)	154, 8
ἰσχινος (υἱός)	332, 1		
		ω	264, 7
κάθετον (τό)	278, 4	ὡροσκόπος	75, 4
καιρικαί (βαραί)	264.10		
κακόω	130, 7	*aeolica vox*	322, 5
καλλαινος	291, 3	*rectificare*	163, 1

III

Auteurs et écrits arabes

Albategnius (Battâni) 395.
Al-Biruni (Bērūnī) 166, 1; 184, 1; 385, 3, 7.
Alchimistes arabes 217, 4; 321-322; 386; 389.
Alfachim (Al-ḥakīm) 107, 1 (p. 108); 350, 4 (p. 351).
Al-Fargâni 167, 4; 185, 1.
Al-Kindi 386.
Almageste 2, 4.
Al-Muʿtaṣim 321, 7.
Al-Nairizi 2, 3.
Al-Rāzī (Fakhr al-dīn) 395, 1.
Al-Rāzī (M. b. Z.) 221, 1; 386; 390.
Apomasar (Abū Maʿshar) 104; 105, 8; 161, 1; 395.

Balinas (ou Bālīnūs ou Galienus = Apollonius de Tyane) 197, 2; 321, 7, 11 (p. 322); 323, 2; 350, 4; 395.

Geber (Jâbir) 389; 396.
Ghāyat al-ḥakīm (Picatrix) 57, 3; 90, 1; 221, 1; 318, 6; 321, 11 (p. 322); 397.

Ibn Sabʿīn 390, 400.
Ibn Waḥshiya 396.
Ikhwān al-ṣafâ 389; 397; 398.
Istamahis (Isṭamâkhis) 318, 6; 321, 11 (322); 391; 394.
Istamatis (Istamâṭis) 321, 11 (p. 322); 391; 394.

Livre de Cratès 322; 393.
Livre d'El-Habib 350, 4.

Mashalla 105, 8; 160 ss.; 160, 3, 4; 161, 1, 2; 162, 1; 350, 4.

IV

Auteurs Modernes

Agrippa de Nettenheim 150, 3; 168, 2, 3; 169; 175 s.

J. Babelon 257, 2.
G. Bardy 80, 14.
E. Bergdolt 359, 1; 396.
M. Berthelot 125, 1 ss.; 212, 4, 5; 217, 1 ss.; 251, 3; 253, 1; 258, 5.
M. Berthelot-R. Duval 217, 3; 384; 3.
M. Berthelot-O. Houdas 217, 4; 321, 2, 6; 322, 1; 391, 1, 3; 392; 393; 397, 2.
C. Bezold-F. Boll 110, 6.
J. Bidez 133, 2; 163, 3; 267, 1; 310, 3.
J. Bidez-F. Cumont 20, 4; 22, 4, 7, 9; 24, 6; 32, 1, 2, 3; 34, 4; 36, 4; 42-43; 137, 3, 4; 180, 2; 197, 4; 200, 7, 8; 213, 1; 223, 4; 226, 1; 228, 2, 5; 230, 6; 232, 1; 259, 2; 263, 1 ss.; 271, 8; 334 ss.
F. Bilabel 39, 2; 328, 1.
F. Bilabel-Ad. Grohmann 370 ss.
E. Blochet 57, 3; 93, 3; 95, 2; 105, 8; 107, 1 (p. 109); 322, 4; 323, 1; 326, 1; 391; 392; 394; 395.
Fr. Boll 77, 1; 89, 1; 110, 4; 116, 2; 148, 5; 163 ss.; 180, 3; 183, 4; 258, 6; 305, 3; 311, 1; 315, 4; 317, 1; 319, 2; 323, 1; 324, 2; 325, 6; 332, 3; 340, 5; 352, 3.
F. Boll-C. Bezold-W. Gundel 89, 1; 96, 2, 3; 97, 1; 98, 1; 104, 4; 123, 1; 137, 1; 141, 3; 181, 1; 183, 2; 271, 8; 292, 2.
A. Bouché-Leclerq 78, 1; 89, 1; 95, 3; 96, 3; 97, 1; 98-101; 112, 3, 4; 114, 1; 115, 4, 5; 116, 1; 123, 1; 124, 1; 125, 1 ss.; 126, 1; 127, 3, 5; 129, 1, 3, 4; 130, 7; 131, 5; 163, 3; 167, 3; 256, 3; 305, 3; 312, 2, 4; 337 ss.; 343, 3.
W. Bousset 68, 5; 268, 3.
P. Boylan 67, 1 ss.; 68, 1 ss.
Brockelmann 2, 3; 393, 1; 396; 398; 399.
J. Burnet 8, 2.

J. Carcopino 15, 2.
R. H. Charles 269, 2.
Chwolsohn 384, 2; 393; 394.
C. Clermont-Ganneau 106, 2.
M. della Corte 374.
F. Cumont 17, 2; 24, 1; 26, 3; 29, 1; 39, 1; 89, 1; 93, 3; 95, 3; 96, 1, 2; 98, 1; 104, 1;

112, 1 ss.; 118, 2; 122, 1, 2; 127, 6; 129, 1; 130, 2; 135, 2, 4; 148, 5; 152, 5; 154, 5; 173, 2; 202, 1; 219, 1; 255, 2; 257, 2; 261, 3; 268, 3; 271, 3, 8; 276, 3; 277, 1, 2; 288, 3; 294, 1, 5; 297, 1; 304, 2; 305, 2; 310, 1; 312, 9; 315, 4; 316, 3; 317, 1; 319, 6; 320, 1; 328, 1; 344, 1.

J. Delambre 185, 1.
A. Delatte 15, 6-7; 16, 2-4; 17, 2; 74, 1; 137, 1; 138, 5; 146, 3; 154, 9; 155, 1; 338, 2; 339, 4; 348, 6 ss.-
L. Delatte 107, 1 (n° 22); 137, 8; 138, 4, 160 ss.; 201, 1 et ss.; 322, 2; 323, 1.
H. Delehaye 369, 370.
L. Deubner 312, 2.
H. Diels 8, 1; 20, 2; 107, 1; 217, 1; 220, 3; 222, 6; 223, 1; 225, 4, 5; 226, 1; 231, 1 ss.
A. Dieterich 78, 1; 110, 4; 288, 2; 300, 3; 303, 1; 332, 3; 342, 2; 344, 3.
F. J. Dölger 257, 2; 292, 5.
F. Dornseiff 263, 2; 269, 2; 344, 3.
L. Durr 332, 3.

S. Eitrem 283, 3.

A. Faraj 386, 4.
T. Frank 11, 3.

Ganschinietz 139, 2; 201, 1; 204, 1; 205, 3; 212, 2.
J. Geffcken 10, 1; 78, 5; 81-82; 91, 3.
Gossen 204, 5.
F. Ll. Griffith 76, 2.
W. Gundel 89, 1; 97, 1; 98, 1; 113 ss.; 123 1; 139, 2; 140, 1, 2; 141, 3, 4; 161, 4; 183, 1; 189, 1; 217, 1; 226, 1; 238, 1; 239, 3 ss.

J. Hammer-Jensen 197, 4; 220, 2; 222, 6; 226, 1.
Ch. H. Haskins 2, 3, 5; 3, 2, 4, 6, 8; 160, 4; 185, 1.
Haupt 201, 1.
J. Heeg 210, 3; 339, 6.
I. L. Heiberg 2, 2, 3; 274, 1.
Th. Hopfner 90, 1; 130, 4; 140, 2; 230, 1; 283, 1; 289, 2; 292, 5; 318, 5; 319, 1.
A. J. Hopkins 220, 2.
C. Hopkins 374.

F. Jacoby 21, 7; 230. 6; 319, 4.
G. de Jerphanion 374.

Kircher 394.

P. Kraus 397.
W. Kroll IX, 1; 42, 1; 77, 3; 84, 2; 123, 1; 139, 4; 197, 4; 210, 4; 222, 6; 267, 1; 329, 2.
O. Lagercranz 220, 1, 4; 221, 4; 222, 2 et ss.; 227, ss.; 240, 2, 3.
M. J. Lagrange 42, 2.
Kirsopp Lake 331, 4.
O. v. Lemm 369.
A. J. Letronne 276, 3.
H. Lewy 318, 4.
E. O. v. Lippmann 217, 1 ss.
— — 264, 10.

Mac Cown 280, 6.
H. Marrou 7, 2.
G. Maspero 76, 2.
L. Ménard VIII, 1.
Ad. Mieli 217, 2.
D. H. Müller 385, 8.

Nallino 393; 395, 3.
M. P. Nilsson 38, 2; 89, 1.
A. D. Nock 36, 4; 40, 4; 46, 3; 49, 1, 8; 87, 5.
Ed. Norden 110, 4; 332, 3; 346, 3; 352, 2.

Orth 135, 1.
W. Otto 68, 5; 86-87.

Asin Palacios 387, 1; 400.
B. E. Perry 197, 4.
Fr. Pfister 77, 4; 137-138; 139, 4; 312, 4.
Ch. Picard 71, 1.
Pietschmann 67, 1 ss.
M. Plessner 107, 1 (p. 108); 184, 1; 217, 4; 321, 11; 350, 4; 394; 395; 396.
K. Preisendanz 79, 7; 222, 6; 226, 1; 228, 5; 283, 1 ss.
F. Preisigke 91, 5.
L. Preller 38, 2.
H. Ch. Puech 19, 2.

L. Radermacher 369.
A. Rehm 120, 3; 217, 1.
K. Reinhardt 90, 1; 305, 2; 312, 2.
R. Reitzenstein 39, 1; 68, 5; 69, 1; 71, 2 75, 1; 80, 14; 81; 103, 1; 110, 4; 202, 4; 211, 5; 218, 1; 254, 2; 257, 3; 259, 2; 263, 1; 264, 4; 266, 6; 267, 1; 275, 1; 281, 3 ss.; 285-286; 289, 2, 3; 300, 3; 301, 1; 307, 6; 329, 2; 332, 3; 340, 1; 344, 3.
R. Reitzenstein-H. H. Schaeder 268, 3; 313, 3; 321, 11.
E. Riess 217, 1; 290, 1.

H. Ritter 57, 3; 90, 1; 221, 1; 321, 11; 326, 1; 394; 397; 398.
G. Roeder 67, 1 ss.; 68, 2, 4.
J. Röhr 79, 2; 90, 1; 196, 1; 197, 1; 232, 6.
P. Roussel 312, 3.
Ad. Rusch 67, 1 ss.; 68, 2, 4.
J. Ruska 139, 2; 178, 1; 180, 3; 184, 1; 217, 4; 221, 1; 241, 5 et ss.; 251, 3; 263, 1; 264, 10; 273, 1, 5, 8; 275, 1 ss.; 292, 1; 311, 1; 321, 7 ss.; 323, 1; 350, 4; 389, 3; 390, 1; 393; 394; 395; 398.

F. Sbordone 278, 3; 326, 1.
H. H. Schaeder 184, 1.
Th. Schermann 373.
W. Schmid-O. Stählin 3, 9; 76, 4; 80, 14; 312, 4.
Ed. Schwarz 21, 7.
Serruys 103, 1; 201, 1; 209, 8.
Ch. Singer 8, 1; 137, 1; 193, 1.
D. W. Singer 217, 5.
Sprenger 385, 2; 400.
V. Stegemann 105, 8.
M. Steinschneider 105, 8; 217, 4.
Ed. Stemplinger 90, 1; 123, 1; 128, 1.
B. Strauss 393.

E. Strong 4, 3.
K. Sudhoff 123, 1; 399, 1.
Suter 160, 4; 185, 1.

Ch. Tannery 201, 1; 337, 1.
A. E. Taylor 18, 1; 95, 3.
L. Thorndike 105, 8; 106, 1, 2; 107, 1; 137, 5, 8; 138, 1; 146, 3; 160, 1, 4; 185, 1; 197, 2; 200, 6; 201, 1; 203, 4, 5; 217, 5; 334, 7.
Tkatsch 384, 2.

L. della Vida 328, 1.

Th. Weidlich 90, 1.
M. Wellmann 77, 5; 196 ss.; 201, 1 et ss.; 210, 3; 213, 7; 222, 2 ss.; 223, 1; 227, 2; 280, 6; 339, 5.
A. Wickenhauser 313, 1.
U. v. Wilamowitz-Moellendorf 39, 2; 210, 4.
U. Wilcken 29, 5; 47, 6; 51, 1-4; 55, 1; 73, 2, 3, 5; 276, 1; 312, 3.
G. Wolff 279, 2.

Th. Zahn 369.
E. Zimmer 160, 1.

V

Index analytique (1)

Achaab (Acharas) le laboureur..... 253
Akmòn............................. 80
Albert le Grand...... 106; 149; 150, 3
Alchimie
— et astrologie........... 187-188
— et magie................. 188
— et mystique.. 260 ss.; 263-277; 267, 1; 280-281
— arabe........ 217, 4; 321-322; 386; 389
(voir III : Alchimistes arabes)
— au M. Age............. 217, 5
— juive............ 238; 277-278
— Adam dans l'—........ 269-270
Démons dans l'—...... 278 ss.
Méthodes dans l'—..... 233-238
Noms symboliques dans l'—................ 220-221

Œuf dans l'—...... 281 et n. 7
Septante dans l'—...... 268, 6
Teintures dans l'—..... 219-220
Teintures opportunes dans l'—.......... 264, 10; 277 ss.
Terre vierge dans l'—... 268, 4
Écrits hermétiques d'—... 251
Papyrus d'—.......... 221-222
Alchimistes (voir I B)
Liste d'—.......... 240-241
Anépigraphe......... 238, 7
Claudianos... 225, 3; 240; 323, 4
Héliodore......... 105; 239
Jean de Tuthie...... 240, 3
Pamménès.......... 226, 1
Panséris....... 240; 242, 5; 247, 3

(1) Cet index ne comprend qu'un petit nombre de noms et de sujets plus directement pertinents à mon propos. Pour le reste, voir la Table des Matières (pp. XI-XII) et les autres Index (I à IV).

Pélagios............... 240 ; 247
Pétasios............... 43 ; 240
Phiménas............... 222, 6
Théosébéia.......... 264 ; 273 ;
275 ; 279, 6 ; 393
Zosime............ 74 ; 80 ; 233 ;
239 ; 240 ; 261 ss. ;
268, 3 ; 391
ALEXANDRE DE MACÉDOINE... 137, 7 ; 146 ;
149 ; 201, 1 ;
321, 7, 11
AMNAËL (Ange).................... 257, 1
ANAXILAOS DE LARISSA.......... 222, 3, 6
APOLLOBÉCHÈS (PIBÉCHIOS)... 137, 3 ; 196 ;
240 ; 241 ; 321
APOLLONIUS DE TYANE........ 12 ; 15 ; 23 ;
27 ; 33 ; 36, 5 ;
340-342
— (BALINAS).. 138 ; 197 ; 321, 7,
11 ; 323, 2 ; 395
— (GALIENUS)........... 350, 4
Arabes
Alchimie arabe: 217, 4 ; 321-322 ;
386 ; 389 ; 391
Astrologie — ... 160 ss. ; 161, 1 ;
177 ss. ; 391-392
Hermétisme — .. 105, 8 ; 384 ss.
Hiéroglyphes chez les —. 326, 1
Livre caché chez les —.. 321, 11
« Poimandrès » chez les —.
386, 5 ; 396
Pyramides chez les —.... 323, 1
Révélation chez les —... 311, 1 ;
318, 6 ; 321-323 ;
321, 11 ; 323, 1
Talismans chez les —. 322, 4 ; 391
Temple magique chez les—. 57, 3
« Traditio mystica » chez
les —................ 350, 4
ARISTOTE................. 60-61 ; 62 ; 64 ;
189-195 ; 234-235 ;
357-358 ; 390 ; 394
ASTRAMPSYCHOS......... 79 ; 80, 1 ; 312, 4
Astrologie
— et alchimie............. 187-188
— et magie.................... 188
— arabe.......... 160 ss. ; 161, 1 ;
177 ss. ; 391-392
Apotélesmatique universelle.
101 ; 109-111
Botanique astrologique...... 139 ss.
« Caractères » astrologiques. 140, 2 ;
165, 3
Cercle de Pétosiris.......... 125, 1

Décans............. 113 ; 115-120 ;
128-129 ; 139-143
Étoiles brillantes......... 120-121 ;
160 ss.
Fondateurs de l'astrologie
Hénoch............ 334, 7
Seth.............. 334, 7
Herborisme astrologique........ 153
Iatromathématique
(voir I A *Iatromathematika*)
Initiatives................ 101, 111
Lieux astrologiques....... 111-112
Médecine astrologique..... 123 ss. ;
131-133
Mélothésies................ 127-131
— décaniques............. 128-129
— planétaires.......... 94 ; 130-131
— zodiacales.............. 128-129
Monomoirai.................... 121
Organon d'Hermès............. 125
Pierres astrologiques. 139, 2 ; 180-184
Planètes
Caractères des —...... 94-98
Noms des —..... 95-96 ; 95, 3
Plantes des —........ 146-160
Plantes astrologiques....... 139 ss.
— des étoiles fixes....... 160-186
des planètes............. 146-160
du soleil
Chicorée................ 151
Hélioscope............. 154
Prolifique........... .. 148-150
— du zodiaque.......... 143-146
— aétos................. 77 ; 139
— pivoine......... 104 ; 151-152 ;
153 ; 154 ; 155-160
Prière aux étoiles.......... 188-189
Sphère de Démocrite........... 125
Zodiaque............. 98 ; 128-129 ;
143-146 ; 170 ss.

Astrologues (voir I A).
Ambrès................. 124, 4
Anonyme de 379.. 103-104 ; 105 ;
120 ; 171-172 ;
173 ; 178 ; 179
Antiochus d'Athènes. 104, 1 ; 112 ;
113 ; 161
Hipparque........ 112 ; 120 ; 121
Julien de Laodicée..... 104 ; 105
Panarétos............ 105 ; 112
Paul d'Alexandrie..... 105 ; 112
Ptolémée.......... 2 ; 120 ; 124 ;
147, 1 ; 161 ;
166 ss. ; 172 ;

173; 175;
176-177; 317; 320
Rhétorios........ 112; 114; 121;
173; 175
Salmeschoiniaka....... 77; 103
Sérapion d'Alexandrie.. 112; 113
Teukros de Babylone. 139, 2; 173;
393; 396
Théophile d'Edesse. 162, 3; 179, 3
Thrasylle................... 112

BARDESANE.................... 387; 390
BOLOS DE MENDÈS....... 137, 3; 197-200;
222, 6; 222-238
BOTHROS (roi des Perses)......... 328, 1

ÇANAKYA 393
Commerce avec l'Inde............ 225, 5

DAMIGÉRON........... 42; 210, 3; 292, 1
DARDANUS...................... 137, 3; 198
DÉMOCRITE........... 23; 25-26; 137, 3;
222, 6; 223, 4, 234
(voir BOLOS)
— (Sphère de).................. 125

Écrits scientifiques au IIe s.......... 2-3
Égypte
Écrits grecs sur l' —........ 86-87
Hérôn (Horus)............. 255, 2
Hiéroglyphes............. 326, 1
Littérature égyptienne
Contes de Setné-Khâmouas. 76
Livre des Morts............. 76
Mandoulis (Apollon)....... 46 ss.
Maxime de Sansnos.......... 47
Ménéchérès............... 52; 54
Nektanébo............ 52; 55 ss.
Onirocrites égyptiens...... 312, 3
Pèlerinages en Égypte..... 46 ss.
Prêtres d'Égypte
— initiateurs de la philo-
sophie.............. 20; 22
— maîtres des sages grecs
23-25; 27
Pureté de vie des —....... 28-30
Union à Dieu des —..... 34; 36-37
Psammétique..... 207; 230; 320;
329
Sérapéum de Memphis..... 51 ss.
Vie solitaire en Égypte..... 45-46
EMPÉDOCLE 387

FLACCUS AFRICUS..... 138, 4; 201, 1; 203,
4, 5; 323 (v. I A)

HARPOKRATION......... 138, 3; 143; 145;
147; 202; 204 ss.;
322-323
HÉNOCH............ 137, 8; 139; 165 ss.;
(voir I (1)) 223; 255-256
Hermétisme (v. I (1), I A, I B).
Hermès Logos........... 68 ss.
Hermès Thoth... 67 ss.; 391
— dans la magie 287-296
Hermès Trismégiste... 73-74
Hermès au M. Age 105, 8; 106
Hermétisme populaire
et h. savant........ 87-88
Hermétisme et mani-
chéisme........... 184, 1
Confréries hermétiques 81-87
Gnose hermétique
dans l'alchimie.... 260 ss.
dans la magie..... 296 ss.
Littérature hermétique 74 ss.;
102 ss.; 106 ss.;
107, 1; 137 ss.;
200 ss.; 240 ss.; 251.
— arabe.... 384 ss.
— en Égypte. 74-76
Magie hermétique... 287 ss.
Organon d'Hermès...... 125
Poimandrès (Poiménan-
dre)..... 281; 386, 5; 396
(voir I (1))
HYSTASPE 42

KYRANOS (roi des Perses)........ 203 ss.

Magie (voir I C).
Abraxas................... 301, 1
Cyprien le Mage... 37 ss.; 369 ss.
Gnose magique.......... 296 ss.
Heptazone................ 343, 3
Kosmopoiia de Leyde..... 300-303
Magie et alchimie........... 188
— et astrologie...... 188-189
Nom aux 7 voyelles........ 344, 3
Prières magiques........ 297-300
Recette d'immortalité..... 303-308
Sator Arepo.................. 374
Testament d'Adam.. 334, 8; 340, 5
Thoth dans la magie...... 287-296
« Traditio mystica » dans
la —..................... 348 ss.
MAIMONIDE 394
MANICHÉE L'ANTÉCHRIST............ 271, 7
MARCELLUS DE SIDÉ................. 210
MEMBRÈS........................ 280, 5

Mystères.
    Serment de —.......... 344, 1
    Tatouage dans les —.... 257, 2
    « Traditio » dans les —. 348-354

Mysticisme.
  —   dans l'alchimie. 260 ss.; 263; 277; 267, 1; 280-281
  —   dans la magie 283-284; 296 ss-
  —   extatique.......... 313 ss.
    Extase et sommeil... 314, 4
    Ogdoade............ 344, 4
    Recette d'immortalité 303-308
    Vie solitaire en Égypte. 45-46

NÉCHEPSO (voir I A)
Nékyomancie....................... 59
Néopythagorisme......... 14-18; 357, 1

OSRON 321
OSTANÈS. 42-43; 79; 80; 137; 196; 198 200, 8; 228-229; 238; 321; 329; 391, 1

PAMPHILE L'HERBORISTE..... 77; 139; 197
PANKRATÈS......................... 46
PAXAMOS...................... 207-208
PÉTOSIRIS (voir I A : Néchepso)
  — (Cercle de)............. 125, 1
PITYS (BITOS)............... 329 et n. 2
PLATON (voir I (1))
PLOTIN (voir I (1))
POSTUMUS......................... 340
PROCOPE.... 391

Pureté de vie
    des Brahmanes.... 32-33
    des Esséniens et Thérapeutes..... 31-32
    des Mages perses..... 32
    des prêtres d'Égypte 28-30

PYTHAGORE 14 ss.; 19; 24-25; 137, 2; 336-339

Rationalisme grec.
    Décadence du —.. 5 ss.; 7, 2
    Rationalisme d'Aristote 60-61; 189-195
    — de Plotin.... 62
    — de Socrate. 9, 1
    — et religion 9-14; 63-66; 356 ss
    — et technique en Grèce........ 8, 1
    Sauver les phénomènes.. 8, 2

Révélation.
    Découverte de la stèle 230, 6; 319 ss.

    Divination dans la magie 283-284
    Mantique des songes... 312, 2
    Oracles de Claros... 10; 13-14
    Oracle du Potier......... 313
    Porte du ciel......... 315, 2
    Révélation d'Elchasaï.. 19; 42
    — d'Isis à Horus 253-260
    — d'Ostanès..... 228-229
    — en extase..... 313-317
    — par un ange.. 257 ss.
    — chez les Arabes 311, 1; 318, 6; 321-322; 321, 11; 323, 1
    Science par révélation 9 ss.; 59 ss.; 360 ss.

ROBOAM............................ 339

Sagesse orientale................ 20 ss.
  Brahmanes
    — initiateurs de la philosophie............. 22-23
    — maîtres des sages grecs 25; 27
    Pureté de vie des — 32-33
    Union à Dieu des — 34-35; 36
  Mages de Perse
    — initiateurs de la philosophie.... 20-22
    — maîtres des sages grecs.......... 24-25
    Pureté de vie des — 32
    Union à Dieu des — 34; 36
    (Voir aussi *Égypte*)

SALOMON 138, 1; 143; 145-146; 147; 152-154; 200, 8; 201, 1; 210; 280, 6; 339-340

Sciences occultes
    Macrocosme-microcosme. 92-94; 126-131
    Méthode dans les sciences occultes........ 195-197; 356 ss.
    « Mirabilia »........... 195 ss.
    Sympathie universelle.. 89-94; 90, 1; 125-127; 133-137; 235-237; 358 ss.; 359, 1
    Vertus occultes 195 ss.; 357 ss.; 359, 1
    (voir II ἰδιότης, φυσικός)

SOCRATE....................... 9; 390

TÉLAUGÈS.................... 336-337
THESSALOS DE TRALLES 56-59; 59, 2; 77; 138; 143; 145; 146; 150; 229-230
Traductions arabes.................. 2-3

Traductions latines au M. A......... 2-3	Arétalogie d'Imouthès...... 52-55
	Songe de Nektanébo....... 55-56
Union à Dieu	Vision d'Asklépios........ 56-59
— des Brahmanes..... 34-36	— d'Hélios .... 305 ss.
— des Mages........ 34; 36	— de Mandoulis...... 46 ss.
— des prêtres d'Égypte 34; 36-37	— en extase........ 313-317
	— oraculaire......... 59 ss.
Visions divines......... 45 ss.; 309 ss.	Visions au Sérapéum......... 51

ADDENDA

P. 231, *l.* 22. Rien n'échappait à Usener. Revenant, dans un article du *Rhein. Mus.* (XXXVI, 1871, 155 ss. = *Kl. Schr.*, II, 250 ss.) sur une scholie lucanienne (ad Luc. II 2 = *Commenta Lucani*, p. 484) : *Quod antiquissimus poeta adfirmat dicens « natura naturam vincit et dii deos »*, il l'a rapprochée déjà de notre formule alchimique, et il a montré que la source en est Néchepso, d'après Firm. Mat., *Math.*, IV 16 *sic et Necepso Aegyptii iustissimus imperator, optimus quoque astronomus per ipsos decanos omnia vitia valetudinesque collegit, ostendens quam valetudinem quis decanus efficeret, quia* una natura ab alia vincitur unusque deus ab altero, *ex contrariis ideo naturis contrariisque potestatibus omnium aegritudinum medelas divinae rationis magisteriis adinvenit*. On s'explique que le scholiaste fasse de Néchepso un *antiquissimus posta*, puisque ce roi d'Égypte était censé avoir vécu dans une antiquité fabuleuse : *poeta* le désignerait comme ποιητής = « faiseur d'or ». Usener cite encore d'autres emplois de la même formule, dans la magie, par exemple chez Marcellus (*ap.* J. Grimm, *Kleinere Schriften*, II 143) *venenum veneno vincitur*, et dans la gnose, v. g. *Acta Thomae*, p. 71. 8 Bonnet φάρμακα ἕτερα διαλύειν οἴδασιν ἕτερα φάρμακα.

P. 239, 3ᵉ *l.* (*du texte*) *avant la fin :* Stéphanos d'Alexandrie. — Sur ce philosophe, commentateur de Platon et d'Aristote (sur *de caelo, de interpretatione*), par ailleurs mathématicien et astronome, cf. l'importante étude de H. Usener, *De Stephano Alexandrino* (Diss. Bonn, 1880) = *Kl. Schr.*, III, pp. 247-322. Usener critique l'attribution à Stéphanos des neuf *Lectiones Chemicae* éditées par L. Ideler, *Phys. et med. Graec. min.*, II, 199 ss., de même qu'il lui retire l'*opusculum apotelesmaticum* que lui attribuent certains MSS. (cf. Usener, *l. c.*, 254-257 = écrits d'alchimie, 257 ss. = écrit astrologique, édité *ib.* 266 ss.).

P. 293 : Recettes avec figurine de Thoth-Hermès. — Cf. Apulée, *Apologia*, c. 61-65 avec le commentaire de P. Valette, *L'Apologie d'Apulée* (Paris, 1908), pp. 310 ss., qui reconnaît dans cette statuette un « objet magique », qui « servait avec le concours de prières qui étaient de véritables incantations » (*l. c.*, p. 316). Valette assimile le Mercure d'Apulée à Hermès Trismégiste (p. 312) et note à bon droit que la statuette était en bois d'ébène, *Apol.* c. 61, cf. Valette, *l. c.*, p. 317 et, ici même, p. 290, n. 4. — F. J. Dölger, *Antike u. Christentum*, IV (1933), pp. 67-72, 277-279, compare la manière dont Apulée transporte partout avec lui une figurine d'Hermès avec le port d'une image divine, en guise d'amulette, pour se protéger en voyage.

ADDITIONS ET CORRECTIONS
DE LA DEUXIÈME ÉDITION

P. 1. Sur le déclin du rationalisme, voir de fines remarques de F.-W. Walbank, *The Causes of Greek Decline*, *J. Hell. St.*, LXIV, 1944, 10 ss., en particulier 14 ss.

P. 7, l. 18. Lire « ce manque ».

P. 8, n. 1, l. 9. Lire « characteristic ».

P. 9, n. 1. Je ne comprends pas la querelle que me cherche M. B. Farrington (*J. Hell. St.*, LXV, 133) au sujet de Xen. *Mem.* I, 1, 9. M. F. observe : « The topic under discussion is the attitude of Socrates to the practice of consulting oracles, and we are told that Socrates thought it improper to consult an oracle about a technique within the range of man's competence to acquire, but quite proper to do so with regard to the outcome, which is beyond man's control. It is wrong to ask an oracle how to build a house or manage a farm, right to ask if the house will be struck by lightning or the farm be ravaged by storm. This is the clear sense of the passage. The whole context remains within the sphere of practical affairs... The Xenophontic passage, in fact, while it contains no reference to scientific research, does contain a reminder that exactness in science is the product of practice and not of contemplation. » Bien sûr, et nous sommes d'accord. Mais il suffit de relire ma phrase : « Ou enfin l'on pouvait renoncer une bonne fois à tout effort de la raison pour se confier exclusivement à des inspirations surnaturelles et attendre d'une révélation divine ce qu'on obtenait autrefois par le patient labeur de la recherche », et l'on constate que j'ai cité ce texte (n. 1) pour établir une opposition non pas entre pratique expérimentale et spéculations théoriques dans la science, mais entre travail rationnel humain et recours à un oracle en vue d'obtenir une certaine fin. Thessalos, pour obtenir sa pilule, s'adresse à Asklépios : Socrate l'aurait cherchée dans son laboratoire à l'aide de calculs, mesures et poids. Le texte cité convient on ne peut mieux.

P. 12, n. 1. « Eine Ausnahme von der Ausnahme ist Lucrez » (P. Maas, lettre, 18 mai 1947).

P. 13, l. 19. Lire « à l'automne le gracieux Iacchos ». M. P. Maas (*l. c.*) m'a en effet convaincu qu'il faut adopter la correction de Ian ἁβρὸν Ἴακχον : « der Dionysos dieser Zeit ist der typische ἁβρός und der typische Herbst; und in der Variante des Orakels steht Dionysos ».

P. 15, l. 4. Lire : « et, au temps de Claude, les pythagoriciens... » — *Ib.*, n. 3 : Sur l'évolution de la légende de Pythagore, cf. toujours l'excellent article de Rohde, *Die Quellen des Iamblichus in seiner Biographie des Pythagoras*, Rh. M., XXVI, 1871, 554 ss., XXVII, 1872, 23 ss. = *Kl. Schriften* (Tübingen, 1901), II, 102-172, en particulier 102-113.

P. 26, n. 2. « Le rapprochement des Éthiopiens et des Indiens, les premiers étant, au dire d'Apollonius de Tyane, une colonie des seconds, peut reposer sur une réalité. Le régime des moussons, dont la connaissance en Occident à partir du Ier siècle après Jésus-Christ a permis l'établissement des relations maritimes rapides et régulières de l'Empire romain avec l'Inde, a nécessairement été connu de longue date des riverains de l'Océan indien, d'où facilité d'importation ancienne, en Éthiopie et en Haute-Égypte, d'idées et de pratiques indiennes » (J. Filliozat, *J. As.*, 234, 1943/5, 352).

P. 27, n. 1. « Les colloques entre sages constituent un genre littéraire ancien et très répandu. Les dialogues des *Upaniṣad* (qui ont souvent lieu entre un roi et un sage) et ceux qui remplissent les textes canoniques bouddhiques sont innombrables. C'est d'après eux, bien plutôt qu'à la manière des écrits grecs similaires, qu'a été composé le *Milindapañha* pāli » (J. Filliozat).

P. 37, l. 26. « Le prestige de l'Inde n'est pas venu de ce qu'elle était « le paradis des fakirs » (lire : *yogin*) mais aussi de ce qu'elle possédait des sciences et des philosophies très développées et surtout de ce qu'elle fournissait les plus nombreux et les plus frappants exemples de la vie érémitique et monacale. Ces exemples étaient connus en Occident, cf. notamment Tertullien, cité p. 45, n. 2; ils contribuent à expliquer la recherche de la vie retirée dont il est question p. 31 et p. 32 » (J. Filliozat).

P. 38-39. Sur le début, ici résumé (« Dès sa plus tendre enfance... »), de la *Confessio Cypriani*, voir maintenant l'excellent article de M.-P. Nilsson, *Greek Mysteries in the Confession of St. Cyprian*, Harv. Theol. Rev., XL, 1947, 167-176.

P. 50, marge gauche en haut : lire 50 (au lieu de 62), et de même p. 62, lire 62 (au lieu de 50).

P. 55, n. 3, l. 2. : Lire : « cette ville de la... »

P. 71, l. 30 : « Fantaisies d'un humoriste » est sans doute exagéré, cf. G. Daux, *REG*, 1940, 120-121.

P. 73, l. 23. Pour τρισμέγιστος, il faut peut-être rappeler aussi la valeur religieuse du nombre trois, par exemple en Grèce, cf. E. Rhode, *Psyché*, tr. fr. p. 144, n. 2 et p. 547, n. 3 (G. Daux, *R. Ph.* 1948, 180).

P. 77, n. 1. Voir aussi P. W., XVI, 2160-2167, s. v. *Nechepso* (W. Kroll), en particulier, pour la date, 2163, 51 ss.

Pp. 81 ss. Dans un article sur les papyrus gnostiques coptes récemment découverts, *Vigiliae Christianae*, III, 1949, pp. 129 ss., M. J. Doresse écrit (p. 137) à propos de la version copte de cinq traités hermétiques (dont l'*Asclépius*) que contient le IXe Volume : « découverte plusieurs fois capitale que celle de rédactions coptes de ces ouvrages mêlés à l'ensemble homogène des autres traités gnostiques, car il était admis que l'hermétisme, spécifiquement grec, n'avait pas de liens profonds avec la pensée égyptienne ou avec la gnose orientale, et qu'en outre les textes hermétiques n'auraient jamais été employés comme livres religieux ». Autant de confusions et d'inexactitudes. Si, dans la seconde partie de la phrase (« et qu'en outre... »), on me fait l'honneur de viser cet ouvrage, je n'ai pas dit que « les textes hermétiques n'ont jamais été employés comme livres *religieux* » (c'est moi qui souligne), car c'eût été, bien sûr, une absurdité. Tout au contraire, dès 1942 (ap. *REG*, reproduit *Rév. H. Tr.*, II, pp. 28 ss.), essayant de définir le logos hermétique d'enseignement, je le définissais comme l'instruction qu'un père (spirituel), en son privé, donne à ses fils spirituels. Et je parlais d'atmosphère de chapelle, de saint des saints. Mais j'ai dit aussi, et donné pour cela des raisons, qu'on ne pouvait guère rapporter l'ensemble de ces écrits à une Église hermétique (t. I, p. 81), ni les tenir pour les « liturgies » d'une confrérie de mystes (*ib.*, p. 84). En quoi la découverte de textes hermétiques coptes dans une jarre d'Égypte *(V. Ch.*, p. 130) infirme-t-elle ce jugement? Elle prouve simplement que certains milieux coptes étaient friands d'hermétisme. Les papyrus magiques nous l'avaient appris déjà. Au surplus, quand M. D. écrit (p. 138) : « Ainsi les précieux textes hermétiques dont l'emploi comme livres sacrés par les gnostiques sera, pour certains, une surprise », parle-t-il sérieusement? Croit-il apprendre aux spécialistes l'existence des *viri novi* d'Arnobe? On le renvoie au *Mémorial Lagrange* (1940). Et en quel sens prend-il le mot « sacré »? Les textes hermétiques sont évidemment sacrés pour tous les lecteurs païens qui regardent le Trismégiste comme un dieu. Veut-il dire que ces *logoi* aient constitué la Bible d'une secte? Il faut encore distinguer. Ce qui me semblait improbable, et que je crois tel encore, c'est que les écrits hermétiques aient été composés par et pour une « secte hermétique » constituée en Église. Mais il est bien évident que ces écrits, une fois composés, ont pu servir de livres d'édification et à des individus et à des groupes, par exemple à cette secte gnostique de Haute Égypte dont M. D. affirme l'existence *(V. Ch.*, p. 138). Les *viri novi* d'Arnobe utilisaient Hermès à côté de Platon et de Numénius. Les Gnostiques de Plotin utilisaient toutes sortes d'Apocalypses du Pseudo-Zoroastre, de Zostrianos, etc. (Porph., *v. Plot.* 16). Cela prouve-t-il qu'il y ait eu une Église d'Hermès, une Église du Pseudo-Zoroastre?

Quant à la première partie de la phrase (« il était admis que... »), qui vise peut-être mon livre encore (p. 85) et Nock dans la Préface de l'édition Budé (I, p. II), je pose de nouveau la même question. En quoi l'existence de papyrus hermétiques coptes, à côté de textes gnostiques, prouve-t-elle que ces textes soient égyptiens, inspirés de « la pensée égyptienne » ou de « la gnose orientale »? M. D. prétendrait-il que ces textes coptes soient les originaux, les *Hermetica* grecs des copies? Et que veut-il dire par « pensée égyptienne »? Laquelle? De quel temps? Et qu'entend-il par cette formule « gnose orientale », si chère au public ignorant, si générale qu'elle en perd tout sens? Pour décider si, oui ou non, les textes hermétiques sont pénétrés de « pensée égyptienne », de « gnose orientale » ou de spéculations grecques, il n'est en somme qu'un moyen, celui qu'ont employé, jusqu'à ce jour, les vrais savants : l'analyse attentive de ces textes mêmes et la recherche patiente des sources possibles. On pourra discuter sans doute à ce sujet, mais le seul critère est là. L'accident, tout matériel, d'une version copte ne change rien à la chose.

Veut-on d'ailleurs, sur le fond du problème (« pensée égyptienne ») l'avis d'un ancien, qui pourtant ne se fait pas faute de céder à la mode de l' « orientalisme »? Jamblique, *de myst.*, p. 265. 13 P., écrit : « De fait, les livres qui passent pour être d'Hermès (1) contiennent bien l'antique doctrine de dieu Hermès (Thoth), *même s'ils usent souvent du langage des philosophes (grecs)* parce

---

(1) *Sc.* les *Hermetica* grecs. Jamblique fait allusion ici aux livres que Porphyre, dans la *Lettre à Anébon*, avait dit avoir lus : or Porphyre n'eût pu lire ni comprendre des livres hermétiques en langue égyptienne.

ADDITIONS ET CORRECTIONS DE LA DEUXIÈME ÉDITION. 429

qu'ils ont été traduits de l'égyptien par des hommes non dépourvus de culture philosophique. » Qu'est-ce à dire, sinon, comme l'observe Scott (IV, p. 67), que, aux yeux de Jamblique lui-même, la terminologie des *Hermetica* grecs est celle de la philosophie grecque. Si Jamblique maintient le principe de la traduction, c'est en vertu d'un lieu commun que jai rappelé ici-même (pp. 85 ss., à propos de C. H. XVI 1 et 19 ss.).

P. 90, n. 1, ll. 15-16 : Au lieu de « je n'ai pu lire », lire « voir aussi, du même auteur..., en particulier pp. 6-32 (*Sympathie des Alls*) ».

P. 93, n. 3. Sur le microcosme = macrocosme, voir W. Kranz, *Kosmos und Mensch in der Vorstellung frühen Griechentums*, Nachr. Gött. Ges. (Ph. Hist. Kl., N. F., II), 1936/8, 121 ss., Hild. Hommel, *Mikrokosmus*, Rh. M., XCII, 1943, 56 ss. — Je n'ignore pas la thèse de l'origine iranienne de ces spéculations (cf. l'article de A. Götze, *Persische Weisheit in griechischem Gewande*, Z. f. Ind. u. Iran., II, 1923, 60 ss., 167 ss., Reitzenstein-Schaeder, *Studien*, 6 ss.) et de leur influence prétendue sur le *de hebdomadibus*, mais j'attends encore des preuves formelles, cf. R. Ph., XXI, 1947, 6 ss. — Parallèles indiens : cf. J. Filliozat, J. As., l. c., 353. — Parallèles arabes : M. Plessner (lettre, 14 janv. 1949) me signale *Ghâyat al-hakîm*, I 6 où l'on a chair = terre, os = montagnes, poils = végétation, veines = fleuves, organes intérieurs = mines. — Pour Hildegarde, cf. (avec Plessner) Liebeschütz, *Das allegorische Weltbild der heiligen Hildegard v. Bingen*, Stud. Bibl. Warburg, XVI, 1930.

P. 103, l. 9, lire « coryphée ».

P. 108, n° 26, l. 1, lire « 6 MSS au moins, dont » — *Ib.*, ll. 10/11 : Le texte complet du *Liber Hermetis de alchimia* a été édité par R. Steele-D.-W. Singer, *Proceedings of the Royal Society of Medicine* (Sect. of the Hist. of Med.), 1927, 485-501 ; recension de Plessner, *Der Islam*, XIX, 112 s. Intéressantes variantes d'un autre texte hermétique dans Thorndike, *Two more alch. Mss.*, *Speculum*, XII, 370 ss. (Plessner).

P. 115, n. 4. Voir aussi P. W., Suppl. B. VII, 116-124, s. v. *Dekane* (Gundel).

P. 121, n. 3. F. Cumont est parvenu à une conclusion analogue par la comparaison de ce chapitre du *L. H.* sur les Monomoirai avec les chapitres de Firmicus (*Mathesis* VIII) sur le même sujet. Ceux-ci en effet, d'après les faits historiques auxquels Firmicus fait allusion, remontent au milieu du IIe s. av. J.-C. Cf. F. Cumont, *L'Égypte des astrologues*, pp. 207-216.

P. 126, n. 4 et 6. Sur les rapports entre Nechepso-Pétosiris et Hermès, cf. aussi F. Boll, *Studien über Claudius Ptolemaeus* (*Jahrb. f. cl. Phil.*, Suppl. XXI, 1894), pp. 237-238, qui cite le papyrus Salt. de Londres (horoscope d'un certain Anubion né la première année du règne d'Antonin, 138 ap. J.-C.) : ἑπτὰ θεοί. σκεψάμενος ἀπὸ πολλῶν βίβλων ὡς παρεδόθη ἡμεῖν ἀπὸ σοφῶν ἀρχαίων τοῦτ' ἐστιν Χαλδαϊκῶν κα[ὶ Πε]τόσιρις, μάλιστα δὲ καὶ ὁ βασιλεὺς Νεχεύς, ὥσπερ καὶ αὐτοὶ συνήδρευσαν(!) ἀπὸ τοῦ κυρίου ἡμῶν Ἑρμοῦ καὶ Ἀσκληπιοῦ ὅ<ς> ἐστιν Ἰμένθου υἱὸς Ἡφέστου κατὰ τὸν δοθέντα μοι χρόνον ἐπὶ α' (ἔτος) Ἀντωνίνου Καίσαρος τοῦ κυρίου κτλ. = Riess, *Nech. et Pet. fragm.*, nº 6. = *Cat. Cod. Astr. Gr.*, VIII 4, 95, nº 121.

P. 130, n. 3, l. 2. Lire : « Deux textes analogues περὶ κατακλίσεως ont été édités *CCAG.*, I, pp. 118-124, V 1, pp. 186-187. »

Pp. 133-136. A propos de Proclus, *Sur l'art hiératique*, cf. Procl., *in Alc. pr.*, p. 69 Creuzer, cité dans Hopfner, *Offenbarungsz.*, I § 390 fin.

P. 150, n. 3. Lire « Nettesheim » : de même p. 168, n. 2, p. 169, l. 8, p. 175, l. 6 avant la fin, et Index, p. 417.

P. 156, l. 27. Le latin *investigabilis* comporte sans doute le sens négatif, d'où mon néologisme « investigable » pour rendre ἀνεξιχνίαστος. Malheureusement il est équivoque. Lire « inscrutable ».

Pp. 160 ss. *Plantes et pierres des XV étoiles fixes.* « Ich unterbreche die Reihenfolge, um auf die Traktate über die 5 Fixsterne (S. 160 ff.) zurückzukommen. Die von Ihnen zum Schluß angeführte Liste des Alfraganus ist offenbar die älteste oder eine der ältesten dieser Art. Der Verfasser lebt im 9. Jahrhundert; Mashalla als Verfasser des von Delatte edierten Textes, der mir allerdings nicht zugänglich ist, ist mir nach Ihrer Anm. 4 S. 160 nicht sicher. Leider kann ich nicht feststellen, warum Alf. diese 15 Sterne für besonders bemerkenswert hält; ebensowenig ist mir die Natur der von Delambre aufgeführten « Varianten » (S. 185 f.) verständlich. Dagegen möchte ich mir erlauben, Sie auf eine weitere Liste von 15 Fixsternen aufmerksam zumachen, die mir in 2 Textzeugen vorliegt und mit der des Alf. fast identisch ist. Sie steht innerhalb eines ausführlichen Kapitels über die astrologische Bedeutung der Fixsterne in dem Buch *as-sirr al-maktûm fî mukhâṭabat an-nudjûm* (Das verborgene Geheimnis über die Anrede an die Sterne), das dem Theologen Fakhr ad-dîn ar-Râzî (gest. 606/1209) zugeschrieben wird, aber nach Brockelmann, *Gesch. d. ar. Lit.*, *Suppl.*, I 923 f. u. 735 von dessen Zeitgenossen al-Ḥirâlî stammen soll. In meinem Besitz befindet sich eine genaue Inhaltsangabe des Werkes nach der Berliner arab. Handschrift 5886, die von Ritter stammt, sowie ferner ein Auszug aus dem Werke von einem Autor des 18. Jahrhunderts namens al-Fullânî (? Brockelmann, *Suppl.*, II 494), gedruckt Kairo 1350 H. Ich bezeichne Ritters Auszug mit A, den gedruckten Text mit B. B beginnt sein Kapitel über die Naturen der Fixterne (Teil I, S. 148) damit, daß die Zahl der Fixsterne nur dem Schöpfer bekannt ist, daß jedoch die beobachteten in 3 Arten zerfallen, nämlich 1., 2. und 3. Größe. *Die Sterne erster Größe sind 15*, nämlich (astronom. Bestimmungen in Klammern von mir):

    I âkhir an-nahr, ein sehr heller Stern im Widder (alpha Eridani)
   II al-dabarân, genannt Auge des Stiers (alpha)
  III der leuchtende Stern am linken Fuß des Stiers (ohne Namen, Identität unsicher).
  IV al-aiyûq, genannt der Zügelhalter, Zwillinge (alpha Aurigae)
   V mankab al-djauzâ' al-aiman (alpha Orionis), Zwillinge
  VI suhail, Zwillinge (alpha Argus)
 VII ash-shi'râ al-yamânîya, Krebs (alpha Canis majoris)
VIII — ash-shâmîya (alpha Canis minoris)? Krebs
  IX qalb al-asad (Cor Leonis), Löwe (alpha Leonis)
   X der Stern auf dem Schwanz des Löwen, Löwe (Identität unsicher)
  XI as-simâk ar-râmih, Wage (alpha Bootis)
 XII — al-a'zal, Wage (alpha Virginis)
XIII Qentaurus, Wage (Centaurus; alpha?)
XIV an-nisr al-waqi', Steinbock (alpha Lyrae)
 XV fam al-hût, Wassermann (alpha Piscis austrini)

Ebenso lautet die Liste in A. Es fehlt mir augenblicklich an Zeit und an Büchern, um sie zu bearbeiten und zu Ihren Listen in Beziehung zu setzen; daher nur einige flüchtige Bemerkungen. Vor allem fällt auf, daß die Liste wirklich lauter Sterne enthält, die auch wir als Sterne 1. Größe bezeichnen, was bei der Liste des Hermes nicht der Fall ist. Eine Störung der Reihenfolge scheint auch in unserer Liste vorzuliegen; läßt sie sich beheben, so hindert nichts, die unbenannten Sterne III und X mit Rigel und Altair gleichzusetzen. Das Fehlen von beta Centauri und alpha Crucis hat nichts Auffallendes; und die größe von Antares ist umstritten. — In einigen Fällen sind dieselben Sterne gemeint wie in der Liste des Hermes, aber mit anderen Namen, z. B. Sirius (V Hermes, IV Alf., VII Râzî), Procyon (VI, VIII, VIII). Ich neige also mit Vorsicht

ADDITIONS ET CORRECTIONS DE LA DEUXIÈME ÉDITION.

zu der Auffassung, daß die Zahl 15 sich aus der Anzahl der tatsächlich bekannten bzw. sichtbaren Sterne 1. Größe erklärt, daß diese Liste wahrscheinlich noch älter als Alf. ist und die Abweichungen bei Hermes und den verwandten Texten sekundär sein dürften, wobei Rücksichten auf auffallende Farben oder noch zu untersuchende astrologische Erwägungen eine Rolle gespielt haben könnten.

Sterne 2. Größe gibt es nach meiner Quelle 45, von denen aber für Talismanzwecke nur 11 brauchbar sind : die ersten beiden im Kleinen Bären, 3-8 im Großen Bären, 9 felt in B, Ritter hat die Liste von A nicht spezifiziert, 10 und 11 im Krebs.

P. 184, n. 1, l. 24. Lire « *The Religion of the Manichees.* »

P. 193, n. 1. Mettre des majuscules à *Biology*, *Bases*, *Aristotelician Biological System*.

Pp. 195 ss. « A propos des *Mirabilia*, il eût fallu citer aussi le VIe livre de Lucrèce, dont l'influence me paraît avoir été considérable » (L. Robin).

P. 196, n. 2, l. 3. Lire 358 ss.

P. 197, n. 4. Sur Bolos et les écrits du Ps. Démocrite, voir aussi l'excellente notice de E. Oder dans *Beiträge zur Gesch. der Landwirtschaft bei den Griechen*, Rh. M., XLV, 1890, 70-77 (à propos de Bolos comme source des *Geoponica*), et, en dernier lieu, W. Schmid, *Gesch. Gr. Lit.*, I 5, 1948, 341-347. — Δημοκρίτειος : de même Schmid, *l. c.*, p. 245, n. 11, p. 343, n. 4. — Date : environ 200 av. J.-C., Schmid, p. 245, n. 11 et p. 342, n. 1 (en tout cas entre Théophraste et Apollonios auteur de *Mirabilia*).

P. 198, l. 9. Χειρόκμητα (δυναμερά) : remèdes « faits à la main, artificiels », par opposition aux φυσικά (δυναμερά) : remèdes « naturels ». Non « opérations (chirurgicales) », par opposition aux médicaments (ainsi Schmid, p. 343, n. 4 : *Operationen ~ Arzneien*). Cf. Diels-Kranz, II[5], 211 (n. ad 210, 14).

P. 199, l. 27. Lire « Bolos le Démocritéen. ».

P. 202, l. 19. « La pierre d'aigle était encore, il y a quelque cinquante ans, considérée en Normandie comme un remède contre les maladies des vaches. Il suffisait de la leur mettre sous le pied » (L. Robin).

P. 203, l. 13. « Le nom du prétendu roi de Perse Κυρανός recouvre-t-il celui de la « gloire royale » ~~en~~ avestique *hvarənah?* » (J. Filliozat).

P. 205, l. 11 et 322, ll. 12/3. « Le livre sur « stèle de fer » rappelle à la fois les piliers de fer fameux de l'Inde (surtout celui de Delhi qui porte une inscription Gupta) et le fait que Nāgārjuna, connu comme médecin et alchimiste contemporain de Çātavāhana (cf. S. Lévi, *Kaniṣka et Sātavāhana, J. As.*, 1936, 103 ss.) au IIe siècle après Jésus-Christ, aurait gravé à Pāṭāliputra sur un pilier (*stambhe*) une formule médicale (cf. P. Cordier, *Quelques données nouvelles...*, Calcutta, 1899, p. 2, où Cordier rajeunit indûment, d'après un renseignement d'Al-Bīrūnī que contredit le témoignage de Hiuan-tsang, l'alchimiste Nāgārjuna)» (J. Filliozat).

P. 217 ss. Quelques bonnes corrections (non pas toutes originales) sur le texte des *Alchimistes Grecs* par de Falco, *Athenaeum*, XXVI, 1948, 96 ss. (cf. mon c. r. dans *REG;* à paraître).

P. 225, n. 5. Sur les relations commerciales avec l'Inde, cf. en dernier lieu J. Filliozat, *R. Hist.*, pp. 1-29. Sur le commerce de la laque indienne, cf. E. H. Warmington, *The Commerce between the Roman Empire and India*, Cambridge, 1928, 178 s. C'est à tort que (p. 225, ll. 5 ss.), sur la foi de L.S.J., s. v. λαχχά, j'ai confondu la teinture indienne de laque proprement dite avec la teinture d'orcanette (ἄγχουσα). Cette plante à racine rouge, dont on tirait un fard, était connue à Athènes dès la fin du Ve siècle (sous la forme ἔγχουσα, Aristoph. *Lys.* 48, Xen. *Oecon.* 10, 2) et il est clair que si la λαχχά des textes alchimiques ne désignait rien d'autre, on ne s'expliquerait plus l'apparition de ce nom nouveau et étranger. La λαχχά doit désigner la teinture de gomme de laque (produite par un insecte) qui venait exclusivement des pays indiens et constituait une nouveauté par rapport à la teinture d'orcanette. Au surplus, comme l'observe M. Filliozat (*J. As.*, *l. c.*, 353), on ne saurait tirer, du seul mot λαχχά, des conclusions trop précises sur la date : « Le nom de λαχχά, « laque », emprunté au moyen-indien (*lakkha*), ne l'a pas été nécessairement après le Ier ou le IIe siècle de notre ère; le nom indien du poivre (*pippali*) se trouve déjà dans le traité hippocratique *Des maladies des femmes* (Littré, t. VIII, p. 394) sous la forme πέπερι (donnée comme perse; ce qui prouve simplement qu'elle était venue par l'Iran). D'autres noms indiens de produits ont aussi passé en grec dès le temps d'Hérodote (cf. σινδών, « toile », « indienne »).

P. 231, l. 22 ss. et n. 3. J'ai eu tort d'adopter, pour la formule ἡ φύσις τῇ φύσει τέρπεται, etc., l'interprétation de Diels « *Eine Natur freut sich der andern* », etc., comme s'il s'agissait de sympathies et d'antipathies entre des métaux *différents*. D'abord parce qu'il y a l'article. Ensuite, comme l'a marqué M. J. Bayet, *REL*, 1946, 370, parce qu'« un tel sens ne convient pas à la conclusion du § 7 de la *Prophétie d'Isis à son fils Horus* (p. 259) où il est question de la génération du semblable par le semblable et de la naissance des monstres ». Le même savant ingénieusement propose : « *La* nature, *dans tel cas*, est charmée par *la* nature ; *dans tel cas*, en triomphe ; *dans tel cas*, la domine », et il ajoute : « L'apparente absurdité — évidemment voulue — de l'expression ne se résout que si l'on « remonte à l'état fluide, matière première » qui décèle les sympathies et antipathies des métaux (cf. p. 237) : cette matière première est *la* nature, et en contact, seule, avec *la* nature (des corps) révèle affinité, lutte ou supériorité ». Quoi qu'il en soit de l'exégèse, la traduction me semble bonne, et elle est confirmée par un texte de Pline où il est précisément question des pouvoirs occultes dans la nature, cf. *N. H.*, XXXII 1, 1 (éd. Littré) : *ventum est ad summa naturae exemplorumque, per rerum ordinem : et ipsum sponte sua occurrit immensum potentiae occultae documentum, ut prorsus nec aliud ultra quaeri debeat, nec par aut simile possit inveniri, ipsa se vincente natura, et quidem numerosis modis*. Suit l'exemple du petit poisson dit échénéis (*remora*) qui passe pour arrêter les navires, bien qu'ils soient poussés par les forces conjuguées des courants, des vents, des voiles et des rames (sur l'échénéis, voir aussi IX 41, 1). Ainsi donc la nature, dans le cas de l'échénéis, triomphe de la nature, dans le cas des vents et marées qui poussent le navire : ce qui peut faire dire et à Pline *ipsa se vincit natura* et à l'alchimiste, par une formule développée mais de sens identique, ἡ φύσις τὴν φύσιν νικᾷ.

P. 234, dern. ligne : « des présocratiques au Stagirite ». Ceci dit d'une manière un peu rapide. « Platon est plus proche du quantitativisme mécaniste de Démocrite, tandis qu'Aristote est un qualitativiste intégral » (L. Robin).

P. 243, n° 9. « Vgl. das Zitat in der *Turba philosophorum*, *Sermo* 53, und dazu Ruskas Kommentar, S. 240 » (Plessner).

P. 252, n° 36 « Das Olympiodor-Fragment, S. 252 Nr. 31, ist im Zusammenhang des ganzen Textes bei Ruska, *Turba Philosophorum*, S. 278, behandelt worden. Ich weiche allerdings von Ruskas negativer Bewertung des Textes vollkommen ab. Seine Darstellung der Lehren der Naturphilosophen läßt sich großenteils aus der echten Ueberlieferung belegen ; und mit der Gleichsetzung der Alchemisten mit diesen Naturphilosophen hat er das Thema angeschlagen, von dem die ersten neun *Sermones* der *Turba* nur eine andere Ausführung sind, wie ich in genauer Analyse in meinem Buch über die *Turba* bewiesen habe, das hoffentlich bald erscheinen wird » (Plessner).

P. 263, n. 2. « Les 28 *livres à Théosébie* répondent peut-être, non aux 7 planètes quatre fois répétées, mais aux 28 constellations de l'écliptique qui servent souvent de zodiaque lunaire et qui sont surtout célèbres dans l'Inde (*nakṣatra*) et en Chine (*sieou*) mais ont été connues aussi chez les Iraniens et, tardivement, chez les Coptes et les Arabes. En effet, la connaissance de ces constellations ou mansions lunaires dans les milieux qui ont élaboré les textes hermétiques semble indiquée par l'allusion faite p. 297-298 (traduction d'une prière à l'Aiôn) aux « vingt-huit phases de la lune », où il ne peut guère s'agir en réalité de « phases » (à moins qu'il ne faille supposer que le nombre de 28 ne s'appliquait pas, dans le texte primitif, aux phases mais au produit des quatre phases par les 7 planètes dont il est question dans le contexte) » (Filliozat).

P. 264, n. 9. Ou εὖ εἶναι (Eisler, par lettre).

P. 266, § 7. Sera édité et traduit (avec corrections) dans le dernier volume d'*Hermès Trismégiste* (fragments divers) de la collection Budé, par A.-D. Nock (Harvard) et moi-même. — L. 21, lire « si cela passe pour bon ». L. 22 : « selon sa nature et son décret ».

P. 267, l. 4. Supprimer les crochets et lire : « Et il obéit à son Père (1), pénétrant à travers tout corps (2) »; — *Ib.*, n. 1, ll. 22/4 : supprimer « Je serais disposé... n'a que faire ici ».

P. 268, l. 3. Lire « Bitos (1), ainsi que le trois fois grand Platon, et l'infiniment grand Hermès, selon lequel Thoth s'interprète... ». — *Ib.*, n. 1, l. 3, après *Phil.* 18 b ss., ajouter : « et *Phèdre* 274 c. ss., cf. *supra*, p. 69 ».

P. 269, § 11. « Die Lehre, daß Adam aus allen vier Elementen geschaffen wurde (S. 268 f.), wird in der *Turba* im 8. *Sermo* in sonderbarer Weise entwickelt. Dort werden alle Geschöpfe aufgezählt und allen außer dem Menschen eine geringere Zahl als 4 Elemente zugewiesen. Ruska, S. 183, Anm. 1, zitiert die von Ihnen S. 268 Anm. 4 angeführte Olympiodoros-Stelle. Die gesamte Theorie habe ich aus hermetischen Schriften belegt, und zwar aus dem von Massignon S. 395 behandelten Ps. Balinas und aus der Rede der Isis an Horus, vgl. J. Kroll, *Lehren des H. Trism.*, 244, Anm. 3. » (Plessner).

P. 272, n. 7. Lire : τὸν μὲν ἄγειν κτλ.

P. 276, 1ᵉ col., l. 8/9 : « bien qu'il vît... ». — *Ib.*, n. 4, ll. 2/3, lire ἀποδιδόναι.

P. 277, n. 1. Sur les φίλοι, ajouter P. W., XX, 95 ss., s. v. *Philos* (Kortenbeutel), en particulier, pour les Lagides, 98-99.

P. 280, n. 5. Il s'agit bien du Mambrès de la tradition juive. S. Weinstock (*Cl. Quat.*, XLII, 1948, 41/3) a signalé qu'un manuscrit d'Oxford (Cromwellianus 12, xv/xvie siècle) porte le περὶ κατακλίσεως du Ps. Galien sous le titre Ἰμβρασίου Ἐφεσίου περὶ ἀρρώστων, et il conjecture à bon droit que cet Ἰμβράσιος est le même que notre Μεμβρῆς ou Μαμβρῆς. On notera que, chez Zosime, Mambrès donne à Salomon des recettes qui chassent les démons : or, dans la magie comme aussi bien dans les conceptions primitives, ce sont les démons qui, par leur présence dans le corps du malade, causent les maladies. Chasser les démons, c'est donc guérir. Je ne vois pas de raison pour supposer que l'Éphèse du man. d'Oxford soit une île du Nil (Weinstock, p. 43). Éphèse était un grand centre de magie, cf. *Act. Ap.* 19, 19 et les *Ephesia grammata*.

P. 300, l. 7. Lire « et qui se lève au Sud-Est ». L. 9, lire sans doute « Sarapis », cf. l. 11.

P. 301, l. 8. Lire « un renard, un cynocéphale ».

P. 305, l. 16. Lire « et venir à toi, pourvus de cinq rayons ». — *Ib.*, n. 2, l. 8, lire οἰκοῦσι.

P. 307, l. 8. Lire « les gardiens de l'axe ».

P. 313, n. 6. « Wohl ἐξηλασμένον » (P. Maas).

P. 314, l. 4. « καί μοί τις ἐξήχησεν οὐρανοῦ βοή ist ein tadelloser iambischer Trimeter. Das passt zu *poeta* in den p. 424 erwähnten Lucanscholien; *poeta* = « faiseur d'or » scheint mir stilistisch unmöglich. Auch *natura naturam vincit et dii deos* war wohl in der Vorlage ein iambischer Senar » (P. Maas).

P. 322, n. 11 de la p. 321, ll. 4 ss. « Zu den Theorien über die vollkommene Natur möchte ich nur bemerken, dass Reitzenstein-Schaeder 113 f. zwei Texte durcheinander benutzt : das Stück S. 113 ist aus *Isṭamahis*, S. 114 ff. aus *Isṭamaṭis* » (Plessner).

P. 337, l. 17. Lire « représentent 5 + 20 », etc. « The ε of Ἕκτωρ must be evaluated as 5, not 50, and the system cannot be understood unless it is noted that there is no Greek letter to correspond with 9, 90 or 900. This error might have been avoided (à vrai dire, c'est un misprint!), if M. Festugière had been familiar with the Arabic version of this calculation in the *Secretum Secretorum*, where the numbers have been altered so that the units run from A (1) to T (9), the tens from Y (10) to Ṣ (90), and the hundreds from Q (100) to Z (900) » (A. T. Shillinglaw, *Mind*, 1946, 184-5).

Pp. 340 ss. J'ai eu tort d'accepter la correction Postumus proposée par Boll (*CCAG.*, VII, 171 ad l. 3) et Nau (*Patr. Syr.*, I 2, p. 1372, n. 1). Le ms. de Paris porte Δούστουμον Θύλασσον, celui de Berlin Σούστουμον Θάλασσον, et, comme le montre M. Levi della Vida (*Ricerche Religiose*, XVIII, 1947, 450-462), ce nom se retrouve sous la forme altérée Stomathalassa dans un écrit arabe. On ne sait d'ailleurs rien sur ce disciple d'Apollonius, pas plus que sur un autre disciple, le mystérieux Artéfius de la littérature alchimique latine, cf. Levi d. Vida, *l. c.*, p. 354, n. 16.

Pp. 352-3. L'expression ὦ παῖ chez Platon introduirait plus souvent que je ne l'ai marqué un sermon, une leçon, une instruction morale, par exemple *Lois* VI, 772 e (G. Daux).

P. 362, l. 2. Supprimer l'appel de note après *Compte Final*.

P. 365. Corriger ainsi l'apparat : || 8 κυρικῶν A, corr. Ruelle. — ἐξάγην A, corr. Ruelle || 9 μή addidi. — κατάφορος A || 10 ἀπὸ τῶν Berthelot : ἀπιών A || 11 lacunam statui. — ταῖς δὲ καιρικαῖς A || 12 διὸ καὶ] ὅτι ἐπεὶ καὶ A || 13 ἰδεῖν seclusi — ἐκδίδονταί A.

P. 367, 1re col., l. 12. Lire περιρρέμβου.

P. 369, l. 4. Supprimer l'appel de note et la note.

P. 370, l. 17. Lire : nos 452-461.

P. 371. Au dossier latin du *Martyre*, ajouter le *Sanctuarium* de B. Mombritius (cf. *Anal. Boll.*, XXIX, 442) qui est seul à contenir le texte complet de la Passion *BHL*. 2050.

Ib., dern. ligne. Supprimer la parenthèse et ajouter : Cf. V. Ryssel, *Der Urtext der Cypriansage*, *Arch. f. d. Stud. d. neueren Spr. u. Lit.*, CX, 1903, 273-311. Montre que le texte syriaque du *Martyre* est l'original, le texte grec étant une traduction du syriaque et la version arabe une traduction, non du syriaque, mais du texte grec. Suit, 280 ss., la traduction allemande du texte syriaque et de la version arabe.

P. 373. Au dossier grec des *Prières de Cyprien*, ajouter la recension *BHG*. 460 de l'*Oratio Cypriani*.

P. 374. Au dossier de la formule *Sator Arepo*, ajouter l. 12 : « F. Cumont, *Rendiconti*, etc., XIII, 1927, pp. 7 ss. » Puis corriger ID. en G. DE JERPHANION, *A propos*, etc...

Ib., l. 16. Ajouter : « ID., *La voix des monuments* (Nlle Série, Rome-Paris, 1938), p. 39, n. 1; D. ATKINSON, *The Sator-Formula and the Beginnings of Christianity*, Bull. *John Rylands Libr.*, XXII, 1938, pp. 419-434 (références p. 419, n. 1); E. L. BASSET, *Cl. Phil.*, XL, 1945, p. 110; J. CARCOPINO, *Le christianisme secret du carré magique*, *Mus. Helveticum*, V, 1948, pp. 16-59.

P. 385, n. 2, l. 1. Lire *der Poetik des*. — L. 3, ouvrir la parenthèse avant =.

P. 419, Index Analytique, l. 1. Après 253, ajouter : 259,3.

P. 424, l. 11, lire *antiquissimus poeta* et corriger *poeta :* « faiseur d'or » d'après la note de P. Maas, *supra*, Add. à p. 314, l. 4.

ADDENDA DE L. MASSIGNON
(APPENDICE III).

P. 384, n. 2, l. 3 : Harmas. P. Kraus préfère vocaliser « Hurmus »; corr. passim.

P. 386, l. 3 d'en bas : sur Sarakhsî, cf. P. Kraus, ap. revue « Thaqâfa », Caire, n° 276, p. 16.

P. 387, n. 4 : cf. L. Massignon; ap. Annuaire Ec. Htes Études (sect. sc. relig), 1943, p. 5-26; et P. Kraus, ap. « Thaqâfa », n° 276, p. 16.

P. 388, 2° : l'hermétisme ne reconnaît que 5 catégories (jawhar, kam, kayf, zamân, makân : cf. P. Kraus, textes, 434).

P. 390 s. « Die Liste des Fihrist hat Ruska in *Turba Philosophorum* (S. 268 ff.) neu bearbeitet; eine ganze Anzahl Bemerkungen und Verbesserungen dazu werden in meinem Buche erscheinen » (Plessner).

P. 394. « In den Ikhwân aṣ-Ṣafâ sind Auszüge aus arabischen hermetischen Schriften erhalten, die man z. T. aus Handschriften belegen kann. — Die Schrift *de Castigatione animae* (p. 394) ist bei Scott, IV, 277 ff. abgedruckt. Eine Konstantinopler Handschrift habe ich in *Islamica* IV, 545 festgestellt, eine weitere, in Kairo befindlich, P. Kraus in einer arabisch abgefassten Abhandlung. — Die Liste der arabischen Appolloniostexte mit hermetischem Einschlag ist ziemlich umfangreich, vgl. z. B. *Islamica* IV, 551 ss. — Als Quelle für einen Talisman wird Hermes auch in dem *Secretum secretorum* zitiert, vgl. die englische Uebersetzung bei Steele, *Opera hactenus inedita Rogeri Baconi*, V, 259 » (Plessner).

P. 394, III B) 3° : ajouter mss. coll. P. Kraus, cités ap. P. Kraus. Jâbir..., 1943, I, 187-188, trois risâla de « Hurmus » (Denderî) : fî' lsan'a..., al-sirr ilâ Matûthâsiya (Bûdashîr), urjûza (avec commentaire), et dhât al-mabâyin.

P. 395, IV, 1° : *sirr al-khaliqa* : cf. P. Kraus, Jâbir-ibn-Hayyân, 1942, 2, 272, 297; et p. 298, pour le *miftâh al-hikma* (= « Clavis sapientiae » d'Artefius) découvert par Levi della Vida, qui en dérive (cf. P. Kraus, textes, p. 144, l. II).

ADDENDA.

P. 396, l. 17 : *takâfu'* : cf. A. H. Tawhîdî, *imtâ'*, Caire, 1944, tome 2, 190 sq.

P. 397, n. 2 : P. Kraus a publié, avant sa mort prématurée, deux volumes monumentaux sur Jâbr-ibn-Hayyân aux tomes XLIV-XLV des Mémoires de l'Institut d'Égypte, 1943-42 (sic), contenant le « Corpus des écrits jabiriens », et « Jâbir et la science grecque »; on y trouve, au tome I pp. 189-197, une bibliographie qui complète celle de nos pp. 398-399, notamment pour Jildaki (I, 193, 195) et Shams M.-b-'Umar Ghamrî, mort en 1445 (I, 194).

P. 400, note add. B : sur l'isnâd d'Ibn Sab'in, cf. L. Massignon, étude sur les « isnâd »... dans la tradition hallagienne, ap. Mélanges Félix Grat, 1946, I, 418-419; noter que S. Muqrî doit être vocalisé « Maqqarî »; c'est le mufti de Tlemcen, mort centenaire en 1620, oncle du grand Maqqarî.

CORRECTIONS AU T. II

Le corps des caractères grecs des notes étant usé chez l'imprimeur et ne pouvant être actuellement remplacé, il en est résulté des fautes inévitables du fait que je ne voyais pas nettement, sur les épreuves, ce qu'on avait imprimé. Je prie le lecteur d'excuser ces erreurs, dont je ne suis pas responsable.

P. 2, l. 5. Je n'ai pas cru devoir m'arrêter au problème, toujours discuté, de l'origine et du sens de Ποιμάνδρης. Voir en dernier lieu R. Marcus, *The Name « Poimandrēs »*, *J. of Near East Stud.*, VIII, 1949, 40 ss.

P. 88, l. 24. Lire « p. 301.18 ».

P. 172, n. 3. ὁ θνητὸς αἰὼν κτλ. trimètre iambique (P. Maas).

Pp. 176 ss. Sur ce § 4, j'aurais dû citer l'importante étude de W. W. Tarn, *Alexander the Great* (Cambridge, 1948), II, pp. 399 ss., App. 25 *Brotherhood and Unity*, qui reprend et développe un précédent article du même auteur (cité *Rév. H. T.*, II, p. 187, n. 2). Pour le 1er point du § 4, pp. 176-187, cf. Tarn, *l. c.*, pp. 399-404; pour le 2e (rôle propre d'Alexandre), pp. 187-189, cf. Tarn, pp. 434-449; pour le 3e (entre Alexandre et Zénon), pp. 189-195 (p. 189, l. 3 écrire 3.), cf. Tarn, pp. 426-434.

Pp. 190 s. Sur la doctrine de l'οἰκειότης chez Théophraste, cf., outre l'ouvrage de Dirlmeier cité *Rév. H. T.*, II, p. 606 *(ad* 278.6), Tarn, *op. cit.*, pp. 427-429.

Pp. 191 s. Sur Alexarque, père de Cassandre et fondateur d'Ouranopolis, voir O. Weinreich, *Menekrates Zeus u. Salmoneus* (Tübinger Beiträge XVIII), 1933, pp. 12-18 et 108 ss., et, dans un sens assez différent, Tarn, *op. cit.*, pp. 429-434.

P. 243, l. 2 et n. 1. C'est à tort que j'ai cherché à défendre *uno* et le sens proposé est impossible. D'autre part il n'y a pas de raison de suspecter *Platone*. Biffer l. 2 « sur un point », supprimer l. 3 les crochets autour de « Platone », et corriger ainsi la note 1 : « Les meilleurs manuscrits ont *a magistro † uno † Platone dissentiens*. Corrections diverses, dont aucune ne paraît décisive ».

P. 266, n. 1, l. 19. Ajouter : « Champ de Μνασέας à Cyrène, *Doc. ant.*

d. Africa Ital., II 2, p. 547.8 = L. Robert, *Rev. Phil.*, 1939, p. 162. »

P. 269, n. 3. Ajouter : « Jos., *c. Ap.*, II 169 ὁ δὲ ἡμέτερος νομοθέτης, ἅτε δὴ τὰ ἔργα παρέχων σύμφωνα τοῖς λόγοις, PHIL.; *v. Mos.*, I 6 (IV, p. 126.22 C. W.) τὰ φιλοσοφίας δόγματα διὰ τῶν καθ' ἑκάστην ἡμέραν ἔργων ἐπεδείκνυτο, λέγων μὲν οἷα ἐφρόνει, πράττων δὲ ἀκόλουθα τοῖς λεγομένοις εἰς ἁρμονίαν λόγου καὶ βίου, ἵν' οἷος ὁ λόγος τοιοῦτος ὁ βίος καὶ οἷος ὁ βίος τοιοῦτος ὁ λόγος ἐξετάζωνται, JAMBL., *v. Pyth.* 176 πολλὰ μὲν οὖν καὶ ἄλλα τῆς πρὸς θεοὺς ὁσίας ἐχόμενα ἔργα διεπράξατο, σύμφωνον ἑαυτοῦ τὸν βίον τοῖς λόγοις ἐπιδεικνύω). La formule du décret est παράδειγμα τὸν ἴδιον βίον ἐκθεὶς ἅπασιν, ἀκόλουθον ὄντα τοῖς λόγοις οἷς διελέγετο. »

Pp. 260 ss., sur le stoïcisme, je regrette de n'avoir pas connu à temps l'ouvrage fondamental de M. POHLENZ, *Die Stoa*, 2 vol., Göttingen, 1948.

Pp. 270 s., sur la *Politéia* de Zénon, cf. TARN, *op. cit.* (ad p. 176 *supra)*, pp. 417-426. Dans le passage de Plutarque, ἡ... πολιτεία τοῦ Ζήνωνος signifierait non l'ouvrage intitulé πολιτεία, mais la Cité du Monde telle que la concevait Zénon, Tarn, p. 419. J'en doute.

P. 270, n. 2, sur le prétendu cosmopolitisme de Diogène, cf. TARN, *op. cit.*, pp. 404-408.

Pp. 301-309, sur les « devoirs des rois » à l'âge hellénistique, cf. TARN, *op. cit.*, pp. 403, 409-417 (promouvoir l'*homonoia*).

P. 311, n. 10. Je ne suis plus convaincu qu'il faille corriger γένος ἐσμέν en γενόμεσθ' et garder ensuite ἤχου. Le parallèle d'Aratos γένος εἰμέν garantit en quelque sorte γένος ἐσμέν.. D'autre part ἤχου μίμημα est une expression bizarre pour désigner le langage. C'est là que doit être la faute, mais aucune des nombreuses corrections ne s'impose.

P. 317, l. 22. J'ai appris trop tard que l'imprimeur n'avait pas l'ο avec accent circonflexe. D'où la faute τόνδε (τῶνδε), vainement corrigée sur chaque épreuve. Averti plus tôt, je n'aurais pas conservé l'orthographe du vᵉ siècle. *Ib.*, l. 14 biffer διογενέες métriquement impossible.

P. 490, l. 22. Lire « du livre Λ des... »

P. 569, n. 2. Lire πᾶς ὁ οὐρανὸς κτλ.

P. 577, l. 11 à partir du bas. Après « tandis que » ajouter « votre intellect, ». N. 2, lire ἀπόλειψιν τοῦ θνητοῦ χρηματίζειν.

P. 609, l. 23. Lire « Préface, p. XIV ». — *Ib.*, l. 11 à partir du bas. Lire « ici pp. 83-86... ». L. 8 à partir du bas, lire : περὶ τὸ εἶναι.

IMPRIMERIE CHABLOZ SA
1148 MAURAZ

Imprimé en Suisse

Dépôt légal N° 2212

Betz
1982